国家出版基金项目
NATIONAL PUBLICATION FOUNDATION

U0453457

國家出版基金項目

教育部哲學社會科學研究重大課題攻關項目

「十一五」國家重點圖書出版規劃項目·重大工程出版規劃

國家社會科學基金重大項目

北京大學「九八五工程」重點項目

儒藏

精華編二二九册

集部

儒藏

精華編

北京大學《儒藏》編纂與研究中心

《儒藏》精華編第二二九册

首席總編纂　季羡林

項目首席專家　湯一介

總　編　纂　湯一介　龐　樸　孫欽善　安平秋（按年齡排序）

本册主編　嚴佐之

《儒藏》精華編凡例

一、中國傳統文化以儒家思想爲中心。《儒藏》爲儒家經典和反映儒家思想、體現儒家經世做人原則的典籍的叢編。收書時限自先秦至清代結束。

二、《儒藏》精華編爲《儒藏》的一部分，選收《儒藏》中的精要書籍。

三、《儒藏》精華編所收書籍，包括傳世文獻和出土文獻。傳世文獻按《四庫全書總目》經史子集四部分類法分類，大類、小類基本參照《中國叢書綜録》和《中國古籍善本書目》，於個別處略作調整。凡單書已收入入選的個人叢書或全集者，僅存目録，並注明互見。出土文獻單列爲一個部類，原件以古文字書寫者一律收其釋文文本。韓國、日本、越南儒學者用漢文寫作的儒學著作，編爲海外文獻部類。

四、所收書籍的篇目卷次，一仍底本原貌，不選編，不改編，保持原書的完整性和獨立性。

五、對入選書籍進行簡要校勘。以對校爲主，確定內容完足、精確率高的版本爲底本，精選有校勘價值的版本爲校本。出校堅持少而精，以校正誤爲主，酌校異同。校記力求規範、精煉。

六、根據現行標點符號用法，結合古籍標點通例，進行規範化標點。專名號除書名號用角號（《》）外，其他一律省略。

七、對較長的篇章，根據文字內容，適當劃分段落。正文原已分段者，不作改動。千字以內的短文一般不分段。

八、各書卷端由整理者撰寫《校點説明》，簡要介紹作者生平、該書成書背景、主要內容及影響，以及整理時所確定的底本、校本（舉全稱後括注簡稱）及其他有關情況。重複出現的作者，其生平事蹟按出現順序前詳後略。

九、本書用繁體漢字豎排，小注一律排爲單行。

#《儒藏》精華編第二二九册

集部

晦庵先生朱文公文集卷第三十一

書汪張呂劉問答❶

與張敬夫❷四月一日

《春秋》正朔事，比以《書》考之，凡書月皆不著時，疑古史記事例只如此。至孔子作《春秋》，然後以天時加王月，以明上奉天時、下正王朔之義。而加春於建子之月，則行夏時之意亦在其中。觀伊川先生、劉質夫之意似是如此。但「春秋」兩字乃魯史之舊名，又似有所未通。幸更與晦叔訂之，以見教也。

答張敬夫

竊承政成事簡，暇日復有講習之樂，英材心化，多士風靡，此爲吾道之幸，豈特一郡之福哉！奏罷丁錢，此舉甚美。初謂遂獲蠲除，不知僅免一歲，雖亦不爲無補，特非久遠利耳。然熹竊謂有身則有庸，此近古之法。蓋食王土、爲王民，亦無終歲安坐、不輸一錢之理。但不當取之太過，使至於不能供耳。今欲再奏，不若請令白丁下户每歲人納一二百錢，四等而上，每等遞增

❶「汪」，原作「江」，據浙本改。

❷「敬」，浙本作「欽」，以下諸文之題浙本或作「敬夫」，或作「欽夫」。

一二百，使至于極等，則略如今日之數，似亦不爲厲民；而上可以不失大農經費之入，下可以爲貧民久遠之利，於朝廷今日事力亦易聽從而可以必濟。不審尊意以爲如何？

似聞浙中諸郡有全不輸算賦者，有取之無藝、至于不可堪者。凡此不均，皆爲未便，朝廷自合因此總會所入之大數，斟酌裁損而均平之，乃爲盡善。至如尊兄前奏有不容援例之語，亦非愚心之所安也。聚斂之臣誠可憎疾，爲國家者明道正義以端本於上，而百官有司景從響附於下，則此輩之材，寸長尺短亦無所不可用。但使之知吾節用裕民之意而謹其職守，則自不至於病民矣。今議者不正其本而唯末之齊，斥彼之短而自無長策以濟目前之急，此所以用力多而見功寡，卒無補於國事而虛爲此紛紛也。

伯恭漸釋舊疑，朋友之幸。但得渠於此有用力處，則歲月之間，舊病不患不除矣。此有李伯間者，❶名宗思。舊嘗學佛，自以爲有所見，論辨累年，不肯少屈。近嘗來訪，復理前語，熹因問之：「天命之謂性，公以此句爲空無一法耶，爲萬理畢具耶？若空則浮屠勝，果實則儒者是，此亦不待兩言而決矣。」渠雖以爲實，而猶戀著前見，則請因前所謂空者而講學以實之。熹又告之曰：「此實理也，而以爲空，則前日之見悮矣。今欲真窮實理，亦何藉於前日已悮之空見而爲此二三耶？」渠遂脱然肯捐舊習而從事於此。此人氣質甚美，内行脩飭，守

❶「間」，原作「聞」，據浙本改。下「伯間」同。據《文集》卷七五《送李伯諫序》及卷七七《蘄州教授廳記》，其人實字伯諫。

官亦不苟，得其回頭，吾道殊有賴也。前此答福州一朋友書正論此事，書才畢而伯間至。不一二日，其言果驗，亦可怪也。今以上呈。二人伯恭皆識之，深卿者舊從伯恭遊，聞其家學守之甚固，但聞全不肯向此學用功，正恐難猝拔也。

答張敬夫

示喻黄公灑落之語，舊見李先生稱之，以爲不易窺測到此。今以爲知言，語誠太重，但所改語又似太輕，只云「識者亦有取焉，故備列之」，如何？所謂灑落，只是形容一箇不疑所行、清明高遠之意，若有一豪私吝心，則何處更有此等氣象邪？只如此看，有道者胸懷表裏亦自可見。若更討落著，則非言語所及，在人自見得如何。如曾點舍瑟之對，亦何嘗説破落著在甚處邪？

《通書》跋語甚精，然愚意猶恐其太侈，更能歛退以就質約爲佳。《太極解》後來所改不多，别紙上呈，未當處更乞指教。❶但所喻無極、二五不可混説，而「無極之真」合屬上句，此則未能無疑。蓋若如此，則無極之真自爲一物，不與二五相合，而二五之凝，化生萬物，又無與乎太極也。如此豈不害理之甚？兼「無極之真」屬之上句，自不成文理，請熟味之，當見得也。各具一太極，來喻固善，然一事一物上各自具足此理，著箇「一」字，方見得無欠剩處，似亦不妨，不審尊意以爲如何？擇之亦寄得此書草來，大概領略一過，與鄙意同。後不曾子細點檢，不知其病如何。或是病痛一般，不

❶「未」，原作「來」，據閩本、浙本、四庫本改。

自覺其病耳。

伯恭不鄙下問，不敢不盡愚。但恐未是，更賴指摘。近日覺得向來胡説多悮却朋友，大以爲懼。自此講論，大須子細，一字不可容易放過，庶得至當之歸也。

别紙所諭邵氏所記，今只入《外書》，不入行狀。所疑小人不可共事，固然；然堯不誅四凶，伊尹五就桀，孔子行乎季孫，惟聖人有此作用，而明道或庶幾焉。觀其所在爲政而上下響應，論新法而荆公不怒，同列異意者亦稱其賢，此等事類非常人所及。所謂元豐大臣當與共事，蓋實見其可而有是言，非傳聞之誤也。然力量未至此而欲學之，則誤矣。序目中語，所更定者甚穩，然本語熹向所謂「先生之學大要則可知已」者，正如《春秋序》所謂「大義數十，炳如日星，乃易見也」之比，非薄《春秋》之詞也，不改似亦無害。若必欲改，則新語亦未甚活落，❶大抵割裂補綴，終非完物，自是不能佳耳。

與張敬夫

伯恭想時時相見，欲作書不暇，告爲致意。向得渠兩書似日前只向博雜處用功，却於要約處不曾子細研究，病痛頗多。不知近日復如何？大抵博雜極害事，如《闔範》之作，指意極佳，然讀書只如此，亦有何意味耶？先達所以深懲玩物喪志之弊者，正爲是耳。范醇夫一生作此等功夫，想見將聖賢之言都只忙中草草看過，抄節一番，便是事了，元不曾子細玩味。所以從二先

❶「落」，浙本作「絡」。

生許久，見處全不精明，是豈不可戒也耶？渠又爲留意科舉文字之久，出入蘇氏父子波瀾，新巧之外更求新巧，壞了心路，遂一向不以蘇學爲非，左遮右攔，陽擠陰助，此尤使人不滿意。向雖以書極論之，亦未知果以爲然否。

近讀《孟子》，至答公都子好辨一章，三復之餘，廢書太息。只爲見得天理忒煞分明，便自然如此住不得。若見不到此，又如何强得也？然聖賢奉行天討，却自有箇不易之理，故曰「能言距楊、墨者，聖人之徒也」。此便與《春秋》討亂臣賊子之意一般。舊來讀過亦不覺，近乃識之耳。不審老兄以爲如何？

答張敬夫

建陽一二士人歸自臨安，云嘗獲奉教，亦録得數十段答問來，其間極有可疑處。雖所録或失本意，亦必有些來歷也。又有泛然之問，略不曾經思索，答之未竟而遽已更端者，亦皆一一酬酢。此非惟於彼無益，而在我者亦不中語默之節矣。又隨問遽答，若與之爭先較捷者，此其間豈無牽彊草略處？流傳謬誤，爲害不細。就令皆是，亦徒爲口耳之資。程子所謂轉使人薄者，蓋慮此耳。元履嘗疑學徒日衆，非中都官守所宜，熹却不慮此，但恐來學者皆只是如此，而爲教者俯就太過，略不審其所自，則悔吝譏彈將有所不免矣。況其流弊無窮，不止爲一時之害，道之興喪，實將繫焉。願明者之熟慮之也。

答張敬夫

類聚孔、孟言仁處，以求夫仁之説，程子爲人之意，可謂深切。然專一如此用功，却恐不免長欲速好徑之心、滋入耳出口之弊，亦不可不察也。大抵二先生之前，學者全不知有仁字，凡聖賢説仁處，不過只作愛字看了。自二先生以來，學者始知理會仁字，不敢只作愛説。然其流復不免有弊者。蓋專務説仁，而於操存涵泳之功，不免有所忽略，故無復優柔厭飫之味、克己復禮之實，不但其蔽也愚而已；而又一向離了愛字，懸空揣摸，既無真實見處，故其爲説恍惚驚怪，弊病百端，殆反不若全不知有仁字而只作愛字看却之爲愈也。

熹竊嘗謂若實欲求仁，固莫若力行之近。但不學以明之，則有擿埴冥行之患，故其蔽愚。若主敬致知交相爲助，❶則自無此蔽矣。若且欲曉得仁之名義，則又不若且將愛字推求。若見得仁之所以愛，而愛之所以不能盡仁，則仁之名義意思瞭然在目矣，初不必求之於恍惚有無之間也。此雖比之今日高妙之説稍爲平易，❷然《論語》中已不肯如此迫切注解説破，❸至《孟子》，方間有説破處。然亦多是以愛爲言，如惻隱之類。殊不類近世學者驚怪恍惚、窮高極遠之言也。

今此録所以釋《論語》之言，而首章曰

❶「知」，淳熙本作「和」。
❷「稍」，淳熙本作「至」。
❸「破」下，淳熙本有「了」字。

仁其可知，次章曰仁之義可得而求，其後又多所以明仁之義云者，愚竊恐其非聖賢發言之本意也。又如首章雖列二先生之説，而所解實用上蔡之意，❶正伊川説中問者所謂「由孝弟可以至仁」，而先生非之者，恐當更詳究之也。

按《遺書》：或問：「中之道莫與喜怒哀樂未發謂之中同否？」先生曰：「喜怒哀樂之未發，是言在中之義。只是一個中字，用處不同。」又曰：「中所以狀性之體段。」又曰：「中之爲義，自過不及而立名。」又曰：「不偏之謂中。道無不中，故以中形道。」又曰：「與叔謂不倚之謂中，甚善，而語由未瑩。」或問何故未瑩，曰：「無倚着處。」熹按：此言「中之道」與「在中」之義不同，不知如何分別？既狀性曰「狀性」，❷又曰「形道」，同異如何？所謂「自過不及」而得名之中，所謂「不偏」之中，所謂「無倚着處」之中，與所謂「中之道」、「在中之義」復何異同？皆未能曉然無疑，敢請其説。

明道先生説「推己及物之謂恕」乃違道不遠之事，而一貫之忠恕自與違道不遠異。蓋一以貫之，則自然及物，無待乎推矣。伊川先生《經解》於「一以貫之」處却云「推己之謂恕」，似與明道不同。而於乾道變化、各正性命之説似亦相戾，不知何謂？解中又引《孟子》「盡其心者知其性也」一句，豈以盡心釋「己」之義耶？如此則文意未足，且與尋常所説盡心之意亦自不合。一本下文更有兩句云：「知性則知天矣，知天則道一以貫也。」若果有此兩句，則似不以盡心

❶「實」，淳熙本作「亦」。

❷ 上「狀性」二字，疑爲衍文。

釋盡己，却是以知天説一貫。然知天亦方是真知得一貫之理，與聖人一貫之實又似更有淺深也。反復推尋，未得其説，幸思之，復以見教。

曾子告孟敬子語只明道、和靖説得渾全，文意亦順，其它説皆可疑。向來牽合，彊爲一説，固未是，後來又以《經解》之説指下句爲工用處，亦未然也。不審尊意以爲如何？❶

答張敬夫

大抵「觀過知仁」之説，欲只如尹説，發明程子之意，意味自覺深長。如來喻者，猶是要就此處彊窺仁體，又一句岐爲二説，似未甚安帖也。❷又太極中、正、仁、義之説，若謂四者皆有動靜，則周子於此更列四者之目爲剩語矣。但熟玩四字指意，自有動靜，其於道理極是分明。蓋此四字便是元、亨、利、貞四字，仁元，中亨，義利，正貞。元、亨、利、貞一通一復，豈得爲無動靜乎？近日深玩此理，覺得一語嘿、一起居，無非太極之妙，正不須以分別爲嫌也。「仁所以生」之語固未瑩，然語仁之用如此下語似亦無害，❸不審高明以爲如何？

答張敬夫

細看《言仁序》云：「雖欲竭力以爲仁，而善之不明，其弊有不可勝言者。」此數句

❶ 自「按遺書」至「如何」三段，原缺，據淳熙本補。
❷ 「安」，淳熙本作「妥」。
❸ 「下」，原作「不」，據淳熙本、浙本改。

似未安。爲仁固是須當明善，然仁字主意不如此，所以孔子每以仁、智對言之也。近年説得仁字與智字都無分別，故於令尹子文、陳文子事説得差殊，氣象淺迫，全與聖人語意不相似。觀此序文意思首尾，恐亦未免此病。更惟思之，如何？

答張敬夫

「中」字之説甚善，而所論狀性、形道之不同，尤爲精密，開發多矣。然愚意竊恐程子所云「只一箇中字，但用不同」，此語更可玩味。夫所謂「只一箇中字」者，中字之義未嘗不同，亦曰不偏不倚、無過不及而已矣；然「用不同」者，則有所謂「在中之義」者，有所謂「中之道」者是也。蓋所謂「在中之義」者，言喜怒哀樂之未發，渾然在中，亭亭當當，未有箇偏倚過不及處。其謂之中者，蓋所以狀性之體段也。有所謂「中之道」者，乃即事即物自有箇恰好底道理，不偏不倚，無過不及。其謂之中者，則所以形道之實也。只此亦便可見來教所謂狀性、形道之不同者。但又見得中字只是一般道理，以此狀性之體段，則爲未發之中；以此形道，則爲無過不及之中耳。且所謂「在中之義」，猶曰在裏面底道理云爾，非以「在中」之「中」字解「未發」之「中」字也。愚見如此，不審高明以爲如何？

忠恕之説，竊意明道是就人分上分別淺深而言，伊川是就理上該貫上下而言。若就人分上説，則違道不遠者，賢人推之之事也；一以貫之者，聖人之不待推也。若就理上平説，則忠只是盡己，恕只是推己，但其所以盡、所以推，則聖賢之分不同，如明道之説耳。聖人雖不待推，然由己及物，對忠而言，是亦推之也。大抵明道之言發明極致，通透灑落，善開發人；伊川之言即事明理，質慤精深，尤耐咀嚼。然明道之言一見便好，久看愈好，所以賢愚皆獲其益；伊川之言乍見未好，久看方好，故非久於玩索者不能識其味。此其自任所以有成人材、尊師道之不同。明道渾然天成，不犯人力；伊川功夫造極，可奪天巧。所引盡心知天，恐是充擴得去之意，不知是否？

秦、漢諸儒，解釋文義雖未盡當，然所得亦多。今且就分數多處論之，則以爲得其言而不得其意，與奪之際似已平允。若更於此一向刻核過當，却恐意思迫窄而議論偏頗，反不足以服彼之心，如向來所論《知言》不當言釋氏欲仁之病矣。❶大率議論要得氣象寬宏，而其中自有精密透漏不得處，方有餘味。如《易傳序》中説秦、漢以來儒者之弊，及令人看王弼、胡安定、王介甫《易》之類，亦可見矣。況此序下文反復致意，不一而足，不應猶有安於卑近之嫌也。又所謂「言雖近而索之無窮，指雖遠而操之有要」，自謂此言頗有含蓄，不審高明以爲如何？

以愛論仁，猶升高自下，尚可因此附近推求，庶其得之。若如近日之説，則道近求遠，一向没交涉矣。此區區所以妄爲前日之論，而不自知其偏也。至謂類聚言仁，亦恐有病者，正爲近日學者厭煩就簡，避迂求捷，此風已盛，方且日趨於險薄，若又更爲此以導之，恐益長其計獲欲速之心，方寸愈見促迫紛擾，而反陷於不仁耳。然却不思

❶「欲」，淳熙本作「知」。

所類諸説，其中下學上達之方，蓋已無所不具。苟能深玩而力行之，則又安有此弊？今蒙來喻，始悟前説之非，敢不承命。然猶恐不能人人皆肯如此慤實用功，則亦未免尚有過計之憂。不知可以更作一後序，略采此意以警後之學者否？不然，或只盡載此諸往返議論以附其後，亦庶乎其有益耳。不審尊意以爲如何？

答張敬夫壬辰冬

答晦叔書，鄙意正如此，已復推明其説，以求教於晦叔矣。但於來示所謂知底事者，亦未能無疑，已并論之，今録以上呈，更乞垂教。

「在中之義」之説，來諭説得性道未嘗相離，此意極善。但所謂「此時蓋在乎中」者，文意簡略，熹所未曉，更乞詳論。又謂「已發之後，中何嘗不在裏面」，此恐亦非文意。蓋既言未發時在中，則是對已發時在外矣。但「發而中節」，即此在中之理發形於外，如所謂即事即物，無不有箇恰好底道理是也。一不中節，則在中之理雖曰天命之秉彝，而當此之時，亦且漂蕩淪胥而不知其所存矣。但能反之，則又未嘗不在於此。此程子所以謂「以道言之則無時而不中，以事言之則有時而中」也，所以又謂善觀者却於已發之際觀之也。若謂已發之後，中又只在裏面，則又似向來所説以未發之中自爲一物。與已發者不相涉入，而已發之際，常挾此物以自隨也。然此義又有更要子細處，夫此心廓然，初豈有中外之限？但以未發已發分之，則須如此。亦若操舍、存亡、出入之云耳。并乞詳之。

「心譬之水」，是因《知言》有此言而發。然性情既有動静，善惡既有順逆，則此言乃自然之理，非用意差排也。「人無有不善」，此一言固足以具性情之理，然非所以論性情之名義也。若論名義，則如今來所説亦無害理，不費力，更推詳之。❶

《太極圖》立象盡意，剖析幽微，周子蓋不得已而作也。觀其手授之意，蓋以爲唯程子爲能受之。程子之祕而不示，疑亦未有能受之者爾。夫既未能默識於言意之表，則道聽塗説，其弊必有甚焉。近年已覺頗有此弊矣。觀其答張閎中書云：「書雖未出，學未嘗不傳，第患無受之者。」及《東見録》中論横渠清虚一大之説，使人向別處走，不若且只道敬，則其微意亦可見矣。若《西銘》，則推人以知天，即近以明遠，於學者之用爲尤切，非若此書詳於天而略於人，有不可以驟而語者也。孔子雅言《詩》、《書》執《禮》，而於《易》則鮮及焉，其意亦猶此耳。韓子曰：「堯、舜之利民也大，禹之慮民也深。」其周子、程子之謂乎？熹向所謂微意者如此，不識高明以爲如何？

答張敬夫

所引《家語》，只是證明《中庸章句》，要見自「哀公問政」至「擇善」、「固執」處只是一時之語耳，於義理指歸初無所害，似不必如此力加排斥也。大率觀書但當虚心平氣以徐觀義理之所在，如其可取，雖世俗庸人之言有所不廢；如有可疑，雖或傳以爲聖賢之言，亦須更加審擇。自然意味平和，道

❶「推」，浙本作「惟」。

理明白，脚踏實地，動有據依，無籠罩自欺之患。若以此爲卑近不足留意，便欲以明道先生爲法，竊恐力量見識不到它地位，其爲泛濫，殆有甚焉。此亦不可不深慮也。且不知此章既不以《家語》爲證，其章句之分當復如何爲定耶？《家語》固有駁雜處，然其間亦豈無一言之得耶？一概如此立論，深恐終啓學者好高自大之弊，願明者熟察之。其他如首章及論費隱處，後來略已脩改如來喻之意。然若必謂兩字全然不可分説，則又是向來伯恭之論體用一源矣。如何，如何？

答張敬夫語解

《語解》云：「學者工夫固無間斷，又當時時紬繹其端緒而涵泳之。」此語恐倒置，若工夫已無間斷，則不必更言時習。時習者，乃所以爲無間斷之漸也。

「巧言令色」一段，自「辭欲巧」以下少曲折。近與陳明仲論此，説具别紙。

「三省者，曾子之爲仁」，恐不必如此説。蓋聖門學者莫非爲仁，不必專指此事而言，意思却似淺狹了。大抵學者爲其所不得不爲者，至於人欲盡而天理全，則仁在是矣。若先有箇云我欲以此去爲仁，便是先獲也。昨於《知言疑義》中嘗論此意矣。「傳不習乎」，疑只當爲傳而不習之意，則文理順，亦是先孝弟而後學文之類。

「道千乘之國」，「道」字意恐未安。

「友不如己」，恐只是不勝己，胡侍郎説得此意思好。

「慎非獨不忽，追非獨不忘」，恐不必如此説。上蔡多好如此，似有病也。「厚者，德之所聚而惡之所由消靡」，此句亦未安。

「父在觀其志」一章似皆未安。

「信近於義，則言必可復矣；恭近於禮，則可遠恥辱矣。因是二者而不失其所親，則亦可尚也已。」熹舊説此章只如此，似於文意明順，與上文孝弟謹信而親仁，下文篤敏慎而就正，意亦相類。不審尊意以爲如何？

「樂與好禮視無諂無驕，正猶美玉之與碔砆」，此句與後面「必也無諂無驕，然後樂與好禮可得而進焉」者似相戾。蓋玉、石有定形而不可變，唯王、霸之異本殊歸者乃得以此爲譬耳。熹又嘗論此所引《詩》正謂孔子以無諂無驕爲未足，必至於樂與好禮而後已，有似乎治骨角者既切之而復磋之，治玉石者既琢之而復磨之，蓋不離是質而治之益精之意也。如何，如何？

「患不知人」，恐未合説到明盡天理處，正爲取友用人而言耳。大率此解雖比舊説已爲平穩，❶尚時有貪説高遠、恐怕低了之意。更乞平心放下，意味當更深長也。首章便如此矣。

答張敬夫論中庸章句

「率夫性之自然」，此語誠似太快，然上文説性已詳，下文又舉仁、義、禮、智以爲之目，則此句似亦無害。或必當改，則改爲「所有」字，如何？然恐不若不改之渾然也。

「不睹」、「不聞」等字，如此剖析誠似支離，然不如此，則經文所謂「不睹」、「不聞」，

❶「穩」，原作「援」，原段後校云：「『援』字疑『穩』字之誤。」浙本作「穩」，據改。

所謂「隱微」，所謂「獨」，三段都無分別，却似重複冗長。須似熹説方見得戒慎不睹、恐懼不聞是大綱説，結上文「可離非道」之意。「莫見乎隱，莫顯乎微」，是就此不睹不聞之中提起善惡之幾而言，故「君子慎其獨」。蓋其文勢有表裏賓主之異，須略分別，意思方覺分明無重複處耳。

「隨時爲中」，「爲」改作「處」如何？

「道之不明」、「不行」，來喻與鄙意大指不異，但語有詳略遠近不同耳。然熹所謂「不必知」、「不必行」，「所當知」、「所當行」等句，正是要形容「中」字意思。所謂「以爲不足行」、「以爲不必知」，「不知所以行」、「不求所以知」等句，又是緊切關紐處，恐不可闕。但鄙論自覺有箇瑣碎促狹氣象，不能如來教之高明簡暢爲可恨。然私竊以謂不期於同而期於是而已，故又未能遽舍所安。萬一將來就此或有尺寸之進，此病當自去耳。大抵近年所脩諸書多類此，以此未滿意。欲爲踈通簡易之説，又恐散漫無收拾處，不知所以裁之也。

答張敬夫

《中庸》謹獨處，誠覺未甚顯焕，然著盡氣力只説得如此。近欲只改末後一句云：「所謂獨者，合二者而言之，不睹之睹、不聞之聞也。」比舊似已稍勝，然終亦未爲分明也。更乞以尊意爲下數語，如何？

以敬爲主，則内外肅然，不忘不助而心自存。不知以敬爲主而欲存心，則不免將一箇心把捉一箇心，外面未有一事時，裏面已是三頭兩緒，不勝其擾擾矣。就使實能把捉得住，只此已是大病，况未必真能把捉得住乎？儒釋之異，亦只於此便分了。如云常見此心光爍爍地，便是有兩箇主宰了。不知光者是真心乎，見者是真心乎？來諭剖析雖極精微，却似未及此意。愚慮及此，不審是否，如何？

「何有於我哉」，古注云：「人無是行於我，獨我有之。」按此語是孔子自言：「此三事，何人能有如我者哉？」孔子之意，蓋欲勉人以學也。伊川先生似亦是如此説：「默識而無厭倦，何有於我哉，勉人學當如是也。」所以發明夫子之意。而尹和靖云：「孰能如孔子者哉，是以勉學者云耳。」又所以發明伊川之意。蓋此兩項七事，乃人之當然而示之以近者，故聖人以此自居而不以爲嫌。如云「不如丘之好學」之意，語雖若少揚，而意實已深自抑矣。吕氏之説，句中添字太多，恐非本意。如「吾有知乎哉？無知也」兩句，文義亦自難説。近看似此等處極多，日前都草草懸空説過了也。

再答敬夫論中庸章句

「執其兩端」，熹説是推明程子之意，未有過巧之病。如來諭云云，固先儒所未及，然却似過巧。兼此方論「中」，未應遽及此，又似隔驀説過了一位也。

「强哉矯」，矯，强貌，古注云爾，似已得之。吕、楊之説却恐不平穩也。

「素隱」，俟更思之。

「造端乎夫婦」，如此説固好，但恐句中欠字太多。兼「造端」兩字是實下功夫之意，不應如此泛濫也。此類當兩存之。

「人心之所安者，即道也」，上文有「率性之謂道」云云，故其下可以如此説。若恐人錯會，當更曉破耳。

游子之言行相顧爲有餘不足之事，恐未安。此數句各是一事，不可混而爲一也。細意玩之，自可見矣。此亦當兩存之。

《章句》之失，誠如尊喻，此間朋友亦有疑其如此者。但鄙意疑此書既是子思所著，首尾次序又皆分明，不應中間出此數章，全無次序，所以區區推考如此。竊意其中必須略有此意，正使不盡如此，亦勝如信彩逐段各自立説，不相管屬也。更望細考。若果未安，當爲疑詞以見之。大率擺落章句，談説玄妙，慣了心性，乍見如此瑣細區別，自是不奈煩耳。

與張敬夫 六月二十八日

夷、齊讓國而逃，諫伐而餓，此二事還相關否？或謂先已讓國，則後來自是不合更食周粟。若爾，則當時自不必歸周，亦不待見牧野之事，又諫不從而後去也。且若前日已曾如彼，即今日更不得如此，此與「時中」之義不知又如何？凡此鄙意皆所未安，幸乞垂教。

答張敬夫 三月十四日

熹昨承誨論五王之事，以爲但復唐祚而不立中宗，則武曌可誅，後患亦絶，此誠至論。但中宗雖不肖，而當時幽廢特以一言之失，罪狀未著，人望未絶。觀一時忠賢之心，與其募兵北討之事，及後來諸公説李多祚之語，則是亦未遽爲獨夫也。乃欲逆探未形之禍，一旦舍之而更立宗室，恐反爲計校利害之私，非所以順人心、乘天理，而事亦未必可成也。愚慮如此，然而此外又未見別有長策，不知高明以爲如何。若維州事，則亦嘗思之矣。唐與牛、李蓋皆失之也。夫不知《春秋》之義而輕與戎盟，及其犯約，攻圍魯州，又不能聲罪致討，絶其朝貢，至此乃欲效其失信叛盟之罪而受其叛臣，則其義有所不可矣。然還其地可也，縛送悉怛謀，使肆其殘酷，則亦過矣。若論利害，則僧孺固爲大言以恐文宗，❶如致堂之所論，而吐蕃卒不能因維州以爲唐患，則德裕之計不行，亦未足爲深恨也。計高明於此必有定論，幸并以見教。牛論正而心則私，李計譎而心則正。

「何有於我哉」，後來思尹子説誠未安，竊意只是不居之詞。聖人之言此類甚多，不以俯就爲嫌也。「惡知其非有也」，頃時亦嘗爲説，正如晦叔之意。後來又以爲疑，乃如尊兄所諭。今細思之，却不若從晦叔之説，文意俱順，法戒亦嚴，不啓末流之弊也。如何，如何？

答張敬夫 十二月

熹窮居如昨，無足言者。但遠去師友之益，兀兀度日，讀書反己，固不無警省處，終是旁無彊輔，因循汩没，尋復失之。近日一種向外走作，心悦之而不能自已者，皆準止酒例戒而絶之，似覺省事。此前輩所謂「下士晚聞道，聊以拙自修」者。若充擴不已，補復前非，庶其有日。舊讀《中庸》慎獨，《大學》誠意、毋自欺處，常苦求之太過，措詞煩猥。近日乃覺其非，此正是最切近

❶「大」，原作「人」，據浙本改。

處、最分明處，乃舍之而談空於冥漠之間，其亦悮矣。方竊以此意痛自檢勒，懔然度日，惟恐有怠而失之也。

至於文字之間，亦覺向來病痛不少。蓋平日解經最爲守章句者，然亦多是推衍文義，自做一片文字，非惟屋下架屋，説得意味淡薄，且是使人看者將注與經作兩項功夫做了，下稍看得支離，至於本旨，全不相照。以此方知漢儒可謂善説經者，不過只説訓詁，使人以此訓詁玩索經文，訓詁、經文不相離異，只做一道看了，直是意味深長也。《中庸》、《大學》章句緣此略修一過，再録上呈。然覺其間更有合删處。《論語》亦如此草定一本，未暇脱藁。《孟子》則方欲爲之，而日力未及也。

近又讀《易》，見一意思：聖人作《易》，本是使人卜筮以決所行之可否，而因之以教人爲善。如嚴君平所謂與人子言依於孝、與人臣言依於忠者。故卦爻之辭，只是因依象類，虚設於此，以待扣而決者，使以所值之辭決所疑之事。似若假之神明，而亦必有是理而後有是辭。但理無不正，故其丁寧告戒之詞皆依於正。天下之動，所以正夫一而不繆於所之也。以此意讀之，似覺卦爻、十翼指意通暢，但文意字義猶時有窒礙，蓋亦合純作義理説者，所以彊通而不覺其礙者也。今亦録首篇二卦拜呈。此説乍聞之必未以爲然，然且置之，勿以示人，時時虚心略賜省閲，久之或信其不妄耳。

傷急不容耐之病，固亦自知其然，深以爲苦而未能革。若得伯恭朝夕相處，當得減損。但地遠，不能數見爲恨耳。此間朋友絶少進益者，擇之久不相見，覺得病痛日深。頃與伯恭相聚，亦深歎今日學者可大受者殊少也。奈何，奈何？子壽兄弟氣象甚好，其病却是盡廢講學而專務踐履，却於踐履之中要人提撕省察，悟得本心，此爲病之大者。要其操持謹質，表裏不二，實有以過人者。惜乎其自信太過，規模窄狹，不復取人之善，將流於異學而不自知耳。《鄉約》之書，偶家有藏本，且欲流行，其實恐亦難行，如所喻也。然使讀者見之，因前輩所以教人善俗者而知自修之目，❶亦庶乎其小補耳。

答張敬夫集大成説

孔子之謂集大成，集，合也，言合衆理而大備於身也。或曰集謂合樂，成謂樂之一變，此即以樂譬之也。集大成也者，金聲而玉振之也。金聲也者，始條理也；玉振之也者，終條理也。始條理者，智之事也；終條理者，聖之事也。此以樂明之也。金聲之變無窮，玉聲首尾如一。振之者，振而節之，猶今樂之有拍也。凡作樂者，始以金奏而後以玉振之，猶聖人之合衆理而備於身也。條理，衆理之脉絡也。始窮其然而縷析毫分者，智也；終備於身而渾然一貫者，聖也。二者惟孔子全之，三子則始不盡而終不備也。漢兒寬論封禪，亦云「兼總條貫」，金聲而玉振之意亦如此，疑此古樂家語也。知譬則巧也，聖譬則力也。猶射於百步之外也，其至爾力也，其中非爾力也。此復以射明之也。射之所以中者，巧也。其所以至者，力也。中雖在至之後，然其必中之巧則在未發之前也。孔子巧力兼全，至而且中，三子力而不巧，各至其至而不能中也。若顏子，則巧足以中，特力未充而死耳。

承示及集大成説，發明詳備，此説大意不

❶「目」，原作「日」，原段後校云：「『日』疑『目』字之誤。」浙本、四庫本作「目」，據改。

過如此。今所欲論者，正在言語氣象微細曲折之間。然則來説似頗傷冗，費脚手，無餘味矣。「金」、「玉」二字，正是譬喻親切有功處，今却不曾説及，只做「始」、「終」字看了。如此則《孟子》此一節譬喻全是剩語矣。舊見學者所傳在臨安時説此一段，却似簡當，然亦不能盡記。熹舊所解又偶爲人借去，不及參考得失。然記得亦似太多，今略説如前。竊謂似此已是不精約，使人無可玩味了。若更著外來意思言語，即愈支離矣。不審高明以爲如何？

答敬夫孟子説疑義

《告子》篇論性數章。

按此解之體，不爲章解句釋，氣象高遠。然全不略説文義，便以己意立論，又或别用外字體貼，而無脉絡連綴，使不曉者展轉迷惑，粗曉者一向支離。如此數章論性，其病尤甚。蓋本文不過數語，而所解者文過數倍；本文只謂之性，而解中謂之太極。凡此之類，將使學者不暇求經，而先坐困於吾説，非先賢談經之體也。且如《易傳》已爲太詳，然必先釋字義，次釋文義，然後推本而索言之。其淺深近遠，詳密有序，不如是之匆遽而繁雜也。大抵解經但可略釋文義名物，而使學者自求之，乃爲有益耳。

夜氣不足以存。解云：夜氣之所息能有幾？安可得而存乎？

按此句之義，非謂夜氣之不存也。凡言存亡者，皆指心而言耳，觀上下文可見。云「仁義之心」，又云「放其良心」，又云「操則存，舍則亡，惟心之謂與」，正有「存亡」二字，意尤明白。蓋人皆有是良心而放之矣，至於日夜之所息而平旦之好惡與人相近者，則其夜氣所存之良心也。及其旦晝之所爲有梏亡之，則此心又不可見。若梏亡反覆而不已，則雖有日夜之所息者，亦至微薄而不足以存其仁義之良心矣，非謂夜氣有存亡也。若以氣言，則此章文意首尾衡決，殊無血脉意味矣。程子亦曰：「夜氣之所存者，良知良能也。」意蓋如此，然舊看《孟子》未曉此意，亦只草草看過也。

大體小體。

此章之解意未明而說太漫，蓋唯其意之未明，是以其說不得而不漫也。按本文「耳目之官不思而蔽於物」，「心之官則思」，此兩節方是分別小體之不可從而大體之當從之意。解云：「從其大體，心之官也。從其小體，耳目之官也。」只此便多却「從其」四字矣。下文始結之云：「此二者皆天之所以與我者，但當先立乎其大者，則小者不能奪耳。」此章内「先立乎其大者」一句方是説用力處，而此句内「立」字尤爲要切。據今所解，全不曾提掇著「立」字，而只以思爲主。心不立而徒思，吾未見其可也。於是又有君子徇理、小人徇欲之説，又有思非汎而無統之説；又有事事物物皆有所以然之説；雖有心得其宰之云，然乃在於動而從理之後。此由不明《孟子》之本意，是以其説雖漫而愈支離也。七八年前，見徐吉卿説曾問焦某先生爲學之要，焦云：「先立乎其大者。」是時熹説此章正如此解之支離，聞之惘然不解其語。今而思之，乃知焦公之學於躬行上有得力處。

反身而誠。解云：反身而至於誠，則心與理一云云。

按此解語意極高，然只是贊詠之語。施之於經，則無發明之助；施之於己，則無體驗之功。竊恐當如張子之説，以「行無不慊於心」解之，乃有落著。兼「樂莫大焉」，便是「仰不愧、俯不怍」之意，尤慤實有味也。若只懸空説過，便與禪家無以異矣。

所過者化，所存者神。解中引程子、張子之説，合而爲一。

按此程子、張子之説自不同，不可合爲一説。程子云：「所過者化，是身所經歷處；所存者神，所存主處便神。」是言凡所經過處人皆化之，❶而心所存主處，便有鼓舞風動之意，不待其居之久而後見其效也。「經歷」及「便」字尤見其意。又引「綏來動和」及《易傳·革卦》所引用，❷亦可見也。今以《孟子》上下文意求之，恐當從程子爲是。張子説雖精微，然恐非本文之意也。

君子不謂命也。

此一章前一節文意分明，然其指意似亦止爲不得其欲者而發。後一節古今説者未有定論，今讀此解，説「智之於賢者」、「聖人之於天道」兩句極爲有功，但上三句却似未穩。蓋但云出於自然，則只似言性，而非所以語命矣。頃見陳傅良作此論，意正如此，方以爲疑，不知其出於此。豈嘗以是告之耶？熹竊謂此三句只合依程子説爲稟有厚薄，亦與下兩句相通。蓋聖與賢則其稟之厚，而君子所自以爲稟之薄而不及者也。然則此一節亦專爲稟之薄者而發。

❶「之」，原作「也」，據浙本改。
❷「綏」，原作「緩」，據浙本、四庫本改。

可欲之謂善有諸己之謂信。

竊詳所解，熹舊説亦然。自今觀之，恐過高而非本意也。蓋此六位爲六等人爾，今爲是説，則所謂善者，乃指其理而非目其人之言矣，與後五位文意不同。又舊説「信」爲「自信」之意，今按此六位皆它人指而名之之辭，然則亦不得爲「自信」之「信」矣。近看此兩句意思似稍穩當，蓋善者人之所同欲，惡者人之所同惡。人之爲人，有可欲而無可惡，則可謂之善人矣。然此特天資之善耳，不知善之爲善，則守之不固，有時而失之。惟知其所以爲善而固守之，然後能實有諸己而不失，乃可謂之信人也。張子曰：「可欲之謂善，志仁則無惡也。誠善於心之謂信。」正是此意。不審高明以爲如何？此説「信」字未是，後别有説。

前書所示《孟子》數義皆善，但「條理」字恐不必如此説，蓋此兩字不能該得許多意思也。「始條理」、「終條理」，猶曰「智之事」、「聖之事」云爾。「條理」字不須深説，但「金玉」二字却須就「始終」字上説得有來歷乃佳耳。《易》之説固知未合，亦嘗拜稟，姑置之，以俟徐考矣。大抵平日説得習熟，乍聞此説，自是信不及。但虚心而微玩之，久當釋然耳。若稍作意主張求索，便爲舊説所蔽矣。此書近亦未暇卒業，却看得《周禮》、《儀禮》一過，注疏見成，却覺不甚費力也。亦嘗爲人作得數篇記文，隨事頗有發明，卒未有人寫得。俟送碑人回，附呈求教也。心氣未和，每加鐫治，竟不能悛。中間嘗覺求理太多而涵泳之功少，故日常匆迫而不暇於省察，遂欲盡罷生面功夫，且讀舊所習熟者而加涵養之力，竟復汩没，又不能遂。大抵氣質動擾處多難收斂也。且如近讀二《禮》，亦是無事生事也。

蘄州文字亦嘗見之，初意其說止是不喜人闢佛而惡人之溺於佛者。既而考之，其間大有包藏，遂爲出數百言以曉之，只欲俟伯諫歸而示之，未欲廣其書也。近年士子稍稍知向學，而怪妄之說亦復蠭起，❶其立志不高、見理不徹者皆爲所引取，甚可慮也。間嘗與佛者語，記其說，亦成數篇，後便并附呈次。

昨夕因看《大學》舊說，見「人之所親愛而辟焉」處，依古注讀作「譬」字，恐於下文意思不屬。據此，「辟」字只合讀作「僻」字，蓋此言常人於其好惡之私常有所偏而失其正，故無以察乎好惡之公；而施於家者又溺於情愛之間，亦所以多失其道理而不能整齊也。如此讀之，文理極順，又與上章文勢正相似。且此篇惟有此五「辟」字，卒章有「辟則爲天下僇」，「辟」字亦讀爲「僻」，足以相明。但「畏敬」兩字初尚疑之，細看只爲人所懾憚，如見季子位高金多之比云爾。此說尤生，不知尊意以爲如何？然此非索而獲之，偶讀而意思及此耳。近年静中看得文義似此處極多，但不敢一向尋求，而於受用得力處則亦未有意思耳。

與張敬夫論癸巳論語說

學而時習之。

程子曰：「時復紬繹。」本文作「思繹」，今此所引，改「思」爲「紬」，不知何說？學者之於義理，當時紬繹其端緒而涵泳之也。「學而時習

❶「蠭」，原作「蠡」，據浙本、四庫本改。

之」，此是《論語》第一句，句中五字雖有虛實輕重之不同，然字字皆有意味，無一字無下落，讀者不可以不詳，而説者尤不可以有所略也。學之爲言效也，以己有所未知，而效夫知者以求其知；以己有所未能，而效夫能者以求其能之謂也。「而」者，承上起下之辭也。「時」者，無時而不然也。「習」者，重複温習也。「之」者，指其所知之理、所能之事而言也。言人既學矣，而又時時温習其所知之理、所能之事也。蓋人而不學，則無以知其所當知之理，無以能其所當爲之事。學而不習，則雖知其理，能其事，然亦生澀危殆而不能以自安。習而不時，則雖曰習之，❶而其功夫間斷，一暴十寒，終不足以成其習之之功矣。聖言雖約，而其指意曲折深密而無窮蓋如此。凡爲解者，雖不必如此瑣細剖析，然亦須包含得許多意思，方爲完備。今詳所解，於「學而」兩字全然闊略，而但言紬繹義理以解時習之意。夫人不知學，其將何以知義理之所在而紬繹之乎，且必曰「紬繹義理之端緒而涵泳之」，又似義理之中別有一物爲之端緒，若繭之有絲，既紬繹出來，又從而涵泳之也。語意煩擾，徒使學者胸中擾擾，拈一放一，將有揠苗助長之患，非所以示人入德之方也。

説者，油然内慊也。

程子但言「浹洽於中則説」，雖不正解「説」字，而「説」字之意已分明。今既述程語，❷而又增此句，似涉重複。且「慊」者，❸行事合理而中心滿足之意，施之於此，似亦未安。

孝弟也者，其爲仁之本與？

自孝弟而始，爲仁之道，生而不窮。按有子之意，程子之説正謂事親從兄、愛人利物莫非爲仁之道。但事親從兄者本也，愛人利物者末也。本立然後末有所從出，故孝弟立而爲仁之道生也。今此所解，語意雖高而不親切。

其愛雖有差等，而其心無不溥矣。此章「仁」字正指愛之理而言耳，❹《易傳》所謂「偏言則一事」者是也。故程子於此但言孝弟行於家而後仁愛及於物，乃著實指事而言。其言雖近，而指則遠也。今以心無不溥形容，所包雖廣，然恐非本旨，

❶「則」，原缺，據閩本、浙本補。
❷「今」，原缺，據浙本補。
❸「且」，原作「則」，據浙本改。
❹「耳」，原作「曰」，原段後校云：「『曰』字恐誤。」浙本作「耳」，據改。

殊覺意味之浮淺也。

巧言令色。

若夫君子之脩身，謹於言語容貌之間，乃所以體當在己之實事，是求仁之要也。此意甚善，但恐須先設疑問以發之，此語方有所指。❶今無所發端而遽言之，則於經無所當，而反亂其本意矣。如《易傳》中發明經外之意，亦必設爲問答以起之。蓋須如此，方有節次來歷，且不與上文解經正意相雜，而其抑揚反覆之間，尤見得義理分明耳。

爲人謀而不忠。

處於己者不盡也。「處」字未安。

道千乘之國。

信於己也。「己」字未安。自使民以時之外。此句無所當，恐是羨字。

毋友不如己者。

不但取其如己者，又當友其勝己者。經但言「毋友不如己者」，以見友必勝己之意。今乃以「如己」、「勝己」分爲二等，則失之矣。而其立言造意，又似欲高出於聖言之上者。解中此類甚多，恐非小病也。

慎終追遠。

慎，非獨不忘之謂，誠信以終之也。追，非獨不忽之謂，久而篤之也。以「慎」爲不忘，「追」爲不忽，若舊有此說，則當引其說而破之。若初無此說，則此兩句亦無所當矣。且下文兩句所解亦未的當。凡事如是，所以養德者厚矣。慎終追遠自是天理之所當然，人心之所不能已者，人能如此，則其德自厚而民化之矣。今下一「養」字，則是所以爲此者，乃是欲以養德，而其意不專於慎終追遠矣。厚者德之聚，而惡之所由以消靡也。此語於經無當，於理未安。

父在觀其志。

志欲爲之而有不得行，則孝子之所以致其深愛者可知。此章舊有兩說：一說以爲爲人子者，父在則能觀其父之志而承順之，父沒則能觀其父之

❶「指」，閩本、浙本作「措」。

行而繼述之，又能三年無改於父之道，則可謂孝矣。一説則以爲欲觀人子之賢否者，父在之時，未見其行事之得失，則但觀其志之邪正。父没之後，身任承家嗣事之責，則當觀其行事之得失。若其志與行皆合於理，而三年之間又能無改於父之道，則可謂孝矣。此兩説不同，愚意每謂當從前説所解爲順。❶若如後説，則上文未見志行之是非，不應末句便以「可謂孝矣」結之也。今詳此解蓋用後説，然謂父在而志不得行可以見其深愛，則又非先儒舊説之意矣。經文但有一「志」字，乃是通邪正得失而言，如何便見得獨爲「志欲爲之而不得行」，又何以見夫「致其深愛」之意耶？

三年無改於父之道，志哀而不暇它之問也。又曰：三年無改者，言其常也，可以改而可以未改者也。

此句之説，惟尹氏所謂「孝子之心有所不忍」者最爲慤實。而游氏所謂「在所當改而可以未改」者，斟酌事理尤得其當。此解所云「志哀而不暇它之問」者，蓋出謝氏之説，其意非不甚美，然恐立説過高，而無可行之實也。蓋事之是非可否日接於耳目，有不容不問者。君子居喪，哀戚雖甚，然視不明、聽不聰、行不正、不知哀者，君子病之，則亦不應如是之迷昧也。所謂「可以改而可以未改」者，則出於游氏之説，然又失其本指。蓋彼曰「在所當改」，則迫於理而不得不然之辭也。❷今曰「可以改」，則意所欲而冀其或可之辭也。二者之間，其意味之厚薄相去遠矣。又此經所言，亦爲人之父不能皆賢，不能皆不肖，故通上下而言，以中人爲法耳。今解又云「三年無改者，言其常也」，似亦非是。若言其常，則父之所行，子當終身守之可也，豈但以三年無改爲孝哉？

信近於義。

恭謂貌恭。又曰：恭而過於實，適所以招恥辱。

恭不近禮，謂之無節而過卑則可；謂之貌恭而過實，則失之矣。且貌恭而過實，亦非所以取恥辱也。

言而不可復則不可行，將至於失其信矣。或欲守其不可復之言，則送於理而

❶「所解」，浙本作「文勢」。
❷「迫」，原作「近」，據浙本改。

反害於信矣。此結句似不分明，❶恐未盡所欲言之曲折也。竊原本意，蓋曰欲其言之信於人，而不度於義者，復之則害於義，不復則害於信，進退之間，蓋無適而可也。故君子欲其言之信於人也。必度其近於義而後出焉，則凡其所言者，後無不可復之患矣。恐須如此說破，方分明也。

就有道而正焉。

異世而求之書。本文未有此意，恐不須過說。或必欲言之，則別爲一節而設問以起之可也。

貧而樂，富而好禮。

進於善道，有日新之功，其意味蓋無窮矣。此語不實。

《詩》三百。

其言皆出於惻怛之公心，非有它也。「惻怛」與「公心」字不相屬。「非有它也」，乃嫌於有它而解之之辭，然亦泛矣。《詩》發於人情，似無「有它」之嫌。若有所嫌，亦須指言何事，不可但以「有它」二字概之也。

無違。

生，事之以禮，以敬養也。死，葬之以禮，必誠必信也。祭之以禮，致敬而忠也。專言敬則愛不足，專言誠信則文不足，「忠」字尤所未曉，然致敬而忠，恐亦未足以盡祭禮。大率聖人此言至約，而所包極廣，條舉悉數猶恐不盡，況欲率然以一言該之乎？

十世可知。

若夫自嬴秦氏廢先王之道，而一出於私意之所爲，有王者作，其於繼承之際，非損益之可言，直盡因革之宜而已。此一節立意甚偏而氣象褊迫，無聖人公平正大、隨事順理之意。且如此說，則是聖人之言不足以盡古今之變，其所謂百世可知者，未及再世而已不驗矣。嘗究此章之指，惟古注馬氏得之。何晏雖取其說，而復亂以己意，以故後來諸家祖習其言，展轉謬誤，失之愈遠。至近世吴才老、胡致堂始得其說，最爲精當。吴說有《續解》、《考

❶「結」，浙本作「數」。

異》二書，而《考異》中此章之説爲尤詳，願試一觀，或有取焉。大抵此二家説其它好處亦多，不可以其後出而忽之也。

非其鬼而祭之，諂也。

無其鬼神，是徒爲諂而已。聖人之意，罪其祭非其鬼之爲諂，而不譏其祭無其鬼之徒爲諂也。諂自惡德，豈論其有鬼無鬼、徒與不徒也哉？

《韶》、《武》。

聖人之心，初無二致，揖遜征伐，時焉而已。此理固然，但此處解「美」、「善」兩字而爲此説，似以舜武心皆盡美，而武王之事有未盡善，則「美」字反重而「善」字反輕，爲不倫耳。蓋美者聲容之盛，以其致治之功而言也。善者致美之實，以其德與事而言也。然以德而言，則性之反之雖有不同，而成功則一；以事而言，則揖遜、征伐雖有不同，而各當其可。則聖人之心，亦未嘗不同也。

仁者能好人惡人。

仁者爲能克己。此語似倒，恐當正之。

無終食之間違仁。

無終食之間違仁，是心無時而不存也。造次顛沛必於是，主一之功也。此二句指意不明，語脉不貫，初竊疑其重複。既而思之，恐以上句爲成德之事，下句爲用功之目。若果如此，則當改下句云「所以存其心也」，乃與上文相應，庶讀者之易曉。然恐終非聖人之本意也。

無適無莫。

或曰：異端無適無莫而不知義之與比，失之矣。夫異端之所以不知義者，正以其有適有莫也。異端有適有莫，蓋出於程子之言。然譏其無適莫而不知義，亦謝氏之説。言雖不同，而各有所指，未可遽以此而非彼也。若論先後，則正以其初無適莫而不知義，故徇其私意以爲可否，而反爲有適有莫。既有適莫，故遂不復求義之所在，而卒陷於一偏之説也。

求爲可知。

若曰使己有可知之實，則人將知之，是亦

患莫己知而已，豈君子之心哉？　此說過當。若曰「所謂求爲可知者，亦曰爲其所當爲而已，非謂務皎皎之行以求聞於人也」，則可矣。

一以貫之。

道無不該也，有隱顯内外本末之致焉。若無隱顯内外本末之致，則所謂一貫者，亦何所施哉？　此意甚善，然其辭則似生於辨論反覆之餘者。今發之無端，則無所當而反爲煩雜。若曰「聖人之心於天下事物之理無所不該，雖有内外本末隱顯之殊，而未嘗不一以貫之也」，則言順而理得矣。

欲訥於言。

言欲訥者畏天命，行欲敏者恭天職。　言行自當如此，不必爲畏天命、恭天職而然。今若此言，則是以言行爲小，而必稱天以大之也。且言行之分亦未穩當，❶行之欲敏，獨非畏天命耶？

晝寢。

知抑精矣。　「抑」字恐誤。

臧文仲。

世方以小慧爲知。　小慧似非所以言臧文仲。

季文子。

非誠其思。　此語未善。

顔淵、季路侍。

爲吾之所當爲而已，則其於勞也奚施？　「施勞」，舊說皆以「施」爲「勿施於人」之「施」，「勞」者，勞辱之事。今如此說，語不分明。子細推尋，似亦以「施」爲夸張之意，「勞」爲「功勞」之「勞」，其意雖亦可通，但不知「施」字有如此用者否耳？❷必如此說，更須子細考證，說令明白乃佳。　存乎公理。　此句亦未善。

質勝文則野。

失而爲府史之史，寧若爲野人之野乎？　此用楊氏「與其史也，寧野」之意，然彼亦以爲必不得已而有所偏勝，則寧若此耳。今解乃先言此，而又言「矯

❶「亦」，原作「屬」，據閩本、浙本改。
❷「施」，原作「勞」，據閩本、浙本改。

揉就中」之説，則既曰「寧爲野人之野」矣，又何必更説「俛勉而進其文」乎？文理錯雜，前後矛盾，使讀者不知所以用力之方。恐當移此於「矯揉就中」之後，則庶乎言有序而不悖也。

人之生也直。

罔則昧其性，是冥行而已矣。此説似好，然承上文「直」字相對而言，則當爲欺罔之罔。

中人以下。

不驟而語之以上，是亦所以教之也。孟子言「不屑之教誨，是亦教誨之」，蓋爲不屑之教誨，已是絶之而不復教誨，然其所以警之者亦不爲不至，故曰是亦教誨之而已矣。所謂「亦」者，非其正意之辭也。若孔子所言「中人以下未可語上」，而不驟語之以性與天道之極致，但就其地位，告之以切己著實之事，乃是教之道正合如此，非若不屑之教誨，全不告語，而但棄絶以警之也。今曰「是亦教誨之也」，則似教人者不問其人品之高下，必盡告以性與天道之極致，然後始可謂之教誨。才不如此，便與絶而不教者無異。此極害理，非聖門教人之法也。且著此一句，非惟有害上文之意，覺得下文意思亦成躐等，氣象不佳。試思之，若但改云「不驟而語之以上，是乃所以漸而進之，使其切問近思而自得之也」，則上下文意接續貫通，而氣象無病矣。此所撰《集注》已依此文寫入矣。

敬鬼神而遠之。

遠而不敬，是誣而已。「誣」字未安。

知仁動静。

知之體動，而静在其中；仁之體静，而動在其中。此義甚精，蓋周子《太極》之遺意，亦已寫入《集注》諸説之後矣。但在此處讀之，覺得有急迫之病，略加曲折，别作一節意思發明乃佳。大抵此解之病在於太急迫而少和緩耳。

子見南子。

過衛國，必見寡小君。孔子居衛最久，不可但言過衛。見小君者，禮之當然，非特衛國如此也。夫子聽衛國之政，必自衛君之身始。此理固然，然其間似少曲折，只如此説，則亦粗暴而可畏矣。試更思之，若何。

博施濟衆。

不當以此言仁也，仁之道不當如此求也。但言不當，而不言其所以不當之故，不足以發聖人之意。先言仁者，而後以仁之方結之。立人達人，仁也；能近取譬，恕也。自是兩事，非本一事而先言後結也。

述而不作。

聖人所以自居者，平易如此。「平易」二字説不著。老彭、孔子事同，而情性功用則異。孔子賢於堯、舜，非老彭之所及，人皆知之，自不須説。但其謙退不居而反自比焉，且其辭氣極於遜讓，而又出於誠實如此，此其所以爲盛德之至也。爲之説者，正當於此發其深微之意，使學者反復潛玩，識得聖人氣象，而因以消其虚驕傲誕之習，乃爲有力。今但以「平易」二字等閑説過，而於卒章忽爲此論，是乃聖人鞠躬遜避於前，而吾黨爲之攘袂扼腕於後也。且無乃使夫學者疑夫聖人之不以誠居謙也乎哉？大率此解多務發明言外之意，而不知其反戾於本文之指，爲病亦不細也。

默而識之。

默識非言意之所可及，蓋森然於不睹不聞之中也。又云：世之言默識者，類皆想像億度，驚怪恍惚，不知聖門實學貴於踐履，❶隱微之際，無非真實。默識只是不假論辨而曉此事理，如侯子辨揔老之説是已。蓋此乃聖人之謙詞，未遽説到如此深遠處也。❷且此説雖自踐履言之，然其詞氣則與所謂驚怪恍惚者亦無以相遠矣。

子之燕居。

聖人聲氣容色之所形，如影之隨行。聲氣容色不離於形，同是一物。影之於形，雖曰相隨，然却是二物。以此況彼，欲密而反疏矣。且衆人聲氣容色之所形，亦其有於中而見於外者，❸豈獨聖人爲然哉？

志於道。

❶「踐履」，浙本作「履踐」。下「踐履」同。
❷「遠」，浙本作「邃」。
❸「其」，原作「以」，據浙本改。

藝者，所以養吾德性而已。上四句解釋不甚親切，而此句尤有病。蓋藝雖末節，然亦事理之當然，莫不各有自然之則焉。曰「游於藝」者，特欲其隨事應物各不悖於其理而已。❶不悖於理，則吾之德性□固得其養，❷然初非期於爲是以養之也。此解之云，亦原於不屑卑近之意，故耻於游藝而爲此説以自廣耳。又按張子曰：「藝者，日爲之分義也。」詳味此句，便見得藝是合有之物，非必爲其可以養德性而後游之也。

自行束脩以上。

辭氣容色之間，何莫非誨也，固不保其往爾。「誨」字之意，恐未説到辭氣容色之間，亦未有不保其往之意也。蓋「吾無隱乎爾」，乃爲二三子以爲有隱而發。「不保其往」，乃爲門人疑於互鄉童子而發，皆非平日之常言，不應於此無故而及之也。若以禮來者，不以一言告之，而必俟其自得於辭氣容色之間，又先萌不保其往之意，則非聖人物來順應之心矣。此一章之中而説過兩節意思，尤覺氣迫而味短也。

憤悱。

憤則見於辭氣，悱則見於顔色。此兩字與先儒説正相反，不知别有據否？

子謂顔淵。

其用也，豈有意於行之？其舍也，豈有意於藏之？聖人固無意必，然亦謂無私意期必之心耳。若其救時及物之意皇皇不舍，豈可謂無意於行之哉？至於舍之而藏，則雖非其所欲，謂舍之而猶無意於藏，則亦過矣。若果如此，則是孔、顔之心漠然無意於應物，推而後行，曳而後往，如佛、老之爲也。聖人與異端不同處正在於此，不可不察也。程子於此但言「用舍無與於己，行藏安於所遇者也」，詳味其言，中正微密，不爲矯激過高之説，而語意卓然，自不可及，其所由來者遠矣。程子又云：「樂行憂違，憂與樂皆道也，非己之私也。」與此相似，亦可玩味。

子行三軍則誰與？

「臨事而懼，好謀而成」，古之人所以成天下之事而不失也，豈獨可行三軍而已

❶「其」，原缺，據浙本補。

❷「□」，原爲墨丁。

哉？臨事而懼，好謀而成，本爲行三軍而發，故就行三軍上觀之，尤見精密。蓋聖人之言雖曰無所不通，而即事即物，毫釐之間又自有不可易處。若如此解之云，是乃程子所謂「終日乾乾，節節推去」之病矣。❶

子所雅言。

性與天道，亦豈外是而它得哉？固是如此，然未須說。

子不語。

語亂則損志。「損志」二字未安。

弋不射宿。

不忍乘危。「乘危」二字未安。

奢則不孫。

聖人斯言，非勉學者爲儉而已。聖人深惡奢之爲害，而寧取夫儉之失焉，則其所以勉學者之爲儉，其意切矣。今爲此說，是又欲求高於聖人，而不知其言之過，心之病也。温公謂楊子作《玄》，本以明《易》，非敢別作一書以與《易》競。❷今讀此書，雖名爲說《論語》者，然考其實，則幾欲與《論語》競矣。鄙意於此深所未安，不識高明以爲如何？

曾子有疾，召門弟子。

形體且不可傷，則其天性可得而傷乎？此亦過高之說，非曾子之本意也。❸且當著明本文之意，❹使學者深慮，❺保其形體之不傷而盡心焉，是則曾子所爲丁寧之意也。且天性亦豈有可傷之理乎？

孟敬子問之。

將死而言善，人之性則然。此語太略，幾不可曉，恐當加詳焉。動容貌者，動以禮也。正顔色者，正而不妄也。出詞氣者，言有物也。動容貌則暴慢之事可遠，正顔色則以實而近信，出詞氣則鄙倍之意可遠。此說蓋出於謝氏，以文意求之，既所未安；而以義理觀

❶「謂」，浙本作「訶」。
❷「作」，浙本作「爲」。
❸「意」，浙本作「指」。
❹「著」，浙本作「發」。
❺「慮」，浙本作「思」。

之，則尤有病。蓋此文意但謂君子之所貴乎道者，有此三事，動容貌而必中禮也，正顔色而非色莊也，出詞氣而能合理也。蓋必平日莊敬誠實，涵養有素，方能如此。若其不然，則動容貌而不能遠暴慢矣，正顔色而不能近信矣，出詞氣而不能遠鄙倍矣。文勢如此，極爲順便。又其用功在於平日積累深厚，而其效驗乃見於此，意味尤覺深長。明道、尹氏説蓋如此，惟謝氏之説以動、正、出爲下功處，而此解宗之。夫經但云「動」，則其以禮與否未可知；但云「正」，則其妄與不妄未可見；但云「出」，則其有物無物亦未有以驗也。蓋夫子嘗言「非禮勿動」，則動容固有非禮者矣。今但曰「動」，則暴慢如何而遽可遠乎？又曰「色取仁而行違」，則正色固有不實者矣。今但曰「正」，則信如何而遽可近乎？又曰「出其言不善」，則出言固有不善者矣。今但曰「出」，則鄙倍如何而遽可遠乎？此以文義考之，皆所未合。且其用力至淺而責效過深，正恐未免於浮躁淺迫之病，非聖賢之本指也。

弘毅。

弘由充擴而成。此句似説不著。

民可使由之。

使自得之。此亦但謂使之由之耳，非謂使之知也。

蕩蕩乎民無能名焉。

無所不該，而其用則密。只廣大便難名，不必言其用之密也。

禹，吾無間然矣。

皆所以成其性耳。禹之所行，皆理之所當然，固是本出於性，然禹亦爲其所當爲而已，非以其能成吾性而後爲之也。

子絶四。

絶而不復萌。此顔子不貳過之事，非所以語孔子，蓋此「絶」字猶曰「無」耳。然必言「絶」而不言「無」者，見其無之甚也。

顔淵喟然歎曰。

「約我以禮」，謂使之宅至理於隱微之際。侯氏曰：「博文，致知格物也；約禮，克己復禮也。」其説最善，此解説得幽深，却無意味也。必曰「如」者，言其始見之端的者然也。此句亦不可曉。

未見好德。

衆人物其性。此語未安。蓋性非人所能物，衆人但不能養其性而流於物耳，性則未嘗物也。

語之而不惰。

不惰，謂不惰其言也。夫子之言昭然發見於顔子日用之中，此之謂不惰。「惰」字乃怠惰之義。如所解，乃墜墮之義，字自作「墮」，或有通作「墮」者，不作惰也。且其爲説，又取禪家語墮之意。鄙意於此尤所未安也。

衣敝緼袍。

不忮不求之外，必有事焉。此語不可曉。

可與共學。

或者指權爲反經合道、驚世難能之事。世俗所謂權者，乃隨俗習非、偷安苟得，如《公羊》祭仲廢君之類耳，正不謂驚世難能之事也。

唐棣之華。

《唐棣》之詩，周公誅管、蔡之事。《論語》及《詩・召南》作「唐棣」，《小雅》作「常棣」，無作「棠」者。而《小雅》「常」字亦無「唐」音。《爾雅》又云：「唐棣，棣；常棣，移。」則唐棣、常棣自是兩物。而夫子所引，非《小雅》之《常棣》矣。且今《小雅・常棣》之詩，章句聯屬，不應別有一章如此，蓋逸《詩》爾。《論語》此下別爲一章，不連上文。范氏、蘇氏已如此説。但以爲思賢之詩，則未必然耳。或説此爲孔子所删《小雅》詩中之一章，亦無所考。且以文意參之，今詩之中當爲第幾章耶？

食饐而餲。

聖人所欲不存，豈有一毫加於此哉？此句不可曉。

出三日，不食之矣。

或出三日，則寧不食焉。按經文，此句乃解上文祭肉不出三日之意，言所以三日之中食之必盡，而不使有餘者，蓋以若出三日，則人將不食而厭棄之，非所以敬神惠也。

不可則止。

有不合於正理，則從而止之。按經文意，「不可則止」，但謂不合則去耳。後篇論朋友處，❶「不可則止」，文意正同。今爲此説，穿鑿費力，而不成文理，竊所未安。且兩句文同，不應指意頓異如此也。

點，爾何如？

「曾子非有樂乎此也」至「故行有不揜焉也」。此論甚高，然反復玩之，則夸張侈大之辭勝，而慤實淵深之味少。且其間文意首尾自相背戾處極多，且如所謂「曾子非有樂乎此也，蓋以見夫無不得其樂之意耳」，只此一句，便自有兩重病痛。夫謂曾子非有樂乎此，此本於明道先生「簞瓢陋巷非有可樂」之説也。然顔、曾之樂雖同，而所從言之則異，不可不察也。蓋簞瓢陋巷實非可樂之事，顔子不幸遭之，而能不以人之所憂改其樂耳。若其所樂，則固在夫簞瓢陋巷之外也。故學者欲求顔子之樂，而即其事以求之，則有没世而不可得者，此明道之説所以爲有功也。若夫曾皙言志，乃其中心之所願而可樂之事也。蓋其見道分明，無所係累，從容和樂，欲與萬物各得其所之意，莫不藹然見於詞氣之間。明道所謂「與聖人之志同，便是堯舜氣象」者，正指此而言之也。學者欲求曾皙之胸懷氣象，而舍此以求之，則亦有没世而不可得者矣。夫二子之樂雖同，而所從言則其異有如此者，今乃以彼之意爲此之説，豈不誤哉！且夫子之問，欲知四子之所志也。四子之對，皆以其平日所志而言也。今於曾皙之言獨謂其特以見夫無所不得其樂之意，則是曾皙於夫子之問獨不言其平日之所志，而臨時信口撰成數句無當之大言，以夸其無所不樂之高也。如此則與禪家拈槌竪拂、指東畫西者何以異哉？❷其不得罪於聖人幸矣，又何喟然見與之可望乎？至於此下雖名爲推説曾皙之意者，然盡黜其言而直伸己見，則愚恐其自信太重，視聖賢太輕，立説太高，而卒歸於無實也。且所謂「無不得其樂」者，固以人而言之矣，而其下文乃以「天理自然，不可妄助，❸不可過不及，不可倚著」者釋之，則未知其以理而言耶？抑以人言之耶？以理而言，則與上文「得其所樂」之云似不相應；以人而言，則曾皙之心艱危恐迫，傾側動摇，亦已甚矣，又何以得其所樂而爲天

❶「後」，原作「前」，據浙本改。
❷「家」下，浙本有「之」字。「哉」，浙本無此字。
❸「妄」，浙本作「忘」。

理之自然耶？其以爲「叙、秩、命、討，天則所存，堯舜所以無爲而治者」，則求諸曾晳之言，殊未見此曲折。且此既許之以聖人之事矣，又以爲聖門實學存養之地，則是方以爲學者之事也。若曰姑以爲學者之事而已，而又以爲行有所不揜焉，則是又并所謂存養者而奪之也。凡此數節，殊不相應，皆熹之所不能曉者。竊惟此章之旨惟明道先生發明的當，若上蔡之説，徒贊其無所系著之意，而不明其對時育物之心。至引列子御風之事爲比，則其雜於老莊之見，而不近聖賢氣象尤顯然矣。凡此説中諸可疑處，恐皆原於此説。竊謂高明更當留意，必如横渠先生所謂「濯去舊見，以來新意」者，庶有以得聖賢之本心耳。《論語》中大節目似此者不過數章，不可草草如此説過也。

克己復禮。

「斯言自始學至成德，皆當從事」至「無所見夫克矣」。此一節意思，似亦因向來以克己爲後段事，故有此反復之論。今但如此發之無端，恐亦須設問答以起之。

子帥以正。

其有不率者，則明法敕罰以示之，亦所以教也。理固如此，但此處未應遽如此説，奪却本文正意耳。《易》曰「明罰敕法」，此倒其文，不知别有意否？

直躬。

「世之徇名而不究其實者」至「幾何其不若是哉」。此不知所指言者謂何等事，文意殊不明也。

爲命。

「雖然」至「言外之意也」。恐聖人未有此意，但作今自推説，却不妨耳。

人也。

以其有人之道也。古注云：「猶《詩》『所謂伊人』。」此説當矣。《莊子》曰：「之人也，物莫之傷。」亦與此同。若曰有人之道，極言之則太重，管仲不能當；淺言之則太輕，又非所以語管仲也。

孟公綽。

趙、魏老在當時號爲家事治者。此句不可曉，恐傳本有誤字。

正譎。

程子曰云云。此解恐當用致堂説，向見伯恭説亦如此。

古之學者爲己。

所以成物，特成己之推而已。按此「爲人」，非成物之謂。伊川以「求知於人」解之，意可見矣。若學而先以成物爲心，固失其序，然猶非私於己者，恐亦非當時學者所及也。吕與叔《中庸序》中亦如此錯解了。

不逆詐。

孔注文義爲順。按孔注文義極不順，惟楊氏説得之。「抑」者，反語之詞，如云：「求之與？抑與之與？」「硜硜然小人哉，抑亦可以爲次矣。」皆略反上文之意也。

微生畝。

包注訓「固」爲陋，此解是。恐亦未安。

諒陰。

大君敕五典以治天下，而廢三年之達喪。經文未有此意，短喪自是後世之失。若欲發明，當別立論而推以及之，不可只如此説，無來歷也。

脩己以敬。

敬有淺深，敬之道盡，則脩己之道亦盡，而安人安百姓皆在其中。此意甚善，但「敬有淺深」一句，在此於上下文並無所當，反使人疑脩己是敬之淺者，安百姓是敬之深者。今但削去此四字及下文一「亦」字，則意義通暢，自無病矣。

原壤。

「幼而孫弟」至「見其弊之所自也」。恐聖人無此意，今以爲當如是推之則可耳。

予一以貫之。

所謂「約我以禮」者歟？此説已見「顏淵喟然」章。

此亦子貢初年事。既曰當其可，則子貢是時應已默契夫子之意矣。後來所言夫子之得邦家者，安知不由此而得之？何以知其爲初年事耶？此等既無考據，而論又未端的，且初非經之本意，不言亦無害也。

子張問行。

人雖不見知，而在己者未嘗不行。夫子之言，言其常理。此人雖不知，❶別是一段事，未應遽説以亂夫子之意。向後别以己意推言則可耳。

參前倚衡，使之存乎忠信篤敬之理也。此謂言必欲其忠信、行必欲其篤敬，念念不忘而有以形於心目之間耳。若不責之於言行之實，而徒曰存其理而不舍，亦何益哉？

卷而懷之。

猶有卷而懷之之意，未及潛龍之隱見。恐不須如此説。

志士仁人。

仁者，人之所以生也，苟虧其所以生者，則其生也亦何爲哉？志士仁人所以不求生以害仁者，乃其心中自有打不過處，不忍就彼以害此耳，❷非爲恐虧其所以生者而後殺身以成仁也。所謂成仁者，亦但以遂其良心之所安而已，非欲全其所以生而後爲之也。此解中常有一種意思，不以仁義忠孝爲吾心之不能已者，而以爲畏天命、謹天職，欲全其所以生者而後爲之，則是本心之外别有一念，計及此等利害重輕而後爲之也。誠使真能舍生取義，亦出於計較之私，而無慤實自盡之意矣。大率全所以生等説，自它人旁觀者言之，以爲我能如此則可，若挾是心以爲善，則已不妥帖，況自言之，豈不益可笑乎？《吕覽》所載直躬證父一事而載取名事，正類此耳。

放鄭聲，遠佞人。

非聖人必待戒乎此也，於此設戒，是乃聖人之道也。此是聖人立法垂世之言，似不必如此説。然禹以丹朱戒舜，舜以「予違汝弼」責其臣，便説聖人必戒乎此，亦何害乎？此蓋尊聖人之心太過，故凡百費力主張，不知氣象却似輕淺迫狹，無寬博渾厚意味也。

一言終身行之。

行恕則忠可得而存矣。此句未安，當云「誠能行恕，則忠固在其中矣」。

❶「此」，《正訛》改作「耳」，當屬上讀。

❷「耳」，原作「且」，據《正訛》及文義改。

誰毁誰譽。

毁者指其過，譽者揚其美。此説未盡。愚謂：毁者，惡未至此而深詆之也；譽者，善未至此而驟稱之也。非但語其已然之善惡而已。誰毁誰譽，謂吾於人無毁譽之意也。聖人之心仁恕公平，實無毁譽，非但無其意而已。有所譽必有所試，因其有是實而稱之。此亦未盡。試猶驗也，聖人或時有所譽者，雖其人善未至此，然必嘗有以驗之，而知其將至是矣。蓋聖人善善之速，惡惡之緩，而於其速也亦無所苟焉。又曰：可毁可譽在彼。又曰：不云有所毁，聖人樂與人爲善也，必有所試而後譽，則其於毁亦可知矣。若如此説，則是聖人固常有毁，但於此著其有譽而匿其有毁，以取忠厚之名也，而可乎？毁，破壞也，如器物之未敗而故破壞之，聖人豈有是乎？

禮樂征伐自天子出。

天子亦豈敢以爲己所可專，而加私意於其間哉？亦曰奉天理而已。意見「原壤夷俟」、「子張問行」章。

三愆。

言而當其可，非養之有素不能也。聖人此言只是戒人言語以時，不可妄發，未説到此地位也。言及之而不言，當言之理不發也。此語甚怪，蓋爲養之有素所牽而發耳。然若如此，則是自見不到，有隱於人矣。

生而知之。

其至雖一，而其氣象規模終有不同者。此一節當删去，於解經之意亦未有所闕也。

子謂伯魚。

「爲」者，躬行其實也。按諸先生多如此説，意極親切，但尋文義恐不然耳。「爲」只是誦讀講貫，「牆面」只是無所見。《書》所謂「不學牆面」，亦未説到不躬行則行不得處也。

患得之。

所爲患得者，計利自便之心也。此句解得文義不分明，而語意亦不親切。

君子有惡。

「以子貢之有問」至「抑可知矣」。夫子之問，未見惡人之疑；子貢之對，亦未見檢身之意。

三仁。

皆稱爲仁，以其不失其性而已。此説「仁」字恐不親切。

荷蓧。

植杖而芸，亦不迫矣。止子路宿，則其爲人蓋有餘裕。又曰行以避焉，隘可知也。此語自相矛盾。

不施其親。

引尹氏説。尹氏固佳，然不知「施」字作如何解？若如謝氏，雖亦引「無失其親」爲解，然却訓「施」爲「施報」之「施」，則誤矣。此等處須説破，令明白也。陸德明《釋文》本作「弛」字，音詩紙反，是唐初本猶不作「施」字也。吕與叔亦讀爲「弛」，❶而不引《釋文》，未必其考於此，蓋偶合耳。今當從此音讀。

士見危致命。

楊氏曰云云。似不必如此分别。

君子學以致其道。

致者，極其致也。恐當云「致者，極其所至也」。自未合者言之，非用力以致之，則不能有諸躬。道固欲其有諸躬，然此經意但謂極其所至耳，不爲有諸躬者發也。若曰有諸躬，則當訓「致」爲「致師」之「致」，如蘇氏之説矣。然本文意不如此。

大德小德。

小德，節目也。此章説甚佳，但以《記》所謂「後其節目」者觀之，則此二字似未甚當。

子夏之門人小子。

「君子之道，孰爲當先而可傳」至「循其序而用力耳」。詳本文之意，正謂君子之道本末一致，豈有以爲先而傳之，豈有以爲後而倦教者？但學者地位高下不同，如草木之大小自有區别，❷故其爲教

❶「爲」，浙本作「作」。
❷「大小」，浙本作「小大」。

不得不殊耳。初無大小雖分而生意皆足，本末雖殊而道無不存之意也。「焉可誣也」，蘇氏得之。「有始有卒」，尹氏得之。此章文義如此而已。但近年以來，爲諸先生發明本末一致之理，而不甚解其文義，固失其指歸。然考之程書，明道嘗言：「先傳後倦，君子教人有序，先傳以近者小者，而後教以遠者大者，非是先傳以近小，而後不教以遠大也。」此解最爲得之。然以其言緩而無奇，故讀者忽之而不深考耳。

孟莊子。

孟莊子所以不改，意其事雖未盡善，而亦不至於悖理害事之甚與？莊子乃獻子之子，獻子賢大夫，其臣必賢，其政必善。莊子之賢不及其父，而能守之終身不改，故夫子以爲難，蓋善之也。此臨川鄧丈元亞說，諸家所不及也。

仲尼焉學？

萬物盈於天地之間，莫非文武之道，初無存亡增損。近年説者多用此意，初若新奇可喜，然既曰「萬物盈於天地之間」，則其爲道也，非文武所能專矣。既曰「初無存亡增損」，則「未墜於地」之云，又無所當矣。且若如此，則天地之間可以目擊而心會，又何待於賢者識其大、不賢者識其小，一一學之，然後得耶？竊詳文意，所謂文武之道，但謂周家之制度典章爾。孔子之時猶有存者，故云未墜也。大抵近世學者喜聞佛、老之言，❶常還吾説以就之，故其弊至此。讀者平心退步，反復於句讀文義之間，則有以知其失矣。

生榮死哀。

生榮死哀，無不得其所者也。所解不明。似謂天下之人其生皆榮、其死皆哀，無不得其所者，不知是否？若如此説，則不然矣。子貢言夫子得邦家時其效如此，范氏所謂「生則天下歌誦，死則如喪考妣」者是也。

謹權量。

此亦帝王爲治之要。此篇多闕文，當各考其本文所出而解之。有不可通者，闕之可也。「謹權量」以下，皆武王事，當自「周有大賚」以下至「公則悦」爲

❶「佛老」，浙本作「老佛」。

一章。蓋興滅國、繼絶世、舉逸民，當時皆有其事，而所重民食喪祭，即《武成》所謂「重民五教，惟食喪祭」者也。

晦庵朱文公先生文集卷第三十一

閩縣學訓導何器校

晦庵先生朱文公文集卷第三十二

書 汪張呂劉問答

答敬夫論中庸説

「鳶飛魚躍」注中引程子説，蓋前面説得文義已極分明，恐人只如此容易領略便過，故引此語，使讀者於此更加涵泳。又恐枝葉太盛，則人不復知有本根，妄意穿穴，別生病痛，故引而不盡，使讀者但知此意而別無走作，則只得將訓詁就本文上致思，自然不起狂妄意思。當時於此詳略之間，其慮之亦審矣。今欲盡去，又似私憂過計，懲羹吹虀，雖救得狂妄一邊病痛，反没却程子指示眼目要切處，尤不便也。

「前知」之義，經文自説禎祥妖孽蓍龜四體，解中又引執玉高卑之事以明四體之説，則其所謂前知者，乃以朕兆之萌知之。蓋事幾至此，已自昭晰，但須是誠明照徹，乃能察之。其與異端怪誕之説自不嫌於同矣。程子所説用與不用，似因異端自謂前知而言，其曰「不如不知之愈」者，蓋言其不知者本不足道，其知者又非能察於事理之幾微，特以偵伺於幽隱之中，妄意推測而知，故其知之反不如不知之愈。因引釋子之言，以見其徒稍有識者已不肯爲，皆所以甚言其不足道而深絶之，非以不用者爲可取也。今來喻發明固以爲異端必用而後知，不用則不知，惟至誠則理不可揜，故不用而自知，是乃所謂天道者，此義精矣。然不用之云，實生於程子所言之嫌，而程子之言初不謂此，引以爲説，恐反惑人。且以此而論至誠、異端之不同，又不若注中指事而言，尤明白而直截也。

切、磋、琢、磨，但以今日工人制器次第考之便可見。切者，以刀或鋸裁截骨角，使成形質；磋則或鑢或錫，使之平治也。琢者，以椎擊鑿鐫刻玉石，使成形質；磨則礱以沙石，使之平治也。蓋骨角柔韌，不容琢磨；玉石堅硬，不通切磋。故各隨其宜以攻治之，而其功夫次第從粗入細又如此。雖古今沿習或有不同，然物有定理，恐亦無以相遠也。故古注舊説雖與此異，然其以切磋爲治骨角，琢磨爲治玉石，亦未嘗亂，但不當分四者各爲一事而不相因耳。豈亦有所傳授而小失之與？來喻欲以四者皆爲治玉石之事，而謂切爲切其璞，琢爲琢其形。此於傳文協矣，然切其璞而琢其形，則不必遽磋，磋之既平，而復加椎鑿，則滑净之上却生瘢痕，與未磋何異？竊恐古人知能創物，不應如此之迂拙重複也。蓋古人引《詩》，往往略取大意，初不甚拘文義。故於此兩句但取其相因之意，而不細分其物。若細分之，則以切、琢爲道學，磋、磨爲自脩，如《論語》之以切、琢比無諂無驕，磋、磨比樂與好禮，乃爲穩帖。今既不同，亦不必彊爲之説，但識其大意可也。況經傳中此等非一，若不寬著意思緩緩消詳，則字字相梗，亦無時而可通矣。

答張敬夫

諸諭一一具悉。比來同志雖不爲無

人，然更事既多，殊覺此道之孤，無可告語，居常鬱鬱。但每奉教喻，輒爲心開目明耳。子澄所引馬、范出處，渠輩正坐立志不彊而聞見駁雜，胸中似此等草木太多，每得一事可借以自便，即遂據之以爲定論，所以緩急不得力耳。近來尤覺接引學者大是難事，蓋不博則孤陋而無徵，欲其博則又有此等駁雜之患。況其才質又有高下，皆非可以一格而例告之。自非在我者充足有餘，而又深識幾會，亦何易當此責耶？

周君恨未之識，大率學者須更令廣讀經史，乃有可據之地。然又非先識得一箇義理蹊徑，則亦不能讀，正惟此處爲難耳。

建康連得書，規模只如舊日。前日與之書，有兩語云：「憂勞惻怛雖盡於鰥寡孤獨之情，而未有以爲本根長久之計；功勳名譽雖播於兒童走卒之口，而未有以喻乎賢士大夫之心。」此語頗似著題，未知渠以爲如何？然亦只説得到此，過此尤難言也。尋常戲謂佛氏有所謂大心衆生者，今世絶未之見。凡今之人營私自便、得少爲足，種種病痛，正坐心不大耳。

子重語前書已及之，所言雖未快，然比來衆人已皆出其下矣。交戰雜好之説，誠爲切至之論，吾輩所當朝夕自點檢也。誠之久不得書，如彼才質，誠欠追琢之功，恨相去遠，無所效力也。陳唐弼者，舊十餘年前聞其爲人，每恨未之識。此等人亦可惜沉埋遠郡，計其年當不下五六十矣。吳儆者聞對語亦能不苟，不易不易。此等人材與温良博雅之士，世間不患無之，所恨未見。前所謂大心衆生者，莫能揔其所長而用之耳。

寄示書籍石刻，感感。近作《濂溪書堂

記》，曾見之否？謾内一本。發明天命之意，粗爲有功，但恨未及所謂不謂命者，闕却下一截意思耳。此亦是玩理不熟，故臨時收拾不上。如此非小病，可懼也。《學記》刻就，幸早寄及。只作兩石，不太大否？《近思》舉業三段及横渠語一段并録呈，幸付彼中舊官屬正之。或更得數字，説破增添之意尤佳。蓋閩、浙本流行已廣，恐見者疑其不同。兼又可見長者留意此書之意，尤學者之幸也。《中庸章句》只如舊本，已如所戒矣。近更看得數處穩實，尤覺日前功夫未免好高之弊也。《通鑑綱目》近再修至漢、晉間，條例稍舉，今亦謾録數項上呈。但近年衰悴目昏，燈下全看小字不得，甚欲及早修纂成書。而多事分奪，無力謄寫，未知何時可得脱藁求教耳。

答張敬夫

誨諭曲折數條，始皆不能無疑，既而思之，則或疑或信而不能相通。近深思之，乃知只是一處不透，所以觸處窒礙。雖或考索彊通，終是不該貫。偶却見得所以然者，輒具陳之，以卜是否。

大抵日前所見累書所陳者，只是儱侗地見得箇大本達道底影象，便執認以爲是了，却於「致中和」一句全不曾入思議，所以累蒙教告以求仁之爲急，而自覺殊無立脚下功夫處。蓋只見得箇直截根源傾湫倒海底氣象，日間但覺爲大化所驅，如在洪濤巨浪之中，不容少頃停泊，蓋其所見一向如是，以故應事接物處但覺粗厲勇果增倍於前，而寬裕雍容之氣略無毫髮。雖竊病之，而不知其所自來也。而今而後，乃知浩浩大化之中，一家自有一箇安宅，正是自家安身立命、主宰知覺處，所以立大本、行達道之樞要。所謂體用一源，顯微無間者，乃在於此。而前此方往方來之説，正是手忙足亂，無著身處。道邇求遠，乃至於是，亦可笑矣。

《正蒙》可疑處，以熹觀之，亦只是一病。如定性則欲其不累於外物，論至静則以識知爲客感，語聖人則以爲因問而後有知，是皆一病而已。「復見天地心」之説，熹則以爲天地以生物爲心者也，雖氣有闔闢、物有盈虚，而天地之心則亘古亘今未始有毫釐之間斷也。故陽極於外而復生於内，聖人以爲於此可以見天地之心焉。蓋其復者氣也，其所以復者，則有自來矣。向非天地之心生生不息，則陽之極也一絶而不復續矣，尚何以復生於内而爲闔闢之無窮乎？此則所論動之端者，❶乃一陽之所以動，非徒指夫一陽之已動者而爲言也。夜氣固未可謂之天地心，然正是氣之復處，苟求其故，則亦可以見天地之心矣。

答張敬夫

前書所禀寂然未發之旨、良心發見之端，自以爲有小異於疇昔偏滯之見，但其間語病尚多，未爲精切。比遺書後，累日潛玩，其於實體似益精明。因復取凡聖賢之書以及近世諸老先生之遺語，讀而驗之，則又無一不合。蓋平日所疑而未白者，今皆不待安排，往往自見灑落處。始竊自信，以

❶「論」，淳熙本作「謂」。

爲天下之理其果在是，而致知格物、居敬精義之功，自是其有所施之矣。聖賢方策，豈欺我哉！

蓋通天下只是一箇天機活物，流行發用，無間容息。據其已發者而指其未發者，則已發者人心，而凡未發者皆其性也，亦無一物而不備矣。夫豈别有一物拘於一時、限於一處而名之哉？即夫日用之間，渾然全體，如川流之不息、天運之不窮耳。此所以體用、精粗、動静、本末洞然無一毫之間，而鳶飛魚躍，觸處朗然也。存者存此而已，養者養此而已，「必有事焉而勿正，心勿忘，勿助長也」。從前是做多少安排，没頓著處。今覺得如水到船浮，解維正柂而沿洄上下，惟意所適矣。豈不易哉！始信明道所謂「未嘗致纖毫之力」者，真不浪語。而此一段事，程門先達惟上蔡謝公所見透徹，無隔礙處，自餘雖不敢妄有指議，然味其言亦可見矣。近范伯崇來自邵武，相與講此甚詳，亦嘆以爲得未曾有，而悟前此用心之左。且以爲雖先覺發明指示不爲不切，而私意汩漂，不見頭緒。向非老兄抽關啓鍵，直發其私，誨諭諄諄，不以愚昧而捨置之，何以得此？其何感幸如之！區區筆舌蓋不足以爲謝也，但未知自高明觀之復以爲如何爾。

孟子諸説，始者猶有齟齬處，欲一二條陳以請。今復觀之，怳然不知所以爲疑矣。但「性不可以善惡名」，此一義熹終疑之。蓋善者無惡之名，夫其所以有好有惡者，特以好善而惡惡耳，初安有不善哉？然則名之以善，又何不可之有？今推有好有惡者爲性，而以好惡以理者爲善，則是性外有理而疑於二矣。《知言》於此雖嘗著語，然恐

《孟子》之言本自渾然，不須更分裂破也。《知言》雖云爾，然亦曰「粹然天地之心，道義完具」，此不謂之善，何以名之哉？能勿喪此，則無所適不爲善矣。以此觀之，不可以善惡名，太似多却此一轉語。此愚之所以反覆致疑而不敢已也。

問張敬夫

心具衆理，變化感通，生生不窮，故謂之易。此其所以能開物成務而冒天下也。圓神、方知變易，二者闕一則用不妙，用不妙則心有所蔽而明不遍照。「洗心」，正謂其無蔽而光明耳，非有所加益也。寂然之中，衆理必具而無朕可名，❶其「密」之謂歟？必有怵惕惻隱之心，此心之宰而情之動也。如此立語如何？

問張敬夫

熹謂感於物者心也，其動者情也，情根乎性而宰乎心，心爲之宰，則其動也無不中節矣，何人欲之有？惟心不宰而情自動，是以流於人欲而每不得其正也。然則天理人欲之判、中節不中節之分，特在乎心之宰與不宰，而非情能病之，亦已明矣。蓋雖曰中節，然是亦情也，但其所以中節者乃心爾。今夫乍見孺子入井，此心之感也。必有怵惕惻隱之心，此情之動也。「内交」、「要譽」、「惡其聲」者，心不宰而情之失其正也。怵惕惻隱乃仁之端，又可以其情之動而遽謂之人欲乎？大抵未感物時，心雖爲

❶「必」，《正訛》改作「畢」。

未發，❶然苗裔發見，却未嘗不在動處。必舍是而別求，却恐無下功處也。所疑如此，未審尊意如何？

問張敬夫

「遺書」有言，人心私欲，道心天理。熹疑「私欲」二字太重，近思得之，乃識其意。蓋心一也，自其天理備具、隨處發見而言，則謂之道心；自其有所營爲謀慮而言，則謂之人心。夫營爲謀慮，非皆不善也，便謂之私欲者，蓋只一豪髮不從天理上自然發出，便是私欲。所以要得「必有事焉而勿正，勿忘、勿助長」，只要没這些計較，全體是天理流行，即人心而識道心也。故又以鳶魚飛躍明之。先覺之爲後人也，可謂切至矣。此語如何？更乞裁喻。答云：「栻近思却與來喻頗同。要當於存亡出入中識得惟微之體，識得則道心初豈外是？不識只爲人心也。然須實見方得，不識如何？」

問張敬夫

熹謂存亡出入固人心也，而惟微之本體，亦未嘗加益，雖舍而亡，然未嘗少損。雖曰出入無時，未嘗不卓然乎日用之間而不可掩也。若於此識得，則道心之微初不外此，不識則人心而已矣。蓋人心固異道心，又不可作兩物看，不可於兩處求也。不審尊意以謂然否？

❶「未」，原作「已」，據《正訛》及文義改。

答張敬夫

人心私欲之説，如來教所改字極善。本語之失，亦是所謂本原未明了之病，非一句一義見不到也。但愚意猶疑向來妄論引「必有事」之語亦未的當，蓋舜、禹授受之際，所以謂人心私欲者，非若衆人所謂私欲者也，但微有一毫把捉底意思，則雖云本是道心之發，然終未離人心之境。所謂「動以人則有妄，顔子之有不善，正在此間」者是也。既曰有妄，則非私欲而何？須是都無此意思，自然從容中道，才方純是道心也。「必有事焉」，却是見得此理而存養下功處，與所謂純是道心者蓋有間矣。然既察本原，則自此可加精一之功而進夫純耳，中間儘有次第也。「惟精惟一」，亦未離夫人心，特須如此克盡私欲，全復天理。儻不由此，則終無可至之理耳。

答張敬夫問目

孟子曰：「盡其心者，知其性也，知其性則知天矣。」心體廓然，初無限量，惟其梏於形器之私，是以有所蔽而不盡。人能克己之私，以窮天理，至於一旦脱然，私意剥落，則廓然之體無復一毫之蔽，而天下之理遠近精粗，隨所擴充，無不通達。性之所以爲性、天之所以爲天，蓋不離此而一以貫之，無次序之可言矣。孔子謂「天下歸仁」者，正此意也。

「存其心，養其性，所以事天也」。心性皆天之所以與我者，不能存養而梏亡之，則非所以事天也。夫心主乎性者也，敬以存之，則性得其養而無所害矣。此君子之所以奉順乎天，蓋能盡其心而終之之事，顔、冉所以請事斯語之意也。然學者將以求盡其心，亦未有不由此而入者。故敬者學之終始，所謂徹上徹下之道，但其意味淺深有不同爾。

「殀壽不貳，脩身以俟之，所以立命也」。云「殀」，與「夭」同。夫夭壽之不齊，蓋氣之所禀有不同者。不以悦戚二其心，而惟脩身以俟之，則天之正命自我而立，而氣禀之短長非所論矣。愚謂盡心者，私智不萌，萬里洞貫，❶歛之而無所不具、擴之而無所不通之謂也。學至於此，則知性之爲德，無所不該，而天之爲天者，不外是矣。存者存此而已，養者養此而已，事者事此而已。生死不異其心，而脩身以俟其正，則不拘乎氣禀之偏，而天之正命自我立矣。

告子曰：「不得於言，勿求於心；不得於心，勿求於氣。」孟子引告子之言以告丑，明告子所以不動其心術如此。告子之意，以爲言語之失當直求之於言，而不足以動吾之心；念慮之失當直求之於心，而不必更求之於氣。蓋其天資剛勁，有過人者，力能堅忍固執，以守其一偏之見，所以學雖不正，而能先孟子以不動心也。觀其論性數章，理屈詞窮，則屢變其説以取勝，終不能從容反覆，審思明辨，因其所言之失而反之於心，以求至當之歸。此其不得於言而勿求諸心之驗也歟？❷

「不得於心，勿求於氣可，不得於言，勿求於心不可。」孟子既引告子之言而論其得

❶「里」，浙本、四庫本作「理」。
❷「勿」，浙本作「不」。

失如此。夫心之不正，未必皆氣使之，故勿求於氣，未爲甚失。❶至言之不當，未有不出於心者，而曰勿求於心，則有所不可矣。伊川先生曰：「人必有仁義之心，然後有仁義之氣睟然達於外。所以不得於心，勿求於氣可也。」又曰：「告子不得於言，勿求於心，蓋不知義在内也。」皆此意也。然以下文觀之，氣亦能反動其心，則勿求於氣之説未爲盡善。但心動氣之時多，氣動心之時少，故孟子取其彼善於此而已。凡曰「可」者，皆僅可而未盡之詞也。至於言，則雖發乎口而實出於心，内有蔽陷離窮之病，則外有詖淫邪遁之失。不得於言而每求諸心，則其察理日益精矣。孟子所以知言養氣以爲不動心之本者，用此道也。而告子反之，是徒見言之發於外，而不知其出於中，亦義外之意也。其害理深矣，故孟子斷然以爲不可。於此可見告子之不動心所以異於孟子，而亦豈能終不動者哉？

「滿腔子是惻隱之心」。此是就人身上指出此理充塞處，最爲親切。若於此見得，即萬物一體，更無内外之别。若見不得，却去腔子外尋不見，即莽莽蕩蕩，無交涉矣。陳經正云：「我見天地萬物皆我之性，不復知我身之所爲我矣。」伊川先生曰：「它人食飽，公無餒乎？」正是説破此病。《知言》亦云：「釋氏以虚空沙界爲己身，❷而不敬其父母所生之身。」亦是説此病也。

「仲尼焉學」。舊説得太高，詳味文意，文、武之道只指先王之禮樂刑政、教化文章而已，故特言文、武，而又以未墜於地言之。

❶「甚」，原作「盡」，據浙本改。
❷「以」，原作「和」，據浙本改。

若論道體，則不容如此立言矣。但向來貪箇意思，將此一句都瞞過了。李光祖雖欲曲爲之說，然終費氣力，似不若四平放下，意味深長也。但聖人所以能無不學、無不師而一以貫之，便有一箇生而知之底本領。不然，則便只是近世博雜之學，而非所以爲孔子。故子貢之對雖有遜詞，然其推尊之意亦不得而隱矣。

「寂感」之説甚佳，然愚意都是要從根本上説來，言其有此，故能如此，亦似不可偏廢。但「爲」字下不著耳。今欲易之云：「有中有和，所以能寂感。而惟寂惟感，所以爲中和也。」如何？

「夫《易》何爲者也」止「以斷天下之疑」。此言《易》之書其用如此。

「是故蓍之德」止「不殺者夫」。此言聖人所以作《易》之本也。蓍動卦静而爻之變易無窮，未畫之前，此理已具於聖人之心矣。然物之未感，則寂然不動而無眹兆之可名；及其出而應物，則憂以天下，而所謂圓神方智者，各見於功用之實矣。「聰明睿智，神武不殺」，言其體用之妙也。

「是故明於天之道」止「以前民用」。此言作《易》之事也。

「聖人以此齋戒，以神明其德夫」。此言用《易》之事也。齋戒，敬也。聖人無一時一事而不敬，此特因卜筮而言，尤見其精誠之至。如孔子所慎齋戰疾之意也。湛然純一之謂齋，肅然警惕之謂戒，玩此則知所以神明其德之意也。

「乾坤其易之蘊耶」止「乾坤或幾乎息矣」。自易道統體而言，則乾陽坤陰，一動一静，乃其蘊也。自乾坤成列而觀之，則易之爲道，又不在乾坤之外。惟不在外，故曰

「乾坤毁則無以見易」，然易不可見，則乾自乾、坤自坤，故又曰「易不可見，則乾坤或幾乎息矣」。

「學而」説，此篇名也，取篇首兩字爲别，初無意義。但「學」之爲義，則讀此書者不可以不先講也。夫學也者，以字義言之，則己之未知未能，而曉夫知之能之之謂也。以事理言之，則凡未至而求至者，皆謂之學。雖稼圃射御之微，亦曰學，配其事而名之也。而此獨專之，則所謂學者，果何學也？蓋始乎爲士者，所以學而至乎聖人之事。伊川先生所謂「儒者之學」是也。蓋伊川先生之意曰，今之學者有三：詞章之學也，訓詁之學也，儒者之學也。欲通道，則舍儒者之學不可。尹侍講所謂：學者，所以學爲人也，學而至於聖人，亦不過盡爲人之道而已。此皆切要之言也，夫子之所志，顔子之所學，子思、孟子之所傳，皆是學也。其精純盡在此書，而此篇所明又學之本，故學者不可以不盡心焉。

「哭則不歌」。一日之中或哭或歌，是褻於禮容。范曰：「哀樂不可以無常，無常，非所以養心也。」哭與歌不同日，不惟恤人，亦所以自養也。尹曰：「于此見聖人忠厚之心也。」

「不圖爲樂之至於斯」。言不意舜之爲樂至於如此之美，使其恍然忘其身世也。

「愼而無禮」。葸，絲里反，畏懼之皃。絞急也。

「寢不尸」。范以爲嫌惰慢之氣設於身體。孫思邈言：「睡欲踡，覺則舒。」引夫子「寢不尸」爲證。

「君子不以紺緅飾」。紺，玄色，《説文》云：「深青楊赤色也。」緅，絳色。飾者，緣領也。齋服用絳，三年之喪，既朞而練，其服以緅爲飾。紅、紫非正色，青、赤、黄、白、黑，五方之正色也。緑、紅、碧、紫、騮，五方之間色也。蓋以木之青克土之黄，合青、黄而成緑，爲東方之間色。以金之白克木之青，合青、白而成碧，爲西方之間色。以火之赤克金之白，合赤、白而成紅，爲南方之間色。以水之黑克火之赤，合赤、黑而成紫，爲北方之間色。以土之黄克水之黑，合黄、黑而成騮，爲中央之間色。

「可欲之謂善」。天機也，非思勉之所及也。「今人乍見孺子入井，皆有怵惕惻隱之心」，「小人閒居爲不善，無所不至，見君子而後厭然，揜其不善而著其善」。玩「乍見」字，「厭然」字，則知「可欲之謂善」其衆善之首、萬理之先而百爲之幾也歟？可欲之謂善，幾也。聖人妙此而天也，賢人明此而敬也，善人由此而不知也，小人舍此而不由也。雖然，此幾不爲堯存，不爲桀亡，其始萬物、終萬物之妙也歟？

「喜怒哀樂之未發謂之中，性也；發而皆中節謂之和，情也」。子思之爲此言，欲學者於此識得心也。心也者，其妙情性之德者歟？

《易》「無思也，無爲也，寂然不動」，忠也，敬也，立大本也。「感而遂通天下之故」，恕也，義也，行達道也。

「定」、「静」、「安」三字雖分節次，其實知止後皆容易進，「安而後能慮，慮而後能得」，此最是難進處，多是至安處住了。「安而後能慮」，非顔子不能之。去「得」字地位雖甚近，然只是難進。挽弓到臨滿時，分外難開。

「舜好察邇言」。邇言，淺近之言也，猶

所謂尋常言語也。尋常言語，人之所忽而舜好察之，非洞見道體無精粗差別不能然也。孟子曰：「自耕稼陶漁以至爲帝，無非取諸人者。」又曰：「聞一善言，見一善行，若決江河，沛然莫之能禦。」此皆好察邇言之實也。伊川先生曰：造道深後，雖聞常人語言，至淺近事，莫非義理。是如此。

孟子明則動矣，未變也；顔子動則變矣，未化也。有天地後，此氣常運；有此身後，此心常發。要於常運中見太極，常發中見本性。離常運者而求太極，離常發者而求本性，恐未免釋老之荒唐也。

答張敬夫

道即本也。

道即本也，却恐文意未安。蓋莫非道也，而道體中又自有要約根本處，非離道而別有本也。如云：「親親，仁也；敬長，義也。」此所謂本也。「無它，達之天下也。」則是本既立而道生矣。此則是道之與本豈常離而爲二哉？不知如此更有病否？

苟志於仁。

夫舉措自吾仁中出，而俯仰無所愧怍，更無打不過處。此惟仁者能之，顔、曾其猶病諸？今以志於仁者便能如此，亦不察乎淺深之序矣。愚竊以爲志於仁者，方是初學有志於仁之人，正當於日用之間念念精察有無打不過處。若有，即深懲而痛改之，又從而究夫所以打不過者何自而來，用力之久，庶乎一旦廓然而有以知仁矣。雖曰知之，然亦豈能便無打不過處？直是從此存養，十分純熟，到顔、曾以上地位，方是入此氣象。然亦豈敢自如此擔當？只是誠心恭己，而天理流行自無間斷爾。今説才志於仁，便自如此擔當了，豈復更有進步處耶？又且氣象不好，亦無聖賢意味。正如張子韶《孝經》首云：「直指其路，急策而疾趨之。」此何等氣象耶？蓋此章「惡」字只是入聲，諸先生言之已詳，豈忽之而未嘗讀耶？理之至當，不容有二，若以必自己出而不蹈前人爲高，則是私意而已矣。

横耳所聞，無非妙道。

「横耳所聞」，乃《列子》之語，與聖人之意相入不得。聖人只言耳順者，蓋爲至此渾是道理，聞見之間無非至理，謂之至理，便與妙道不同。自然不見其它。雖有逆耳之言，亦皆隨理冰釋，而初無横耳之意也。只此便見聖人之學、異端之學不同處。其辨如此，只毫髮之間也。

與四時俱者無近功，所以可大受而不可小知也，謂它只如此。

一事之能否，不足以盡君子之藴，故不可小知。任天下之重而不懼，故可大受。小人一才之長，亦可器而使，但不可以任大事爾。

民非水火不生活，於仁亦然，尤不可無者也。然水火猶見蹈之而死，仁則全保生氣，未見蹈之而死者。

此段文義皆是，只此一句有病，不必如此過求。

知、仁、勇，聖人全體皆是，非聖人所得與焉，故曰「夫子自道」也。

道體無窮，故聖人未嘗見道之有餘也，然亦有勉進學者之意焉。自道恐是與道爲一之意，不知是否？

上達、下達，凡百事上皆有達處，惟君子就中得箇高明底道理，小人就中得箇汙下底道理。

吕謂君子日進乎高明，小人日究乎汙下。

天下之爲父子者，定爲子必孝、爲臣必忠，不可易也。

羅先生云：「只爲天下無不是底父母。」此説得之。

四體不言而喻，無人説與它，它自曉得。

語太簡，不知「它」指何人，此亦好高之弊。

「强恕而行」，臨事時却爲私利之心奪，不强則無以主恕。❶

「萬物皆備於我矣，反身而誠，樂莫大焉」，此是理明欲盡者；「强恕而行，求仁莫近焉」，此是强恕而行者。

「無所用恥」，小人機變之心勝，初不知有恥，故用不著它。

爲機變之巧，則文過飾非，何所不至？ 無所用恥也。

「禮之用，和爲貴」，禮之發用處以和爲貴，是禮之和猶水之寒、火之熱，非有二也。當時行之，百姓安之，後世宜之，莫不見其爲美也。所謂「民之質矣，日用飲食，群黎百姓，徧爲爾德」。先王之道若以此爲美，而小大由之，則有所不行。蓋天下皆知美之爲美，斯惡矣。知和之云云，又逐末而忘本，故亦不可行也。大凡老子之言與聖人之言全相入不得也。雖有相似處，亦須有毫釐之差，況此本不相似耶？ 此説似亦過當，禮與和是兩物，相須而爲用，范説極好，伊川、和靖以「小大由之」一句連上句説，似更分明，可更詳味。若如此説，恐用心漸差，失其正矣。

「先行其言」。一云行者不是汎而行，乃

❶「主」，《正訛》改作「行」。

行其所知之行也。但先行其言，便是箇活底君子，行仁言則仁自然從之，行義言則義自然從之，由形聲之於影響也。道理自是如此，非有待而然也，惟恐其不行耳。

此章范、謝二公説好，不須過求，恐失正理。

「見其禮而知其政」。子貢自説己見禮便知政，聞樂便知德，禮樂正意不必是百世之王，亦不必是夫子，只是汎論。由百世之後，等校百世之王，皆莫能逃吾所見。吾所見自生民以來未有如孔子者。宰我、子貢、有若到那時雖要形容孔子，但各以其所自，見得孔子超出百世，而孔子所以超出百世，終不能形容也。

此説甚好，但不知子貢敢如此自許否？恐亦害理也，更商量看。

一云是子貢見夫子之禮而知夫子之所以爲政，聞夫子之樂而知夫子之所以爲德也。如知夫子之得邦家之事也，亦是子貢聞見所到也。「莫之能違」，則吾夫子是箇規矩準繩也。

此説甚好。

「君子無所争，必也射乎」，謂必於射，則不免有争焉。及求其所以争者，則乃在乎周旋揖遜之間，故其争也，君子異乎衆人，所以角力尚客氣也。

此説甚好。

「充類至義之盡也」。謂之義，則時措之宜，無有盡也。若要充類而至，如不由其道而得者，便把爲盗賊之類，是義到此而盡，舉世無可與者。殊不知聖賢權機應用，無可無不可者，亦與其潔之義。如象日以殺舜爲事，及見之，象喜亦喜，義到此有何盡時？

不必如此説。「夫謂非其有而取之者，盗

也，充類至義之盡也。」熹舊嘗爲説曰：「充吾不穿窬之心而至於義之盡，則可自謂如此，豈可緊以此責人哉？ 諸侯之於民，所取固不足道云。」

答張欽夫 論仁説

「天地以生物爲心」，此語恐未安。

熹竊謂此語恐未有病。 蓋天地之間，品物萬形，各有所事，惟天確然於上，地隤然於下，一無所爲，只以生物爲事。 故《易》曰：「天地之大德曰生。」而程子亦曰：「天只是以生爲道。」其論「復見天地之心」，又以動之端言之，其理亦已明矣。 然所謂「以生爲道」者，亦非謂將生來做道也。 凡若此類，恐當且認正意而不以文害詞焉，則辨詰不煩而所論之本指得矣。

不忍之心可以包四者乎？

熹謂孟子論四端，自首章至「孺子入井」，皆只是發明不忍之心一端而已，初無義、禮、智之心也。 至其下文，乃云「無四者之心非人也」，此可見不忍之心足以包夫四端矣。 蓋仁包四德，故其用亦如此。 前説之失，但不曾分得體用，若謂不忍之心不足以包四端，則非也。 今已改正。

仁專言則其體無不善而已，對義、禮、智而言，其發見則爲不忍之心也。 大抵天地之心粹然至善，而人得之，故謂之仁。 仁之爲道，無一物之不體，故其愛無所不周焉。

熹詳味此言，恐説「仁」字不著。 而以義、禮、智與不忍之心均爲發見，恐亦未安。 蓋人生而靜，四德具焉，曰仁，曰義，曰禮，曰智，皆根於心而未發，所謂「理也，性之德也」。及其發見，則仁者惻隱，義者羞惡，禮者恭敬，智者是非，各因其體以見其本，❶所謂「情也，性之發也」。是皆人性之所以爲善者也。但仁乃天地生物之心而在人者，故特爲衆善之長，雖列於四者之目，而四者不能外焉。《易傳》所謂「專言之則包四者」，亦是正指生物之心而言，非别有包四者之仁，而又别有主一事之仁也。惟是即此一事便包四者，此則仁之所以爲妙也。今欲極言「仁」字而不本於此，乃概以「至善」目之，則是但知仁之爲善，而不知其爲善之長也。却於已發見處方下「愛」字，則是但知已發之爲愛，而不知未發之愛之爲仁也。又以不忍之心與義、禮、智均爲發見，則是但知仁之爲性，而不知義、禮、智之亦爲性也。又謂仁之爲道無所不體，而不本諸天地生物之心，則是但知仁之無所不體，而不知仁之所以無所不體也。凡此皆愚意所未安，更乞詳之，復以見教。

程子之所訶，正謂以愛名仁者。

熹按程子曰：「仁，性也；愛，情也。豈可便以愛爲仁？」此正謂不可認情爲性耳，非謂仁之性不發於愛之情，❷而愛之情不本於仁之性也。熹前説以愛之發對愛之理而言，正分别性、情之異處，其意最爲精密。而來諭每以愛名仁見病，下章又云：「若專以愛命仁，乃是指其用而遺其體，言其情而略其性，則其察之亦不審矣。」蓋所謂愛之理者，是乃指其體性而言，且見性情、體用各有所主而不相離之妙，與所謂遺體而略性者，正相南北。請更詳之。

❶「體」，《記疑》云：疑「端」字之訛。
❷「於」，《正訛》改作「爲」。

元之爲義，不專主於生。

熹竊詳此語，恐有大病。請觀諸天地而以《易・象》、《文言》程傳反復求之，當見其意。若必以此言爲是，則宜其不知所以爲善之長之説矣。此乃義理根源，不容有毫釐之差。竊意高明非不知此，特命辭之未善爾。

孟子雖言仁者無所不愛，而繼之以急親賢之爲務，其差等未嘗不明。

熹按仁但主愛，若其等差，乃義之事。仁、義雖不相離，然其用則各有主而不可亂也。若以一仁包之，則義與禮、智皆無所用矣，而可乎哉？「無所不愛」四字，今亦改去。

又論仁説

昨承開諭仁説之病，似於鄙意未安，即已條具請教矣。再領書誨，亦已具曉，然大抵不出熹所論也。請復因而申之：

謹按程子言仁，本末甚備，今撮其大要，不過數言。蓋曰仁者，生之性也，而愛其情也，孝悌其用也。公者所以體仁，猶言「克己復禮爲仁」也。學者於前三言者可以識仁之名義，於後一言者可以知其用力之方矣。今不深考其本末指意之所在，但見其分別性、情之異，便謂愛之與仁了無干涉；見其以公爲近仁，便謂直指仁體最爲深切。殊不知仁乃性之德而愛之本，因其性之有仁，是以其情能愛。義、禮、智亦性之德也。義，惡之本；禮，遜之本；智，知之本。因性有義，故情能惡；因性有禮，故情能遜；因性有智，故情能知。亦若此爾。但或蔽於有我之私，則不能盡其體用之妙。惟克己復禮，廓然大公，然後此體渾全，此用昭著，動静本末，血脉貫通爾。

程子之言意蓋如此，非謂愛之與仁了無干涉也，此説前書言之已詳，今請復以兩言決之：如熹之説，則性發爲情，情根於性，未有無性之情、無情之性，各爲一物而不相管攝。二説得失，此亦可見。非謂「公」之一字便是直指仁體也。細觀來喻所謂「公天下而無物我之私，則其愛無不溥矣」，不知此兩句甚處是直指仁體處？若以愛無不溥爲仁之體，則陷於以情爲性之失，高明之見必不至此。若以公天下而無物我之私便爲仁體，則恐所謂公者漠然無情，但如虚空木石，雖其同體之物尚不能有以相愛，况能無所不溥乎？然則此兩句中初未嘗有一字説著仁體。須知仁是本有之性、生物之心，惟公爲能體之，非因公而後有也。故曰公而以人體之故爲仁。細看此語，却是「人」字裏面帶得「仁」字過來。由漢以來，以愛言仁之弊，正爲不察性、情之辨，而遂以情爲性爾。今欲矯其弊，反使「仁」字汎然無所歸宿，而性、情遂至於不相管，可謂矯枉過直，是亦枉而已矣。其弊將使學者終日言仁而實未嘗識其名義，且又并與天地之心、性情之德而昧焉。竊謂程子之意必不如此，是以敢詳陳之。伏惟采察。

又論仁説

熹再讀别紙所示三條，竊意高明雖已灼知舊説之非，而此所論者差之毫忽之間，或亦未必深察也。謹復論之，伏幸裁聽。

廣仲引《孟子》「先知先覺」以明上蔡「心有知覺」之説，已自不倫，其謂「知此覺此」，亦未知指何爲説。要之，大本既差，勿論可也。今觀所示，乃直以此爲仁，則是以「知此覺此」爲知仁覺仁也。仁本吾心之德，又將誰使知之而覺之耶？若據《孟子》本文，則程子釋之已詳矣，曰：「知是知此事，❶知

❶「事」下，淳熙本有「也」字。

此事當如此也。❶覺是覺此理。」❷知此事之所以當如此之理也。意已分明，不必更求玄妙。且其意與上蔡之意亦初無干涉也。上蔡所謂知覺，正謂知寒暖飽飢之類爾。❸推而至於酬酢佑神，亦只是此知覺，無別物也，但所用有小大爾。❹然此亦只是智之發用處，但惟仁者爲能兼之，故謂仁者心有知覺則可，謂心有知覺謂之仁則不可。蓋仁者心有知覺，乃以仁包四者之用而言，猶云仁者知所羞惡辭讓云爾。若曰心有知覺謂之仁，則仁之所以得名初不爲此也。今不究其所以得名之故，乃指其所兼者便爲仁體，正如言仁者必有勇，有德者必有言，豈可遂以勇爲仁，言爲德哉？今伯逢必欲以覺爲仁，尊兄既非之矣；至於論知覺之淺深，又未免證成其說，則非熹之所敢知也。至於伯逢又謂上蔡之意自有精神，得其精神則天地之用皆我之用矣，此說甚高甚妙。然既未嘗識其名義，又不論其實下功處，而欲驟語其精神，此所以立意愈高、爲說愈妙，而反之於身愈無根本可據之地也。所謂天地之用即我之用，殆亦其傳聞想像如此爾，實未嘗到此地位也。愚見如此，不識高明以爲如何？

又論仁説❺

來教云：「夫其所以與天地萬物一體者，以夫天地之心之所有，是乃生生之蘊，

❶「知」，原作「如」，據淳熙本改。
❷「理」下，淳熙本有「也」字。
❸「飽飢」，淳熙本作「覺飢飽」。
❹「小大」，淳熙本作「大小」。
❺「論仁説」三字，四庫本無。

人與物所公共，所謂愛之理也。」熹詳此數句，似頗未安。蓋仁只是愛之理，人皆有之，然人或不公，則於其所當愛者反有所不愛，❶惟公則視天地萬物皆爲一體而無所不愛矣。若愛之理，則是自然本有之理，不必爲天地萬物同體而後有也。熹向所呈佀仁說，其間不免尚有此意，方欲改之而未暇。來教以爲不如克齋之云是也。然於此却有所未察，竊謂莫若將「公」字與「仁」字且各作一字看得分明，然後却看中間兩字相近處之爲親切也。若遽混而言之，乃是程子所以謂以公便爲仁之失。❷此毫釐間正當子細也。又看「仁」字當并「義」、「禮」、「智」字看，然後界限分明，見得端的。今舍彼三者而獨論「仁」字，所以多說而易差也。又謂體用一源、内外一致爲仁之妙，此亦未安。蓋義之有羞惡，禮之有恭敬，智之有是非，皆内外一致，非獨仁爲然也。不審高明以爲如何？

答欽夫仁疑問

「仁而不佞」章。

說云：「仁則時然後言。」疑此句只說得「義」字。

「不知其仁也」章。

說云：「仁之義未易可盡，不可以如是斷。若有盡，則非所以爲仁矣。」又曰：「仁道無窮，不可以是斷。」此數句恐有病。蓋欲極其廣大而無所歸宿，似非知仁者之言也。

「未知焉得仁」章。

❶「反」，原作「又」，據浙本改。
❷「謂」，浙本作「訶」。

此章之説，似只説得「智」字。

「井有仁焉」章。

此章之説，似亦只説得「智」字。

「克己復禮爲仁」章。

説云：「由乎中，制乎外。」按程集此誤兩字，當云「而應乎外」。又云：「斯道也，果思慮言語之可盡乎？」詳此句意，是欲發明學要躬行之意，然言之不明，反若極其玄妙，務欲使人曉解不得，將啓望空揣摸之病矣。向見吴才老説此章云：「近世學者以此二語爲微妙隱奥，聖人有不傳之妙，必深思默造而後得之。此雖一偏之論，然亦吾黨好談玄妙有以啓之也。」此言之失，恐復墮此，不可不察。

「必世而後仁」章。

説云：「使民皆由吾仁。」如此，則仁乃一己之私，而非人所同得矣。

「樊遲問仁」章。

説云：「居處恭，執事敬，與人忠，則仁其在是矣。」又云：「要須從事之久，功夫不可間斷。」恐須先説從事之久，功夫不可間斷，然後仁在其中。如此所言，却似顛倒也。

「仁者必有勇」章。

説云：「於其所當然者，自不可禦。」又云：「固有勇而未必中節也者，故不必有仁。」此似只説得「義」字。

「未有小人而仁者也」章。

説云：「惟其冥然莫覺，皆爲不仁而已矣。」此又以覺爲仁之病。

「殺身成仁」章。

説云：「是果何故哉？亦曰理之所會，全吾性而已。」欲全吾性而後殺身，便是有爲而爲之，且以「全性」兩字言仁，似亦未是。

「知及仁守」章。

說云：「如以愛爲仁，而不明仁之所以愛。」此語蓋未盡。

「宰我問喪」章。

說云：「以爲不仁者，蓋以其不之察也。宰我聞斯言而出，其必有以悚動於中矣。」據此，似以察知悚動爲仁，又似前説冥然莫覺之意。

「殷有三仁」章。

說云：「三人皆處之盡道，皆全其性命之情，以成其身，故謂之仁。」又云：「可以見三子之所宜處矣。」此似只説得「義」字，又以全其性命之情爲仁，前已論之。

「博學而篤志」章。

明道云：「學者要思得之。」說云：「蓋不可以思慮臆度也。」按此語與明道正相反，又有談説玄妙之病。前所論「不知其仁」、「克己復禮」處，與此正相類。大抵思慮、言語、躬行各是一事，皆不可廢。但欲實到，須躬行，非是道理全不可思量、不可講説也。然今又不説要在躬行之意，而但言不可以言語思慮得，則是相率而入於禪者之門矣。

以上更望詳考之，復以見教。又劉子澄前日過此，説高安所刊《太極説》見今印造，近亦有在延平見之者，不知尊兄以其書爲如何？如有未安，恐須且收藏之以俟考訂而後出之也。言仁之書，恐亦當且住，即俟更討論如何？

答欽夫仁説

《仁説》明白簡當，非淺陋所及。但言性而不及情，又不言心貫性、情之意，似只以性對心。若只以性對心，即下文所引《孟子》「仁，人心也」，與上文許多説話似若相戾。更乞詳之。

又曰：「己私既克，則廓然大公，與天地萬物血脉貫通，愛之理得於内，而其用形於外，天地之間無一物之非吾仁矣。此亦其理之本具於吾性者，而非彊爲之也。」此數句亦未安。蓋己私既克，則廓然大公，皇皇四達，而仁之體無所蔽矣。夫理無蔽，❶則天地萬物血脉貫通，而仁之用無不周矣。然則所謂愛之理者，乃吾本性之所有，特以廓然大公而後在，非因廓然大公而後有也；以血脉貫通而後達，非以血脉貫通而後存也。今此數句有少差紊，更乞詳之。愛之之理便是仁，若無天地萬物，此理亦有虧欠。於此識得仁體，然後天地萬物血脉貫通而用無不周者，可得而言矣。蓋此理本甚約，今便將天地萬物夾雜説，却鶻突了。夫子答子貢博施濟衆之問正如此也。更以「復見天地之心」之説觀之亦可見。蓋一陽復處，便是天地之心完全自足，非有待於外也。又如濂溪所云「與自家意思一般」者，若如今説，便只説得「一般」兩字，而所謂「自家意思」者，却如何見得耶？

又云：「視天下無一物之非仁。」此亦可疑。蓋謂視天下無一物不在吾仁中則可，謂物皆吾仁則不可。蓋物自是物，仁自是心，如何視物爲心耶？

又云：「此亦其理之本具於吾性者，而非彊爲之也。」詳此蓋欲發明仁不待公而後有之意，而語脉中失之。要之「視天下無一物非仁」與此句似皆剩語，並乞詳之，如何？

❶「夫」，浙本作「天」。

答張欽夫

諸説例蒙印可，而未發之旨又其樞要，既無異論，何慰如之！然比觀舊説，却覺無甚綱領，因復體察，得見此理須以心爲主而論之，則性情之德、中和之妙，皆有條而不紊矣。然人之一身，知覺運用，莫非心之所爲，則心者，固所以主於身，而無動静語默之間者也。然方其静也，事物未至，思慮未萌，而一性渾然，道義全具，其所謂中，是乃心之所以爲體而寂然不動者也。及其動也，事物交至，思慮萌焉，則七情迭用，各有攸主，其所謂和，是乃心之所以爲用，感而遂通者也。然性之静也而不能不動，情之動也而必有節焉，是則心之所以寂然感通、周流貫徹而體用未始相離者也。然人有是心而或不仁，則無以著此心之妙；人雖欲仁而或不敬，則無以致求仁之功。蓋心主乎一身而無動静語默之間，是以君子之於敬亦無動静語默而不用其力焉。未發之前，是敬也固已主乎存養之實；已發之際，是敬也又常行於省察之間。方其存也，思慮未萌而知覺不昧，是則静中之動，復之所以「見天地之心」也；及其察也，事物紛糾而品節不差，是則動中之静，艮之所以「不獲其身，不見其人」也。有以主乎静中之動，是以寂而未嘗不感；有以察乎動中之静，是以感而未常不寂。寂而常感，感而常寂，此心之所以周流貫徹而無一息之不仁也。然則君子之所以「致中和而天地位、萬物育」者，在此而已。蓋主於身而無動静語默之間者，心也；仁則心之道，而敬則心之貞也。此徹上徹下之道，聖學之本統。明乎此，則性情之德、中和之妙可一言而盡矣。

熹向來之説固未及此，而來喻曲折，雖多所發明，然於提綱振領處似亦有未盡。又如所謂「學者先須察識端倪之發，然後可加存養之功」，則熹於此不能無疑。蓋發處固當察識，但人自有未發時，此處便合存養，豈可必待發而後察、察而後存耶？且從初不曾存養，便欲隨事察識，竊恐浩浩茫茫，無下手處，而豪釐之差、千里之繆將有不可勝言者。此程子所以每言孟子才高，學之無可依據；人須是學顔子之學，則入聖人爲近，有用力處。其微意亦可見矣。且如「灑掃應對進退」，此存養之事也，不知學者將先於此而後察之耶，抑將先察識而後存養也？以此觀之，則用力之先後判然可觀矣。❶

來教又謂動中涵静，所謂「復見天地之心」，亦所未喻。熹前以復爲静中之動者，蓋觀卦象便自可見。而伊川先生之意似亦如此。來教又謂言静則溺於虚無，此固所當深慮。然此二字如佛者之論，❷則誠有此患。若以天理觀之，則動之不能無静，猶静之不能無動也；静之不能無養，猶動之不可不察也。但見得一動一静，互爲其根，敬義夾持，不容間斷之意，則雖下「静」字，元非死物，至静之中蓋有動之端焉。是乃所以見天地之心者。而先王之所以至日閉關，蓋當此之時，則安静以養乎此爾，固非遠事絶物，閉目兀坐而偏於静之謂。但未接物時，便有敬以主乎其中，則事至物來，

❶「觀」，浙本作「覯」。
❷「者」，浙本作「老」。

善端昭著，而所以察之者益精明爾。伊川先生所謂「却於已發之際觀之」者，正謂未發則只有存養，而已發則方有可觀也。周子之言主静，乃就中正仁義而言。以正對中，則中爲重；以義配仁，則仁爲本爾。非四者之外别有主静一段事也。來教又謂熹言以静爲本，不若遂言以敬爲本，此固然也。然「敬」字工夫通貫動静，而必以静爲本，故熹向來輒有是語。今若遂易爲「敬」，雖若完全，然却不見敬之所施有先有後，則亦未得爲諦當也。至如來教所謂「要須察夫動以見静之所存、静以涵動之所本，動静相須，體用不離，而後爲無滲漏也」，此數句卓然，意語俱到，謹以書之座右，出入觀省。然上兩句次序似未甚安，意謂易而置之，乃有可行之實。不審尊意以爲如何？

晦庵先生朱文公文集卷第三十二

閩縣學訓導何器校

晦庵先生朱文公文集卷第三十三

書汪張吕劉問答

答吕伯恭

三山之別，闊焉累年，跧伏窮山，不復得通左右之問。而親友自北來者，無人不能道盛德，足以慰瞻仰也。比日冬寒，伏惟侍奉吉慶，尊候萬福。熹不自知其學之未能自信，冒昧此來，宜爲有識者鄙棄。而老兄不忘一日之雅，念之過厚。昨日韓丈出示家信，見及枉誨甚勤。不知所以得此，顧無以堪之，三復愧汗，無所容措。區區已審察，一兩日當得對，恐未能無負所以見期之意。而心欲一見，面論肺腑，不知如何可得。自度恐非能久於此者，故專裁此以謝盛意，并致下懷。餘惟進德自愛爲禱。

答吕伯恭

前日因還人上狀，不審達否？暑氣浸劇，伏惟道養有相，尊候萬福。《易傳》六册，今作書託劉衢州達左右。此書今數處有本，但皆不甚精。此本讎正稍精矣，須更得一言喻書肆，令子細依此謄寫，勘覆數四爲佳。曲折數條，別紙具之。或老兄能自爲一讀，尤善也。前書所稟語録，渠若欲之，令來取尤幸。近世道學衰息，售僞假真之説肆行而莫之禁。比見婺中所刻無垢

《日新》之書，尤誕幻無根，甚可怪也。已事未明，無力可救，但竊恐懼而已。不知老兄以爲如何？因書幸語及，前此附便所予書，至今未拜領也。未即承教，萬望以時爲道加重。

答吕伯恭

郎中丈伏惟安問日至，熹近亦領賜書，即已附便拜答。今有妻兄一書，煩爲附的便。有報章，只託漕臺遞下建陽可也。右司韓丈，因見爲道區區，幸幸。昨承惠教，便遽不及拜狀。趙卿所刻尹論甚精，鄙意却於跋語有疑，不知趙守曾扣其説否？蓋尹公本是告君之言，今跋但以誨人爲説，恐不類耳。又云伊川出《易説》七十餘家，不知伊川教人果如此周遮否？語次試爲扣之爲幸。謹嚴之誨，敬聞命矣。但以是心至者，無拒而不受之理。極知其間氣質不無偏駁，然亦未嘗不痛箴警之，庶幾不負友朋之責。却聞門下多得文士之有時名者，其議論乖僻，流聞四方，大爲學者心術之害，使人憂歎不自已。不知亦嘗擿其邪僞否？久欲奉聞，復忘記，今輒布之，然其曲折，非面莫能究也。

答吕伯恭

竊承進學之意甚篤，深所望於左右。至於見屬過勤，則非區區淺陋所堪。然不敢不竭所聞，以塞厚意。

熹舊讀程子之書有年矣，而不得其要。比因講究《中庸》首章之指，乃知所謂「涵養須用敬，進學則在致知」者，兩言雖約，其實入德之門無踰於此。方竊洗心以事斯語，而未有得也，不敢自外，輒以爲獻。以左右之明，尊而行之，不爲異端荒虚浮誕之談所遷惑，不爲世俗卑近苟簡之論所拘牽，加以歲月，久而不舍，竊意其將高明光大，不可量矣。

承喻所疑，爲賜甚厚。所未安者，别紙求教。然其大概，則有可以一言舉者。其病在乎略知道體之渾然無所不具，而不知渾然無所不具之中，精粗本末、賓主内外，蓋有不可以豪髮差者，是以其言常喜合而惡離，却不知雖文理密察、縷析豪分，而初不害乎其本體之渾然也。往年見汪丈舉張子韶語明道「至誠無内外」之句，以爲「至誠」二字有病，不若只下箇「中」字。大抵近世一種似是而非之説，皆是此箇意見，惟恐説得不鶻突，真是謾人自謾、誤人自誤。士大夫無意於學，則恬不知覺；有志於學，則必入於此。此熹之所以深憂永嘆、不量輕弱而極力以排之。雖以得罪於當世而不敢辭也。

注中改字，兩説皆有之。蓋其初正是失於契勘凡例，後來却因汪丈之説，更欲正名以破其惑耳。然謂之因激增怒則不可。且如孟子平時論楊、墨，亦平平耳。及公都子一爲好辯之問，則遂極言之，以至於禽獸。蓋彼之惑既愈深，則此之辯當愈力。其禽縱低昂，自有準則，蓋亦不期然而然。然禽獸之云，乃其分内，非因激而增之也。

來教又謂吾道無對，不當與世俗較勝負，此説美則美矣，而亦非鄙意之所安也。夫道固無對者也，然其中却著不得許多異端邪説，直須一一剔撥出後，方曉然見得箇精明純粹底無對之道。若和泥合水，便只著箇「無對」包了，竊恐此「無對」中却多藏得病痛也。孟子言楊、墨之道不熄，孔子之道不著，而《大易》於君子小人之際，其較量勝負，尤爲詳密，豈其未知無對之道邪？蓋無對之中，有陰則有陽，有善則有惡，陽消則陰長，君子進則小人退，循環無窮，而初不害其爲無對也。況熹前説已自云「非欲較兩家已往之勝負，乃欲審學者今日趣向之邪正」，此意尤分明也。康節所著《漁樵對問》，論天地自相依附，形有涯而氣無涯，極有條理。當時想是如此説，故伊川然之。今欲分明，即更注此段於其下，如何？

科舉之教無益，誠如所喻。然謂欲以此致學者而告語之，是乃釋氏所謂「先以欲勾牽，後令入佛智」者，無乃枉尋直尺之甚，尤非淺陋之所敢聞也。伊川學制固不必一二以循其跡，然郡學以私試分數較計餔啜，尤爲猥屑，似亦當罷之。若新除已下，則上説下教，使先生之説不遂終廢於時，乃吾伯恭之責，又不特施於一州而已也。

答吕伯恭

示喻曲折，深所望於左右。顧其間有未契處，不得不極論，以求至當之歸。至於立彼我、較勝負之嫌，則熹雖甚陋，豈復以此疑於左右者哉？持養斂藏之誨，敢不服膺。然有所不得已者，世衰道微，邪詖交作，其他紛紛者固所不論，而賢如吾伯恭者，亦尚安於習熟見聞之地，見人之詭經誣聖、肆爲異説，而不甚以爲非，則如熹者誠亦何心安於獨善，而不爲極言覈論以曉一世之昏昏也？使世有任其責者，熹亦何苦而譊譊若是耶？設使顔子之時上無孔子，則彼其所以明道而捄世者，亦必有道，決不退然安坐陋巷之中以獨善其身而已。故孟子言禹、稷、顔子，易地則皆然。惟孟子見此道理，如楊子雲之徒，蓋未免將顔子只做箇塊然自守底好人看。若近世，則又甚焉。其所論顔子者，幾於釋、老之空寂矣。熹竊謂學者固當學顔子者，如克己復禮、不遷怒貳過、不伐善施勞之類，造次顛沛，所不可忘。但亦須審時措之宜，使體用兼舉，無所偏廢，乃爲盡善。若用有所不同，❶則所謂體者乃是塊然死物而已，豈真所謂體哉！觀伊川先生十八歲時上書所論顔子、武侯所以不同，與上蔡論《韶》、《武》異處，便見聖賢之心無些私意，只是畏天命、循天理而已。此義與近世論内脩外攘之説者亦相貫。夫吾之所以自治者，雖或有所未足，然豈可以是而遂廢其討賊之心哉？

示喻蘇氏於吾道不能爲楊、墨，乃唐、景之流耳，向見汪丈亦有此説。熹竊以爲此最不察夫理者。夫文與道，果同耶異耶？若道外有物，則爲文者可以肆意妄言而無害於道。惟夫道外無物，則言而一有不合於道者，則於道爲有害，但其害有緩急深淺耳。屈、宋、唐、景之文，熹舊亦嘗好之矣。既而思之，其言雖侈，然其實不過悲愁、放曠二端而已。日誦此言，與之俱化，豈不大爲心害？於是屏絶不敢復觀。今因左右之言，又竊意其一時作於荆楚之間，亦未必聞於孟子之耳也。若使流傳四方，學者家傳而人誦之，如今蘇氏之説，則爲孟子者亦豈得而已哉？況今蘇氏之學上談性命、下述政理，其所言者非特屈、宋、唐、

❶「同」，四庫本作「周」。《正訛》引唐荆川本改作「周」。

景而已。學者始則以其文而悦之，以苟一朝之利，及其既久，則漸涵入骨髓，不復能自解免。其壞人材、敗風俗，蓋不少矣。伯恭尚欲左右之，豈其未之思邪？其貶而置之唐、景之列，殆欲陽擠而陰予之耳。向見正獻公家傳，語及蘇氏，直以浮薄談目之，❶而舍人丈所著《童蒙訓》則極論詩文必以蘇、黄爲法，嘗竊歎息，以爲若正獻、滎陽，可謂能惡人者，而獨恨於舍人丈之微旨有所未喻也。然則老兄今日之論，未論其它，至於家學，亦可謂蔽於近而違於遠矣。更願思之，以求至當之歸，不可自悮而復悮人也。

前書奉問謝公之説，正疑其不能無病。詳考從上聖賢以及程氏之説，論下學處，莫不以正衣冠、肅容貌爲先。蓋必如此，然後心得所存而不流於邪僻。《易》所謂「閑邪存其誠」，程氏所謂「制之於外，所以養其中」者，此也。但不可一向溺於儀章器數之末耳。若言所以正、所以謹者，乃禮之本，便只是釋氏所見，徒然横却箇所以然者在胸中，其實却無端的下功夫處。儒者之學，正不如此。更惟詳之。

答吕伯恭

學校之政，名存實亡，徒以陷溺人心敗壞風俗，不若無之爲愈。聞嘗有所釐正，而苟且放縱者多不悦其事，亦可想而知矣。然當留意於立教厲俗之本，乃爲有補。若課試末流，小小得失之間，則亦不足深較也。向見所與諸生論説《左氏》之書，極爲

❶「談」，原題下校云：「『浮薄談』字一本作『輩』。」浙本、四庫本作「輩」。

詳博，然遺詞命意，亦頗傷巧矣。恐後生傳習，益以澆漓，重爲心術之害。願亟思所以反之，則學者之幸也。

前書所引「文理密察」，初看得不子細。近詳考之，似以「密」爲「祕密」之「密」，「察」爲「觀察」之「察」。若果如此，則似非本指也。蓋「密」乃「細密」之「密」，「察」乃「著察」之「察」，正謂豪釐之間一一有分别耳。故曰「文理密察，足以有别」，只是一事，非相反以相成之説也。若道理合有分别，便自顯然不可掩覆，何必潛形匿迹以求之，然後爲得邪？大抵聖賢之心，正大光明，洞然四達，故能春生秋殺，過化存神，而莫知爲之者。學者須識得此氣象而求之，庶無差失。若如世俗常情，支離巧曲，瞻前顧後之不暇，則又安能有此等氣象邪？不審高明以爲如何？

答吕伯恭

所論孟子論二子之勇處，文意似未然。蓋「賢」字只似「勝」字，言此二人之勇，未知其孰勝，但孟施舍所守得其要耳。蓋不論其勇之孰勝，但論其守之孰約，亦文勢之常，非以爲二子各有所似而委曲回互也。且二子之似曾子、子夏，亦豈以其德爲似之哉？直以其守氣養勇之分量淺深爲有所似耳。此亦非孟子之所避也。大抵伯恭天資温厚，故其論平恕委曲之意多，而熹之質失之暴悍，故凡所論皆有奮發直前之氣。竊以天理揆之，二者恐皆非中道。但熹之發足以自撓而傷物，尤爲可惡；而伯恭似亦不可專以所偏爲至當也。無以報箴誨之益，敢效其愚，不審然否？因來及之，幸甚，幸甚。

欽夫書來，具道近事曲折，少釋憂懣。想贊助之力爲多。「出入無疾，朋來無咎」，大率致意此語，尤切當。然想已有成規，更願凡百毖重，以圖萬全。最是人材難全，懲其所短則遺其所長，取其所長則雜其所短，此須大段子細著眼力，乃可無悔吝耳。

答吕伯恭

所喻「閑先聖之道」，竊謂只當如「閑邪」之「閑」，方與上下文意貫通。若作「閑習」，意思固佳，然恐非孟子意也。政使必如是說，則閑習先聖之道者，豈不辨析是非、反復同異，以爲致知格物之事？若便以爲務爲攘斥，無歛藏持養之功而不敢爲，則恐其所閑習者終不免乎豪釐之差也。若顔子則自不須如此，所以都無此痕迹耳。此事本無可疑，但人自以其氣質之偏，緣情立義，故見得許多窒礙。若大其心，以天下至公之理觀之，自不須如此回互費力也。

所論智、仁、勇之意，則甚精密。然龜山之説亦不可廢。蓋以其理言之，則所至雖不同，而皆不可闕，如左右之説是也。若以其所至之地言之，則仁者安之，知者利之，勇者强焉，又自各有所主，如龜山之説矣。然此兩説者要之皆不可廢，經緯以觀，其意始足。如何？

動静陰陽之説，竟未了然，何耶？豈非向來奉答者未得其要，有以致賢者之疑乎？比再觀之，方以爲病，欲别爲説以奉報。今以來喻所引者推明之，似却更分明也。夫謂人生而静是也，然其感於物者，則亦豈能終不動乎？今指其未發而謂之中，指其全體而謂之仁，則皆未離乎静者而言之。至於處物之宜謂之義，處得其位謂之正，則皆以感物而動之際爲言矣。是則安得不有陰陽、體用、動静賓主之分乎？故程子曰：「仁體義用也。知義之爲用而不外焉者，可以語道矣。世之論義者多外之，不爾則混然而無别，非知仁義之説者也。」此意極分明矣。且體、用之所以名，政以其對待而不相離也。今以静爲中正仁義之體，而又謂中正仁義非静之用，不亦矛盾杌棿之甚乎？意者專以知覺名仁者，似疑其不得爲静，恐當因此更加究察。所謂仁者，似不專爲知覺之義也。

答吕伯恭

久不聞問，方切懷仰，得元履書，乃知賢閤安人奄忽喪逝，驚愕良深。伏惟伉儷義重，傷悼難堪，區區所願約情就禮，爲君親德業千萬自重，幸甚。欽夫去國，聞之駭然。想驟失講論之益，無佳況也。道遠，不敢請其説。然吾道之難行，亦可知矣。奈何，奈何？因便草此奉慰，不敢别具狀疏，諒蒙識察，不次。

國器云亡，極可傷。今日又聞賓之亦逝去，善類凋殘，甚可慮也。《知言疑義》再寫，欲奉呈，又偶有長沙便，且寄欽夫處，屬渠轉寄。若到，千萬勿示人，但痛爲指摘爲幸。功夫易間斷，義理難推尋，而歲月如流，甚可憂懼。奈何，奈何？

答吕伯恭

前日因便附書，今既達否？比日冬深，氣候暄燠，伏惟進德有相，尊候萬福。熹去喪不死，痛慕亡窮，它無可言者。但塵務汩没，舊學蕪廢，思得從容少資警益，而不可得。欽夫又一向不得書，懷想既深，憂懼亦甚。奈何？今以舅氏之葬，當走尤溪，魏應仲來墓次，得以略聞動静。因其行附訊，匆匆不及究所欲言者。歲晚，願言爲道學自重。因便來時枉書，有以警策疲懦者不憚煩，深所顧望。❶ 前書許寄條對之文，亦幸早得之也。

答吕伯恭

近因元履之子附狀，必達。比日冬温，伏惟德業有相，尊候萬福。建人劉氏兄弟爚、炳。同預薦送，乃翁亦以免舉試禮部，皆欲見於門下。熹新阡與其居密邇，兩年相從甚熟，知其嗜學可教。因其行復附此爲先容，幸與之進。餘已具前書，此不縷縷，幸察。

答吕伯恭

便中辱書，感慰。信後已經新歲，伏惟君子履端，多納福祐。熹免喪不死，無足言

❶「顧」，浙本、四庫本作「願」。

者。去冬以舅氏之喪再走尤溪，逼歲方歸。而目前俗冗事狀殊迫猝，無佳思，舊學益荒蕪矣。向所附呈諸説，幸反覆痛箴藥之，區區猶有望也。立論相高，吾人固無此疑，然只要得是當，亦良不易耳。論治固有序，然體、用亦非判然各爲一事，無今日言此而明日言彼之理。如孟子論愛牛制産，本末雖殊，然亦罄其説於立談之間。大抵聖賢之言隨機應物，初無理事精粗之别。其所以格君心者，自其精神力量有感動人處，非爲恐彼逆疑吾説之迂，而姑論無事之理以嘗試之也。若必如此，則便是世俗較計利害之私，何處更有聖賢氣象耶？愚見如此，更惟精思而可否之。區區之論所以每不同於左右者，前後雖多，要其歸宿，只此毫釐之間，講而通之，將必有日矣。奏篇伏讀，感發良多。愚意尚恐其詞有未達者。此人立俟，未暇詳叩。臨書傾想無已，正遠，惟益進德業，自愛重，是所願望。

答吕伯恭

慰問之誠，謹具前幅。比日中夏久雨，伏惟純孝感格，體力支勝。熹自泉、福間得侍郎中丈教誨，蒙以契舊之故，愛予甚厚。比年以來，闊别雖久，而書疏相繼，奬厲警飭，皆盛德之言。感激銘佩，何日敢忘！區區尚冀異時得奉几杖於寂寞之濱，以畢餘誨。豈謂不淑，遽至於此！聞訃悲咽，不能爲懷。而山居深僻，無婺女之便，以故至今不能致一書以道此懷，且候左右哀疚以來興寢之狀，往來於心，如食物之不下也。不審能亮之否？左右孝誠切至，何以堪此？然門户之寄、朋友之望，實不爲輕，千萬節抑，以慰遠懷。人物眇然，伏紙增涕。

答呂伯恭

襄奉卜吉，定在何時？只就婺女否？熹貧窶之甚，不能致一奠之禮，又以地遠不得伏哭柩前，楚愴之懷，無以自見。奈何？此書因趙守轉示韓丈書，始得宛轉附此，却託韓丈致之，不知達在何時。過此又復悠悠，無通問處矣。熹向以召命不置，欲自載一至近縣，庶幾得以一見。尋念無益，且亦貧甚，無辦裹糧處，遂復中輟。已瀝懇哀祈諸公，儻得報聞，何幸如之。所欲言者無窮，此書亦未敢旁及也。

答呂伯恭

便中伏奉手疏，伏讀感愴不能已。且審反虞之久，又恨不得從執紼者之後也。即日霜寒，伏惟哀慕有相，孝履支福。熹窮陋如昔，比復遭叔母之喪，憂悴之外，無可言者。舊學雖不敢廢，然章句誦説之間，亦未見一安穩處。所欲相與講評反覆者，非書札所能寄也。示喻深知前此汗漫之非，幸甚。比來講究必已加詳密矣。累得欽夫書，亦深欲伯恭更於此用力也。別紙數事求教，幸一一批誨。比日讀書，此類甚多，少冗，不能詳録，當俟後便耳。《祭禮》略已成書，欲俟之一兩年，徐於其間察所未至。今又遭此朞喪，勢須卒哭後乃可權宜行禮，考其實而修之，續奉寄求訂正也。因便附此，復因韓丈致之。未由承晤，千萬以時節哀，爲遺體自愛，幸甚，幸甚。

答吕伯恭

專使奉教，承新春以來孝履支福，感慰深矣。教告諄複，警策殊多。離群索居，其害至此，良可警懼。蓋初心之善未始不明，但失照管，即隨事汨没，不自覺耳。來介市書未還，偶有便人，亦欲令持此書以往，因復附此。未暇它及，先此少謝厚意。《言行》一書，亦當時草草爲之，其間自知尚多謬誤，編次亦無法，初不成文字。因看得爲訂正示及爲幸。餘俟盛价還日，别得奉問。便遽草草。

答吕伯恭

伏奉近告，竊審已經祥祭，追慕無窮，尊體神相多福。買茶人書尚未領，當是已徑之府中矣。謝遣學徒，杜門自治，深爲得策，所造詣想日深矣。恨未有承教之期，爲悵恨耳。但爲舉子輩抄録文字流傳太多，稽其所敝，似亦有可議者。自此恐亦當少訒其出也。如何，如何？《禮運》以五帝之世爲大道之行，三代以下爲小康之世，亦略有些意思。此必粗有來歷，而傳者附益，失其正意耳。如程子論堯、舜事業非聖人不能，三王之事大賢可爲也，恐亦微有此意。但《記》中分裂太甚，幾以二帝三王爲有二道，此則有病耳。胡公援引太深，誠似未察也。鄙見如此，高明復以爲如何？因便附問，草草。

眷集伏惟均慶，山中有委勿外。熹拜問。

薛湖州昨日又得書，其相與之意甚勤。聞其學有用。甚恨不得一見之。然似亦有好高之病，至謂義理之學不必深窮，如此則幾何而不流於異端也耶？其進爲甚驟，亦所未曉。因書幸見告以其所自。熹又拜。

密庵主僧從穆近已死，其徒法舟見權管幹。此菴元只作右丞莊屋，❶如可且令看守，即求一榜并帖付之。恐或別有可令住者，遣來尤佳。但此庵所入亦薄，非復謙老之時矣，只令法舟守之亦便也。

答呂伯恭

便中累辱手書，伏審已經練祭，哀慕如新。即日溽暑，孝履支福，感慰之至。熹昨已作書，欲遣兒子詣席下，會連雨未果行，俟梅斷，看如何也。但此兒懶惰之甚，在家讀書，絶不成倫理，到彼冀親警誨，或肯向前。萬一只如在家時，即乞飛書一報，當呼之使歸，不令久奉累也。

「仁」字之説，欽夫得書云已無疑矣。所論「愛之理猶曰動之端、生之道云爾」者，似頗未親。蓋「仁者愛之理」，此「理」字重；「動之端」，「端」字却輕。試更以此意秤停之，即無侵過用處之嫌矣。如何？

劉博士墓誌不曾收得，早録寄幸甚。欲作《淵源録》一書，盡載周、程以來諸君子行實文字，正苦未有此及永嘉諸人事跡首末。因書士龍，告爲託其搜訪見寄也。士

❶ 「右」，原作「古」，段後校云：「『古』一本作『右』。」浙本作「右」，據改。

龍相欵，所論大者，幸喻及一二，亦甚恨無因緣得相見。渠更待闕耳，❶其改命必有以也。前時湖州買茶人回，曾附書，不知收得否？因書煩扣之，并爲致千萬意也。菴牓已付之，其僧有狀，今附此便去。擇之來此相聚甚樂，有書納上。元履春間不幸不起疾，甚可傷。近方爲卜得地，旦夕往與謀葬也。承問及之。因便拜狀，草草，餘已具所遣兒子書矣。

答吕伯恭

潘守附致所予書，得聞近況，感慰之深。信後暑毒異常，伏惟讀《禮》之餘，孝履支福。熹窮居碌碌，無可言。召命竟未能免，近被堂帖，督趣逾峻，勢須一行。至衢、婺間恭俟罷遣，或得承晤，何幸如之！子澄過此兩三日，諸況具能言之。❷因其行附此，不復縷縷。餘惟以時保衛，區區至懇。

眷集伏惟鈞安，此間有骫勿外。兒子寓食之計，似終未穩，豈可終歲擾人耶？幸更爲處之，使賓主之間可久處而不厭，乃佳耳。與叔度書不欲深言此，但老兄以意裁之，則善矣。叔度惠書，觀其論説，氣質良厚，不易得也。聞薛士龍物故，可駭可歎。且恨竟不識斯人也。

答吕伯恭

昨以召旨之嚴，不免爲造朝計，意經由必獲一見。子澄之行，草草附問，已嘗及其

❶「耳」，浙本作「耶」。
❷「具」，原作「其」，據浙本改。

故矣。既而忽有改秩奉祠之命，知獲遂退藏之願。然褒寵過厚，又有所不敢當者，力爲懇辭，未知諸公頗見亮否？萬一再三不如所請，其將何以爲計？有以見教，幸甚。

兒子久欲遣去，以此擾擾，未得行，謹令扣師席。此兒絶懶惰，既不知學，又不能隨分刻苦作舉子文。今不遠千里以累高明，切望痛加鞭勒，俾稍知自厲。至於擇交游，謹出入，尤望垂意警察。如其不可教，亦幾早以見報，或便遣還爲荷，千萬勿以形迹爲嫌也。賤迹如此，又未有承晤之日，臨風悵然。惟以時節哀，爲道自愛。

答呂伯恭

前書所諭仁愛之説，甚善，甚善。但不知如何立言，可使學者有所向望，而施涵泳玩索之功，又無容易領略之弊耶？因來喻及，幸甚，幸甚。劉博士誌文，得之幸甚。此類文字此間所已有者，旦夕録呈，切告據此以訪其所無，異時成得一書，亦學者之幸也。近得毗陵周教授數篇《論語》，令兒子帶去，試一讀之，以爲與程門諸君子孰高孰下也？以一言語及爲幸。長沙此三兩月不得書，邵武有《孟子説》，不知所疑云何，預以見告，俟得本考之也。然此等文字流傳太早，爲害不細。昨見人抄得節目一兩條，已頗有可疑處，不知全書復如何？若洙泗言仁，則固多未合，當時亦不當便令盡版行也。吾人安得數月相携於深山無人之境，共出其書一商訂之，以求至當之歸乎？更有數條，又具別紙，幸早垂教也。

答吕伯恭

方作書欲附便，未行而兵子還，辱書至感。又得竊聞比日秋清，孝履支福，至慰，至慰。熹賤跡且爾辭免，未報爲撓。不爲已甚之戒，甚荷愛念。（此非所以爲高。）但坐邀禮命，有所未安。今且得力辭，冀蒙相捨。若其不獲，又別相度耳。（若初意，則直欲力辭，雖使得罪，亦無所避也。）欽夫得書，觀其語意，亦似不以爲可受也。更望審思，復以見教，幸甚，幸甚。

時位之戒，敢不敬承。欽夫移書見戒一二事亦類此，顧恐偏蔽已甚，矯革爲難，未知終能副朋友所期否耳。今歲紛紛，蓋爲初不爲備，率然整頓，故有此患。近已預爲嗣歲之備，亦自不至此也。周教授《語解》誠如所喻，愚意其篤實似尹公，謹嚴過之，而純熟或不及也。高明以此語爲如何？❶

小兒無知，仰累鞭策，感愧深矣。在家百計提督，但無奈其懶何。今得嚴師畏友，先與擊去此病，庶或可望其及人也。又得叔度、叔昌書，兒子書中及回兵口說，荷其照屬之意良厚，益深愧怍。偶欲入城，臨行冗甚，作此附便，餘俟後便也。匆匆。

答吕伯恭

人還，承答字，感慰之深。比日秋高，伏惟孝履支福。熹碌碌無足言者，誨諭辭

❶「周教授」至「如何」三十六字，亦見于《文集》卷三五《答吕伯恭》。

受之義，此亦方以爲撓。若如來教，雖可逆避將來之患，顧恐於今日義理未安耳。幸更爲思之，因書見告爲，望懇懇。

兒子既蒙容受，感佩非常。不知能應程課、入規矩否？凡百更望矜念愚懇，痛賜鞭策，爲幸之甚。即不可教，亦告早以垂喻，即遣還尤幸也。

横渠集刊行甚善，但不知用何處本？若蜀中本，即所少文字尚多。俟寄來看，或當補，即作别集也。《説文》此亦無好本，因便已作書與劉子和言之矣。欽夫近得書，寄《語解》數段，亦頗有未合處。然比之向來，收歛慤實則已多矣。言仁諸説録呈，渠别寄《仁説》來，比亦答之，并録去。有未安處，幸指誨也。因便致問，正遠，節哀自重爲請。

答吕伯恭

《仁説》近再改定，比舊稍分明詳密，已復録呈矣。此説固太淺，少含蓄，然竊意此等名義，古人之教，自其小學之時已有白直分明訓説，而未有後世許多淺陋玄空、上下走作之弊，故其學者亦曉然知得如此名字但是如此道理，不可不著實踐履。所以聖門學者皆以求仁爲務，蓋皆已略曉其名義，而求實造其地位也。若似今人茫然理會不得，則其所汲汲以求者，乃其平生所不識之物，復何所向望愛説而知所以用其力邪？故今日之言，比之古人誠爲淺露，然有所不得已者。其實亦只是祖述伊川仁、性、愛、情之説，但剔得名義稍分界分，脉絡有條理，免得學者枉費心神，胡亂揣摸，唤東作西爾。若不實下恭敬存養、克己復禮之功，則此説雖精，亦與彼有何干涉耶？故却謂此説正所以爲學者向望之標準，而初未嘗侵過學者用功地步。明者試一思之，以爲如何？似不必深以爲疑也。自己功夫與語人之法固不同，然如此説，却似有王氏所論高明、中庸之弊也。須更究其曲折，略與彼説破乃佳。

答吕伯恭

昨日作書，欲附便行，今日忽得手示，❶獲聞比日冬寒，孝履支福，既以感慰，又得別紙誨諭之詳，伏讀再三，警發甚至，其爲欣荷，又不自勝。但所謂飽經歷、真切磨者，不敢當耳。區區已復詳具求教，顒俟益論也。

辭免文字附沈尹專人，自七八月間去此，意其已到。近託人致懇廟堂，求聽所請，得報乃云文字未至，良以爲疑。得子澄書，乃其人更過何處取書，計今必已至矣。當時若知其迂回如此，只發遞去，自無浮沉也。然部中行下建寧，又云已給批書，此須作熹狀申部出給。熹既不受，不知此文字是如何行遣？都不可曉，亦不知此物今在何處。杜門無事，乃有此撓。聞是韓丈拈出，前此亦未知。今既如此狼狽，却須得韓丈出手，大家收救，莫令到無收拾處，乃荷相念。然又不欲作書，彼亦未必以爲誠。然不知可煩老兄，因書一言所以不敢受之意非出矯僞，得自廟堂上辭免文字，特依所乞，再授元官，差監嶽廟，便是一箇出場也。

❶「手」，原作「守」，據閩本、浙本、四庫本改。

前日作書忘記及此，因問之及，復此忉忉，千萬垂念也。

康節恐是打乖法門，非辭受之正。伊川再受西監，止是叙復元官，還莅舊職，又可逡巡解去，即與今日事體全不相似，皆未敢援以自比。欽夫書來，亦云豈可逆料後患而先汨所守之義，此語亦甚直截。然渠却不曾爲思量如何解免得脱，若只如此厮啀，恐非臣子所敢安也。千萬便爲盡以此意達之韓丈，得早爲解紛，幸甚，幸甚。❶夜作此書，不能它及。

答吕伯恭

便中辱書教，感慰之深。信後忽忽，已迫長至，伏惟感時追慕，何以爲懷，神相孝履，起處萬福。熹昨以叔母之葬走政和，往返月餘。今適反舍，汩没無好況，它無足言者。臨行寓書，有所咨扣，想已聞徹。得早報及爲幸。兒子極感教誨，不知近復如何？正唯懶惰，不肯勤謹檢飭，此爲大患，計必有以變化之。爲文稍能入律否？初欲歲下令略歸，今思之，恐徒勞往返，不若且令留彼度歲。既蒙矜念如此，當不異父兄之側矣。但久溷潘宅，不自安耳。

子澄一書，告爲附便。陸子壽聞其名甚久，恨未識之。子澄云其議論頗宗無垢，不知今竟如何也？學者用工不實之弊，誠如來誨。不但學問，今凡一小事，才實理會，便自然見道理漸漸出來也。

近見建陽印一小册，名《精騎》，云出於

❶「康節」至「幸甚」一百二十六字，亦見于《續集》卷五《答吕東萊》。

賢者之手，不知是否？此書流傳，恐誤後生輩，讀書愈不成片段也。雖是學文，恐亦當就全篇中考其節目關鍵。又諸家之格轍不同，左右采獲，文勢反戾，亦恐不能完粹耳。因筆及之，本不足深論也。因便稟此，草草。

答呂伯恭

便中連辱手教，感慰亡喻。即此歲除，伏惟感時追慕，神相純孝，起居支福。熹禄禄如昨，無所可言。但懇辭既不得請，又被堂帖檢坐近降行下。然觀立法之意，乃爲有官職之事者設，與此避過恩、辭逸禄者初不相關。已復注釋此意，別作狀回申矣。❶亦得韓丈書，敦勉甚至。却爲合下見得此一邊義理稍重，未能勇從。萬一果掇疑怒，亦無所避之也。韓丈必已開府，前日臨安人回，已附書致謝。此便遽，又當除日百冗，不暇再作也。

兒子蒙教督甚至，舉家感激不可言，但所作大義似未入律，聞亦已令專治此業，甚善。觀其氣質，似亦只做得舉子學。初尚恐其不成，今既蒙奬誘，不知上面更能進步否？此亦必待其自肯，非他人所能彊也。

子澄去就從容，甚可喜。昨聞周子充辭郡得請，今又睹此，益知辭受由人而不在於時。豈彼能之而我不能哉？若來喻所云親切用工處，誠亦更當致力。想相見必熟講之矣。范伯崇云歸途亦欲請見，今皆已到未耶？《淵源録》許爲序引，甚善。兩處文字告更趣之。《祭禮》已寫納汪丈處，

❶「申」，原作「中」，據浙本、四庫本改。

託以轉寄，不知何爲至今未到？然其間有節次修改處，俟旦夕別録呈求訂正也。

所論克己之功，切中學者空言遥度之病。然向來所論，且是大綱，要識得仁之名義氣味，令有下落耳，初不謂只用力於此，便可廢置克己之功。然亦不可便將克己功夫占過講習地位也。中間有一書論古人小學已有如此訓釋一段甚詳，❶幸更考之。然克己之誨，則尤不敢不敬承也。

欽夫近得書，別寄《言仁録》來，修改得稍勝前本。《仁説》亦用中間反覆之意改定矣。聞其園池增闢，盡得江山之勝，書來相招。屬此蹤跡未自由，又鄉里饑儉，未敢輕諾之也。王教授來，值熹入城，不得相見。以老兄所稱許如此，甚恨未及識之耳。

小本《易傳》尚多誤字，已令兒子具稟。大本校讎不爲不精，尚亦有闕誤。掃塵之喻信然，能喻使改之爲幸。聞又刻《春秋胡傳》，更喻使精校爲佳。大抵須兩人互讎乃審耳。兩人一誦一聽，看如此一過，又易置之。横渠集已畢未耶？得本早以見寄，幸甚。如此間程集，似亦可作小本流布。蓋版在官中，終是不能廣也。向議欲刊《説文》，不知韓丈有意否？試扣其説，因贊成之爲佳。偶便附此。除日百冗，不能既所欲言。惟千萬節哀自愛，以振吾道爲祝。忽忽不宣。

答呂伯恭

歲律更新，伏惟感時追慕，何以堪之？神相孝思，體力支勝。熹此粗如昨。歲前

❶「甚」，原作「其」，據浙本改。

附一書於城中尋便，不知達否？紙尾所扣婺人番開《精義》事，不知如何？此近傳聞稍的，云是義烏人，説者以爲移書禁止，亦有故事。鄙意甚不欲爲之，又以爲此費用稍廣，出於衆力，今粗流行，而遽有此患，非獨熹不便也。試煩早爲問故，以一言止之，渠必相聽。如其不然，即有一狀煩封至沈丈處，唯速爲佳。蓋及其費用未多之時止之，則彼此無所傷耳。熹亦欲作沈丈書，又以頃辭免未獲，不欲數通都下書，只煩書中爲道此意。此舉殊覺可笑，然爲貧謀食，不免至此，意亦可諒也。正遠，萬萬節哀自重，餘已具前書矣。便遽草草。

答呂伯恭

自經新歲，未及上問，竊惟孝思有相，起處支福。祥禫計亦不遠，追慕想難爲懷也。熹屏居如昨，向來辭免，堂中竟用檢會近降海行指揮行下，不免再具狀懇辭矣。梁公至此，相見之後，始知前此請之由衷，亦爲言於諸公。今兹之請，其必遂矣。此外無致力處，姑復任之，但惕息俟罪而已。去冬了叔母葬事，又人事出入，迫歲方小定。開正復擾擾，才得旬日休息，又以梁公遭憂，不免入城弔之，計又須旬日往返。加以親舊間死喪弔送，犇走不暇，鄉民又已嗸嗸告飢，此皆不免勞心費力。殊覺胸次塵埃，學業固無由進益，至於尤悔之積，亦有不暇點檢者。每一念之，如此紛紛，竟亦何益？欲舍此以求講論規誨之助而不可得，則亦悵然而已。欽夫得書，相招爲湘中之遊，以此未能行。然它亦有使人不欲前者。至於老兄相去不遠，亦無從相見，胸中所欲言者無窮。偶有便行，臨出不及拜書，道中作此，寄家中令付之，匆匆不及究所懷之一二。若免喪之後，不免復爲禄仕，能求一官南來否乎？引領馳情，尚冀節哀自愛。不宣。

答吕伯恭

便還奉教，感慰之深，即日春和，伏惟孝履支福。已經祥祭，追慕何窮。然俯就先王之制，誠有望於賢者。熹再辭未報，惕息俟命，未知所以爲計也。承問感感。衢、温文字幸早留意。寄及横渠文集，此有一寫本，比此增多數篇，偶爲朋友借去，俟取得寄呈，可作别集，以補此書之闕也。所喻講學克己之功，哀多益寡，政得恰好，此誠至論。然此二事各是一件功夫，學者於此須是無所不用其極，然後足目俱到，無偏倚之患。若如來喻，便有好仁不好學之蔽矣。且《中庸》言學問思辯而後繼以力行，程子於涵養進學亦兩言之，皆未嘗以此包彼而有所偏廢也。若曰講習漸明，便當痛下克己功夫以踐其實，使有以真知其意味之必然，不可只如此説過。則其言爲無病矣。昨答敬夫，言《仁説》中有一二段已説破此病。近看吴才老《論語説》論子夏「吾必謂之學矣」一章與子路「何必讀書」之云，其弊皆至於廢學，不若「行有餘力，則以學文」、「就有道而正焉」、「可謂好學」之類，乃爲聖人之言也。頗覺其言之有味。不審高明以爲何如？因便附此，不盡所懷。餘惟節抑餘哀，千萬保重。

眷集伏惟均休。子約已别奉書矣。兒子久累教拊，舉家愧荷，不可勝言。更願終賜，使隨其資之高下有所成就，幸甚。固不敢大望之也。子澄、伯崇到彼所講何事？伯崇且還江西，尚未到里中也。叔度寄得薛士龍行狀，讀之使人慨歎不已。不知所著諸書嘗見之否？今有書吊其家，煩爲致之。欲求《中庸》、《大學》、《論語説》及《陰符》、《握奇》、《揲蓍》、《本政叙》凡七書，不審能爲致之否。此委却望不外。

答呂伯恭

前月末及此月初兩附便拜狀，不知達否？府中轉致近教，獲聞比日春晚，尊候萬福，感慰深矣。熹屏居如昨，近出展墓，遂登蘆山，❶小菴在孤峰絶頂之側，少留旬日。舉目雲山，盡數百里，足以稍滌塵滯，它無足言也。愬辭未報，若不將上，則不若不報之爲愈。今幸如此，且爾偷安耳。示喻專心致志之功，警發昏惰，爲幸甚矣。但年來浸益多事，雖書策功夫亦不能得相接續，此爲可懼。至於朋友，亦正自難得人。大抵氣習已偏而志力不彊，殊未有以慰人意者。門墻之下，渠亦有其人乎？誘接之道雖各不同，要是且令於平易明白處漸加功夫，時加警策而俟其自得，此爲正法耳。《弟子職》、《女戒》二書，以温公《家儀》系之，尤溪欲刻未及，而漕司取去。今已成書，納去各一本。初欲遍寄朋舊，今本已盡，所存只此矣。如可付書肆摹刻，以廣其傳，亦深有補於世教。或更得數語題其後，尤幸也。《外書》、《淵源》二書頗有緒否？幸早留意。兒子荷教誨，舉家感刻。昨深

❶「蘆」，原作「廬」，據浙本改。

慮其經義踈闊，今得略有條理，甚幸，甚幸。新茶三十夸，謾到左右。❶ 因便附此，草草不宣。

答呂伯恭

昨已具前幅，而便信差池，便中又辱況書，慰感亡量。聞携書入山水勝處，想講學之餘，日有佳趣。小兒亦得從行，荷意愛厚矣，感刻何敢忘也！所論吴才老説經之意，切中其病。然在今日平心觀之，却自是好語也。《學記》「深造自得」之語，初亦覺其過，欲改之，則已刻石不及矣。以此知人心至靈，只自家不穩處便須有人點檢也。李習之在唐人特然知《中庸》之爲至，亦不可多得。然其所論實本佛、老之説，故特於序文發之。蓋不遺其善，而抑揚之間亦不爲無意，似不可謂不足而略之也。「哀公問政」以下數章，本同時答問之言，而子思删取其要，以發明傳授之意，鄙意正謂如此。舊來未讀《家語》，嘗疑數章文意相屬，❷ 而未有以證之。及讀《家語》，乃知所疑不繆耳。「天斯昭昭之多」以下四條譬諭，似以天地爲積而至於大者，文意頗覺有礙。不知當如何説？幸見教。他所欲請者甚衆，臨書怱怱忘之。顧未有面論之日，兹爲恨恨耳。

答呂伯恭

子約惠書，已奉報矣，不知何故如此猶

❶「到」，《正訛》改作「致」。
❷「意」，原作「章」，據浙本改。

豫前卻？此不誠不敬之本，於進道中正是莫大之病，須痛加治療。熹書中已極言之，想從容之際亦必有以警之也。吴晦叔來犇其母之喪，今日方見之，能道欽夫病狀。亦得欽夫書，今已復常矣。晦叔亦多病癯瘁也。人各有偏，非見徹克盡，所不能免，此誠至論，佩服不敢忘也。小兒無知，荷教誨之意甚厚。異時稍識去就，不知何以爲報也。但久擾叔度兄弟，甚不自安。又聞浙東艱食，恐向後道路難行，今專此人去，恐可遣歸，即從韓丈借人送歸。或尚可少留，即亦唯長者之命。歸來却無讀書處也。熹書中已詳禀韓丈矣，其去住遲速，却在裁度也。《大學》、《中庸》墨刻各二本，子魚五十尾，并以伴書，幸留之，它委勿外。熹再拜上問。

答吕伯恭

熹僭易拜問台眷，伏惟上下均安。子約賢友不及奉狀，前書所講，必有定論，因來幸示及。兒子久累誨督，春來不得書，不知爲學復如何？向令請問選録古文之意，不知曾語之否？此間與時文皆已刊行，於鄙意殊未安也。近年文字姦巧之弊熟矣，正當以渾厚樸素矯之，不當崇長此等，推波以助瀾也。明者以爲如何？尤川新學二刻，令兒子持納求教，幸爲一觀。記文之謬，千萬指示也。

答吕伯恭

便中連三辱書，感慰無量。即日庚伏

酷暑，伏惟禮制有終，永慕何已，神相尊候，動止萬福。熹杜門如昨，辭免不遂，今日已拜命矣。屢煩惇勸，愧荷之深。前日得王漕書，亦具道盛意也。三釜之樂，永負初心。方此感愴，忽又聞一表兄之喪，明日當復犇赴，亟遣此人喚小兒還家。草草布此，未暇它及。此兒久荷教育，舉家感德無窮。今迫試期，幸聽其歸。異時復遣卒業，終以累高明也。已有書懇韓丈借人，更告借以一言，得早還家爲幸。承從人嘗至三衢，汪丈必甚欵，所論何事？因書及之。熹辭免已決，秋冬間無事，或可出入。甚思承教，但未敢預期耳。正唯以時進德自重爲禱，不宣，熹頓首再拜上狀。

聞懷玉山水甚勝，若會於彼，道里均矣，如何？

答呂伯恭

兒子歸，承手書之貺，感慰良深。秋氣漸涼，伏惟尊候萬福。熹昨以事一至城中，還家諸況如昨，蓋無足言者。懷玉之約，遲以明年，無所不可。但兒子説車馬自會稽遂如天台鴈蕩，不審亦可留此勝概，以俟來春相與俱行否？若爾，則不必登懷玉，只自此徑走婺女，相就而行也。

兒子歸來，不惟課業勝前，至於情性作爲，亦比往時小異，信乎親炙薰陶之效，舉家感德，不可名言。但惜乎其氣質本凡，又無意於大受，不足以希升堂之列耳。還日又蒙借人津遣，尤以懼荷。但歸來衮衮，俗務汩沒，不得如臨行所戒。次第場屋得失，初非所期，亦復任之耳。

損減收歛之喻，真實切當，謹銘坐右，不敢忘也。汪丈進德不倦，後學幸甚。但其所辨《石林燕語》頗留意於儀章器數之間，此曾子所謂「則有司存」者，豈其餘力之及此耶？專意於此，則亦非區區所敢知者矣。長沙頻得書，地遠，難得相見。此公踈快，書中不敢盡言，心之所憂，亦微詞以見。晦叔歸，因託寄懷，想其亦樂聞之。但事有日生者，須推類以通之，則告者不費而聞者有深益耳。《中庸章句》一本上納，此是草本，幸勿示人。更有詳説一書，字多未暇，餘俟後便寄去。有未安者，一一條示爲幸。《大學章句》并往，亦有詳説，後便寄也。「此謂知之至也」一句，爲五章闕文之餘簡無疑。更告詳之，系於經文之下，却無説也。《淵源》、《外書》皆如所喻，但亦須目下不住尋訪，乃有成書之日耳。別紙所論，更俟參訂奉報。叔度此人已留數日，不欲久稽之，且附此書遣還也。未即承教，馳想亡窮。惟千萬爲道自愛。

答吕伯恭

昨自叔度人還之後，一向不得奉問，豈勝向仰。比日冬温，伏惟味道有相，尊候萬福。熹杜門如昔，無足言者。昨附去《中庸》、《大學》等書如何？未相見間，便中得條示所未安者，幸幸。近稍得暇，整頓得《通鑑》數卷，頗可觀，欲寄，未有別本，俟來春持去求是正也。聞老兄亦爲此功夫，不知規摹次第如何？此間頗苦難得人商量，正唯條例體式亦自難得合宜也。如温公舊例，年號皆以後改者爲正，此殊未安。如漢建安二十五年之初，漢尚未亡，今便作魏黄初元年，奪漢太速，與魏大遽，大非《春秋》存陳之意，恐不可以爲法。此類尚一二條，不知前賢之意果如何爾。所欲言者甚衆，此便又遽，不及究一二。春初即治温、台之行，承教且不遠矣。向寒，伏冀爲道自愛，不宣。十月十四日，熹頓首再拜上狀。

熹僭易再拜上問，眷集伏惟均慶。子約賢友不及拜書，兒輩附拜問禮。大兒本即遣去席下，又一動亦費力，來春當自携行。但恐又難去叔度處，不知當置何許也。前書所扣一二事，因便告早及之，欲爲之備。貧家辦事爲難，須及早料理也。此書附建陽范澤民解元，渠去赴省，云欲便道請見。其人老成，孝友誠慤，朋輩間所難得。然苦貧，此行甚費力。或有可接手處，得與垂念，幸甚，幸甚。此委不外，熹僭易拜問。

韓丈政成，想多暇日相見。便遽，不敢草草爲書，語次告略及之，幸甚，幸甚。熹拜懇。

答吕伯恭

近以書附建陽范澤民秀才，計已次第聞達。❶人至，伏奉手誨，竊審比日冬寒，尊候萬福，感慰之劇。功衰之戚，不易爲懷，痁疾想一向平復久矣。杜門進學，所造想日深。所謂凝聚收歛是大題目，此不易之論，乃功夫根本。至謂察助長之失，乃其間節宣之宜耳，此語却恐未盡。蓋平論之，則「有事」、「勿正」、「勿忘」、「勿助」自是四事，不應偏察其一。若偏論之，則「助」者已是用意太過之病，若又以「察」隨之，竊恐轉見紛擾。此須更審之，恐或立辭之病耳。

❶「聞」，原作「問」，據浙本改。

《中庸》解固不能無謬誤，更望細加考訂，來春面叩，以盡鄙懷也。叔度云欲傳録，此非所愛者，况在同志，何所不可？但恐未成之書，若緣此流布，不能不誤人耳。已書懇其且俟相見商榷之後，度可傳則傳之，亦未爲晚也。

聘禮謹如所戒，來春到彼，便可先畢此禮。但叔度書云，其令女方年十三歲，此則與始者所聞不同。此兒長大，鄙意欲早爲授室。如温公之儀，則來歲已可爲婚。此并候到彼面議。來日欲爲次子納婦。入夜百冗，草草修報，目昏不成字。承教不遠，預以自幸。未間，更冀以時珍重。

答吕伯恭

自冬來五被誨示，出入多故，復苦少便，都不得奉報，豈勝愧仰。昨聞幼弟之喪，復遭功衰之慘，伏惟悲痛何以堪處？而營治襄事，亦不能不勞神觀，區區尤劇馳情。比日歲窮，伏惟尊候萬福。熹碌碌粗安，無足言，但叔京自冬初與邵武朋友三兩人來寒泉，相處旬日，既歸即病。十一月末間，手書來告訣，得之驚駭，即走省，至則已不起數日矣。朋友間如此公者不易得，極可傷痛。然其病中極了了，語不及私，所以教子弟者，語皆可記。所與熹書并令致意諸朋友，今録去一通。度其意，於當世之慮，不無望於伯恭，當亦爲愴然也。然不必以示它人爲幸。熹開正當復往，爲料理葬。比來甚覺衰憊，不堪犇走，然不得不爲一行也。

兒子蒙收教，極感矜念。更望痛加鞭策，千萬幸甚。昨所獻疑本末倒置之病，明者已先悟其失。不知近來所以開導之際，其先後次第復如何？因來見告爲幸。

機仲、擴之來，皆未相見。擴之過此日，熹往邵武未歸。但留書云老兄有所見教一二事，甚恨未得聞也。其間略説《遺書》不須删定，與來書似不相照，不知果如何？然渠開正須復來此，當細扣之，便中亦望批喻也。渠託於縣宰之館，誠似未便，聞老兄亦嘗警告之。并俟其來，細與商榷，令去請教也。

修定《書説》甚善，得并程書、《詩外傳》等節次見寄，甚幸。前書託求《本政書》、《續添圖子》、《論事録》等，望留意。近桂林寄《本政書》後，更有一二種文字，已屬其别寄老兄處，或可并補足，成一家之書也。欽夫書來，及其爲政之意甚美。令作脩舜廟碑文，題目不小，勉彊成之，不及求教爲恨。今亦未暇録呈，它時當見之耳。聞更欲脩堯廟，❶此其勢必當屬筆於老兄也。

熹近讀《易》，覺有味。又欲脩《吕氏鄉約》、《鄉儀》，及約冠昏喪祭之儀，削去書過行罰之類，爲貧富可通行者。苦多出入，不能就。又恨地遠，無由質正。然旦夕草定，亦當寄呈，俟可否然後敢行也。❷所懼自脩不力，無以率人，然果能行之，彼此交警，亦不爲無助耳。季通昨欲出浙，竟不能行。今復欲謀之，亦未定。旦夕相見，當致盛意。應仲書亦未有報也。今日歲除，鄉人有告行者，草草附此，未究所懷。願言爲道自重，以對大來之亨，區區至望，不宣。熹頓首再拜。

❶「聞」，原作「間」，據浙本改。
❷「敢」，原作「改」，據浙本改。

答吕伯恭

昨承枉過，得兩月之欵，警誨之深，感發多矣。別去忽忽兩月，向仰不少忘。便中奉告，承已税駕，欣慰之劇。信後秋氣已清，伏惟尊候萬福。熹還家數日，始登蘆山之頂，❶清曠非復人境。但過清，難久居耳。至彼，與季通方議丹丘之行，忽得來教，爲之惘然。却悔前日不且挽留，或更自鵝湖追逐入懷玉深山，坐數日也。

損約收斂，此正區區所當從事。日前外事有不得已而應者，自承警誨，什損四五矣。自此向裏漸漸整治，庶幾寡過。但恐密切處不似外事易謝絶也。《綱目》草藁略具，俟寫校净本畢，即且休歇數月。向後但小作功程，即亦不至勞心也。向來之病，非書累人，乃貪躁内發而然。今當就此與作節度，庶幾小瘳耳。汪丈文字，已寫寄之矣。韓丈近得書，問「清議」二字所出何書，殊不省記，但憶劉元城語耳。因書告見教。唐裝之説，此亦多知其誤紊官制，此欲救其小而不知其一於大者之過也。❷專人奉問，未究所懷，惟千萬爲道自重，不宣。熹頓首再拜上狀。

別紙誨示，開發良多。太伯、夷、齊事，鄙見偶亦如此也。復有少反復，更望垂誨。

已作書，又得府中寄來七月九日所惠書，爲慰尤深。但所謂前兩惠書者，其一未到，不知附何人，可究問也。數日來蟬聲益清，每聽之未嘗不懷高風也。熹又覆。

❶「蘆」，原作「廬」，據浙本改。
❷「一」，原爲墨丁，據四庫本補。

答吕伯恭

昨專人反，附府中一書，想比日秋凉，伏惟尊候萬福。《近思録》近令抄作册子，亦自可觀。但向時嫌其太高，去却數段，如太極及明道論性之類者。今看得似不可無。如以《顔子論》爲首章，却非專論道體，自合入第二卷。作第二段。又事親居家事直在第九卷，亦似太緩。今欲别作一卷，令在出處之前，乃得其序。卷中添却數段，草卷附呈，不知於尊意如何？第五倫事，《閫範》中亦不載，不記曾講及否？不知去取之意如何，因來告諭及也。此書若欲行之，須更得老兄數字，附於目録之後，❶致丁寧之意爲佳，千萬勿吝也。

《遺書》節本已寫出，愚意所删去者亦須用草紙抄出，逐段略注删去之意，方見不草草處。若只暗地删却，久遠却惑人也。記《論語》者，只爲不曾如此，留下《家語》，至今作病痛也。往時商量，欲以「程子格言」爲名，不如只作「微言」如何？雖有時氏所編已用此名，然將來自作序説破不妨也，更裁之。又欲煩就汪丈處借吕和叔集，檢看有《西銘解》否，有望録示也。此三事切望留念。又向時所許録寄文字，及前書所請者，或去人已遺歸，所寄未盡，望續附來爲幸。更説有何人《語》、《孟》説，亦望見寄也。叔度、叔昌二兄未及拜狀，因見煩致區區，不宣。熹頓首再拜，八月十四日。

所云府中一書無之，誤記也。

❶「附」，浙本作「繫」。

答吕伯恭

便中承書，良慰瞻仰。比日冬温異常，伏惟尊候萬福。熹窮陋如昨，諸公許不彊致，其計甚便。所喻諄複，深見仁者憂世之心。然初辭甫上，便有前却，此似有制之者，非人力所能計較也。近得建業轉致定叟報甚詳，此亦不可便謂無妄之疾，要是自處有不至耳。得韓丈書，甚以老兄爲念。然諸公不先其難者，以開進賢之路，而區區用力於末流，適足以信其讒口，於事竟何補耶？近事一二，似亦可喜。然勿貳勿疑，古人之深戒，適足爲寒心耳。

竊承讀《詩》終篇，想多所發明，恨未得從容以請。熹所集解，當時亦甚詳備，後以意定，所餘才此耳。然爲舊説牽制，不滿意處極多。比欲修正，又苦别無稽援，此事終累人也。不審所欲見教者何事？亟欲聞之，恐不能悉論，姑得大者數條見示，亦足以有警也。《論語説》得暇亦望早爲裁訂示及。會稽之行，計亦不多日也。近看《周》、《儀》二禮，頗有意思。但心力短，過眼即復惘然，又似枉費工夫耳。「相人偶」更有一二處，但皆注中語，不應《禮記注》中又自引此注文。不知别有成文，或當時人語如此耶？《近思》刻板甚善，曲折已報叔度矣。垂喻昏議，此極不忘。但熹未敢輕易，已具以來誨諭諸往來者，有可問處，别馳報也。擴之不曾相見，擇之欲來，亦未見到，不知何故。季通有母之喪，貧迫甚可念也。董氏《詩》建陽有版本，旦夕託人尋訪納去。其間考證極博，但不見所出，使人未敢安耳。近讀《大學》，疑「人之其所親愛而辟焉」，只合讀爲「僻」字，則與上章同體，而於下文甚順。幸試思之見報，如何？桂林近得書，區處一路財計甚有條理。但云州兵閲習已成次第，不知如何也。亦甚覺向來講論過高之弊矣。近復一到武夷，留近旬月，窮探遍歷，乃知昔之未始遊也。摩挲舊題，俯仰陳迹，而叔京遂爲古人，重以傷嘆耳。塾子久累誨督，感刻已深。又承許其稍進，尤切銘篆。苦淡之習，欲其自知進步，恐無此日。更得明示好惡而痛加撙節，則爲幸又不可言矣。相望千里，未有承教之日，臨風不勝黯然。願言爲道自重，副此禱懇。

答呂伯恭

廟碑恐未刻間尚可改，❶録呈一本，幸指喻。或因書徑報桂林，令緩刻也。叔京家屬爲埋銘，方草定如此，亦以求教。此全未成，尤望斤削，然亦不必示人也。元善遭祖母之喪，遽投解官文字而歸，州郡以法不許，目今進退無據。前日來問，欲請祠或尋醫，勸其不若尋醫。蓋渠以自幼鞠於祖母，故欲如此，然亦太輕率矣。渠前日寫得亂道詩數篇去，囑其勿示人。近聞乃嘗呈似子約，云已寫得。切告掩藏，勿令四出爲幸。

答呂伯恭

正初以書附便人，想已達。自此過小溪旬日，遂來富沙見韓丈，略聞近況爲慰。

❶「改」，原作「解」，據浙本改。

比日春雨應候，伏惟尊候萬福。汪丈遽至於此，想同此傷嘆。此始聞之，猶未敢信，到城中始知果然。此公實爲今日善類之宗主，一旦隕没，何痛如之！即欲犇往哭之，又不敢輒至近甸，然旦夕歸婺源，或當便道一過其家。情義所在，有不得而避者。然亦不敢見人，幸勿語人也。因擴之行，附此。草草不暇它及。塾獲依師席，幸甚。凡百望痛加鞭勒。餘惟以道自重爲禱，不宣。正月晦日，熹頓首再拜上狀。

眷集均慶，子約不及别狀。

答吕伯恭

近因韓丈得附狀，計不至浮湛。人至奉告，欣審即日春和，尊候萬福。承喻以期會之所，甚幸。但區區此行，迫不得已，須一至衢，正以不欲多歷郡縣，故取道浦城以往。只擬夜入城寺，遲明即出，却自常山、開化過婺源，猶恐爲人所知，招致悔咎。今承誨諭欲爲野次之欵，此固所深願。但須得一深僻去處，跧伏兩三日乃佳。自金華不入衢，徑趣常山道間尤妙。石巖寺不知在何處？若在衢、婺間官道之旁，即未爲穩便。蓋去歲鵝湖之集，在今思之，已非善地矣。更熟籌度之。又熹行期亦尚未定，大約在後月半間，經過宿留，度月盡可到衢耳。未敢預約，候到浦城，專遣一介馳報，回日即告喻以定處爲幸。亟遣此人，草草修報。它惟爲道自重，不宣。熹頓首再拜上狀。

前書所懇爲韓丈言者，告留念。前日自言之已力，似已蒙領略。然恐或忘之，脱致紛紜，不得不深防耳。千萬。

答吕伯恭

近因韓丈遣人拜狀，計先此達矣。比日春和，伏惟尊候萬福。行期想只數日間，自此屈指以望車音，幸疾其驅，慰此傾跂也。叔度兄昨小違和，今已安否？不知諸朋友孰能同來？因便信過門，草草附問，餘惟面言。

答吕伯恭

便中兩辱誨示，感慰之深。即日雨寒，伏惟尊候萬福。熹正初復至邵武，還走富沙，上崇安，四旬而後歸。將爲婺源之行，未及而韓丈召還，道出邑中，寄聲晉叔，必欲相見。不免又出山一巡，疲曳不可支矣。極欲一到三衢哭汪丈之喪，而未敢前，未知所以爲決。旦夕上道，却徐思其宜耳。叔昌寄示所作奠文，曲盡其爲人之梗概，讀之令人隕涕也。何兄誌文語病誠如所喻，前此固已疑而改之矣。它所更定尚多，怱怱未暇録呈，草本告收毁之也。子澄已對未？所欲言者，想已子細商較。大抵今日發口，欲其盡己而不失時義之中，此爲難耳。尊嫂葬事想已畢，自此無事，以次整頓諸書以惠後學，甚善。然亦願早下手也。熹所欲整理文字頭緒頗多，而日力不足。今又方有遠役，念念未始一日去心也。

讀《易》之法，竊疑卦爻之詞本爲卜筮者斷吉凶，而因以訓戒。至《彖》、《象》、《文言》之作，始因其吉凶訓戒之意而推說其義理以明之。後人但見孔子所說義理，而不復推本文王、周公之本意，因鄙卜筮爲不足言；而其所以言《易》者，遂遠於日用之實，類皆牽合委曲，偏主一事而言，無復包含該貫、曲暢旁通之妙。若但如此，則聖人當時自可別作一書，明言義理以詔後世，何用假託卦象，爲此艱深隱晦之辭乎？故今欲凡讀一卦一爻，便如占筮所得，虛心以求其詞義之所指，以爲吉凶可否之決，然後考其象之所已然者，求其理之所以然者，然後推之於事，使上自王公，下至民庶，所以脩身、治國皆有可用。私竊以爲如此求之，似得三聖之遺意。然方讀得上經，其間方多有未曉處，不敢彊通也。其可通處，極有本甚平易淺近，而今傳注悞爲高深微妙之説者。如「利用祭祀」、「利用享祀」，只是卜祭則吉；「田獲三狐」、「田獲三品」，只是卜田則吉；「公用享于天子」，只是卜朝覲則吉；「利建侯」，只是卜立君則吉；「利用爲依遷國」，只是卜遷國則吉；「利用侵伐」，只是卜侵伐則吉之類。但推之於事，或有如此説者耳。凡此之類不一，亦欲私識其説，與朋友訂之，而未能就也。不審尊意以爲如何？因來，幸以一言可否之。

禮書亦苦多事，未能就緒。書成，當不俟脱藁，首以寄呈求是正也。示喻令學者兼看經史，甚善，甚善。此間來學者少，亦欲放此接之。但少通敏之姿，只看得一經或《論》、《孟》，已無餘力矣。所抄切己處，便中得數段見寄幸甚。然恐亦當令多就經中留意爲佳。蓋史書鬧熱，經書冷淡，後生心志未定，少有不偏向外去者，此亦當預防也。如何？季通行計久未能辦，近復有同母兄之喪，旦夕或同過婺源，然後入淛。擴之已去，今想到彼久矣。到邑中擾擾，臨行作此，書不盡懷。子約兄不及別狀，意蓋不殊此。塾蒙收教，舉家知感。恐其懶惰未能頓革，更望痛加鞭策，千萬幸甚。餘惟爲道自重。

答吕伯恭

昨承遠訪，幸數日欵，誨論開警良多。别忽五六日，雖在道途，不忘向仰。乍晴漸熱，伏惟尊候萬福。熹十二日早達婺源，乍到，一番人事冗擾，所不能免。更一兩日，遍走山間墳墓，歸亦不能久留也。

道間與季通講論，因悟向來涵養功夫全少，而講説又多彊探必取、尋流逐末之弊，推類以求，衆病非一，而其源皆在此。恍然自失，似有頓進之功。若保此不懈，庶有望於將來。然非如近日諸賢所謂頓悟之機也。向來所聞誨諭諸説之未契者，今日細思，脗合無疑。大抵前日之病皆是氣質躁妄之偏，不曾涵養克治，任意直前之弊耳。自今改之，異時相見，幸老兄驗其進否而警策之也。

《近思録》道中讀之，尚多脱悮。已改正送叔度處。横渠諸説告早補定，即刊爲佳。此本既往，無以應朋友之求假，但日望印本之出耳。千萬早留意，幸甚。《精義》可補處，亦望補足見寄。只寫所補假字，❶注云：「入某段下。」《精義》或以屬景望刊行，如何？熹書中已言之矣。昨所問趙公時曾有虜使到闕事，想已得之。此人回，幸批示。前日過拜石門墓下，甚使人悽愴也。因便拜狀，草草。正遠，惟爲道自重爲禱。

答吕伯恭

奉八月六日手教，開警良深。信來踰

❶「假」，浙本作「段」。

月，❶秋霖爲冷，不審尊候復何如？伏惟德業有相，起處多福。熹前月至昭武，見端明黄丈，旬日而歸，幸粗遣日，無足言者。黄丈端莊渾厚，老而不衰，議論不爲詭激，而指意懇切，亦自難及。見之使人不覺心服，益自愧其淺之爲丈夫也。

伏承誨諭辭受之説甚詳，蓋一出於忠誠義理之心，非世俗欣厭利害之私所能及。三復玩味，使人心平氣和，恨其聞之晚也。然中間亦嘗妄意出此，及被不許之命，則臨事又覺有忸怩處，遂復以狀懇辭，而甚婉其説。但昨以書謝韓丈及此并懇廟堂，則已頗盡其詞。蓋來教所謂不當廣者，悉已陳之矣。諸公悉其狂妄，必相垂念。萬一不然，則熹亦不爲有隱於今日，冒昧一行，蓋非所惜；但恐所處亦不能如來教之所謂者，則反有所激，以爲身世之害，未可知耳。昨日得伯崇書，道其所聞於周子正者，則行止又似别有所制，非復諸公所能斟酌矣。然月末再狀已行，度旬月間必有决語，亦恭以俟命而已，復何説哉！

儒釋之辨，誠如所喻。蓋正所當極論明辨處，若小有依違，便是陰有黨助之意，使人不能不致疑。而不知者遂以迷於向背，非小病也。自今切望留意於此，豈可退託以廢任道之實，幸其衰熄而忽防微之戒哉！

《近思》數段，已補入逐篇之末，今以上呈。恐有未安，却望見教。所欲移入第六卷者，可否，亦望早垂喻也。喪禮兩條承疏示，幸甚。或更有所考按，因便更望批報也。偶有便人，夜作此附之，未及究所欲

❶「來」，浙本作「後」。

言，臨風惘惘。子約兄未及别狀，近讀何書？所進何如？有可見語者，願聞之。

叔度向欲刻《近思》板，昨汝昭書來，云復中輟，何也？此人行速，亦未及作書。此事試煩商訂，恐亦有益而無損也。❶未承教中，正惟以道自重爲禱。

晦庵先生朱文公文集卷第三十三

閩縣學訓導何器校

❶「亦」，原作「未」，據浙本改。

晦庵先生朱文公文集卷第三十四

書　汪張呂劉問答❶

答呂伯恭

前日專人拜狀，想達。偶至建陽，竊聞新除，不勝慰喜。而區區私請亦遂從欲，尤以欣幸。諸公若早知出此，則無如許紛紛矣。老兄憂時之切，惓惓不忘，竊計裂裳裹足，不俟屨而就途矣。所願慨然以身任道，無所回隱，因上心之開明，及時進説，以慰善類之望，千萬幸甚！往者固憂鄭自明之舉莫之或繼，其爲安危禍福之機，有不容息者。今得賢者進，爲少寬畎畝之憂矣。熹亦未知差敕在甚處，想諸公必已發來。或尚留彼，告爲早取附便也。

大兒方幸依託，不知今當如何？欲便遣人取之，又以懇叔度催畢親事，更俟其報。若只此歲裏，則未能便喚歸也。然老婦之病日益進，深以此事爲憂。得并爲一言速之，千萬幸甚！因黄尉行附此，草草。自此不欲數以名姓入都，音問不得數通矣。千萬爲道自愛。

答呂伯恭

前月半間遣人拜書，及建陽附黄尉二

❶「汪張呂劉問答」六字，原缺，據浙本補。

書，想已達。不審從人竟用何日入都？比日初寒，伏惟尊候萬福。任道濟時，此中外所深望於明哲，而區區尤所不能忘者。計所處素定，以時發之，當不待它人之贊也。熹祠請已遂，尚未知敕命所在，不知諸公發在甚處也？前書所懇大兒姻事，今楊元禮教授經由，專託渠見叔度面議。若老兄未行，亦望留意，庶得便遣其歸也。昨所寓李主管書，今日方到，恐閑知之，未即承教，惟千萬爲道自愛。

眷集伏惟均福。承惠筆墨霜柿，感領厚意。便遽，未有以爲報也。有委勿外。熹拜問。

答呂伯恭

昨附建陽黄尉兩書，不審已達未？得子約書，聞已供職矣，甚善，甚善。又得向來便中所惠書，尤以慰幸。比日冬寒，伏惟尊候萬福。熹私門禍故，老婦竟不起疾，悲悼不可爲懷。兒子遠歸，已後其母，又切傷痛也。一體胖合，情義不輕，而自此門内細碎，便有不得不關心者。衰懶詎復堪此，奈何，奈何？又聞叔度之病亦復不尋常，深以懸念。不知竟如何？此公清介，在朋友中最爲可畏者，且願其早平復也。

老兄到館而已旬月，諸況如何？近年一種議論，專務宛轉回互，欲以潛回主意，陰轉事機。此在古人，固有以此而濟事者，然皆居亂世、事昏主，不得已而然者。竊謂今日主相樂聞忠言非不切至，特蔽於陰邪，不能決然信用。而或者乃欲以彼術施之，計慮益巧，誠意益衰。以上聰明，亦豈不悟其爲此？❶此所以屢進而卒不效也。不審高明以爲如何？然當默之，勿以語人也。前附黃尉書或未到，亦宜索之。其間亦有一二語非它人所欲聞者，不可浮湛也。自此拜狀不能及此等矣。熹祠命已下，偶值喪禍，未及拜受。上恩如此，何以爲報！正惟脩身守道，以求無負奬寵之意而已。因便拜狀，衰冗，❷不暇它及。千萬爲德業自愛爲禱。

答呂伯恭

私家不幸，室人隕喪，悲悼酸楚，不能自堪。黃仲本來，伏承惠書慰問，哀感之深。并辱歸賻，尤以愧荷。即日春寒，伏惟尊候萬福。史篇計已奏御，勾考計良勞，然得是非黑白不至貿亂，足以傳信久遠，亦非細事也。熹自遭禍故，益覺衰憊，內外瑣細自此便有不得不關心者。加以目下一番賓客書問之冗，至今未定，形神俱耗，不復能堪矣。偶婺源滕秀才珙在上庠，其兄來爲求書請見，因得附此致謝。滕生未相見，聞資質頗佳，亦知向學。得與其進爲幸。未有承教之期，臨風傾仰。惟千萬爲道自重，慰此遠誠。

答呂伯恭

昨黃仲本至，并領回書，❸弔問甚勤，且辱賻襚，尋以數字附婺源滕生致謝，不知今

❶「此」，浙本作「已」。
❷「衰」，原作「衺」，據四庫本改。
❸「回」，浙本作「兩」。

已達否？即日春和，伏惟尊候萬福。熹杜門忽忽，意緒殊不佳。雨多，卜葬至今未定。更旬日間，且出謝親知，并看一兩處。若可用，即就近卜日也。今日得叔度書，知已向安，甚慰。《近思》已寄來，尚有誤字，已校定寫寄之矣。汝昭聞已復官，諸公必有以處之。但不知後來竟自陳否耳。《徽録》當已進呈，自此或少事矣。小魏過門，附此問訊，它不敢及。惟千萬爲道自愛，亟推所有以正君及物爲幸，不勝吾黨拳拳之望。

答呂伯恭

前日魏應仲行，拜狀想達。比日春暖，伏惟尊候萬福。熹所欲言者已見前書，適記一事，嚴州《遺書》本子初校未精，而欽夫去郡。今潘叔玠在彼，可以改正，并刻《外書》以補其遺。前附叔玠書，因忘及此，今此便遽，又未暇作渠書告，因便爲達此意。并求一印本，便中示及，容爲校定送彼。蓋此中已無其本也。切幸留意。友人王欽之主簿赴調過此，因得附訊。欽之有意於學，而病悠悠，因見有以警之爲幸。正遠，爲道自愛。

答呂伯恭

久不聞問，積有馳情。元善歸，承書少慰。其後曾丞經由，亦道存問之意，爲感。然久不致問訊，雖聞遷進之寵，曾不能一致賀，顧此亦未足以甚慰所望云爾。比日劇暑，伏惟尊候萬福。來書諸諭差彊人意，更願益以其大者自任，上有以正積弊之源，下有以振久衰之俗，則區區之望也。今瞑眩之藥屢進未効，其他小小温平可口之劑，固無望其有補矣。不勝畎畝私憂，輒復及此，惟高明深念之也。敬夫北歸，私計甚便。近收初夏問書，云其子病。繼聞音耗殊惡，果爾，殊可念也。棶仲到必已久，子重時相見否？叔度兄弟久不得書，不知爲况如何。《詩》説所欲脩改處，是何等類？因書告略及之。比亦得閒刊定，大抵《小序》盡出後人臆度，若不脱此窠臼，終無緣得正當也。去年略脩舊説，訂正爲多。向恨未能盡去，得失相半，不成完書耳。《綱目》近亦重脩及三之一，條例整頓，視前加密矣。異時須求一爲櫽括，但恐不欲入此千古是非林中擔當一分。然其大義例，熹已執其咎矣。但恐微細事情有所漏落，却失眼目，所以須明者一爲過目耳。

《文海》條例甚當，今想已有次第。但一種文勝而義理乖僻者，恐不可取。其只爲虚文而不説義理者却不妨耳。佛、老文字，恐須如歐陽公《登真觀記》，曾子固《仙都觀》、《菜園記》之屬乃可入，其他贊邪害正者，文詞雖工，恐皆不可取也。蓋此書一成，便爲永遠傳布，司去取之權者，其所擔當亦不减《綱目》，非細事也。况在今日，將以爲從容説議開發聰明之助，尤不可雜置異端邪説於其間也。欽夫寄得所刻《近思録》來，却欲添入説舉業數段，已寫付之。但不知渠已去，彼能了此書否耳。近時學子有可收拾者否？近兩得子壽兄弟書，却自訟前日偏見之説，不知果如何？曾丞説劉醇叟者欲來相訪，而久不至，豈不成行邪？近看《論》、《孟》等書，儘更有平高就低處，恨未得從容面論耳。子約昨聞欲過湖秀，今已歸否？塾等拜起居。正遠，千萬爲道自重，區區至禱。

答呂伯恭

前日便中伏辱近告，感慰亡量。信後秋清，伏惟尊候萬福。熹比與純叟及廖子晦同登雲谷，遂來武夷。數日講論甚適，今將歸矣。偶浦城林叔文見訪亦累日，云嘗從徐誠叟學，頗能道其緒言。今欲至淛中謁知舊，以葬其親，意亦可憐。或恐有求館客者，其人老成篤實，得垂記念，幸甚。臨行草草附此，未暇他及。惟千萬爲道自重。

答呂伯恭

前日所禀密菴事，想蒙垂念。近以久不得報，浄昇者益無禮，至於聞官，已令回申云。熹遣人賫書往門下審其虛實矣。切望早白知府令叔，早發一信相報，或别遣一僧來，追收静昇文帖爲佳。不然，此事無收殺，必壞此庵，可惜也。千萬，至懇，至懇。子重所遷何官？未及上狀，因見煩致區區。

答呂伯恭

近因劉家便人一再上狀，想達。人日遞中忽被報聞之命，丞相又以私書鐫喻懇切，勢不容復辭，已即拜受。但敕劄尚留府中，旦夕當請以歸也。朝廷厚意如此，豈敢不承？但衰懶決不堪仕宦，其勢須專人致書謝丞相，而復申宫廟之請耳。初謂賁緣可得一對，使君相親見其衰悴不堪之狀，或可脱免。今既有任滿奏事指揮，則正自不如所料，只得罄竭懇請，庶免踈脱耳。遞中具此，幸預爲一言，庶得旦夕遣人，到日便得遂請，勿使至再。不唯陰芘孤蹤，不使至於狼狽，亦使斗升微禄，不至斷絶，實爲幸甚。適獲忝覽《册府賡歌》，從容風議之辭，獨得之於高明耳，歎仰，歎仰。比日初冬，寒氣未應，伏惟尊候萬福。更幾以時深爲吾道自重，幸甚，幸甚。

答吕伯恭

月末人還，承書，具審比日冬寒，尊候萬福，感慰之劇。進長著廷，行膺獻納之選，吾道爲有望矣。熹所請不遂，諸公意則甚勤。但私計爲甚不便，私義爲甚不安。加以近來疾病益衰，前日欲略入城，將就車而病作，兩日不能起。今方粗支，然尚未敢出門户也。未論其他，觀此氣象，豈復更堪遠宦？❶今亦無可奈何，且一面呼迓兵，爲輿病獨往之計。萬一臨行不堪勉彊，又當别致情懇。且前後誨諭之意非不詳悉，亦竊自念一向如此，實於大義有所不安。又思今日致身事主以扶三綱者，世不乏人，決不至以熹故遂使大倫至於廢闕，故願乞其庸繆衰殘之身，以偷安自逸，盡此餘年。且萬一不免復有祈請，全仗老兄力爲主張，使不至大段狼狽也。子約得書否？亦甚爲熹憂此行。蓋此理灼然，況今又甚於前日邪？便中寓此，不敢他及，惟以時爲道自愛。

答吕伯恭

月初遞中辱書并省劄，良感眷念。比

❶「宦」，原作「官」，據浙本改。

日霜寒，伏惟尊候萬福。熹昨以祠請不遂，欲俟迓兵到即行。今忽以此故累及他人，心不自安，不免復伸前請。納去劄子三通，其中但是説病不可支，更上煩一爲宛轉。不欲作諸公書，又非倉卒所能辦。兼亦不敢家居俟命，已一面前走饒信間俟指揮。若得回降告，只發來鉛山、弋陽以來尋問也。非欲故違丁寧之誨，顧以私心實不自安，亦以鹽司前日之舉似太輕率，恐致人言，故不免復爲此請。切幸見亮，早爲料理，使得免於後日之患，則所望也。熹今雖行，亦未敢越番陽而西，且宿留安仁、餘干界中俟命耳。更有少懇：劉樞之葬，此間無曉飾棺制度者。❶府中有狀申部，得戒吏屬分明圖畫、寫注行下爲幸。熹暫到城中，留此付其所遣人。連日人事紛冗，已不能支，不復他及。

答吕伯恭

昨在城中附府司持申部狀人一書，不知達未？比日霜寒，伏惟尊候萬福。熹還家兩日，南康已略遣得數人來，而今日復被堂帖趣行，勢不敢久居家。但開正須略到近處墳墓省視，及欲略走邵武問黄丈之疾，歸來方得就道，計在燈夕前後矣。昨所懇三劄，不知已投否？幸早爲宛轉，得及行之未遠而被命以還爲幸。不然，亦須早得一報，蓋在道不容久宿留也。千萬留念，至懇，至懇。劉家葬禮，得早爲指揮，圖畫注釋行下爲幸。或假未開，亦告督趣行下。

❶「間」，原作「問」，據浙本、四庫本改。

蓋其家葬已有期，欲及時早辦也。❶渠家昨受過建康買棺錢，今欲還納。聞周内翰深以爲不可，不識何謂，試煩叩之，子細批報爲幸。遞中拜狀，不敢他及。歲晚珍重，以對大來之慶，吾黨甚望，甚望。

答呂伯恭

歲前累奉狀，今想皆達。但得伯崇書，聞嘗苦末疾，甚駭聞聽。不知賢者清修寡欲，何以忽有此疾？當是耽書過甚，或失飲食起居之節，致外邪客氣得以乘虛投隙而入耳。然計根本完固，非久當遂平復，尚恃此以不恐耳。熹昨懇請祠，不知曾爲致力否？恐不曾爲料理，再遣此人去，託機仲宛轉求之。或前日所懇已有回降指揮，即語機仲，更不必投也。蓋病軀日來雖無他苦，但一味昏耗倦怠，應對隨輒遺忘，坐久即思瞌睡，此豈堪作吏者？諸公想亦能哀之也。然亦不敢居家俟命，旦夕略過分水一兩程，以俟得請而還。幸語機仲早爲致力爲幸。急遣此人，不暇他及。惟千萬加意調養，以取全安爲望。

答呂伯恭

數日來聞體中不安，懸情不可言。建卒還，得子約書，知已有退證，甚慰。以老兄平日存養之厚，根本深固，必無他慮，今當日勝一日矣。熹二十五日已離家，前至鉛山即止，以俟前請之報。但機仲不爲投下文字，此甚費力。向使當時即投前劄，今

❶「辦」，原作「辨」，據浙本、四庫本改。

或已免此行。今若更不爲投，即不免遣還迓兵，決爲歸計矣。深不欲至此，但事勢使然，不得已耳。交歲以來，十病九痛，甚不堪此勞頓。正使遂以罪罷，不得祠禄，亦所願欲。因見機仲，幸更爲督之。若必欲熹赴官，亦須更得朝旨乃可去。蓋已報本軍官吏以嘗請祠，今無故忽然撞到面前，亦可笑也。老懶殊甚，若得遂所請尤幸。此但爲不得已之言耳。子約不及別書，意不殊此。引疾丐閑，計已屢上，若度三兩月間未能就職，不若力請爲宜也。遞中草此。

答呂伯恭

自發鉛山後，一向不聞動静，殊以爲懷。到此始得叔介書，知已出都門，體候益輕快，喜可知也。比日清和，伏惟尊候萬福。休養既久，計日覺平復矣。熹去月之晦已交郡事，違負夙心，俯仰愧歎。重以衰病，精力昏耗，驟從吏役，尤覺不堪。尚幸地狹人稀，獄訟絶簡少。然猶治事終日，不得少休。亦緣乍到，不知事之首尾，綱紀又皆廢墜，諸邑無復稟畏，極費料理。民貧財匱，不得不少勞心力，更看一二日後如何。若更如此，則住不得，便須告歸。若能少定，則或推遷至夏末也。始至，首下書訪陶桓公、靖節、劉凝之、周先生諸公遺迹，教授楊元範已作劉祠，因并立周象，配以二程先生，尚未成也。四五日一到學中，爲諸生誦説，只此一事，猶覺未失故步。其他不能盡報，塾必能略道之。或有未當，幸口授子約，細條畫見教爲望，千萬至懇。廬阜勝絶，粗慰鄙懷。漱玉、三峽皆已一到，簡寂亦深秀可喜也。每至勝處，輒念向來鵝湖之約，爲之悵然。今殊未有並遊之日，但願早脱此羈縶，亟往問訊，庶獲欵教耳。未間，千萬珍重。

答呂伯恭

前日兒子行，拜狀矣。即日天氣不定，不審尊候復何似？竊惟斯文有相，益向平復。熹到此初不自料，欲小立綱紀，爲民整頓一二久遠弊，❶兩日來覺氣象殊不佳，已走介請祠矣。却有小事拜懇：學中元範教授立得濂溪祠堂，并以二程先生配食，又立得陶靖節、劉凝之父子、李公擇、陳了翁祠，通榜曰「五賢」。蓋四公此間人，而了翁亦嘗謫居於此也。周祠在講堂西，五賢在東。周祠已求記於欽夫矣，五賢之記，意非吾伯恭不可作。本欲專人拜懇，而小郡寒陋之甚，❷不敢多遣人出入，只令入都人附此於汝昭兄弟處。書到，切望便爲落筆，却懇韓丈借一介送來。或恐熹已行，即徑送楊教授處可也。陶公栗里只在歸宗之西三四里，前日略到，令人歎慕不能已已。《廬山記》中載前賢題詠亦多，獨顔魯公一篇獨不干事，尤令人感慨。今謾録呈，想已自見之也。極知老兄體候未平，不當有此請。然恐已清安，不妨運思，故敢以爲請耳。韓丈不暇拜書，蓋此所避，正韓丈向來所遭躪藉之流，甚恨失計輕去山林，踧踖于此，如坐針氊之上也。相見煩爲説及。此來不曾了得公家一事，但做得此祠堂，看得廬山耳。

❶「弊」，原題下校云：「『弊』下一本空一字。」浙本「弊」下爲一墨丁，四庫本作「滋」字。

❷「郡」，浙本作「邦」。

然非暇日不敢出，出又有所費，初亦不敢數數。今覺日子無多，不免每旬一出也。罷書才到郡，徑走谷簾，轉山北，拜濂溪書堂之下而歸，亦足以少復鴈門之踦矣。今日周先生之子來訪，令人悵然。明日亦約與俱游山也。亟遣人，所欲言者尚多，皆未暇及。惟千萬加愛爲禱，不宣。

答呂伯恭

自承病訊之後，雖聞已漸向安，然殊不得手字。今又月餘，不聞動静，懸仰不可言也。比日暑溽，不審起居復何似？計益輕健也。熹到官四閲旬矣，俯仰束縛，良有不可堪者。見爲料理一二利害文字，旦夕列上，并申歸田之請也。叔度昆仲、子約諸兄友皆未及上狀。兒子到彼必已久矣，乞嚴賜檢束爲幸。顧雖無海門之禍，然亦不免了翁之憂也。因便附此，令郡吏轉達。蓋恐已歸婺女，如或未行，亦可早命駕也。必以無醫藥爲憂者惑也，高明必深矚此，聊言之以助思慮之所不及云爾。他惟爲道珍重。

答呂伯恭

近得子約書，知已還舊隱。又見德化主簿經過，云亦嘗得望顔色，喜慰深矣。比日想益輕健。但數日暑氣異常，不知宜如何耳。又聞尊嫂亦嘗不快，想亦無他也。熹失計此來，百事敗人意。此月内當遣人丐祠禄，得與不得，復未可知。然不以病去，則必以罪去矣。❶ 前請祠記，近已畢事

❶ 「則」，浙本作「亦」。

奉安，不審能爲抒思否？此不敢必，但若得之，不惟爲此邦之幸，亦使四方善類知老兄病中猶不廢此，足以少自慰也。廬阜奇處盡在山南，玉淵、三峽蓋已屢到。但此數日來，不欲暑行勞人，徒夢想水石間也。三峽之西有懸瀑瀉石龕中，雖不甚高，而勢甚壯。舊名卧龍，有小庵，已廢。近至其處，不免捐俸金結茅，欲畫孔明像壁間，俟得解郡事，且入其間，盤礴旬日而後去耳。此來百事敗人意，獨此差自慰耳。塾不知已到否？此兒來，自此徑去，渠至中路，又聞同中子歸家，其不聽人言語皆類此。到彼幸時呼來痛鐫責之，渠於老兄教誨即不敢忽也，千萬至懇。聞少嘉爲真曲折，甚彊人意。此亦一大幾會，惜渠輩伎倆止此，不能乘勢立作也。此間斗海，殊不聞事，不知近事復如何耳。子約不及別狀，意不殊前。

熹來此，日間應接衮衮，莫夜稍得閒向書册，則精神已昏，思就枕矣。以此兩月間只看得兩篇《論語》，亦是黄直卿先爲看過，參考同異了，方爲折中，尚且如此。渠昨日又聞兄喪歸去，此事益難就緒矣。近年百念灰冷，只此一事庶幾少慰平生之願。今又如此，亦命矣夫！因毛掾告有便，附此，未能究所懷。惟千萬爲道自重，因便數頻寄聲爲幸。潘叔介書來，云老兄能書大字，書中得一二字，幸甚，幸甚。不宣。六月七日，熹頓首再拜上狀伯恭參議直閣大著契兄。❶

荆州久不聞問，遣人去亦未回，但傳其政甚偉，不知果如何也。

❶「六月」至「契兄」二十一字，原缺，據浙本及《考異》補。

答吕伯恭

昨日方以書託毛掾附便，未行。今晨人還，忽領手字，把玩無斁，喜可知也。但聞尊嫂復不甚安，何乃如是？計今服藥調理，亦當平復矣。

誨諭數事，極感垂念。學中向來略爲説《大學》，近已終篇。今却只是令教官挑覆所授《論語》諸生説未到處，略爲發明。兼亦未嘗輒升講坐，侵官瀆告，如來教所慮也。但只如文翁、常衮之爲，區區志願止於如此耳。

政事固欲簡静，但今時仕宦之人不務恤民，多是故縱吏胥，畏憚權豪，凡有公事，略加點檢，無不坐此二病者。勢不得已，須差擇一二根治，此外則絶不敢有毫髮之擾。

財賦適諸縣皆不得人，弛廢殊甚。爲丞佐所迫，亦不免追人吏監禁斷遣。然思爲縣者亦豈不欲了辦財賦、見知州郡，何苦如此逋慢？想亦是有做不行處。每握筆欲判此等文字，未嘗不慨然太息。乃知真是腐儒，不敢諱人指目也。趙守規模具在，但終是意思不如此，自使不行。然亦恐官私俱竭，政使人存政舉，亦未必能爲可繼也。此事可慮，真是使人不忍。所以急欲丐去，非是苟求自佚，亦是下不得如此毒手也。見爲星子縣討論經界添税重定，旦夕申乞，蠲減得三五百匹和買，未知朝廷肯相從否？此爲益殊不多，然亦勝於不減耳。所懇漕司者，乃是上供餘米，兩漕近皆相許，但未得明文撥下耳。蓋本軍年額秋苗四萬六千石，而上供四萬石，餘六千石漕司樁管在軍，往往亦催不足。其見催到者，本軍既不敢支，漕司又無所用，但陳腐積壓，消折見欠數。而本軍官無支給，並是額外加耗，巧作名色取之。故今欲從漕司乞此餘數，科撥在軍，應副軍糧。然亦僅可供四五月之用，其他依舊須自辦也。平生讀書，要作如何利益底事？今到此，此等事便做不得。中夜以思，實不遑安處。每誦韋蘇州句云「身多疾病思田里，道有流亡愧俸錢」，此中百姓倏來忽往，更無固志，未嘗不低徊愧歎也。

寄居積俸，只是初到有以本身料錢爲請者。量與逐月帶支，所費不多。他如見任官員使臣任滿當去而未支者，亦量事制宜，不敢一例放行，亦不敢一切不恤也。

修造事，學中二祠只是因舊設像，別無地步可起造。其他方作得劉凝之庵亭并門。凡此等皆用初到送代者折送香藥及逐月供給中不應得者樁管爲之，不敢破使官錢。至如前書所説卧龍菴，又自用俸錢，亦不敢破此錢矣。園中蓬蒿没人，尚未能芟除，何暇及他事耶？

求去之説，如前所云。又以衰病之餘，精力耗損，每對吏民，省文案，或至坐睡，不惟有所不堪，亦恐吏輩乘隙爲姦，貽患千里，❶故欲急去。且承喻之及，故悉具報如此，只得勤尊慮也。有未當理處，却幸垂教，所深望也。

前書懇作五公祠記，計今可以抒思矣。因來千萬早寄示爲幸。蓋已具石，恐熹或去此，又不能得了耳。承教未期，千萬加意調衛，以取十全之安，至望。

❶「貽」，原作「胎」，據浙本、四庫本改。

答吕伯恭

數日前毛掾人行，附狀想達。比日庚伏暑盛，竊計尊體日益清安矣。熹昏眊短拙，支吾不行，已遣人上減税之奏，并以奉祠請於諸公矣。其鳴甚哀，恐必可得。不然，亦須再請，以得爲期也。

熹向嘗拜書，以五賢祠記爲懇，後來不及遣行，而嘗因書申懇。昨偶檢閲故書得此，恐後書首尾不見，今以納呈，幸爲出數語爲賜也。近得荆州書，已許爲記三先生祠。若得老兄之文與之並傳，真此一方之幸也。「五賢」欲作「五君子」，如何？更告誨諭。然此文大概當以教官爲主，蓋劉、李之祠本楊元範所立，今但增數公耳，不欲掩其善。且近以此著於薦書，不可於此有異同也，切幸留念。

去意已决，他無可言。亦不及作叔度昆仲書，因見煩致此意。子約亦不殊此。塾已成昏未？亦不及與之書，告呼來喻之。《辨志録》偶不帶來，欲令塾寫一本，并告語之也。尊嫂所苦當已向安矣，暑氣未衰，更冀加意珍重，不宣。六月十八日，熹頓首再拜上狀伯恭參議直閣大著契兄坐下。

子約不及别書。塾在叔度處，只令就學書館亦幸，可否更在尊意裁度也。適又領四月三日所寄郡吏書，不及作報也。

答吕伯恭

便中屢拜狀，當一一關徹矣。比日清

秋，伏惟尊候萬福。但久不聞動静，懸想不可言。向來所苦，今當洗然矣。願更加意飲食起居之節，以壽斯文。區區之禱，非獨朋友之私情也。

熹在此不樂，求去不遂，無以爲計。近因輒用劄子奏蠲租事，爲廷議所折，已申省自劾矣。祠禄不敢冀，只得罷逐而歸，亦爲幸甚也。郡事得同官相助，近却稍不費力，但所治無非米鹽箠撻之事，殊使人厭苦。得早去，真如脱兔也。汝玉竟不免彈射，此亦仁鳥增逝之秋矣。前書拜懇記文，千萬勿拒，便付此人以來爲幸，千萬至禱。因遣人弔叔度，草草附此。

答吕伯恭

久不聞動静，不勝懸仰，比日秋凉，竊計尊候益輕健矣。熹昨懇求盛文，以記五賢祠事，想已蒙念。得早示及爲幸，恐熹去不及刻矣。又嘗附隆興書，浼子約借《精義》，補足横渠説定本，欲與隆興刻板，亦乞爲子約言，早付其人，或徑封與彼中黄教授可也。千萬留念，至懇，至懇。今日釋奠處，見楊教授説有便，亟作此，不暇他及。亦不暇作叔度昆仲書，幸爲致意。塾亦不及書，只乞唤來以此示之。餘惟爲道自重爲禱。

答吕伯恭

熹昨拜書，以五君子祠堂記文爲請，屢辱教字，都未蒙喻及可否之意。竊觀書札語意，似已不妨出此數語，以慰一方學者之望，况發明前賢出處之意，又高明平昔所以自任之重乎？非專出於鄙意也。《濂溪祠記》荆州已寄來矣，已屬子澄書而刻之。旦夕刻成即寄。但所請竊望便爲留意，及熹未去得之，幸甚。石謹具矣，顒俟，顒俟，至懇，至懇！熹上覆。塾子時乞呼來戒教之爲幸。熹又拜懇。

答吕伯恭

久不聞問，正此馳情，忽奉手告，竊審尊候日益輕安，喜不可言。子澄適亦在此，相與慶抃也。尊嫂所苦亦喜向平，淛中醫藥計不難致也。熹前日所請，只乞減星子一縣偏重税錢，及減和買三二百匹耳。此未足以慰益上下之望，前日度力量恐不能有以加，且爾粗塞責耳。請祠已并上，甚恨聞教之晚。然衰病疎拙，實非所堪，勢不得不爲此也。李嶧之事，顏漕已燭其妄，昨亦宛轉附之。但恐此人前路復有譸張，不得不移書朝列一二故舊，使之聞之，非有咎顏漕意也。通書初實甚懶，近因申請減税，已例與之矣。凡此隨俗，漸乖宿心，勢豈容久住？只有力懇而去，他皆不暇計也。子約不及别狀，意不殊此。餘惟爲道千萬自愛，不宣。

答吕伯恭

僭易拜問，尊嫂宜人向來聞不安，今想亦平復矣。子約老友未及别書。前便奉問達否？比讀何書？所進想日超詣，因來及之，滌此塵坌，幸甚。熹此來不得讀書，胸次覺茆塞。至於平日疾惡之心，施之政事，亦不免有刻急之譏，無復寬裕和平之氣，甚可懼也。不知所聞如何？幸有以警之。熹再拜上問。

熹汨没吏事，心力益衰。前書記得有數事致懇，今皆忘之，幸檢看，一一還報也。

答吕伯恭

昨聞尊嫂宜人奄忽喪逝，深爲驚愕。即欲遣人致慰問而未暇及。便中乃辱手書訃告，益愧不敏。竊惟伉儷義重，痛悼難堪。然尊體未盡平復，深宜節抑，以慰友朋之望也。

熹黽俛於此，恰已半年，求去不得，深以爲撓。自秋中得報，即欲再請，而諸公皆以爲雖大臣故老，典藩亦必朞年而後敢請，意若以犯分僭越爲咎者，是以遲遲。又以秋來若不甚大病，作書懇請雖極諄諄，覺得亦有難説處，不免少忍踰冬，以應朞年之説，庶幾得之。今亦託人先達此意，逼歲通賀正書時便并遣也。前此或恐有不相樂者，或相中害，此亦無如之何，任其彈射，不能如此切切顧慮也。

郡事比亦甚簡静。秋間以兩縣破壞，不免暫易其人，即日詞訟便減什七八，今或至當日而無訟者。亦緣略鉏去一二亂政生訟者之故，戒令勸率，民間亦肯相信。如中間舉行别籍異財之令，父子復合者數家。此緣子澄力勸下令，初恐其未必從令，不謂其能爾也。但財計全仰商税，盈虚之數繫於風水，非人力所及。近以風故，虧欠甚多，亦殊可慮耳。文字亦稍得功夫整頓，隨分有應接，但終不似在家專一耳。亦爲黄生歸去，無人相助，頗覺闕事也。

子約書致盛意，欲得《語解》定本，此亦有欲修改處。今且納二册，餘却續寄也。但聞又欲修定向來所集，告且斟酌，不可太用精力也。熹解中有未安處，望口授子約，一一録示，千萬，千萬。或呼塾子來，令受其説，子細寫來，亦幸。此子在彼如何？進見之際，幸痛加教戒，使知有所畏忌爲幸。叔度比日爲况如何？前已遣人弔之，尚未還也。昨得其書，自言於佛學有得，未諭是否，❶計亦當有以處此，顧乃不堪，何耶？子壽得書云欲往，見今已到未耶？向見所集《詩解·出車》篇，説戒嚴之日，建而不旆，不知此有何證？幸見教。若果有證，説文義殊省力也。其間亦有數處可疑，今不盡記。大抵插入外來義理太多，又要文勢連屬，不免有彊説處。不知近日看得如何？亦望垂喻也。

此有周彦誠之書甚富，比借得一二，而不暇細讀。大抵多出臆見，然恐其間有可取處也。世有《麻衣心易》者，亦出此間人所造，嘗見之否？九日嘗登紫霄峰頂，昨日又到陶翁醉石處，過簡寂、開先而歸。山水之勝，信非他處所及。尚恨拘繫，不得恣遊，又恨不得賢者之同也。

今遣此人附狀奉問，并有賻禮，具別狀，幸視至。餘惟以時自重，因風時枉教督，只口授諸生，令子細寫來爲幸。

答吕伯恭

子壽相見，其説如何？子静近得書。其徒曹立之者來訪，氣質儘佳，❷亦似知其師説之誤。持得子静近答渠書與劉淳叟書，却説人須是讀書講論，然則自覺其前説

❶「諭」，浙本作「論」。
❷「佳」，原作「隹」，據浙本、四庫本改。

之誤矣。但不肯穉然説破今是昨非之意，依舊遮前掩後，巧爲詞説。只此氣象，却似不佳耳。立之寫得伊川先生少年與人書三四幅來，規模氣象合下便如此大了，决非人所能僞作。已託渠摹勒來此刻石矣，云藏趙德莊壻方子家也。❶今且録一本去。見刻康節手筆數紙，旦夕可先寄也。尤延之已寄《五賢祠記》來矣，旦夕刻就寄去。今日見劉生策卷後語，令人心膽墮地，奈何，奈何？熹再拜伯恭兄。

答吕伯恭

昨專人拜狀奉慰，當已達矣。叔度人來，領近書，甚慰。比日冬温，伏惟履兹陽復，起居益輕安矣。擊彊之戒，固知如此，鄙性疾惡，終不能無過當處。毛掾之於建昌，亦正坐此而有甚焉者。雖已遣官慰喻，寬租期、檢旱傷，然終不能無愧於已病之民，比復申省自劾矣。去留未知竟如何，然意緒益懶，無復好況。

《詩説》前已納上，不知尊意以爲如何？聞所著已有定本，恨未得見，亦可示及否？鄙説之未當者，并求訂正。只呼塾子來，面授其説，令録以呈白，而後遣來可也。桐鄉志文質實寬平，無所爲作，文字利病不足言，正足以見養德之效，甚幸，甚幸。顧深自病其年愈衰而氣愈厲，未知可以進此否也。近作兩記納呈，可發一笑耳。初請諸賢祠記，蒙見喻不欲勞心，不敢固請。今見此志，乃恨其請之不力。然叔度却報

❶「方子」下，原題下校云：「『方子』下一本空一字。」浙本作一墨丁。

云有意爲記卧龍山居，此固甚幸。然今事又有大於此者，敢以爲請，别紙所具白鹿洞事迹是也。幸賜之一言，非獨以記其事，且使此邦之學者與有聞焉，以爲入德之門，則此惠深矣厚矣。千萬勿辭，仍願亟以見寄，恐劾章忽下，不得竟其事也。郭功父舊記納呈，向怪前輩多蕲侮之，果不虚得也。

荆州近寄一詩來，讀之令人感慨，今亦録去。渠以信陽事甚不自安，叔度、子約書云都下諸人頗不直，果如何？然世間人口無真是非，未知果孰爲是也。

叔度人回，草此，不能究所欲言。千萬爲吾道自重，不宣。十一月七日，熹頓首再拜上啓伯恭冲祐直閣大著契兄侍史。

復有專人隨叔度人去，令候得白鹿、卧龍記文而歸。幸一揮付之，千萬。建陽人來，聞欲刊新《文海》，此本已傳出耶？甚恨未見。向機仲許寄其目，亦未得也。靖康間有處士陳安節召對，授通直郎、崇政殿説書者，今史録中有其事否？幸子細批喻。其子弟見屬叙述，以不知其本末，不敢作也。千萬留念。熹又拜。

答吕伯恭❶

人還，領所報書，得聞尊體日益輕安，而來書字畫又足爲驗，幸不可言。記文之賜，尤荷垂念，思致筆力蓋不減未病時也。此又慰幸之甚者。既以爲賀，又以爲謝也。但鄙意有少未安處，别紙上呈，幸更爲詳酌示報。此已礱石，只俟定本，即託人寫刻

❶「吕」，浙本無此字。

也。「並山而東」，地勢略是如此，但此處已是山麓，自郡城望之，北多而東少，不知别當如何下語？或云「東北入廬山下」，不知可否？又「率損其舊十三四」，今亦不見得舊來規模廣狹，但據地基，則亦略是如此。恐此語説得亦太牢，固不若爲疑詞以記之。如云「度損其舊七八」，如何？又此役乃星子令王仲傑董之，亦欲特附名其間，以傳久遠，并望因筆及之也。其人老成忠厚，民甚愛之。此不必言，但欲知之耳。洞主命官事，記亦見之，決非僻書，但此無書可檢耳。此類傳疑，正不必深説也。

誨諭數條，極荷愛念。但前日未得回報間，已再申矣。又因地震之變，心自不安，不免具奏，乞降付三省密院。此亦面生，或恐觸忤憎嫌，因得遂請也。未去以前，郡事一日不敢廢，但終是心意自懶，覺得難勉彊耳。更看回報如何，不得請，即當如所教也。

治財太急、用刑過嚴二事，亦實有之。蓋州郡用度猶可支吾，最是上供綱運拖下兩年不起，令人坐卧不安，不得不緊急。然比之他人，已是寛了。❶稍可寛處無不放過，若更寛著，即倒却人州縣矣。傳者之言，似爲建昌而發，便是向來自劾事。初以此縣不辦，❷令户掾往代之。此公性鋭質薄，作事不無過當。初蓋亦慮之，但以無人，不免再三丁寧而遣之。到彼果然過甚，大失民和。亟遣簽判親往慰喻，然後粗定。此則選擇不精、戒喻不詳之罪，今已令且還矣。但此縣便覺無分付處，撓不可言。來

❶「是」，原缺，據浙本補。
❷「辦」，原作「辨」，據浙本、四庫本改。

喻所謂未斟酌者，可謂切中其病。少俟訟竟，事經憲司，當以尊意開喻之也。

士人犯法者，教唆把持，其罪不一。但後來坐法結斷，贓罪爲重耳。然亦但送學夏楚，編管江州。其人經赦，便計會彼州官吏違法放還。今日到家，明日便陪涉宗室，教唆詞訟，爲人所訴。復追來欲撻之，而同官多不欲者，只決却小杖數下，再送他州，亦不爲過也。弊政固多踈脱，至此一事，往來之人雖有苦口見規者，問於道途，無不以此事爲當也。判語之失，誠如所喻。前亦覺之，但已施行，無及於改耳。其所争者，乃是一人與妻有私而共殺其夫，暑中繫獄病死，而此宗室者乃認爲己僕，而脅持官吏、禁近十人在獄，踰年不決。勢不得已，須與放却。但一時不勝其忿，故詞語不平至此耳。

《詩説》昨已附《小雅》後二册去矣。小序之説，未容以一言定，更俟來誨，却得反復。區區之意，已是不敢十分放手了。前諭未極，更須有説話也。恐尊意見得不如此處，却望子細一一垂喻，更容考究爲如何，逐旋批示尤幸，并得之却難看也。近看吴才老説《胤征》、《康誥》、《梓材》等篇，辨證極好。但已看破小序之失，而不敢勇決，復爲序文所牽，亦殊覺費力耳。

所欲言者甚多，亟遣此人，未暇詳布。正遠，千萬爲道自愛。塾子更望時賜誨飭，令不至怠惰放逸爲幸，千萬至懇。欲趁此有人，令其挈婦還家，叔度書來，又似留其就學，二者之計，未知所處。不審尊意以爲如何？此人回，幸報及。韓丈何爲忽有此命？此未見報，不知果爲何事。今想已行矣，不知却歸何處？後便當致書也。正月四日上狀，不宣。熹頓首再拜上狀伯恭沖祐直閣大著契兄坐下。

《卧龍庵記》聞已蒙落筆，願并受賜也。欽夫寄一詩來，當并刻之耳。信陽事誠如來誨，然此言非獨欽夫當佩服也，在於戇拙，所警多矣。叔昌書中有數語，可發一笑。子約書中所論，却望喻其當否也。

熹又覆。

今日得蘄州寄來王信伯集并語録，讀之駭人，此洞記所爲作也。然以一噎而廢食，又似過當，故愚意欲明者更加意也。恐後人觀之，復如今之視昔也。

與東萊論白鹿書院記

當是時，士皆上質實，實則入於申、商、釋、老而不自知。

祖宗盛時風俗之美固如所論，然當時士之所以爲學者，不過章句文義之間，亦有淺陋駁雜之弊。故當時先覺之士往往病其未足以明先王之大道，而議所以新之者。至於程、張諸先生論其所以教養作成之具，則見於明道學制之書詳矣，非獨王氏指以爲俗學而欲改之也。王氏變更之議，滎公初亦與聞。❶王氏之學，正以其學不足以知道，而以老、釋之所謂道者爲道，是以改之，而其弊反甚於前日耳。今病於末俗之好奇而力主文義章句之學，意已稍偏，懲於熙、豐、崇、宣之禍，而以當時舊俗爲極盛至當而不可易，又似大過。且所以論王氏者，亦恐未爲切中其病也。

❶「滎」，原作「榮」，據浙本改。

「明道程先生」止「卑忠信而小之也」。

世固有忠信而不知道者，如孔子所稱忠信而不好學者，伊川所譏篤學力行而不知道者是也。然則王氏此言亦未爲失，但不自知其不知道，而反以知道者爲不知道，此則爲大惑耳。其以忠信目明道，以爲卑明道而小之則可，以爲卑忠信而小之則不可。蓋以忠信對知道，固當自有高卑小大之辨也。

「關洛緒言」止「盍思所以反之哉」。

程氏之言學之本末始終無所不具，非專爲成德者言也。今此語意似亦少偏，兼於上文無所繫屬。

「政使止於章句文義之間」止「三代之始終也」。

三代之教，自離經辨志以後，節次有進步處，是以始乎爲士而終乎爲聖人也。今但如此言之，則終於此而已，恐非三代教學之本意也。

「自有此山以來」止「亦君子之意也」。

所謂與日月參光者，不知何所指？更望批喻。其曰「區區濬之」者，又恐卑之已甚，有傷上文渾厚之氣，如馬伏波之論杜季良也。兼此役本爲發明先朝勸學之意，初不專爲濬之。今但得多説此邊意思出來，而略帶續其風聲之意，則事理自明，不必如此罵破也。

鄙意欲如第一段所論，引明道劄子後，即云：「不幸其説不試而王氏得政，知俗學不知道之弊，而不知其學未足以知道，於是以老、釋之似亂周、孔之實，雖新學制、頒經義、黜詩賦，而學者之弊反有甚於前日。建炎中興，程氏之言復出，學者又不考其始終本末之序，而争爲妄意躐等之説以相高，是以學者雖多，而風俗之美終亦不逭於嘉祐、治平之前，而況欲其有以發明於先王之道乎？今書院之立，蓋所以究宣祖宗興化勸學之遺澤，其意亦深遠矣。學於是者，誠能考於當時之學以立其基，而用力於程、張之所議者以會其極，則齊變而魯、魯變而道矣。」此語草略不文，而其大體規模似稍平正，久遠無弊。欲乞頗采此意，文以偉辭，不審尊意以爲可否？若只如此示，❶却恐不免有抑揚之過，將來别生弊病，且將盡變秀才而爲學究矣。蓋此刻之金石，傳之無窮，不比一時之間爲一兩人東説西話，隨宜説法，應病與藥也。

答吕伯恭

人至，辱手書，得聞春來尊體益輕健，放杖徐行，又有問花隨柳之樂，甚慰。記文定本辭約義正，三復歎仰，已送山間，屬黄子厚隸書，到即入石矣。

欽夫竟不起疾，極可痛傷。蓋緣初得疾時，誤服轉下之藥，遂致虚損。一向不可扶持，從初得疾，又緣奏請數事例遭譴却，而同寮無助之者，種種不快而然。雖云天數，亦人事有以致之，此尤可痛耳。熹前月初遣人請祠，至今未還，今又專人再懇，勢必可得。只俟命下，便自此便道一過長沙哭之也。

❶「此」，閩本、浙本、四庫本作「所」。

《詩傳》已領，《小雅》何爲未見？此但記得曾遺去，即不記所附何人。或已到，幸早批喻也。《綱目》此中正自難得人寫，亦苦無專一子細工夫，所倩未必是當，請更須後也。雷頻失威之喻，敬聞命矣。諸喻皆一一切當，謹當佩服。但《小序》之説，更有商量。此人亟欲遣請祠者，不欲稽留之，别得奉扣耳。

塾蒙收拾教誨，感幸不可言。望更賜程督文字之外，因語及檢束身心大要，幸甚，幸甚。

子壽學生又有興國萬人傑字正純者亦佳，見來此相聚，云子静却教人讀書講學。亦得江西朋友書，亦云然，此亦皆濟事也。怱怱作此，未及詳，唯爲道珍重。

答吕伯恭❶

久不拜書，適潘復州來，略聞動静，粗足爲慰。比日春晚清和，伏惟尊候萬福。熹祠請竟未聞命，昨再遣人，亦無消息，不知何故如此？此心已去，住此殊無好況，百事皆嬾。雖彊爲一日必葺之計，終是無十分功夫。吏民知其不久，亦不馴服，倍費心力駕馭。細思何苦造此惡業？以此思歸益切，不知所以爲計也。

荆州之訃，前書想已奉聞。兩月來，每一念及之，輒爲之泫然。朋舊書來，無不相弔。吾道之衰乃至於此，爲將奈何？得江西書，傳聞其柩已徑歸魏公墳所祔葬矣。

❶「答」，浙本作「與」，下十三書題同，題下均無注文。

昨遣人致奠，亦未歸，未知端的也。江州皇甫帥之子歲前至彼，見其未病時奏請多不遂，且多爲人所賣，中語亦不與之；團教義勇，亦不與支例物錢，放散之日，人得五百金而去。以此上下之情不甚和輯，馴致疾病，端亦由此，益令人痛憤。又以知今日仕宦之不可爲也。但其身後所上遺奏，乃爲人摹刻石本，流傳四出，極爲非便。或云是定叟意，其不解事不應至此，殊不可曉也。遺奏想已見之，更不録去。想聞此曲折，亦深爲慨然耳。

《洞記》專人託子厚隸書未到，甚以爲撓。然雖去此，同官必能爲成其事也。十八日已入院開講，以落其成矣。講義只是《中庸》首章《或問》中語，更不録呈也。

向來所喻《詩序》之説，不知後來尊意看得如何？「雅鄭」二字，「雅」恐便是大、小《雅》，「鄭」恐便是《鄭風》，不應概以《風》爲《雅》，又於《鄭風》之外别求鄭聲也。聖人删録，取其善者以爲法，存其惡者以爲戒，無非教者，豈必滅其籍哉？看此意思甚覺通達，無所滯礙，氣象亦自公平正大，無許多回互費力處。不審高明竟以爲如何也？

得韓丈上饒書及尤延之書，皆令勸老兄且屏人事，捐書册，專精神，近醫藥，區區之意亦深念此。幸更於此少留意焉，千萬之望。學者之來，略隨分量接之，不可更似前日命題改課，爲此無益而有損也。塾子在彼，不能無望於此。然不敢以私計妨此至情，尤當蒙見亮耳。

因楊教授遣人草此爲問。子約老友不及别書。前日書尾之戒甚有警發，近日更不敢申請，已忍却一兩事，但惜乎聞命之晚耳。

答吕伯恭

元範人回,承手字,獲聞比日尊體益輕健,爲慰之劇。又承誨諭數條,尤荷愛念。信後雨餘蒸鬱,伏惟玩心有相,起處亨福。❶熹自被報聞之命,不敢復有請。但前日妄發,本蘄密贊聖聰,昨日乃聞降付後省。不密失身,從是始矣。然業已致身事主,生死禍福惟其所制,非己所得專也。此間只有三五檜行李及兒甥一兩人,去住亦不費力,但屏息以俟雷霆之威耳。前日如自明諸人文字及近習者皆不降出,此乃付外,又不可曉。區區愚忠,猶不能無冀幸於萬一耳。

欽夫之逝,忽忽半載,每一念之,未嘗不酸噎。同志書來,亦無不相弔者,益使人慨歎。蓋不惟吾道之衰,於當世亦大有利害也。自向來人還,至今不得定叟書,今日方再遣人往致葬奠。臨風哽愴,殆不自勝。計海内獨尊兄爲同此懷也。援筆至此,爲之淚落。痛哉,痛哉!祭文真實中有他人所形容不到處,歎服。今此人去,亦有一篇,謹録呈。蓋欽夫向來嘗有書來,云見熹諸經説,❷乃知閑中得就此業,殆天意也。因此略述向來講學與所以相期之意,而嘆吾道之孤且窮,於欽夫則不能有所發明也。

盛文所叙從善受言,使言者得自盡,施於褊狹,所警尤多。平日亦知敬服渠此一節,而不能學。今老矣,而舊病依然,未知所以藥之也。不唯如此,近日覺得凡百應接,每事須有些過當處,不知如何整頓得此

❶「亨」,浙本作「萬」。
❷「諸」,原作「説」,據閩本、浙本、四庫本改。

身心四亭八當，無許多凹凸也？耐煩忍垢之誨，敬聞矣。今大綱固未嘗敢放倒，但不免時有偷心，以爲何爲自苦如此？故事有經心而旋即遺忘者，亦有不敢甚勞心力而委之於人者，亦有上説不從、下教不入而意思闌珊、因循廢弛者。此兩月來，既得不允指揮，不敢作此念。又爲狂妄之舉，準備竄謫，尤不敢爲久計。身寄郡舍，而意只似燕之巢於幕上也。言事本只欲依元降指揮條具民間利病，亦坐意思過當，遂殺不住，不免索性説了。從頭徹尾，只是此一箇病根也。

獄訟極不敢草草，然見人説亦多過處，乃與塾子所論諸葛政刑相似。然欲一切姑息，保養姦凶，以擾良善，而沽流俗一時之譽，則平生素心深竊耻之，亦未知其果如何而得其中也？所論荆州從遊之士多不得力，此固當深警。然彼猶是他人不得力，今自循省，乃是自己不曾得力，此尤爲可懼也。不知老兄看得此病合作如何醫治？幸以一言就緊切處見教，千萬之望。子壽兄弟得書，子静約秋涼來遊廬阜，但恐此時已換却主人耳。渠兄弟今日豈易得？但子静似猶有些舊來意思。聞其門人説，子壽言其雖已轉步而未曾移身，然其勢久之亦必自轉。回思鵝湖講論時是甚氣勢？今何止什去七八耶？

元範立碑之説，向曾見告。嘗語之云：「熹固不足道，但恐人笑老兄耳。」意其已罷此議。不謂乃復爲之，聞之令人汗下。幸已蒙喻止，必且罷休矣。平生性直，不解微詞廣譬，道人於善，故見人有小失，每忍而不欲言。至於不得已而有言，則衝口而出，必至於傷事而後已，此亦太陽之餘證也。

塾書説近建家廟，立宗法，此正所欲討論者，便中得以見行條目子細見教爲幸。

白鹿書院承爲記述，非惟使事之本末後有考焉，而所以發明學問始終深淺之序尤爲至切。此邦之士蒙益既多，而傳之四方，私淑之幸又不少矣。謹以十一本投納書几。内一本裝褾與《濂溪祠堂記》爲對，又有雜刻數種并往。伊川先生與尹和靖者可背作一卷，此人亟行不暇也。然伊川先生才説病便有藥，和靖却似合下便作死馬醫。此道之傳，真未易以屬人也。

觀書實非養病所宜，若不能已，當有以程之，日讀若干以下也。

因人往永嘉督新簽赴任，附此。其人姓薛名洪，不是士龍之宗族否？中間旱甚，田幾不可耕。今幸數得雨，然鬱蒸未解，亭午揮汗，未能盡所欲言，惟千萬爲道自重，不宣。六月六日，熹頓首再拜，上啓伯恭武夷直閣大著契兄坐下。

令子想日佳茂。周子充遂參大政，不知嘗有以告之否？至此若復喑默，則更無可説，不知其計安出也？熹又拜。

此専遣人至叔度處，令便歸。告早批數字或口授子約見報。蓋至彼問兒婦消息，望其速還也。

答呂伯恭

承局回，承書，得聞比日尊候萬福。細觀筆札，又比前日不同，深以爲慰。熹前被不允指揮，今已三月，方始再上祠請。適此旱災，祈禱未能感格。今早禾已不可捄，若更數日不雨，即晚禾亦不可保。觀此事勢，必致大段狼狽，遂不敢言去，只得竭盡駑力。若自以曠敗抵罪，則無可奈何耳。竊觀事勢，萬一不稔，即軍食所須是第一義，而後可及賑恤。已多方擘畫，未知其濟否如何。切幸因風有以見教於其思慮之所不及者，幸甚，幸甚。

囊封付出，乃邸吏云爾。方竊怪之，當時誠亦輕發，然今已不可悔矣。積其誠意，待時而發，固所當然；但恐如諺所謂「今年自家雪裏凍殺，不知明年甚人喫大椀不托」耳。言之痛心，苦事，苦事。謹密之戒，乃今聞之。初但不敢以草本示人及與人説其中所論，不謂乃并此題目不得漏洩也。數年前風俗尚不如此，自今當深戒之耳。既云有調護者，即是嘗有譴怒之意，亦幸密見告也。

近緣旱虐，百事放寬，又覺得雨露太勝雪霜。然亦且得如此，前日誠有過當處也。二陸後來未再得信，捄荒方急，未暇遣人問之。子静欲來遊山，聞此中火色如此，又未知能來否耳。立廟等事甚善，他時脩定，當得求教也。康節刻成甚久，何故不曾寄去耶？今往五本。他刻恐欲分人，亦各并致一二也。塾不知果能漸解事否？人家後生，只得自有意做好人，便有可望。此郎正坐無此根本，使人憂心耳。今令歸鄉應舉，臨行更望丁寧之也。試罷略令此來，有可見教，書不能盡者，幸以語之。但恐亦不是寄附處耳。知看書不多，甚善。《詩》不知竟作如何看？近來看得前日之説猶是泥裏洗土塊，畢竟心下未安穩清脱。便中求所定者節目處一二篇一觀，恐或有所警發也。尤延之見祭敬夫文，以爲意到而詞語不若平日之温潤，鄙意亦頗疑其如此。渠令深勸且省思慮，意甚拳拳也。

新參近通問否？大承氣證，却下四君子湯，如何得相當？然尚幸其不發病耳。老兄與之分厚，須痛箴之。吾輩與百萬生靈性命盡在此漏船上，若喚得副手稍工不至沉醉，緩急猶可恃也。

再去長沙人未回，前日因便又作書與定叟，略致盛意矣。與説今日請祠，便是奉行敬夫遺戒第一義，時時勿忘此心而充擴之，則甚善。老兄因書更自勸勉之爲佳耳。承教未期，臨風引領，千萬爲道自重。

答吕伯恭

久不辱問，向仰良深。比日秋雨稍凉，伏惟尊候萬福。熹夏秋以來，以旱暵祈禳犇走，日日暴露，不得少休。既無所效，又不得不爲捄荒之備，郡小財匱，無擘畫處，日夕究心，遂發心疾，上炎下潦，勢甚可畏。已急遣人呼二兒及約子澄，恐有不測，無人主宰。既而飲藥，僅得少定。又苦脚跟痛，不能履地，此兩日方能移步，然亦終未脱然。郡中賑助檢放等事，却已稍有緒。但軍糧無所指擬，不免具奏祈哀，并以衰病之實丐求罷免，未知復如何。但欲退縮省事，以俟終更，而事勢驅迫，有不自由者。今且信緣，未知果安所税駕也。

夏秋以來，今日方得竟日之雨，民間遂可種麥蒔蔬，庶幾有以係其心志而不至於流移。此後公私多方接濟，到得春來，則麥可食而無所事矣。但其間日月尚多，又未知果能如人所料否耳。其間隨事措置，曲折甚多，未暇一一求教。所幸民間却稍相信，鄉村士人有事便可來說，上下之情稍通，官吏不敢十分相罔，凡事省力。但一味無錢，没撰處耳。今日見省符并致文字，有相及者。此固不足爲重輕，亦殊可笑也。

比來計益輕健，《詩説》可見示一二大節目處否？不似《書説》又被人傳印也。別有論著可見教者，勿吝幸甚。子約不及別書。兒輩計今日方終場，❶度後月十間可到此也。所欲言者甚衆，急遣此人，不暇。正遠，惟千萬保重，不宣。八月十九日，熹頓首再拜上啓。

長沙人至今未還，亦不得明信，令人懸心耳。子壽兄弟久不得書，子静欲來，想以旱故，未必能動。旦夕或遣人候之也。自明之亡，極可痛惜，天亦爲此曹復讎也耶？不可曉。

答吕伯恭

昨專人去拜狀，想達。比日秋冷，伏惟尊候萬福。熹彊勉於此，精力日衰，大抵罔罔，如夢寐間度日耳。捄荒不得不經心，然亦失前忘後，不成倫理。告歸已三請，未知可得否，方以爲憂。近再得大農曾丈報云必可得，幸甚。不知今已命下未也。大兒來自里中，嬾慢如故，令誦程文，僅能記三兩句耳。數日鄉間寂然，必是又遭黜矣。且令往挈婦孫歸家，但恐自此遠去師席，愈益怠惰，奈何？此中事渠亦略能言之。偶作書多，心忡目澀，不能詳布。昨日答胡伯逢書，戲語之云：「元來禹、稷如此不好

❶「場」，原作「埸」，據四庫本改。

做。」今日作此，又思尊兄之病未必不爲福也。子約老友承書，多感。病倦不及別狀。正遠，千萬加意攝理，以慰遠懷。幸甚，幸甚。

答呂伯恭

久不奉問，向來微恙計已平復矣。著庭議幕之命相繼而下，殊不可曉。不知果彊起承上意否？熹衰病日益昏耗，恐不堪郡事。目下民間雖未告饑，然盜賊頗已有端，日夕憂窘，不知所以爲計，惟望祠請之果遂耳。昨曾丈報甚的，既而復不然，造物之意果難測也。陸子壽復爲古人，可痛可傷！不知今年是何氣數，而吾黨不利如此也？趙景昭官滿過此，甚欸，意思甚好。今日如此等人亦難得也。塾到復何如？近得叔度書，似未許其歸。此番破戒差人借請，糜費公私不少，若不成行，不惟枉費，向後恐亦無人可使，轉見費力。幸爲一言及此，令其早歸爲望。元範歸，偶連日冗甚，夜作此書，未暇他及。惟千萬爲道自重。

答呂伯恭「答」一本作「與」

熹近因塾行，已拜狀。今日求得西山地黄五斤，恰毛掾有便，謹以附內，向見塾説藥裹所須也。冗甚目昏，不容他及。十月九日，熹再拜。

子約不及別書。曾丈聞已過京口，欲遣人致問，尚未暇也。但所報祠請殊不效耳。

答吕伯恭「答」一本作「與」

再祭敬夫之文，語意輕脱，尋亦覺之，則已不及改矣。誨諭之意，微婉深切，銘佩何敢忘也！「弘大平粹」四字，謹書坐隅以爲終身之念。禀賦之偏，前日實是不曾用力消磨，豈敢便論分數？然自今不敢不勉，更望時有以提撕警策之也。專此布謝，言不盡意。熹再拜。

熹既不得去，景望之事可以爲法。值此災傷，恐有合理會事，不得不通政府書。然非甚不得已，亦不敢發也。此間幸亦無大齟齬，諸司頗亦相悉。泉司近爲奏請，減得三縣人户木炭錢二千緡，殊非始望所及。却是漕司不識好惡，雖當予者或反奪之。前日作書，已大駡之。復思老兄之言，且忍須臾，只細與條析事理，庶幾其或悟耳。

答吕伯恭「答」一本作「與」

久不拜狀，日以馳情。比聞已遂祠官之請，良以爲慰。即日霜寒，伏惟尊候萬福。熹黽俛於此，再見歲晚。祠請未報，然去替只百餘日，今亦不復請矣。幸再乞旱餘苗米，已盡得之。所遣人猶未還，而已被堂帖之命，計此周參之力爲多也。得此不唯軍士得食，官吏免責，民間亦免將來縣道預借之擾，上恩此爲厚也。賑濟當自元旦舉行，民間歲前有闕食處，稍已賑濟之。但聞頗苦乏錢，此則無如之何。然見脩江隄，役工買木，亦足以散錢於民間，但不多耳。

子壽云亡，深可痛惜。近遣人酹之。吾道不振，此天也，奈何，奈何！欽夫遺文見令抄寫，其間極有卓絶不可及處。然亦有舊説不必傳者，今便不令抄矣。每一開卷，令人慘然。只俟解印，徑往哭之，小洩此哀也。遣人迓子重，草草附此，此亦是小三昧矣。未即承晤，惟千萬爲道自重，不宣。

答呂伯恭「答」一本作「與」

熹幸粗安，已遣人迓子重，至即合符而行矣。賑恤之備粗有支吾。奏請數事，悉蒙朝廷應副，衰拙之幸。大抵今歲江東諸郡放旱分數稍寬，緣此民間未至流徙。此間諸縣鄉村四十里置一場，❶糶官米及勸喻到富民米穀。元日初糶，殊未有來糴者。以賞格募得三家米近二萬石賑濟，當得官者四人，而飢民受惠不少矣。然今未敢散，須俟深春也。昨楊教授人還，領至日批示，具曉至意，不復有他請矣。子壽之亡極可痛惜，誠如所喻。近得子静書云，已求銘於門下，屬熹書之。此不敢辭，但渠作得行狀殊不滿人意，恐須别爲抒思，始足有發明也。毛仲益自江西來，逼歲方領前此所惠書，已久，猶足慰意。又得細詢昨來動静，如著書日有課程，❷甚恨未得一窺草藁。然朋友之論多以爲病中未可勞心，深不欲老兄之就此編也。《大事記》想尤奇、尤有益，然尤費力，此更望斟酌也。二書告令人録一二卷多發明處見寄，甚幸。只送潘卿處，令付郡吏以來。汝昭過此小欵，渠當時自

❶「場」，原作「埸」，據四庫本改。
❷「課程」，閩本、浙本作「程課」。

合請祠，此行極費力，於義亦覺未安，不審尊意以爲如何？因奇卿人還附此，雪寒手凍，未能詳悉，惟益自愛，以慰惓惓之望。

答呂伯恭「答」一本作「與」

熹在此支撑甚費力，子重不來，已遣人通吴守書，速其來矣。境内目今幸未至流殍，未知將來復如何。但願早去，庶免踈脱耳。即今覺闕雨，若更數日如此，即可慮也。少懇：向來劉樞之亡，以其兒女爲託。今其女年漸長，未有許婚之所。來議者多，往往未滿人意，不敢輕諾。與平父議，恐今年新進士中有佳士，老兄所素知者，得爲物色一人報劉氏，與之定議。平父欲自拜書，專人致懇。幸與留念推擇，使其家得佳婿，而熹不孤逝者之託，千萬，幸甚，幸甚。此書恐未遽達，不復他及。正遠，惟以時加衛，幸甚，幸甚。子約不及書，叔度亦然，并煩爲道意。塾子望時賜檢責，不至怠惰爲望。

答呂伯恭

便中伏奉近書，筆蹟輕利，視前有異，深以爲喜。比日春和，伏想日益佳健。熹疾病幸不至劇，飢民亦幸未至流徙，軍食想可支吾。比連得雨雪，麥秀土膏，人情似有樂生之望矣。子重不來，可恨。吴守度閏月初可到，到即合符而南矣。去年之旱非常，幸賴朝廷留意得早，諸處奏請，悉皆應副，故得不至大段狼狽。此於國計所損幾何，而其利甚博。此間即是周參政調護之力爲多也。欽夫遺文俟抄出寄去。子静到此數日，所作子壽埋銘已見之。叙述發明，此極有功，卒章微婉，尤見用意深處，歎服，歎服。子静近日講論比舊亦不同，但終有未盡合處。幸其却好商量，亦彼此有益也。《詩説》、《大事記》便中切幸垂示。子約不及別書，意不殊前。正遠，切冀爲道自重。

答吕伯恭

自頃謀歸，即無暇奉問，而辱書至三四，感慰不可言。近書報及飲食衣服已不須人，尤以爲喜。吾道之衰，日以益甚，天意亦不應如此之恝然也。比日庚暑，伏惟尊候益輕健。熹一出兩年，無補公私，而精神困弊，學業荒廢，既往之悔，有不可言者。自去年秋冬災傷之後，不能求去，以及今春，遂有江西之命。又俟代者，至閏月二十七日方得合符而歸。初欲乘此一走長沙，自彼取道分寧，往還甚徑。尋以女弟之訃，悲傷殊甚，誼不可以他適，遂罷前議。替後只走山南山北旬日，拜謁濂溪書堂而歸，以四月十九日至家。雖幸息肩，❶又苦人事紛冗，老幼病患，未能有好況。然大概已是入清凉境界中矣。

道中看《中庸》，覺得舊説有費力處，略加脩訂，稍覺勝前。計他書亦須如此。義理無窮，知識有限，求之言語之間，尚乃不能無差，況體之身、見諸事業哉？稍定，從頭整頓一過，會須更略長進也。

子静舊日規模終在，其論爲學之病，多説如此即只是意見，如此即只是議論，如此即只是定本。熹因與説既是思索，即不容無意見；既是講學，即不容無議論；統論爲

❶「息」，原作「悉」，據閩本、浙本改。

學規模，亦豈容無定本？但隨人材質病痛而救藥之，即不可有定本耳。渠却云正爲多是邪意見、閑議論，故爲學者之病。熹云如此即是自家呵叱亦過分了，須著「邪」字、「閑」字方始分明，不教人作禪會耳。又教人恐須先立定本，却就上面整頓，方始説得無定本底道理。今如此一概揮斥，其不爲禪學者幾希矣。渠雖唯唯，然終亦未竟窮也。❶

來喻十分是當之説，豈所敢當？功夫未到，則乃是全不曾下功夫，不但未到而已也。子静之病，恐未必是看人不看理，自是渠合下有些禪底意思，又是主張太過，❷須説我不是禪，而諸生錯會了，故其流至此。如所喻陳正己，亦其所訶，以爲溺於禪者，熹未識之，不知其果然否也。大抵兩頭三緒，東出西没，無提撮處。從上聖賢，無此樣轍。方擬湖南，欲歸途過之，再與子細商訂，偶復蹉跌，未知久遠竟如何也。然其好處自不可掩覆，可敬服也。他時或約與俱詣見，相與劇論尤佳。俟寄書扣之，或是來春始可動也。❸

敬夫遺文不曾謄得，俟旦夕略爲整次寫出，却并寄元本求是正也。詹體仁寄得新刻欽夫《論語》來，比舊本甚不干事。若天假之年，又應不止於此，令人益傷悼也。劉家事極感垂念。渠家爲閑人來問者多，頗費應酬，又招怨怒，亦欲早聞定論也。塾子蒙招攜，令寫《綱目》大字。渠懶甚，向令寫一二年《大事記》及他文字一兩篇，竟不寫來，不知竟能爲辨此否耳。意緒本自不佳，見此等事，益令人歎惋，奈何，奈何！子

❶「竟窮」，浙本作「窮竟」。
❷「是」，浙本作「自」。
❸「或」，浙本作「然」。

澄相聚月餘，意思儘好，直至湖口渡頭，方分手也。聞湖中水潦疾疫，死者甚衆，聞之令人酸鼻。諸公直是放得下，可歎服也。未即承教，引領馳情，切冀厚自愛重，以幸斯人。

答呂伯恭「答」一本作「與」

夏中潘家人還，奉問無便，不能嗣音，良以向仰。比日新秋已半，天氣漸凉，伏惟尊體益勝健。熹衰病如昨，非但人事縈絆，不得一意讀書爲恨。比一至郡中，鄭守時已久病，應接甚費力，又放不下。覺其精力凋耗而郡事不理，諸司數有譴問，勸其力請引去，渠甚以爲然，未及用而已不起矣。如此人材，用之違其所長，中道夭喪，甚可傷也。熹一出兩年，仙洲久不到。前日方得一往，會大雨竟日，瀑水甚壯。既而復霽，遂得窮搜澗壑，水石可觀處非止一二，悉已疏薙，而聚土累石爲臺以臨之。自此往遊，觀賞益富，不但如前日矣。但恨不能致杖屨之一來。論著當益有次第，每書各得數段見教爲幸。比看《文鑑》目録，無書者固不論，其可檢者尚有不能無疑處，恨不得面扣其説，當有深意也。數時絶無學者講學，便覺頽惰，無提撕警策之助。旦夕亦欲作一課程，未必有益於人，庶幾自有益耳。但塾子歸家，讀書殊無頭緒，未有以處之。因來幸有以教督之，并令如何度此光陰也。因歸自山中，倦甚，草草布此。子約未暇别書，亦不能異此。惟千萬自愛爲禱。

晦庵先生朱文公文集卷第三十四

閩縣儒學訓導何器校

晦庵先生朱文公文集卷第三十五

書汪張吕劉問答❶

答吕伯恭問龜山中庸

龜山《中庸》首章之語，往者蓋以爲疑，欽夫亦深不取。自今觀之，却未有病。但集中云：「喜怒哀樂未發之際，以心體之，則中之體自見。執而勿失，無人欲之私焉，發必中節矣。」此則不可。

天地之所以位，萬物之所以育，雖出一理，然亦各有所從來。玩其氣象，自可見龜山之語亦不爲病。如孟子語始終條理，則亦豈不分别而言耶？

「達道達德」一章，婺本因有兩「達德」字，而脱去中間數句，以故不成文理。今以爲勝嚴本，是亦喜合而惡離之過耳。

成己成物之道無不備，故能合内外之道而得時措之宜。蓋融徹洞達，一以貫之而然也。然細分之，亦有龜山之意。但不當專以此爲説，却無總統耳。

「誠，自成也」，此説恐是。蓋此是道理自然如此，但人却只要誠之耳。

「尊德性」一章，龜山從上説下，吕與叔從下説上，蓋無所不通。

「不尊不信」，此段未得其説。向見伊川亦只如此説，且當從之。有説勝此，乃可

❶「汪張吕劉問答」六字，四庫本無。

易耳。

龜山《中庸》有可疑處，如論「中庸不可能」、「不可以爲道」、「鬼神之爲德」等章，實有病。而來教所指，却不爲疵也。

别紙❶

聖賢之言，離合弛張各有次序，不容一句都道得盡。故《中庸》首章言「中」、「和」之所以異，一則爲「大本」，一則爲「達道」。是雖有善辨者，不能合之而爲一矣。故伊川先生云：「大本言其體，達道言其用。」體用自殊，安得不爲二乎？學者須是於未發已發之際識得一一分明，然後可以言體用一源處。然亦只是一源耳，體用之不同，則固自若也。天地位，便是大本立處；萬物育，便是達道行處。此事灼然分明，但二者常相須，無有能此而不能彼者耳。子思之言與龜山氣象固不同，然若使龜山又只道箇「致中和、天地位、萬物育」，則不成解書矣。釋氏便要如此，嘗見其徒説李遵勖請某僧注《信心銘》，其人每句大書而再注本句於其下，便是只要如此鶻突也。

「中庸不可能」，明道但云克己最難，故曰中庸不可能也。此言貫徹上下，不若龜山之奇險也。龜山之説，乃是佛、老緒餘，決非孔子、子思本意。兼「人之爲道而遠人，不可以爲道」兩句，若如龜山之意，則文理自不通。但人悦其新奇，不覺其礙耳。若今人依本分做文字，則「而遠人」處下「而」字不得，須下「則」字方成文理。後面雖有求仁之説，然其言自道言之、自學者言

❶「别」上，浙本有「答吕伯恭」四字。

之，又似王氏説話。道若果不可爲，則學者又安可求仁以爲道？若學者可求，則不可爲之説又贅矣。枉費説詞，無益學者，而反有害於義理之正，不可從也。向見李先生亦自不守此説，又言羅先生、陳幾叟諸人嘗以爲龜山《中庸》語意枯燥，不若吕與叔之浹洽，此又可見公論之不可揜矣。吕與叔説「道不遠人」處記得儘好，可更檢看。

「鳶魚」、「鬼神」兩章，却是上蔡説得通透，有省發人處。如此説雖是排著一片好言語，然却無箇貫穿處也。

「智」、「仁」、「勇」須做有輕重看，若言仁者必有勇，則仁、勇一而已，豈有輕重？然言勇者不必有仁，則又豈可便言無輕重乎？此三者，「天下之達德」，然逐人稟賦成就不同，故有生知安行、學知利行、困知勉行之異。然仁則渾然全體，智、勇固在其中。生知安行則從容中道，而學利、困勉不足言矣。

「其動以天，聖人之事」，龜山此章若以上章「誠者天之道」言之，則「以」字不爲害；若直指道體而言，則「以」字下不得矣。

「近而不尊」者謂何等事？試舉一二以證之。要之此章説得常不快人意也。

答吕伯恭 閏正月❶

承喻整頓收斂則入於著力，從容游泳又墮於悠悠，此正學者之通患。然程子嘗論之曰：「亦須且自此去，到德盛後，自然左右逢其原。」今亦當且就整頓收斂處著力，但不可用意安排，等候即成病耳。「勿

❶「閏正月」三字，四庫本無。

正」之「正」，其字義正如今人所謂等候指準。《春秋傳》云：「師出不正反，戰不正勝。」用字之意亦正如此耳。

別紙

「川上」之論甚當，「不逝」之云，極知非是。然須如此説破，乃可以釋學者之疑耳。

以「脩道之謂教」爲設教，此固有諸儒之説。以程子之言爲爲此而設教，則恐微有牽合之弊。大抵諸先生解經不同處多，雖明道、伊川亦自有不同處。蓋或有先後得失之殊，或是一時意各有指，不可彊牽合爲一説也。「脩道之謂教」，疑只與「自明誠謂之教」之「教」皆同言由教而入者耳。所謂「以失其性，故脩而求復」，只是直解此文，非有爲此設教之曲折也。故下文遂言「戒慎」、「恐懼」，及「致中和」，乃脩道之始終也。近得侯氏《中庸》亦正如此説，不知高明以爲如何？先生自注云：「此説非是。」

「中和」、「中庸」，如所論得之。然「中和」之「中」專指未發而言，「中庸」之「中」則兼體用而言。

參前倚衡之説甚簡當。尹公云：「此只是收拾心，令有頓放處。」此意亦好。

艮背之用固在於止其所，然能止其所，乃知至物格以後事，始學者還便可用否？更告喻及也。

「仁」字之義，孟子言心，該貫體用，統性情而合言之也。程子言性，剖析疑似，分體用而對言之也。其他已具別説。如來喻之云固好，然恐未爲直截分明耳。

學者推求言句工夫常多，點檢日用工夫常少，今日此等人極多。然或資質敏利，其言往往有可采者，則不免資其講論之益。而在我者躬行無力，又無以深矯其弊，方此愧懼。今得來喻，敬當徧以警告常所與往來者，使自省察耳。却是老成敦篤、志行可保之人，往往又却遲鈍，看道理不透。求其有精神而醇者，真難得耳。

近看《中庸》古注，極有好處。如説篇首一句，便以五行、五常言之。後來雜佛、老而言之者，豈能如是之慤實耶？因此方知擺落傳注，須是兩程先生方始開得這口。若後學未到此地位，便承虛接響，容易呵叱，恐屬僭越，氣象不好，不可以不戒耳。又注「仁者，人也」云：「人也，讀如『相人偶』之『人』。以人意相存問之言。」「相人偶」此句不知出於何書，疏中亦不説破，幸以見告。所謂人意相存問者，却似説得字義有意思也。

答吕伯恭

泰伯、夷、齊事，鄙意正如此。蓋逃父非正，但事須如此，必用權然後得中，故雖變而不失其正也。然以《左傳》爲據，便謂泰伯未嘗斷髮文身，此則未可知。正使斷髮文身亦何害也？

「富而可求」，以文義推之，恐只得依謝、楊説。伊川説雖於義理爲長，恐文義不妥帖，似硬説也。

上蔡本説學《詩》者不得以章句横在胸中，因有堯、舜事業横在胸中之説。然則非爲「有其善」之意矣。竊疑此乃習忘養心之餘病，而《遺書》中上蔡所記亦多此等説話。如「玩物喪志」之類。此恐須更有合商量處，不可草草看過也。

「誰毀誰譽」一章，所論得之。但只説得三代直道而行意思，更有「斯民也之所以」六字未有下落。疑「斯民也」是指當時之人而言，今世雖是習俗不美，直道難行，然三代盛時所以直道而行者，亦只是行之於此人耳，不待易民而化也。諸儒之説，於此文義殊不分明，却是班固《景贊》引得有意思，注中説得亦好。大抵聖人之意，止是説直道可行，無古今之異耳。言譽而不及毁之意，來喻亦善。但「毁譽」兩字更須細看。譽者，善未顯而亟稱之也；毁者，惡未著而遽詆之也；「試」亦驗其將然而未見其已然之辭。❶ 聖人之心欲人之善，故但有所試而知其賢，則善雖未顯已進而譽之矣。不欲人之惡，故惡之未著者，雖有以决知其不善，而亦未嘗遽詆之也。此所以言譽而不及毁，蓋非全不别白是非，但有先褒之善而無預詆之惡，是則聖人之心耳。

周教授《語解》誠如所喻，愚意其篤實似尹公，謹嚴過之而純熟不及，高明以爲如何？❷

新刻小本《易傳》甚佳，但籤題不若依官本作《周易程氏傳》。舊嘗有意，凡經解皆當如此，不以傳先乎經，乃見尊經之意。漢、晉諸儒經注皆如此也。後見朋友説晁景迂亦有此論，乃知前輩意已及此矣。今日又得景迂《語解》，亦有好處。大抵北方之學終是近本實也。

❶ 「驗」，原作「恐」，據浙本改。
❷ 「周教授」至「以爲如何」三十二字，已見卷三三《答吕伯恭》第二十二函。

答吕伯恭别紙

上蔡「堯、舜事業横在胸中」之説，若謂堯、舜自將已做了底事業横在胸中，則世間無此等小器量底堯、舜。若説學者，則凡聖賢一言一行，皆當潛心玩索，要識得他底藴，自家分上一一要用，豈可不存留在胸次耶？明道「玩物喪志」之説，蓋是箴上蔡記誦博識而不理會道理之病。渠得此語，遂一向掃蕩，直要得胸中曠然無一毫所能，則可謂矯枉過其正矣。觀其論曾點事，遂及列子御風，以爲易做，則可見也。大抵明道所謂「與學者語如扶醉人」，真是如此。來喻有「懲創太過」之説，亦正謂此，吾人真不可不深自警察耳。

「誰毁誰譽」，已具答子約書中。然頃時聞伯恭議論常有過厚之意，今此所論，却與往者不同，豈亦前所謂矯枉過正之論耶？聖人大公至正處，似無人情。然其隱惡揚善之心，則未嘗無也。此乃天地生物之心，孔門教人求仁，正是要得如此耳。試更思之，復以見教爲幸。

言「仁」諸説，欽夫近亦答來，於舊文頗有所改易，然於鄙意亦尚有未安處。大率此書當時自不必作，今既爲之，則須句句字字安頓得有下落始得，不容更有非指言仁體而備禮説過之語在裏面，教後人走作也。「性與天道不可得而聞」，但是聞者未易解耳。聖賢之言固無所不盡，如孟子説箇「浩然之氣」，大小面生，然亦只説得箇難言了，下面便指陳剖析，一向説將去，更無毫髮不盡處也。伊尹「先知」、「先覺」，伊川以爲「知是知此事，覺是覺此理」，與上蔡所謂

「心有知覺」意思迥然不同。向來晦叔諸公亦正引此相難，蓋不深考也。且如而今還敢道「伊尹天民之先仁」否？❶試更子細較量，便可見矣。「懲創太過，不免倚著之病」，近亦深覺其然。然嘗見明道有言，學者須守「下學上達」之語，乃學之要，又似且如此用功，基脚却稍牢固，未敢便離却下學之地，別求上達處也。但當更於存養踐履上著力，不可只考同異、校詳略，專爲章句之學而已。大抵道理平鋪放著，❷極低平處，有至高妙底道理，不待指東畫西，説南道北，然後爲得不傳之妙也。明者思之，以爲如何？

「養忠厚、革澆浮」之論甚善，要當以此爲主，而剖析精微之功自不相妨耳。和靖録中説伊川未嘗言前輩之短，此意甚善。今人往往見二先生兄弟自許之高，便都有箇下視前輩意思。此俗不可長。和靖之言，要當表而出之也。

答吕伯恭論淵源録

元豐中詔起吕申公，此段初固知其有誤，然以其不害大體，故不復刊。今欲正之，亦善。但去「司馬温公温公不起」八字，及依程集本題改「寄」爲「贈」可也。

明道言當與元豐大臣共政，此事昨來已嘗論之，然亦有未盡。今詳此事乃是聖賢之用、義理之正，非姑爲權譎，苟以濟事於一時也。蓋伊川氣象自與明道不同，而其論變化人材，亦有此意。見《外書》胡氏所記。

❶「仁」，《正訛》改作「覺」。
❷「抵」，浙本作「率」。

《易傳》於睽之初爻，亦有「不絶小人」之説，足見此事自是正理當然，非權譎之私也。然亦須有明道如此廣大規模、和平氣象，而其誠心昭著，足以感人，然後有以盡其用耳。常人之心既不足以窺測此理，又無此等力量，自是信不及。設有信者，又不免以權譎利害之心爲之，則其悖理而速禍也爲尤甚矣。此今之君子所以不能無疑於明道之言也。胡氏所記，尹氏亦疑之，豈所謂未可與權者耶？　邵子文晚著此書，於其早歲之所逮聞者，年月先後，容或小差。若語意本末，則不應全誤。且所謂二公並相，蓋終言之；召宗丞未行，以疾卒，亦記其不及用耳。非必以爲二公既相，然後召明道也。又謂邵録多出公濟，恐亦未然。蓋其父子文體自不同也。

折柳事有無不可知，但劉公非妄語人，而《春秋》有傳疑之法，不應遽削之也。且伊川之諫，其至誠惻怛、防微慮遠既發乎愛君之誠，其涵養善端、培植治本又合乎告君之道，皆可以爲後世法。而於輔導少主，尤所當知。至其餘味之無窮，則善學者雖以自養可也。故區區鄙意深欲存之，蓋其説如此，非一端也。今乃以一説疑之而遽欲刊去，豈不可惜？若猶必以爲病，則但注其下云「某人云：國朝講筵儀制甚肅，恐無北事」，使後之君子以理求者得其心，以事考者信其迹，其亦庶乎其可矣。

范公不爲程門弟子，下卷范公語中論之已詳。此年譜所載，特鮮于所録之本文耳。然不削去「門人」二字者，范公語中既引以爲説，則此不可削，史固有變例也。但來喻引范公《日記》，以爲伊川所爲范公未必盡知。若率先具素饌，則應大與東坡忤，何以能處程、蘇之間而無違言乎？此則恐於事理皆未盡也。蓋范公所記正叔獨奏，乞就寬涼處講讀，而并及脩展邇英次第，則固善之之辭，而非有譏貶之意也。但伊川已奏而事方施行，則自不必更言。而在范公之自處，則亦或有不敢言者。至於國忌齋筵，葷素所宜，則以范公之賢，於己之所行自當顧義理之是非以爲從違，不當視同列之喜怒以爲前卻也。使其果欲依違兩間，曲全交好，則具素饌既忤東坡，具酒肉亦忤伊川。❶若慮於彼而忽於此，則亦非所以兩全矣。況范公之意未必出此，而他書所記亦云范醇夫輩食素，秦、黄輩食肉，則所記雖不同，而范公之不畏東坡而每事徇從，亦當時所共知矣。故嘗竊意范公雖不純師程氏，而實尊仰取法焉。其於東坡，則但以鄉黨游從之好素相親厚，而立朝議論趣向略同。至其制行之殊，則迥然水火之不相入。且觀其辨理伊川之奏，則其心豈盡以東坡爲是哉？但不能辨之於當時，而發之於數年之後，此則剛强不足，不免乎兩徇之私者，而其所重在此，故卒不能勝其義理之公也。❷大抵程、蘇學行邪正不同，勢不兩立，故東坡之於伊川素懷憎疾，雖無素饌之隙，亦不相容。若於范公，則交情既深，而其氣象聲勢無足畏者，故雖有右袒之嫌，而不以害其平生之驩也。

侯師聖論二先生，大概亦得之，但語意少不足耳，亦不必删去也。

文潞公事，但注其後云：「某人云：先生判監時，潞公未嘗尹洛，疑此有小誤。」

❶「酒肉」，浙本作「肉食」。
❷「卒」，原作「率」，據閩本、浙本、四庫本改。

「以管窺天」，此伊川本語，見於《遺書》，不必曲爲隱諱。兼其語有抑揚，善讀者當自知之。若爲其不善讀而毁吾説以避之，則古今書傳之得存者寡矣。

横渠墓表出於吕汲公，汲公雖尊横渠，然不講其學而溺於釋氏，故其言多依違兩間，陰爲佛、老之地，蓋非深知横渠者。惜乎當時諸老先生莫之正也。如云學者苦聖人之微而珍佛、老之易入，如此則是儒學異端皆可入道，但此難而彼易耳。又稱横渠不必以佛、老而合乎先王之道，❶如此則是本合由老、佛然後可以合道，但横渠不必然而偶自合耳。此等言語與横渠著書立言、攘斥異學，一生辛苦之心全背馳了。今若存之，非但無所發明，且使讀者謂必由老、佛易以入道，則其爲害有不可勝言者，非若前段所疑年月事迹之差而已也。又行狀記事已詳，表文所記無居狀外者，亦不必重出。吕侍講學佛、老似不必載，❷如何？

溝封奉聖鄉雖非封建，然亦可以爲封建之漸，且無時不可爲。若曰分茅胙土、大封王侯，則主少國疑，誠非可爲之時矣。但伊川决不至如此不曉事，必待晚年更歷之多然後知其不可也。大抵前輩議論不能無小不同，今兩存之，學者正好思索商量，非若汲公之論横渠，大本不同，其流有害也。

楊應之事，以少見，故悉取之，亦變例也。恐可訪問，更增廣之。楊於程門，亦未必在弟子列也。

吕進伯、和叔本當别出，以事少無本末，故附之與叔，甚非是。告訪問增益，别

❶「佛老」，閩本、浙本作「老佛」。
❷「老」，浙本作「事」。

立兩條。臨川有薛氏，汲公甥也，可因人問之。

蘇博士語中胡公所論，蓋以越職言事，便非語默之當然。又以其得罪之重，知其言必有過當處耳。詞之未瑩，故若可疑，然蘇乃元符末年應詔上書，恐未可以越職罪之也。此事吾輩更合商量，非特爲蘇公之是非也。

楊公墓志首尾聯貫，不容剪截，故全書之，亦變例也。胡公所辨發明述作之意最爲有功，似不可去。

胡公行狀取屏斥學生事，乃爲作學録、行學規之樣轍，非獨爲後來論列張本也。然明道叙述中亦有如此者，劉立之記罷判武學事。伊川存而不去，蓋欲備見事情。雖知氣象之小，而不得避也。其他浮辭多合删節，當時失於草草耳。卷首諸公，當時以其名實稍著，故不悉書。自今觀之，誠覺曠闕。但此間少文字，乏人檢閲，須仗伯恭與諸朋友共成之也。

答吕伯恭

熹昨見奇卿，敬扣之以比日講授次第，聞只令諸生讀《左氏》及諸賢奏疏，❶至於諸經、《論》、《孟》，則恐學者徒務空言而不以告也。不知是否？若果如此，則恐未安。蓋爲學之序，爲己而後可以及人，達理然後可以制事。故程夫子教人先讀《論》、《孟》，次及諸經，然後看史，其序不可亂也。若恐其徒務空言，但當就《論》、《孟》、經書中教以躬行之意，庶不相遠。至於《左氏》、奏疏之言，則皆時事利害，而非學者切身之急務也。其爲空言，亦益甚矣。而欲使之從事

❶「令」，原作「今」，據浙本、四庫本及《正訛》改。

其間而得躬行之實，不亦背馳之甚乎？愚見如此，不敢不獻所疑，惟高明裁之。

答劉子澄

四月十三日，左迪功郎、監潭州南嶽廟朱熹謹西向再拜，復書主簿學士足下：熹至愚極陋，自幼事事不能及人，顧乃不自度量，妄竊有意於古人爲己之學。雖講之有年矣，而未始有聞也。徒以從事之久，足迹相接於先生長者之門，反復論辨，不絕於一二友朋之口，是以人或以務學之名歸之。而世之不識其面目、不接其言議者，遂相與疑之，以爲是果何如人也。誠使一日見其面目，聽其辭氣而徐察其所爲，則冗然一庸人耳。其不唾之而去者幾希。執事以盛年壯氣、清節直道發軔進塗，既有聞於當世矣，而説學好問之意勤勤有加，又將有意於古人爲己之學者而然邪？誠如是，則所以取友而輔仁者，擇之亦宜審矣。❶乃道聽於人，枉道垂顧，以禮於名爲務學而未始有聞之庸人，畀之手書，辭高而禮下。熹誠不佞，不識執事於夫人之言何所取信，而遽爲謙屈以至於此也？既又留連竟日，告語不倦，雖疏食菜羹，相與共之，略無厭怠之色，則又疑執事真若有取於熹者。顧樸陋荒淺，殆不能有以裨補一二爲慙，率意妄言，間亦自知其可笑也。然則執事果何所取於斯哉？恐懼增劇，因風陳布，莫究所懷。連日快晴，計已次昭武矣。向承顔盡懽，退有怡怡之樂，爲況良不惡。向暑，千萬以時自重。

❶「亦宜」，閩本、浙本作「宜亦」。

答劉子澄❶

來書深以異學侵畔爲憂，自是而憂之，則有不勝其憂者。惟能於講學體驗處加功，使吾胸中洞然無疑，則彼自不能爲吾疾矣。若不求衆理之明而徒恃片言之守，則雖早夜憂虞，僅能不爲所奪，而吾之胸中初未免於憒憒，則是亦何足道？願老兄專以聖賢之言反求諸身，一一體察，須使一一曉然無疑，積日既久，自當有見。但恐用意不精，或貪多務廣，或得少爲足，則無由明爾。

熹比來温習，略見日前所未到一二大節目，頗覺省力。但昏弱之姿，執之不固，尤悔日積，計有甚於吾友之所患者。乃承訪以所疑，使將何辭以對耶？然以所聞質之，則似不可不兩進也。程夫子曰：「涵養須用敬，進學則在致知。」此二言者，體用本末無不該備。試用一日之功，當得其趣。夫不然，空抱疑悔，不惟無益，反有害矣。夫涵養之功，則非他人所得與，在賢者加之意而已。若致知之事，則正須友朋講學之助，庶有發明。不知今者見讀何書？作如何究索？與何人辨論？惟毋欲速，毋蓄疑，先後疾徐，適當其可，則功日進而不窮矣。因書或有以見教，勿憚辭費，熹亦不敢不盡愚也。向見前輩有志於學而性涉猶豫者，其内省甚深，下問甚切，然不肯沛然用力於日用間，以是終身抱不決之疑，此可以爲戒而不可以爲法也。

伯恭近通問否？比亦嘗附一書，不知達否。所示三録，極有警發人處，然亦有合

❶ 按此文《别集》卷五複出，題爲「丁仲澄」。

商量者。所云只被公家學佛，又顧子敦治《通典》之説，此兩條曾與伯恭商量否？既云從容侍食，告語之詳，而又云云，則疑若有欲告而不得盡之意。既云專治《通典》，使應變浹洽，而元祐經筵駮議，乃似未始略知今古之人，此不知亦有説耶？如未嘗語及，告因書爲扣伯恭，却以見教爲幸。今世學者語高則淪於空寂，卑則滯於形器，中間正當緊要親切合理會處，却無人留意，此道之所以不明不行，而邪説暴行所以肆行而莫之禁也。不知伯恭後來見得此事如何？所欲言似此者非一，無由面論，徒增耿耿。

答劉子澄

反復書辭，具悉近況。但學者正欲胸中廓然大公，明白四達，方於致知窮理有得力處。今乃追咎往昔，念念不忘，竊恐徒自煎熬，無復理義悦心之味也。程子所謂「迫切不中理，則反爲不誠」，亦正慮此耳。升高自下，陟遐自邇，能不遺寸晷而不計近功，❶則終必有至矣。如何，如何？張、吕時得書，有所講論，然亦頗有未定者，未欲報去也。大抵聖賢立言，本自平易；而平易之中，其旨無窮。今必推之使高，鑿之使深，是未必真能高深，而固已離其本指、喪其平易無窮之味矣。所論《緑衣》篇意極温厚，得學《詩》之本矣。但添入外來意思太多，致本文本意反不條暢，此《集傳》所以於諸先生之言有不敢盡載者也。試更思之，如何？

❶ 「晷」，原作「暑」，據浙本、四庫本改。

答劉子澄 壬辰

《知言》之書用意精切，但其氣象急迫，終少和平。又數大節目亦皆差誤，❶如性無善惡、心爲已發、先知後敬之類，皆失聖賢本指。頃與欽夫、伯恭論之甚詳，亦皆有反復，雖有小小未合，然其大概亦略同矣。文字頗多，未能寫去，又有掎摭前輩之嫌，亦不欲其流傳也。然此等文字且未須看，俟自家於《論》、《孟》、諸經平易明白處見得分明無疑，然後可以逐一考究，判其是否。固未可盡以爲是，亦未易輕以爲非也。

天運不息，品物流形，無萬物皆逝而己獨不去之理。故程子因韓公之歎而告之曰：「此常理從來如是，何歎焉？」此意已分明矣。韓公不喻，而曰：「老者行去矣。」故夫子又告之曰：「公勿去可也。」以理之所必無者曉之，如首篇所云「請別尋一箇好底性來，換了此不好底性著」之意爾。及公自知其不能不去，則告之曰：「不能，則去可也。」言亦順夫常理而已。反復此章之意只如此，恐不必於「不去」處別求道理也。

明道德性寬大，規模廣闊；伊川氣質剛方，文理密察。其道雖同而造德各異。故明道嘗爲條例司官，不以爲浼，而伊川所作行狀，乃獨不載其事。明道猶謂青苗可且放過，而伊川乃於西監一狀較計如此，此可謂不同矣。然明道之放過，乃孔子之「獵較」爲「兆」；而伊川之一一理會，乃孟子之

❶「目」，原作「日」，據浙本、四庫本改。

「不見諸侯」也。此亦何害其爲同耶？但明道所處是大賢以上事，學者未至而輕議之，恐失所守。伊川所處雖高，然實中人皆可跂及，學者只當以此爲法，則庶乎寡過矣。然又當觀用之淺深、事之大小，裁酌其宜，難執一意，此君子所以貴窮理也。横渠龍女衣冠事，却是一時偶見未到，若見得到，横渠必不肯放過。蓋此乃禮官職事，使明道當之，亦不肯放過也。

劉、李、游、楊四公所到固未敢輕議，然如所論，亦近之矣。但却不專爲仕宦奪志而然，蓋劉、李未嘗不仕，游、楊非固徇俗，自其所見有淺深，故所就有純駁耳。大抵學問緊要是見處要得透徹，然不自主敬、致知上著功夫，亦無入頭處也。

學者所志固當大，至於論事，則當視己之所處與所論之事、所告之人而爲淺深，則無失言失人之患、出位曠官之責矣。吾學若果未至，見若果未明，既未能自信，且不爲人所信，則寧退而自求耳。言而背其所學，用而不副其言，皆不可也。

卒章所問甚切，在賢者處之必已熟矣，淺陋何足以及此？然竊謂此事難以言語定論，須且虚心觀理，積習功夫，令一日之間胸次洞然，則隨事隨物無不各有一定之理矣。無補於事而衹以取名固所不爲，❶然亦有義所當爲，而或疑於二者，則亦不得而避也。如此處極要斟酌，須是理明義精，則源源自見，不待問人矣。

❶「衹」，原作「秖」，據閩本、浙本、四庫本改。

答劉子澄❶

此問文字修改不定，朝成暮毁，甚覺可笑。直卿必能言之。所喻學者心粗，愛看見成義理，此亦人之通患。但雖如此，終是須要自家玩味浹洽，考訂精詳，方信得及。通計亦是許多工夫也。《綱目》亦修得二十許卷，此一卷是正本五卷。義例益精密，上下千有餘年，亂臣賊子真無所匿其形矣。恨相去遠，不得少借餘力，一加訂正。異時脱藁，終當以奉累耳。

近看温公論東漢名節處，覺得有未盡處。但知黨錮諸賢趨死不避爲光武、明、章之烈，而不知建安以後，中州士大夫只知有曹氏，不知有漢室，却是黨錮殺戮之禍有以敺之也。且以荀氏一門論之，則荀淑正言於梁氏用事之日，而其子爽已濡跡於董卓專命之朝。及其孫彧，則遂爲唐衡之壻、曹操之臣，而不知以爲非矣。蓋剛大直方之氣折於凶虐之餘，而漸圖所以全身就事之計，故不覺其淪胥而至此耳。想其當時，父兄師友之間，亦自有一種議論文飾蓋覆，使驟而聽之者不覺其爲非而真以爲是，必有深謀奇計可以活國救民於萬分有一之中也。邪説横流，所以甚於洪水猛獸之害，孟子豈欺予哉！年來讀書，只覺得此意思分明，參前倚衡，自不能舍。雖知以是爲人所惡，而終窮以死，其心誠甘樂之，不自以爲悔也。來喻之云，真知我者，尚何言哉！然亦願子澄深察此意，有以自振於頽波之中也！欽夫得書云嘗得子澄書，於所謂云

❶「答」，浙本作「與」。

云者，亦頗有所疑也。

答劉子澄❶

《程子遺書》廣東未寄來，道遠難督趣，甚撓人耳。近一朋友借得游先生家本，有鮑若雨録數條頗佳，昨所未見也。他雜出者已一面編集，但殊費心力。《知言》已刊行，謹納一本，幸視至。暇日熟觀，亦發人意思也。周之想時過從，所論何事？異時來簿延平，則有承教之期矣。所諉記文非敢忘之，亦衮衮未暇，旦夕當思所以應命者，幸察。

答劉子澄

七月二十一日熹頓首再拜子澄通守奉常老兄：詹總幹、章參議兩致手帖，良以爲慰。比日秋已復凉，伏惟尊候萬福。熹五月間因曹挺之行附書，想已達矣。悲惱之餘，心氣間作，加以瘡腫諸疾交攻，更無一日寧帖，恐不復能支久矣。日前爲學緩於反己，追思凡百多可悔者。所論著文字，亦坐此病，多無著實處。回首茫然，計非歲月功夫所能救治，以此愈不自快。前時猶得敬夫、伯恭時惠規益，得以警省。二友云亡，耳中絶不聞此等語，因循媮惰，安得不至於此？今乃深有望於吾子澄，自此惠書，痛加鐫誨，乃君子愛人之意也。

朗澧之行，覽觀山川，感今慨古，亦足償其勞矣。又有同行令弟感發精進，此尤可樂者。恐有行記，撰録一時之勝，願以見

❶「答」，浙本作「與」。

寄也。李丈到闕，未聞有何大議論。經筵直宿，足以從容啓沃，亦非細事也。游誠之聞到三山已久，一向不得書。其人彊敏可喜，而忮狠之根不除，又計較世俗利害太切，切恐不免上蔡「鸚鵡」之譏耳。許生初意其飄然無累，方欲約之來此教小兒，今聞其既授室，此事又差池矣。塊坐窮山，無嚴師畏友之益，其不爲小人之歸也鮮矣。奈何，奈何！直卿赴試長沙，病於清江，賴向丈診視之。前日聞得，亟遣人往覓信，至今兩旬未還，甚令人懸心。然必是已向安，遂西行矣。此間後生中只有渠尚可望，但亦傷太狹耳。昨渠行時，亦屬令過省景陽、公度，不知病後能枉道經由否。

《小學》書曾爲整頓否？幸早爲之，尋便見寄，幸幸。昨來奉報，只欲如此間所編者。今細思之，不若來教規模之善。但今所編皆法制之語，若欲更添「嘉言」、「善行」兩類，即兩類之中自須各兼取經史子集之言，其説乃備。但須約取，勿令太泛乃佳。如管仲「畏威如疾」之語，心每愛之。文章尤不可泛，如《離騷》忠潔之志固亦可尚，然只正經一篇已自多了。此須更子細決擇。《叙古蒙求》亦太多，兼奥澀難讀，恐非啓蒙之具。却是古樂府及杜子美詩意思好，可取者多，令其喜諷詠，易入心，最爲有益也。來喻又有避主張程氏之嫌，程氏何待吾輩主張？然立言垂訓，事關久遠，亦豈當避此嫌耶？其詳雖已見於《近思》，然其一言半句，灼然親切，不可不使後學早聞而先入者，自不妨特見於此書也。若只欲其合於世俗而使庸人愛之，則《符讀書城南》一篇足矣，何事勞吾人捃摭之功哉？

荒田如何措置？能録示其施行條目

爲幸。更如何勸得離軍歸正人情願耕佃尤佳。向曾於封事中及此，去冬奏對，猶蒙上記憶宣喻，以爲善也。學校頗得人表率否？不然，亦恐無益，徒費錢糧耳。精舍四言并十詠幸早爲賦之。適得祁師忠書，聞書堂中元前後可立木。❶又寄得所爲編定《武當集録》，甚簡當。但與王叔堅、林質夫論兵一二篇頗佳，何爲不録耶？

熹向承見語有爲昆弟之約，未敢遽信。而忽蒙加以非據之稱，一向因循，不得辭避。今欲復尋故約而罷去無實之稱，如蒙報書，須用此禮，即大幸也。千萬，痛察，痛察。《社記》得爲撰數十言，叙致本末，亦使拙者省得一半氣力，尤妙。

荆州地勢四平，其守當在外，楚人所謂「方城爲城，漢水爲池」是也。若不能守，直至城下，則無説矣。

答劉子澄

行記甚佳，但人説天池光怪，有飛空往來，或入簷楹，或出自房闥者，與所記不類，豈偶有所遺，抑所見適止此耶？此爲陳寶之屬，無足深怪。世人胸次昏憒隘狹，自以爲疑耳。此記流傳，亦足以少祛其惑也。

答劉子澄

熹一出三月，歸已迫歲。病軀幸無他，臂痛竟不脱然去體，但不甚妨事，可置不問。却是精神困憊，目力昏暗，全看文字不

❶「木」，原作「本」，據浙本、四庫本改。

得，甚覺害事耳。舊書且得直卿在此商量，逐日改得些少，比舊儘覺精密。且令寫出净本，未知向後看得又如何也。

到泉南，宗司教官有陳葵者，處州人，頗佳。其學似陸子静，而温厚簡直過之。但亦傷不讀書，講學不免有杜撰處。又自信甚篤，不可回耳。後生中亦有一二可教，其一已入陳君保社，其一度今歲當來此。然亦恐只堪自守，未必可大望。自餘則更是難指望，此甚可慮。蓋世俗啾喧，自其常態，正使能致焚坑之禍，亦何足道？却是自家這裏無人接續，極爲可憂耳。

讀所寄文字，切切然有與世俗争較曲直之意，竊謂不必如此。若講學功夫實有所到，自然見得聖人所謂「不知不愠」不是虚語。今却爲只學人弄故紙，要得似他不俗，過了光陰，所以於此都無實得力處。又且心知其爲玩物喪志而不能决然舍棄，此爲深可惜者。且既謂之玩物喪志，便與河南數珠不同，彼其爲此，正是恐喪志耳。《班范外事》不知編得於己分有何所益？於世教有何所補？而埋没身心於此，不得超脱，亦無惑乎子静之徒高視大言而竊笑吾徒之枉用心也！且羅守之賢如此，與之同官相好，乃不能補其所不足，而反益其所有餘，又從而自陷焉，亦獨何哉？數年來，此道不幸，朋舊凋喪，區區所望以共扶此道者，尚賴吾子澄耳。今乃如此，令人悼心失圖，悵然累日，不知所以爲懷。不審子澄能俯聽愚言而改之乎？不然則已矣，無復有望於此世矣。奈何，奈何！

《小學》書却非此比，幸早成之。精舍詩拈筆可就，亦不妨早見寄也。羅守之文，可謂有意於古矣。《社壇記》已寫送似矣，此是狀體文章，不古不今，不知是何亂道，而人來求不已，殊不可曉，但可笑耳。于尉策題亦不易，此等人且收拾教減得分數，亦是一事。《桃原詩卷》甚佳，但李習之《復性書》已有禪了，石林考其年是未見藥山時作。必是有此根苗，韓公不曾斬截得斷，後來遂張王耳。❶詩中所辯，却恐未必然也。向丈詩初亦未解，承喻乃荷其見愛之深，當因書謝之也。拙詩并序録呈。韓丈爲作記來，意態閑暇，甚可愛。渠更欲改一二處，未及寫去也。祁居之論兵處，何爲不取？願聞其説。《説易》詩誠可疑也。

濂溪書堂聞規摹甚廣，鄙意恐不必如此。將來無人住得，亦只是倒了。不若裁損制度而壯其材植，更爲買少田以贍守者，使其可以長久，乃爲佳耳。《壽安銘》乃大佳，恨得之晚。今亦當刻版散施也。趙蘄水書來，聞嘗就取「庶人」章解。當時草草，説得不周偏。後在會稽，因探禹穴，見壁間有古靈《勸喻文》，愛其言簡切有理，因刻印散之。凡投牒者，亦人與一本，❷并刻石置臺門外。今各往一通，恐亦可散施，或有益也。公度聞近到建昌娶婦，甚念一見之而不可得，奈何，奈何？因書更勸其向裏做工夫，莫又錯了路頭也。知通不受互送，罪不在專殺譚、賴之下，可惜不作一章劾了，少快公論耳。一笑，一笑。

然老兄宿逋已盡償，又有菜飯可喫，又已穿壙買棺，可謂了事快活人。如僕則債未盡償，食米不足，將來不免永作祠官，方免溝壑。儉德亦方用力，但惜乎其已晚耳。

❶「王」，原作「主」，據閩本改。
❷「人與」，原作「與人」，據閩本、浙本改。

有意入閩相見，甚善。熹固衰憊，意老兄未至此。然觀來書，說得亦可畏，誠不可不謀一再會合。但恐諸公迫於公議，有不得已而相挽者，或能敗此約耳。然若能遂吐至言，力扶公議，則其功不細，又不敢以私計不遂爲恨也。

楊子直何爲到彼？相聚幾日？曾說廟學配祀升黜之議否？不合與晁家人相聚來，遂一向與孟子不足，亦可怪也。三山見趙子直，稍款。莆中過龔實之墓下，并見其子弟，令人感歎。陛辭論恢復，乃是勸勿輕舉之意，反遭醜詆，甚可傷耳。

與劉子澄

吳生之傳，甚駭人聽，不謂禍根乃爾。近日此類非一，不了官事，連累平人，其勢駸駸，恐未遽已，使人憂懼。奈何，奈何？襄陽之役不爲無補，細讀來書及詩，令人慨歎。此事未知將來分付甚人，天意必有在矣。吾徒之力，無如之何，只有講學脩身，傳扶大教，❶使後生輩知有此道理，大家用力，庶幾人材風俗，他日有以爲濟世安民之助而已。

所喻戲謔本欲詞之巧而然，此固有之。然亦是自家有此玩侮之意以爲之根，而日用之間流轉運用，機械活熟，致得臨事不覺出來。又自以爲情信詞巧主於愛人，可以無害於義理，故不復更加防遏，以至於此。蓋不惟害事，而所以害於心術者尤深。昔横渠先生嘗言之矣。見之《近思》四。❷此當痛

❶「扶」，浙本作「持」。

❷「見之近思四」，浙本作「見近思之四」。

改，不可緩也。近覺所聞所知真實行得，令人大段歡喜，與尋常會得説得不同。此不可不知，不可不勉也。博雜之病，亦是把做小事忽略了，以爲不足以喪人之志，又不自知是自家病痛，却以應副人情爲解。此亦是大病，非小病，須痛斬截也。吾人未老先衰，餘日幾何，而費日力於此，却於自家身心上都不著力，豈不是顛倒迷惑之甚耶？《小學》書却與此殊科，只用數日功夫便可辦，❶幸早成之，便中遺寄也。

得公度書，有哭弟之悲，又云甚窘，深以爲念。地遠無力，不能少助之爲恨。季章甚不易，比來作何功夫？須更切己用力，乃有實頭進步處耳。此間學者未有大段可分付者，然亦有一二，將來零星捺合，或可大家扶持也。

與劉子澄

喻及治財、聽訟、望祀之意，甚善。所刻之書皆有益，但《小學》惜乎太遽，又不蒙潤色耳。近略修改，每章之首加以本書或本人名字，又別爲題詞韻語，庶便童習。今謾録去一觀，他時有暇，終望爲補故事之缺也。羅集等異時刻就，各求一二本。端良止此，極可傷惜。信道不及，亦是合下看得記誦詞章太重了，後來又於此得味，所以一向不肯放下，未必專爲禁忌指目也。若使見得此道理重，便斬作萬段，亦須向前，豈容復有顧慮耶？

近年道學外面被俗人攻擊，裏面被吾

❶「辦」，原作「辨」，據浙本、四庫本改。

黨作壞，婺州自伯恭死後，百怪都出。至如子約，别説一般差異底話，全然不是孔、孟規模，却做管、商見識，令人駭歎。然亦是伯恭自有些拖泥帶水，致得如此，又令人追恨也。子静一味是禪，却無許多功利術數。目下收斂得學者身心，不爲無力。然其下稍無所據依，恐亦未免害事也。

去年被人强作張、吕畫贊及敬夫集序，今并録呈。婺州學者甚不樂也。李丈奏議行狀可得一觀，幸甚。甚恨不得一見此老，然讀其書，却是大模樣、大手段，非如一種左右掇拾、委曲計校小小家計，爲無用之學也。他時與《羅鄂州小集》皆願附名於其後，然亦只能作題跋，無力做得大文字也。近被薌林向丈來催後序，正冗，未能下筆。近得書，乃以死見要，甚令人皇恐也。《社記》樸拙麤踈，不成文字，不知端良以爲如何？渠文字細密，有經緯可愛，真如來喻之云也。

汝昭歲前到山間，只得一宿，便發病遽歸。近聞尚未全安。渠却是將護太過，易得生疾耳。伯起聞已到官，想經由必款曲。居晦近一再相會，皆爲人多，説話不得。旦夕無事，當招其入山，或過武夷相聚數日也。蔡季通、劉韜仲諸人近日皆長進，潘德夫之子友端廷對甚切直，尤延之甚愛之。爲同寮所抑，頗降其等。此不足計，渠兄弟皆好，此輩後生將來皆可望也。

熹又三四日祠禄便滿，前日因便已託尤延之爲再請，勢必得之。食貧，不得已復爲此舉，甚不滿人意。前此聞諸人頗有蓋抹之意，決難承當，此不過徒與談者藉口耳。然若得其用汝昭故事，亦可優游卒歲也。不審明者以爲如何？

建陽有丘伯興者，字敦詩，廉謹質實，今爲武安節度推官。得書云趙清獻嘗爲此官，嘗即廨舍營一堂求名，以見師慕趙公之意。熹爲名曰「愛直」，蓋取碑額云爾。渠復求記，以不暇作辭之。已語之，將爲轉求於子澄矣，不識能爲作否？此亦好題目，得勉爲出數語爲幸。

公度不及別書，向來諸生頗復來集否？離群之後，誰更進益耶？西山詩，蘇、黄之外，却是三孔有筆力，但不知所謂「攙搶枉矢」指何人耳。晁、張一時聲價如此，詩在衆人中未覺穎出也。此等小技，直是有定分，況其大者，功力不到處可强耶？廣陵歸塗必取道淛中，到衢、信間，能略見過，唤集朋友説話數日否？老矣多病，後會不可知，「此日足可惜」也。

與劉子澄七月九日❶

諸書今歲都修得一過，比舊儘覺簡易條暢矣，恨不得呈似商量也。《小學》見此修改，益以古今故事，移首篇於書尾，使初學開卷便有受用，而末卷益以周、程、張子教人大略及《鄉約》、《雜儀》之類别爲下篇，凡定著六篇。更數日方寫得成，恨仲叔不能等候，得後便當附呈也。

知欲一來建安，甚善，甚善。前書亦嘗奉問，欲就中路深僻處相聚數時，不知曾踏逐得此去處否？麻姑當是佳處，但聞去城差近，不免人事之擾，却不濟事耳。武夷結茅雖就，然亦苦此。覺得却是朋友直來相

❶「七月九日」四字，四庫本無。

訪，只就書院中寢食，則都無外面閑人相擾也。晉陵將來如何？尤丈得書，亦云甚願得賢守臨之，但恐難合耳。今豐守稍正當，諸司已不樂之，不知將來竟如何。前此似有相物色作史官者，今又寂然，想又有不主張者。❶此等自有時節，但景色日見不佳，萬一不免，即難出手耳。

向丈「著甚來由」之語，是此老子受用得力處，然却不是薌林句法也。序文極力只做得如此，却是好箇題目，所恨筆力弱耳。仲叔來此，前此在社倉宿食，相去差遠，近方移來閣下，渠又告歸。其人資性平和，看文字亦易曉，然似亦習成閑懶，離群之後，全不曾做得功夫。到此方討册子看，便未有可商量處。如倉庫無紅腐貫朽之積，軍士無超距投石之勇，只是旋收旋支，或鼓或罷，終是不成頭緒。已向渠説，别後惜取光陰，須看教滿肚疑難，不能得相見，相見後三五日説不透，方是長進也。希仲相見，每問動静，亦甚以晉陵之行爲慮也。居晦才力有餘，晦伯、韜仲恐不及。然意趣則皆可喜。誠之久不相見，不知後來遊諸賢間所進如何。但向覺其物我太深，胸中不甚坦夷，此甚礙著事耳。

伯恭無恙時愛説史學，身後爲後生輩糊塗説出一般惡口小家議論，賤王尊霸，謀利計功，更不可聽。子約立脚不住，亦曰「吾兄蓋嘗言之」云爾。中間不免極力排之，今幸少定。然其彊不可令者，猶未肯竪降幡也。但昨日得婺人書云，子約五月間得眩瞀之疾，繼以藏府不安，或作或止。地遠，未得安信，甚令人念之也。子静寄得對

❶「不」，原缺，據浙本補。

語來，語意圓轉渾浩，無凝滯處，亦是渠所得效驗。但不免有些禪底意思。❶ 昨答書戲之云：「這些子恐是蔥嶺帶來。」渠定不伏。然實是如此，諱不得也。近日建昌説得動地，撐眉努眼，百怪俱出，甚可憂懼。渠亦本是好意，但不合只以私意爲主，更不講學涵養，直做得如此狂妄。世俗滔滔，無話可説，有志於學者又爲此説引去，真吾道之不幸也。

公度書來，似有此病痛，不知季章如何？學問固是須著勇猛，然此勇猛却要有箇用處。若只兩手握拳，努筋著力，枉費十分氣力，下稍無可成就，便須只是怪妄而已。吴伯起資質本是大段昏弱，故得此氣力，便能振厲而短長相補，不至於怪，然亦失之偏枯，恐不能大有所就。若資性中本有些子精神，被此發作，如陽藏人喫却伏火丹砂，其不發狂者幾希耳。近日因看《大學》，見得此意甚分明。聖賢已是八字打開了，但人自不領會，却向外狂走耳。

所寄諸書刻皆佳。端良之亡，爲可惜也。然其文意亦傷冗，乃是困於所長耳。《郡守題名記》法戒甚備，《射亭》詞筆皆佳，不知兩君爲如何人也。

與劉子澄

衡陽改命，不省所繇。今日忽聞蘇訓直又有別與近次之命，此於取舍之際，不無可疑。不審何以處之？計必有定論，不容草草也。學館答問甚佳，曾君亦不易得，但亦須有的當存主處，此等始爲有助耳。家

❶「有」，原缺，據浙本補。

塾祀夫子，於古未聞。若以義起，當約釋菜禮爲之乃佳。《開元》、《政和》兩書必有之，可參考也。時令之書恨未得見，不知所補於家國者何事爲急？因便幸示及，并喻及子細也。

子路不能變化氣質之論，言之不難，政懼行之不易，是以難輕言耳。周子有言：「聖人之教，使人自易其惡，自至其中而已爾。」竊意如子路者，可謂能易其惡矣。若至其中一節功夫，則雖夫子每每提撕，然未見其有用力處也。人百己千者終可必至，宜若登天則終不可及，兩論正自不同，又何疑耶？《大學》近再看過，方見得下手用功處路陌徑直。日前看得誠是不切，亂道誤人也。

趙子直入蜀，前日至武夷别之。亦與説游誠之、周居晦，渠却云今只要尋箇不説話底人。看此議論，似已怕此一等人了，宜乎作貴人也。更進一步，便參到周子充地位矣。張甥向學不易得，可喜。但讀《大學章句》恐無長進，須向裏面尋討實下手處乃佳耳。直卿去冬暫歸，今已復來。仁卿亦來相訪，見在此，意思亦甚好也。

便人告行，復作此附之，未能盡所欲言。但念果爲湖南之行，即相望益遠，令人作惡耳。宋憲樂善愛民，可與共事。諸子頗有意向學，但前此未得師友，今在彼又爲戴溪鶻突。若到彼，可力與救拔，亦一事也。

與劉子澄

使至，辱誨示，得聞到郡諸況，深用慰喜。信後秋深益熱，恭惟尊候萬福。條教所先，必有以大慰遠人之望者，不審謂何？今既累月，上下亦必已相安矣。酒引竟作如何處置？宋憲亦當可商量。天下事有極要委曲者。趙子直在此，講求臨汀鹽法利病甚悉，竟以諸司議論不一而罷，甚可惜。然亦是渠合下不與漕司商量之過，不可專罪他人也。居官無脩業之益，若以俗學言之，誠是如此。若論聖門所謂德業者，却初不在日用之外，只押文字，便是進德脩業地頭，不必編綴異聞乃爲脩業也。近覺向來爲學實有向外浮泛之弊，不惟自誤，而誤人亦不少。方别尋得一頭緒，似差簡約端的，始知文字言語之外真别有用心處，恨未得面論也。

浙中後來事體大段支離乖僻，恐不止似正似邪而已。極令人難説，只得皇恐，痛自警省，恐未可專執舊説以爲取舍也。《小學》能爲刊行，亦佳。但須更爲稍加損益乃善。近得韓丈書云，如鄧攸縛子於樹之屬，似涉已甚，恐此等處誠可削也。若不欲盡去其事，且刊前此語亦佳耳。史傳中嘉言善行及近世諸先生教人切近之語，亦多有未載者。更望刷出補入，乃爲佳也。衡州劉德老，宋憲嘗言之，二君却未聞。僻郡有此，亦可喜，此間却自艱得也。

與劉子澄

老兄歸來無事，又得祠禄添助俸餘，無復衣食之累，杜門讀書，有足樂者。不審比來日用事復如何？且省雜看，向裏做些功夫爲善。

熹病雖日衰，然此意思却似看得轉見分明親切。歲前看《通書》，極力説箇「幾」

字，儘有警發人處。近則公私邪正，遠則廢興存亡，只於此處看破，便斡轉了。此是日用第一親切工夫。精粗隱顯，一時穿透。堯、舜所謂「惟精惟一」，孔子所謂「克己復禮」，便是此事。食芹而美，甚欲獻之吾君也。

去歲作《高彦先祠堂記》，前日漳守方送來，今往一本。此等議論亦觸時忌，會帶累人喫章也。盧陵舊學子却須聚集，高、劉諸人頗長進否？今日無事可爲，只有收拾後生，磨礲成就，是著得力處。而此間朋友鼓作不起，深爲可慮。不知彼中如何？更望留意，以身率之，乃所望也。

向讀《女戒》，見其言有未備及鄙淺處，伯恭亦嘗病之。間嘗欲別集古語，如《小學》之狀，爲數篇，其目曰「正静」，曰「卑弱」，曰「孝愛」，曰「和睦」，曰「勤謹」，曰「儉質」，曰「寬惠」，曰「講學」。班氏書可取者，亦刪取之。如《正静》篇，即如杜子美「秉心忡忡，防身如律」之語，亦可入。凡守身事夫之事皆是也。「和睦」，謂宜其家人；「寬惠」，謂逮下無疾妬，凡御下之事。病倦不能檢閲，幸更爲詳此目有無漏落，有即補之而輯成一書，亦一事也。向見所編《家訓》，其中似已該備。只就彼采擇，更益以經史子集中事，以經爲先，不必太多，精擇而審取之尤佳也。

與劉子澄

承寄示所和鴻慶舊詩，三復感歎。但麻鞵之契，今何敢望有如此事耶？槐陰詩文講卷皆佳，季章蓋所謂爲切問近思之學者，真不易得。但似有迫切狹吝之意，見得道理到處十分到，不到處亦十分不到。想見都不讀書理會文義，雖理會，亦是先將己意向前攙斷，扭捏主張，所以有來喻云云之病。景陽又忒寬慢，自己分上想見是不親切也。公度向時得見，資質儘過諸人，但後來覺得亦有局促私吝之意，不知今又如何也。

卷子隨看，各以鄙見批在紙背，請更詳之。似此講論，初聞之以爲當有益，故嘗往求問目，欲令諸生條對。以今觀之，則問者本無所疑而答者初無所見，多是臨時應課塞白。似此講論，恐無所益，又有一種切己病痛。日用功夫只在當人著實向前，自家了取，本不用與人商量，亦非他人言說所能干預。縱欲警覺同志，只合舉起話頭，令其思省，其聞之者亦只合猛省提掇，向自己分上著力，不當更著言語，論量應對。如人有病，只合急急求藥；既得藥，只合急急服餌，不當更著言語形容此病，更著言語贊歎此藥也。今將實踐履事却作閑言語說了，方其說時，意在於說而不在於行，此恐不惟無益，而又反有害也。以愚見觀之，似不若將聖賢之書大家講究一件，有疑即問，有見即答，無疑無見者，不必拘以課程，如此却似實有功夫，不枉了閑言語。不知老兄以爲如何也？

晦庵先生朱文公文集卷第三十五

閩縣學訓導何器校

晦庵先生朱文公文集卷第三十六

書陸陳辯答

答陸子壽

蒙喻及祔禮，此在高明考之必已精密，然猶謙遜，博謀及於淺陋如此。顧熹何足以知之？然昔遭喪禍，亦嘗考之矣。竊以爲衆言淆亂，則折諸聖，孔子之言萬世不可易矣，尚復何説？況期而神之之意，揆之人情，亦爲允愜。但其節文次第，今不可考。而周禮則有《儀禮》之書，自始死以至祥禫，其節文度數詳焉。故温公《書儀》雖記孔子之言，而卒從《儀禮》之制。蓋其意謹於闕疑，以爲既不得其節文之詳，則雖孔子之言亦有所不敢從者耳。程子之説意亦甚善，然鄭氏説「凡祔，已反于寢，練而後遷廟」，《左氏春秋傳》亦有「特祀于主」之文，則是古人之祔固非遂徹几筵，程子於此恐其考之有所未詳也。《開元禮》之説，則高氏既非之矣。然其自説大祥徹靈坐之後，明日乃祔于廟，以爲不忍一日未有所歸，殊不知既徹之後、未祔之前，尚有一夕，其無所歸也久矣。凡此皆有所未安，恐不若且從《儀禮》。温公之説，次序節文亦自曲有精意，如《檀弓》諸説可見。不審尊兄今已如何行之？願以示教。若猶未也，則必不得已而從高氏之説。但祥祭之日未可撤去几筵，或遷稍近廟處。直俟明日奉主祔廟然後撤之，則猶爲亡於禮者之禮耳。鄙見如此，不審高明以爲如何？

答陸子壽

先王制禮，本緣人情。吉凶之際，其變有漸，故始死全用事生之禮。❶既卒哭祔廟，然後神之。然猶未忍盡變，故主復于寢而以事生之禮事之。至三年而遷于廟，然後全以神事之也。此其禮文見於經傳者不一，雖未有言其意者，然以情度之，知其必出於此無疑矣。其遷廟一節，❷鄭氏用《穀梁》練而壞廟之説，杜氏用賈逵、服虔説，則以三年爲斷。其間同異得失雖未有考，然《穀梁》但言壞舊廟，不言遷新主，則安知其非於練而遷舊主，於三年而納新主邪？至於《禮》疏所解鄭氏説，但據《周禮》「廟用卣」一句，亦非明驗。故區區之意竊疑杜氏之説爲合於人情也。來諭考證雖詳，其大概以爲既吉則不可復凶，既神事之則不可復以事生之禮接爾。竊恐如此非惟未嘗深考古人吉凶變革之漸，而亦未暇反求於孝子慈孫深愛至痛之情也。

至謂古者几筵不終喪，而力詆鄭、杜之非，此尤未敢聞命。❸據《禮》，小斂有席，至虞而後有几筵，但卒哭而後不復饋食於下室耳。古今異宜，禮文之變，亦有未可深考者。然《周禮》自虞至祔曾不旬日，不應方設而遽徹之如此其速也。

又謂終喪徹几筵，不聞有入廟之説，亦

❶「生」，原作「王」，據浙本、四庫本改。
❷「其」，浙本作「但」。
❸「敢」，浙本作「能」。

非也。諸侯三年喪畢之祭，魯謂之「吉禘」，晉謂之「禘祀」，《禮》疏謂之「特禘」者是也。但其禮亡，而士大夫以下則又不可考耳。夫今之《禮》文，其殘闕者多矣。豈可以其偶失此文而遽謂無此禮耶？

又謂壞廟則變昭穆之位，亦非也。據禮家說，昭常爲昭，穆常爲穆，故《書》謂文王爲「穆考」，《詩》謂武王爲「昭考」。至《左傳》，猶謂畢、原、酆、郇爲「文之昭」，邘、晉、應、韓爲「武之穆」，則昭穆之位，豈以新主祔廟而可變哉？但昭主祔廟則二昭遞遷，穆主祔廟則二穆遞遷爾。此非今者所論之急，但謾言之，以見來説考之未精類此。

又謂古者每代異廟，故有祔于祖父祖姑之禮。今同一室，則不當專祔於一人，此則爲合於人情矣。然伊川先生嘗譏關中學《禮》者有役文之弊，而呂與叔以守經信古，學者庶幾無過而已，義起之事，正在盛德者行之。然則此等苟無大害於義理，不若且依舊説，亦夫子存羊愛禮之意也。熹於《禮經》不熟，而考證亦未及精，且以愚意論之如此，不審高明以爲如何？然亦不特如此，熹常以爲大凡讀書處事，當煩亂疑惑之際，正當虛心博采以求至當。或未有得，亦當且以闕疑闕殆之意處之。若遽以己所粗通之一説而盡廢己所未究之衆論，則非惟所處之得失或未可知，而此心之量亦不宏矣。閑併及之，幸恕狂妄。

答陸子美

伏承示諭《太極》、《西銘》之失，備悉指意。然二書之説，從前不敢輕議，非是從人脚根、依他門户，却是反覆看來，道理實是如此，別未有開口處，所以信之不疑。而妄以己見輒爲之説，正恐未能盡發其奥而反以累之，豈敢自謂有扶掖之功哉！今詳來教及省從前所論，却恐長者從初便忽其言，不曾致思，只以自家所見道理爲是；不知却元來未到他地位，而便以己見輕肆抵排也。今亦不暇細論，只如《太極》篇首一句，最是長者所深排。然殊不知不言無極，則太極同於一物，而不足爲萬化之根；不言太極，則無極淪於空寂，而不能爲萬化之根。只此一句，便見其下語精密，微妙無窮。而向下所説許多道理，條貫脉絡，井井不亂，只今便在目前，而亘古亘今，攧撲不破。只恐自家見得未曾如此分明直截，則其所可疑者乃在此而不在彼也。

至於《西銘》之説，猶更分明。今亦且以首句論之：人之一身，固是父母所生，然父母之所以爲父母者，即是乾坤。若以父母而言，則一物各一父母。若以乾坤而言，則萬物同一父母矣。萬物既同一父母，則吾體之所以爲體者，豈非天地之塞；吾性之所以爲性者，豈非天地之帥哉？古之君子惟其見得道理真實如此，所以親親而仁民，仁民而愛物，推其所爲，以至於能以天下爲一家、中國爲一人，而非意之也。今若必謂人物只是父母所生，更與乾坤都無干涉，其所以有取於《西銘》者，但取其姑爲宏闊廣大之言以形容仁體而破有我之私而已，則是所謂仁體者全是虚名，初無實體，而小己之私却是實理，合有分别；聖賢於此却初不見義理，只見利害，而妄以己意造作言語，以增飾其所無、破壞其所有也。若果如此，則其立言之失，「膠固」二字豈足以盡之？而又何足以破人之梏於一己之私哉？

大抵古之聖賢千言萬語，只是要人明得此理。此理既明，則不務立論而所言無非義理之言，不務正行而所行無非義理之實，無有初無此理，而姑爲此言以救時俗之弊者。不知子静相會，曾以此話子細商量否？近見其所論王通續經之説，似亦未免此病也。此間近日絶難得江西便，草草布此，却託子静轉致。但以來書半年方達推之，未知何時可到耳。如有未當，切幸痛與指摘，剖析見教。理到之言，不得不服也。

答陸子美

前書示諭《太極》、《西銘》之説，反復詳盡。然此恐未必生於氣習之偏，但是急迫看人文字，未及盡彼之情而欲遽申己意，是以輕於立論，徒爲多説而未必果當於理爾。且如太極之説，熹謂周先生之意恐學者錯認太極别爲一物，故著「無極」二字以明之。此是推原前賢立言之本意，所以不厭重複，蓋有深指。而來諭便謂熹以太極下同一物，是則非惟不盡周先生之妙旨，而於熹之淺陋妄説亦未察其情矣。

又謂著「無極」字便有虚無好高之弊，則未知尊兄所謂太極是有形器之物耶，無形器之物耶？若果無形而但有理，則無極即是無形，太極即是有理明矣，又安得爲虚無而好高乎？熹所論《西銘》之意，正謂長者以横渠之言不當謂乾坤實爲父母，而以「膠固」斥之，故竊疑之，以爲若如長者之意，則是謂人物實無所資於天地，恐有所未安爾，非熹本説固欲如此也。今詳來誨，猶以横渠只是假借之言，而未察父母之與乾坤，雖其分之有殊，而初未嘗有二體，但其分之殊則又不得而不辨也。

熹之愚陋，竊願尊兄更於二家之言少賜反復，寛心游意，必使於其所説如出於吾之所爲者而無纖芥之疑，然後可以發言立論而斷其可否，則其爲辨也不煩，而理之所在無不得矣。若一以急迫之意求之，則於察理已不能精，而於彼之情又不詳盡，則徒爲紛紛，而雖欲不差，不可得矣。然只此急迫，即是來諭所謂氣質之弊，蓋所論之差處雖不在此，然其所以差者則原於此而不可誣矣。不審尊意以爲如何？

子静歸來，必朝夕得款聚。前書所謂異論卒不能合者，當已有定説矣。恨不得側聽其旁，時效管窺以求切磋之益也。延平新本《龜山别録》漫内一通。

近又嘗作一小卜筮書，亦以附呈。蓋緣近世説《易》者於象數全然闊略，其不然者，又太拘滯支離，不可究詰，故推本聖人經傳中説象數者，只此數條，以意推之，以爲是足以上究聖人作《易》之本指，下濟生人觀變玩占之實用，學《易》者決不可以不知。而凡説象數之過乎此者，皆可以束之高閣而不必問矣。不審尊意以爲如何？

答陸子美

示諭縷縷，備悉雅意。不可則止，正當謹如來教，不敢復有塵瀆也。偶至武夷，匆匆布叙，不能盡所欲言。然大者已不敢言，則亦無可言者矣。

寄陸子静

奏篇垂寄，得聞至論，慰沃良深，其規模宏大而源流深遠，豈腐儒鄙生所能窺測？不知對揚之際，上於何語有領會？區區私憂，正恐不免萬牛回首之歎。然於我亦何病？語圓意活，渾浩流轉，有以見所造之深、所養之厚，益加歎服。但向上一路未曾撥轉處，未免使人疑著，恐是葱嶺帶來耳。如何，如何？一笑。熹衰病益侵，幸叨祠禄，遂爲希夷直下諸孫，良以自慶。但香火之地，聲教未加，不能不使人慨歎耳。

答陸子静

昨聞嘗有丐外之請而復未遂，今定何如？莫且宿留否？學者後來更得何人？顯道得書云嘗詣見，不知已到未？子淵去冬相見，氣質剛毅，極不易得。但其偏處亦甚害事，雖嘗苦口，恐未必以爲然。今想到部，必已相見，亦嘗痛與砭礪否？道理雖極精微，然初不在耳目見聞之外，是非黑白，即在面前。此而不察，乃欲别求玄妙於意慮之表，亦已誤矣。熹衰病日侵，去年災患亦不少。此數日來，病軀方似略可支吾，然精神耗减，日甚一日，恐終非能久於世者。所幸邇來日用功夫頗覺有力，無復向來支離之病。甚恨未得從容面論，未知異時相見，尚復有異同否耳？

答陸子静丁未五月二日❶

税駕已久，諸况想益佳，學徒四來，所以及人者在此而不在彼矣。來書所謂利慾深痼者已無可言，區區所憂，却在一種輕爲高論，妄生内外精粗之別，以良心日用分爲兩截，謂聖賢之言不必盡信，而容貌詞氣之間不必深察者。此其爲説乖戾狠悖，將有大爲吾道之害者，不待他時末流之弊矣。不審明者亦嘗以是爲憂乎？此事不比尋常小小文義異同，恨相去遠，無由面論，徒增耿耿耳。李子甚不易，知向學，但亦漸覺好高。鄙意且欲其著實看得目前道理事物分明，將來不失將家之舊，庶幾有用。若便如此談玄説妙，却恐兩無所成，可惜壞却天生氣質，却未必如乃翁樸實頭，無許多勞攘耳。

答陸子静

學者病痛誠如所諭，但亦須自家見得平正深密，方能藥人之病。若自不免於一偏，恐醫來醫去，反能益其病也。所諭與令兄書辭費而理不明，今亦不記當時作何等語，或恐實有此病。承許條析見教，何幸如之！虚心以俟，幸因便見示。如有未安，却得細論，未可便似居士兄遽斷來章也。

答陸子静

十一月八日，熹頓首再拜上啓子静崇道監丞老兄：今夏在玉山，便中得書，時以

❶ 「丁未五月二日」六字，四庫本無。

入都旋復還舍，疾病多故，又苦無便，不能即報。然懷想德義與夫象山泉石之勝，未嘗不西望太息也。比日冬温過甚，恭惟尊候萬福，諸賢兄、令子姪、眷集以次康寧，來學之士亦各佳勝。

熹兩年冗擾，無補公私，第深愧歉。不謂今者又蒙收召，顧前所被已極叨踰，不敢冒進，以速罷斷之譏，已遣人申堂懇免矣。萬一未遂，所當力請，以得爲期。杜門竊廩，温繹陋學，足了此生。所恨上恩深厚，無路報塞，死有餘憾也。

前書誨諭之悉，敢不承教。所謂古之聖賢惟理是視，言當於理，雖婦人孺子有所不棄；或乖理致，雖出古書，不敢盡信，此論甚當，非世儒淺見所及也。但熹竊謂言不難擇而理未易明，若於理實有所見，則於人言之是非，不翅黑白之易辨，❶固不待訊其人之賢否而爲去取。不幸而吾之所謂理者或但出於一己之私見，則恐其所取舍未足以爲群言之折衷也。況理既未明，則於人之言恐亦未免有未盡其意者，又安可以遽絀古書爲不足信，而直任胸臆之所裁乎？

來書反復，其於無極、太極之辨詳矣。然以熹觀之，伏羲作《易》，自一畫以下，文王演易，自「乾元」以下，皆未嘗言太極也，而孔子言之。孔子贊《易》，自太極以下，未嘗言無極也，而周子言之。夫先聖後聖，豈不同條而共貫哉？若於此有以灼然實見太極之真體，則知不言者不爲少而言之者不爲多矣，何至若此之紛紛哉？今既不然，則吾之所謂理者，恐其未足以爲群言之

❶「黑白」，閩本作「白黑」。

折衷，又況於人之言有所不盡者，又非一二而已乎？既蒙不鄙而教之，熹亦不敢不盡其愚也。

且夫《大傳》之太極者，何也？即兩儀、四象、八卦之理具於三者之先，而緼於三者之内者也。聖人之意，正以其究竟至極，無名可名，故特謂之太極。猶曰「舉天下之至極無以加此」云爾，初不以其中而命之也。至如「北極」之「極」、「屋極」之「極」、「皇極」之「極」、「民極」之「極」，諸儒雖有解爲中者，蓋以此物之極常在此物之中，非指「極」字而訓之以中也。極者，至極而已。以有形者言之，則其四方八面合輳將來，到此築底，更無去處；從此推出，四方八面都無向背，一切停匀，故謂之極耳。後人以其居中而能應四外，故指其處而以中言之，非以其義爲可訓中也。至於太極，則又初無形象方所之可言，但以此理至極而謂之極耳。今乃以中名之，則是所謂理有未明而不能盡乎人言之意者一也。《通書·理性命》章，其首二句言理，次三句言性，次八句言命，故其章内無此三字，而特以三字名其章以表之，則章内之言固已各有所屬矣。蓋其所謂「靈」、所謂「一」者，乃爲太極；而所謂「中」者，乃氣禀之得中，與「剛善」、「剛惡」、「柔善」、「柔惡」者爲五性，而屬乎五行，初未嘗以是爲太極也。且曰「中焉止矣」，而又下屬於二氣五行、化生萬物之云，是亦復成何等文字義理乎？今來諭乃指其中者爲太極而屬之下文，則又理有未明而不能盡乎人言之意者二也。

若論「無極」二字，乃是周子灼見道體，迥出常情，不顧旁人是非，不計自己得失，勇往直前，説出人不敢説底道理，令後之學者曉然見得太極之妙不屬有無，不落方體。若於此看得破，方見得此老真得千聖以來不傳之秘，非但架屋下之屋、疊牀上之牀而已也。今必以爲未然，是又理有未明而不能盡人言之意者三也。

至於《大傳》既曰「形而上者謂之道」矣，而又曰「一陰一陽之謂道」，此豈真以陰陽爲形而上者哉？正所以見一陰一陽雖屬形器，然其所以一陰而一陽者，是乃道體之所爲也。故語道體之至極，則謂之太極；語太極之流行，則謂之道。雖有二名，初無兩體。周子所以謂之「無極」，正以其無方所、無形狀，以爲在無物之前，而未嘗不立於有物之後；以爲在陰陽之外，而未嘗不行乎陰陽之中；以爲通貫全體，無乎不在，則又初無聲臭影響之可言也。今乃深詆無極之不然，則是直以太極爲有形狀、有方所矣。直以陰陽爲形而上者，則又昧於道器之分矣。又於「形而上者」之上復有「況太極乎」之語，則是又以道上别有一物爲太極矣。此又理有未明而不能盡乎人言之意者四也。

至熹前書所謂「不言無極，則太極同於一物而不足爲萬化根本；不言太極，則無極淪於空寂而不能爲萬化根本」，乃是推本周子之意，以爲當時若不如此兩下説破，則讀者錯認語意，必有偏見之病，聞人説有即謂之實有，見人説無即以爲真無耳。自謂如此説得周子之意已是大煞分明，只恐知道者厭其漏洩之過甚，不謂如老兄者，乃猶以爲未穩而難曉也。請以熹書上下文意詳之，豈謂太極可以人言而爲加損者哉？是又理有未明而不能盡乎人言之意者五也。

來書又謂《大傳》明言「易有太極」，今

乃言無，何耶？此尤非所望於高明者。今夏因與人言《易》，其人之論正如此。當時對之，不覺失笑，遂至被劾。彼俗儒膠固，隨語生解，不足深怪。老兄平日自視爲如何，而亦爲此言耶？老兄且謂《大傳》之所謂「有」，果如兩儀、四象、八卦之有定位，天地五行萬物之有常形耶？周子之所謂「無」，是果虛空斷滅、都無生物之理耶？此又理有未明而不能盡乎人言之意者六也。

老子「復歸於無極」，「無極」乃無窮之義。如「莊生入無窮之門，以遊無極之野」云爾，非若周子所言之意也。今乃引之而謂周子之言實出乎彼，此又理有未明而不能盡乎人言之意者七也。

高明之學超出方外，固未易以世間言語論量、意見測度。今且以愚見執方論之，則其未合有如前所陳者。亦欲奉報，又恐徒爲紛紛，重使世俗觀笑。既而思之，若遂不言，則恐學者終無所取正。較是二者，寧可見笑於今人，不可得罪於後世。是以終不獲已而竟陳之，不識老兄以爲如何？

答陸子静

來書云：「浙間後生貽書見規，以爲吾二人者所習各已成熟，終不能以相爲。莫若置之勿論，以俟天下後世之自擇。鄙哉言乎！此輩凡陋，沈溺俗學，悖戾如此，亦可憐也。」

熹謂天下之理有是有非，正學者所當明辨。或者之說誠爲未當，然凡辨論者，亦須平心和氣，子細消詳，反復商量，務求實是，乃有歸著。如不能然，而但於匆遽急迫之中肆支蔓躁率之詞，以逞其忿懟不平之氣，則恐反不若或者之言安静和平，寬洪悠久，猶有君子長者之遺意也。

來書云「人能洪道」止「敢悉布之」。

熹按此段所説規模宏大而指意精切，如曰「雖自謂其理已明，安知非私見蔽説」，及引大舜善與人同等語，尤爲的當。熹雖至愚，敢不承教。但所謂「莫知其非」、「歸於一是」者，未知果安所決？區區於此亦願明者有以深察而實踐其言也。

來書云「古人質實」止「請卒條之」。

熹詳此説，蓋欲事務事實，不尚空言，其意甚美。但今所論「無極」二字，熹固已謂不言不爲少，言之不爲多矣。若以爲非，則且置之，其於事實亦未有害。而賢昆仲不見古人指意，乃獨無故於此創爲浮辨，累數百言，三四往返而不能已，其爲湮蕪亦已甚矣。而細考其間緊要節目，並無酬酢，只是一味慢罵虚喝，必欲取勝。未論顔、曾氣象，只子貢恐亦不肯如此。恐未可遽以此而輕彼也。

來書云「尊兄未嘗」止「固自不同也」。❶

熹亦謂老兄正爲未識太極之本無極而有其體，❷故必以「中」訓「極」，而又以陰陽爲形而上者之道。虚見之與實見，其言果不同也。

來書云「老氏以無」止「諱也」。

熹詳老氏之言有無，以有無爲二；周子之言有無，以有無爲一，正如南北水火之相反。更請子細著眼，未可容易譏評也。

❶「自」，原作「冒」，據浙本、《象山先生全集》（《四部叢刊》影印明嘉靖本）卷二《與朱元晦》二改。

❷「其」，閩本、浙本作「真」。

來書云「此理乃」止「子矣」。

更請詳看熹前書曾有「無理」二字否？

來書云「極亦此」止「極哉」。

「極」是名此理之至極，「中」是狀此理之不偏。雖然同是此理，然其名義各有攸當，雖聖賢言之，亦未嘗敢有所差互也。若「皇極」之「極」、「民極」之「極」，乃爲標準之意。猶曰立於此而示於彼，使其有所向望而取正焉耳，非以其中而命之也。「立我烝民」，「立」與「粒」通，即《書》所謂「烝民乃粒，莫匪爾極」，則「爾」指后稷而言。蓋曰使我衆人皆得粒食，莫非爾后稷之所立者是望耳。「爾」字不指天地，「極」字亦非指所受之中。此義尤明白，似是急於求勝，更不暇考上下文。推此一條，其餘可見。「中者天下之大本」，乃以喜怒哀樂之未發，此理渾然，無所偏倚而言。太極固無偏倚而爲萬化之本，然其得名自爲「至極」之「極」，而兼有「標準」之義，初不以「中」而得名也。

來書云「以極爲中」止「理乎」。

老兄自以「中」訓「極」，熹未嘗以「形」訓「極」也。今若此言，則是己不曉文義，而謂他人亦不曉也。請更詳之。

來書云「《大學》、《文言》皆言知至」。

熹詳「知至」二字雖同，而在《大學》則「知」爲實字，「至」爲虛字，兩字上重而下輕，蓋曰「心之所知無不到」耳。在《文言》則「知」爲虛字，「至」爲實字，兩字上輕而下重，蓋曰「有以知其所當至之地」耳。兩義既自不同，而與太極之爲至極者又皆不相似。請更詳之。此義在諸説中亦最分明，請試就此推之，當知來書未能無失，往往類此。

來書云「直以陰陽爲形器」止「道器之分

哉」。

若以陰陽爲形而上者，則形而下者復是何物？更請見教。若熹愚見與其所聞，則曰凡有形有象者，皆器也。其所以爲是器之理者，則道也。如是則來書所謂始終、晦明、奇偶之屬，皆陰陽所爲之器；獨其所以爲是器之理，如目之明、耳之聰、父之慈、子之孝，乃爲道耳。如此分別，似差明白。不知尊意以爲如何？此一條亦極分明，切望略加思索，便見愚言不爲無理，而其餘亦可以類推矣。

來書云「《通書》曰」止「類此」。

周子言「中」，而以「和」字釋之。又曰「中節」，又曰「達道」。彼非不識字者，而其言顯與《中庸》相戾，則亦必有説矣。蓋此「中」字是就氣禀發用而言其無過不及處耳，非直指本體未發，無所偏倚者而言也。豈可以此而訓「極」爲「中」也哉？來書引經必盡全章，雖煩不厭，而所引《通書》乃獨截自「中焉止矣」而下，此安得爲不誤？老兄本自不信周子，政使誤引《通書》，亦未爲害，何必諱此小失而反爲不改之過乎？

來書云「《大傳》」止「孰古」。

《大傳》、《洪範》、《詩》、《禮》皆言極而已，未嘗謂極爲中也。先儒以此極處常在物之中央而爲四方之所面内而取正，故因以中釋之，蓋亦未爲甚失。而後人遂直以極爲中，則又不識先儒之本意矣。《爾雅》乃是纂集古今諸儒訓詁以成書，其間蓋亦不能無誤，不足據以爲古。又况其間但有以「極」訓「至」，以「殷齊」訓「中」，初未嘗以「極」爲「中」乎？

來書云「又謂周子」止「道耳」。前又云「若謂欲言」止「之上」。

無極而太極，猶曰「莫之爲而爲，莫之致而至」，又如曰「無爲之爲」，皆語勢之當然，非謂別有一物也。向見欽夫有此說，嘗疑其贅。今乃正使得著，方知欽夫之慮遠也。其意則固若曰非如皇極、民極、屋極之有方所形象，而但有此理之至極耳。若曉此意，則於聖門有何違叛而不肯道乎？「上天之載」，是就有中說無；「無極而太極」，是就無中說有。若實見得，即說有說無、或先或後都無妨礙。今必如此拘泥，强生分別，曾謂不尚空言，專務事實，而反如此乎？

來書云「夫乾」止「自反也」。

太極固未嘗隱於人，然人之識太極者則少矣。往往只是於禪學中認得箇昭昭靈靈能作用底，便謂此是太極，而不知所謂太極乃天地萬物本然之理，亘古亘今，攧撲不破者也。「迥出常情」等語，只是俗談，即非禪家所能專有，不應儒者反當回避。況今雖偶然道著，而其所見所說即非禪家道理，非如他人陰實祖用其說，而改頭換面，陽諱其所自來也。如曰「私其說以自妙而又秘之」，又曰「寄此以神其姦」，又曰「繫絆多少好氣質底學者」，則恐世間自有此人可當此語。熹雖無狀，自省得與此語不相似也。

來書引《書》云：「有言逆于汝心，必求諸道。」

此聖言也，敢不承教。但以來書求之於道而未之見，但見其詞義差舛，氣象粗率，似與聖賢不甚相近，是以竊自安其淺陋之習聞，而未敢輕舍故步以追高明之獨見耳。又記頃年嘗有平心之說，而前書見喻曰：「甲與乙辨，方各自是其說，甲則曰願乙平心也，乙亦曰願甲平心也。平心之說恐難明白，不若據事論理可也。」此言美矣。然熹所謂平心者，非直使甲操乙之見、乙守甲之說也，亦非謂都不論事之是非也，但欲兩家姑暫置其是己非彼之意，然後可以據事論理，而終得其是非之實。如謂治疑獄者當公其心，非謂便可改曲者爲直、改直者爲曲也，亦非謂都不問其曲直也。但不可先以己意之向背爲主，然後可以審聽兩造之辭，旁求參伍之驗，而終得其曲直之當耳。今以麤淺之心，挾忿懟之氣，不肯暫置其是己非彼之私，而欲評義理之得失，則雖有判然如黑白之易見者，猶恐未免於誤；況其差有在於毫釐之間者，又將誰使折其衷而能不謬也哉？

來書云「書尾」止「文耶」。

中間江德功封示三策，書中有小帖云：「陸子静策三篇，皆親手點對，令默封納。先欲作書，臨行不肯作。」此並是德功本語。不知來喻何故乃爾？此細事不足言，世俗毀譽亦何足計。但賢者言行不同如此，爲可疑耳。德功亦必知是諸生所答，自有姓名。但云是老兄所付，令寄來耳。熹已具此，而細看其間亦尚有說未盡處。大抵老兄昆仲同立此論，而其所以立論之意不同。子美尊兄自是天資質實重厚，當時看得此理有未盡處，不能子細推究，便立議論，因而自信太過，遂不可回。見雖有病，意實無他。老兄却是先立一說，務要突過有若、子貢以上，更不數近世周、程諸公，故於其言不問是非，一例吹毛求疵，須要討不是處。正使說得十分無病，此意却先不好了。況其言之粗率，又不能無病乎？夫子之聖，固非以多學而得之。然觀其好古敏求，實亦未嘗不多學。但其中自有一以貫之處耳。若只如此空踈杜撰，則雖有一而無可貫矣，又何足以爲孔子乎？顔、曾所以獨得聖學之傳，正爲其博文約禮，足目俱到，亦不是只如此空踈杜撰也。子貢雖未得承道統，然其所知似亦不在今人之後，但未有禪學可改換耳。周、程之生，時世雖在孟子之下，然其道則有不約而合者。反覆來書，竊恐老兄於其所言多有未解者，恐皆未可遽以顔、曾自處而輕之也。顔子以能問於不能，以多問於寡，有若無，實若虛，犯而不校；曾子三省其身，惟恐謀之不忠、交之不信、傳之不習。其智之崇如彼，而禮之卑如此，豈有一毫自滿自足、强辯取勝之心乎？來書之意，所以見教者甚至，而其末乃有「若猶有疑，不憚下教」之言。熹固不敢當此，然區區鄙見亦不敢不爲老兄傾倒也。不審尊意以爲如何？如曰未然，則「我日斯邁而月斯征」，各尊所聞、各行所知亦可矣，無復可望於必同也。言及於此，悚息之深，千萬幸察。

近見《國史・濂溪傳》載此圖説，乃云「自無極而爲太極」。若使濂溪本書實有「自」、「爲」兩字，則信如老兄所言，不敢辨矣。然因渠添此二字，却見得本無此字之意愈益分明，請試思之。

答陳同甫

數日山間從游甚樂，分袂不勝惘然。

君舉已到未？熹來日上剡溪，然不能久留，只一兩日便歸。蓋城中諸寄居力來言不可行，深咎前日衢、婺之行也。如此則山間之行不容復踐，老兄與君舉能一來此間相聚爲幸。官舍無人，得以從容，殊勝在道間關置車中，不得終日相語也。君舉兄不敢遽奉問，幸爲深致此意，千萬，千萬。《戰國策論衡》一書并自注《田説》二小帙并往，觀之如何也？所定《文中子》千萬携來。陳叔達説有韓公所定《禮儀》，尚未及往借也。别後鬱鬱，思奉偉論，夢想以之。臨風引領，尤不自勝。

與陳同甫

君舉竟未有來期，老兄想亦畏暑，未必遽能枉顧，勢須秋凉乃可爲期。但賤迹孤危，力小任重，政恐旦夕便以罪去耳。旱勢已成，三日前猶蒸鬱，然竟作雨不成。此兩日晨夜凄凉，❶亭午慘烈，無復更有雨意。雖祈禱不敢不盡誠，然視州縣間政事無一可以召和而弭災者，未知將復作何究竟也。本欲俟旬日間力懇求去，緣待罪文字未報，未敢遽發。今遂遭此旱虐，如何更敢求自便？但恐自以罪罷則幸甚，不然，則未知所以爲計也。不審高明將何以見教也？

新論奇偉不常，真所創見。驚魂未定，未敢遽下語。俟再得餘篇，乃敢請益耳。婺人得錢守，比之他郡事體殊不同。他人直是無一點愛人底心，無醫治處也。趙倅之去甚可惜，鄙意亦欲具曾救荒官吏殿最以聞，以方俟罪，嫌於論功，遂不敢上。不

❶「日」，原作「月」，據浙本、四庫本改。

知錢守曾再奏否？若其遂行，實可惜也。《書義破題》真張山人所謂「著相題詩」者，句意俱到，不勝嘆服。他文有可録示者，幸併五篇見教，洗此昏憒也。向説方巖之下伯恭所樂游處，其名爲何？其地屬誰氏？幸批示。近刊伯恭所定《古易》頗可觀，尚未竟。少俟斷手，即奉寄。但恐抱膝長嘯人，不讀此等俗生鄙儒文字耳。社中諸友朋坐夏安穩，山間想見虚凉，無城市歊煩之氣。比所授之次第，亦可使聞一二乎？「可與立者，未可與權」，願明者之審此也。

答陳同甫

病中不能整理别頭項文字，閑取舊書諷詠之，亦覺有味，於反身之功亦頗有得力處，他亦不足言也。示喻見予之意甚厚，然僕豈其人乎？明者於是乎不免失言之累矣。《震》之九四，向來顔魯子以納甲推賤命，以爲正當此爻，常恨未曉其説。今同甫復以事理推配，與之暗合如此，然則此事固非人之所能爲矣。

附託之戒，敢不敬承。然其事之曲折，未易紙筆既也。叔昌所云，初實有之，蓋意老兄上未及於無情，而下決不至於不及情，是以疑其未免乎此。今得來喻，乃知老兄遂能以義勝私如此，真足爲一世之豪矣。而區區妄意，所謂淺之爲丈夫者，又以自愧也。

武夷九曲之中，比縛得小屋三數間，可以游息。春間嘗一到，留止旬餘。❶溪山回合，雲煙開斂，旦暮萬狀，信非人境也。嘗

❶「止」，原作「上」，據閩本、浙本改。

有數小詩，朋舊爲賦者亦多。薄冗，無人寫得，後便當寄呈求數語。韓丈亦許爲作記文也。此生本不擬爲時用，中間立脚不牢，容易一出，取困而歸。自近事而言，則爲廢斥；自初心而言，則可謂「爰得我所」矣。承許見顧，若得遂從容此山之間，款聽奇偉驚人之論，亦平生快事也。但聞未免俯就鄉舉，正恐自此騫騰，未暇尋此寂漠之濱耳。

《策問》前篇，鄙意猶守明招時説；後篇極中時弊，但須亦大有更張，乃可施行。若事事只如今日而欲廢法，吾恐無法之害又有甚於有法之時也。如何，如何？去年十論，大意亦恐援溺之意太多，無以存不親授之防耳。後生輩未知三綱五常之正道，遽聞此説，其害將有不可勝捄者，願明者之反之也。妄意如此，或未中理，更告反覆，幸幸！

《李衛公集》一本致几間。此公才氣事業當與春秋戰國時何人爲比，幸一評之，早以見寄。幸甚！

與陳同甫

比忽聞有意外之禍，甚爲驚歎。方念未有相爲致力處，又聞已遂辨白而歸，深以爲喜。人生萬事，真無所不有也。比日久雨蒸鬱，伏惟尊候萬福。

歸來想諸况仍舊，然凡百亦宜痛自收歛。此事合説多時，不當至今日。遲頓不及事，固爲可罪，然觀老兄平時自處於法度之外，不樂聞儒生禮法之論。雖朋友之賢如伯恭者，亦以法度之外相處，不敢進其逆耳之論，每有規諷，必宛轉回互，巧爲之説，然後敢發。平日狂妄深竊疑之，以爲愛老兄者似不當如此，方欲俟後會從容面罄其説，不意罷逐之遽，不及盡此懷也。今玆之故，雖不知所由，或未必有以召之，然平日之所積，似亦不爲無以集衆尤而信讒口者矣。老兄高明剛決，非吝於改過者。願以愚言思之，絀去「義利雙行、王霸並用」之説，而從事於懲忿窒慾、遷善改過之事，粹然以醇儒之道自律，則豈獨免於人道之禍，而其所以培壅本根、澄源正本、爲異時發揮事業之地者，益光大而高明矣。荷相與之厚，忘其狂率，敢盡布其腹心。雖不足以贖稽緩之罪，然或有補於將來耳。不審高明以爲如何？悚仄，悚仄。

答陳同甫

昨聞洶洶，常託叔度致書奉問，時猶未知端的，不能無憂。便中忽得五月二十六日所示字，具審曲折，喜不可言。且得脱此虎口，外此是非、得失置之不足言也。林叔和過此，又得聞其事首末尤詳，是亦可歎也已。還家之後，諸况如何？所謂少林面壁，老兄决做不得，然亦正不當如此，名教中自有安樂處。區區所願言者，已具之前書矣。大率世間議論不是太過即是不及，中間自一條平穩正當大路，却無人肯向上頭立脚，殊不可曉。老兄聰明非他人所及，試一思愚言，不可以爲平平之論而忽之也。偶有便，匆匆未暇索言。

答陳同甫

夏中朱同人歸,❶辱書,始知前事曲折,深以愧歎。尋亦嘗别附問,不謂尚未達也。兹承不遠千里專人枉書,尤荷厚意。且審還舍以來尊候萬福,足以爲慰。而細詢來使,❷又詳歸路戒心之由,重增歎駭也。事遠日忘,計今處之帖然矣。

熹衰病杜門,忽此生朝,❸孤露之餘,方深哽愴,乃蒙不忘,遠寄新詞,副以香果佳品,至於裘材,又出機杼,此意何可忘也!但兩詞豪宕清婉,各極其趣,而投之空山樵牧之社,被之衰退老朽之人,似太不著題耳。

示喻縷縷,殊激懦衷,以老兄之高明俊傑,世間榮悴得失本無足爲動心者。而細讀來書,似未免有不平之氣。區區竊獨妄意,此殆平日才太高、氣太鋭、論太險、跡太露之過,是以困於所長,忽於所短,雖復更歷變故,顛沛至此,而猶未知所以反求之端也。嘗謂「天理」、「人欲」二字,不必求之於古今王伯之迹,但反之於吾心義利邪正之間。察之愈密,則其見之愈明;持之愈嚴,則其發之愈勇。孟子所謂「浩然之氣」者,蓋斂然於規矩準繩不敢走作之中,而其自任以天下之重者,雖賁、育莫能奪也。是豈才能血氣之所爲哉?

老兄視漢高帝、唐太宗之所爲,而察其心果出於義耶,出於利耶?出於邪耶?

❶「夏」上,淳熙本有「九月十五日某頓首再拜同甫上舍老兄」十六字。

❷「而」,淳熙本作「即」。

❸「忽」,淳熙本作「直」。

正耶？❶若高帝，則私意分數猶未甚熾，然已不可謂之無。太宗之心，則吾恐其無一念之不出於人欲也。直以其能假仁借義以行其私，而當時與之争者才能知術既出其下，又不知有仁義之可借，❷是以彼善於此而得以成其功耳。❸若以其能建立國家、傳世久遠，便謂其得天理之正，此正是以成敗論是非，但取其獲禽之多而不羞其詭遇之不出於正也。千五百年之間，正坐如此，所以只是架漏牽補，過了時日。其間雖或不無小康，而堯、舜、三王、周公、孔子所傳之道，未嘗一日得行於天地之間也。

若論道之常存，却又初非人所能預。只是此箇自是亘古亘今常在不滅之物，雖千五百年被人作壞，終殄滅他不得耳。漢、唐所謂賢君，何嘗有一分氣力扶助得他耶？❹至於儒者成人之論，專以儒者之學爲出於子夏，此恐未可懸斷。而子路之問成人，夫子亦就其所及而告之。故曰「亦可以爲成人」，則非成人之至矣。爲子路，爲子夏，此固在學者各取其性之所近，然臧武仲、卞莊子、冉求中間插一箇孟公綽，齊手並脚，又要文之以禮樂，亦不是管仲、蕭何以下規模也。

向見《祭伯恭文》，亦疑二公何故相與聚頭作如此議論。近見叔昌、子約書中説話，乃知前此此話已説成了。亦嘗因答二公書力辨其説，然渠來説得不索性，故鄙論之發亦不能如此書之盡耳。老兄人物奇偉

❶「正」上，淳熙本有「出於」二字。
❷「不知有」，淳熙本作「無」。
❸「功」，淳熙本作「志」。
❹「助」，淳熙本作「補」。

英特，❶恐不但今日所未見。向來得失短長，正自不須更挂齒牙，❷向人分説。但鄙意更欲賢者百尺竿頭進取一步，將來不作三代以下人物，省得氣力爲漢、唐分疎，即更脱灑磊落耳。李、孔、霍、張，則吾豈敢？然夷吾、景略之事，亦不敢爲同父願之也。

大字甚荷不鄙，❸但尋常不欲爲寺觀寫文字，不欲破例。此亦拘儒常態，想又發一笑也。寄來紙却爲寫張公集句《坐右銘》去，或恐萬一有助於積累涵養、睟面盎背之功耳。

聞曾到會稽，曾遊山否？❹越中山水氣象終是淺促，意思不能深遠也。武夷亦不至甚好，但近處無山，隨分占取做自家境界。春間至彼，山高水深，❺紅緑相映，亦自不惡。但年來窘束殊甚，詩成而屋未就，❻亦無人力可往來，每以爲念耳。❼

❶「特」，淳熙本作「俊」。
❷「牙」，淳熙本作「頰」。
❸「大」上，淳熙本有「武夷諸詩能爲下一語否韓記陸詩納呈韓文又有櫂歌今并録去也」二十七字。
❹「曾」上，淳熙本有「丘宗卿頗款否更曾與誰相見項平父未受代否」十九字。
❺「深」，淳熙本作「長」。
❻「而」，原缺，據淳熙本補。
❼「耳」下，淳熙本有「來人不欲久留草草布此不能盡所欲言無物可伴書古龍涎二兩鍾乳四兩藤枕一枚幸視入更有近思録兩册并以唐突勿怪勿怪尊嫂郎娘均慶徐子才今在何處或見幸爲致意向寒珍重爲禱有人之城謾作數字寄叔度處恐有便來此也引領晤對臨風悵然不宣熹頓首再拜」一百一十字。

答陳同甫

人至，❶忽奉誨示，獲聞即日春和，尊候萬福，感慰并集。且聞葺治園亭，規模甚盛，甚恨不得往同其樂而聽高論之餘也。「樓臺側畔楊花過，簾幕中間燕子飛」，只是富貴者事，做沂水舞雩意思不得，亦不是躬耕隴畝、抱膝長嘯底氣象。却是自家此念未斷，便要主張將來做一般看了。竊恐此正是病根，與平日議論同一關捩也。❷二公詩皆甚高，❸而正則摹寫尤工，卒章致意尤篤，令人歎息。所惜不曾向頂門上下一針，猶落第二義也。君舉得郡可喜，不知闕在何時？正則聞甚長進，比得其書甚久，不曾答得。前日有便，已寫下，❹而復遺之。今以附納，❺幸爲致之。觀其議論，亦多與鄙意不同。此事儘當商量，❻但卒乍未能得相聚，便得相聚，亦恐未便信得及耳。《坐右銘》固知在所鄙棄；❼然區區寫去之意，却不可委之他人，千萬亟爲取以見還爲幸，自欲投之水火也。他所誨諭，其說甚長。偶病眼，數日未愈，而來使留此頗久，告歸

❶「人至」，淳熙本作「熹頓首再拜同父上舍老兄自頃人還不得再附問日以馳情專人至止」二十八字。

❷「捩」，淳熙本作「鍵」。

❸「二」上，淳熙本有「所需惡札一一納去但抱膝詩以數日修整破屋扶傾補敗叢冗細碎不勝其勞無長者臺池之勝而有其擾以此不暇致思留此人等候數日竟不能成且令空回俟旦夕有意思却爲作附便以往也」七十七字。

❹「下」，淳熙本作「了」。

❺「今」，淳熙本作「亦」。

❻「當」，淳熙本作「索」。

❼「坐」上，淳熙本有「令外舅何丈何時物故今乃葬邪墓額亦已寫去似却勝六字然回首向來道間相見如昨日事而便有幽明之隔人世營營欲何爲邪」五十二字。

甚亟，不免口授小兒，別紙奉報。不審高明以爲如何？❶

答陳同甫

來教累紙，縱横奇偉，神怪百出，不可正視。雖使孟子復生，亦無所容其喙，況於愚昧蹇劣，又老兄所謂賤儒者，復安能措一詞於其間哉？然於鄙意實有所未安者，不敢雷同，曲相阿徇，❷請復陳其一二，而明者聽之也。

來教云云，其説雖多，然其大概不過推尊漢、唐，以爲與三代不異；貶抑三代，以爲與漢、唐不殊。而其所以爲説者，則不過以爲古今異宜，聖賢之事不可盡以爲法，❸但有救時之志、除亂之功，則其所爲雖不盡合義理，亦自不妨爲一世英雄。然又不肯説此不是義理，故又須説天、地、人並立爲三，不應天地獨運而人爲有息。今既天地常存，即是漢、唐之君只消如此，已能做得人底事業，而天地有所賴以至今。其前後反覆，雖縷縷多端，要皆以證成此説而已。若熹之愚，則其所見固不能不與此異，然於其間又有不能不同者。今請因其所同而核

❶「何」下，淳熙本有「此已覺昏澀不能盡所欲言惟冀以時自愛臨紙不勝馳情二月十四日熹頓首再拜上狀」三十五字。又篇末多附言一段：「熹拜問：眷集伏惟佳慶，令郎爲學勝茂。從學諸君必有秀彥可與言者，恨未得見也。子才今得甚處差遣？欲作書，以未知此，寫不得。爲學甚篤，尤慰所懷，但未知所學何學耳。惠貺柑栗，尤荷厚意，村落蕭然，無以伴書，金絲膾材十餅、紫菜少許，共作一小篚，幸視至。天民到官可喜，因見幸爲致意。旦夕有便，自拜書也。熹再拜。」

❷「徇」，淳熙本作「媚」。

❸「不」下，淳熙本有「必」字。

其所異，則夫毫釐之差、千里之繆將有可得而言者矣。

來書「心無常泯，法無常廢」一段，乃一書之關鍵。鄙意所同，未有多於此段者也；而其所異，亦未有甚於此段者也。蓋有是人則有是心，有是心則有是法，固無常泯常廢之理。但謂之無常泯，即是有時而泯矣；謂之無常廢，即是有時而廢矣。蓋天理人欲之並行，其或斷或續，固宜如此。至若論其本然之妙，則惟有天理，而無人欲，是以聖人之教必欲其盡去人欲而復全天理也。若心，則欲其常不泯而不恃其不常泯也，法則欲其常不廢而不恃其不常廢也。所謂「人心惟危，道心惟微，惟精惟一，允執厥中」者，堯、舜、禹相傳之密旨也。夫人自有生而梏於形體之私，則固不能無人心矣。然而必有得于天地之正，❶則又不能無道心矣。日用之間，二者並行，迭爲勝負，而一身之是非得失、天下之治亂安危，莫不係焉。是以欲其擇之精而不使人心得以雜乎道心，欲其守之一而不使天理得以流於人欲，則凡其所行，無一事之不得其中，而於天下國家無所處而不當。夫豈任人心之自危而以有時而泯者爲當然，任道心之自微而幸其須臾之不常泯也哉？夫堯、舜、禹之所以相傳者既如此矣，至於湯、武，則聞而知之，而又反之以至於此者也。夫子之所以傳之顏淵、曾參者此也，曾子之所以傳之子思、孟軻者亦此也。故其言曰：「一日克己復禮，天下歸仁焉。」又曰：「吾道一以貫之。」又曰：「道不可須臾離

❶「于」，閩本、浙本、淳熙本作「乎」。

也，可離非道也。是故君子戒慎乎其所不睹，❶恐懼乎其所不聞。」又曰：「其爲氣也，至大至剛，以直養而無害，則塞乎天地之間。」此其相傳之妙，儒者相與謹守而共學焉，以爲天下雖大，而所以治之者不外乎此。

然自孟子既没，❷而世不復知有此學，一時英雄豪傑之士或以資質之美、計慮之精，一言一行偶合於道者，蓋亦有之；而其所以爲之田地根本者，則固未免乎利欲之私也。而世之學者稍有才氣，便自不肯低心下意做儒家事業、聖學功夫，又見有此一種道理，不要十分是當，不礙諸般作爲，便可立大功名、取大富貴，於是心以爲利，争欲慕而爲之。然又不可全然不顧義理，便於此等去處指其須臾之間偶未泯滅底道理，以爲只此便可與堯、舜、三代比隆，而不察其所以爲之田地本根者之無有是處也。

夫三才之所以爲三才者，固未嘗有二道也。然天地無心而人有欲，是以天地之運行無窮，而在人者有時而不相似。蓋義理之心頃刻不存則人道息，人道息則天地之用雖未嘗已，而其在我者則固即此而不行矣。不可但見其穹然者常運乎上，頽然者常在乎下，便以爲人道無時不立而天地賴之以存之驗也。夫謂道之存亡在人而不可舍人以爲道者，正以道未嘗亡而人之所以體之者有至有不至耳，非謂苟有是身則道自存，必無是身然後道乃亡也。天下固不能人人爲堯，然必堯之道行，然後人紀可修，天地可立也；天下固不能人人皆桀，然

❶「慎」，淳熙本、浙本作「謹」。
❷「子」，淳熙本、浙本作「氏」。

亦不必人人皆桀，而後人紀不可修，天地不可立也。但主張此道之人，一念之間不似堯而似桀，即此一念之間便是架漏度日、牽補過時矣。

且曰心不常泯而未免有時之或泯，則又豈非所謂半生半死之蟲哉？蓋道未嘗息而人自息之，所謂「非道亡也，幽、厲不由也」，正謂此耳。惟聖盡倫，惟王盡制，固非常人所及。然立心之本，當以盡者爲法，而不當以不盡者爲準。故曰：「不以舜之所以事堯事君，不敬其君者也；不以堯之所以治民治民，賊其民者也。」而况謂其非盡欺人以爲倫，非盡罔世以爲制，是則雖以來書之辨，固不謂其絶無欺人罔世之心矣。欺人者人亦欺之，罔人者人亦罔之，此漢、唐之治所以雖極其盛，而人不心服，終不能無愧於三代之盛時也。

夫人只是這箇人，道只是這箇道，豈有三代、漢、唐之别？但以儒者之學不傳，而堯、舜、禹、湯、文、武以來轉相授受之心不明於天下，故漢、唐之君雖或不能無暗合之時，而其全體却只在利欲上。此其所以堯、舜、三代自堯、舜、三代，漢祖、唐宗自漢祖、唐宗，終不能合而爲一也。今若必欲撤去限隔，無古無今，則莫若深考堯、舜相傳之心法，湯、武反之之功夫，以爲準則而求諸身；却就漢祖、唐宗心術微處痛加繩削，取其偶合而察其所自來，黜其悖戾而究其所從起，庶幾天地之常經、古今之通義有以得之於我；不當坐談既往之迹，追飾已然之非，便指其偶同者以爲全體，而謂其真不異於古之聖賢也。

且如約法三章固善矣，而卒不能除三族之令，一時功臣，無不夷滅；除亂之志固善矣，而不免竊取宫人私侍其父，其他亂倫逆理之事往往皆身犯之。蓋舉其始終而言，其合於義理者常少，而其不合者常多；合於義理者常小，而其不合者常大。但後之觀者於此根本功夫自有欠闕，故不知其非而以爲無害於理。抑或以爲雖害於理，而不害其獲禽之多也。觀其所謂學成人而不必於儒，攙金、銀、銅、鐵爲一器而主於適用，則亦可見其立心之本在於功利，有非辨説所能文者矣。

夫成人之道，以儒者之學求之，則夫子所謂「成人」也。不以儒者之學求之，則吾恐其畔棄繩墨，脱略規矩，進不得爲君子，退不得爲小人。正如攙金、銀、銅、鐵爲一器，不唯壞却金銀，而銅鐵亦不得盡其銅鐵之用也。荀卿固譏游、夏之賤儒矣，不以大儒目周公乎？孔子固稱管仲之功矣，不曰「小器而不知禮」乎？「人也」之説，古注得之。若管仲爲當得一箇人，則是以子産之徒爲當不得一箇人矣。聖人詞氣之際不應如此之粗厲而鄙也。

其他瑣屑，不能盡究。但不傳之絶學一事，却恐更須討論，方見得從上諸聖相傳心法，而於後世之事有以裁之而不失其正。若不見得，却是自家耳目不高、聞見不的，其所謂洪者，乃混雜而非真洪；所謂慣者，乃流徇而非真慣。竊恐後生傳聞，輕相染習，使義利之别不明，舜蹠之塗不判，眩流俗之觀聽，壞學者之心術，不唯老兄爲有識者所議，而朋友亦且陷於收司連坐之法。此熹之所深憂而甚懼者，故敢極言以求定論。若猶未以爲然，即不若姑置是事而且求諸身，不必徒爲譊譊，無益於道，且使卞莊子之徒得以竊笑於旁而陰行其計也。

答陳同甫

示喻縷縷，備悉雅意。然區區鄙見，常竊以爲亘古亘今只是一體，❶順之者成，逆之者敗，固非古之聖賢所能獨然，❷而後世之所謂英雄豪傑者，亦未有能舍此理而得有所建立成就者也。但古之聖賢，從本根上便有惟精惟一功夫，所以能執其中，徹頭徹尾無不盡善。後來所謂英雄，則未嘗有此功夫，但在利欲場中頭出頭没，其資美者乃能有所暗合而隨其分數之多少以有所立。然其或中或否，不能盡善則一而已。來喻所謂「三代做得盡，漢、唐做得不盡」者，正謂此也。然但論其盡與不盡，而不論其所以盡與不盡，却將聖人事業去就利欲場中比並較量，見有彷彿相似，便謂聖人樣子不過如此，則所謂毫釐之差、千里之繆者，其在此矣。且如管仲之功，伊、吕以下誰能及之？但其心乃利欲之心，迹乃利欲之迹，是以聖人雖稱其功，而孟子、董子皆秉法義以裁之，不少假借。蓋聖人之目固大，心固平，然於本根親切之地、天理人欲之分，則有毫釐必計，絲髮不差者。此在後之賢所以密傳謹守以待後來，惟恐其一旦舍吾道義之正以徇彼利欲之私也。今不講此，而遽欲大其目、平其心，以斷千古之是非，宜其指鐵爲金、認賊爲子，而不自知其非也。

若夫點鐵成金之譬，施之有教無類、遷善改過之事則可，至於古人已往之迹，則其

❶「體」，浙本作「理」。
❷「然」，浙本作「爲」。

爲金爲鐵固有定形，而非後人口舌議論所能改易久矣。今乃欲追點功利之鐵，以成道義之金，不惟費却閑心力，無補於既往；正恐礙却正知見，有害於方來也。若謂漢、唐以下便是真金，則固無待於點化，而其實又有大不然者。蓋聖人者，金中之金也。學聖人而不至者，金中猶有鐵也。漢祖、唐宗用心行事之合理者，鐵中之金也。曹操、劉裕之徒，則鐵而已矣。夫金中之金乃天命之固然，非由外鑠，淘擇不浄，猶有可憾。今乃無故必欲棄舍自家光明寶藏而奔走道路，向鐵鑪邊查礦中撥取零金，不亦悮乎？帝王本無異道，王通分作兩三等，已非知道之言。且其爲道，行之則是，今莫之禦而不爲，乃謂不得已而用兩漢之制，此皆卑陋之説，不足援以爲據。若果見得不傳底絶學，自無此蔽矣。今日許多閑議論，皆原於此學之不明，故乃以爲笆籬邊物而不之省。其爲唤銀作鐵，亦已甚矣。

來諭又謂「凡所以爲此論者，正欲發儒者之所未備，以塞後世英雄之口而奪之氣，使知千塗萬轍，卒走聖人樣子不得」。以愚觀之，正恐不須如此費力。但要自家見得道理分明，守得正當，後世到此地者，自然若合符節，不假言傳。其不到者，又何足與之爭耶？况此等議論，正是推波助瀾、縱風止燎，使彼益輕聖賢而愈無忌憚，又何足以閉其口而奪其氣乎？

熹前月初間略入城，歸來還了幾處人事，遂入武夷。昨日方歸，冗甚倦甚，目亦大昏，作字極艱。草草布此，語言粗率，不容持擇，千萬勿過。其間亦有瑣細曲折不暇盡辨，然明者讀之，固必有以深得其心，不待其詞之悉矣。

何丈墓文筆勢奇逸，三復歎息不能已。挽詩以心氣衰弱，不能應四方之求，多所辭却。近不得已，又不免辭多就少，隨力應副，往往皆不能滿其所欲。今若更作此，即與墓額犯重，破却見行比例矣。且乞蠲免，如何，如何？《抱膝吟》亦未遑致思，兼是前論未定，恐未必能發明賢者之用心，又成虛設。若於此不疑，則前所云者便是一篇不押韻、無音律底好詩，自不須更作也。如何，如何？

答陳同甫

誨諭縷縷，甚荷不鄙。但區區愚見，前書固已盡之矣。細讀來諭，愈覺費力。正如孫子荆「洗耳」、「礪齒」之云，非不雄辨敏捷，然枕流漱石，終是不可行也。已往是非不足深較，如今日計，❶但當窮理修身，學取聖賢事業，使窮而有以獨善其身，達則有以兼善天下，則庶幾不枉爲一世人耳。❷

答陳同甫

方念久不聞動静，使至，忽辱手書，獲聞近況，深以爲喜。且承雅詞下逮，鄭重有加，副以蜀縑、佳果、吴牋，益見眷存之厚。顧衰病支離，霜露悽惻，無可以稱盛意者，第增愧怍耳。「喫緊些兒」之句，尤荷高明假借之重，然鄙儒俗生，何足語此？ 詠歎以還，不知所以報也。

熹今年夏中粗似小康，涉秋，兩爲鄉人

❶「如」，浙本作「爲」。
❷「則」，閩本作「而」。

牽挽，蔬食請雨，積傷脾胃，遂不能食，食亦不化。中間調理稍似復常，又爲脚氣發動，用藥過冷，今遂大病，疲乏不可言。丹附乳石，平日不敢向口者，今皆雜進，尚未見效。意氣摧頽，如日將暮，恐不得久爲世上人矣。

來喻衮衮，讀之惘然。反復數過，尚不能該其首末。蓋神思之衰落如此，况能相與往復、上下其論哉？向來讀書頗務精熟，中間亦幸了得數書，自謂略能窺見古人用心處，未覺千歲之爲遠。然亦無可告語者，時一思之以自笑耳。其間一二有業未就，今病已矣，不能復成書矣。不知後世之子雲、堯夫復有能成吾志者否？然亦已置之，不能復措意問也。只今日用功夫，養病之餘，却且收拾身心，從事於古人所謂小學者，以補前日粗踈脱略之咎，蓋亦心庶幾焉，而力或有所未能也。仝父聞之，當復見笑。然韓子所謂「歛退就新懦，趨營悼前猛」者，區區故人之意，尚不能不以此有望於高明也。如何，如何？此外世俗是非毁譽，何足挂齒牙間？細讀來書，似於此未能無小芥蔕也。大風吹倒亭子，却似天公會事發，彼洛陽亭館又何足深羡也？嘗論孟子「説大人則藐之」，孟子固未嘗不畏大人，但藐其巍巍然者耳。辦得此心，❶即更掀却卧房，亦且露地睡，似此方是真正大英雄人。然此一種英雄，却是從戰戰兢兢、臨深履薄處做將出來。若是血氣麤豪，却一點使不著也。伯恭平時亦嘗説及此否？此公今日何處得來！然其於朋友不肯盡情，亦使人不能無遺恨也。

❶「辦」，原作「辨」，據浙本改。

《抱膝吟》久做不成，蓋不合先寄陳、葉二詩來，田地都被占却，教人無下手處也。況今病思如此，是安能復有好語，道得老兄意中事耶？承欲爲武夷之游，甚慰所望。但此山冬寒夏熱，不可居。惟春暖秋凉，紅緑紛葩，霜清木脱，此兩時節爲勝游耳。今春纔得一到，而不暇宿。秋來以病，未能再往，職事甚覺弛廢。若得來春命駕，當往爲數日款也。但有一事處之不安，不敢不布聞：私居貧約，無由遣人往問動静，而歲煩遣介存問生死，遂爲故事。既又闕然不報，而坐受此過當之禮，雖兄不以爲譴，而實非愚昧所敢安也。自此幸損此禮，因人入城時，以一二字付叔度、子約俾轉以來，亦足以道情素，不爲莫往莫來者矣。如何，如何？

答陳同甫

熹衰病如昨，不足言。但所見淺滯，只是舊時人。承喻正則自以爲進，後生可畏，非虚言也。想已相見，必深得其要領，恨不得與聞一二。然自度愚暗，於老兄之言尚多未解，政使得聞，決是曉會不得。如前書所報一二條，計於盛意必是未契。又如今書所喻「過分不止」之説，亦區區所未喻。如僕所見，却是自家所以自處者未能盡絶私意之累，而於所以開導聰明者未盡其力爾。故《夬》以五陽之盛而比一陰，猶欲決之，故其繇曰：「揚于王庭，孚號有厲，告自邑，不利即戎，利有攸往。」蓋雖危懼自修，不極其武，而揚庭孚號，利有攸往，初不顧後患而小却也。拙詩前已拜禀，大字固當如戒，但恨未識錢君，不知其所謂「正」與「大」者爲如何，未敢容易下筆也。

來詩有「大正志學」之語，逢時報主，深悉雅志。此在高明必已有定論，非他人所得預。然所謂「不能自爲時」者，則又非區區所敢聞也。但願老兄毋出於先聖規矩準繩之外，而用力於四端之微，以求乎究公之所樂，如其所以告於巍巍當坐之時之心，則其行止忤合付之時命，有不足言矣。就其不遇，獨善其身，以明大義於天下，使天下之學者皆知吾道之正而守之以待上之使令，是乃所以報不報之恩者，亦豈必進爲而撫世哉！佛者之言曰：「將此身心奉塵剎，是則名爲報佛恩。」而杜子美亦云：「四鄰耒耜出，❶何必吾家操？」此言皆有味也。夫聖賢固不能自爲時，然其仕久止速，皆當其可，則其所以自爲時者亦非他人之所能奪矣，豈以時之不合而變吾所守以徇之哉？

答陳同甫 癸丑九月二十四日❷

自聞榮歸，日欲遣人致問未能，然亦嘗附鄰舍陳君一書於城中轉達，不知已到未也？專使之來，伏奉手誨，且有新詞厚幣佳實之況，感認不忘之意，愧怍亡喻。然衰晚病疾之餘，霜露永感，每辱記存始生，過爲之禮，秪益悲愴，自此告略去之也。比日秋陰，伏惟尊候萬福。熹既老而病，無復彊健之理。比灼艾後，始粗能食，然亦未能如舊。且少寬旬月，未即死耳。

❶「耒耜」，原作「來報」，據《杜工部集》（《續古逸叢書》影印宋本）及《正訛》改。

❷「癸丑九月二十四日」八字，四庫本無。

新詞宛轉，説盡風物好處。但未知「常程正路」與「奇遇」是同是別，「進御」與「不進御」相去又多少？此處更須得長者自下一轉語耳。老兄志大宇宙，勇邁終古，伯恭之論無復改評。今日始於後生叢中出一口氣，蓋未足爲深賀。然出身事主，由此權輿，便不碌碌，則異時事業亦可卜矣。但來書諸論，鄙意頗未盡曉。如云「無動何以示易」，不知今欲如何其動，如何其易？此其區處必有成規，恨未得聞其詳也。又如「二者相似而寔不同」處，亦所未喻。若如鄙意，則須是先得吾身好、黨類亦好，方能得吾君好、天下國家好。而所謂好者，又有虛實、大小、久近之不同。若自吾身之好而推之，則凡所謂好者皆實皆大而又久遠若不自吾身推之，則彌縫掩覆，雖可以苟合於一時，而凡所謂好者，皆爲他日不可之病根矣。蓋脩身事君，初非二事，不可作兩般看。此是千聖相傳正法眼藏，平日所聞於師友而竊守之。今老且死，不容改易。如來喻者，或是諸人事宜，非老僕所敢聞也。

不知象先所論與此如何？向見此公差彊人意，恨未得欵曲，盡所懷耳。此中今夏不雨，早稻多損。秋初一雨，意晚稻可望。今又不雨多日，山間得霜又早，次第亦無全功。幸日下米價低平，且爾遣日，未知向後如何耳。《抱膝》之約，非敢食言。正爲前此所論未定，不容草草下語。須俟他時相逢，彈指無言可説，方敢通箇消息。但恐彼時又不須更作這般閑言語耳。人還，姑此爲報。未即會晤，千萬以時自愛，倚俟詔除。

晦庵先生朱文公文集卷第三十六

閩縣學訓導何器校

晦庵先生朱文公文集卷第三十七

書問答論事❶

與籍溪胡原仲先生

熹拜覆正字丈丈尊前：熹拜違教席，忽已月餘，瞻慕之誠，食息不置。即日秋暑未闌，伏惟祕府清暇，尊候動止萬福。熹侍親養疾，幸粗遣，不煩賜念。但自別後，殊不聞動静。今日拜省二十姑，亦云未得到在所消息，不勝懸想耳。計程月初可到，今想視事久矣。官居廩食之況不敢問，物情時變，必已了然於胸中矣。如有用我，而將奚先？此則區區所欲聞也。因來賜書，願以開示，少紓畎畝之憂。幸甚，幸甚。

吾道不幸，范丈前月十八日遂不起疾。憂時深切，信道篤誠，世豈復有斯人哉！前此往哭其殯，視其家生理蕭然，未知所稅。衆議葬於渭曲，從其卜居之志，甚善。但聞其家欲居泰寧，似非良計。然伯修欒之，人不得而問也。熹初與元履諸人議，以爲居建陽一則便於墳墓，二則便於講學，三則便於生事，言之甚詳，未有見從之意。竊惟范丈平日教誨之誼，未敢默然，故敢復言於左右。伏想一慟之餘，亦當念之至此。因書一提其耳，或能改轍東來，則甚善也。

八哥此月亦物故，其重不幸如此，可

❶「問答論事」，浙本作「前輩平交往復」。

傷！伯逢令姪自崇安徑趨邵武，聞留止數日，想今已行矣。不得一見，甚以爲恨。共父數相見否？迎侍乍到，不知爲况又如何？旬父後月初可歸，到時恐尚留邵武，❶旦夕亦當歸也。山中絶無事，早秔收熟，斗穀售十五錢，小民無他恙，幸可寧息。謾恐欲知之。熹衰疾幸不作，氣體似亦差勝。向欲得真齊州半夏合固真丹，不知都下有之否？如可尋訪，乞爲置得一二兩，便中寄示，幸甚。蓋病雖小愈，不得不過爲隄防也。伯誠仙尉尊兄想非晚可歸矣，不敢別狀。天氣向凉，伏乞順時保重，行奮壯猷，以慰人望，謹啓，不備。

與籍溪胡先生

熹拜覆正字丈丈尊前：前月附便拜書，不知已達尊視否？自拜違後，一向不聞問。數日前拜省二十姑宜人，蒙出示家問，獲聞詳實，深以爲喜。承嘗有賜書，然亦未拜領也。即日秋氣澄明，伏惟尊候動止萬福。熹奉親養疾，幸安田里，不敢上勤紀録。但里中秋來闕雨，此數日來晚稻秀而將實，尤覺焦渴爲患。方議祈禱，謾恐欲知。

范丈卜以重陽日葬，近得伯崇書，令爲處葬禮一二變節，一日爲檢閲，今日方略定矣。遠地不得求正於丈丈。及有爲撰壙中誌石文，并俟他日請教。倦甚，拜書不能詳。范家事於共父書中言之頗子細，乞轉詢之也。熹前書所議謀居一事，與前日所見家問中意偶合。此事勢難復與，蓋其家

❶「時恐」，原爲二字空白，據《正訛》引徐樹銘新本補。

已目元履與熹爲伯崇之黨矣，可歎之甚！然不能息意者，政以范丈平日教誨之德不敢忘耳。得丈丈因書告語之，甚善。

秋已向深，江上消息如何？得且平善，甚幸。然愚意反以爲憂，蓋今出師防戍，轉輸科歛所不能免，聞沿江海州縣已騷然矣。歲歲如此，何以支吾？此不待兩兵相加而坐受弊之勢也。

前日劉子源來此，道嶺上拜别所聞誨言，以爲必極論天下事，至於慷慨洒涕，有以見仁人之心不能忘世如此。近又見共父家兵士説丈丈至彼耳聽漸聰，天其或者將一試大儒之效乎？聞之喜而不寐，伏計必有規模素定於胸中。

熹竊謂天下形勢如前所云者，亦當路所不可不知也。救之之術，獨在救其本根而已。若隨其變而一一應之，則其變無窮，豈可勝救也哉？而所謂救其本根之術，不過視天下人望之所屬者，舉而用之，使其舉措用舍必當於人心，則天下之心翕然聚於朝廷之上，其氣力易以鼓動。如羸病之人，鍼藥所不能及，焫其丹田氣海，則氣血萃於本根而耳目手足利矣。不審丈丈以爲如何？因筆不覺及此。燈下作書，目力方倦，極草草不如法，伏乞尊察。未拜侍間，伏乞保重，以俟休命。中秋前一日，謹拜啓，不備。熹拜覆。

與范直閣

胡丈書中復主前日一貫之説甚力，但云：「若理會得向上一著，則無有内外、上下、遠近邊際，廓然四通八達矣。」熹竊謂此語深符鄙意。蓋既無有内外邊際，則何往而非一貫哉？忠恕蓋指其近而言之，而其意則在言外矣。聞子直説吾丈猶未以卑論爲然，敢復其説如此，幸垂教其是非焉。熹頃至延平，見李愿中丈，問以「一貫」、「忠恕」之説。見謂忠恕正曾子見處，及門人有問，則亦以其所見諭之而已，豈有二言哉！熹復問以近世儒者之説如何，曰：「如此則道有二致矣，非也。」其言適與卑意不約而合，謾以布聞。李丈名侗，師事羅仲素先生。羅嘗見伊川，後卒業龜山之門，深見稱許，其棄後學久矣。李丈獨深得其閫奥，經學純明，涵養精粹。延平士人甚尊事之，請以爲郡學正。雖不復應舉，而温謙慤厚，人與之處久而不見其涯，鬱然君子人也。先子與之遊數十年，道誼之契甚深。

與范直閣

伏奉賜教，獲聞邇日起居之詳，慰感亡以喻。信後暑雨應候，伏惟盛德所臨，百神勞相，台候萬福。熹親旁粗遣，未有可言者。伏蒙教諭「忠恕」之説，自非愛予之深，不鄙其愚，豈肯勤勤反復如此？感幸深矣。但伏思之，終未有契處，不敢隱默，請畢其詞，以求正於左右。

熹前書所論忠恕則一，而在聖人、在學者，則不能無異，此正猶孟子言「由仁義行」與「行仁義」之别耳。孟子之言不可謂以仁義爲有二，則熹之言亦非謂忠恕爲有二也。但聖賢所論，各有所爲而發，故當隨事而釋之，雖明道先生見道之明，亦不能合二者而爲一也。非不能合，蓋不可合也。彊而合之，不降高以就卑，即推近以爲遠，始倚一偏，終必乖戾。蓋非理之本然，是乃所以爲不一也。蓋曾子專爲發明聖人「一貫」之旨，所謂「由忠恕行」者也。子思專爲指示學者入德之方，所謂「行忠恕」者也。所指既殊，安得不以爲二？然核其所以爲忠恕者，則其本體蓋未嘗不同也。以此而論，今所被教問曲折，可以無疑矣。不識尊意以爲然否？

若夫曾子所言發明「一貫」之旨，熹前書一再論之，皆未蒙决其可否。熹又有以明之。蓋「忠恕」二字，自衆人觀之，於聖人分上極爲小事，然聖人分上無非極致，蓋既曰一貫，則無小大之殊故也。猶天道至教，四時行、百物生，莫非造化之神，不可專以太虛無形爲道體，而判形而下者爲粗迹也。此孔子所謂「吾無隱乎爾」者，不離日用之間。二三子知之未至而疑其有隱，則是正以道爲無形，以日用忠恕爲粗迹，故曾子於此指以示之耳。此説雖陋，乃二程先生之舊説，上蔡謝先生又發明之。顧熹之愚，實未及此。但以聞見之知推衍爲説，是以不自知其當否而每有請焉。更望詳覽前書，重賜提誨，不勝幸甚。前日諸疑，亦望早賜鐫譬，俾毋疑爲望。時序向熱，伏乞爲道保重，以須環召。區區不勝大願，不備。

與范直閣❶

四月一日，領所賜教帖，伏讀再三，仰佩眷予之厚，感慰不可以言。前日因平甫遣人，亦嘗拜狀矣，不審已達台聽否？即

❶ 此題，淳熙本作「答范直閣問忠恕説」。

日初夏清和，伏惟班布多暇，台候起居萬福。熹奉親屏處，幸粗遣免。❶ 山間深僻，亦可觀書。又得胡丈來歸，朝夕有就正之所，窮約之中，此亦足樂矣。❷ 迫於親養，夏末須爲武林之行，計不三四月未得定居也。❸

伏蒙别紙垂諭「忠恕」義，仰荷不棄其愚，與之反復，爲賜甚厚。❹ 謹以來教所示熟思之矣，敢復爲説以請益焉。❺ 熹所謂「忠恕」者，❻乃曾子於「一貫」之語默有所契，因門人之問，故於所見道體之中，指此二事日用最切者以明道之無所不在；所謂「已矣」者，又以見隨寓各足，無非全體也，「忠恕」兩字，在聖人有聖人之用，在學者有學者之用。如曾子所言，則聖人之忠恕也，無非極致。二程所謂「維天之命，於穆不已，天地變化，草木蕃」者，正所以發明此義也。如夫子所以告學者與子思《中庸》之説，則爲學者言之也。故明道先生謂曾子所言與違道不遠異者，動以天爾。蓋動以天者，事皆處極，曾子之所言者是也。學者之於忠恕，未免參校彼己，推己及人，則宜其未能誠一於天，安得與聖人之忠恕者同日而語也？若曾子之所言，則以聖人之忠恕言之，而見其與性、與天道者未嘗有二，所以爲一貫也。然此所謂異者，亦以所至之不同言之，猶《中庸》「安行」、「利行」、「勉行」之别耳。苟下學而上達焉，則亦豈有所

❶「免」，淳熙本無此字。
❷「足」下，淳熙本有「以」字。
❸「不」，淳熙本作「必」。
❹「賜」，淳熙本作「得」。
❺「敢復」，淳熙本作「復敢」。
❻「熹」下，淳熙本有「前」字。

隔閡哉？❶愚見如此，更乞教其不至者，重賜鐫曉，使得所正焉。不勝幸甚！

他疑義尚多，蒙諭使得請教，此宿昔之願。但今日方聞伯崇欲以初三四日行，迫遽未暇抄録所記。俟暇日料理，有便即附行也。前日在共父處見直閣丈還朝陛對副本，❷讀之不能舍去。愛君敬主之義，蓋終篇三致意焉。然久矣莫以此言聲欬吾君之側者矣。近日所用雖不能盡滿人望，❸其間若亦有一二端士焉。前言儻見思乎？思其言必用其人，延登之命，計亦非晚矣。願爲斯道斯民厚自保重，副此歸依。❹

與范直閣❺

熹向嘗以「忠恕」、「一貫」之説質疑於函丈，伏蒙鐫曉切至，但於愚見尚有未安。比因玩索，遂於舊説益有發明，乃知前者請教之時雖略窺大義，❻然涵泳未久，説詞未瑩，致煩辨析之勤如此。今再録近所訓義一段拜呈，❼乞賜批鑿可否示下，容更思索，續具咨請也。去歲在同安獨居幾閲歲，看《論語》近十篇，❽其間疑處極多，筆札不能載以求教，伏紙但切馳仰。

❶「閡」，淳熙本作「礙」。
❷「見」，淳熙本作「得」。
❸「所」下，淳熙本有「召」字。
❹「依」下，淳熙本有「謹上狀不備」五字。
❺此題，淳熙本作「再答」。
❻「者」，淳熙本作「日」。
❼「再」，淳熙本作「謹」。
❽「看」下，淳熙本有「得」字。

與慶國卓夫人

熹輒有愚見，初欲面禀，今既不成行，敢此布之。五哥嶽廟近自春中以來，頓減遊燕，復近書册。若常能如此，寡過可期。更望因書褒勸，以奬成之。且聞尊意欲爲經營幹官差遣，不知然否？熹則竊以爲不可。近世人家子弟多因爲此壞却心性，一生仕宧費力。❶蓋其生長富貴，本不知艱難，一旦仕官，便爲此官，逐司只有使長一人可相拘轄，又間有寬厚長者，即以貴遊子弟相待，不欲以法度見繩，上無職事了辦之責，下無吏民窺伺之憂，而州縣守倅勢反出己下，可以凌轢，故後生子弟爲此官者無不傲慢縱恣，席勢凌人。其謹飭者雖不至此，亦緣不親民事，觸事懵然，非如州縣小吏等級相承，職事相轄，一日廢慢則罪戾及之，故仕於州縣者常曉事而少過。愚意以爲平父可且令參部，受簿尉之屬，乃爲正當。若不欲如此，即舍人兄爲營一稍在人下、有職事、喫人打駡差遣，乃所以成就之。若必欲與求幹官，乃是置之有過之地，誤其終身，恐非太碩人高明教子之本意也。受恩深厚，冒昧及此。皇恐，皇恐！

熹所禀大概如此，更有曲折意度，紙盡寫不得。舍人兄長必深委悉，只乞因其侍次，試以問之，必以爲然也。熹又覆。

❶「宧」，原作「官」，據浙本、四庫本改。

上黄端明

八月十一日，具位熹敢齋沐裁書，請納再拜之禮于致政尚書端明丈丈台座：❶熹聞之，孟子有言，天下有達尊三：爵一，齒一，德一。此言三者之尊達于天下，人所當敬而不可以慢焉者也。雖然，爵也，齒也，蓋有偶然而得之者，是以其尊施于朝廷者則不及於鄉黨，施于鄉黨者則不及於朝廷，而人之敬之也亦或以貌而不以心。惟德也者，得於心，充於身，刑於家而推於鄉黨，而達於朝廷者也。有是而兼夫二者之尊焉，則通行天下，人莫不貴。雖歛然退避，不以自居，而人之所以心悦而誠服者，蓋不可解矣。

恭惟明公以兩朝侍從元老上還印綬而退處于家，自天子不敢煩以政，賜之几杖而乞言焉，其位與年固非偶然而得之者矣。而明公則未嘗以是而自異於人，其所以默而成之，不言而信者，則日新又新而未嘗有止也。此天下知德之士所以莫不竊慕下風之義，俱有執鞭之願，而熹之愚則有甚焉者。蓋其平生氣稟偏駁，治己則不能謹於細微，立志則不能持於常久，以至待人接物之際，温厚和平之氣不能勝其粗厲猛起之心，是以常竊自悼，以爲安得朝夕望見明公之盛德容貌而師法其萬一，庶幾可以飭身補過於將來，而不遂爲小人之歸也。今日之來，蓋將頓首再拜于堂下，以償其夙昔之願。伏惟明公坐而受之，使得自進於門人弟子之列，而不孤其所以來之意，則熹之幸

❶ 上「丈」字，原作「文」，據浙本改。

也。鄉往之深，不自知其僭越，敢以書先于將命者而立于廡下，以聽可否之命。熹不勝皇恐之至。

與王龜齡

熹窮居晚學，無所肖似，往者學不知方，而過不自料，妄以爲國家所恃以爲重，天下所賴以爲安，風俗所以既漓而不可以復淳，紀綱所以既壞而不可以復理，無一不係乎人焉。是以聞天下之士有聲名節行，爲時論所歸者，則切切然以不得見乎其人爲歎。及其久也，或得見之，或不得見之，而熹之拳拳不少衰也。聞其進爲時用，則私以爲喜；聞其阨窮廢置，則私以爲憂。及夫要其所就而觀之，則始終大節真可敬仰者蓋無幾人；而言論風旨卒無可稱、功名事業卒無可紀者，亦往往而有。以此喟然自歎，知天下所謂聲名節行者，亦未足以定天下之人，而天下之事未知其果將何寄也。自是以來，雖不敢易其賢賢之心、緩其憂世之志，然亦竊自笑其前日所求於人之重而所以自待者反輕，如孟子之所譏也。於是始復取其所聞於師友者，夙夜講明，動静體察，求仁格物，不敢弛其一日之勞，以庶幾乎有聞者，而於前日之所爲切切然者，則既有所不暇矣。

當是時，聽於士大夫之論，聽於輿人走卒之言，下至於閭閻市里、女婦兒童之聚，亦莫不曰天下之望，今有王公也。已而得其爲進士時所奉大對讀之，已而得其在館閣時上奏事讀之，已而得其爲柱史、在臺諫、遷侍郎時所論諫事讀之，已而又得其爲故大丞相魏國公之誄文及《楚東酬唱》等詩讀之，觀其立言措意，上自奏對陳説，下逮燕笑從容，蓋無一言一字不出於天理人倫之大，而世俗所謂利害得喪、榮辱死生之變，一無所入於其中，讀之真能使人胸中浩然，鄙吝消落，誠不自意克頑廉、懦立之效，乃於吾身見之。於是作而歎曰：士之求仁，固當以反求諸己爲務，然豈不曰事其大夫之賢者云哉？今以前日失數公者自懲，是以一噎而廢食也。於是慨然復有求見於左右之意而未獲也。

昨聞明公還自夔州，撫臨近甸，而熹之里閈交游適有得佐下風者，因以書賀之，蓋喜其得賢大夫事之；而自傷無狀，獨不得一從賓客之後，以望大君子道德之餘光也。不意夤緣與其向來鄙妄無取之言皆得徹聞於視聽，明公又不以凡陋爲可棄、狂僭爲可罪，而辱枉手筆，以抵宋倅，盛有以稱道。竊惟明公之志，豈非以世衰道微，遺君後親之論交作肆行，無所忌憚，舉俗滔滔，思有以障其横流者，是以有取於愚者一得之慮，因以不求其素而借之辭色也耶？明公之志則正矣、大矣，而熹之愚未有稱明公之意也。雖然，有一於此，其惟益思砥礪，不敢廢其所謂講明體察、求仁格物之功者，使理日益明、義日益精，操而存之日益固，擴而充之日益遠，則明公之賜，庶乎其有以承之，而幸明公之終教之也。

雖然，明公以一身當四海士大夫軍民一面之責，其一語一默、一動一静之間，所係亦不輕矣。伏惟盛德大業前定不窮，其剛健中正、篤實輝光者固無所勉彊。❶以熹之所覩記，則古語所謂「行百里者半九十

❶「彊」，原作「疆」，據浙本、四庫本改。

里」，明公其亦念之。況今人物眇然，如明公者僅可一二數，是以天下之人責望尤切，而明公尤不可以不戒。不審明公以爲如何哉？熹又聞之，古之君子尊德性矣，而必曰道問學；致廣大矣，必曰盡精微；極高明矣，必曰道中庸；温故知新矣，必曰敦厚崇禮。蓋不如是，則所學所守必有偏而不備之處。惟其如是，是故居上而不驕，爲下而不倍，有道則足以興，無道則足以容，而無一偏之蔽也。熹之區區以此深有望於門下，蓋所謂德性、廣大、高明、知新者必有所措，而所謂問學、精微、中庸、崇禮者又非別爲一事也。狂易無取，明公其必有以裁之。

往者明公在夔，成都汪公聲聞密邇，竊意有足樂者。此來時通問否？此公涵養深厚，寬静有容，使當大事，必有不動聲色而内外賓服者。明公相知之深，一日進爲於世，引類之舉，其必有所先矣。熹杜門養親，足以自遣。昨嘗一至湖湘，出資交遊講論之益。歸來忽被除命，既不敢辭而拜命矣。然明公未歸朝廷，熹亦何所望而敢前也？引領牙纛，未有瞻拜之期，向風馳義，日以勤止。輒敢復因宋倅相爲介紹，致書下執事，以道其拳拳之誠。伏惟照察。

與陳丞相❶

熹竊觀古之君子有志於天下者，莫不以致天下之賢爲急。而其所以急於求賢者，非欲使之綴緝言語、譽道功德，以爲一時觀聽之美而已，蓋將以廣其見聞之所不

❶「與陳丞相」，原題下校云：「一本作『與龔實之』。」浙本作「與龔實之」。

及、思慮之所不至，且慮夫處己接物之間或有未盡善者，而將使之有以正之也。是以其求之不得不博，其禮之不得不厚，其待之不得不誠，必使天下之賢，識與不識莫不樂自致於吾前以輔吾過，然後吾之德業得以無愧乎隱微而寖極乎光大耳。然彼賢者其明既足以燭事理之微，其守既足以遵聖賢之轍，則其自處必高，而不能同流合汙以求譽；自待必厚，而不能陳詞飾説以自媒；自信必篤，而不能趨走唯諾以苟容也。是以王公大人雖有好賢樂善之誠，而未必得聞其姓名、識其面目，盡其心志之底蘊；又况初無此意，而其所取特在乎文字言語之間乎？

恭惟明公以厚德重望爲海内所宗仰者有年矣，而天下之賢士大夫似未得盡出於門下也。豈明公所以好之者未至歟？所以求之者未力歟？所以待之者未盡歟？此則必有可得而言之者矣。蓋好士而取之文字言語之間，則道學德行之士吾不得而聞之矣；求士而取之投書獻啓之流，則自重有恥之士吾不得而見之矣；待士而雜之妄庸便佞之伍，則志節慷慨之士寧有長揖而去耳。而况乎所謂對偶騈儷、諛佞無實，以求悦乎世俗之文，又文字之末流，非徒有志於高遠者鄙之而不爲，若乃文士之有識者，亦未有肯深留意於其間者也。

而間者竊聽於下風，❶似聞明公專欲以此評天下之士。若其果然，則熹竊以爲誤矣。江右舊多文士，而近歲以來，行誼志節之士有聞者亦彬彬焉。惟明公留意，取其彊明正直者以自輔，而又表其惇厚廉退者

❶「間」，原作「聞」，據閩本、浙本、四庫本改。

以厲俗，毋先文藝以後器識，則陳太傅不得專美於前，而天下之士亦庶乎不失望於明公矣。衰病屏伏，所欲面論者非一，而不獲前，姑進其大者如此。若蒙采擇，則熹所不及言者必有輕千里而告於明公者矣。

與劉共父

近略到城中，歸方數日。見平父示近問，承寄聲存問，感感。但所論二先生集，則愚意不能無疑。伯逢主張家學，固應如此，熹不敢議。所不可解者，以老兄之聰明博識、欽夫之造詣精深而不曉此，此可怪耳。若此書是文定所著，即須依文定本爲正。今此乃是二先生集，但彼中本偶出文定家，文定當時亦只是據所傳録之本，雖文定蓋不能保其無一字之訛也。今別得善本，復加補綴，乃是文定所欲聞。文定復生，亦無嫌間。不知二兄何苦尚爾依違也？此間所用二本固不能盡善，亦有灼然却是此間本誤者，當時更不曾寫去。但只是平氣虚心看得義理通處，便當從之。豈可肚裏先横却一箇胡文定，後不復信道理耶？

如《定性書》及《明道叙述》、《上富公與謝帥書》中删却數十字，及辭官表倒却次序，《易傳序》改「沿」爲「泝」，祭文改「姪」爲「猶子」之類，皆非本文，必是文定删改。熹看得此數處有無甚害者，但亦可惜改却本文，蓋本文自不害義理故也，《叙述》及富、謝《書》是也。有曲爲回互而反失事實、害義理者，辭表是也。曲爲回互，便是私意害義理矣。惟《定性書》首尾雖非要切之辭，然明道謂横渠實父表弟，聞道雖有先後，然不應以聞道之故傲其父兄如此。語録説二先生與學者語有不合處，明道則曰「更有商量」，伊川則直云「不是」。明道氣象如此，與今所删之書氣象類乎？不類乎？且文定答學者書雖有不合，亦甚宛轉，不至如此無含蓄，况明道乎？今如此删去，不過是減得數十箇閑字，而壞却一箇從容和樂底大體氣象。恐文定亦是偶然一時意思，欲直截發明向上事，更不暇照管此等處。或是當時未見全本亦不可知。今豈可曲意徇從耶？向見李先生本出龜山家，猶雜以游察院之文。比訪得游集，乃知其誤。以白先生，先生歎息曰：「此書所自來可謂端的，猶有此誤，况其它，又可盡信耶？」只此便是虚己從善、公平正大之心。本亦不是難事，但今人先着一箇私意横在肚裏，便見此等事爲難及耳。

又「猶子」二字，前論未盡。《禮記》云：「喪服，兄弟之子猶子也。」言人爲兄弟之子喪服猶己之子，非所施於平時也。况「猶」字本亦不是稱呼，只是記禮者之辭，如下文嫂叔之「無服」、姑姊妹之「薄」也。今豈可沿此遂謂嫂爲「無服」，而名姑姊妹以「薄」乎？古人固不謂兄弟之子爲姪，然亦無云猶子者，但云「兄之子」、「弟之子」，孫亦曰「兄孫」耳。二先生非不知此，然猶從俗稱姪者，蓋亦無害於義理也。此等處文定既得以一時己見改易二程本文，今人乃不得據相傳別本改正文定所改之未安處，此何理耶？又明道《論王霸劄子》等數篇胡本亦無，乃此間録去，有所脱誤，非文定之失。伊川《上仁廟書》此間本無，後來乃是用欽夫元寄胡家本校，亦脱兩句。此非以他人本改文定本，乃是印本自不曾依得文定本耳。似此之類，恐是全不曾參照，只見人來説自家刻得文字多錯，校得不精，便一切逆拒之，幾何而不爲訑訑之聲音顔色，拒人於千里之外乎？夫樂聞過、勇遷善，有大於此者，猶將有望於兩兄，不意只此一小事，便直如此，殊失所望。然則區區所以劇論不置者，正恐此私意根株消磨不去，隨事滋長，爲害不細，亦不專爲二先生之文也。

如必以胡氏之書一字不可改易，則又請以一事明之。集中《與吕與叔論中書》注云：「子居，和叔之子。」胡氏編語録時，意其爲邢恕之子，遂削此注，直於正文「子居」之上加一「邢」字。頃疑吕氏亦有和叔，因以書問欽夫。答云：「嘗問之邢氏，果無子居者。」以此例之，則胡氏之書亦豈能一無繆誤？乃欲不問是非，一切從之乎？況此乃文字間舛誤，❶與其本原節目處初無所妨，何必一一遵之而不敢改乎？近以文定當立祠於鄉郡説應求、邦彦，二公皆指其小節疑之，魏元履至爲扼腕。今二兄欲尊師之，而又守其尤小節處以爲不可改，是文定有所謂大者，終不見知於當世也。此等處非特二先生之文之不幸，亦文定之不幸耳。今既用官錢刊一部書，却全不睹是，只守却胡家錯本文字以爲至當，可謂直截不成議論。恐文定之心却須該遍流通，決不如是之陋也。若説文定決然主張此書，以爲天下後世必當依此，即與王介甫主張《三經》、《字説》何異？作是説者，却是謗文定矣。設使微似有此，亦是克未盡底己私，所謂賢者之過。横渠所謂「其不善者共改之」，正所望於後學，不當守己殘而妬道真，使其遺風餘弊波蕩於末流也。程子嘗言，人之爲

❶「乃」，原作「刀」，據閩本、浙本、四庫本改。

學，其先在於自主張太過。橫渠猶戒以自處太重，無復以來天下之善；今觀二兄主張此事，得無近此？聖賢稽衆舍己、兼聽並觀之意似不然也。胡子《知言》亦云：「學欲約，不欲陋。」此得無近於陋耶？如云當於他處別刊，此尤是不情悠悠之説，與「月攘一雞」何異？非小生所敢聞也。

每恨此道衰微，邪説昌熾，舉世無可告語者。望二兄於千里之外，蓋不翅飢渴之於飲食。乃不知主意如此偏枯。若得從容賓客之後，終日正言，又不知所以不合者復幾何耳。欽夫尊兄不及別狀，所欲言者不過如此，幸爲呈似。所云「或不中理，却望指教」，熹却不敢憚改也。向所録去數紙合改處，當時極費心力，又且勞煩衆人，意以爲必依此改正，故此間更無別本。今既不用，切勿毁棄，千萬盡爲收拾，便中寄來，當十襲藏之，以俟後世耳。向求數十本，欲遍遺朋友，今亦不須寄來，熹不敢以此等錯本文字誤朋友也。天寒手凍，作字不成，不能傾竭懷抱，惟加察而恕其狂妄可也。

與劉共父

修德之説，但云主上憂勤恭儉，非不修德，然而上而天心未豫，下而人心未和，凡所欲爲，多不響應，疑於修德之實有未至焉。蓋修德之實在乎去人欲、存天理。人欲不必聲色貨利之娛、宫室觀遊之侈也，但存諸心者小失其正，便是人欲。必也存祗懼之心以畏天，擴寬宏之度以盡下，不敢自是而欲人必己同，不徇偏見而謂衆無足取，不甘受佞人而外敬正士，不狃於近利而昧於遠猷，出入起居，發號施令，念茲在茲，不敢忘怠，而又擇端人正士剛明忠直、能盡言極諫者，朝夕與居左右，不使近習便利捷給之人得以窺伺間隙，承迎指意，汙染氣習，惑亂聰明，務使此心虛明廣大，平正中和，表裏洞然，無一豪私意之累，然後爲德之脩，而上可以格天，下可以感人，凡所欲爲，無不如志。陛下自省於是數者，其心有得於中乎？其方從事於此而有未至乎？其無乃謂此無益而正背馳乎？一有不合乎此，則臣恐所謂修德之實者有所未至也。

恢復之形一段，切中今日之病。前日籤帖更定數語，非是欲苟全正論，蓋只此豪釐之間，便是人欲、天理同行異情處，不可不精察而明辨也。夫内修自治，本是吾事所當爲，非欲與人爲敵然後爲之。而爲之之道，必急其實而緩其名，必以深厚淵塞爲務，而不爲浮薄淺露之態，然後可以蓄可久之德而成可大之功。亦非爲畏泄其機而固爲是不可測也。若謂姑爲純正之論，而其實必用機心、扶陰謀然後可，則是心迹乖離，内外判析，孔子讀而儀、秦行矣。彼管仲、商君、吴起、申不害非無一切之功，而所以卒得罪於聖人之門者，正在於此。願明者之熟察之也。

與劉共父

平父示别紙，論及明道冠服事。熹初意既在學校立祠，密邇先聖先師之側，則不應直用野服爲象，故有此議。兼在延平學中見曹御史、陳了翁象，亦是豸冠法服。二公自去諫職，流落於外，皆非卒於其官者。見聞習熟，因欲援以爲例，而未嘗計其當時之得失也。今如或者之言固亦有理，但明道之爲御史，初非攝官，而宗正之除未嘗就職，❶此其考之亦恐有未精也。竊謂今日御史法冠乃是追用其平生冠服之最盛者，似亦無害於理。不然，則直用承議郎本品法服亦佳。據《會要》，則九品官皆有法服，但不知元豐官制後寄禄官有法服與否耳。又不然，則直用幞頭公服亦可，嘗見其家畫本緋衣也。但太不近古耳。鄙見如此，更惟高明裁之。或者所謂伊川祠堂之制，不知何謂？更告詢之，并問何人所立、今在何處可也。

與劉共父

熹前幅所禀訪問人材事，初若率然，既而思之，此最急務。然其意有未盡者，輒詳論之如左云：

古之大臣，以其一身任天下之重，非以其一耳目之聰明、一手足之勤力爲能周天下之事也。其所賴以共正君心、同斷國論，必有待於衆賢之助焉。是以君子將以其身任此責者，必咨詢訪問，取之於無事之時，而參伍校量，用之於有事之日。蓋方其責之必加於己而未及也，無旦暮倉卒之須，則其觀之得以久；無利害紛拏之惑，則其察之得以精。誠心素著，則其得之多；歲引月長，則其蓄之富。自重者無所嫌而敢進，則無幽隱之不盡；欲進者無所爲而不來，則無巧僞之亂真。久且精，故有以知其短長之實而不差；多且富，故有以使其更迭爲用而不竭。幽隱畢達，則讜言日聞而吾德脩；取舍不眩，則望實日隆而士心附。此古之君子所以成尊主庇民之功於一時，

❶「之」，原缺，據閩本、浙本、四庫本補。

而其遺風餘韻猶有稱思於後世者也。

今之人則不然，其於天下之士固有漠然不以爲意者矣，其求之者又或得之近而不知其遺於遠，足於少而不知其漏於多，求之備而不知其失於詳也。其平居暇日所以自任者雖重，而所以待天下之士者不過如此，是以勤勞惻怛雖盡於鰥寡孤獨之情，而未及乎本根長久之計；恩威功譽雖播於兒童走卒之口，而未諭乎賢士大夫之心。此蓋未及乎有爲，而天下之士先以訑訑之聲音顔色待之矣。至於臨事倉卒而所蓄之材不足以待用，乃始欲泛然求己所未知之賢而用之，不亦難哉？

或曰：然則未當其任而欲先得天下之賢者，宜奈何？曰：權力所及則察之舉之，禮際所及則親之厚之，皆不及則稱之譽之，又不及則鄉之慕之。如是而猶以爲未足也，又於其類而求之，不以小惡揜大善，不以衆短棄一長，其如此而已。抑吾聞之李文公之言曰：「有人告曰，某所有女，國色也，天下之人必將極其力而求之，無所愛也；有人告曰，某所有人，國士也，天下之人則不能一往而先焉。此豈非好德不如好色者乎？」嗚呼！欲任天下之重者，誠反此而求之，則亦無患乎士之不至矣。

答韓無咎

誨諭儒釋之異在乎分合之間，既聞命矣。頃見蘇子由、張子韶書皆以佛學有得於形而上者而不可以治世，嘗竊笑之。是豈知天命之性而叙、秩、命、討已粲然無所不具於其中乎？彼其所以分者，是亦未嘗真有得於斯耳。不審高明以爲如何？

和靖兩書昔嘗見之，其謹於傳疑之意則是，而遂欲禁絶學者，使不復觀，則恐過矣。如以《春秋》改用夏時爲無此説，以「傳爲按，經爲斷」爲背於理，則疑其考之未精，或未盡聞他人所聞，而欲一以己所聞者概之之失也。《春秋傳》乃伊川所自著，其詞有曰：「周正月非春也，假天時以立義耳。」若果無改用夏時之意，則此説復何謂乎？況序文所引《論語》之言尤爲明白，不可謂初未嘗有此意也。又門人所記有答黄聱隅之語，謂以傳考經之事迹、以經别傳之真僞者，蓋見於兩家之書，是亦猶所謂「傳爲案、經爲斷」之意，而豈二人所記不期而皆誤乎？推此兩條，則凡和靖所謂非先生語者，恐特他人聞之而和靖亦未聞耳。今疑信未分而不復思繹，遽以一偏之説盡廢衆人所傳之書，似不若盡存其説而深思熟講，以考其真僞得失之爲善也。況《明道行狀》云：「其辨析精微、稍見於世者，學者之所傳耳。」觀此則伊川之意亦非全不令學者看語録，但在人自着眼看耳。如《論語》之書，亦是七十子之門人纂録成書，今未有以爲非孔子自作而棄不讀者。此皆語録不可廢之驗，幸更深察之。如何，如何？

與芮國器 燁

竊聞學政一新，多士風動，深副區區之望。但今日學制近出崇、觀，專以月書季攷爲陞黜，使學者屑屑然較計得失於毫釐間。而近歲之俗又專務以文字新奇相高，不復根據經之本義。以故學者益騖於華靡，無復探索根原、敦勵名檢之志。大抵所以破壞其心術者不一而足，蓋先王所以明倫善俗、成就人材之意掃地盡矣。惟元祐間伊川程夫子在朝，與修學制，獨有意乎深革其弊。而當時咸謂之迂闊，無所施行。今其書具在，意者後之君子必有能舉而行之，區區願執事少加意焉，則學者之幸也。又蘇氏學術不正，其險譎慢易之習入人心深。今乃大覺其害，亦望有以抑之，使歸於正，尤所幸願。

與芮國器

昨者妄以鄙見薦聞，伏蒙垂諭，反復其説，幸甚，幸甚。然熹竊以爲未嘗行之，不可逆料今日之不可行。且事亦顧理之所在如何耳，理在當行，不以行之難易爲作輟也。盡心竭力而爲之，不幸而至於真不可行，然後已焉，則亦無所憾於吾心矣。

蘇氏之學，以雄深敏妙之文煽其傾危變幻之習，以故被其毒者淪肌浹髓而不自知。今日正當拔本塞源，以一學者之聽，庶乎其可以障狂瀾而東之。若方且懲之而又遽有取其所長之意，竊恐學者未知所擇，一取一捨之間，又將與之俱化而無以自還。是則執事者之所宜憂也。

答鄭景望

龔帥過建陽，遣人相聞，不及一見爲恨。今日季教授見訪，云嘗小款，道其語皆出於忠厚長者。然在愚意，尚未有深解處。❶ 如論范忠宣救蔡新州及元祐流人，以爲至當之舉。熹嘗竊論此矣，以爲元祐諸

❶「未有」，浙本作「有未」。

賢憂確之不可制，欲以口語擠之，固爲未當；而范公乃欲預爲自全之計，是亦未免於自私，皆非天討有罪之意也。至其論諸公忽反爾之言、違好還之戒，自取禍敗，尤非正理。使後世見無禮於君親者拱手坐視而不敢逐，則必此言之爲也。且舜流四凶族，爲皋陶者亦殊不念反爾之戒，何耶？推此心以往，恐無適而非私者。邵子文以爲明道所見與忠宣合，正恐徒見所施之相似，而未見所發之不同。蓋毫釐之間，天理人欲之差有不可同年而語者矣。

又聞深以好名爲戒，此固然矣。然偏持此論，將恐廉隅毀頓，其弊有甚於好名。故先聖云：「君子疾没世而名不稱焉。」而又曰：「君子求諸己。」詳味此言，不偏不倚，表裏該備，此其所以爲聖人之言歟！學者要當於此玩心，則「勿忘」、「勿助」之間，天理卓然，事事物物無非至當矣。

熹又記向蒙面誨堯、舜之世一用輕刑，當時嘗以所疑爲請，匆匆不及究其説。近熟思之，有不可不論者。但觀皋陶所言「帝德罔愆」以下一節，便是聖人之心涵育發生，真與天地同德。而物或自逆于理以干天誅，則夫輕重取舍之間，自有决然不易之理。其宥過非私恩，其刑故非私怒，罪疑而輕非姑息，功疑而重非過予。如天地四時之運，寒凉肅殺常居其半，而涵養發生之心未始不流行乎其間。此所以好生之德洽于民心而自不犯于有司，非既犯而縱舍之謂也。不審高明以爲如何？

又別本

聞二十一日旌旆定行，何丞之諭，已不

及事矣。然渠所言大概謂盜賊之餘，土曠人稀，州縣以昔日歲計之額取辦今日見存之户，民力素已不堪。後來復以荒田之産均之見户，由此流移愈多、公私愈困耳。向蒙面誨堯、舜之世一用輕刑，當時嘗以所疑爲請，匆匆不及究其説。近熟思之，亦有不可不論者。但觀臯陶所言「帝德罔愆」以下一節，便見聖人之心涵育發生，真與天地同德。而物或自逆于理以干天誅，則夫輕重取舍之間，亦自有決然不易之理。其宥過非私恩，其刑故非私怒，罪疑而輕非姑息，功疑而重非過予。如天地四時之運，寒凉肅殺常居其半，而涵育發生之心未始不流行乎其間。此所以好生之德洽于民心而自不犯于有司，非既抵冒而復縱舍之也。夫既不能止民之惡，而又爲輕刑以誘之，使得以肆其凶暴於人而無所忌，則不惟彼見暴者無以自伸之爲冤，而姦民之犯于有司者且將日以益衆，亦非聖人匡直輔翼、使民遷善遠罪之意也。

答鄭景望

《虞書》論刑最詳，而《舜典》所記尤密。其曰「象以典刑」者，「象」如天之垂象以示人，而「典」者常也，示人以常刑。所謂墨、劓、剕、宫、大辟，五刑之正也，所以待夫元惡大憝、殺人傷人、穿窬淫放，凡罪之不可宥者也。曰「流宥五刑」者，流放竄殛之類，所以待夫罪之稍輕，雖入於五刑而情可矜、法可疑與夫親貴勳勞而不可加以刑者也。四凶正合此法。曰「鞭作官刑」、「扑作教刑」者，官府學校之刑，以待夫罪之輕者也。曰「金作贖刑」，罪之極輕，雖入於鞭扑之刑，而情法猶有可議者也。疑後世始有贖五刑法，非聖人意也。此五句者，從重及輕，各有條理，法之正也。曰「眚災肆赦」者，「眚」謂過悞，「災」謂不幸。若人有如此而入於當贖之刑，則亦不罰其金而直赦之也。此一條專爲輕刑設。春秋肆大眚，則過悞之大入于典刑者亦肆之矣，所以爲失刑也。《書》又曰：「宥過無大。」明過之大入於典刑者，特用流法以宥之耳。曰「怙終賊刑」者，「怙」謂有恃，「終」謂再犯。若人有如此而入于當宥之法，則亦不宥以流而必刑之也。此二句者，或由重而即輕，或由輕而入重，猶今律之有名例，又用法之權衡，所謂法外意也。聖人立法制刑之本末，此七言者大略盡之矣。雖其輕重取舍、陽舒陰慘之不同，然「欽哉欽哉，惟刑之恤」之意，則未始不行乎其間也。蓋其輕重毫釐之間各有攸當者，乃天討不易之定理，而欽恤之意行乎其間，則可以見聖人好生之本心矣，夫豈一於輕而已哉？

又以舜命皋陶之辭考之，士官所掌，惟象、流二法而已。鞭扑以下，官府學校隨事施行，不領於士官，事之宜也。其曰「惟明克允」，則或刑或宥，亦惟其當而無以加矣，又豈一於宥而無刑哉？今必曰堯、舜之世有宥而無刑，則是殺人者不死而傷人者不刑也。是聖人之心不忍於元惡大憝，而反忍於銜寃抱痛之良民也。是所謂「怙終賊刑，刑故無小」者，皆爲空言以悞後世也，其必不然也亦明矣。

夫刑雖非先王所恃以爲治，然以刑弼教，禁民爲非，則所謂傷肌膚以懲惡者，亦既竭心思而繼之以不忍人之政之一端也。今徒流之法既不足以止穿窬淫放之姦，而其過於重者則又有不當死而死，如彊暴贓滿之類者。苟采陳群之議，一以宮、剕之辟當之，則雖殘其支體，而實全其軀命，且絶其爲亂之本，而使後無以肆焉，豈不仰合先王之意而下適當世之宜哉？況君子得志而有爲，則養之之具、教之之術，亦必隨力之所至而汲汲焉，固不應因循苟且，直以不養不教爲當然，而熟視其爭奪相殺於前也。

答鄭景望

初謂按行涓吉，必不渝期，今所賜字，殊未及此，何耶？遠民傾首以聽車馬之音久矣，行期屢却，無乃使之失望；而下吏之奉約束、聽期會者，將亦因是解弛而不虔乎？伏惟執事者試深慮之。僭易及此，皇懼之至。

示諭明道程文不必見於正集，考求前此固多如此。然先生應舉時已自聞道，今讀其文，所論無非正理，非如今世舉子阿時徇俗之文，乃有愧而不可傳也。曾南豐序王深父之文，以爲片言半簡，非大義所繫，皆存而不去，所以明深父之於細行皆可傳也。況先生非欲以文顯者，而即此程文便可見其經綸之業已具於此時，雖文采不豔，而卓然皆有可行之實，正學以言，未嘗有一辭之苟。其所以警悟後學，亦不爲不深矣。愚意只欲仍舊次第，不審台意以爲如何？

答鄭景望

《家祭禮》三策并上，不知可補入見版本卷中否？若可添入，即孟詵、徐潤兩家當在賈頊《家薦儀》之後，孟爲第七，徐爲第八，而遞儹以後篇數，至《政和五禮》爲第十一，而繼以孫日用爲第十二，乃以杜公《四時祭享儀》爲第十三，而遞儹以後，至范氏《祭儀》爲第十九。又於後序中改「十有六」爲「十有九」，仍删去「孟詵、徐潤、孫日用」七字。此版須别换。不然，即存舊序而别作數語附見其後，尤爲詳實。不審尊意以爲如何？更俟誨諭也。但寫校須令精審無誤，然後刻版，免致將來更改費力爲佳。或未刻間，且并寫定上版真本寄示，容與諸生詳勘納上，尤便也。

答尤延之袤

熹杜門竊食，不敢與聞外間一事，尚不能無虎食其外之憂。衰病疲薾，雖在山林，亦不能有尋幽選勝之樂。但時有一二學子相從於寂寞之濱，講論古人爲己之學，至會心處，輒復欣然忘食，不自知道學之犯科也。年來目昏，不甚敢讀書。經説閑看，踈漏頗多，不免隨事改正，比舊又差勝矣。《綱目》不敢動着，恐遂爲千古之恨。

蒙教楊雄、荀彧二事，按温公舊例，凡莽臣皆書「死」，如太師王舜之類，獨於楊雄匿其所受莽朝官稱而以「卒」書，似涉曲筆，不免却按本例書之曰「莽大夫楊雄死」，以爲足以警夫畏死失節之流，而初亦未改温公直筆之正例也。荀彧却是漢侍中光禄大夫而參丞相軍事，其死乃是自殺，故但據實書之曰「某官某人自殺」，而系於曹操擊孫權至濡須之下，非故以彧爲漢臣也。然悉書其官，亦見其實漢天子近臣而附賊不忠之罪，非與其爲漢臣也。此等處當時極費區處，不審竟得免於後世之公論否。胡氏論彧爲操謀臣，而劫遷、九錫二事皆爲董昭先發，故欲少緩九錫之議，以俟他日徐自發之。其不遂而自殺，乃劉穆之之類，而宋齊丘於南唐事亦相似。此論竊謂得彧之情，不審尊意以爲何如。

李淙、謝廓皆略識之。李在此作縣，甚得民情；謝甚俊，即任伯參政之孫，其家有古書者也。但吴仲權亦聞其名，見其文字甚清警，未知材氣如此也。今日下位後生中尚不爲無人，雖真僞相半，然亦且得勸勉獎就之，未敢輕有遺棄也。陳同父近得書，大言如昨，亦力勸之，令其稍就歛退。若未見信，即後日之患猶或有甚於此者，甚可念也。

叔祖奉使葬事，甚荷憐念。此事初未敢有請，不謂已蒙特達如此。不知今有定論否。叔祖當日挺身請使，留虜中十六年，竟保全節而歸。以奏對論和不可專恃，且虜有可圖之釁忤秦丞相，遂廢以死。在虜中時，嘗有祭徽廟文，或傳以歸，乙覽感動，錫賚甚寵。其書皆在此，此便不的，不敢附呈。鄙意輒欲次其行事以請於左右，幸而并賜之銘，則宗族子孫皆受不貲之惠矣。叔祖受知於晁景迂，學甚博詩甚工也。

答尤延之

垂諭楊雄事，足見君子以恕待物之心。區區鄙意正以其與王舜之徒所以事莽者雖異，而其爲事莽則同，故竊取趙盾、許止之例而概以莽臣書之，所以著萬世臣子之戒，明雖無臣賊之心，但畏死貪生而有其迹，則亦不免於誅絶之罪。此正《春秋》謹嚴之法。若温公之變例，則不知何所據依。晚學愚昧，實有所不敢從也。不審尊意以爲如何？如未中理，却望垂教也。

答林黄中栗

「室户」之説屢蒙指教，竟所未曉。蓋如所論，即室户乃在房之西偏，而入室者先必由房而後進至于室矣。歷考禮書，不見此曲折處。郤子之登，必自西階，房户雖在室户之東，蓋亦無所經見，恐未足以證室户之必東出也。愚意於此深所未解，更丐一言以發其蔽，幸甚，幸甚。又見《易圖》深詆邵氏「先天」之説，舊亦嘗見其書，然未曉其所以爲説者。高明既斥其短，必已洞見其底藴矣。因來并乞數語揺擊其繆，又大幸也。

答林黄中

誨喻縷縷，備悉。樂章必已得之，因風幸早示及。丘推參選未還，尚未得聞「室户」之誨。大抵所欲知者，此户南鄉西鄉，果安所決？而經傳實據，果安所取？不論傳授之有無也。邵氏「先天」之説，以鄙見窺之，如井蛙之議滄海。而高明直以不知而作斥之，則小大之不同量，有不可同年而語者。此熹之前書所以未敢輕效其愚，而姑少見其所疑也。示諭邵氏本以發明《易》道，而於《易》無所發明。熹則以爲《易》之與道非有異也，《易》道既明，則《易》之爲書，卦爻象數皆在其中，不待論説而自然可觀。若曰道明而書不白，則所謂道者恐未得爲道之真也。不審高明之意果如何？其或文予而實不予，則熹請以邵氏之淺近疎略者言之：

蓋一圖之内，太極、兩儀、四象、八卦生出次第，位置行列不待安排而粲然有序。以至於第四分而爲十六，第五分而爲三十二，第六分而爲六十四，則其因而重之，亦不待用意推移而與前之三分焉者未嘗不脗合也。比之并累三陽以爲乾，連疊三陰以爲坤，然後以意交錯而成六子，又先畫八卦於内，復畫八卦於外，以旋相加而後得爲六十四卦者，其出於天理之自然與人爲之造作蓋不同矣。况其高深閎闊、精密微妙，又有非熹之所能言者。今不之察，而遽以不知而作詆之，熹恐後之議今猶今之議昔，❶是以竊爲門下惜之，而不自知其言之僭易也。

答林黄中

所扣《鄉飲酒》疑義，近細考所奏樂有不用二《南》、《小雅》六笙詩，而用南吕、無射兩宫十章，不知何據。豈有以見古之鄉樂用此律而寫其遺聲邪，將古樂已亡，不可稽考，而别制此樂也？然則特用此律，其旨安在？又所奏樂必有辭，聲必有譜，而律之短長必有定論。凡此數端，皆所未諭，幸因風詳悉指教。

❶「議今」下，浙本有「亦必」二字。「昔」下，浙本有「者」字。

與郭沖晦

熹窮鄉晚出，❶妄竊有志於道，雖幸有聞於師友，而行之不力，荏苒頽侵，今犬馬之年五十有一矣。脩身齊家，未有可見之効，而志氣不彊，不能固守貧賤之節，彊起從宦，舊學愈荒，❷施之於人，尤齟齬而不合。大抵志不能帥氣，理未能勝私，中夜以思，怛然内疚。高明不鄙，❸不知將何以教誨之？熹所拱而竢也。❹

向來次輯諸書，❺雖亦各有據依，不敢妄意損益，然疑信異傳，不無牴牾。嘗得汪丈端明示以執事所辨數事，方且復書質之汪丈，更求一二左驗，別加是正，則汪公已捐賓客矣。自此每念一扣門下，以畢其説，而相去絶遠，無從致問。今幸得通姓名，又以單車此來，無復文書可以檢索，不復記向之所欲質問者。尚俟異時還家，別圖寓信，但恐益遠難致耳。近刻程先生、尹和靖二帖及《白鹿》、《五賢》二記，各納一本，伏幸視至。其間恐有可因以垂教者，切望不棄。

與郭沖晦

《易》説云：「數者，策之所宗，而策爲已定之數。」熹竊謂數是自然之數，策即蓍之莖數也。《禮》曰龜爲卜、筴爲筮是已。老陽一爻過揲三十六策，故積六爻而得二

❶「出」，淳熙本作「生」。
❷「愈荒」，淳熙本作「荒蕪」。
❸「高」上，淳熙本有「惟」字。
❹「拱而竢」，淳熙本作「深願」。
❺「次」，淳熙本作「收」。

百一十有六策耳。

又云：「大衍之數五十，是爲自然之數，皆不可窮其義。」熹竊謂既謂之數，恐必有可窮之理。

又云：「奇者，所掛之一也；扐者，左右兩揲之餘也。得左右兩揲之餘寘於前，以奇歸之也。」熹竊謂奇者，左右四揲之餘也；扐，指間也。謂四揲左手之策，而歸其餘於無名指間，四揲右手之策，而歸其餘於中指之間也。一掛之間凡再扐，則五歲之間凡再閏之象也。

又云：「三多三少，人言其數雖不差，而其名非矣。」熹竊謂多少之説雖不經見，然其實以一約四，以奇爲少，以偶爲多而已。九八者，兩其四也，陰之偶也，故謂之多；五四者，一其四也，陽之奇也，故謂之少。奇陽體員，其法徑一圍三而用其全，故少之數三；偶陰體方，其法徑一圍四而用其半，故多之數二。歸奇積三三而爲九，則其過揲者四之而爲三十六矣。歸奇積三二而爲六，則其過揲者四之而爲二十四矣。歸奇積二三、一二而爲八，則其過揲者四之而爲三十二矣。歸奇積二二、一三而爲七，則其過揲者四之而爲二十八矣。過揲之數雖先得之，然其數衆而繁；歸奇之數雖後得之，然其數寡而約。紀數之法，以約御繁，不以衆制寡。故先儒舊説專以多少決陰陽之老少，而過揲之數亦冥會焉，初非有異説也。然七、八、九、六所以爲陰陽之老少者，其説又本於《圖》、《書》，定於四象，詳見後段。其歸奇之數亦因揲而得之耳。大抵《河圖》、《洛書》者，七、八、九、六之祖也；四象之形體次第者，其父也；歸奇之奇偶方圓者，其子也；過揲而以四乘之者，其孫也。今自歸奇以上皆棄不録，而獨以過揲四乘之數爲説，恐或未究象數之本原也。

又云：「四營而後有爻。」又曰：「一掛再扐，共爲三變而成一爻。」熹竊謂四營方成一變，故云「成易」，易即變也。積十二營三掛六扐乃成三變，三變然後成爻。

「易有太極，是生兩儀，兩儀生四象，四象生八卦」。熹竊謂此一節乃孔子發明伏羲畫卦自然之形體次第，最爲切要，古今説者惟康節、明道二先生爲能知之。故康節之言曰：「一分爲二，二分爲四，四分爲八，八分爲十六，十六分爲三十二，三十二分爲六十四，猶根之有榦，榦之有枝，愈大則愈少，❶愈細則愈繁。」而明道先生以爲加一倍法，其發明孔子之言又可謂最切要矣。蓋以《河圖》、《洛書》論之，太極者，虛其中之象也。兩儀者，陰陽奇耦之象也。四象者，《河圖》之一合六、二合七、三合八、四合九，《洛書》之一含九、二含八、三含七、四含六也。八卦者，《河圖》四正四隅之位、《洛書》四實四虛之數也。以卦畫言之，太極者，象數未形之全體也。兩儀者，一爲陽而一爲陰，陽數一而陰數二也。四象者，陽之上生一陽則爲⚌，而謂之太陽；生一陰則爲⚍，而謂之少陰。陰之上生一陽則爲⚎，而謂之少陽；生一陰則爲⚏，而謂之太陰也。四象既立，則太陽居一而含九，少陰居二而含八，少陽居三而含七，太陰居四而含六。此六、七、八、九之數所由定也。八卦者，太陽之上生一陽則爲☰，而名乾；生一陰則爲☱，而名兑。少陰之上生一陽則爲☲，而名離；生一陰則爲☳，而名震。少陽之上生

❶「少」，原作「小」，據《正訛》及文義改。

一陽則爲☴，而名巽；生一陰則爲☵，而名坎。太陰之上生一陽則爲☶，而名艮；生一陰則爲☷，而名坤。康節先天之説，所謂乾一、兑二、離三、震四、巽五、坎六、艮七、坤八者，蓋謂此也。至於八卦之上，又各生一陰一陽，則爲四畫者十有六。經雖無文，而康節所謂八分爲十六者，此也。四畫之上又各有一陰一陽，則爲五畫者三十有二。經雖無文，而康節所謂十六分爲三十二者，此也。五畫之上又各生一陰一陽，則爲六畫之卦六十有四，而八卦相重，又各得乾一、兑二、離三、震四、巽五、坎六、艮七、坤八之次，其在圖可見矣。今既以七、八、九、六爲四象，又以揲之以四爲四象，疑或有未安也。《河圖》、《洛書》，熹竊以《大傳》之文詳之，《河圖》、《洛書》蓋皆聖人所取以爲八卦者，而九疇亦并出焉。今以其象觀之，則虚其中者，所以爲易也；實其中者，所以爲《洪範》也。其所以爲易者，已見於前段矣；所以爲《洪範》，則《河圖》九疇之象、《洛書》五行之數有不可誣者，恐不得以其出於緯書而略之也。

《叢書》云：「理出乎三才，分出於人道。《西銘》專爲理言，不爲分設。」熹竊謂《西銘》之書，横渠先生所以示人至爲深切，而伊川先生又以「理一而分殊」者贊之，言雖至約，而理則無餘矣。蓋乾之爲父，坤之爲母，所謂理一者也。然乾坤者，天下之父母也。父母者，一身之父母也，則其分不得而不殊矣。故以民爲同胞、物爲吾與者，自其天下之父母者言之，所謂理一者也。然謂之民，則非真以爲吾之同胞；謂之物，則非真以爲我之同類矣。此自其一身之父母者言之，所謂分殊者也。又況其曰同胞，曰吾與，曰宗子，曰家相，曰老，曰幼，曰聖，曰賢，曰顛連而無告，則於其中間又有如是差等之殊哉？ 但其所謂理一者貫乎分殊之中而未始相離耳。此天地自然古今不易之理，而二夫子始發明之，非一時救弊之言，姑以彊此而弱彼也。

又云：「《西銘》止以假塗，非終身之學也。」熹竊謂《西銘》之言指吾體性之所自來，以明父乾母坤之實，極樂天踐形、窮神知化之妙，以至於無一行之不慊而没身焉。故伊川先生以爲「充得盡時，便是聖人」。恐非專爲始學者一時所見而發也。

又云：「性善之善，非善惡之善。」熹竊謂極本窮原之善與善惡末流之善非有二也，但以其發與未發言之有不同耳。蓋未發之前只有此善，❶而其發爲善惡之善者亦此善也。既發之後，乃有不善以雜焉。而其所謂善者，即極本窮原之發耳。《叢書》所謂「無爲之時，性動之後」者，既得之矣；而又曰「性善之善非善惡之善」，則熹竊恐其自相矛盾而有以起學者之疑也。

又云：「孟子以養氣爲學，以不動心爲始。」熹竊謂孟子之學蓋以窮理集義爲始、不動心爲效。蓋唯窮理爲能知言，唯集義爲能養其浩然之氣。理明而無所疑，氣充而無所懼，故能當大任而不動心。考於本章，次第可見矣。

與郭沖晦❷

某竊以中夏劇暑，共惟沖晦處士老丈

❶「前」，原作「善」，據浙本改。
❷此題及文原缺，據淳熙本《與郭沖晦五幅》補。

燕居静勝，神相尊候，動止萬福。某遠藉餘蔭，末由瞻晤，敢幾以時爲道自重，前膺三聘，用慰輿論。區區不勝至望。

仰服大名，得所論著而讀之，有年於此矣。某跧伏閩嶺，忽忽半生，無從望見德容、聽受誨藥，引領函丈，徒切拳拳。比者寅緣附致悃款，乃蒙謙眷，先枉教函。三復以還，感慰既深，又重自愧其不敏也。附便致謝，言不逮意，幸察。

竊惟執事家傳正學，有德有言，遁世離群，聖主不得而致，清風素節，愈久愈高。今經帷諫列尚多缺員，衆謂當得高世之士以格君心，庶有變通於將來；非執事者，孰任其責邪？加璧之徵，計在辰夕。某辱在臭味，尤深欣矚之至。

僭易再拜，上問德門尊少，各惟佳福。是邦有委，幸示其目。

答程可久 迥

熹昨者拜書草率，重蒙枉答，誨示懃懇；并劉掾轉示所製古度量及《圖義》一册，伏讀捧玩，開發良多。其爲感慰，不可具言。熹孤陋之學，於古人制度多所未講。近看《范蜀公集》引房庶《漢志》別本比今增多數字，又論員分、方分之差，亦甚詳悉，竊意其所以與司馬公、胡先生不同之端正在於此，所當明辨。今《圖義》中似已不取其説，然未嘗質其所以不然之意，熹於此有未曉然者。因便更乞詳以見教，幸甚。劉掾又云蒙許并寄古權，亦願早得之也。温公周尺刻本舊亦嘗依放制得一枚，乃短於今鐵尺寸許，不知何故如此差誤。俟檢舊本，續求教也。

「口賦」、「阡陌」二説，并荷指教，考證精博，歎服尤深。但「阡陌」二字，鄙意未能無疑。因以來教「千百」之義推之，則熹前説所謂「徑涂爲阡」者當爲陌，「畛道爲陌」者當爲阡。蓋《史記索隱》引《風俗通》：「南北曰阡，東西曰陌。」又云：「河南以東西爲阡、南北爲陌。」今以《遂人》之法考之，當以後説爲正也。《遂人》鄭注：「徑從畛横，涂從道横。」今考一徑之内爲田百畝，一涂之内爲田百夫，而徑、涂皆從，即所謂南北之陌；一畛之内爲田千畝，一道之内爲田千夫，而畛、道皆横，即所謂東西之阡也。其立名取義，正以夫畝之數得之。而其字爲道路之類，則當从「𠂤」，❶而不當从「人」，蓋《史記》其本字，而《漢志》則因假借而亂之，恐不當引以爲據也。「馬阡陌之間成群」，正謂往來田間道路之上；「富者連阡陌」，亦謂兼并踰制，跨阡連陌，不守先王疆理之舊界耳。若作「仟伯」字説，恐難分明也。不審尊意以爲如何？却望終賜誨示，幸甚。

答程可久

熹昨承寵示公劄，諭及黍尺制度，極荷不鄙。但素所未講，同官亦少有能知其説者，竊慮高明必有一定之論，却乞垂教，幸甚，幸甚。弊郡向來製造祭器時未準頒降此册，只用臨川印本司馬《書儀》内周尺爲之，殊覺低小。今雖得此制，亦已無力可修改矣，并幾台悉。少懇：《田賦》、《夫田》二書，更欲求得數本，以廣長者捄世之心。得

❶「𠂤」，原段後校云：「『𠂤』一本作『阝』。」浙本作「阝」。

早拜賜，甚幸，甚幸。

答程可久❶

太極之義，正謂理之極致耳。有是理即有是物，無先後次序之可言。故曰「易有太極」，則是太極乃在陰陽之中，而非在陰陽之外也。今以「大中」訓之，又以乾坤未判、大衍未分之時論之，恐未安也。形而上者謂之道，形而下者謂之器，今論太極而曰「其物謂之神」，又以天地未分，元氣合而爲一者言之，亦恐未安也。有是理即有是氣，氣則無不兩者。故《易》曰「太極生兩儀」，而老子乃謂道先生一，而後一乃生二，則其察理亦不精矣。老、莊之言之失大抵類此，恐不足引以爲證也。

兩儀四象之說，閩中前輩嘗有爲此說者，鄙意亦竊謂然，初未敢自信也。今得來示，斯判然矣。但謂兩儀爲乾坤之初爻，謂四象爲乾坤，初二相錯而成，則恐立言有未瑩者。蓋方其爲兩儀，則未有四象也；方其爲四象，則未有八卦也，安得先有乾坤之名、初二之辨哉？妄意兩儀只可謂之陰陽，四象乃可各加以太少之別，而其序亦當以太陽⚌、少陰⚍、少陽⚎、太陰⚏爲次。❷蓋所謂遞升而倍之者，不得越⚍與⚎而先爲⚏也。此序既定，又遞升而倍之，適得乾一、兌二、離三、震四、巽五、坎六、艮七、坤八之序也，與邵氏《先天圖》合。此乃伏羲始畫八卦自然次序，非人私智所能安排，學《易》

❶ 此題，淳熙本作「答程知縣」。

❷ 「少陰」，原作「少陽」；「少陽」，原作「少陰」，據《正訛》及文義改。

者不可不知也。

晉公子貞屯悔豫之占，韋氏舊注固有不通，而來示之云，鄙意亦不能無所疑也。蓋以穆姜東宫之占言之，則所謂「艮之八」者，正指其所當占之爻而言之也。今云「貞屯悔豫皆八也」，而釋之以爲指三爻之不變者而言，則非其當占之爻，而於卦之吉凶無所繫矣。據本文語勢，似是連得兩卦而皆不值老陽老陰之爻，故結之曰：「皆八也。」蓋曰卦而占之曰：「閉而不通，爻無爲也。」蓋曰卦體不動，爻無所用占爾。然兩卦之中亦有陽爻，又不爲偏言皆八，則此説似亦未安。且東宫之占，説亦未定，恐或只是遇艮卦之六爻不變者。但乃「艮其背不獲其身，行其庭不見其人」之占，史彊爲「之隨」之説，以苟悦于姜耳。故傳者記史之言而曰「是謂艮之隨」，明非正法之本然也。然其九三、上九亦是陽爻，又似可疑。大抵古書殘闕，未易以臆説斷。惟占筮之法則其象數具存，恐有可以義起者推而得之，乃所謂活法耳。

答程可久

熹前書所謂太極不在陰陽之外者，正與來教所謂不倚於陰陽而生陰陽者合。但熹以形而上下者其實初不相雜，故曰在陰陽之中。吾丈以形而上下者其名不可相雜，故曰不在陰陽之外。雖所自而言不同，而初未嘗有異也。但如今日所引舊説，則太極乃在天地未分之前，而無所與於今日之爲陰陽，此恐於前所謂「不倚於陰陽而生陰陽者」有自相矛盾處。更望詳考見教。

兩儀四象，恐須如《先天》之序，❶乃爲自然之數。而始乾終坤，理勢亦無不可。若必欲初二次⚏，乃是以意安排，而非自然之序。又二象之上各生兩爻，即須以乾、兑、艮、坤爲次，復無所據。更乞詳考見教。

乾坤六爻圖位鄙意亦有未曉處，更乞誨示。

揲蓍新圖内策數，不知於占筮有用處否？亦乞開諭。

答程可久

臨汀鹽筴既無可言，經界又不得行，民之窮困日以益甚，但有散爲流庸、聚爲盜賊兩事耳。廣右首議之人行遺甚峻，近世少見其比，益令人懶開口。奈何，奈何？黄齊賢《韵語》用心甚苦，諸圖尤有功夫，甚不易得。已遵尊命，以數語附卷末。晚生淺學，何足爲重？三復長者之言，爲之慨歎。科舉之弊至於如此，奈何，奈何？

答程可久❷

所諭爲學本末，甚詳且悉。前書所謂世道衰微，異言蠭出，其甚乖剌者，固已陷人於犯刑受辱之地；其近似而小差者，亦足使人支離繳繞而不得以聖賢爲歸。岐多路惑，甚可懼也。願且虛心徐觀古訓，句解章析，使節節透徹段段爛熟，❸自然見得爲學次第，不須别立門庭固守死法也。

❶「須」，原作「雖」，據浙本改。
❷此文又見於卷六三，題作「答孫敬甫」。
❸「透徹」，浙本作「徹透」。

答程可久

示諭曲折，令人慨歎。然今日上下相迫，勢亦有不得已者。故事之從違可否，常在人而不可必。唯審時量力、從吾所好爲在己而可以無不如志爾。先生研精於《易》，至有成書，樂行憂違，伏想胸中已有成算，固非晚學所得而輕議也。

答程可久

程書《易原》近方得之，謹以授來使。《易學啓蒙》當已經省覽矣，有未安處，幸辱鐫誨。上饒財賦源流得蒙録示，幸甚。伯謨説近有刻石記文，亦願得之也。又有小愬，欲求妙墨爲寫《大戴禮·武王踐祚》一篇，以爲左右觀省之戒，不審可否？卷子納上，得蒙揮染，不勝幸甚！

答程可久

忽聞有奉祠之命，爲之惘然。得非反以貳車改正之舉而激之至此也邪？世路險巇，人情不可測。以長者之寬平博厚處之，尚未能坦然無所繫閡，況如鄙狹之姿，又安可望於少行其志耶？行亦力請祈還故官，仰繼後塵爾。

答程可久

《春秋例目》拜貺甚厚。其間議論小國自貶其爵以從殺禮，最爲得其情者。頃年每疑胡氏滕子朝桓之説非《春秋》惡惡短之義，今已釋然。蓋後來鄭大夫亦有「鄭伯男也，而使從諸侯之賦」之説，則當時諸侯之願自貶者固多，但霸主必以此禮責之，故有不得而自遂爾。然其他尚有欲請教者，便遽未暇。大抵此經簡奧，立説雖易而貫通爲難，以故平日不敢措意其間。假以數年，未知其可學否爾。

答程泰之大昌

道生一，一生二，二生三。

熹恐此「道」字即易之太極，「一」乃陽數之奇，「二」乃陰數之偶，「三」乃奇偶之積。其曰「二生三」者，猶所謂二與一爲三也。若直以「一」爲太極，則不容復言「道生一」矣。詳其文勢，與《列子》「易變而爲一」之語正同。所謂「一」者，皆形變之始耳，不得爲非數之一也。

策數。

策者，蓍之莖數，《曲禮》所謂「策爲筮」者是也。《大傳》所謂「《乾》、《坤》二篇之策」者，正以其掛扐之外見存蓍數爲言耳。蓋揲蓍之法，凡三揲掛扐，通十三策而見存三十六策，則爲老陽之爻；三揲掛扐，通十七策而見存三十二策，則爲少陰之爻；三揲掛扐，通二十一策而見存二十八策，則爲少陽之爻；三揲掛扐，通二十五策而見存二十四策，則爲老陰之爻；《大傳》專以六爻乘老陽老陰而言，故曰乾之策二百一十有六，坤之策百四十有四，凡三百有六十。其實六爻之爲陰陽者，老少錯雜，其積而爲乾者未必皆老陽，其積而爲坤者未必皆老陰。其爲六子諸卦者，或陽或陰，亦互有老少焉。蓋老少之別本所以生爻，而非所以名卦。

今但以乾有老陽之象，坤有老陰之象，六子有少陰陽之象，且均其策數，又偶合焉，而因假此以明彼則可；若便以乾六爻皆爲老陽，坤六爻皆爲老陰，六子皆爲少陽少陰，則恐其未安也。但三百六十者，陰陽之合，其數必齊於此。若乾坤之爻而皆得於少陰陽也，則乾之策六其二十八而爲百六十八，坤之策六其三十二而爲百九十二，其合亦爲三百六十，此則不可易也。

河洛圖書。

論雖以四十五者爲《河圖》，五十五者爲《洛書》，然序論之文多先《書》而後《圖》。蓋必以五十五數爲體，而後四十五者之變可得而推。又況《易傳》明有五十有五之文，而《洪範》又有九位之數耶？

當期。

《易》卦之位，震東離南、兑西坎北者爲一説，十二辟卦分屬十二辰者爲一説。及焦延壽爲卦氣直日之法，乃合二説而一之，既以八卦之震、離、兑、坎二十四爻直四時，又以十二辟卦直十二月，且爲分四十八卦爲之公、侯、卿、大夫，而六日七分之説生焉。若以八卦爲主，則十二卦之乾不當爲巳之辟，坤不當爲亥之辟，艮不當侯於申酉，巽不當侯於戌亥。若以十二卦爲主，則八卦之乾不當在西北，坤不當在西南，艮不當在東北，巽不當在東南。彼此二説，互爲矛盾。且其分四十八卦爲公、侯、卿、大夫以附於十二辟卦，初無法象，而直以意言，本已無所據矣，不待論其減去四卦二十四爻而後可以見其失也。揚雄《太玄》次第乃是全用焦法，其八十一首蓋亦去其震、離、兑、坎者，而但擬其六十卦耳。諸家於八十一首多有作擬震、離、坎、兑者，近世許翰始正其誤。至立踦贏二贊，則正以七百二十九贊又不足乎六十卦六日七分之數而益之，恐不可反據其說以正焦氏之失也。

孔穎達。

孔氏「是一揲也」四字，先儒莫有覺其誤者。今論正之，信有功矣。但細詳疏文後段，孔氏實非不曉揲法者，但爲之不熟，故其言之易差而誤多此四字耳。其云「合於掛扐之處」，又云「合於掛扐之一處而總掛之」，則實有誤，然於其大數亦不差也。

畢中和。

畢氏揲法視疏義爲詳，柳子厚詆劉夢得，以爲膚末於學者，誤矣。畢論三揲皆掛一，正合四營之義。唯以三揲之掛扐分措於三指間爲小誤，然於其大數亦不差也。其言餘一益三之屬，乃夢得立文太簡之誤，使讀者疑其不出於自然而出於人意耳。此與孔氏之失固不可不正，然恐亦不可不原其情也。

答程泰之

熹昨聞《禹貢》之書已有奏篇，轉借累年，乃得其全。猶恨繪事易差，間有難攷究處。近乃得温陵印本，披圖按說，如指諸掌，幸甚，幸甚。此書之傳，爲有益於學者。但頃在南康兩年，其地宜在彭蠡、九江、東陵、敷淺原之間，而考其山川形勢之實，殊不相應。因考諸說，疑晁氏九江東陵之說以爲洞庭巴陵者爲可信。蓋江流自澧而東，即至洞庭，而巴陵又在洞庭之東也。若謂九江即今江州之地，即其下少東便合彭蠡之口，不應言「至東陵然後東迆，北會于匯」也。

白氏所論敷淺原者亦有理而未盡，蓋詳經文，敷淺原合是衡山東北一支盡處，疑即今廬阜，但無明文可考耳。德安縣敷陽山正在廬山之西南，故謂之敷陽，非以其地即爲敷淺原也。若如舊説，正以敷陽爲敷淺原，則此山甚小，又非山脉盡處。若遂如晁氏之説，以爲江入海處，則合是今京口，所過之水又不但九江而已也。若以衡山東北盡處而言，即爲廬阜無疑。蓋自岷山東南至衡山，又自衡山東北而至此，則九江之原出於此三山之北者，皆合於洞庭而注於岷江，故自衡山而至此者必過九江也。此以地勢考之，妄謂如此，不審參以他書，其合否又如何？但著書者多是臆度，未必身到足歷，故其説亦難盡據，未必如今目見之親切著明耳。閤下向者固嘗經行，而留意之久、記覽之富，其必有以質之。故敢輒獻所疑，伏惟有以教之，幸也。

答程泰之

病中得窺《易老新書》之祕，有以見立言之指深遠奥博，非先儒思慮所及矣。尚以道中籃輿摇兀，神思昏憒，未容盡究底藴。獨記舊讀「儼若容」止作「容」字，而蘇黄門亦解爲修容不惰之意，嘗疑此或非老子意。後見一相書引此，乃以「容」字爲「客」字，於是釋然，知老子此七句而三協韻，以「客」韻「釋」，脗若符契。又此凡言「若某」者，皆有事物之實，所謂客者，亦曰不敢爲主，而無與於事故，❶其容儼然耳。

❶「事故」，原作「故事」，據閩本、浙本改。

近見温公注本亦作「客」字，❶竊意古本必更有可考者。雖非大義所繫，然恐亦可備討論之萬一。不審合意以爲如何？

答李壽翁

熹竊嘗聞之，侍郎知《易》學之妙，深造理窟，每恨不得執經請業。兹辱誨諭，警省多矣。《麻衣易説》熹舊見之，常疑其文字言語不類五代國初時體製，而其義理尤多淺俗，意恐只是近三五十年以來人收拾佛、老術數緒餘所造。嘗題數語於其後，以俟知者。及去年至此，見一戴主簿者，名師愈，即今印本卷後題跋之人。初亦忘記其有此書，但每見其説《易》專以《麻衣》爲宗，而問其傳授來歷，則又祕而不言。後乃得其所著他書觀之，則其文體意象多與所謂《麻衣易説》者相似，而間亦多有附會假託之談，以是心始疑其出於此人。因復徧問邦人，則雖無能言其贋作之實者，然亦無能知其傳授之所從也。用此決知其爲此人所造不疑。然是時其人已老病昏塞，難可深扣，又尋即物故，遂不復可致詰。但今考其書，則自《麻衣》本文及陳、李、戴、汪題四家之文如出一手，此亦其同出戴氏之一驗。而其義理，則於鄙意尤所不能無疑。今以台諭之及，當復試加考訂，他日别求教也。

程君《蓍説》亦嘗見之，其人見爲進賢令，至此數得通書，愷悌博雅，君子人也。自别有《易説》，又有《田制書》，近寄印本及所刻范伯達丈《夫田説》來。今各以一編呈納，伏幸視至。他所欲請教者非一，屬以歲

❶「客」，原作「容」，據浙本改。

凶，郡中多事，留此便人日久，且草具此拜稟，早晚別尋便拜啓次。

答陳體仁

蒙別紙開示説《詩》之意尤詳，因得以窺一二大者。不敢自外，敢以求於左右。來教謂《詩》本爲樂而作，故今學者必以聲求之，則知其不苟作矣。此論善矣，然愚意有不能無疑者。蓋以《虞書》攷之，則詩之作本爲言志而已。方其詩也，未有歌也，及其歌也，未有樂也。以聲依永，以律和聲，則樂乃爲詩而作，非詩爲樂而作也。三代之時，禮樂用於朝廷而下達於閭巷，學者諷誦其言以求其志，詠其聲，執其器，舞蹈其節以涵養其心，則聲樂之所助於詩者爲多。然猶曰「興於詩，成於樂」，其求之固有序矣。是以凡聖賢之言詩，主於聲者少，而發其義者多。仲尼所謂「思無邪」，孟子所謂「以意逆志」者，誠以《詩》之所以作，本乎其志之所存，然後《詩》可得而言也。得其志而不得其聲者有矣，未有不得其志而能通其聲者也。就使得之，止其鍾鼓之鏗鏘而已，豈聖人「樂云樂云」之意哉？

況今去孔、孟之時千有餘年，古樂散亡，無復可考，而欲以聲求《詩》，則未知古樂之遺聲今皆以推而得之乎？三百五篇皆可協之音律而被之絃歌已乎？誠既得之，則所助於詩多矣，然恐未得爲《詩》之本也。況未必可得，則今之所講，得無有畫餅之譏乎？

故愚意竊以爲詩出乎志者也，樂出乎詩者也。然則志者詩之本，而樂者其末也。末雖亡，不害本之存，患學者不能平心和氣、從容諷詠以求之情性之中耳。有得乎此，然後可得而言，顧所得之淺深如何耳。有舜之文德，則聲爲律而身爲度，《簫韶》、二《南》之聲不患其不作。此雖未易言，然其理蓋不誣也。不審以爲如何？二《南》分王者諸侯之風，《大序》之説恐未爲過。其曰聖賢淺深之辨，則説者之鑿也。程夫子謂二《南》猶《易》之《乾》、《坤》，而龜山楊氏以爲一體而相成，其説當矣。試考之如何？《召南》「夫人」恐是當時諸侯夫人被文王太姒之化者，二《南》之「應」，似亦不可專以爲樂聲之應爲言。蓋必有理存乎其間，豈有無事之理、無理之事哉？惟即其理而求之，理得，則事在其中矣。

答顔魯子

熹昨蒙諭及深衣，謹并幅巾大帶納上，皆温公遺製也。但帶當結處合有黑紐之組，所未能備。其説見於《書儀》本章，可考而增益也。又有黑履，亦見《書儀》，此不敢納呈。去古益遠，其冠服制度僅存而可攷者獨有此耳。然遠方士子亦所罕見，往往人自爲制，詭異不經，近於服妖，甚可歎也。若得當世博聞好禮者表而出之，以廣其傳，庶幾其不泯乎。

答顔魯子

蒙諭深衣約紐，正所未曉。向借得者，亦闕此制。但既云「絛似紳而加闊」，即與今之匾條相似，不知其制果如何。又今法服背後垂綬亦是古組綬之遺象，不記其以何物爲之，恐亦可參考，却俟訂正垂教也。又承垂諭景望謙卦忌盈之説，未審曲折。并薛氏鬼神事，於此素亦未能無疑。顧恨未得面扣其旨，以祛所惑。或恐有可以言語發明者，幸因筆及之也。熹忽例蒙誤恩，寬其致旱之罪而過録微勞，皆出推借之及。初不敢辭，適郡人應募賑濟者數家合得官資皆未放行，義難先受，不免申堂辭免，并乞早與推恩矣。恐欲知其曲折，故敢及之，非敢固爲矯激也。

晦庵先生朱文公文集卷第三十七

閩縣學訓導何器校

晦庵先生朱文公文集卷第三十八

書問答❶

答袁機仲樞

熹數日病中方得紬繹所示《圖書》、《卦畫》二説，初若茫然不知所謂，因復以妄作《啓蒙》考之，則見其論之之詳，而明者偶未深考，是以致此紛紛，多説而愈致疑耳。夫以《河圖》、《洛書》爲不足信，自歐陽公以來已有此説，然終無奈《顧命》、《繫辭》、《論語》皆有是言，而諸儒所傳二圖之數，雖有交互而無乖戾，順數逆推，縱横曲直，皆有明法，不可得而破除也。

至如《河圖》與《易》之天一至地十者合而載天地五十有五之數，則固《易》之所自出也。《洛書》與《洪範》之初一至次九者合而具九疇之數，則固《洪範》之所自出也。《繫辭》雖不言伏羲受《河圖》以作《易》，然所謂「仰觀」、「俯察」、「近取」、「遠取」，安知《河圖》非其中之一事耶？大抵聖人制作所由，初非一端，然其法象之規模，必有最親切處。如鴻荒之世，天地之間陰陽之氣雖各有象，然初未嘗有數也。至於《河圖》之出，然後五十有五之數奇偶生成，粲然可見。此其所以深發聖人之獨智，又非汎然氣象之所可得而擬也。是以仰觀俯察、遠

❶ 「問答」，浙本作「前輩平交往復」。

求近取，至此而後，兩儀、四象、八卦之陰陽奇偶可得而言。雖《繫辭》所論聖人作易之由者非一，而不害其得此而後决也。

來喻又謂熹不當以大衍之數參乎《河圖》、《洛書》之數，此亦有説矣。數之爲數，雖各主於一義，然其參伍錯綜，無所不通，則有非人之所能爲者。其所不合，固不容以强合；其所必合，則縱横反覆，如合符契，亦非人所能强離也。若於此見得自然契合、不假安排底道理，方知造化功夫神妙巧密，直是好笑，説不得也。若論《易》文，則自「大衍之數五十」至「再扐而後掛」，便接「乾之策二百一十有六」至「可與祐神矣」爲一節，是論大衍之數；自「天一」至「地十」却連「天數五」至「而行鬼神也」爲一節，是論《河圖》五十五之數。今其文間斷差錯，不相連接，舛誤甚明。伊川先生已嘗釐正，《啓蒙》雖依此寫，而不曾推論其所以然者，故覽者不之察耳。

至於卦畫之論，反復來喻，於熹之説亦多未究其底藴。且如所論兩儀有曰「乾之畫奇，坤之畫偶」，只此「乾坤」二字便未穩當。蓋儀，匹也。兩儀，如今俗語所謂「一雙」、「一對」云爾。自此再變，至生第三畫，八卦已成，方有乾坤之名。當爲一畫之時，方有一奇一偶，只可謂之陰陽，未得謂之乾坤也。

來喻又曰以二畫增至四畫爲二奇二偶，又於四畫之上各增一奇一偶而爲八畫，此亦是於熹圖中所説發生次第有所未明而有此語。蓋四象第一畫本只是前兩儀圖之一奇一偶，緣此一奇一偶之上各生一奇一偶，是以分而爲四，而初畫之一奇一偶亦隨之而分爲四段耳，非是以二畫增成四畫，又以四畫增成八畫也。此一節正是前所謂自然契合，不假安排之妙。孔子而後，千載不傳，至康節先生始得其説。然猶不肯大段説破，蓋《易》之心髓全在此處，不敢容易輕説，其意非偶然也。

來喻又曰：「不知陰陽二物果可分老少而爲四象乎？」此恐亦考之未熟之過。夫老少於經固無明文，然揲蓍之法，三變之中掛扐四以奇偶分之，❶然後爻之陰陽可得而辨；又於其中各以老少分之，然後爻之變與不變可得而分。經所謂「用九」、「用六」者，正謂此也。若其無此，則終日揲蓍，不知合得何卦？正使得卦，不知當用何爻？安得以爲後世之臆説而棄之乎？

又詳所論，直以天地爲兩儀，而「天生神物」以下四者爲四象，此尤非是。大抵曰儀、曰象、曰卦，皆是指畫而言。故曰易有太極而生兩儀、四象、八卦，又曰易有四象而示人以卦爻吉凶。若如所論，則是先有太極、兩儀、四象，然後聖人以畫八卦，而兩儀、四象、八卦三物各是一種面貌，全然相接不著矣。此乃《易》之綱領，如法律之有名例，不可以豪釐差。熹之所見判然甚明，更無疑惑，不審高明以爲如何？如其未然，幸復有以見教也。

答袁機仲

邵子曰：「太極既分，兩儀立矣。」此下四節通論伏羲六十四卦圓圖。此一節以第一爻而言，左一奇爲陽，右一偶爲陰，所謂兩儀者也。今此一奇爲左三十二卦之初爻，一偶爲右三十二卦之初爻，乃以累變而分，

❶「四」，《正訛》改作「各」。

非本即有此六十四段也。後放此。陽上交於陰，陰下交於陽而四象生矣。此一節以第一爻生第二爻而言也。陽下之半上交於陰上之半，則生陰中第二爻之一奇一偶，而爲少陽、太陰矣。陰上之半下交於陽下之半，則生陽中第二爻之一奇一偶，而爲太陽、少陰矣。所謂兩儀生四象者也。太陽一奇，今分爲左上十六卦之第二爻；少陰一偶，❶今分爲左下十六卦之第二爻，❷少陽、太陰，其分放此。而初爻之二，亦分爲四矣。陽交於陰，陰交於陽而生天之四象；剛交於柔，柔交於剛而生地之四象。此一節以第二爻生第三爻言也。陽謂太陽，陰謂太陰，剛謂少陽，柔謂少陰。太陽之下半交於太陰之下半，則生太陰中第三爻之一奇一偶，而爲艮爲坤矣。太陰之上半交於太陽之下半，則生太陽中第三爻之一奇一偶，而爲乾爲兑矣。少陽之上半交於少陰之下半，則生少陰中第三爻之一奇一偶，而爲離爲震矣。少陰之下半交於少陽之上半，則生少陽中第三爻之一奇一偶，而爲巽爲坎矣。此所謂四象生八卦也。乾一奇，今分爲八卦之第三爻；坤一偶，今分爲八卦之第三爻，餘皆放此。而初爻、二爻之四，今又分而爲八矣。乾、兑、艮、坤生於二太，故爲天之四象；離、震、巽、坎生於二少，故爲地之四象。八卦相錯，而後萬物生焉。」一卦之上，各加八卦以相間錯，則六十四卦成矣。然第三爻之相交，則生第四爻之一奇一偶，於是一奇一偶各爲四卦之第四爻，而下三爻亦分爲十六矣。第四爻又相交，則生第五爻之一奇一偶，於是一奇一偶各爲二卦之第五爻，而下四爻亦分而爲三十二矣。第五爻又相交，則生第六爻之一奇一偶，則一奇一偶各爲一卦之第六爻，而下五爻亦分而爲六十四矣。蓋八卦相乘爲六十四，而自三畫以上，三加一倍以至六畫，則三畫者亦加一倍而卦體横分，❸亦爲六十四矣。其數殊塗，❹不約而會，如合符節，不差毫釐，正是易之妙處。此來教所引邵先生説也。今子細辨析奉呈，幸詳考之，方可見其曲折，未遽可輕議也。

❶「少」，原作「太」，據閩本、浙本、四庫本改。
❷「左」，原作「右」，據《正訛》及文義改。
❸「一」，原作「二」，據浙本改。
❹「其」，浙本作「一」。《考異》云：一本作「二」。

然此已是就六十四卦已成之後言之，故其先後多寡有難著語處。乍看極費分疎，猝然曉會不得。若要見得聖人作易根原直截分明，却不如且看卷首横圖，自始初只有兩畫時漸次看起，以至生滿六畫之後。其先後多寡既有次第而位置分明，不費詞説。於此看得，方見六十四卦全是天理自然挨排出來，聖人只是見得分明，便只依本畫出，元不曾用一毫智力添助。蓋本不煩智力之助，亦不容智力得以助於其間也。及至卦成之後，逆順縱横，都成義理，千般萬種，其妙無窮，却在人看得如何，而各因所見爲説，雖若各不相資，而實未嘗相悖也。

蓋自初未有畫時説到六畫滿處者，邵子所謂先天之學也。卦成之後，各因一義推説，邵子所謂後天之學也。今來喻所引《繫辭》、《説卦》「三才」、「六位」之説，即所謂後天者也。先天、後天既各自爲一義，而後天説中取義又多不同，彼此自不相妨，不可執一而廢百也。若執此説，必謂聖人初畫卦時只見一箇三才，便更不問事由，一連便掃出三畫，以擬其象。畫成之後，子細看來，見使不得，又旋擘劃添出後一半截。❶此則全是私意杜撰補接，豈復更有易耶？來喻條目尚多，然其大節目不過如此。今但於此看破，則其餘小小未合處自當迎刃而解矣。故今不復悉辨以浼高明，伏幸財察。

答袁機仲

來教疑《河圖》、《洛書》是後人僞作。熹竊謂生於今世而讀古人之書，所以能別

❶「擘劃」，原作「劃擘」，據閩本、浙本改。

其真僞者，一則以其義理之所當否而知之，二則以其左驗之異同而質之，未有舍此兩塗而能直以臆度懸斷之者也。熹於世傳《河圖》、《洛書》之舊所以不敢不信者，正以其義理不悖而證驗不差爾。來教必以爲僞，則未見有以指其義理之繆、證驗之差也。而直欲以臆度懸斷之，此熹之所以未敢曲從而不得不辨也。況今日之論且欲因象數之位置往來以見天地陰陽之造化、吉凶消長之本原，苟於此未明，則固未暇別尋證據。今乃全不尋其義理，亦未至明有證據，而徒然爲此無益之辨，是不議於室而譟於門，不味其腴而齩其骨也。政使辨得二圖真僞端的不差，亦無所用，又況未必是乎？顧且置此，而於熹所推二圖之説少加意焉，則雖未必便是真圖，然於象數本原亦當略見意味，有歡喜處，而圖之真僞將不辨而自明矣。

來教疑先天後天之説。

據邵氏説，先天者，伏羲所畫之易也；後天者，文王所演之易也。伏羲之易初無文字，只有一圖以寓其象數，而天地萬物之理、陰陽始終之變具焉。文王之易即今之《周易》，而孔子所爲作傳者是也。孔子既因文王之易以作傳，則其所論固當專以文王之易爲主。然不推本伏羲作易畫卦之所由，則學者必將誤認文王所演之易便爲伏羲始畫之易，只從中半説起，不識向上根原矣。故《十翼》之中，如八卦成列，因而重之，太極、兩儀、四象、八卦而天地、山澤、雷風、水火之類，皆本伏羲畫卦之意；而今新書《原卦畫》一篇，亦分兩儀，伏羲在前，文王在後。必欲知聖人作易之本，則當考伏羲之畫；若只欲知今《易》書文義，則但求之文王之經、孔子之傳足矣。兩者初不相妨，而亦不可以相雜。來教乃謂專爲邵氏解釋，而於《易經》無所折衷，則恐考之有未詳也。

來教謂七、八、九、六不可爲四象。四象之名，所包甚廣。大抵須以兩畫相重、四位成列者爲正。而一、二、三、四者，其位之次也；七、八、九、六者，其數之實也。其以陰陽剛柔分之者，合天地而言也；其以陰陽太少分之者，專以天道而言也。若專以地道言之，則剛柔又自有太少矣。推而廣之，縱横錯綜，凡是一物，無不各有四者之象，不但此數者而已矣。此乃天地之間自然道理，未畫之前，先有此象此數，然後聖人畫卦時依樣畫出，揲蓍者又隨其所得掛扐過揲之數以合焉，非是元無實體而畫卦揲蓍之際旋次安排出來也。來喻於此見得未明，徒勞辨説，竊恐且當先向未畫前識得元有箇太極、兩儀、四象、八卦底骨子，方有商量，今未須遽立論也。用九用六之文，固在卦成之後；而用九用六之理，乃在卦成之前，亦是此理。但見得實體分明，則自然觸處通透，不勞辨説矣。

至謂七、八、九、六乃揲蓍者所爲而非聖人之法，此誤尤不難曉。今且説揲蓍之法出於聖人耶，出於後世耶？若據《大傳》，則是出於聖人無疑。而當是之時，若無七、八、九、六，則亦無所取決，以見其爻之陰陽動静矣，亦何以揲蓍爲哉？此事前書辨之已詳，非熹之創見新説，更請熟玩，當自見之，今不復縷縷也。來喻又云《繫辭》本只是四象生八卦，今又倍之，兩其四象而生八卦之一，此數字不可曉。然想不足深辨，請且於前所謂實體者驗之，庶乎其有得也。

來教疑四爻五爻者無所主名。

一畫爲儀，二畫爲象，三畫爲卦，則八卦備矣。此上若旋次各加陰陽一畫，則積至三重，再成八卦者八，方有六十四卦之名。若徑以八卦徧就加乎一卦之上，則亦如其位而得名焉。方其四畫五畫之時，未成外卦，故不得而名之耳。内卦爲貞，外卦爲悔，亦是畫卦之時已有此名。至揲蓍求之，則九變而得貞，又九變而得悔，又是後一段事，亦如前所論七、八、九、六云爾，非謂必揲蓍然後始有貞悔之名也。大抵新書所論卦位與《繫辭》、《説卦》容有異同，至論揲蓍，則只本《繫辭》，何由别有他説？如此等處至爲淺近，而今爲説乃如此，竊恐考之殊未詳也。

來教引伊川先生説重卦之由。

重卦之由，不但伊川先生之説如此，蓋《大傳》亦云「八卦成列，因而重之」矣。但八卦所以成列，乃是從太極、兩儀、四象漸次生出，以至於此，畫成之後，方見其有三才之象，非聖人因見三才，遂以己意思惟而連畫三爻以象之也。因而重之，亦是因八卦之已成，各就上面節次生出。若旋生逐爻，則更加三變方成六十四卦；若併生全卦，則只用一變便成六十四卦。雖有遲速之不同，然皆自然漸次生出，各有行列次第。畫成之後，然後見其可盡天下之變。不是聖人見下三爻不足以盡天下之變，然後别生計較，又并畫上三爻以盡之也。此等皆是作易妙處，方其畫時，雖是聖人，亦不自知裏面有許多巧妙奇特，直是要人細心體認，不可草草立説也。

以上五條，鄙意傾倒無復餘藴矣。然此非熹之説，乃康節之説；非康節之説，乃希夷之説；非希夷之説，乃孔子之説。但當日諸儒既失其傳，而方外之流陰相付受，以爲丹竈之術。至於希夷、康節，乃反之於易，而後其説始得復明於世。然與見今《周易》次第行列多不同者，故聞者創見，多不能曉而不之信，只據目今見行《周易》緣文生義，穿鑿破碎，有不勝其杜撰者。此《啓蒙》之書所爲作也。若其習聞易曉，人人皆能領略，則又何必更著此書以爲屋下之屋、牀上之牀哉！更願高明毋以爲熹之説而忽之，姑且虚心遜志以求其通曉，未可好高立異而輕索其瑕疵也。❶玩之久熟，浹洽於心，則天地變化之神、陰陽消長之妙，自將瞭於心目之間，而其可驚可喜、可笑可樂必有不自知其所以然而然者矣。言之不盡，偶得小詩以寄鄙懷曰：「忽然半夜一聲雷，❷萬户千門次第開。若識無心涵有象，許君親見伏羲來！」説得太郎當了，只少箇拄杖卓一下，❸便是一回普説矣。狂妄僭率，幸勿鄙誚也。

答袁機仲

伏承别紙誨諭諄悉，及示新論，尤荷不鄙。但區區之説，前此已悉陳之。而前後累蒙排擯揮斥，亦已不遺餘力矣。今復下喻，使罄其説，顧亦何以異於前日耶？然既辱開之使言，則又不敢嘿嘿。然其大者未易遽論，姑即來教一二淺者質之。

❶「疵」，原作「疪」，據浙本、四庫本改。
❷「半夜」，浙本作「平地」。
❸「箇」下，浙本有「拈」字。《考異》云：一本有「拈」字。

夫謂温厚之氣盛於東南，嚴凝之氣盛於西北者，禮家之説也。謂陽生於子，於卦爲復，陰生於午，於卦爲姤者，曆家之説也。謂巽位東南，乾位西北者，《説卦》之説也。此三家者各爲一説，而禮家、曆家之言猶可相通。至於《説卦》，則其卦位自爲一説，而與彼二者不相謀矣。今來教乃欲合而一之，而其間又有一説之中自相乖戾者，此熹所以不能無疑也。夫謂東南以一陰已生而爲陰柔之位，西北以一陽已生而爲陽剛之位，則是陽之盛於春夏者不得爲陽，陰之盛於秋冬者不得爲陰，而反以其始生之微者爲主也。謂一陰生於東南、一陽生於西北，則是陰不生於正南午位之遇而淫於東，❶陽不生於正北子位之復而旅於西也。謂巽以一陰之生而位乎東南，則乾者豈一陽之生而位於西北乎？況《説卦》之本文，於巽則但取其潔齊，於乾則但取其戰而已，而未嘗有一陰一陽始生之説也。❷凡此崎嶇反復，終不可通，不若直以陽剛爲仁、陰柔爲義之明白而簡易也。蓋如此則發生爲仁，肅殺爲義，三家之説皆無所牾。肅殺雖似乎剛，然實天地收斂退藏之氣，自不妨其爲陰柔也。

來教又論黑白之位，尤不可曉。然其圖亦非古法，但今欲易曉，且爲此以寓之耳。乾則三位皆白，三陽之象也。兑則下二白而上一黑，下二陽而上一陰也。離則

❶「遇」，閩本作「姤」。作「遇」避高宗嫌名，當是朱熹原文。

❷「況説卦之本文」至「始生之説也」三十六字，浙本作「況説卦之本文於巽則但取其潔齊而位之東南於乾則但取其戰而位之西北巽以三畫言之雖爲一陰之生而其所以位之東南者初非有取乎其義至於乾則又三陽之全體而初無一陽已生之義可得而取也」八十三字。

上下二白而中一黑，上下二陽而中一陰也。震則下一白而上二黑，下一陽而上二陰也。巽之下一黑而上二白，坎之上下二黑而中一白，艮之下二黑而上一白，坤之三黑，皆其三爻陰陽之象也。蓋乾、兑、離、震之初爻皆白，巽、坎、艮、坤之初爻皆黑，四卦相間，兩儀之象也。乾、兑、巽、坎之中爻皆白，離、震、艮、坤之中爻皆黑，兩卦相間，四象之象也。乾、離、巽、艮之上爻皆白，兑、震、坎、坤之上爻皆黑，一卦相間，八卦之象也。豈有震、坎皆黑而如坤，巽、離皆白而如乾之理乎？此恐畫圖之誤，不然，則明者察之有未審也。

凡此乃易中至淺至近而易見者，契丈猶未之盡，而況其體大而義深者，又安可容易輕忽而遽加詆誚乎？此熹所以不敢索言，蓋恐其不足以解左右者之惑而益其過也。幸試詳之，若熹所言略有可信，則願繼此以進，不敢吝也。

又讀來書，以爲不可以仁、義、禮、智分四時，此亦似太草草矣。夫五行、五常、五方、四時之相配，其爲理甚明而爲説甚久。非熹獨於今日創爲此論也。凡此之類，竊恐高明考之未詳、思之未審，而率然立論，❶輕肆詆訶，是以前此區區所懷不欲盡吐於老丈之前者尚多。此其爲訑訑之聲音顏色大矣。若欲實求義理之歸，恐當去此而虛以受人，庶幾乎其有得也。僭易皇恐，熹又稟。

❶「率」，原作「卒」，據閩本、浙本改。

答袁機仲別幅

乾於文王八卦之位在西北，於十二卦之位在東南。坤於文王八卦之位在西南，於十二卦之位在西北。故今圖子列文王八卦於內，而布十二卦於外，以見彼此位置迥然不同。雖有善辯者，不能合而一之也。然十二卦之説可曉，而八卦之説難明。可曉者當推，難明者當闕，按圖以觀則可見矣。

論十二卦，則陽始於子而終於巳，陰始於午而終於亥；論四時之氣，則陽始於寅而終於未，陰始於申而終於丑。此二説者，雖若小差，而所争不過二位。蓋子位一陽雖生而未出乎地，至寅位泰卦則三陽之生方出地上，而温厚之氣從此始焉。巳位乾卦六陽雖極而温厚之氣未終，故午位一陰雖生而未害於陽，必至未位遯卦而後温厚之氣始盡也，其午位陰已生而嚴凝之氣及申方始，亥位六陰雖極而嚴凝之氣至丑方盡，義亦放此。蓋地中之氣難見而地上之氣易識，故周人以建子爲正，雖得天統，而孔子之論爲邦，乃以夏時爲正。蓋取其陰陽始終之著明也。按圖以推，其説可見。

來喻謂坤之上六陽氣已生，其位在亥。乾之上九陰氣已生，其位在巳。以剥上九「碩果不食」、十月爲陽月之義推之，則剥卦上九之陽方盡而變爲純坤之時，坤卦下爻已有陽氣生於其中矣。但一日之内，一畫之中方長得三十分之一，必積之一月，然後始滿一畫而爲復，方是一陽之生耳。夬之一陰爲乾爲遇，義亦同此。來喻雖有是説而未詳密，故爲推之如此。蓋論其始生之微，固已可名於陰陽；然便以此爲陰陽之限，則其方盛者未替，而所占不啻卦内六分之五；方生者甚微，而所占未及卦内六分之一，所以未可截自此處而分陰陽也。此乃十二卦中之一義，與復、遇之説理本不殊。❶但數變之後，方説得到此，不可攙先輥説，亂了正意耳。

來諭又謂冬春爲陽、夏秋爲陰，以文王八卦論之，則自西北之乾以至東方之震，皆父與三男之位也。自東南之巽以至西方之兑，皆母與三女之位也。故坤、蹇、解卦之彖辭皆以東北爲陽方、西南爲陰方。然則謂冬春爲陽、夏秋爲陰亦是一説。但《説卦》又以乾爲西北，則陰有不盡乎西；以巽爲東南，則陽有不盡乎東，又與三卦彖辭小不同。此亦以來書之説推之，而《説卦》之文適與彖辭相爲表裏，亦可以見此圖之出於文王也。但此自是一説，與他説如十二卦之類各不相通爾。

來喻以東南之温厚爲仁，西北之嚴凝爲義，此《鄉飲酒義》之言也。然本其言，雖分仁義而無陰陽柔剛之別，但於其後復有陽氣發於東方之説，則固以仁爲屬乎陽，而義之當屬乎陰從可推矣。來諭乃不察此，而必欲以仁爲柔、以義爲剛。此既失之，而又病夫柔之不可屬乎陽、剛之不可屬乎陰也，於是彊以温厚爲柔、嚴凝爲剛，又移北之陰以就南，而使主乎仁之柔；移南之陽以就北，而使主乎義之剛。其於方位氣候悉反易之，而其所以爲説者率皆參差乖迕而不可合。又使東北之爲陽、西南之爲陰亦皆得其半而失其半。愚於圖子已具見其失矣。

蓋嘗論之，陽主進而陰主退，陽主息而

❶「遇」，浙本作「姤」。《考異》云：一本作「姤」。

陰主消。進而息者其氣彊，退而消者其氣弱，此陰陽之所以爲柔剛也。陽剛温厚，居東南主春夏，而以作長爲事；陰柔嚴凝，居西北主秋冬，而以歛藏爲事。作長爲生，歛藏爲殺，此剛柔之所以爲仁義也。以此觀之，則陰陽、剛柔、仁義之位豈不曉然？而彼楊子雲之所謂於仁也柔、於義也剛者，乃自其用處之末流言之。蓋亦所謂陽中之陰、陰中之陽，固不妨自爲一義，但不可以雜乎此而論之爾。

向日妙湛蓋嘗面禀易中卦位義理層數甚多，自有次第，逐層各是一箇體面，不可牽彊合爲一説。學者須是旋次理會，理會上層之時，未要攪動下層，直待理會得上層都透徹了，又却輕輕揭起下層理會將去。當時雖似遲鈍，不快人意，然積累之久，層層都了，却自見得許多條理千差萬别，各有歸著，豈不快哉！若不問淺深、不分前後，輥成一塊，合成一説，則彼此相妨，令人分踈不下，徒自紛紛成鹵莽矣。此是平生讀書已試之效，不但讀《易》爲然也。

前書所論仁、義、禮、智分屬五行四時，此是先儒舊説，未可輕詆。今者來書雖不及之，然此大義也，或恐前書有所未盡，不可不究其説。蓋天地之間，一氣而已，分陰分陽，便是兩物，故陽爲仁而陰爲義。然陰陽又各分而爲二，故陽之初爲木，爲春，爲仁，陽之盛爲火，爲夏，爲禮；陰之初爲金，爲秋，爲義，陰之極爲水，爲冬，爲智。蓋仁之惻隱方自中出，而禮之恭敬則已盡發於外；義之羞惡方自外入，而智之是非則已全伏於中。故其象類如此，非是假合附會。若能默會於心，便自可見。元、亨、利、貞其理亦然，《文言》取類，尤爲明白，非區區今日之臆説也。五行之中，四者既各有所屬，而土居中宮，爲四行之地、四時之主。在人則爲信，爲真實之義，而爲四德之地、衆善之主也。五聲、五色、五臭、五味、五藏、五蟲，其分放此。蓋天人一物，内外一理，流通貫徹，初無間隔。若不見得，則雖生於天地間，而不知所以爲天地之理；雖有人之形貌，而亦不知所以爲人之理矣。故此一義切於吾身，比前數段尤爲要緊，非但小小節目而已也。

答袁機仲

垂諭《易》説，又見講學不倦、下問不能之盛美，尤竊欽仰。已悉鄙意，別紙具呈矣。此但《易》中卦畫陰陽之分位耳，未是吾人切身之事。萬一愚見未合盛意，可且置之而更別向裏尋求，恐合自有緊切用功處也。

答袁機仲

再辱垂喻，具悉尊旨。然細觀本末，初無所争，只因武陵舊圖仁義兩字偶失照管，致有交互，其失甚微。後來既覺仁字去西北方不得，義字去東南方不得，即當就此分明改正，便無一事。顧乃護其所短而欲多方作計，移换「陰陽剛柔」四字以蓋其失，所以競辨紛紜，以至于今而不能定也。蓋始者先以文王八卦爲説，而謂一陰生於巽，一陽生於乾，則既非《説卦》本意矣。其以三陽純乾之方爲一陽始生之地，❶則又爲乖刺

❶「三」，原作「二」，據浙本改。

之甚者。及既知之，❶而又以十二卦爲説，則謂一陽生於乾之上九，❷一陰生於坤之上六，遂移北方之陰柔以就南，使之帶回仁字於西南而不失其爲陰柔；移南方之陽剛以歸北，使之帶回義字於東北而不失其陽剛，則亦巧矣。然其所移動者凡二方，而六辰六卦例皆失其舊主，又更改却古來陰陽界限，蓋不勝其煩擾。而其所欲遷就之意，乃不過僅得其半而失其半。蓋北方雖曰嚴凝，而東方已爲温厚；南方雖曰温厚，而西方已爲嚴凝也。是則非惟不足以救舊圖一時之失，而其耻過作非、故爲穿鑿之咎，反有甚於前日者。竊恐高明於此急於求勝，未及深致思也。欲究其説以開盛意，又念空言繳繞，難曉易差，不免畫成一圖，先列定位，而後別以舊圖之失及今者兩次所論之意隨事貼説，有不盡者，則又詳言，別爲數條以附於後。切望虚心平氣，細考而徐思之。若能於此翻然悔悟，先取舊圖分明改正「仁義」二字，却將今所移易「陰陽剛柔」等字一切發回元來去處，如熹新圖之本位，則易簡圓成，不費詞説，而三才五行、天理人事已各得其所矣。

至於文王八卦，則熹嘗以卦畫求之，縱横反覆，竟不能得其所以安排之意，是以畏懼，不敢妄爲之説，非以爲文王後天之學而忽之也。夫文王性與天合，乃生知之大聖，而後天之學方恨求其説而不得，熹雖至愚，亦安敢有忽之之心耶？但如來書所論，則不過是因其已定之位、已成之説而應和贊歎之爾。若使文王之意止於如此，則熹固

❶「之」，原缺，據閩本、浙本、四庫本補。
❷「則」、「陽」，原作「而」、「陰」，據閩本、浙本、四庫本改。

已識之，不待深思而猶病其未得矣。故嘗竊謂高明之於此圖尊之雖至、信之雖篤，而所以知之則恐有不如熹之深者，此又未易以言語道也。

至如邵氏以此圖爲文王之學，雖無所考，然《説卦》以此列於「天地定位」、「雷以動之」兩節之後，而其布置之法迥然不同，則邵氏分之以屬於伏羲、文王，恐亦不爲無理。但未曉其根源，則姑闕之以俟知者，亦無甚害，不必率然肆意立論而輕排之也。❶

又謂一奇一偶不能生四象，而二奇二偶不能生八卦，則此一圖極爲易曉，又不知老丈平時作如何看，而今日猶有此疑也。蓋其初生之一奇一偶，則兩儀也。一奇之上又生一奇一偶，則爲二畫者二，而謂之太陽、少陰矣。一耦之上亦生一奇一耦，則亦爲二畫者二，而謂之少陽、太陰矣。此所謂四象者也。四象成，則兩儀亦分爲四。太陽奇畫之上又生一奇一偶，則爲上爻者二，❷而謂之乾、兑矣。餘六條準此。此則所謂八卦者也。八卦成，則兩儀四象皆分爲八。是皆自然而生，瀵湧而出，不假智力，不犯手勢，而天地之文，萬事之理，莫不畢具。乃不謂之畫前之易，謂之何哉？僕之前書固已自謂非是古有此圖，只是今日以意爲之，寫出奇偶相生次第，令人易曉矣。其曰畫前之易，乃謂未畫之前已有此理，而特假手於聰明神武之人以發其祕，非謂畫前已有此圖，畫後方有八卦也。此是易中第一義也，若不識此而欲言易，何異舉無綱之網、挈無領之裘，直是無著力處。此可爲知者道也，目疾殊

❶「率」，原作「卓」，據浙本改。
❷「二」，原作「三」，據《正訛》及文義改。

甚，不能親書，切幸深照。

第四畫者，以八卦爲太極而復生之兩儀也。第五畫者，八卦之四象也。第六畫者，八卦之八卦也。再看來書，有此一項，此書未答，故復及之，熹又禀。

圖心貼子，今寓於此。武陵舊圖可疑處多今不盡記。但此一義，乃似只與此圖相似。只是圖心黑筆牽處，差却仁、義兩字，若欲改之，甚非難事。今來所說，見於兩小貼及黑筆分界者，却覺紛更愈多，錯亂愈甚。不若只將舊圖依此改正，而盡去新添種種移換之説之爲善也。

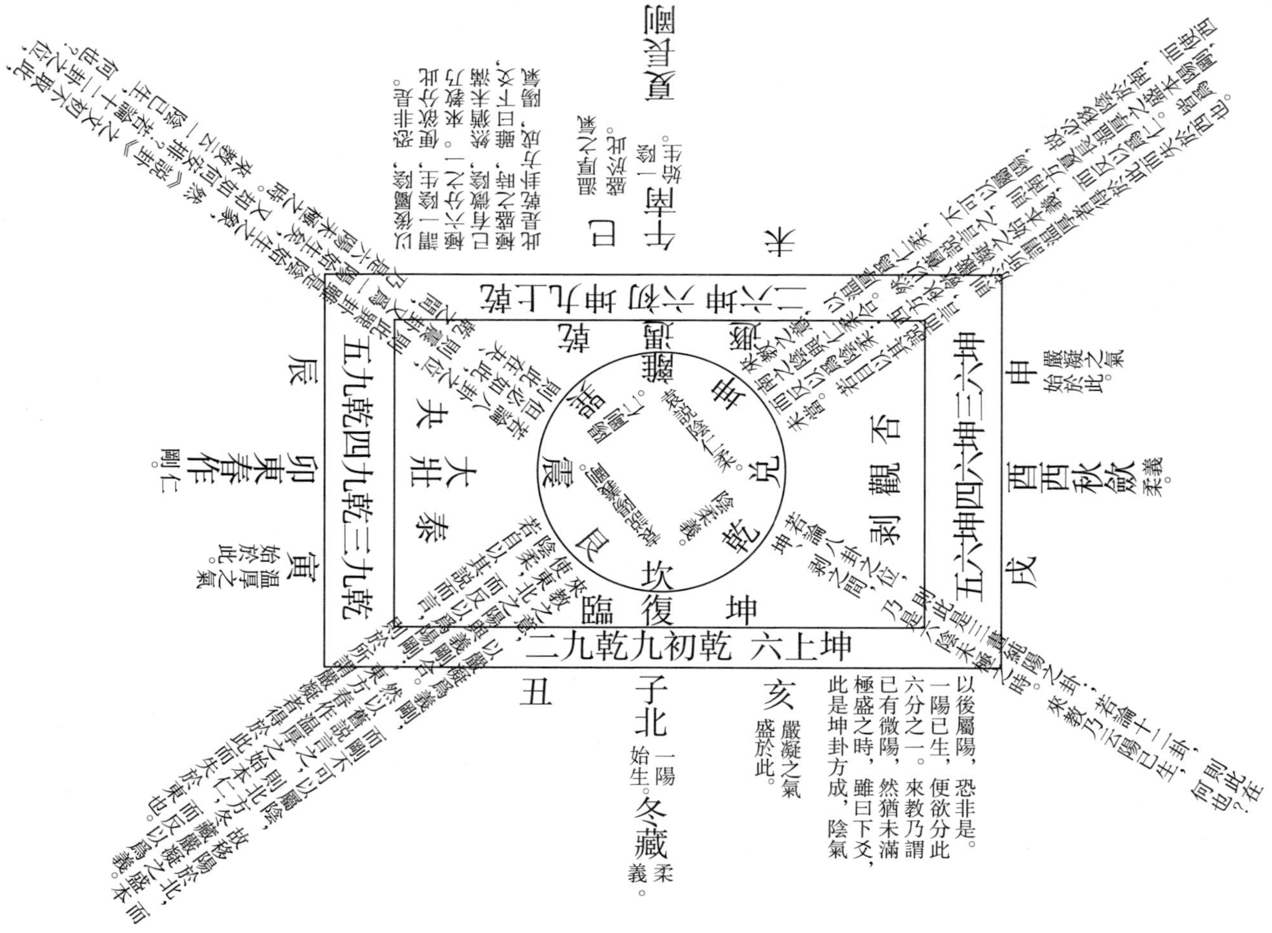

答袁機仲

《易》説不知尊意看得如何？前書所云二方六卦六辰皆失其所與得半失半之説，後來思之，亦有未盡。蓋徙陽於北，使陽失其位而奪陰之位；徙陰於南，使陰失其位而奪陽之位，二方固已病矣。東方雖得仍舊爲陽，然其温厚之仁不得南與同類相合，而使彊附於北方嚴凝之義，不則却須改仁爲義，以去陰而就陽，方得寧貼。然又恐無此理，是東方三卦三辰亦失其所也。西方雖得仍舊爲陰，然其離北附南，與夫改義爲仁，其勢亦有所不便。是西方三卦三辰亦失其所也。蓋移此二方而四方、八面、十二辰、十二卦一時鬼亂，無一物得安其性命之情也。前書所稟，殊未及此之明白詳盡也。

答袁機仲

《易》説已悉，若只如此，則熹固已深曉，不待諄諄之告矣。所以致疑，正恐高明之見有所未盡而費力穿鑿，使陰陽不得據其方盛之地、仁義不得保其一德之全，徒爾紛紜，有損無益爾。今既未蒙省察，執之愈堅，則區區之愚尚復何説？竊意兩家之論，各自爲家，公之不能使我爲公，猶我之不能使公爲我也。不若自此閉口不談，各守其説，以俟羲、文之出而質正焉。然以高明之見，自信之篤，竊恐羲、文復出，亦未肯信其説也。魏鄭公之言：「以爲望獻陵也，若昭陵，則臣固已見之矣。」佛者之言曰：「諸人知處，良遂摠知；良遂知處，諸人不知。」正此之謂矣。世間事，吾人身在閑處，言之無益，此正好從容講論，以慰窮愁。而枘鑿之不合又如此，是亦深可歎者，而信乎其道之窮矣！

答袁機仲

《易》説垂示，極荷不鄙。然淺陋之見，前已屢陳，至煩訶斥久矣，今復何敢有言？但詳序説諸篇，唯是依經説理，而不惑於諸儒臆説之鑿，此爲一書要切之旨。今以篇中之説考之，則如《繫辭》、《説卦》解兩引《禮記》以春作夏長爲仁，秋斂冬藏爲義，《説卦》解又獨引温厚之氣始於東北，盛於東南；嚴凝之氣始於西南，盛於東北，以爲仁義之分，此於經既有據，又合於理之自然，真可謂不惑於諸儒臆説之鑿矣。但其所以爲説，則又必以爲聖人恐乾止有陽剛而無仁，坤止有陰柔而無義，故必兼三才以爲六畫，然後能使乾居東北而爲冬春之陽，坤居西南而爲夏秋之陰。又必横截陰陽各爲兩段，以分仁義之界，然後能使春居東而爲乾之仁，夏居南而爲坤之仁，秋居西而爲坤之義，冬居北而爲乾之義，此非本書之詞，但以鄙意注解如此，庶覽者之易曉耳。則其割裂補綴，破碎參差，未知於經何所據依，而何以異於諸儒臆説之鑿也？又按文王、孔子皆以乾爲西北之卦，艮爲東北之卦，顧雖未能洞曉其所以然，然經有明文，不可移易，則已審矣。今乃云乾位東北，則是貶乾之尊使居艮位，未知使艮却居何處？❶ 此又未知於經何所據依，而何以異於諸儒臆説之鑿

❶「未」，浙本作「不」。

也？又按孔子明言易有太極，是生兩儀，是則固以太極爲一、兩儀爲二，而凡有心有目者，皆能識之，不待推曆布算而後可知也。今《太極論》乃曰「乾坤者，易之太極」，則以是兩儀爲太極，而又使之自生兩儀矣。未知此於經何所據依，而又何以異於諸儒臆說之鑿也？至《繫辭》解，又謂太極者一之所由起，則是又以爲太極之妙一不足以名之，而其序則當且生所起之一而後再變，乃生兩儀矣。此則又未暇論其於經有無據依，是與不是諸儒臆說之鑿，而但以前論參之，[1]已有大相矛盾者。不審高明之意果何如也？凡此四條，熹皆不敢輒以爲非以觸尊怒，但所未曉，不敢不求教耳。

答袁機仲

誨諭《參同》、邵氏不知易之說，辨博高深，非淺陋所能窺測。但《參同》之書本不爲明易，乃姑借此納甲之法以寓其行持進退之候。異時每欲學之，而不得其傳，無下手處，不敢輕議。然其所言納甲之法，則今所傳京房占法見於《火珠林》者是其遺說。沈存中《筆談》解釋甚詳，亦自有理。《參同》所云甲、乙、丙、丁、庚、辛者，乃以月之昏旦出沒言之，非以分六卦之方也。此雖非爲明易而設，然易中無所不有，苟其言自成一說，可推而通，則亦無害於易，恐不必輕肆詆排也。至於邵氏先天之說，則有推

[1] 「之」，浙本作「伍」。《考異》云：一本作「伍」。

本伏羲畫卦次第生生之妙，乃是易之宗祖，尤不當率爾妄議。或未深曉，且當置而不論，以謹闕疑。若必以爲不知易，則如熹輩尚何足與言易，而每煩提耳之勤也？既荷不鄙，不敢不盡其愚。其他如「六五坤承」，向亦疑有誤字，見於《考異》。而所示十二卦圖以姤爲子、以復爲午，亦所未喻。所引坎、離無爻位，亦有脱字。此或只是筆誤，皆未暇論也。

答趙提舉善譽

慕用之久，往歲雖辱寵臨，而倥偬卒迫，不能少欵，每以爲恨。近乃竊窺所著《易》、《論語》書，又歎其得之之晚而不獲親扣名理也。間因虞君轉請所疑，初未敢以姓名自通，而高明不鄙，遠辱貽書，所以傾倒之意甚厚。三復以還，感慰亡量，不敢無以報也。

蓋道體之大無窮，而於其間文理密察，有不可以毫釐差者。此聖賢之語道，所以既言「發育萬物，峻極于天」，以形容其至大，而又必曰「禮儀三百，威儀三千」，以該悉其至微；而其指示學者脩德凝道之功，所以既曰「致其廣大」，而又必曰「盡其精微」也。近世之言道者則不然，其論大抵樂渾全而忌剖析，喜高妙而略細微。其於所謂廣大者則似之，而於精微有不察，則其所謂廣大者亦未易以議其全體之真也。

今且以經言論之，其所發明固不外乎一理，然其所指則不能無異同之别。而就其所同之中，蓋亦不無賓主、親踈、遠近之差焉。如卦之所以八者，以奇偶之三加而成也。而爻之所以三，則取諸三才之象，而非奇偶所能與，此理之一而所指之不同者也。四象之説，本爲畫卦，則當以康節之説爲主，而七、八、九、六，東、西、南、北，水、火、金、木之類爲客。得其主，則客之親踈遠近皆即此而可定；不得其主，而曰是皆一説，則我欲同而彼自異，終有不可得而同者矣。此所指之同而不能無賓主之分者也。是皆樂渾全而忌剖析之過也。至於乾、坤之純而不雜者，聖人所以形容天地之德，而爲六十四卦之綱也。乾之純於剛健而不雜，又聖人所以形容天理自然之全體而爲坤之綱也。所以贊其剛健柔順之全德，以明聖人體道之妙、學者入德之方者，亦云備矣，未嘗以其偏而少貶之也。至於諸爻，雖或不免於有戒，然乾九三之危，以其失中也；其得無咎，以其健而健也。坤六五之元吉，以其居尊而能下也；上六之龍戰，以其太盛而亢陽也。是豈惡乾之剛而欲其柔，惡坤之柔而欲其剛哉？今未察乎其精微之藴，而遽指其偏以爲當戒，意若有所未足於乾、坤而陋小之者，是不亦喜高妙而略細微之過乎？至於用九、用六，乃爲戒其剛柔之偏者。然亦因其陰變爲陽、陽變爲陰之象而有此戒，如歐陽子之云者，非聖人創意立説而强爲之也。

大抵《易》之書本爲卜筮而作，故其詞必根於象數，而非聖人已意之所爲。其所勸戒，亦以施諸筮得此卦此爻之人，而非反以戒夫卦爻者。近世言《易》者殊不知此，所以其説雖有義理而無情意，雖大儒先生有所不免。比因玩索，偶幸及此，私竊自慶，以爲天啓其衷。而以語人，人亦未見有深曉者，不知高明以爲如何？舊亦草筆其説，今謾録二卦上呈，其他文義未瑩者多，未能卒業，姑以俟後世之子雲耳。近又嘗編一小書，略論象數梗概，并以爲獻。妄竊自謂學《易》而有意於象數之説者，於此不可不知，外此則不必知也。心之精微，言不能盡。臨風引領，馳想增劇。

答趙提舉

《易》學未蒙指教，乃有「簡易」之褒，令人踧踖。其書草略，何足以當此？然此二字在易數中真不可易之妙。近世説《易》者愈多而此理愈晦，非見之明，孰能以一言盡之哉？歎伏亡已。近嘗略修數處，尋別寄呈。但《圖》、《書》錯綜縱横，無不脗合，終有不可得而盡者。信乎天地之文非人之私智所能及也！

與周益公

熹竊以孟夏清和，伏惟判府安撫少保大觀文丞相國公鈞候動止萬福。❶熹近嘗拜書，并胡先生墓文請教。今者至城中，乃知未遺。已白史君趣其行，諒亦非久當徹鈞聽也。

熹有少懇，率易拜稟：熹先君子少喜學荆公書，收其墨蹟爲多。其一紙乃《進鄴侯家傳》奏草，味其詞旨，玩其筆勢，直有跨越古今、開闔宇宙之氣。然與今版本文集不同，疑集中者乃删潤定本，而此紙乃其胸懷本趣也。嘗欲抄《日録》、李傳本語附其

❶「動止」，浙本作「起居」。

後而并刻之，❶使後之君子得以考焉而未暇也。今江西使者汪兄季路乃欲取而刻之臨川，妄意欲求相公一言以重其事，庶幾覽者有以知此幅紙數行之間而其所關涉乃有不可勝言之感，非獨爲筆札玩好設也。伏惟相公亦當慨然於此而終惠之，早賜揮染附季路，爲幸甚厚。其他尚有與王觀文論邊事數紙，異時并當附呈，以求審定也。專此具稟，不敢它及，伏乞鈞照。

答周益公

昨蒙寵喻范、歐議論，鄙意有所不能無疑。欲以請教，而亦未暇。今遇此便，似不可失，而病軀兩日覺得沉重，愈甚於前，勢不容詳細稟白。但竊以爲范、歐二公之心明白洞達，無纖芥可疑。呂公前過後功，瑕瑜自不相掩。若如尊喻，却恐未爲得其情者，故願相公更熟思之也。向見范公與呂公書引汾陽、臨淮事者，語意尤明白，而集中却不見之，恐亦爲忠宣所删也。忠宣固賢，然其規模氣象似與文正有未盡同者，深諱此事，雖不害爲守正，然未得爲可與權也。不審高明以爲如何？少日見徐五丈端立，❷自言嘗見石林，疑范、馬鍾律之辨乃故爲同異，以釋朋比之疑者。因告之曰：「此事信否未可知，然爲此論者亦可謂不占便宜矣。」石林爲之一笑而罷。今日之論恐或類此，故并及之。僭率皇恐，切望矜恕。

❶「日」，原作「目」，據本書卷八三《跋王荆公進鄴侯遺事奏藁》改。

❷「五」，原作「玉」，據浙本改。

答周益公

前者累蒙誨諭范碑曲折，考據精博，論議正平，而措意深遠，尤非常情所及。又得吕子約録記所被教墨，參互開發，其辨益明。熹之孤陋，得與聞焉，幸已甚矣，復何敢措一詞於其間哉？然隱之於心，竊有所不能無疑者。蓋嘗竊謂吕公之心固非晚生所能窺度，然當其用事之時，舉措之不合衆心者蓋亦多矣。而又惡忠賢之異己，必力排之，使不能容於朝廷而後已。❶是則一世之正人端士莫不惡之，况范、歐二公或以諷議爲官，或以諫諍爲職，又安可置之而不論？且論之而合於天下之公議，則又豈可謂之太過也哉？逮其晚節，知天下之公議不可以終拂，亦以老病將歸而不復有所畏忌，又慮夫天下之事或終至於危亂，不可如何，而彼衆賢之排去者或將起而復用，則其罪必歸於我而并及於吾之子孫，是以寧損故怨，以爲收之桑榆之計。蓋其慮患之意雖未必盡出於至公，而其補過之善，天下實被其賜，則與世之遂非長惡、力戰天下之公議以貽患於國家者相去遠矣。

至若范公之心，則其正大光明固無宿怨，而惓惓之義實在國家。故承其善意，既起而樂爲之用。❷其自訟之書，所謂「相公有汾陽之心之德，仲淹無臨淮之才之力」者，亦不可不謂之傾倒而無餘矣。此書今不見於集中，恐亦以忠宣刊去而不傳也。此最爲范公之盛德而他人之難者，歐陽公亦識其意而特

❶「能」，浙本作「得」。

❷「既」，《考異》云：一本無「既」字。

書之。

蓋吕公前日之貶范公自爲可罪，而今日之起范公自爲可書，二者各記其實，而美惡初不相掩，則又可見歐公之心亦非淺之爲丈夫矣。今讀所賜之書而求其指要，則其言若曰：「吕公度量渾涵，心術精深，所以期於成務，而其用人才德兼取，不爲諸賢專取德望之偏，故范、歐諸公不足以知之，又未知其諸子之賢而攻之有太過者。後來范公雖爲之用，然其集中歸重之語亦甚平平，蓋特州郡之常禮，而實則終身未嘗解仇也。其後歐公乃悔前言之過，又知其諸子之賢，故因范碑託爲解仇之語以見意。而忠宣獨知其父之心，是以直於碑中刊去其語，雖以取怒於歐公而不憚也。」凡此曲折，指意微密，必有不苟然者。顧於愚見有所未安，不敢不詳布其説，以求是正，伏惟恕其僭易而垂聽焉。

夫吕公之度量心術，期以濟務則誠然矣。然有度量則宜有以容議論之異同，有心術則宜有以辨人才之邪正，欲成天下之務則必從善去惡、進賢退姦，然後可以有濟。今皆反之，而使天下之勢日入於昏亂，下而至於區區西事一方之病，非再起范公，幾有不能定者。則其前日之所爲，❶又惡在其有度量心術而能成務也哉？其用人也，欲才德之兼取，則亦信然矣。然范、歐諸賢非徒有德而短於才者，其於用人，蓋亦兼收而並取。雖以孫元規、滕子京之流恃才自肆，不入規矩，亦皆將護容養以盡其能，而未嘗有所廢棄，則固非專用德而遺才矣。而吕公所用，如張、李、二宋，姑論其才，亦

❶「前」，浙本作「當」。《考異》云：一本作「當」。

決非能優於二公者。乃獨去此而取彼，至於一時豪俊跅弛之士，窮而在下者不爲無人，亦未聞其有以羅致而器使之也。且其初解相印而薦王隨、陳堯佐以自代，則未知其所取者爲才也耶，爲德也耶？是亦不足以自解矣。

若謂范、歐不足以知吕公之心，又不料其子之賢而攻之太過，則其所攻事皆有迹，顯不可揜，安得爲過？且爲侍從諫諍之官，爲國論事，乃視宰相子弟之賢否以爲前却，亦豈人臣之誼哉？若曰范、吕之仇初未嘗解，則范公既以吕公而再逐，及其起任西事而超進職秩，乃適在吕公三入之時。若范公果有怨於吕公而不釋，乃閔默受此而無一語以自明其前日之志，是乃内懷憤毒，不能以理自勝，而但以貪得美官之故，俛而受其籠絡，爲之驅使。未知范公之心其肯爲此否也？若曰歐公晚悔前言之失，又知其諸子之賢，故因范碑以自解，則是畏其諸子之賢，而欲陰爲自託之計，於是寧賣死友以結新交，雖至以無爲有，愧負幽冥而不遑恤。又不知歐公之心其忍爲此否也？况其所書但記解仇之一事，而未嘗并譽其他美，則前日斥逐忠賢之罪，亦未免於所謂欲蓋而彰者，又何足以贖前言之過而媚其後人也哉？

若論忠宣之賢，則雖亦未易輕議，然觀其事業規模，與文正之洪毅開豁終有未十分肖似處，蓋所謂可與立而未可與權者。乃翁解仇之事，度其心未必不深恥之，但不敢出之於口耳。故潛於墓碑刊去此事，有若避諱然者。歐公以此深不平之，至屢見於書疏，非但《墨莊》所記而已。况《龍川志》之於此，又以親聞張安道之言爲左驗。

張實呂黨，尤足取信無疑也。若曰范公果無此事而直爲歐公所誣，則爲忠宣者正當沫血飲泣，貽書歐公，具道其所以然者以白其父之心迹，而俟歐公之命以爲進退。若終不合，則引義告絶而更以屬人，或姑無刻石，而待後世之君子以定其論，其亦可也。乃不出此，而直於成文之中刊去數語，不知此爲何等舉措？若非實諱此事，故隱忍寢默而不敢誦言，則曷爲其不爲彼之明白而直爲此黯闇耶？

今不信范公出處文辭之實、歐公丁寧反復之論，而但取於忠宣進退無據之所爲以爲有無之決，則區區於此誠有不能識者。若摭實而言之，但曰呂公前日未免蔽賢之罪，而其後日誠有補過之功；范、歐二公之心則其終始本末如青天白日，無纖毫之可議；若范公所謂平生無怨惡於一人者，尤足以見其心量之廣大高明，可爲百世之師表；至於忠宣，則所見雖狹，然亦不害其爲守正，則不費詞説而名正言順，無復可疑矣。不審尊意以爲如何？狂瞽之言，或未中理，得賜鐫曉，千萬幸甚！

後書誨諭又以《昭録》不書解仇之語而斷其無有，則熹以爲呂公拜罷、范公進退既直書其歲月，則二公前憾之釋然不待言而喻矣。不然，則《昭録》書成，歐公固已不爲史官，而正獻、忠宣又皆已爲時用，范固不以墓碑全文上史氏，而呂氏之意亦恐其有所未快於歐公之言也，是以姑欲置而不言，以泯其迹，而不知後世之公論有不可誣者，是以啓今日之紛紛耳。如又不然，則范公此舉雖其賢子尚不能識，彼爲史者知之必不能如歐公之深，或者過爲隱避，亦不足怪，恐亦未可以此而定其有無也。

《墨莊》之録出於張邦基者，不知其何人。其所記歐公四事，以爲得之公孫當世，而子約以爲紹興舍人所記，此固未知其孰是。但味其語意，實有後人道不到處，疑或有自來耳。若《談叢》之書，則其記事固有得於一時傳聞之誤者。然而此病在古雖遷、固之博，近世則温公之誠，皆所不免，況於後山，❶雖頗及見前輩，然其平生蹤跡多在田野，則其見聞之間不能盡得事實宜必有之，恐亦未可以此便謂非其所著也。丹朱之云誠爲太過，然歐公此言嘗爲令狐父子文字繁簡而發，初亦無大美惡，但似一時語勢之適然，不暇擇其擬倫之輕重耳。故此言者雖未敢必其爲公之言，而亦未可定其非公之言也。此等數條，不足深論。然偶因餘誨之及而并講之，使得皆蒙裁正，則亦不爲無小補者。

唯是所與子約書中疑「學道三十年」爲後學之言者，則熹深惑焉，而尤以爲不可以不辨。不審明公何所惡於斯言而疑之也？以道爲高遠玄妙而不可學邪，則道之得名，正以人生日用當然之理，猶四海九州百千萬人當行之路爾，❷非若老、佛之所謂道者，空虛寂滅而無與於人也。以道爲迂遠踈闊而不必學耶，則道之在天下，君臣父子之間、起居動息之際，皆有一定之明法，不可頃刻而暫廢。故聖賢有作，立言垂訓以著明之，巨細精粗，無所不備。而讀其書者必當講明究索，以存諸心、行諸身而見諸事業，然後可以盡人之職而立乎天地之間；不但玩其文詞，以爲綴緝纂組之工而已也。

❶「山」，原作「世」，據閩本、浙本改。
❷「當」，浙本作「常」。《考異》云：一本作「常」。

故子游誦夫子之言曰：「君子學道則愛人，小人學道則易使。」而夫子是之。則學道云者，豈近世後學之言哉？ 若謂歐公未嘗學此而不當以此自名耶，則歐公之學雖於道體猶有欠闕，然其用力於文字之間，而泝其波流以求聖賢之意，則於《易》、於《詩》、於《周禮》、於《春秋》皆嘗反復窮究，以訂先儒之繆；而《本論》之篇，推明性善之説，以爲息邪距詖之本，其賢於當世之號爲宗工巨儒而不免於祖尚浮虚、信惑妖妄者又遠甚。其於《史記》善善惡惡，如《唐六臣傳》之屬，又能深究國家所以廢興存亡之幾，而爲天下後世深切著明之永鑒者，固非一端。其他文説，雖或出於遊戲翰墨之餘，然亦隨事多所發明，而詞氣藹然，寬平深厚，精切的當，真韓公所謂「仁義之人」者；恐亦未可謂其全不學道，而直以燕、許、楊、劉之等期之也。若謂雖嘗學之，而不當自命以取高標揭己之嫌耶，則爲士而自言其學道，猶爲農而自言其服田，爲賈而自言其通貨，亦非所以爲夸。若韓公者，至乃自謂己之道乃夫子、孟軻、楊雄所傳之道，則其言之不讓益甚矣，又可指爲後生之語而疑之耶？凡此又皆熹之所未諭者，蓋嘗反復思之而竟不得其説。

恭惟明公以事業文章而論世尚友，其於范、歐之間固已異世而同轍矣。至於博觀今昔，考訂是非，又非肯妄下雌黄者。且於六一之文，收拾編彙，讎正流通，用力爲多，其於此事必不草草。況又當此正道湮微，異言充塞之際，餘論所及小有左右，則其輕重厚薄便有所分，竊計念之已熟而處之亦已精矣。顧熹之愚，獨有未能無疑者，是以不敢默默而不以求正於有道。所恨僞學習氣已深，不自覺其言之狂妄。伏惟高明恕而教之，則熹不勝千萬幸甚。

與留丞相別紙

伏蒙別紙垂諭楊至曲折，不勝皇恐。熹前此本以異議得罪於丞相，幸蒙矜察。今又失於周防，有此踈脱，意必已重得罪而遂見絶矣。不謂丞相采聽不遺，洞見底藴，至於誨諭之詳，雖使熹自爲辯數，不過如此，幸甚。然聞州縣奉行之間不無觀望，囚繫箠撻，横及無辜，程督之嚴，至今未解，遠近傳聞，過有疑論。此殆未知丞相與其外家自有契分，而仁心曠度本不忍使其狼狽至此也。熹既蒙鐫誨，感懼之深，尚恐未有以此聞于鈞聽者，輒復禀白，伏惟照察。千萬幸甚。

與留丞相

前此蒙喻楊至秀才事，率易報禀。似聞已荷寬慈，許以容恕，足見大人之度至公無我有如此者，不勝敬服。❶然聞有司尚以前日符移之峻，追捕未已，其人至今竄伏，無所容寄，有足矜者。如蒙推念，更得一言明喻所屬罷其捕逮，仍俾互相關白，使知盛德雅量不讎匹夫之意，則此人終受賜矣。熹辱知素厚，不敢復避嫌疑而冒昧及此，并冀容察。皇恐死辠。

❶「敬」，浙本作「歎」。

答留丞相

李通判歸，出示所賜手教，拜領伏讀，慰幸已深。至於垂喻諄複勤懇，則又竊仰德盛禮恭，樂取諸人，不難舍己之意，蓋有一介布衣之士所不易者。歎慕感激，所得多矣。前此偶因垂問，率易呈獻，亦以姑備燕申餘暇遮眼止睡之須。不謂乃蒙親賜點閲，日有程課，以及終篇；而斟酌取予詳審精切，又有專門名家所不逮者。此周公執贄還贄之心，畢公克勤小物之意，此所以爲聖賢之盛節，而非近世諸公所及也。熹雖凡陋，然其用力於此不爲不久，而歷選平生，講磨論説，其得此於人蓋鮮。不意臨老乃有遇於明公也。更有它書，欲遂傾囷倒廩以跪進於几下，而私居乏人，艱於繕寫，少假歲月，當遂此心。儻得一一悉蒙印證，則亦足以自信而無憾於方來矣。顧所不能無恨者，猶以登門之晚，而其質疑請益乃有十年之遲。伏想明公於此亦不能不慨然其間也。❶ 謹因李倅還便奏記叙謝。目昏不得謹好，尤以皇懼，并乞矜察。

與曾裘父

求仁之方，竊意潛心久矣。方恨未獲躬扣，昨欽夫寄示送行序文，其説似皆的當，不審高明以爲如何？

❶「其」，浙本作「有」。

與曾裘父

向聞垂意《魯論》，聖門親切指要正在此書，想所造日以深矣，恨未得聞一二也。敬夫得書否？比來講論尤精密，亦嘗相與講所疑否？元履遇合非常，未知所以稱塞。士友蓋多榮之，而熹竊有懼焉。想高懷正如此，當有以警策之也。

與曾裘父

敬夫爲元履作齋銘，嘗見之否？謾納一本。其言雖約，然《大學》始終之義具焉，恐可寘左右也。《崇安二公祠記》，熹所妄作，輒往求教。雖不及改，尚警其後也。

答黄叔張維之

示及三書，感感。誠立誠通之論，❶誠如尊喻，不敢多遜。竊意自有此書，無人與之思索至此。《西銘》、《太極》諸説亦皆積數十年之功，無一字出私意。釋氏以胸襟流出爲極則，以今觀之，天地之間自有一定不易之理，要當見得不假毫髮意思安排、不著毫髮意見夾雜，自然先聖後聖如合符節，方是究竟處也。

答耿直之秉

熹生長窮僻，少日所聞於師友者，不過

❶「誠通」，《正訛》改作「明通」。

脩身窮理、守正俟命之説，雖行之不力，有愧夙心，亦未嘗敢舍之而從人也。頃歲入浙，從士大夫游，數月之間，凡所聞者無非枉尺直尋、苟容偷合之論，心竊駭之。而獨於執事者見其綜理名實、直道而行，卓然非當世之士也。顧雖未及一見，而職事之間適相首尾，乃有不約而合者，於是始復益信前日心期之不偶然也。兹者又承示及所與學官弟子講論之説，不唯有以見賢侯在泮弦歌之盛，而潛心大業，體用圓融之妙，所以警發昧陋者又爲深切。三復欣幸，不知所言。

然頃於此書粗嘗討究，亦見前輩之説有如此者。因以文義求之，竊疑聖言簡直，未遽有此曲折，而孔、顔之所以爲聖賢，必有超然無一毫意、必、固、我之私者以爲之本，然後有以應事物之變而無窮。以是止據舊説，不復致疑。今睹來示，雖若不異於前人，而其規模之大、體用之全，則非彼所到，而熹之愚亦未及也。更俟從容反復玩味，别以求教。它所論著，亦有欲就正者。私居乏人抄寫，後便寄呈也。去歲救荒後時，狼狽殊甚，不謂其人乃復見恕如此。來喻所及，令人恐懼不自安耳。

答薛士龍季宣❶

熹竊伏窮山，講服盛名之日久矣。去年邂逅林擇之，歸自宣城，又能道餘論一二，皆成己成物之大致。區區益願承教於前，顧以憂患之餘，屏跡田里，而執事名問方昭，德業方起，隱顯異趣，私竊揣料，未容

❶ 此題，淳熙本作「答薛湖州」。

遽遂鄙懷，則亦悵然太息而已。茲者林擴之之來，乃知榮膺睿眷，出試輔藩，宣布之初，譽處休洽，❶深以爲慰。又蒙不鄙，遠貽書翰，所以教告甚悉。❷擴之又以所聞相與推説，皆平生所深欲聞者，感幸之至，不容於心。然而三復來教，則有熹愚不敢當者二焉，請陳其説而左右者察之。

熹自少愚鈍，事事不能及人。顧嘗側聞先生君子之餘教，粗知有志於學，而求之不得其術，蓋舍近求遠，處下窺高，馳心空妙之域者二十餘年。比乃困而自悔，始復退而求之於句讀文義之間，謹之於視聽言動之際，而亦未有聞也。方將與同志一二友朋并心合力以從事於其間，❸庶幾銖積絲累，分寸躋攀，❹以幸其粗知理義之實，不爲小人之歸，而歲月侵尋，齒髮遽如許矣，懍然大懼日力之不足，思得求助於當世有道之君子以速其進而未得也。執事乃不知此，而反以講道教人之事期之，此熹之所以不敢當者一也。

至於聖賢出處之義，則亦略聞之矣。顧以材智淺劣，自知甚明，而又學無所成，不堪酬酢，故自十數年來，日益摧縮，不敢復有當世之念。雖昨來奉親之日急於甘旨之奉，猶不敢自彊其所不足以犯世患；❺矧今孤露餘生，形神凋喪，懶廢無用，益甚於前，誠不忍復爲彯纓結綬之計，以重不孝之罪。是以杜門空山，甘忍窮寂，以遂區區之志，而庶幾或寡過焉。執事又不知此，而反

❶「譽處休洽」，淳熙本作「譽休浹洽」。
❷「教告」，淳熙本、浙本作「告教」。
❸「與」下，淳熙本有「其」字。
❹「躋攀」，淳熙本、浙本作「攀躋」。
❺「足」，淳熙本作「及」。

以行道濟時之事責之，此熹所以不敢當者二也。

感服至意，無以爲謝，敢布腹心，伏惟加憐察焉。繼此儻未斥絶，尚冀有以警誨之，使不迷於入德之塗，則執事之賜厚矣。它非所敢望也。

湖學之盛，甲於東南，而其湮廢亦已久矣。蓋自熙寧設置教官之後，學者不復得自擇師，是以學校之政名存實亡，❶而人才之出不復如當日之盛。今得賢太守身爲之師，其必將有變矣。然竊嘗讀安定之書，考其所學，蓋不出乎章句誦説之間。以近歲學者高明自得之論校之，其卑甚矣。然以古準今，則其虚實淳漓、輕重厚薄之效，❷其不相逮至遠。是以嘗竊疑之，敢因垂問之及而請質焉。因風見教及此，幸甚。又聞慶曆間嘗取湖學規制行之太學，不知當時所取果何事也？求諸故府，必尚有可考者，得令書吏録以見賜，則又幸甚。相望之遠，無由造前請益，所欲言者何啻萬端。遥想郡齋之間，伏紙不勝引領！

答薛士龍❸

熹屏居窮陋，幸無他苦，而涉春以來，親友喪亡，吊問奔走不得少安，殊無好況，此外無足言者。誨諭諄複，仰荷不鄙之意。然無可不可之教，則非初學所敢自期，而待禮而應者，尤非衰陋所敢萌意也。區區之懷，前言蓋已盡之矣。❹萬一諸公終不察，

❶「政」，原作「正」，據淳熙本、閩本、浙本改。
❷「漓」下，淳熙本有「之異」二字。
❸此題，淳熙本作「答薛湖州二」。
❹「言」，淳熙本、浙本作「書」。

則不過恭俟嚴譴而已，無它説也。蒙愛念之深，而其間頗有未相悉者，故敢及之。然不足爲外人道也。

垂諭湖學本末，不勝感歎。而所論胡公之學蓋得於古之所謂灑掃應對進退者，尤爲的當，警發深矣。竊意高明所以成己成物之要未嘗不在於此，而廣大精微之藴，其所超然而獨得者，又非言之所能諭也。儻不跧伏之蹤，未由承教於前，徒切歎仰。儻不棄外，時得惠音以鞭策之，實爲萬幸。而來教之云，❶倒置已甚，讀之愧汗踧踖，不知所以自容。萬望矜察。自此書來，存訪死生之外，削去虚文，直以道義啓告誘掖，此真區區所望於門下者。鄙懷悾悾，亦得無所慚憚而悉布之，以求藥石之誨。不審尊意能容而聽之否？

答林謙之 光朝

兹承祗召還朝，不獲爲問以候行李。伏奉黄亭所賜教帖，恭審執御在行神相，起居萬福，感慰之至。比日伏想已遂對揚，從容啓沃，必有以發明道學之要、切中當世之病者，恨未得聞。至於不次之除非常之數，則不足爲執事道也。

熹愚不適時，自量甚審，所願不過力田養親，以求寡過而已。所謂趨赴事功，自當世賢人君子事，豈熹所敢議哉？過蒙諄譬，荷愛之深，書尾丁寧尤爲切至。屬數日前已申祠官之請，聞命不早，雖欲奉教而不可得矣。抑熹久欲有請於門下，而未敢以

❶「云」，原作「去」，據淳熙本、浙本、四庫本改。

進。今輒因執事之問而一言之：

蓋熹聞之，自昔聖賢教人之法，莫不使之以孝弟忠信、莊敬持養爲下學之本，而後博觀衆理，近思密察，因踐履之實以致其知。其發端啓要，又皆簡易明白，❶初若無難解者。而及其至也，則有學者終身思勉而不能至焉。蓋非思慮揣度之難，而躬行默契之不易。故曰：「夫子之文章可得而聞也，夫子之言性與天道不可得而聞也。」夫聖門之學所以從容積累，涵養成就，隨其淺深，無非實學者，其以此與？今之學者則不然，蓋未明一理而已傲然自處以上智生知之流，視聖賢平日指示學者入德之門至親切處例以爲鈍根小子之學，無足留意。其平居道説，無非子貢所謂不可得而聞者，往往務爲險怪懸絶之言以相高。甚者至於周行却立，瞬目揚眉，内以自欺，外以惑衆。此風肆行，日以益甚，使聖賢至誠善誘之教反爲荒幻險薄之資，仁義充塞，甚可懼也。

熹緜力薄材，學無所至，徒抱憂歎，末如之何。竊獨以爲非如執事之賢，素爲後學所觀仰者，不能有以正而捄之，故敢以爲請。執事誠有意焉，則熹雖不敏，且將勉策駑頓以佐下風之萬一，不識執事亦許之否乎？謹此布聞，因謝先辱。餘惟爲道自重，以慰後學之望。上狀不宣。

答江元適 泳

孤陋晚生，屏居深僻，未嘗得親几杖之遊，乃蒙不鄙，使賢子遺之手書，致發明道要之文三編，加賜親札，存問繾綣，反若後

❶「簡」，浙本作「坦」。《考異》云：一本作「坦」。

進之禮於先進。熹愚不肖，不知所以得此於門下者，拜受踧踖，若無所容。退而伏讀以思，至于三四。雖昏憒無聞，未獲直闚所至之堂奧，然竊有以識夫所謂求仁之端者，而知其玩心高明，深造自得，非世儒之習也。幸甚，幸甚。

熹天資魯鈍，自幼記問言語不能及人。以先君子之餘誨，頗知有意於爲己之學，而未得其處，蓋出入於釋、老者十餘年。近歲以來，獲親有道，始知所向之大方。竟以才質不敏，知識未離乎章句之間。雖時若有會於心，然反而求之，殊未有以自信。其所以奉親事長、居室延交者，蓋欲寡其過而未能也。日者誤蒙收召，草野之臣，其義不敢固辭。造朝之際，無以待問，輒以所聞於師友者一二陳之。豈胸中誠有是道以進之吾君哉，特欲發其大端，冀萬一有助焉耳。不謂流傳，復誤長者之聽。伏讀誨喻，慚負不知所言。然厚意不可虛辱，敢因所示文編，其間有不能無疑者，略抒其愚，以請於左右，伏惟幸復垂教焉。

《無極齋記》發明義理之本原，正名統實於毫釐幾忽之際，❶非見之明、玩之熟，詎能及此？然其間有曰：「《易》姑象其機，《詩》、《書》、《禮》、樂姑陳其用。」熹竊謂「姑」者，且然而非實之辭也。夫《易》之象其機，《詩》、《書》、《禮》、樂之陳其用，皆其實然而不可易者，豈且然而非實之云乎？又有曰「髣髴」，曰「强名」，曰「假狀」，凡此皆近乎老、莊溟涬鴻蒙之説。以六經、《語》、《孟》考之，凡聖人之言皆慤實而精明，平易而淵奥，似或不如是也。又有曰

❶「統」，浙本無此字。《考異》云：一本無「統」字。

「禮樂政事，典謨訓誥，皆斯齋之土苴耳」，「土苴」之言，亦出於莊周，識者固已議之。今祖其言以爲是説，則是道有精粗内外之隔，此恐未安。又曰「老兮釋兮，付諸大鈞範質之初」，語意隱奥，亦所未喻。又曰「西伯不識不知，仲尼毋意毋我，茲蓋乾坤毁無以見易；易不可見，乾坤或幾乎息矣」。熹竊謂詩人之稱文王，雖曰「不識不知」，然必繼之曰「順帝之則」，孔門之稱夫子，雖曰「毋意毋我」，然後之得其傳者語之，必曰「絶四之外，必有事焉」。蓋體用相循，無所偏滯，理固然也。且《大傳》所謂易不可見則乾坤息者，乃所以明乾坤即易，易即乾坤，乾坤無時而毁，則易無時而息爾，恐非如所引終篇之意，乃類於老氏復歸於無物之云也。若夫《中庸》之終所謂「無聲無臭」，乃本於上天之載而言，則聲臭雖無，而上天之載自顯，非若今之所云并與乾坤而無之也。此恐於道體有害，自所謂求仁之端者推之，則可見矣。

《士箴》本末該備，説天人貫通其餘，指示仁體，極其親切。《三要書》推天理而見諸人事，其曰「體不立而徒恃勇斷以有爲，一旦智窮力屈，善後之謀索矣」，可謂切中今日之病。又曰「體中心之誠實者，達於禮樂刑政之間，而加之四方萬里之遠」，可謂善補衮職之闕，皆非淺陋所及也。然熹竊嘗聞之，聖人之學所以異乎老、釋之徒者，以其精粗隱顯體用渾然，莫非大中至正之矩，而無偏倚過不及之差。是以君子智雖極乎高明，而見於言行者未嘗不道乎中庸。非故使之然，高明、中庸實無異體故也。故曰：「道之不行也，智者過之，愚者不及也；道之不明也，賢者過之，不肖者不及也。」又曰：「差之毫釐，繆以千里。」聖人丁寧之意，亦可見矣。凡此謬妄之言，皆不知其中否，正欲求教於左右以啓其未悟，故率意言之，無復忌憚。蓋以爲不如是不足以來警切之誨爾。因來不吝垂教，實所幸願，而非敢望也。

答江元適❶

別紙所喻汪洋博大，不可涯涘，然竊以平生所聞於師友者驗之，雖其大致規模不能有異，至其所以語夫進修節序之緩急先後者，則或不同矣。蓋熹之所聞，以爲天下之物無一物不具夫理，是以聖門之學，下學之序始於格物以致其知。不離乎日用事物之間，別其是非，審其可否，由是精義入神，以致其用。其間曲折纖悉，各有次序，而一以貫通，無分段，無時節，無方所。以爲精也而不離乎粗，以爲末也而不離乎本，必也優游潛玩，饜飫而自得之，然後爲至。固不可自畫而緩，亦不可以欲速而急。譬如草木，自萌芽生長以至於枝葉華實，不待其日至之時而揠焉以助之長，豈不無益而反害之哉？凡此與來教所謂傷時痛俗，急於自反，且欲會通其旨要，以爲駐足之地者，其本末指意似若不同。故前後反復之言，率多違異。今姑論其大概，以爲求教之目，其他曲折，則非得面承不能究也。

「精義」二字，聞諸長者，所謂義者，宜而已矣。物之有宜有不宜，事之有可有不可，吾心處之，知其各有定分而不可易，所謂義也。精義者，精諸此而已矣。所謂精

❶ 按此文《續集》卷六複出，題爲「答江隱君」。

云者，猶曰察之云爾。精之之至而入於神，則於事物所宜，毫釐委曲之間無所不悉，有不可容言之妙矣。此所以致用而用無不利也。來教之云似於名言之間小有可疑，雖非大指所繫，然此乃學者發端下手處，恐不可略，故復陳之。不審高明以爲如何？

答江元適

熹嘗謂天命之性流行發用，見於日用之間，無一息之不然，無一物之不體，其大端全體，即所謂仁。而於其間事事物物莫不各有自然之分，如方維上下定位不易，毫釐之間不可差繆，即所謂義。立人之道不過二者，而二者則初未嘗相離也。是以學者求仁精義，亦未嘗不相爲用。其求仁也，克去己私以復天理，初不外乎日用之間。其精義也，辨是非、别可否，亦不離乎一念之際。蓋無適而非天理人心體用之實，未可以差殊觀也。孟子告齊王曰：「權然後知輕重，度然後知長短，物皆然，心爲甚。王請度之。」嗚呼，此求仁之方也，而精義之本在焉，孟子其可謂知言之要矣。今執事以反身自認、存真合體者自名其學，信有意於求仁矣。而必以精義之云爲語道之精體，而無與乎學者之用力，又以辨是非、别可否爲空言，不充實用而有害乎簡易之理，則熹恐其未得爲至當之論也。蓋曰道之精體，則「義」不足以名之，以「義」强名，則義之爲名又無所當。此蓋原於不知義之所以爲義，是以既失其名，因昧其實，於是乎有空言實用之説。此正告子義外之蔽也。既不知義，則夫所謂仁者亦豈能盡得其全體大用之實哉？近世爲精義之説，莫詳於

《正蒙》之書，而五峰胡先生者，名宏，字仁仲。亦曰「居敬，所以精義也」。此言尤精切簡當，深可玩味。

恐執事未以爲然，則試直以文義考之。「精義入神」，正與「利用安身」爲對。其曰「精此義而入於神」，猶曰「利其用而安其身」耳。揚子所謂「精而精之」，用字正與此同，乃學者用功之地也。若謂「精義」二字只是道體，❶則其下復有「入神」二字，豈道體之上又有所謂神者，而自道以入神乎？以此言之，斷可决矣。

抑所謂反身自認、存真合體者，以孔子「克己復禮」、孟子「勿忘勿助」之説驗之，則亦未免失之急迫，而反與道爲二。大抵天人初無間隔，而人以私意自爲障礙，故孔、孟教人，使之克盡己私，即天理不期復而自復。惟日用之間所以用力循循有序，不凌不躐，則至於日至之時，廓然貫通，天人之際不待認而合矣。今於古人所以下學之序則以爲近於傀儡而鄙厭之，❷遂欲由徑而捷出，❸以爲簡易，反謂孔、孟未嘗有分明指訣，殊不知認而後合，揠苗助長，其不簡易而爲傀儡亦已大矣。熹竊以爲日用之間無一事一物不是天真本體，孔、孟之言無一字一句不是分明指訣。故孔子曰：「吾無隱乎爾。」又曰：「天何言哉！」而子貢曰：「夫子之文章可得而聞也，夫子之言性與天道不可得而聞也。」夫豈平日雅言常行之外，而復有所謂分明指訣者哉？

此外牴牾尚多，然其大概節目具於是

❶「只」，浙本作「即」。
❷「鄙厭」，浙本作「厭鄙」。
❸「由」，浙本作「曲」。《考異》云：一本作「曲」。

矣。以執事教誨不倦，念未有承晤之期，不敢久虛大賜，是以冒昧罄竭其愚。伏惟恕其狂妄，少賜覽觀，還以一言，示及可否，虛心以竢。如有所疑，不敢不以復也。

答詹體仁儀之

湘中學者之病誠如來教，然今時學者大抵亦多如此。其言而不行者固失之，又有一種只説踐履而不務窮理，亦非小病。欽夫往時蓋謂救此一種人，故其説有太快處，以啓流傳之弊。今日正賴高明有以救之也。爲學是分内事，纔見高自標致，便是不務實了，更説甚底？今日正當反躬下學，讀書則以謹訓説爲先，脩身則以循規矩爲要，除却許多懸空閑説，庶幾平穩耳。不審尊意以爲如何？

答楊庭秀萬里

程弟轉示所惠書教，如奉談笑，仰見放懷事外，不以塵垢粃糠累其胸次之超然者，三復歎羡，不能已已。數日偶苦脾疾，心腹撓悶，意緒無聊。值此便風，不敢不附報。自力布此，僅能問何如，他皆未暇及也。時論紛紛，未有底止。契丈清德雅望，朝野屬心，切冀眠食之間，以時自重，更能不以樂天知命之樂，而忘與人同憂之憂，毋過於優游，毋決於遁思，則區區者猶有望於斯世也。

答李季章壁

兩書縷縷，皆有飄然遠引之意，不審果

以何日決此計耶？熹懇祠得請，深荷上恩。既還舊官，無復可辭之誼。孤危之跡雖未可保，然姑無媿於吾心可也。承問及先人紹興中文字，遺藁中劄子第三篇，疑即此奏。豫章所刊集中有之，今以納呈，已加籤貼於其上矣。筆削之際，儻得附見，千萬幸甚。諸公争和議時，先人與胡德輝、范伯達諸公同入文字，皆史院同寮也。當時此一宗議論不知有無登載？魏元履所集《戊午讜議》一書甚詳，亦嘗見之否耶？如館中未有，得行下建寧抄録上送，亦一事也。

慶遠計程已到零陵久矣，又聞其自處泰然，亦不易也。但未知便得一向安坐否耳。前年與陳君舉商量，拈出孝宗入繼大統一事。當時議臣如婁寅亮、趙、張二相、岳侯、范伯達、陳魯公皆未有褒録，恐可更詢訪當時曾有議論之人，并與拈出也。

答李季章

昨承喻及先君奏疏已蒙筆削，得附史氏篇末，幸甚。痛念先君早歲讀書，即爲賈、陸之學。遭時艱難，深願有以自見，而不幸不試，所得陳於當世者止此而已。今乃得託史筆以垂不朽，豈不幸甚？但恐賢者去國之後，或爲不肖之孤所累，因見刊削，未可知耳。又聞黄文叔頃年嘗作地理木圖以獻，其家必有元樣，欲煩爲尋訪，刻得一枚見寄。或恐太大，難於寄遠，即依謝莊方丈木圖，以兩三路爲一圖，而傍設牝牡，使其犬牙相入，明刻表識以相離合，則不過一大掩可貯矣。切幸留念。

河西爲一，陝西爲一，河東、河北、燕雲

爲一。京東西爲一，淮南爲一，兩浙、江東西爲一。湖南北爲一，西川爲一，二廣、福建爲一。大略如此，更詳闊狹裁之。相合處須令脗合，不留縫罅乃佳。

答李季章

熹罪戾之蹤，竟不免吏議，然已晚矣，又幸寬恩，未即流竄，杜門念咎，足以遺日，不足爲故人道也。累年欲脩《儀禮》一書，釐析章句而附以傳記，近方了得十許篇，似頗可觀。其餘度亦歲前可了。若得前此别無魔障，即自此之後便可塊然兀坐，以畢餘生，不復有世間念矣。元來典禮淆訛處古人都已說了，只是其書衮作一片，不成段落，使人難看。故人不曾看，便爲憸人舞文弄法，迷國誤朝。若梳洗得此書頭面出來，令人易看，則此輩無所匿其姦矣，於世亦非少助也。勿廣此說，恐召坑焚之禍。

荆公奏草不記曾附去否？今往一通，可見當日規摹亦不草草也。《禹迹圖》云是用長安舊本翻刻，然東南諸水例皆踈略。頃年又見一蜀士說蜀中嘉州以西諸水亦多不合，今其顯然者，如蜀江至瀘州東南乃分派南流，東折逕二廣自番禺以入海。以理勢度之，豈應有此？必是兩水南北分流，而摹刻者誤連合之，遂使其北入江者反爲逆流耳。然柳子厚詩亦言「牂牁南下水如湯」，則二廣之水源計必距蜀江不遠，但不知的自何州而分爲南北耳。又自瀘以南諸州今皆不聞，必已廢併。幸爲詢究，一一見喻。其圖今往一紙，可爲勾抹貼說，却垂示也。

答李季章

熹今歲益衰，足弱不能自隨，兩脅氣痛，攻注下體，結聚成塊，皆前所未有，精神筋力大非前日之比。加以親舊凋零，如蔡季通、吕子約皆死貶所，令人痛心。益無生意，決不能復支久矣。所以未免惜此餘日，正爲所編禮傳已略見端緒而未能卒就，若更得年餘間未死，且與了却，亦可以瞑目矣。其書大要以《儀禮》爲本，分章附疏，而以小戴諸義各綴其後。其見於它篇或它書可相發明者，或附於經，或附於義。又其外如《弟子職》、《保傅傳》之屬，又自别爲篇，以附其類。其目有家禮、有鄉禮、有學禮、有邦國禮、有王朝禮、有喪禮、有祭禮、有大傳、有外傳。今其大體已具者蓋十七八矣。因讀此書，乃知漢儒之學有補於世教者不小。如國君承祖父之重，在經雖無明文，而康成與其門人答問，蓋已及之，具於賈疏，其義甚備，若已預知後世當有此事者。今吾黨亦未之講，而憸佞之徒又飾邪説以蔽害之，甚可嘆也。

喻及仁里士人有志於學而能不事科舉者，近亦似曾聞説，但不知其姓名。此殊不易得，幸因風略報及也。舊來諸經説三四年來幸免煨燼，今亦恐未可保。然間因講説時有更定，欲寄一本去，恐可與西州同志者共之而未暇也。留衛公得《詩説》，日閲數版，手加點抹，書來頗極稱賞，仍盡能提其綱，亦甚不易。老年精力乃能及此，又不厭章句訓詁之煩也，要是天姿深静純實，故能若此。亦恨其聞此之晚，不得早效區區之愚耳。

德脩、文叔家居亦何所務？各有一書，煩爲致之，子直亦然也。今年閩中鄭、黄、鄧皆物故，氣象極覺蕭索。楊子直得祠又遭駁，項平父聞亦杜門不敢見人，其它吾人往往藏頭縮頸，不敢吐氣，甚可笑也。熹明年七十，已草告老之章，只從本貫依庶官例陳乞，亦不欲作廟堂書劄。而或者尚恐觸犯禍機。顧念禮律自有明文，而罪戾之餘，尚忝階官，亦無不許致仕之法，並已決意爲之，不復顧慮。政使不免，亦所甘心。蓋比之一時輩流，已獨爲優幸矣。尚欲低回貪戀微禄，以負平生之懷，復何爲哉！

前此附書，❶似是因李普州便。書中欲煩借黄文叔家地里木圖爲製一枚，不知達否？此近已自用膠泥起草，似亦可觀。若更得黄圖參照尤佳。但恐此書或已浮沉，不曾製得，即亦不必爲矣。禮殿圖舊亦有之，但今所寄摹畫精好，想正得古本筆意也。三五之目不可考，古事類此者多矣，今日豈能必其是非也邪？但既有是名號，則必有是人，《易大傳》但舉其制作之盛者而言耳。如漢人但言高祖、孝文，豈可便謂其間無惠帝耶？洮研發墨，鋒鋩可畏，此所難得，❷足爲佳玩矣。

答李季章

熹伏承不鄙，貺以先正文簡公詩編行實，并及三夫人二壙刻文，跽領伏讀，足慰平生高山仰止之心。而反復再三，又見其

❶「此」，浙本作「所」。
❷「難」，浙本作「艱」。

立德立言明白磊落，所以開發蒙吝，有不一而足者，幸甚，幸甚。至於不察熹之愚陋，而將使之纂次其事，刻之幽宫以視來世，則熹之不德不文，人知其不足以勝此寄矣。顧念平生未嘗得拜文簡公之函丈，而讀其書，仰其人則爲日蓋已久。又嘗聽於下風，而知公之所以相知，亦有不待識其面目而得其心者，是以願自附焉而不敢辭也。唯是今者方以罪戾書名僞籍，平居杜門，屏氣齰舌，不敢輒出一語以干時禁，而凜凜度日，猶懼不免，乃於此時忽爾破戒，政使不自愛惜，亦豈不爲公家之累？是以彷徨顧慮，欲作復止，而卒未有以副來命之勤也。伏惟執事姑少察此而深計之。竊意高文大筆，取之今世不爲無人，固不必眷眷於一無狀罪廢之人，而使盛德百世之傳不得以時定也。

熹區區鄙意，前幅具之詳矣。始者亦嘗深念，欲便草定而託以前日所爲。既而思之，又似不誠而不可爲也。又念劉、孫所定本出賢昆仲之手者，自足傳信後世，但循例必欲更經一手删節，則雖在今日陰竊爲之，亦自不害。只是目下未可使人知有此作，將來草定，亦不可使人見有此書，此則難遮護耳。來使本欲留以少俟，渠亦以丁寧之切，不來相逼。但覺此終是未敢落筆，不如且遣之還。俟一面更將所示者子細繙閲，隨記所當增損處，密託人送令弟處。又恐經由都下不便，不若且少忍之。若未即死，固當有以奉報。或使溘先朝露，亦當以付兒輩令轉奉聞也。平生多做了閑文字，不能無愧詞。今此好題目，可惜不做。但又適當此時，令人鬱鬱耳。

《續通典》見詩中及之，恐有印本，求一

部。《長編》改定本只寫改處，不知有多少册？得爲致之爲幸。或云建炎、紹興事亦已成書，不知然否？尤所欲得，但恐字多難寫耳。頃見靖康間事，楊龜山多有章疏，不曾編入，不知後來曾補否？蓋汪丈所刻本不曾載，福州、成都二本皆然。其奏議，後來南劒一本却有之，恐亦不可不補也。

答范文叔

《大學》之序固以「致知」爲先，而程子發明未有「致知」而不在「敬」者，尤見用力本領親切處。今讀來喻，知於主一蓋嘗用功，則致知之學宜無難矣。而尚欲更求其説，何耶？熹舊讀《大學》之書，嘗爲之説，每以淺陋，有所未安。近加訂正，似稍明白。親知有取以鋟木者，今内一通，幸試考之。或有未當，却望誨喻。然切告勿以示人，益重不韙之罪也。

答范文叔

讀書不覺有疑，此無足怪。蓋往年經無定説，諸先生所發或不同，故讀書不能亡疑。比年以來，衆説盡出，講者亦多，自是無所致疑。但要反復玩味，認得聖賢本意、道義實體，不外此心，便自有受用處耳。尹和靖門人贊其師曰：「丕哉聖謨，六經之編。耳順心得，如誦己言。」要當至此地位，始是讀書人耳。子約之去，私計良便。象先相從，所論云何？去歲相見不欵，未得盡所欲言，至今爲恨耳。講義反復詳明，深得勸誦之體。特寄此章，豈亦有感於時論耶？《大學》近閲舊編，復改數處。今往一通，試以舊本參之，當見鄙意也。

答范文叔

《春風堂記》久已奉諾，安敢忘之！但近覺孤危之迹爲當世所憤疾，日以益甚，遂絶口不敢爲人出一語。非獨畏禍，亦義理之當然也。兼亦覺得此等空言無益於實，僅同戲劇，區區裝點，是亦徒爲玩物喪志而已。若論爲己切實功夫，豈此等所能助？况明道而爲仁由己，亦何待他人之助耶？况明道先生氣象如此，乃是「不違仁」之影子。今於影外旁觀而玩其形似，孰若深察其心之所到而身詣之之爲實耶？竊謂爲仁之要固不出乎聖賢之言，若子夏所謂「博學篤志」、「切問近思」，夫子所謂「克己復禮」，所謂「恭敬忠恕」，可以備見其用力之始終矣。幸深味乎此而實加功焉，則爲有以慰區區之望，固不在於言語文字之間而已也。

答陳君舉

熹自頃寓書之後，南來擾擾，未能嗣音。至於懷仰德義，則無日而不勤也。乃蒙不忘，專人枉教，此意厚矣，何感如之！垂諭《詩説》，向見二君能道梗概，大指略同。意其必有成編，故以爲請。今承語及，乃知《爾雅》蟲魚决非磊落人之所宜注也。唐突負愧，如何可言！

誨示之勤，尤荷不鄙。然嘗謂人之爲學，若從平實地上循序加功，則其目前雖未見日計之益，而積累功夫，漸見端緒，自然不假用意裝點，不待用力支撑，而聖賢之心、義理之實必皆有以見其確然而不可易者。至於講論之際，心即是口，口即是心，豈容别生計較，依違遷就，以爲諧俗自便之計耶？今人爲學既已過高而傷巧，是以其説常至於依違遷就而無所分别。蓋其胸中未能無纖芥之疑有以致然，非獨以避咎之故而後詭於詞也。若熹之愚，自信已篤。向來之辯雖至於遭讒取辱，然至于今日，此心耿耿，猶恨其言之未盡，不足以暢彼此之懷、合異同之趣，而不敢以爲悔也。不識高明何以教之？惟盡言無隱，使得反復其説，千萬幸甚。老病幽憂，死亡無日。念此一大事非一人私説、一朝淺計，而終無面寫之期，是以冒致愚悃。鄉風引領，不勝馳情。

答陳君舉

前書所扣未蒙開示，然愚悃之未能盡發於言者亦多，每恨無由得遂傾倒，以求鐫切。近曹器之來訪，乃得爲道曲折。計其復趨函丈，必以布露。敢丐高明少垂采擇，其未然者痛掊擊之，庶有以得其真是之歸，上不失列聖傳授之統，下使天下之爲道術者得定于一，非細事也，惟執事圖之。

與陳君舉

先人自少豪爽，出語驚人。踰冠中第，更折節讀書，慕爲賈誼、陸贄之學。久之，又從龜山楊氏門人問道授業，踐修愈篤。紹興初，以館職郎曹與脩神宗正史、哲徽兩朝實録，而於《哲録》用力爲多。其辨明誣謗、刊正乖謬之功，具見褒詔。後以上疏詆講和之失忤秦相，去國補郡，不起，奉祠以終。

與陳君舉

先人贈告必已蒙落筆。母妻二告如亦合命詞，則前日失於具稟，今再有懇。先妣德性純厚，事姑極孝敬。祖母性嚴，先妣能順適之。治家寬而有法，歲時奉祀必躬必親。撫媵御有恩意，無纖毫嫌忌之意。亡婦先世自國初時以儒學登高科，其父諱勉之，字致中，紹興中嘗以布衣召至都堂，與秦丞相議不合而去。東萊吕舍人所謂「老大多才，十年堅坐」者也。凡此曲折，得頗見於詞命，足爲泉壤之榮，幸辱矜念。脱或已行，亦乞刊定。幸甚，幸甚。

與劉德修光祖❶

方念久不聞動静，忽閲邸報，有房陵之行，爲之悵然，寢食俱廢，累日不能自釋。不審彼以何日就道？自簡至房，道里幾何？取道何州？閲幾日而後至？風土氣候不至甚異否？居處飲食能便安否？官吏士民頗知相尊敬否？吾道之窮，一至於此！然亦久知會有此事，但不謂在目前耳。偶有鄂便，託劉公度轉致此問。如有的便，亦望得一書之報，使知動息，少慰遠懷，千萬之幸！馮、李亦復不容，季章得郡而名見乃弟疏中，恐亦非久安者。李良仲鴻飛冥冥，使人深羨，第恨不得扣其玄中之

❶ 按此文《續集》卷六複出。

趣。范文叔却幸未見物色，想亦深自晦也。熹足弱氣痞已半年矣，策杖人扶，僅能略移跬步。而腹脇脹滿，不能俯案，觀書作字，一切皆廢。獨於長者未敢依例口占耳。數日又加右臂作痛，寫字不成。衰憊至此，無復久存之理。承教無期，尚冀以時深爲世道自愛耳。熹隨例納禄，幸已得請。中間蓋亦小有紛紛，後雖粗定，然猶不免爲從之之累，❶亦可歎也。

答黄文叔度

八月二十二日，❷具位朱熹頓首復書于知府顯謨正言執事：熹跧伏窮山，聞執事之名舊矣。未獲既見，每竊恨焉。去歲趨召北歸，道聞新天子以執事爲賢，擢居言路，方與善類同深喜幸，以爲上新即位，首擇一人以爲諫官，即得執事之賢以充其選，是必將用其言以新庶政無疑矣。以執事之賢如此，又遭難得之時如此，其必將有以開寤上心、謹始建極，以慰中外之望又無疑矣。而未一二日，已聞出守之命，則又爲之惘然昏惑，莫曉所謂。比至中都，亟問其故，則凡有識無不扼腕，而劉德脩獨取執事所上免章謄本相視，熹於是時亦復慨然浩歎，蓋不唯爲執事惜此事會，亦爲朝廷惜此舉措。且自恨其失一見之便，而又決知吾道之將不行矣。曾未兩月，果已罷遣。❸道間聞當來婺，又以行役有程，不能宿留以俟車騎之來。還家又苦疾病，重以春夏之交，

❶「從」，原無，浙本作墨丁，據《續集》複出此文補。原段後校云：「一本『爲』下空一字。」「從之」，孫逢吉字。
❷「二」，浙本作「四」。
❸「已」，浙本作「亦」。

氣候大變，邪毒薰心，危證悉見，自謂必死矣，固不能先自通於左右，乃於呻吟之中，忽奉手教之辱，三復醒然，過望幸甚。然而執禮過謙，稱道浮實，比擬非倫，則非淺陋之所敢當也。豈其戲耶？則執事莊士也，非以言爲戲者也。以爲誠耶？則懼其有傷執事者閲理之明、知人之哲也。

至論古昔聖賢所處之難易，則執事之意可知矣。如熹之愚，蓋嘗不自揆度，而妄竊有志於此。然學未聞道，言語無力，精神不專，不足以動人悟物。蓋昔人所謂説將尚不下者，而又何足以議此耶？雖然，今亦老矣，衰病益侵，旦暮且死，此心雖不敢忘，亦無復有望於將來矣。顧今運祚方隆，聖德日新，有永之圖必將與明者慮之，則夫所謂致一以格天者，乃執事事也。執事其亦察乎舜之所謂人心道心者爲如何，擇之必精，而不使其有人心之雜；守之必固，而無失乎道心之純；則始終惟一，而伊尹之所以格天者在我矣。於以正君定國而大庇斯人於無窮，豈不偉哉！鄙見如此，不識執事以爲如何？如有未當，願反復之，以卒承教之願，千萬幸也。

前此承書未久，即聞去郡，來使遂不復來取報章。今想已還會稽，不審爲況復何如？時論日新，尚復何説！因趙主簿歸天台，寓此爲謝。不能盡所欲言，又苦目痛，不能多作字，不得親書，深以愧恨。相望千里，邈無晤見之期，惟冀以時自重，使斯世猶有賴焉，則幸甚。不宣。

答徐元敏

昨者拜書，方愧草率，人還，賜教勤至，

區區悚仄已不自勝。別紙垂誨，警發尤深。但詞意之間，謙卑已甚，非晚學小子所敢當。伏讀再三，益增恐懼。然竊伏觀尊誨之微指，大率以《曲禮》首章爲脩己治人之大要，喜其易行而病於難久。此非擇善之精、反躬之切，何以及此？顧念平昔所聞於師友者，其大端誠不外是。然行之不力，一暴十寒，其樂舒肆、喜談謔之病，殆有甚於高明之所患者，而何能有以少補於萬分？抑又聞之，主敬者存心之要，而致知者進學之功。二者交相發焉，則知日益明、守日益固，而舊習之非自將日改月化於冥冥之中矣。所聞如此，然躬所未逮，不自知其當否，敢因垂問之及而以質焉。儻蒙矜憐，還賜誨飭，使不迷於入德之方，則熹千萬幸甚。

答林正夫 湜❶

慕仰高風，固非一日。中間雖幸寅緣再見，然苦怱怱，不得欵奉誨語，至今以爲恨也。歸來抱病，人事盡廢，無繇奉記以候起居，每深馳跂。今茲楊通老來，忽奉手誨之辱，假借期許，既非愚昧之所敢當；而執禮過恭，尤使人恐懼踧踖而無所避也。雖然，高明之所以見屬之意，豈若世之指天誓日而相要於聲利之場者哉？況在今日而言之，尤足以見誠之至而好之篤。是以不敢隱其固陋，而願自附於下風焉。

蓋嘗聞之先生君子，觀浮圖者，仰首注視而高談，不若俯首歷階而漸進。蓋觀於

❶「湜」，浙本無此字。

外者雖足以識其崇高鉅麗之爲美，孰若入於其中者能使真爲我有而又可以深察其層累結架之所由哉？ 自今而言，聖賢之言具在方册，其所以幸教天下後世者，固已不遺餘力；而近世一二先覺又爲之指其門户、表其梯級，而先後之學者由是而之焉，宜亦甚易而無難矣。 而有志焉者或不能以有所至，病在一觀其外，粗覘彷彿，而便謂吾已見之，遂無復入於其中，以爲真有而力究之計。 此所以驟而語之，雖知可悦，而無以深得其味，遂至半途而廢，而卒不能以有成耳。 竊計高明所學之深、所守之正，其所藴蓄蓋已施之朝廷而見於議論之實，於此宜不待於愚言矣。 然既蒙下問，不可以虚辱；而熹之所有不過如此，若不以告於門下，以聽執事者之采擇，則又有非區區之所敢安者。 是以敢悉布之，可否之決，更俟來教，熹所虚佇而仰承也。

通老在此相聚甚樂，比舊頓進，知有切磋之益。 惜其相去之遠，忽起歸興而不可留也。 從之聞以牙痛爲庸醫所誤，投以凉劑，一夕之間遂至長往，深可痛惜，然此亦豈醫之所能爲哉！ 德脩崎嶇遠謫，令人動心。 然聞其平居對客誦言，固每以此自必，乃今爲得所願，然所關繫則不淺矣。 有寫其記文以來者，已屬通老呈白，想亦深爲廢卷太息也。 元善寓霅川，殊不自安，且晚必歸。 子宣今日方得書也。❶ 熹氣痞，不能久伏几案，作字草草，且亦未能究所欲言。 臨風引領，悵想亡量，惟高明察之。

晦庵先生朱文公文集卷第三十八

閩縣學訓導何器校

❶「宣」，浙本、天順本作「宜」。

晦庵先生朱文公文集卷第三十九

書問答[1]

答戴邁

熹來此，得足下於衆人之中，望其容色，接其議論，而知足下之所存若有所蓄積，而未得其所以發之者，心獨期足下可共進於此道。及以《論語》之説授諸生，諸生方愕眙不知所向，而足下獨以爲可信也，手抄口誦而心惟之。熹謂足下將得其所以發之者矣，甚慰所望。今辱書及以所抄四大編示之，而責其淺陋之辭託名經端，則非熹之任而足下之過也。夫執經南面，而以其説與門人弟子相授受，此其非熹之任明矣。熹無所復道，獨敢竊議足下之所以過，願寬其僭易而幸聽之。

夫學，期以自得之而已，人知之、不知之，無所與於我也。今足下自謂其已自得之耶，則宜無汲汲於此，而熹之言亦何爲足下重？不然，雖熹妄言之，於足下何有？足下之爲甚過。足下勉自求之，期有以自得之而後已，熹雖荒落矣，尚能與足下上下其説而講評之。四編且以歸書室，而具其所以然者報足下，幸察。

[1] 「問答」，浙本作「知舊門人問答」。

答林巒

辱示書及所爲文三篇，若以是質於熹者。熹少不喜辭，長復嬾廢，亡以副足下意。然嘗聞之，學之道非汲汲乎辭也，必其心有以自得之。則其見乎辭者非得已也。是以古之立言者其辭粹然，不期以異於世俗，而後之讀之者知其卓然非世俗之士也。今足下之詞富矣，其主意立説高矣，然類多採摭先儒數家之説以就之耳。足下之所以自得者何如哉？夫子所謂德之棄者，蓋傷此也。足下改之，甚善。示喻推所聞以講學閭里間，亦甚善。《記》曰：「教然後知困。」知困則知所以自彊矣。熹所望於足下者在此，足下勉旃！

答林巒

率性之謂道，脩道之謂教。

伊川先生説「率性之謂道」，通人物而言，更以其説思之。「脩道之謂教」，二先生及侯氏説却如此，然恐不如吕、游、楊説。尤溪《集解》想已見之。

喜、怒、哀、樂未發謂之中。

伊川先生云：「涵養於未發之時則可，求中於未發之前則不可。」宜更思之，檢此段熟看。

「民鮮能久矣」與「甚矣，吾衰也久矣」之「久」同。

「久矣」之意得之。

夫婦之愚。

伊川先生論之已詳。大抵自夫婦之所能知

能行直至聖人天地所不能盡，皆是説「費」處，而所謂「隱」者不離於此也。

道不遠人。

此段文義未通，又多用佛語，尤覺走作。且更熟玩其文義爲佳。

正己而不求人則無怨。

凡讀書，且虚心看此一處文義，令語意分明，趣味浹洽乃佳。切不可妄引他處言語來相雜，非惟不相似，且是亂了此中正意血脉也。

答呂侁

惠書甚慰。所守審如是，足下之所存誠遠且大，非熹所能及也。顧不能不以貧自累而求有以得於人，則足下之忍其大而不忍其細，又非熹之所能知也。抑熹之官於此，禄不足以仁其家而無以副足下之意，敢以所聞爲謝，冀足下之堅其守也。貧者士之常，惟無易其操，則甚善。

答楊宋卿

前辱柬手啓一通及所爲詩一編，吟諷累日，不忍去手。足下之賜甚厚，吏事匆匆，報謝不時，足下勿過。熹聞詩者志之所之，在心爲志，發言爲詩。然則詩者豈復有工拙哉，亦視其志之所向者高下如何耳。是以古之君子德足以求其志，必出於高明純一之地，其於詩固不學而能之。至於格律之精粗，用韻屬對、比事遣辭之善否，今以魏晉以前諸賢之作考之，蓋未有用意於其間者。而况於古詩之流乎？近世作者乃始留情於此，故詩有工拙之論，而葩藻之詞勝，言志之功隱矣。熹不能詩，而聞其説如此，無以報足下意，姑道一二。盛編再拜封納，并以爲謝。

答柯國材翰

辱書，示以顏子、子貢俱以仁爲問，而夫子告之有若不同者。此固嘗思之，而非如足下之説也。「爲仁由己」，此論爲仁之至要，蓋始終不離乎此。夫其所以求師友而事之之心豈自外至哉？既得師友而事之矣，然不求諸己，則師友者自師友耳，我何有焉？以此意推之，則二説者初不異也。如足下之言，恐非長善救失之意。足下思之而反復其説，則熹之願。他所以見屬者，豈熹所敢當哉？戴、陳二生趣向文辭皆可觀，固知其所自矣。有友如此，足以

輔仁，敢以爲足下賀，而僕亦將有賴焉。齋居無事，宜有暇日，以時過我，幸得講以所聞，而非所敢望也。

答柯國材

蔡彊來，❶領三月、六月、九月三書，急拆疾讀，如奉誨語，良慰久别不聞問之懷，幸甚，幸甚！信後歲已晚矣，不審爲况何如？❷伏惟味道有相，尊候萬福。

熹奉親粗遣，武學闕尚有三年，勢不能待。目今貧病之迫已甚，旦夕當宛轉請祠也。親年日老，生事益聊落，❸雖吾道固如

❶「蔡」上，淳熙本有「熹頓首再拜國材文執事」十字。
❷「况」下，淳熙本有「復」字。
❸「聊落」，淳熙本作「薄」。

此，然人子之心不能不慨然耳。

時事竟爲和戎所悮，今歲虜人大入，據有淮南，留屯不去。監前事之失，不汲汲於渡江，欲圖萬全之舉，此可爲寒心。而我之所以待敵者，内外本末一切刓弊，又甚於往年妄論之時矣。奈何，奈何？遠書不能詳言也。熹自延平逝去，學問無分寸之進，汨汨度日，無朋友之助，未知終何所歸宿。邇來雖病軀粗健，❶然心力凋弱，目前之事十亡八九。至於觀書，全不復記，以此兀兀，於致知格物之地，全無所發明。思見吾國材精篤之論而不可得，臨書悵然也。

所示《易》卦次叙，此未深究，不敢輕爲之説。但本圖自初爻而陰陽判，左三十二卦共一陽，右三十二卦共一陰。次爻即一變而陰陽交，左下十六卦之陽，右下十六卦之陰，上交於右上之陰，下交於左上之陽。❷又次爻又一變而又交，❸兑與艮交，震與巽交。而八卦小成矣。其上因而重之，而成六十四卦。此次叙甚明。其所以爲易者，蓋因陰陽往來相易而得名，❹非專謂震、巽四五相易而然也。此理在天地間無時不然，仰觀俯察，暑往寒來，莫非運用，恐不待考諸圖象而後明也。然古人制作之妙，顯發乾坤造化之機有如此者，❺是亦可樂而玩之耳。

不合無愧之説，在我固然；第所不能無恨者，精神言語不足以感悟萬一爲恨耳。若人人持不合無愧之説，則君臣之大倫廢矣。如何，如何？李君好學禮賢，其志可嘉。國材想亦推誠與之講論，有可采處。若得同爲此來，真寡陋之幸也。

❶「邇」，淳熙本作「年」。
❷「次爻即一變」至「左上之陽」正文、注文三十七字，原缺，據淳熙本補。
❸上「又」，原缺，據淳熙本補。
❹「蓋」，淳熙本、浙本作「似」。
❺「化」，淳熙本作「物」。

《春秋》工夫未及下手，而先生棄去。蓋亦以心志凋殘，不堪記憶。此書雖云本根天理，然實與人事貫通，若不稽考事迹，參以諸儒之説，亦未易明也。故未及請其説。然嘗略聞其一二，以爲《春秋》一事各是發明一例，如看風水移步换形，但以今人之心求聖人之意，未到聖人灑然處，不能無失耳。此亦可見先生發明之大旨也。《論語》比年略加工夫，亦只是文義訓詁之學，終未有脱然處。更有《詩》及《孟子》，各有少文字。地遠，不欲將本子去，又無人别寫得，不得相與商確爲恨爾。若遂此來之約，則庶幾得講之耳。

三序示及，想見用心之精，但每每推與過當，恐未得爲不易之論。又《論語序》云學爲仁一節，不知見得「仁」字如何分明？後面節次如何成褫？此義須句句有下落始得，不可只如此含糊也。近衢州一江元適登仕泳。以書來云：「頃歲獨學，常窺求仁之端，又謂須明識所謂元者，體諸中而無疑，則道之進也化也基諸此矣。」此論似非苟然默識，試一思之如何？江君未相識，書多好議論，亦是一老成前輩也。《易序》中云「此以無思相似以至有思」，❶此恐亦不能無病。試更思之。近方再讀此經，建陽一學者亦欲講之，因招之來年教兒輩。得與共學，用年歲工夫，看如何。

昨齊仲寄疑義來，乃不知是石丞者，妄意批鑿，非所施於素昧平生之人。然渠既以此道相期，必不相怪，但在熹有僭率之咎耳。

❶「相」、「有思」三字，原爲墨丁，據《正訛》引徐樹銘新本補。

所欲言者無窮，以久不得書，無所發端。今得來示，又以來人立俟，天寒手冷，作字不成，不能究悉胸中所欲言。千里相望，豈勝慨嘆！但願果能乘便一來，庶得傾倒，不然，終非紙札所能具也。閤正孺人、令郎各安佳，老人以下幸安。每勤問念，至感。未由會晤之前，千萬以時進道自愛。不宣。閏月晦日，熹頓首再拜國材丈執事。

欲識「仁」字大概，且看不仁之人可見。蓋其心頑如鐵石，不問義理，事任己知，❶是以謂之不仁。識此氣象，則仁之爲道可推而知矣。因書試言所得，以答合否如何耳。

答柯國材

傳序鄙意不欲如此，昨因《論語小傳》之作，已罄鄙懷。不蒙領略，遂更不敢復言。今所惠書反謂有所愛於言，何耶？行行之號，尤非所以矯氣習之偏而反之於中和之域，區區之意亦不願老丈之爲此稱也。如何？

答柯國材

示諭忠恕之説甚詳，舊説似是如此，近因詳看明道、上蔡諸公之説，却覺舊有病。蓋須認得忠恕便是道之全體，忠體而恕用，

❶「事任己知」，淳熙本作「專任己私」。

然後「一貫」之語方有落處。若言恕乃一貫發出，又却差了此意也。如未深曉，且以明道、上蔡之語思之，反復玩味，當自見之，不可以迫急之心求之。如所引「忠恕篤欽」以下，尤不干事。彼蓋各言入道之門、求仁之方耳，與聖人之忠恕道體本然處初不相干也。一陰一陽不記舊説，若如所示，即亦是謬妄之説。不知當時如何敢胡説？今更不須理會，但看一陰一陽往來不息，即是道之全體，非道之外別有道也。逆順之説，康節以爲先天之數。今既曉圖子不得，彊説亦不通，不若且置之。《易序》兩句大病在「彼此」二字上，今改得下面，不濟事也。凡此數説，姑塞來問，未知中否？有便却望垂教，幸甚，幸甚。

石丈相聚所談何事？其篤誠好學已不易得，而議論明快，想講論之際少所凝滯

也。書來有少反復，草草作答，不能盡所言。大抵講學只要理會義理非人所能爲，乃天理也。天理自然，各有定體，以爲深遠而抑之使近者，非也；以爲淺近而鑿之使深者，亦非也。學者患在不明此理而取決於心。夫心何常之有？好高者已過高矣，而猶患其卑；滯於近者已太近矣，而猶病其遠。此道之所以不明不行而學者所以各自爲方而不能相通也。前此以陳、許二友好爲高奇、喜立新説，往往過於義理之中正，故常因書箴之。蓋因其病而藥之，非以爲凡講學者皆當畫於淺近而遂止也。然觀聖賢之學與近世諸先生長者之論，則所謂高遠者，亦不在乎創意立説之間。伊川云：「吾年二十時，解釋經義與今無異。然思今日意味，覺得與少時自別。」又尹和靖門人稱尹公於經書不爲講解，而耳順心得，

如誦己言，此豈必以創意立説爲高哉？今吾輩望此地位甚遠。大概讀書且因先儒之説，通其文義而玩味之，使之浹洽於心，自見意味可也。如舊説不通，而偶自見得别有意思，則亦不妨。但必欲於傳注之外别求所謂自得者而務立新説，則於先儒之説或未能究而遽舍之矣。如此則用心愈勞而去道愈遠，恐駸駸然失天理之正而陷於人欲之私，非學問之本意也。且謂之自得，則是自然而得，豈可彊求也哉？今人多是認作「獨自」之「自」，故不安於他人之説，而必己出耳。

凡此皆石丈書中未及盡布者，或因講論之次，閑爲及之，幸甚，幸甚。并以呈齊仲、順之，不知如此卑説還可高意否？二公更不及别書也。徐丈惠書云有疑難數板，却未見之，豈封書時遺之耶？偶數時村中乏紙，亦不别拜狀，只煩爲致此意，幸甚，幸甚。順之書中似以横渠「平易其心」之説爲不然，談何容易！更且思之爲佳。蓋所謂平易者，非苟簡輕易之謂也。群居終日，别作何工夫？便中千萬示及一二。苟有未安，不憚獻所疑以求益也。

答許順之

示論記中語病的當，改云「知用其力而不知所以用力之方，則未有不反爲之累」，如何？大抵見道未明，揣摩求合，自然有漏綻處。得公如此琢磨，爲益大矣。後便見報，幸甚。兩書皆有來意，甚慰所望。當在何時耶？近讀何書？工夫次第如何？熹《論語説》方了第十三篇，小小疑悟時有之，但終未見道體親切處。如説仁者渾然與物同體之類，皆未有實見處，反思茫然，爲將奈何？熹比因堂劄促行，再入文字乞候終秩。萬一諸公不欲如此，得一教官之屬南去，即相見之期近矣。但分別之事豈可預料耶？山間無他事，歲豐米賤，農家極費力。然細民飽食，遂無他志，亦一幸也。

答許順之

熹衰老幸向安，然氣體虛弱，非復昔時，心力亦未復，都不敢思慮，舊業荒廢，無所發明，反而求之，似於存養用力處未有地位，甚以自懼耳。如吾友於此却已有餘，第未能達於詞命之間，恐其間亦有未徹底處，却宜於事物名數上着少工夫。蓋既無精粗本末之異，即此亦不可忽也。喪禮留意甚佳，但其度數亦不易曉。若哀敬之實，則吾友素知之矣，當益有餘味也。近得橫渠語録，有云「曲禮乃天地五藏，魂魄心府寓於其事」。試思此語，亦足以發耳。記文如所改甚善，但所辨說未能盡曉。熹意欲云「心之爲體亦微矣，彼不知用力於此者，固徇於物欲而不自知」，餘即悉如來示。蓋「不能用其力」之語，亦似有病了。真如衆盲摸象，達者見之，可付一笑。

答許順之

《檀弓》篇云：「殷既練而祔，周卒哭而祔。孔子善殷。」據孔子以殷禮爲善，則當從殷禮練而祔無疑矣。然今難遽從者，蓋今喪禮皆周禮也。葬而虞，虞而卒哭，卒哭而祔，是一項事首尾相貫；若改從殷禮，俟練而祔，即周人之虞亦不可行，欲求殷禮而證之，又不可得，是以雖有孔子之言，而未敢改也。温公只依《周禮》，唐《開元禮》及近世亦有改者，然終不安。禮文極是密察，不可儱侗，故聖人致詳於此，豪髮不差。蓋未詳未盡，則於己之心且不能安，民之不從尚未論也，疑夫子於二代之禮必有類此者，闕其一二，則無所證矣。

前書因見讀《禮》，故勸以致詳微細，因有「損所有餘，勉所不足」之言。來書乃謂：「本末精粗本無二致，何用如此分别？」此又誤矣。若每每如此，則更無用功處，更無開口處矣。子夏對子游之語，以爲「譬之草木，區以别矣」，何嘗如此儱侗來？惟密察於區别之中，見其本無二致者，然後上達之事可在其中矣。如吾子之説，是先向上達處坐却，聖人之意正不如是。雖至於堯、舜、孔子之聖，其自處常只在下學處也。上達處不可著工夫，更無依泊處。日用動静語默，無非下學，聖人豈曾離此來？今動不動便先説箇本末精粗無二致，正是鶻崙吞棗。向來李丈説鐵籠罩却之病，恐未免也。❶

答許順之

承在縣庠爲諸生講説，甚善，甚善。但所寄諸説，求之皆似太過。若一向如此，恐騣騣然遂失正途，入於異端之説，爲害亦不細。差之豪釐，謬以千里，况此非特豪釐之差乎！三復來示，爲之悵然，已輒用愚見附注於下。然其曲折非筆端可盡，恐當且

❶「也」下，淳熙本有「云云」二字。

以二先生及范、尹二公之説爲標準，反復玩味，只於平易慤實之處認取至當之理。凡前日所從事一副當高奇新妙之説並且倚閣，久之見實理，自然都使不著矣。蓋爲從前相聚時，熹亦自有此病，所以相漸染成此習尚。今日乃成相誤，惟以自咎耳。如子韶之説，直截不是正理，説得儘高儘妙處，病痛愈深。此可以爲戒而不可學也。何由面話，究此精微？臨風鬱結，無有窮已。

國材、元聘爲况如何？昨寄得疑難來，又是一般説話。大抵齊仲、順之失之太幽深，順之尤甚。而三公失之太執著，執著者有時而通，幽深者蕩而不反矣。中間一條平坦官路却没人行著，只管上山下水，是甚意思？因書可録此意及二序送之，爲致不及書之意。范伯崇學大進，劉德明者亦稍識理趣，皆可喜耳。伯崇《雜説》一紙附去，可見其持守不差，見理漸明之大概矣。然其説有少未盡，更求之，却以見喻。

伯崇去年春間得書，問《論語》數段，其説甚高妙，因以呈李先生。李先生以爲不然，令其慤實做工夫，後來便别。此亦是一格也。然其當時高妙之説，亦只是依諸先生説而推言之過當處耳，非如順之所示，硬將文義拗横説却也。切宜速改，至祝，至祝。大抵文義先儒盡之，蓋古今人情不相遠，文字言語只是如此。但有所自得之人，看得這意味不同耳，其説非能頓異於衆也。不可只管立説求奇，恐失正理，却與流俗詭異之學無以異也。只據他文理反復玩味，久之自明。且是胸中開泰，無許多勞攘，此一事已快活了。試依此加功，如何？

答許順之

讀書大抵只就事上理會，看他語意如何，不必過爲深昧之説，却失聖賢本意，自家用心亦不得其正，陷於支離怪僻之域，所害不細矣。切宜戒之，只就平易慤實處理會也。「必有事焉」之書不曾接得，不知如何？上蔡云：「出入起居，無非事者。正以待之，則先事而迎。忘則涉乎去念，助長則近於留情。聖人之心如鏡，❶所以異於衆人也。」觀此所謂「事」者，只是「事事」之「事」，遇此一事，則事此一事，本體昭然，此便見所謂「操則存、舍則亡」也。見此理極平易，只在目前，人自貪慕高遠，所以求之過當而自失之也。近再看《論語》尹先生説，句句有意味。可更玩之，不可以爲常談而忽之也。伊川先生云：「立言當含畜意思，不可使知德者厭，無德者惑。」此言深有味，更思之如何？

答許順之

「空空如也」，或者多引真空義如何？❷二程先生説此段甚分明，横渠説似過當了。愚謂且以二程先生之説爲主，❸理會正當文義，道理自在裏許。只管談玄説妙，却恐流入詖淫邪遁裏去。

「貧而樂」云云，善莫病於有爲，學莫病於自足。有爲則無爲而或輟，自足則不足

❶ 「鏡」，浙本作「鑒」。
❷ 「義」下，淳熙本有「爲問」二字。
❸ 「且」，淳熙本作「直」。

而或止。此學者之太病，而賢達之必期於進德也。蓋善自己之當然，而學須至於不厭。知所當然，則貧而樂、富而好禮，驕與諂無所事也；知所不厭，則切瑳以道學，琢磨以自脩，學問明辯之不可已也。是宜引《詩》以自況，亦明道學之無窮也。

此段雖無病，然語脉中窒礙處亦多。大凡不必如此立説，此先儒之説已略具矣。李光祖説甚善。

「不逆詐，不億不信」，此有以見聖人皆欲天下後世歸於寬厚長者之域處。蓋天下不能皆君子，不能皆小人，私淑艾之可也。今設有詐與不信之人，彼未必不心知其非，第此以誠實之道處之，亦未必不觀感而化，不亦善乎？何用逆億爲？然君子可欺以其方，難罔以非其道。彼以小人之道來，使此而不先覺，豈不爲所罔乎？故亦在所先覺方爲賢耳。

逆詐億不信，恐惹起自家機械之心，非欲彼觀感而化也。胡明仲云：「逆億在心，是自詐自不信也。」只是此意。若如此説，便支離了，不親切。「抑亦先覺者是賢乎」，李光祖曰：「理地明白，則私智無所用之矣。」此説極善。齊仲云，「抑亦」二字當玩味，有深意。固是如此。「莫須也著先覺方是賢乎」，「乎」者，疑問之辭，以上意未盡，故疑問也。

社，夫子曾語宰我：「明命鬼神，以爲黔首則，百姓以畏，萬民以服。」則知古人立社，豈虚設哉？亦以土地所宜之木而使民知戒懼，其爲教莫大焉。然哀公問社宰我，宰我受學聖人之門，豈無格言以正其心術？直以是而長之逢之，宜得罪於聖人，故反覆重言而深罪之。如「我戰則克」，夫子非不知陣，而對靈公必以俎豆；晉《乘》、楚《檮杌》、魯《春秋》，孟子非不知聞，而對威、文以無傳。❶凡此皆引君於當道。曾謂宰我久學於聖人而不之知，豈有補於名教者耶？

此段只依古注爲是。又謂古人立木於社，使民知所存著，知社之神必有所司，則國君所以守社稷其嚴乎！三桓擅改而魯之權失所司，則哀公之問社，宰我因其問而言「使民戰栗」。惜乎其説之不詳，故夫子歎之曰「成事不説」，謂不爲之詳説也，「遂事不諫」，謂不因事而諫也。使宰我之知不足以知之，則無責可矣；知而言之不盡，此聖人之所以惜之也。「既往不咎」，蓋因其問而可以言而不言，既往之失，今則無及矣，無可咎也，猶曰「今無可言矣」。

答許順之

與四時俱者無近功，所以可大受而不可小知也，謂他只如此。

一事之能否不足以盡君子之藴，故不可小知；任天下重而不懼，故可大受。小人一才之長亦可器而使，但不可以任大事耳。

「和順道德而理於義，窮理盡性以至於命」，「莫非命也，順受其正」，則君子於此將如何哉？亦曰脩其在我者以聽其在天者而已矣。

和順於道德，是默契本原處；理於義，是應變合宜處。物物皆有理，須一一推窮；性則是理之極處，故云盡；命則性之所自來

❶「威」，應爲「桓」，避宋欽宗趙桓諱。

處。以此推之，自不重複，不必如前所説。

答許順之

山間有一二學者相從，但其間絶難得好資質者。近得一人，似可喜，亦甚醇厚，將來亦可望也。齋舍迫狹，已遷在圭甫屋後佛頂庵中相聚矣。向聞與齊仲在浄隱，不知得多少時？看何文字？如何作工夫？今歲復相聚否？所有發明，條示數端，得反復焉，亦勝空書往來耳。所示《孟子》説備見用意之精，然愚意竊謂如此反似求索太過，援引太雜，使聖賢立言之本意汩没不明。已逐段妄以己意略論其一二梗概矣，可以類推，其餘不能一一備論也。語録中有一節正論此，今亦録去，可詳味之，便見病痛處亦非小疾，不可執吝以爲無傷而不之改也。齊仲、元聘書中各有少辨論，大抵亦止是理會近時學者過高之失，可并取觀也。

答許順之

亦將以利吾國乎。

以利心爲仁義，即非仁義之正，不待有不利然後仁義阻也。

孟子見梁襄王，出，語人曰：云云。

「定于一」只是「混一」之「一」，與「德惟一」之「一」不同，不必過爲此説。出而語人亦是偶然説及，不必言「公天下之善」以下云云之説。

齊宣王問曰：「齊桓、晉文之事可得聞乎？」云云。君子之道，譬如行遠必自邇，譬如升高必自卑，推之有本，用之有序，初非有甚高難行之事，但病不求之耳。歸而求之有餘師，安在乎行險以僥倖，區區於霸者之爲而昧於遵王之道哉？故孟子特指惻怛愛牛之一端，以啓其行不著而習不察之病，欲齊王之知吾有是心，亦曾於愛牛處見之，吾安得而自失之耶？反之吾身，急於百姓，何止乎及禽獸而已。正納約自牖之論，因其明以投之也。惜乎齊王終身由之而不知其道，且曰：「夫我乃行之，反而求之，不得吾心。」是亦豈真知反而求之哉？第不過見孟子之論而一時消盡鄙吝之心，故有是云爾。使真知求之，則明益明而聖益聖，能自已乎？不得吾心，無有是也。

此段甚好，然語亦有過當處。

齊宣王問曰：「交鄰國有道乎？」

湯事葛之事見於《孟子》，詳味其曲折，則知聖人之心矣。

君子不以天下儉其親云云。此極言仁人孝子之心親切處。當其親親之重，雖大而天下，苟得用心，亦不以爲大而儉於其親而不用也，况其餘乎？非必天下也。推其心是如此。

此説甚好。熹舊説此句：「以」，猶「爲」也。不爲天下惜一棺椁之費而儉於其親也。更參酌看如何爲穩，却示報也。

有餘不敢盡云云。在我雖有餘，然猶不敢以爲盡，謂只如此了。蓋道體無窮，雖文王亦只得云「望道而未之見」耳。

「有餘不敢盡」，似止是過者俯而就之之意。故下文云「言顧行，行顧言，君子胡不慥慥爾」，其文意可見也。

答許順之

石丈惠書，以「夫子」見謂。詳此二字，古人用之本非尊稱，如伐顓臾之季氏，毁仲尼之叔孫，皆得以稱，蓋猶曰「夫夫」、「之人」之比耳。然以孔門弟子稱仲尼以此，故後之人往往避其號。蓋不惟不敢使人以是加諸己，亦不敢以是加諸人也。熹初通書，不欲紛紜及此，幸爲一言，繼此惠音削去二字，乃所願望，不然不敢拜而受也。告爲深陳之，至懇，至懇。且既以道相知，凡百禮文之過其宜者，恐亦有可刊落者。得并及之，幸甚，幸甚。

答許順之

此間窮陋，夏秋間伯崇來，相聚得數十日，講論稍有所契。自其去，此間幾絶講矣。幸秋來老人粗健，心閒無事，得一意體驗，比之舊日漸覺明快，方有下工夫處。日前真是一盲引衆盲耳。❶其説在石丈書中，更不縷縷。試取觀之爲如何，却一語也。更有一絶云：「半畝方塘一鑑開，天光雲影共徘徊。問渠那得清如許？爲有源頭活水來。」試舉似石丈，如何？湖南之行，勸止者多，然其説不一。獨吾友之言爲當，然亦有未盡處。後來劉帥遣到人時已熱，遂輟行。要之亦是不索性也。

❶ 上「盲」，原作「目」，據閩本、浙本、四庫本改。

答許順之

書中所諭，皆的當之論，所恨無餘味耳。更向平易著實處子細玩索，須於無味中得味，乃知有餘味之味耳。「之所譬焉」，如石丈所説反求諸身，亦是要切；但經文指意恐不必如此。脩身等事前章已説了，此章正是理會脩身齊家中間事。若不如此，即愛憎予奪皆不得其所矣。「譬」字只是度量擬議之意，義以方外之事，然義初不在外也。如何，如何？

《敬齋記》所論極切當，近方表裏看得無疑。此理要人識得，識得即雖百千萬億不爲多，無聲無臭不爲少。若如所疑，即三綱五常都無頓處，九經三史皆爲剩語矣。此正是順之從來一箇窠臼，何故至今出脱不得？豈自以爲是之過耶？聞有「敬字不活」之論，莫是順之敬得來不活否？却不干「敬」字事，惟敬故活，不敬便不活矣。此事所差豪釐，便有千里之繆，非書札所能盡。切在細思，會當有契耳。先覺之論，只著得「誠」字，「感」字亦是贅語。只如文字不敢與柯丈見，便是逆詐億不信了。吾人心中豈有許多事耶？夜氣之説，近得來答，始覺前説之有病也。

答許順之

今歲却得擇之在此，大有所益，始知前後多是悠悠度日，自兹策勵，不敢不虔。但道力衰薄，未知能終不退轉否耳。《大學》之説，近日多所更定。舊説極陋處不少，大抵本領不是，只管妄作，自悞悞人，深爲可懼耳。向所論「敬字不活」者如何？近日又見此字緊切處，從前亦只是且如此説。擇之必相報矣。

答許順之

熹一出幾半年，學問思辯之益，警發爲多。大抵聖門求仁格物之學無一事與釋氏同，所以尋常議論間偶因記憶自然及之，非是特然立意，與之争勝負、較曲直也。想見孟子之闢楊、墨亦是如此，故其言曰：「予豈好辯哉！予不得已也。」今觀所與祝弟書，乃有「謗釋氏」之語，殊使人驚嘆。不知吾友别後所見如何而爲是語也？及細讀二書，則所可怪者不特此耳。且論其大者：如所謂「棲心淡泊，與世少求，玩聖賢之言可以資吾神、養吾真者，一一勘過」，只此二十餘字，無一字不有病痛。夫人心是活物，當動而動，當静而静，動静不失其時，則其道光明矣。是乃本心全體大用，如何須要棲之淡泊然後爲得？且此心是箇什麽，又如何其可棲也耶？聖賢之言無精粗巨細，無非本心天理之妙。若真看得破，便成己成物更無二致、内外本末一以貫之，豈獨爲資吾神、養吾真者而設哉？若將聖賢之言作如此看，直是全無交涉。聖門之學所以與異端不同者，灼然在此，若看不破，便直唤作「謗釋氏」亦何足怪？吾友若信得及，且做年歲工夫，屏除舊習，案上只看六經、《語》、《孟》及程氏文字，著開擴心胸，向一切事物上理會，第一不得唤作塵事昏心也。方知「體用一源，顯微無間」是真實語，不但做兩句好言語説，爲資神養真、胡荼自己之説而已也。

又承見警，此則甚荷相愛之深。然儒者之學，於此亦只是順理而已，當顯則顯，當默則默。若涵養深淳，則發必中節，更無差互。既未到此地位，自是隨其氣習所發不同。然若一向矯枉過直，則柔弱者必致狂暴、剛彊者必爲退縮，都不見天理之當然。惟聖門之學以求仁格物爲先，所以發處自然見得是非可否不差毫髮，其工夫到與不到，却在人。今吾友見教，要使天下之人不知有自家方做得事，且道此一念從何處來？唤做本心得否？唤做天理得否？直是私意上又起私意，縱使磨挫掩藏得全不發露，似箇没氣底死人，亦只是計校利害之私，與聖門求仁格物、順理涵養氣象大故懸隔。信知儒、釋只此豪釐間，便是繆以千里處。却望吾友更深思之，仍將此書徧呈諸同志，相與反復商確，不可又似向來説「先覺」之義，更不與徐、柯二丈見也。朋友商論，正要得失分明、彼此有益，何必於此揜覆？只此是私意根株，若不拔去，使之廓然大公，何緣見得義理真實處耶？所論好善優於天下，只是一箇「公」字，此等處何不公之甚也？

答許順之

尤溪書來，議論極佳。不知平日講論於此等處有異同否？若無異同，則亦可疑耳。擇之所見日精、工夫日密，甚覺可畏。如熹輩，今只是見得一大綱如此，不至墮落邪魔外道耳。若子細工夫，則豈敢望渠也？徐、柯二丈及汝器、近思諸友相聚説何等話？向者程舶來求語録本子去刊，因屬令送下邑中，委諸公分校。近得信却不送往，只令葉學古就城中獨校，如此成何文字？已再作書答之，再送下覆校。千萬與二丈、三友子細校過。但説釋氏處不可上下其手，此是四海九州千年萬歲文字，非一己之私也。近聞越州洪适欲刊張子韶經解，爲之憂嘆不能去懷。若見得孟子正人心，承三聖意思，方知此心不是苟然也。二先生集一部納去，可與二丈及林、王、陳諸友同看。已有一本并《通書》送縣學。《通書》偶盡，且寄此去，亦適值只有此一本，不能偏寄耳。聞已喫肉，甚善。推此類而擴充，則異説不能惑矣。

答許順之

承上巳日書，知嘗到城中校書曲折，甚慰，甚慰。但且據舊本爲定，若顯然謬誤，商量改正不妨。其有闕誤可疑，無可依據者，寧且存之，以俟後學，切不可以私意輒有更改。蓋前賢指意深遠，容易更改，或失本真以誤後來，其罪將有所歸，不可容易。千萬，千萬！舊來亦好妄意有所增損，近來或得别本證之，或自思索看破，極有可笑者。或得朋友指出。所幸當時只是附注其傍，不曾全然塗改耳。亦嘗爲人校書，誤以意改一兩處，追之不及，至今以爲恨也。

答許順之

文字鏤板有次第否？無異論否？徐、柯二丈通問否？學之不講，似是而非之論肆行而莫之禁，所欲言者，非書可既。

答許順之

石兄書來，云順之旦夕到彼。深欲去相聚，以此間事緒牽繫動不得。屈指月日，直到來年春夏間始得少間耳。幼兒未有讀書處，甚以爲撓，地遠，不能遣去尤溪，甚可恨也。經閣所要二書，偶未有本，俟有寄去。

答許順之

乾之爲卦上下純乾，天之動也，人欲不與焉。潛只得潛，見合當見。三則過矣，君子尤當致謹。四則德盛仁熟，磨不磷，涅不緇，不可以常情測。進退去就，時不可失，皆所以進吾德、脩吾業也。先儒多以舜自深山之中及其爲天下之事明之，其弊恐必至於王氏謂九三之知、九五之位可至而至之，得非以利而言乎？

乾卦皆聖人之德，六爻乃其所處之位也。如以舜明之，深得其象，舜亦非知堯之位可至而往至之也。熟讀程傳可見，不須別立說。若專以進德爲言，則九五、上九兩爻又如何解？

「人而不仁，如禮何？人而不仁，如樂何？」仁也者，人也。合而言之，道也。既已不仁，痒痾疾痛已尚不知，頑冥之甚，安知其禮樂之爲禮樂也？是其無如之何也宜矣。

大略如此，更宜玩味，看教著實。

「何有於我哉」，自聖人觀衆人，則偏爲爾德，無不可者。自衆人觀聖人，則猶天之不可階而升也。故聖人因事發見，示之以無有也。猶曰「女奚不曰」云云，皆其本分事爾。

此意固好，然聖人之詞不如是之夸也，恐只是謙退不居之詞。《論語》有兩處「何有於我哉」，須并觀之。

「夜氣不足以存」，始論「豈無仁義之心哉」，無之，是生不得。惟其物交物，則惟知有物，遂與隔絶。孟子於夜氣言之，當其萬慮澄寂之中體之，虚明自别，引而喪之者無有矣。故欲以復之初爻及之，庶幾有以用力，如何？

人皆本有仁義之心，但爲物欲所害，恰似都無了。然及其夜中休息之時，不與物接，其氣稍清，自然仁義之良心却存得些子。所以平旦起來，❶未與物接之際，好惡皆合於理。然才方如此，旦晝之所爲便來梏亡之，此仁義之心便依前都不見了。至其甚也，夜間雖得休息，氣亦不清，存此仁義之心不得，便與禽獸不遠。學者正當於旦晝之所爲處理會克己復禮、懲忿窒慾，令此氣常清，則仁義之心常存，非是必待夜間萬慮澄寂，然後用功也。若必如此，則日間幹當甚事也？❷「不遠復」，更檢《易傳》看，與所論亦不相似。

「操則存，仁能守之。舍則亡，仁不能守之。出入無時，莫知其鄉，惟心之謂與？」仁之不可已也如是。似以「操則存，❸舍則亡」爲「人心惟危」，「出入無時，莫知其鄉」爲「道心惟微」。妄意推測，慚怍之甚，乞賜提誨一二，庶知所向，幸甚，幸甚。

孟子此四句只是説人心是箇活物，須是操

❶「所以」，淳熙本作「故」。
❷「也」，淳熙本作「邪」。
❸「似」，浙本作「升」。升，許順之之名。

守，不要放舍。❶亦不須如此安排也。心一也，操而存則義理明而謂之道心，舍而亡則物欲肆而謂之人心。亡不是無，只是走出逐物去了。自人心而收回，便是道心，自道心而放出，便是人心。頃刻之間，恍惚萬狀，所謂「出入無時，❷莫知其鄉」也。所引「仁」字尤不是，正是倒說了。且更平心玩味，不要說得太高妙、無形影，非唯教他人理會不得，自家亦理會不得也。大率講學本爲聖賢之言難明，故就下面說出教分明。若是向上面說將去，即轉見理會不得矣。如建州人未識泉州，須且教他從南劒州問路去，豈可教他過漳州尋耶？此是大病，不可不知。

答許順之

所論操舍存亡之說，大概得之。然有未分明處，須他日面論也。在山頭理會數條，始知舊說太高之弊。如「君子不謂命」，止是以所值於外者而言。如舜之於瞽瞍、文王之於紂、晏嬰之於孔子、孔子之不得時位之類，不須說氣質不同，蓋爲下兩句說不行故也。凡若此類甚多，皆好高之弊。大抵讀書以此爲戒，且於平易切近分明處理會爲佳耳。

答許順之

春來弔喪問疾，❸略無少暇。前月末

❶「舍」下，淳熙本有「耳」字。

❷「所」上，淳熙本有「此」字。

❸「春」上，淳熙本有「熹頓首祝弟歸承書知來尤川日有講習之樂甚慰信後暄暖伏惟德履佳勝熹此如昨但」三十五字。「熹此如昨」之「此」，疑當作「比」字。

間，元履又不起疾，交遊凋落，可爲傷歎。而歲月如流，悔吝日積，亦將無聞而死，爲可懼耳。所喻《孟子》疑處甚善，鄙意尋常正亦疑此。❶若如諸家之說，即每事只說得一邊。要須說「口之於味」云云，此固性之所欲，然在人則有所賦之分，在理則有不易之則，皆命也。是以君子不謂之性而付命於天。「仁之於父子」云云，在我則有厚薄之稟，在彼則有遇不遇之殊，是皆命也。然有性焉，是以君子不謂之命而責成於己。須如此看，意思方圓，無欠闕處。請試思之，更與石丈諸公參較喻及爲幸。❷

答許順之

尤川學政甚肅，一方向風，極可喜。擇之書來，云古田宰聞之亦欲效顰，果爾則石宰之化不止行於尤川矣。天下事無不可爲，但在人自彊如何耳，觀此可見也。順之既有室家，不免略營生理。書中所說，不知當如何措畫？此固不得不爾也。粗有衣食之資，便免俯仰於人、敗人意思，此亦養氣之一助也。但不可汲汲皇皇、役心規利耳。想順之於此必有處，决不至如此也。

答許順之

《齋記》子細看未甚活絡，未須刊刻，如何？學不到此地位，彊勉鬭凑，不通檢點如此，如此便是靈驗處也。

❶「亦」，原作「以」，據淳熙本、浙本改。

❷「幸」下，淳熙本有「同安想時得書賤累一一承問感感兒輩附拜問意餘惟以時自愛不宣熹再拜上狀」三十三字。

答許順之

閤中安好，❶想亦能甘淡泊，相助經家務也。脩身齊家，只此是學，更欲別於何處留心耶？熹因循苟且，今將老矣，而進脩之功略不加進，於此每有愧焉。❷相見似無可説，別後又覺得有無限説話合商量，以此臨風每深懷想耳。❸

答許順之

熹爲朝廷不許辭免，❹州府差官逼迫，甚無好況。然亦只得力伸己志，他無可言者。❺示喻「是吾憂也」，楊、謝之説固未爲得，❻順之所論亦過當。唯尹公乃是發明程子之意。試更思之，似亦只是稱己勉人之意。聖人本意似只如此也。

答許順之

所示數條，❼鄙意有未安者。已具紙尾。大抵舊來多以佛、老之似亂孔、孟之真，故每有過高之弊。近年方覺其非，而亦未能盡革，但時有所覺，漸趨平穩耳。順之

❶「閤」上，淳熙本有「熹頓首便中承書粗慰向往比日已復秋風不審所履如何伏想佳勝」二十七字。
❷「焉」下，淳熙本有「冬間或欲一到尤溪省舅母不知彼時能來相聚否」二十字。
❸「耳」下，淳熙本有「云云」二字。
❹「許」，淳熙本作「得」。
❺「言」，淳熙本作「云云」。
❻「楊」上，淳熙本有「如」字。
❼「所」上，淳熙本有「熹頓首久不聞問承書甚慰信後冬温遠惟德履佳勝閤中令郎均安熹此粗安無足言者也」三十六字。

此病尤深，當痛省察矯揉也。❶ 鄧尉持己愛人如此，甚不易得。但今時學者輕率大言，先將恭敬退讓之心壞了，不是小病。若實有爲己之意，先去此病然後可耳。❷

答許順之

潮州有一許敬之者，聞嘗相過甚好，不知謝簿識之否？煩爲問云今在何處，因書報及。陳君詩亦佳，大凡學者勉其務實、少近名爲佳耳。

答陳齊仲

向所寄示《詩解》，用意甚深，多以太深之故，而反失之。凡所疑處，重已標出，及録舊説求教，幸試思之，因便垂誨，幸幸。

三事之喻甚善，但既知其驕矜走失而猶以爲未可去，不知更欲如何方可去也？差之毫釐，繆以千里，豈容公然走失耶？相馬之説，恐與忠恕之意不同。蓋忠恕之理則一，而人之所見有淺深耳，豈有所揀擇取舍於其間哉？學者欲知忠恕一貫之指，恐亦當自「違道不遠」處著力，方始隱約得一箇氣象，豈可判然以爲二物而不相管耶？格物之論，伊川意雖謂眼前無非是物，然其格之也，亦須有緩急先後之序，豈遽以爲存心於一草木器用之間而忽然懸悟也哉？且如今爲此學而不窮天理、明人倫、講聖言、

❶「也」下，淳熙本有「國材在甚處久不得書甚念之因書煩致意也」一十八字。

❷「耳」下，淳熙本有「天台近得書易説不知如何理會亦未聞其詳也向來游山之興屢謀屢失今且杜門静坐矣未由會見千萬珍重十月十日熹再拜」五十一字。

通世故，乃兀然存心於一草木、一器用之間，此是何學問？如此而望有所得，是炊沙而欲其成飯也。來諭似未看破此處病敗，恐不免出入依違之弊耳。近嘗辯論雜學家數家之説，謾録此數條去，不審高明以爲如何？順之「不二法門」，「不二法門則不可休」，「不可休」似未是不二法門，請更於此下語如何？渠所寄來《孟子説》，大抵其説亦苦於太高，却失本意。可更商量，須於平易明白中薦取，不必如此打遶也。

答徐元聘

文王無伐紂之心，而天與之，人歸之，其勢必誅紂而後已，故有「肅將天威，大勳未集」之語。但紂惡未盈，天命未絶，故文王猶得以三分之二而服事紂。若使文王未崩，十二三年，紂惡不悛，天命已絶，則孟津之事文王亦豈得而辭哉？❶以此見文、武之心未嘗不同，皆無私意，視天與人而已。

伊川謂無觀政之事，非深見文、武之心不能及此，非爲存名教而發也。若有心要存名教，而於事實有所改易，則夫子之録《泰誓》、《武成》，其不存名教甚矣。近世有存名教之説，大害事，將聖人心迹都做兩截看了。殊不知聖人所行便是名教，若所行如此而所教如彼，則非所以爲聖人矣。

周公東征，不必言用權，自是王室至親與諸侯連衡背叛，當國大臣豈有坐視不救之理？帥師征之，乃是正義，不待可與權者而後能也。若馬、鄭以爲東行避謗，乃鄙生腐儒不達時務之説，可不辨而自明。陳

❶「孟」，浙本作「盟」。

少南於經旨多踈略，不通點檢處極多，不足據以爲說。來教所謂「周公之志非爲身謀也，爲先王謀也；非爲先王謀也，以身任天下之重也」，此語極佳。

召公不說，蓋以爲周公歸政之後不當復留，而已亦老而當去。故周公言二人不可不留之意曰：「嗚呼，君已！曰時我，我亦不敢寧于上帝命，弗永遠念天威，越我民罔尤違。」又歷道古今聖賢倚賴老成以固其國家之事，又曰：「予不惠若茲多誥，予惟用閔于天越民。」只此便見周公之心。每讀至此，未嘗不喟然太息也。試於此等處虛心求之，如何？

答徐元聘

承喻人物之性同異之説，❶此正所當疑當講者，而考訂精詳，又見志意之不衰也。慰幸，慰幸。熹聞之，人物之性本無不同，❷而氣禀則不能無異耳。❸程子所謂「率性之謂道，兼人、物而言」，又云「不獨人爾，萬物皆然」者，以性之同然者而言也。❹所謂人受天地之正氣，與萬物不同，❺又云「只是物不能推，人則能推之」者，以氣禀之異而言也。故又曰：「論性不論氣不備，論氣不論性不明，二之便不是。」❻熟味此言，可見先生之意，豈若釋氏之云云哉。來喻云云，胡子知言正如此説。內一章首云「子思子曰」者是也。

❶「承」下，淳熙本有「示」字。
❷「人物之性」，淳熙本、浙本作「人性之初」。
❸「無」，淳熙本作「不」。
❹「言」下，淳熙本有「之」字。
❺「同」下，淳熙本有「者」字。
❻「是」下，淳熙本有「也」字。

然性只是理，恐難如此分裂。只是隨氣質所賦之不同，故或有所蔽而不能明耳。理則初無二也。至《孟子説》中所引，乃因孟子之言，只説人分上道理。若子思之意，則本兼人、物而言之也。「性同氣異」，只此四字包含無限道理，幸試思之。若於此見得，即於聖賢之言都無窒礙矣。❶

答王近思

向所寄論筆勢甚可觀，但少主宰，著眼目多被題目轉却，已是大病。又多用《莊子》語，虛浮無骨肋。試取孟、韓子、班、馬書大議論處熟讀之，及後世歐、曾、老蘇文字亦當細考，乃見爲文用力處。今人多見出《莊子》題目，便用《莊子》語，殊不知此正是千人一律文章。若出《莊子》題目，自家却從別處做將來，方是出衆文字也。老鈍久不爲文，如此主張未知是否，更思之，更思之。抑人之爲學，亦不專爲科舉而已，不審吾友比來於爲己之學亦嘗致意否？汝器諸友相聚，日所講者何事？因來更詳及此爲佳。

答王近思

窮居且爾，憂苦之餘，無復仕進意，杜門脩身，以畢此生而已。累書所問，緣多出人，無人收拾，往往散落，以此不及奉報。然其大略只是要做文字、應科舉、誇世俗而已。年來懶廢，於此尤悉棄置，不能有所可否於其間也。

❶「矣」下，淳熙本有「云云」二字。

答王近思

示喻學之難易及別紙所疑，足見好問之意。本欲一一答去，然熟觀之，似未嘗致思而汎然發問者。若此又率然奉答，竊恐秖爲口耳之資而無益問學之實。今且請吾友只將所問數條自加研究，自設疑難，以吾心之安否驗衆理之是非，縱未全通，亦須可見大略，然後復以見諭。計其間當有不待問而決者矣。所云或者競生新意，不知此是何人？并幸喻及。

答王近思

別紙所示，適此冗冗，不及細觀。大抵似有要説高妙、作文章之意。此近世學者之大患也。但日用之間以敬爲主，而於古昔聖賢及近世二先生之言逐一反復子細玩味，勿遽立説以求近功，則久之當有貫通處，而胸次了然無疑矣。

答王近思

所論縷縷，已悉。大抵吾友明勉有餘而少持重韜晦氣象，此是大病。今秋若與薦送，能迂道一見過，幸幸。所懷當面布之，乃可盡耳。聞祝弟持《大學》説及「觀過知仁」辨論去，皆是向來草藁往返未定之説。渠乃不知本末，持去悮人，甚不便，可爲焚之。

答王近思

前此欲銘先夫人之墓，以未嘗習爲之，無以應命。亦自念君子之事親以誠，正不在此；但能篤志力行，使人謂之君子之子，則其爲親榮也大矣。祭文尤所未解。凡喪，父在父爲主，今自主之，一失也。古者將葬祖奠，遣奠祝以事告而無文辭，二失也。古人居喪則言不文，蓋哀戚勝之，不能文也。今文甚矣，又將振而矜之，此三失也。孔子曰：「喪與其易也，寧戚。」吾友其未之思歟？大抵吾友誠慤之心似有未至，而華藻之飾常過其哀，故所爲文亦皆辭勝理、文勝質，有輕揚詭異之態而無沉潛温厚之風。不可不深自警省，訥言敏行，以改故習之謬也。

答王近思

校書聞用力甚勤，近作一序，略見編纂之意。若但欲旦夕自警，則亦何必求其辭之美耶？精思力行於送往事居之際而識其所由來，是則學者之急務也。

答王近思

所示疑問，深見好學之篤，已輒具注所見於下。且更於先達所言之中擇取其精要者一說，反復玩味，久而不忘，當自有心解處；不可妄以私意穿鑿，恐失之浸遠，難收拾也。如「必聞其政」之說，亦駸駸然走作了也。戒之，戒之！

答王近思

到此怱怱三月，政不得施，教不得行，日有愧怍而已。所論已悉，《洪範》說未暇細看。此間相去不遠，不知能略見訪，相聚數日否？此事須欵曲講論，方見意味，非文字言語可寄也。人還草草，餘俟面道。

答王近思

平時無事，是非之辯似不能惑。事至而應，則陷於非者十七八，雖隨即追悔，後來之失又只如故。今欲臨事時，所謂可喜、可怪、可畏、可沮者不能移其平時之心，其道何由？

此是本心陷溺之久、義理浸灌未透之病。且宜讀書窮理，常不間斷，則物欲之心自不能勝，而本心之義理安且固矣。

顏子在陋巷，而顏路甘旨有闕，則人子不能無憂。顏子方不改其樂，必有處此矣。

此說亦只是上條意思，此重則彼自輕，別無方法，別無意思也。

孔子謂夷、齊不念舊惡，則是其父子兄弟之間猶有可議也。蘇氏「違言」之說，果可據乎？

孔子之言必有見矣。伯夷既長且賢，其父無故舍之而立叔齊，此必有故，故蘇氏疑之。觀子貢問「怨乎」之意，似或有此意。然不必疑，但看後來「求仁得仁」便無怨處，則可以見聖賢之心，便有甚死讎，亦只如此消融了也。

孫思邈「膽欲大」之說，有所未喻。

彼丈夫也，我丈夫也，吾何畏彼哉！

霍光小心謹厚，而許后之事不可以爲不

知；馬援戒諸子以口過，而裹屍之禍乃口過之所致。二人之編在《小學》，無亦取其一節耶？「采葑采菲，無以下體」，取人之善，爲己師法，正不當如此論也。

答王近思

昨在郡，忽忽不能欵曲，至今爲恨耳。別紙疑義已悉奉答，亦恨向來不得面論也。熹歸來數日，卜葬未定，湖南誤恩，不容祗赴。又聞經界報罷，不見信於朝廷如此，如何更可任一道之寄耶？初辭未允，近已上章自劾，次第必得請矣。

答王近思

吾道一以貫之。

此説未是。更檢《精義》中二程先生及謝、侯二説熟看。楊、尹説正是錯會明道意，然曾子是力行得熟後見得，今人只是説得，自是意味不同。正便説得十分，❶亦不濟事。

仁。

此説未是。更檢伊川先生説「孝悌爲仁之本」、「博愛之謂仁」、「心譬如穀種」三處看，更檢《易傳·復卦》彖辭及《孟子》論四端處子細看。

❶ 「正便」，浙本作「政使」。

答魏元履

欲爲《春秋》學，甚善。但前輩以爲此乃學者最後一段事，蓋自非理明義精，則止是較得失、考同異，心緒轉雜，與讀史傳摭故實無以異。况如老兄心中本閙，恐非所以矯失而趨中也。愚意以爲不若只看《論語》，用年歲工夫，却看證候淺深，別作道理。然但《論語》中看得有味，餘經亦迎刃而解矣。聖人之言平易中有精深處，不可穿鑿求速成，又不可苟且閑看過。直須是置心平淡慤實之地，玩味探索而虛恬省事以養之，遲久不懈，當自覺其益；切不可以輕易急迫之心求旦暮之功，又不可因循媮惰，虛度光陰也。語録中一兩段説此事處，別紙上呈，可見此非臆説，亦見《春秋》之未易學也。若於此見得一義理血脉，方覺從前一團私意妄想，自家身心尚且奈何不下，如何説得行道救時底話？真是可笑。語録散漫，亦難看，卒無入頭處。若只欲遮眼，又不濟事。不若且只就《論語》中做工夫。有胡丈《會義》初本否？二先生説《論語》處皆在其中矣。大抵只看二先生及其門人數家之説足矣。《會義》中如王元澤、二蘇、宋咸雜説甚多，皆未須看，徒亂人耳。所欲言者甚多，然其序説未到，幸且勉力，終不敢自外也。

答魏元履

裘父所云欲於《論語》作數説，此語可疑。尋常讀書只爲胸中偶有所見，不能默契，故不得已而形之於口；恐其遺忘，故不得已而筆之於書，初不覺其成説也。若讀書而先有立説之心，則此一念已外馳矣，若何而有味耶？老兄所論昭烈知有權而不知有正，愚意則以謂先主見幾不明、經權俱失。當劉琮迎降之際，不能取荆州，烏在其知權耶？至於狼狽失據，乃不得已而出於盜竊之計，善用權者正不如此。若聲罪致討，以義取之，乃是用權之善。蓋權不離正，正自有權，二者初非二物也。子房用智之過，有微近譎處，其小者如躡足之類，其大則挾漢以爲韓而終身不以語人也。❶若武侯即名義俱正，無所隱匿。其爲漢復讎之志如青天白日，人人得而知之，有補於天下後世，非子房比也。蓋爲武侯之所爲則難，而子房投間乘隙，得爲即爲，故其就之爲易耳。頃見李先生亦言孔明不若子房之從容，而子房不若武侯之正大也。不審尊意以爲如何？

答魏元履

比來觀何書？大抵人當有以自樂，則用行捨藏之間，隨所遇以安之。和靖先生云：「如霽則行，如潦則休。」此言有味也。三哥失解，能自遣否？後生所慮學不足、身不立爾，得失區區，何足深介意也？

與魏應仲元履子

三哥年長，宜自知力學，以副親庭責望之意，不可自比兒曹，虛度時日。逐日早起，依本點《禮記》、《左傳》各二百字，參以

❶「挾」，原作「扶」，據浙本改。

《釋文》，正其音讀，儼然端坐，各誦百遍訖，誦《孟子》三二十遍，熟復玩味訖，看史數板，不過五六。反復數遍。文詞通暢、議論精密處誦數過爲佳。大抵所讀經史，切要反復精詳，方能漸見旨趣。誦之宜舒緩不迫，令字字分明。更須端莊正坐，如對聖賢，則心定而義理易究。不可貪多務廣、涉獵鹵莽，纔看過了，便謂已通。小有疑處，即更思索，思索不通，即置小册子逐日抄記，以時省閲，俟歸日逐一理會。切不可含糊護短，耻於資問而終身受此黯暗以自欺也。又置簿記逐日所誦説起止，以俟歸日稽考。起居坐立，務要端莊，不可傾倚，恐至昏怠。出入步趨務要凝重，不可票輕，以害德性。以謙遜自牧，以和敬待人。凡事切須謹飭，無故不須出入。少説閑話，恐廢光陰。勿觀雜書，恐分精力。早晚頻自點檢所習之業，每旬休日將一旬内書温習數過，勿令心少有放佚，則自然漸近道理，講習易明矣。

答范伯崇 癸未

前書所詢「民可使由之」一段，熹竊謂兩説似不相妨。蓋民但可使由之耳，至於知之，必待其自覺，非可使也。由之而不知，不害其爲循理。及其自覺此理而知之，則沛然矣。必使之知，則人求知之心勝，而由之不安，甚者遂不復由，而惟知之爲務，其害豈可勝言！釋氏之學是已。大抵由之而自知，則隨其淺深。自有安處；使之知，則知之必不至，至者亦過之，而與不及者無以異。此機心惑志所以生也。

答范伯崇

蘇氏「陳靈以後，未嘗無詩」之說，似可取而有病。蓋先儒所謂無詩者，固非謂詩不復作也，但謂夫子不取耳。康節先生云「自從删後更無詩」者，亦是此意。蘇氏非之，亦不察之甚矣。故熹於《集傳》中引蘇氏之説而繫之曰：「愚謂伯樂之所不顧，則謂之無馬可矣；夫子之所不取，則謂之無詩可矣。」正發明先儒之意也。大抵二蘇議論皆失之太快，無先儒惇實氣象，不奈咀嚼。所長固不可廢，然亦不可不知其失也。十五《國風》次序恐未必有意，而先儒及近世諸先生皆言之，故《集傳》中不敢提起。蓋詭隨非所安，而辨論非所敢也。歐陽公《本末論》甚佳，熹亦收在後語中矣。似此等且當闕之，而先其所急乃爲得耳。

「不可使知之」，謂凡民耳，學者固欲知之，但亦須積累涵泳，由之而熟，一日脱然自有知處乃可，亦非可使之彊求知也。機心惑志，就吕博士之説求之，則只如前日所説爲是。學者未知所止，則不必言機心惑志，只是冥行妄作耳。機心惑志正謂見得一斑半點而鑿知自私之流也。聖人教人不過博文約禮，而學者所造自有淺深，此「喟然」、「弗畔」所以不同也。顔子見聖人接人處都從根本上發見，横渠所指是也。餘人但能因聖人所示之方博文以窮理，約禮以脩身，如此立得定，則亦庶乎可以不爲外物誘怵、異端遷惑矣。自今觀之，顔子地位見處固未敢輕議，只「弗畔」一節，亦恐工夫未到此，不可容易看也。

「性中只有仁、義、禮、智，曷嘗有孝悌

來」，此語亦要體會得是，若差了，即不成道理。蓋天下無性外之物，豈性外別有一物名孝悌乎？但方在性中，即但見仁、義、禮、智四者而已。仁便包攝了孝悌在其中，但未發出來，未有孝悌之名耳。非孝悌與仁各是一物，性中只有仁而無孝悌也。仁所包攝不止孝悌，凡慈愛、惻隱之心皆所包也。猶天地一元之氣，只有水、火、木、金、土，言水而不曰江、河、淮、濟，言木而不曰梧、檟、樲、棘，非有彼而無此也。伊川又云「爲仁以孝悌爲本，「事之本」、「守之本」之類是也。論性則以仁爲孝悌之本」，「天下之大本」之類是也。此皆要言，細思之則自見矣。

答范伯崇

衛君待子而爲政。

熹嘗問先生瞽瞍殺人事，先生曰：「蒯聵父子只爲無此心，所以爲法律所縛，都轉動不得。若舜之心，則法律縛他不住，終身訢然，樂而忘天下，求仁得仁，何怨之有？然此亦只是論其心爾，豈容他如此去得？」問先儒八議之説如何，曰：「此乃蔽罪時事，其初須著執之，不執則士師失其職矣。」熹嘗以先生之意參諸明道及文定之説，明道説見《師訓》，文定説見哀二年。竊謂蒯聵父子之事，其進退可否只看輒之心如何爾。若輒有拒父之心，則固無可論；若有避父之心，則衛之臣子以君臣之義當拒蒯聵而輔之。若其必辭，則請命而更立君可矣。設或輒賢而國人不聽其去，則爲輒者又當權輕重而處之，使君臣父子之間道並行而不相悖，亦必有道。苟不能然，則逃之而已矣。義至於此，已極精微，但不可有毫髮私意於其間耳。

來喻以謂蒯聵之來，諸大夫當身任其責，請命於天子而以逆命討之，是矣。已嘗有天子之命而蒯聵違之，則不請命亦可。但又云「輒不與謀其事，避位而聽於天子」，則恐不免有假手於大夫以拒父，而陰幸天子之與己之心焉。掩耳盗鍾，爲罪愈大。許多私意都在，只是免得自家犯手，情理尤不好也。又云：「遽然興師以脅其父，於人子之心安乎？」自衛國言之，則興師以拒，得罪於先君，而不當立之世子，義也。自輒言之，則雖己不與謀，而聽大夫之所爲，請命於天子而討之，亦何心哉？來喻本欲臣子之義兩得，立意甚善。但推而言之，便有此病。似是於輒之處心緊要處看得未甚灑落，所以如此。孟子所謂「不得於言，勿求於心不可」者，此也。故愚竊謂輒之心但當只見父子之親爲大，而不可一日立乎其位，自始至終，自表至裏，只是一箇逃而去之，便無一事，都不見其他，方是直截。不審伯崇以爲如何？

子貢問士。

伊川先生所云以子貢平時氣象知之，又味夫子所答之意，有耻不辱，纔是依本分、不踈脱，不是過當底事，儘似退後一步說。然考其實則甚難，所謂篤實自得之事也，便可見往來答問意旨。子貢所以請問其次者，蓋爲自省見得有未穩當處，可見孔門學者爲己之實。若曰固已優爲，便是失照管也。

答范伯崇

來書謂聖人未嘗以得天下爲心，是矣。但謂可取則取，未可以取則不取，莫非順乎天理，如此則是有待而爲也，語似有病。嘗謂文王之事紂，惟知以臣事君而已，都不見其他，茲其所以爲至德也。若謂三分天下，紂尚有其一，未忍輕去臣位，以商之先王德澤未忘、曆數未終、紂惡未甚，聖人若之何而取之？則是文王之事紂非其本心，蓋有不得已焉耳。若是則安得謂之至德哉？至於武王之伐紂，觀政于商，亦豈有取之之心？而紂罔有悛心，武王灼見天命人心之歸己也，不得不順而應之，故曰：「予弗順天，厥罪惟均。」以此觀之，足見武王之伐紂順乎天而應乎人，無可疑矣。此説與來書云云，❶固不多争。但此處不容有毫髮之差，天理人欲、王道霸術之所以分，其端特在於此耳。來書以謂文、武之心初無異旨，固是如此。但恐此處不分明，即所謂無異旨者，乃是一時差却耳。孟子論取之而燕民不悦，則勿取，文王是也。取之而燕民悦，則取之，武王是也。此亦止爲齊王欲取燕，故引之於文、武之道，非謂文王欲取商，以商人不悦而止，而武王見商人之悦而歸己，而遂往取之也。如言仲尼不有天下，益、伊尹、周公不有天下，豈益、周公、伊尹、仲尼皆有有天下之願，而以無天子薦之與天意未有所廢而不得乎？直是論其理如此耳。凡此類皆須研究體味，見得聖人之心脱落自在，無私毫惹絆處，方見義理之精微，於日用中自然得力。所謂知至而意誠也。蓋幾微之間，衆理昭晰，雖欲自欺而不可得矣。至此方可説言外見意、得意忘言。不然，止是鑽故紙耳。愚意如此，不知伯崇以爲如何？恐有踈繆處，切望反復，幸甚。

「三分天下」一節，似因十亂之事而遂

❶「説」，原作「悦」，據浙本、四庫本改。

言之。兼此前後數章，皆是歷舉古聖王事，如孟子「舜明庶物」以下數章之比，更詳考見教爲幸。達巷黨人本不知孔子，但歎美其博學而惜其無所成名，謂不以一善得名也。此言至爲淺近，然自察邇言者觀之，則於此便見聖人道德純備，不可以一善名，愚夫愚婦可以與知，而其所以然者，聖人有所不知也。故孔子不欲以黨人之所稱者自居，而曰：「必欲使我有所執而成名，則吾嘗執御矣，何不以是見名乎？」此章呂與叔説蓋如此，但其辭約耳。餘説似皆未滿人意。如何，如何？

答范伯崇 同呂子約、蔣子先。

「易，變易也，隨時變易以從道也。」易也，時也，道也，皆一也。自其流行不息而言之，則謂之易；自其推遷無常而言之，則謂之時；而其所以然之理，則謂之道。時之古今，乃道之古今；時之盛衰，乃道之盛衰。人徒見其變動之無窮也，而不知其時之運也；徒見其時之運也，而不知其道之爲也。道之爲道，實造化之樞機、生物之根本，其隨其從，非有所隨、有所從也，一氣運行，自有所不得已焉耳。所謂易有太極，其此之謂歟？一説：當處便是時，其變動不居、往來無窮者，易也。其所以然者，道也。一説：易，道之生也，故曰「易，變易也」。然易有太極，故又曰「隨時變易以從道也」。故伊川曰：「君子順時，如影之隨形，可離非道也。」夏葛冬裘，飢食渴飲，豈有一毫人爲加乎其間哉！隨時而已。時至自從，而自不可須臾離也。以是知「隨時變易以從道」，三者雖若異名，而易之於道，初無兩物也。然自學者分上言之，苟未識夫所謂易，則時食而飲，時葛而裘，毫釐之差，其應皆忒，則將以何爲道哉？又嘗以是思之，盡天下之變而已不自道者，其易之體歟？未嘗截然離析者，其斯之謂道歟？「易，變易也，隨時變易以從道也」，此指易而言，謂人事也。以理言之，一流行而無窮，則時之遷移固自未嘗不隨其所當然而然也。當然而然，即從道也。就人言之，衆人不識易而不能體，則時既遷而不知，遂以倒行逆施而違其時之所當然。惟聖賢之流行無窮而識之體之，其身即易，故能變易以從道。所謂「隨時變易以從道」，猶曰「時中」云耳。道不可直謂之中，姑借「時中」而言耳。未知是否？「易」指卦爻而言，以《乾》卦之潛、見、躍、飛之類觀之，則「隨時變易以從道」者可見矣。

「有以見天下之動而觀其會通，以行其典禮者，聖人事也。」先觀「動」之一字，則知會通者，變動之總也。天下之事變動無窮，而其所以至於如此變動無窮者，必有一事爲之端由也。此一事者，萬變之所總也。聖人則有以見天下之動而舉目即觀夫變動之所總，故無窮之事變滔滔然各入其綱目，而事事物物各處之以其所當然，所謂行其典禮也。典禮，事物中之所有而當然者也。一說：「觀會通以行典禮」，會通，綱要也，事物之樞也。觀會通猶云「知至」，行典禮猶云「至之」也。如父父、子子之會通，惟慈孝而已。至於父止於慈、子止於孝，各止其則，是乃行其典禮也。苟不知父父之慈、子子之孝，則將何自而行其禮乎？一說：「會通」，會而且通也。未知孰是？「會」，以物之所聚而言；「通」，以事之所宜而言。

聖人，生而知之者也。然未生於天地之間，則始終之理雖具，而大明之者誰乎？「雲行雨施，品物流形」，聖人出焉，大明天道之終始，便是卦之六位，應時俱成，更無漸次，由是時乘六龍以御天而變化無窮焉。天地設位，理固皆具；聖人成能，理乃大明。具者天也，明者人也。先生批云：「抹處説得甚巧，然極有病。」

自「大哉乾元」至「品物流形」，是言元亨之義；「大明終始」至「以御天」，是説聖人體元亨之用耳。

四德之元，專言之則全體生生之理也，故足以包四者。偏言之則指萬物發生之端而已，故止於一事。孔子之言仁，專言之也。孟子之言仁義，偏言之也。

「保合大和」，即是保合此生理也。「天地絪緼」，乃天地保合此生物之理，造化不息。及其萬物化生之後，則萬物各自保合其生理，不保合則無物矣。

「各正性命」，言其稟賦之初；「保合大和」，言於既得之後。天地萬物蓋莫不然，不可作兩節説也。

「見龍在田，德施普也」，如日方升，雖未中天，而其光已無所不被矣。

九二君德已著，至九五然後得其位耳。

「元者，善之長也」，亦仁而已。體仁則痒痾疾痛舉切吾身，故足以長人。「亨者，嘉之會。」會，通也，會而通也。通有交之意，「嘉會」猶言慶會。會通而不嘉者有矣，如小人同謀，其情非不通也，然非嘉美之會，又安有亨乎？「利者，義之和」，和合於義即利也。利物足以和義，蓋義者得宜之謂也。處得其宜，不逆於物，即所謂利。利則義之行，豈不足以和義乎？「貞者，事之幹」，徹頭徹尾不可欠闕。人之遇事，所以頹惰不立而失其素志者，不貞故也。此所謂貞，固足以幹事。《文言》四德，大概就人事言之，自「君子體仁」以下，體乾之德，見諸行事者也。是以係之曰：「君子行此四德者，故曰：乾，元、亨、利、貞。」

「嘉之會」，衆美之會也，如萬物之長，暢茂蕃鮮，不約而會也。君子能嘉其會，則可以合於禮矣。如「動容周旋，無不中禮」是也。利是義之和處。義有分别斷割，疑於不和，然行而各得其宜，是乃和也，君子之所謂利也。利物，謂使物各得其所，非自利之私也。「榦」猶身之有骨，故板築之栽謂之楨榦。推此可以識貞之理矣。

「乾，元、亨、利、貞」，猶言「性，仁、義、禮、智」。

此語甚穩當。

初九龍德而潛隱，止言其自信自樂而已。至九二出見地上，始見其純，亦不已之功也。

潛者，隱而未見、行而未成，德雖已完，特未著耳。

既處無過之地，則唯在閑邪純敬而已。雖曰無過，然而不閑則有過矣。「確乎其不可拔」，非專謂退遯不改其操也。憂樂行違，時焉而已，其守無自而可奪。如富貴不淫、貧賤不移之意。「忠信脩辭」，且大綱説所以進德脩業之道。「知至知終」，則又詳言其始終工夫之序如此，親切縝密，無纖悉之間隙。忠信便是著實根基，根基不實，何以進步？脩辭立誠，只於平日語默之際，以氣上驗之，思與不思而發，意味自別。明道所謂「體當自家敬以直內、義以方外之實事」者，只觀發言之平易躁妄，便見其德之厚薄、所養之淺深矣。「知至」則知其道之所止，「至之」乃行矣而驗其所知也。「知終」則見其道之極致，「終之」乃力行而期至於所歸宿之地也。「知而行，行而知」者，交相警發而其道日益光明，終日乾乾，又安得一息之間哉？九三雖曰聖人之學，其實通上下而言，學者亦可用力。聖學淵源，幾無餘蘊矣。

忠信，心也；脩辭，事也。然蘊於心者，所以見於事也；脩於事者，所以養其心也。此聖人之學所以內外兩進，而非判然兩事也。「知至」、「至之」主至，「知終」、「終之」主終，程子此説極分明矣。

上下無常，進退無恒，非爲邪枉，非離群類，則其心之所處果安在哉？

隨時而變動，靜不失其宜，乃進德脩業之實也。

《遺書》云：「仁道難言，唯公近之。」非以「公」訓仁，當公之時，仁之氣象自可默識。

公固非仁，然公乃所以仁也。仁之氣象於此固可默識，然學者之於仁，非徒欲識之而已。

答范伯崇

『「有朋自遠方來」，以平生之所聞驗之，若合符節，而無絲髮之差，豈不樂哉？』

此出於上蔡，而其本説太廣，撮其要如此。

此但以志合道同，故可樂。謝先生謂無絲髮之差，不免過言。

事君則能格其非心。不至於以訐爲直。格君心之非者，大人之事。孝悌固是順德，然所造有淺深，未必皆能大人之所爲也。犯顔而諫，主於愛君。夫子之告子路，亦曰「勿欺也而犯之」。然則所謂犯上者，恐不如此，直謂出事公卿，凡在己上者，能移孝心以事之，不至犯分而已。

犯上不必專爲事君，凡在己上者皆是。舉事君如此，則其他可知。孟子曰：「惟大人爲能格君心之非。」而穆王命伯冏以繩愆糾繆，格其非心，則不必大人也。前賢如董仲舒之流非一人，皆能使其君媿畏而不敢爲非，是亦格其非心也。

「《記》曰『辭欲巧』，《詩》美仲山甫而以『令儀令色』稱之，則巧言令色非盡不仁也。若巧言令色而無德以將之，以是説人之觀聽，此之謂失其本心，焉得仁？有諸中而形諸外，則其色必莊而非有意於令，其辭必順而非有意於巧。君子所以貴乎道者如此，詩人所以美仲山甫之德而非巧言令色之謂也」。「辭欲巧」自承上文「情欲信」爲説，蓋曰既有誠心，須善辭令以將之耳，與此異旨。「鮮」者，立言婉微之體，所謂辭不迫切而意已獨至者。若謂「非盡不仁」，則巧言令色有時而仁矣，義恐未安。又曰「無德以將之，故鮮仁」。竊謂巧言令色其本已不正，何能復有德以將之耶？

「辭欲巧」乃斷章取義，有德者言雖巧、色雖令無害，若徒巧言令色，小人而已。

「信近於義」，横渠説與謝説自不同。如横渠説「遠耻辱」一句，恐不通。竊謂此章意在謹始，如言須當近義，慮其後之不可復也；恭須當近禮，恐其自貽耻辱也；不敢失親於可賤之人，懼其非所可宗也。有言必慮其所終，行必稽其所敝之意。

此論頗善。

「退而省其私，亦足以發。」以「私」爲私室，如古注説，恐未安。竊謂「私」是顔子自受用處，夫子退而默省之，以爲亦足以啓予矣。此一句游大信説。蓋非顔子不能深喻夫子之言，非夫子不足以知顔子之所以潛心也。

以「私」爲顔子自受用處，恐未安。退非夫子退，乃顔子退也。發，啓發也。始也如愚人，似無所啓發，今省其私，乃有啓發。與「啓予」之「啓」不同。

「視其所以」，此章蓋述上文爲説。「退而省其私」，「私」，所安也。

《論語》立言雖間以類相從，每稱「子曰」即自爲一段，不必專以上下文求之。

「温故知新」，學至此而無窮矣。至於夫子而猶曰「學不厭」，非以其無窮哉？「可以爲師」者，以其足以待無方之問也。温故而不知新，雖能讀《三墳》、《五典》、《八索》、《九丘》，足以爲史而不足以爲師也。

此論甚佳。

「人而無信」，車之與馬牛本兩物，以輗軏交乎其間，而引重致遠，無所不至焉。物與我未合，亦二物，以信行乎其間，則物我一致矣，夫然後行。

本文只言車無輗軏不可行，譬如人無信亦不可行，今乃添入馬牛於其間，此蘇氏之鑿。

「子入太廟。」舊説謂禮主於敬，「每事問」所以爲敬，恐勝今説。楊先生之説甚長。

答范伯崇

《王制》：「喪三年不祭。天地社稷，惟越紼而行事。」鄭氏不解「不祭」之義。按吕博士云：「人事之重，莫甚於哀死，故有喪者之毁，如不欲生；大功之喪，業猶可廢。喪不貳事如此，則祭雖至重，亦有所不行。蓋祭而誠至則忘哀，祭而誠不至則不如不祭之爲愈。後世哀死不如古人之隆，故多疑於此。」鄭氏解「惟祭天地社稷」，云「不以卑廢尊也」。愚謂此説非是。按天子諸侯之喪，所不祭者惟宗廟爾，郊社五祀皆不廢也。天地可言尊於宗廟，五祀社稷不尊於宗廟也。但内事用情，故宗廟雖尊而有所不行；外事由文，故社稷五祀不可廢其祭。《曾子問》疏所謂「外神不可以已私喪久廢其祭」，其説優於鄭氏矣。

内事用情者，以子孫哀戚之情推祖考之心，知其必有所不安於此，《曾子問》篇曰：「天子崩，國君薨，祝取群廟之主而藏諸祖廟。」鄭氏注曰：「象有凶者聚也。」愚謂此蓋示與子孫同憂之意。而子孫之於祖考至敬不文，又不可使人攝事，必也親之，則哀麤不可以臨祭，又不可以釋哀而吉服、徇情而廢禮亦明矣。外事由文者。「有國家者，百神爾主」，天子之於天地，諸侯之於社稷，大夫之於五祀，皆禮文之不可已者，非若子孫之於祖考也。以文爲尚，故不得以私喪久廢其祭，而其祭之也，必以吉禮吉服。故不得已隨其輕重而使人攝焉，期於無廢其文而已。雖哀戚方深，交神之意有所不至，不得已也。以文而行，其亦禮之稱乎？

又《曾子問》：「天子崩，殯，天子七日而殯。五祀之祭不行。哀戚方甚，故不祭。既殯而祭。疏曰：「五祀外神，不可以己私喪久廢其祭，故既殯，哀情稍殺，而後祭也。」其祭也，尸入，三飯不侑，酳不酢而已矣。不備禮也。自啓將葬啓殯。至于反哭，既葬而反。五祀之祭不行。啓殯見柩，哀情益深，故亦不祭。已葬而祭，義同既殯。❶祀畢獻而已也。」未純吉也。鄭氏曰：「郊亦然，社亦然，唯嘗禘宗廟俟吉也。」「諸侯自薨至殯，諸侯五日而殯。自啓至于反哭，奉帥天子。」如天子之禮也。《左傳》僖公三十三年：「凡君薨，卒哭而祔，祔而作主，特祀於主，烝嘗禘於廟。」杜氏注謂此天子諸侯之禮，不通於卿大夫。蓋卒哭後特用喪禮祀新死者於寢，而宗廟四時嘗祭自如舊也。此與《禮記》不同。《釋例》又引晉三月而葬悼公，改服脩官，烝于曲沃，會于溴梁之事爲驗。❷戰國禮變如此，蓋三年之喪，諸侯莫之行久矣。《左傳》特記一時之事，而杜氏乃誤爲正禮也。

右三條皆非士大夫之制，然其禮有可得而推者。古大夫宗廟有五祀，推「外事由文」之意，則五祀惟自卒至殯、自啓至于反哭暫廢。既葬殯，則使家臣攝之。推「内事用情」之理，則宗廟之祭宜亦廢也。今人家無五祀，惟享先一事遭喪而廢，蓋無疑矣。

在喪廢祭，古禮可考者如此。但古人居喪，衰麻之衣不釋於身，哭泣之聲不絶於口，其

❶「殯」，原作「葬」，據淳熙本、四庫本改。

❷「溴」，據《春秋》三傳及宋毛居正《六經正誤》（影印文淵閣《四庫全書》本）當作「湨」。

出入居處、言語飲食皆與平日絶異，故宗廟之祭雖廢而幽明之間兩無憾焉。今人居喪與古人異，卒哭之後，遂墨其衰，凡出入居處、言語飲食與平日之所爲皆不廢也，而獨廢此一事，恐亦有所未安。竊謂欲處此義者，但當自省所以居喪之禮果能始卒一一合於古禮，即廢祭無可疑；若他時不免墨衰出入，或其他有所未合者尚多，即卒哭之前不得已準《禮》且廢，卒哭之後可以略放《左傳》杜注之説，遇四時祭日，以衰服特祀於几筵，用墨衰常祀於家廟可也。《左傳》之意，卒哭前亦廢祭也。但卒哭之期，須既葬、立主、三虞之後，卜日而祭以成事方可耳。温公、高氏二書載此節文甚詳，可以熟攷。若神柩在而欲以百日爲斷，墨衰出入，則決然不可。愚見如此，不知伯崇以爲如何？然主奉喪祭乃令兄職，此事非伯崇所得專。但以此儀從容咨講，更與知禮者評之，庶其聽則可矣。萬一有所不合，則熹聞之，喪與其哀不足而禮有餘，不若禮不足而哀有餘。夫子亦言「喪與其易也寧戚」，熹常解此義，以爲具文備禮而非致愨焉之爲易。今人多此病，試思之。此則伯崇所當勉也。更思之。❶

答范伯崇

須送行語，哀苦中不復能爲文。然觀伯諫之言，已是藥石，但更須求所以立其本耳。日用之間以莊敬爲主，凡事自立章程，鞭約近裏，勿令心志流漫，其剛大之本乎？由此益加窮理之功，以聖賢之言爲必可信，以古人之事爲必可行，則世俗小小利害不

❶「之」下，淳熙本有「熹拜聞」三字。

能爲吾累矣。當官廉謹、是吾輩本分事，不待多説。然微細處亦須照管，不可忽略，因循怠墮。《吕氏童蒙訓》下卷數條，防閑之道甚至，皆可佩服。自治既不苟，更能事上以禮，接物以誠，臨民以寬，御吏以法，而簿書期會之間亦無所不用其敬焉，則庶乎其少過矣。暇日勿廢温習，少飲酒，擇交遊。子澄相去不遠，真直諒多聞之益。果能受其實攻而不憚改焉，則彼亦將不憚啓告之煩矣。區區所以相告者不過如此，恐臨别匆匆，不能盡舉，預以拜聞，惟所材擇。

答范伯崇

熹比携二子過寒泉，招季通來相聚，更有一二朋友來相聚，初不廢講議。但昏惰不敏，自救不給，何能有以及人？而學者氣禀强弱不齊，各有病痛，未見卓然可恃者，此亦殊可懼也。

知老兄官守不苟，又得賢守相聽從，得以少伸己志，深副所望。向來猶恐應變之才有所不周，今乃如此，信乎氣質之用小、道學之力大，而程子所謂「一命之士苟存心愛物，於人必有所濟」者，非虚語也。凡百勉旃，以大遠業之基，增吾黨之氣，幸甚。但久留郡中，於簿領之責竊恐曠弛，亦似非便。受納既畢，所謂他事，若他人所可辦者，即不若且歸邑中之爲愈也。如何？或未能歸，凡百亦須戒懼，遠避嫌疑，無爲恩怨之府乃佳。

欽夫得行所學，吾道之幸。但此事大難，不可喜而可懼。近復如何？得正月書，亦未有異聞也。論學依舊有好高傷快之弊。熹近覺此事全放在底下，著實涵養玩味，方見工夫。有一二段雜問答，漫寫呈，當否俟喻及。

他所欲言，非書所能盡也。

答范伯崇

伯諫前日過此，季通亦來會，相與劇論儒、佛之異。因問伯諫：「『天命之謂性』，此句爲實邪，爲空邪？」渠以爲實。熹云：「如此則作空見者誤矣。且今欲窮實理，亦何賴於前日之空見哉？」又爲季通指近事譬喻，渠遂釋然，似肯放下舊學。若自此不爲異議所移，則吾道又得此人，其資禀志尚過人數等，真有望矣。

答范伯崇

欽夫日前議論傷快，無涵養本原功夫，終是覺得應事匆匆。熹亦近方覺此病不是小事也。伯恭講論甚好，但每事要鶻圇説作一塊，又生怕人説異端俗學之非，護蘇氏尤力，以爲争校是非，不如斂藏持養。頃見子澄有此論，已作書力辨之，❶不知竟以爲如何也。子澄通書否？渠向疑處當時答得却有病，近看此書病尤多。文定云：「好解經而不喜讀書。」大抵皆是捉住一箇道理，便横説竪説，都不曾涵泳文理，極有説不行處。如程子文字，往往尤看不熟也。因作子澄書爲致意。

答范伯崇

伯崇近日何以用功？官事擾擾，想不得一向静坐看書。然暇時速須收斂身心，或正

❶「辨」，原作「辦」，據浙本、四庫本改。

容端坐，或思泳義理，事物之來，隨事省察，務令動静有節，作止有常，毋使放逸，則内外本末交相浸灌而大本可立，衆理易明矣。此外別無著力處。官事有可以及人處，想不憚出力。然檢身馭下，尤不可不加意也。

答范伯崇

前書所論數事，大概得之，但語意多未著實。曾子有疾之説，近嘗通考諸説，私論其故。今以上呈，幸更爲訂之。「心無死生」，所論意亦是。但所謂「自我而立，自觀我者而言」，此語却大有病。《知言》中議論多病，近疏所疑，與敬夫、伯恭議論，有小往復。文多未能録寄，亦懼頗有摭摘前輩之嫌。大抵如「心以成性，相爲體用」、「性無善惡，心無死生」、「天理人欲，同體異用」、「先識仁體，然後敬有所施」、「先志於大，然後從事於小」，如本天道變化，爲世俗酬酢，及論游、夏問孝之類。此類極多。又其辭意多迫急，少寛裕，良由務以智力探取，全無涵養之功，所以至此，可以爲戒。然其思索精到處，亦何可及也。「巨室」，恐如吕與叔《大學解》中云，乃「吾之一家」耳。「室」者，私室；「家」則室之巨者也。蓋承上文之意讀之，只合如此説，意思方正當，語勢亦穩帖。若以「巨室」爲彊家，便有著心牢籠之意，雖説不可違道干譽，終是專立此意爲標準，便有縫罅，不似聖賢平日規模也。如何？舊説「天下歸仁」，用吕與叔贊；説夫子言性與天道，用上蔡説。近覺皆未是。試更推之，復以見告。觀書比何所得？因來亦告及之，極所欲聞也。

欽夫近爲學者類集《論語》「仁」字，各

爲之説，許寄來看。然熹却不欲做此工夫，伯崇以爲然否？欽夫又説「當仁不讓於師」，要當此時識所以不讓者何物，則知此仁矣。此説是否？

答范伯崇

異端害正，固君子所當闢。然須是吾學既明，洞見大本達道之全體，然後據天理以開有我之私，因彼非以察吾道之正，議論之間，彼此交盡，而内外之道一以貫之。如孟子論「養氣」而及告子「義外」之非，因夷子而發天理「一本」之大，此豈徒攻彼之失而已哉，所以推明吾學之極致本原，亦可謂無餘藴矣。如此然後能距楊、墨而列於聖賢之徒，不然譊譊相訾，以客氣争勝負，是未免於前輩自敝之譏也。

晦庵先生朱文公文集卷第三十九

閩縣儒學教諭王製校

晦庵先生朱文公文集卷第四十

書 知舊門人問答

答劉平甫 玶❶

新年人事幾日而定？定後進業，恐不可廢。昨日歲前有欲奉聞者，以無間處，不暇及。亦嘗令四弟相告，曾及之否？大抵家務冗幹既多，此不可已者。若於其餘時又以不急雜務虛費光陰，則是終無時讀書也。愚意講學幹蠱之外，挽弓鳴琴、抄書讎校之類皆可且罷。此等不惟廢讀書，亦妨幹也。平甫試思此等於吾身計果孰親且急哉？

又比來遊從稍雜，與此曹交處，最易親狎，而驕慢之心日滋。既非所以養成德器，其於觀聽亦自不美，所損多矣。有國家者猶以近習傷德害政，況吾徒乎？然亦非必絶之，但吾清心省事，接之以時，遇之以禮，彼將自疎。如僕輩固不足道，然平甫亦嘗見衡門之下有雜賓乎？以禮來者以禮接之，亦嘗有留連酒炙、把臂並遊、對牀夜語者乎？此不足爲外人道，但欲平甫自知而節之；若徒暴露於外，而無見聽之實，但使衆怨見歸，爲僕作禍耳。千萬幸察。裴丈正歲出山來，幸爲道區區。此公勁直，凡所告戒千萬信受，不可如聽熹言之悠悠，恐不

❶「玶」，原缺，據閩本、浙本、四庫本補。

能堪耳。

答劉平甫❶

前日奉聞，可且自觀書。恐衆説紛紜，未能自決，即且理舊書如何？二《南》説未編次，可及今爲之，它日相聚裁定也。《論語》向者看四篇似未浹熟，可兼新舊看爲佳。去歲所治，大抵未熟者，今悉温尋之爲善。向數奉語，可録出所作工夫次第作一紙，時復省察了與未了分數。此最善，可便爲之。蓋雖相聚一年，所進業殊少，所當爲而未爲者殊多。今又疾病如此羸頓，勢未能出與兄相聚，相聚亦思索講究未得，恐負太碩人與共甫兄相責望之意。特復奉白，幸惟思之。無事勿出入，蓋共甫兄不在，宅中別無子弟，户門深闊，事有不可勝虞者。不惟惰遊廢業爲不可，賓客至者，談説戲笑，度無益於身事、家事者，少酬酢之，則彼自不來矣。切祝且温習勿廢，使有常業而此心不放，則異日復相聚亦易收拾。試思自去冬以來已過之日多少，其間用心處放蕩幾何、存在幾何，則亦足以自警矣。

答劉平甫

墓表須看令式合高多少，若所有石不及格，便可買石，不必問字之多少也。臨時分上一截寫額，下一截刻文，却看廣狹如何，爲字大小今難預定也。舊文兩日多所更定，漸覺詳備。銘文亦已得數語，但不甚佳。并歸日面議也。

❶ 按此文又爲《續集》卷七《與劉平父》中一節。

尊嫂聞向安，殊可喜。點視湯藥之暇，可以理舊學矣。日月易得，毋因循失之，乃所深望。前以戲謔奉規，能留意否？先聖言「君子不重則不威，學則不固」，向曾講此至熟。日用之間，只此一句勿令違失，則工夫已過半。千萬，千萬！熹以同召者例有任滿指揮，不免援例陳請。范丈亦以爲兄至此，渠冗甚，不得款語。然却儘有合處，不至如早賦之矛盾也。歸日當面言之。惟益力進所學、力行所知。元履向至泰寧，譽兄於諸人間不容口，無使爲過情之聞，則甚善。

答劉平甫

昨因聽兒輩誦《詩》，偶得此義，可以補橫渠說之遺。謾録去，可於疑義簿上録之。

一章言后妃志於求賢審官，又知臣下之勤勞，故采卷耳、備酒漿，雖后妃之職，然及其有懷也，則「不盈頃筐」而棄置之於「周行」之道矣，言其憂之切至也。

二章、三章皆臣下勤勞之甚，思欲酌酒以自解之辭。凡言「我」者，皆臣下自我也。此則述其所憂，又見不得不汲汲於采卷耳也。四章甚言臣下之勤勞也。

又《定之方中》「匪直也人」云云，言非特人化其德而有塞淵之美，至於物被其功，亦至衆多之盛也。

答劉平甫

《關雎》章句亦方疑之，當作四章，三章章四句，一章章八句乃安。但於舊說俱不合，莫可兼存之否？「好逑」如字乃安，毛公自不作「好」字說。更檢《兔罝》「好仇」處看音如何，恐不須點破也。蘇黄門併《載馳》詩中兩章四句作一章八句，文意亦似《關雎》。末後兩章「琴瑟友之」、「鐘鼓樂之」作一章八句，依故訓説亦得。

答劉平甫

熹承詢及影堂，按古禮，廟無二主。嘗原其意，以爲祖考之精神既散，欲其萃聚於此，故不可以二。今有祠版，又有影，是有二主矣。古人宗子承家主祭，仕不出鄉，故廟無虚主，而祭必於廟。惟宗子越在他國，則不得祭，而庶子居者代之，祝曰：「孝子某宗子名。使介子某庶子名。執其常事。」然猶不敢入廟，特望墓爲壇以祭。蓋其尊祖敬宗之嚴如此。今人主祭者遊宦四方，或貴仕於朝，又非古人越在他國之比，則以其田禄脩其薦享尤不可闕，不得以身去國而使支子代之也。

禮意終始全不相似，泥古則闊於事情，徇俗則無復品節。必欲酌其中制，適古今之宜，則宗子所在，奉二主以從之，於事爲宜。蓋上不失萃聚祖考精神之義，二主常相依，則精神不分矣。下使宗子得以田禄薦享，祖宗宜亦歆之。處禮之變而不失其中，所謂「禮雖先王未之有，可以義起」者蓋如此。但支子所得自主之祭，則當留以奉祀，不得隨宗子而徙也。所喻留影於家，奉祠版而行，恐精神分散，非鬼神所安。而支子私祭上及高曾，又非所以嚴大宗之正也。明則有禮樂，幽則有鬼神，其禮一致。推此思之，則知所處矣。學絶道喪，此語世所罕聞，聞之必以爲笑。然以吾友下問之勤，不敢不以正對。侍次試以稟知，更與圭甫熟講，斷然行之，一新弊俗。共甫博學多聞，亦不應以此爲怪也。更詳思之。

答劉平甫

夫子云：「不學《詩》，無以言。」先儒以爲心平氣和則能言。《易·繫辭》曰：「易其心然後語。」謂平易其心而後語也。明道先生曰：「凡爲人言者，理勝則事明，氣忿則招拂。」告子云：「不得於言，勿求於心。」孟子以爲不可。此凡言與人交際之道。《記》曰：「子事父母，父母有過，下氣怡色，柔聲以諫。」此事親事長之道也。適以此意奉聞大略，然此等事更留意體察，勤加鐫治爲妙。此別須有旬月之期，懷不能已，聊復言之。他日相見，只此可驗進學工夫，更不須問疑難也。在彼凡事存此意，善處爲佳。途中望寬懷自愛。

孟子之意以言有不順、理不自得處，即是心有不順、理不自得處，故不得於言，須求之於心，就心上理會也。心氣和則言順理矣。然亦須就言上做工夫始得。伊川曰「發禁躁妄，内斯静專」是也。内外表裏照管無少空闕，始得相應。試如此用工夫，如何？

答劉平甫

近收耕老書，説一貫之旨甚善，但忠恕即説成兩貫了。兩貫之理，全然透不過忠恕裏面來。如此即惡在其爲一貫耶？此事政須自得，而渠堅守師説，自作障礙，無如之何。但循循不差，却無躐等之患，亦可貴爾。

與平父書中雜説

近得《廟堂記》一本奇甚，蓋百十年前物，刻畫完好，尚有界行，恨未令平甫見也。《論語》讀之想有味。《訓蒙》草草不堪看，只看《要義》自佳也。

沙縣羅家傳得先聖像甚佳，并武侯成都本，與閣本大異，此像嚴毅沈正，恐差近之也。

二先生、邵、張公四象，今并欲煩爲背之。惟横渠一象服章不類，或有此闊絹，并告爲摹易之，如二先生野服，如何？

元履此劄曾寄呈樞兄否？ 此題目難做，非「籲俊尊上帝」之比，而彼易爲之，亦不思矣。又時宰何嘗知有此事？ 率爾發之，殊不中節。比以書正之，已不及矣。可笑，可笑！

裘父詩勝他文，近體又勝古風，今乃見之，幸甚。曾詩有《廬山圖》者，不知有此圖否？ 若未得遊，且得一圖想像勝處亦佳。

熹碌碌如初，貧病日侵，而仕宦之意愈薄，吾命有所制矣。《程氏遺書》細看尚多誤字，蓋元本如此，今以它本參之，乃覺其誤耳。

文定《春秋》并二書傳之甚善，更問欽夫看如何。渠似不甚愛《通旨》，愚意則以爲亦可傳也。

答吴耕老

胡丈昔年答黄繼道問「一貫」義云：「一

貫，誠也；忠恕，思誠也。誠者天之道，思誠者人之道。」此語形容得甚妙。《中庸》曰：「鳶飛戾天，魚躍于淵，言上下察也。君子之道造端乎夫婦，及其至也，察乎天地。」此是子思在天舉一物，在地舉一物，在人舉夫婦。鳶與魚其飛躍雖不同，其實則一物爲之耳。夫婦之道亦不出乎此。是皆子思發見一貫之道也。孔子繫《易》辭有曰：「以言乎遠則不禦，以言乎邇則静而正，以言乎天地之間則備矣。」亦發明斯道也，如何，如何？

來教引《中庸》、《易傳》之言以證一貫之理，甚善。愚意所謂一貫者亦是如是。但據熹所見而以諸先生之説證之，則忠恕便已在一貫之中。如所謂「鳶飛魚躍雖不同，然其實則一物」之意是也。若耕老之説，則是鳶魚飛躍、内外精粗合爲一貫矣。而一貫之外，零却「忠恕」二字，恐非聖賢之意也。胡丈以一貫爲誠，而以忠恕爲思誠也。若熹之意，則曾子之言忠恕即誠也，子思之言違道不遠、孟子之言求仁莫近，乃思誠也。試推此思之，如何？

答何叔京

五月十八日新安朱熹謹再拜裁書，復于知丞學士執事：熹少而魯鈍，百事不及人，獨幸稍知有意於古人爲己之學，而求之不得其要。晚親有道，粗得其緒餘之一二，方幸有所向而爲之焉，則又未及卒業而遽有山頽梁壞之歎，倀倀然如瞽之無目，擿埴索途終日而莫知所適，以是竊有意於朋友之助。顧以鄙樸窮陋，既不獲交天下之英俊以資其所長；而天下之士其聰明博達足以自立者，又往往流於詞章記誦之習，少復留意於此。熹所以趑趄於世，求輔仁之益，所得不過一二人而已。間者竊聞執事家學淵源之正，而才資敏鋭，絶出等夷，其深造默識，固有超然非誦説見聞之所及也，而其口講心潛、躬行力踐，已非一日之積，是以嘗欲一見執事而有謁焉。聽於下風，又聞執事蓋嘗過聽遊談之誤，憐其願學之久而未始有聞，且將引而寘之交游之末，使得薰沐道誼之餘以自警飭，以此尤欲及時早遂此願。而貧病之故，不能贏糧數舍，求就正之益，以慰夙心而承厚意；自惟薄陋，聲迹本踈，又不敢率然奉咫尺之書以煩隸人，而爲異日承教之漸。惟是瞻仰不能一日而忘，而且愧且恨亦未嘗不一日往來于心也。

不謂執事不鄙其愚，一日惠然辱貺以書。意者高明抱道獨立，亦病夫世之末學外騖不可告語，於是有取乎熹之鈍愚靜退，以爲臭味之或同，而不盡責其餘耳。至於詞旨奥博，反復通貫，三復竦然，有以仰見所存之妙。竊不自勝其振厲踴躍，以爲雖未獲瞻望於前，而亦無以異於親承指誨也。惟其稱道太過、責望太深，乃熹所欲請於左右者，而怠緩不敏，反爲執事所先，此則不能不以爲媿。

然道之在天下，天地古今而已矣。其是非可否之不齊，決於公而已矣。然則熹之所望於執事而執事之所以責於熹者，又豈有彼此先後之間哉！繼自今以往，執事有以見教而熹有以求教，願悉屏去形迹之私，商訂辨析，務以求合乎至當之歸，庶幾有以致廣大、盡精微而不滯於一偏之見，則熹之幸也，執事之賜也。其它未暇一二，姑先以此爲謝，復屬伯崇轉致，不審高明以爲如何？

暑雨煩鬱，伏惟承顔盡懽，尊候神相萬福。熹杜門奉親，日益孤陋，向風引領，不任馳情。承許秋涼見過，何幸如之，而非所敢望也。未間，更冀以時爲道千萬自愛，進爲時用，以張斯文，慰山野之望。幸甚。

答何叔京

熹孤陋如昨。近得伯崇過此，講論踰月，甚覺有益。所恨者不得就正於高明耳。它日伯崇相見或通書，當能備言之。或有差誤，不吝指誨，幸甚！李先生教人，大抵令於静中體認大本未發時氣象分明，即處事應物，自然中節。此乃龜山門下相傳指訣。然當時親炙之時貪聽講論，又方竊好章句訓詁之習，不得盡心於此，至今若存若亡，無一的實見處，辜負教育之意。每一念此，未嘗不愧汗沾衣也。脱然之語，乃先生稱道之過。今日猶如掛鈎之魚，當時寧有是耶？然學者一時偶有所見，其初皆自悦懌，以爲真有所自得矣。及其久也，漸次昏暗淡泊，又久則遂泯滅，而頑然如初無所睹。此無他，其所見者非卓然真見道體之全，特因聞見揣度而知故耳。竊意當時日聞至言、觀懿行，其心固必有不知所以然者。洎失其所依歸，而又加以歲月之久，汨没浸漬，今則尤然爲庸人矣。此亦無足怪者。因下問之及，不覺悵然，未知其終何所止泊也。

東平先生遺事，猥蒙垂示，得以究觀前賢出處之大致、先廷問學之淵源，與夫高明纂輯成書，以傳世垂後之意，幸幸甚甚。更容熟復，續得具稟也。語録頃來收拾數家，各有篇帙首尾、記録姓名，比之近世所行者差爲完善。故各仍其舊目而編之，不敢輒有移易。近有欲刻板於官司者，方欲持以畀之。前已刊行，當得其摹本以獻，今無别本可以持内也。《孟子集解》本欲自備遺忘，抄録之際，因遂不能無少去取及附己意處。❶近日讀之，句句是病，不堪拈出。它時若稍有所進，當悉訂定以求教，❷今未敢也。見所與伯崇講論，敬仰之深。然有少疑，嘗與伯崇論之，恐未中理，更乞垂喻，以警不逮。幸幸甚甚。

答何叔京

昨承不鄙，惠然枉顧，得以奉教累日。啓發蒙陋，爲幸多矣。杜門奉親，碌碌仍昔。體驗操存雖不敢廢，然竟無脱然自得處。但比之舊日，則亦有間矣。所患絶無朋友之助，終日兀然，猛省提掇，僅免憒憒而已。一小懈則復惘然，此正天理人欲消長之幾，不敢不著力。不審别來高明所進復如何？向來所疑，定已冰釋否？若果見得分明，則天性人心、未發已發，渾然一致，更無别物。由是而克己居敬，以終其業，則日用之間亦無適而非此事矣。《中庸》之書要當以是爲主，而諸君子訓義，於此鮮無遺恨，比來讀之，亦覺其有可疑者。雖子程子之言，其門人所記録，亦不能無失。蓋記者之誤，不可不審所取也。

《孟子集解》當悉已過目，有差繆處切望痛加刊削，警此昏憒，幸甚幸甚。伯崇云

❶「附」下，浙本有「記」字。
❷「定」，浙本作「正」。

《論語要義》武陽學中已寫本，次第下手刊板矣。若成此書，甚便學者觀覽。然向上儘索眼力，若在本領處久不透徹，則雖至言妙論日陳於前，只是閑言語也。廣文更欲刊《通書》，此亦甚善。今人知趣向如此者亦自少得，往往伯崇遊談之助爲多也。《孟子》看畢，先送伯崇處。近成都寄得横渠書數種來，❶其間多可附入者，欲及注補也。《淵源録》亦欲早得，《邵氏》且留不妨也。本欲專人致書以謝臨辱，❷又苦農收乏人，只附此於伯崇處，未知達在何時。臨書悵惘不自勝。

答何叔京

專人賜教，所以誨誘假借之者甚厚，悉非所敢當。然而此意不可忘也。謹當奉以周旋，益思其所未明，益勉其所未至，庶幾或能副期待之意耳。杜門奉親，幸粗遣日，無足言者，前此失於會計，妄意增葺弊廬以奉賓祭，工役一興，財力俱耗，又勢不容中止，數日衮冗方劇，幾無食息之暇也。來春又當東走政和展墓，南下尤川省親，此行所過留滯，非兩三月不足往返。比獲寧居，當復首夏矣。光陰幾何，而靡敝於事役塗路之間，動涉時序，雖隨事應物，不敢弛其警省之功，然客氣盛而天理微，才涉紛擾，即應接之間，尤多舛逆。如來教「一言未終，已覺其有過言；一事未終，已覺其有過行」者，在高明未必然，而熹實當之矣。以此常恐因循汨没，辜負平生師友之教。尚賴尊

❶「成」，原作「城」，據閩本、浙本、天順本、四庫本改。
❷「本」上，浙本有「前」字。

兄未即遐棄，猶時有以振德之也。

前此所論，未能保其不無紕繆，乃殊不蒙指告，來諭勤勤，若真以其言爲不妄者，何哉？豈其以是進之，欲其肆志極言而無毫髮之隱，因有所擇取於其間哉？不然，則庸妄所聞必有偶合高明之見者矣。欣幸，欣幸！

《中庸集説》如戒歸納，愚意竊謂更當精擇，未易一概去取。蓋先賢所擇，一章之中文句意義自有得失精粗，須一一究之，令各有下落，方愜人意。然又有大者，昔聞之師，以爲當於未發已發之幾，默識而心契焉，然後文義事理，觸類可通，莫非此理之所出，不待區區求之於章句訓詁之間也。向雖聞此而莫測其所謂，由今觀之，始知其爲切要至當之説，而竟亦未能一蹴而至其域也。僭易陳聞，不識尊意以爲如何？

《孟子集解》重蒙頒示，以《遺説》一編見教，伏讀喜幸，開豁良多。然方冗擾，未暇精思，姑具所疑之一二以求發藥。俟旦夕稍定，當擇其尤精者著之解中，而復條其未安者盡以請益。欽夫、伯崇前此往還諸説，皆欲用此例附之。昔人有《古今集驗方》者，此書亦可爲「古今集解」矣。既以自備遺忘，又以傳諸同志，友朋之益，其利廣矣。

語録比因再閲，尚有合整頓處。已略下手，會冗中輟。它時附呈未晚。大抵劉質夫、李端伯所記皆明道語，餘則雜有。至永嘉諸人及楊遵道、唐彦思、張思叔所記，則又皆伊川語也。向編次時有一目録，近亦脩改未定，又忙，不暇拜呈，并俟它日。

《淵源》、《聞見》二録已領，《西山集》委示，得以披讀，乃知李丈議論本末如此，甚幸甚幸。其間有合請教者，亦俟詳觀，乃敢以進也。高文委示，尤荷意愛之厚。大抵必根於義理，而詞氣高妙，又足以發夫中之所欲言者，非近世空言無用之文也。《易》説序文敬拜大賜，三復研味，想見前賢造詣之深，踐履之熟，故詞無枝葉而藹然有篤厚慤誠之氣。它時若得盡見遺編，何幸如之！《遺録》、行狀并且歸内，改定後更望別示一本，幸幸。

《孔明傳》近爲元履借去，示喻孔明事，以爲天民之未粹者，此論甚當。然以爲略數千户而歸，不肯徒還，乃常人之態，而孔明於此亦未能免俗者，則熹竊疑之。夫孔明之出祁山，三郡響應，既不能守而歸，則魏人復取三郡，必齮齕首事者墳墓矣。拔衆而歸，蓋所以全之，非賊人諱空手之謂也。近年南北交兵，淮、漢之間數有降附，而吾力不能守，虜騎復來，則委而去之，使忠義遺民爲我死者肝腦塗地而莫之收省。此則孔明之所不忍也，故其言曰：「國家威力未舉，使赤子困於豺狼之吻。」蓋傷此耳。此見古人忠誠仁愛之心、招徠懷附之略，恐未必如明者之論也。妄論如此，如有未當，因便有以見教，幸甚。

《雜學辨》出於妄作，乃蒙品題過當，深懼上累知言之明，伏讀恐悚不自勝。宗禮處亦未有便，因書當如所戒也。伯崇近過建陽相見，得兩夕之款，所論益精密可喜，其進未可量也。大抵學者用志不分，必有進益。惟熹懶墮日甚，不覺有分寸之進。世間無有不進而不退者，然則其却行者必矣。自此予書，當痛加鞭策，庶乎不爲小人之歸。舍是而唯唯焉，殆非所望於直諒多聞之友也。

答何叔京

伏蒙委撰《味道堂記》，前者已嘗懇辭，今又辱貶喻，尤切悚畏。熹於文辭無所可取，使爲它文，則或可以率意妄言，無問嗤點。今欲發揚先志，昭示後來，兹事體重，豈宜輕以假人？切望更加三思，無輕其事，則非獨小人免於不韙之譏，亦不爲賢者失人之累。幸甚，幸甚！

《戒殺子文》近建陽印本納上數紙，其間雖涉語怪，然施之盲俗，亦近而易知，不爲無助。幸以授鄰里，使張之通塗要津也。呂公之説，龜山嘗論之，亦以爲不過喻以利害，其論尤粹而切。向喻元履令附其説於後，今不見，恐是忘記。別紙録呈。若鄰里間有可説諭者，令別刻一版，附此呂説之後爲佳。不然，則別得老兄數語跋之，却於跋中載龜山之語一道發明，庶幾曲終奏雅之意尤善。如何？若然，則跋中更不須説禨祥報應事矣。

答何叔京

熹奉親屏居，諸況仍昔。所憂所懼，大略不異來教之云，而又有甚者焉耳。躁妄之病，在賢者豈有是哉？顧熹則方患於此未能自克，豈故以是相警切耶？佩服之餘，嘗竊思之，所以有此病者，殆居敬之功有所未至，故心不能宰物，氣有以動志而致然耳。若使主一不二，臨事接物之際真心現前，卓然而不可亂，則又安有此患哉？或謂子程子曰：「心術最難執持，如何而可？」子曰：「敬。」又嘗曰：「操約者，敬而已矣。惟其敬足以直内，故其義有以方外。義集而氣得所養，則夫喜怒哀樂之發，其不中節者寡矣。」孟子論「養吾浩然之氣」，以爲「集義」所生，而繼之曰「必有事焉而勿正，心勿忘，勿助長也」。蓋又以居敬爲集義之本也。夫「必有事焉」者，敬之謂也。若曰其心儼然，常若有所事云爾。夫其心儼然肅然，常若有所事，則雖事物紛至而沓來，豈足以亂吾之知思？而宜不宜、可不可之幾，已判然於胸中矣。如此則此心晏然有以應萬物之變，而何躁妄之有哉？雖知其然，而行之未力，方竊自悼，敢因來教之及而以質於左右，不識其果然乎否也？

《遺説》所疑，重蒙鐫喻，開發爲多。然愚尚有未安者，及後八篇之説并以求教。有未中理，伏惟不憚反復之勞，有以振德之。

孔明失三郡，❶非不欲盡徙其民，意其倉卒之際，力之所及止是而已。若其心則豈有窮哉？以其所謂「困於豺狼之吻」者觀之，則亦安知前日魏人之暴其邊境之民不若今之胡虜哉？孔明非急近功、見小利、詭衆而自欺者。❷徙民而歸，殆亦昭烈不肯棄民之意歟？欽夫傳論并熹所疑數條請求指誨，幸以一言決之。

《味道堂記》誠非淺陋所敢當，故有前日之懇，非敢飾辭以煩再三之辱。既不蒙聽察而委喻益勤，益重不敏之罪，謹再拜承命，不敢復辭矣。然須少假歲月，使得追繹先志之所存，俟其略見彷彿而後下筆，庶幾或能小有發明，可以仰丐斤削耳。

❶「明」下，浙本有「之」字。
❷「利」，浙本作「効」。「者」下，浙本有「也」字。

下喻行己臨官之道，此在高明平日所學舉而措之，則夫世俗所謂廉謹公勤有不足言矣。區區乃方有媿於此，其何以仰助萬分之一乎？

《祠堂記》推尊之意甚善，而所謂「人心天理不容亡滅，學者於此百世以俟聖人而已」者亦佳，但亦有可議者。如以字謂諸先生，一也。「立不教，坐不議，無言心成」乃莊周荒唐之説，非聖賢授受本旨，二也。以穆、尹、歐陽文章末技比方聖學，擬不以倫，三也。明道無恙時，學者甚衆。今曰未嘗爲師，四也。呂正獻之未薨，伊川已去講席，蓋其道有非當時諸賢所及知者，是以難合，非特以兩公之在亡爲輕重，今曰二公薨而伊川去，五也。又曰「正叔自謂道已大成，可以無媿」，氣象淺狹，恐非先生之志，六也。世傳了翁所序明道《中庸》，乃呂與叔所著，了翁蓋誤。而今又因之，七也。摭其語而論之，其失如此。蓋其大概切切然以辨謗釋言爲事，亦淺乎其知先生矣。嘗愛《明道墓表》有云：「學者於道知所向，然後見斯人之爲功；知所至，然後信斯名之稱情。」蓋此事在人隨其所至之淺深而自知之，彼不知者豈可以口舌彊争？彼知之矣，則又何待較短長而後喻哉？《記》中所稱「兼山氏」者名忠孝，《語録》中載其問疾伊川之語。然頃見其《易》書溺象數之説，去程門遠甚。❶而尹子門人所記，則以爲忠孝自黨論起絶迹師門，先生没不致奠，而問疾之語亦非忠孝也，然則其人其學亦可見矣。愚見與所聞如此，不審明者謂之何哉？

❶「遠甚」，浙本作「甚遠」。

歲前報葉、魏登庸，蔣參預政，陳應求同樞密知院事；南北之使，交贄往來，元夕有旨，州縣張燈。山間所聞者不過如此，羅、李之除，則未知也。聞相麻以四事戒飭：理財用、省冗官、汰冗兵，其一則未聞。蓋未嘗見麻，但傳聞爾。宰相帶知國用，參政、同知皆入銜，并恐欲聞之。金聲玉振之説改定舊説，寫呈求教，不知是否。《諸葛傳》所疑瑣細，不能盡録，其大者帖於册内矣。

答何叔京

昨承示及《遺説》後八篇，議論甚精，非淺陋所至，或前儒所未發，多已附於解中。其間尚有不能無疑者。復以求教，更望反復之，幸甚。

「巨室」之説亦已附入，可以補舊説之未備。然廢舊説而專主此意，則又似有牢籠駕御之心，非聖賢用處也。麥丘邑人之語，亦陳天下之理以警其君耳。如孟子「聞誅一夫紂矣」之語，豈可謂脅其君哉？引之欲證「得罪」二字出於人君之身有不正，而非巨室怨望之私也，莫亦無害於理否？林少穎引裴晉公「豈朝廷之力能制其死命哉，直以處置得宜，能服其心」之語爲證，亦甚善。當時不能盡載，尋當添入，其意乃備耳。

「仁義」二字未嘗相離。今曰事親以仁，守身以義，恐涉支離隔截，爲病不細。「孝弟也者，其爲仁之本歟？」此言孝弟乃推行仁道之本，「仁」字則流通該貫，不專主於孝弟之一事也。但推行之本自此始耳。「爲」字蓋「推行」之意。今以對「乃」字立文，恐未詳有子之意也。程子曰：「論行仁則以孝弟爲本，論性則以仁爲孝弟之本。」此語甚盡。

「手舞足蹈」，所論得之。然李説亦有不可廢者，今注於其下，則理自明矣。其間句意小有未安處，欲更定「躍如也」爲「左右逢原」、「神明其德」爲「從容中道」，如何？

乘輿濟人之説，與熹所聞於師者相表裏，但不必言姦人。聖賢所警，正爲仁人君子豪釐之差爾，姦人則尚何説哉？諸若此類，稍加密察爲佳。「辟除」之「辟」乃趙氏本説，與上下文意正相發明，蓋與舍車濟人正相反也。此段注釋近略稍改，稍詳於舊。略云：「惠謂私恩小利，政則有公平正大之體、綱紀法度之施焉。惠而不知爲政者，亦有仁心仁聞，而不能擴充以行先王之道云爾。」又云：「十月成梁，蓋時將寒沍，不可使民徒涉，又農功既畢，可以役民之時。先王之政細大具舉，而無事不合民心、順天理，故其公平正大之體，綱紀法度之施，雖纖悉之間亦無遺恨如此，豈子産所及哉？諸葛武侯之治蜀也，官府次舍、橋梁道路，莫不繕理而民不告勞。蓋其言曰：『治世以大德，不以小惠。』其亦庶幾知爲政矣。」又云：「君子能行先王之政，使細大之務無不畢舉，則惠之所及亦已廣矣。是其出入之際，雖辟除人，使之避己，亦上下之分固所宜然，何必曲意行私，使人知己出然後爲惠？又况人民之衆，亦安得人人而濟之哉？」

「有故而去」，非大義所係，不必深爲之説。臣之去國，其故非一端。如曰親戚連坐，則先王之制，父子兄弟罪不相及，亦豈有此事哉？但昔者諫行言聽，而今也有故而去，而君又加禮焉，則不得不爲之服矣。樂毅之去燕近之。

「非禮義之禮義」，所論善矣。但以爲其心皆在於異俗而邀名，則不必皆然。蓋有擇焉不精，以爲善而爲之者，《知言》所謂「緣情立義，自以爲由正大之德而不知覺」者也。此句之失與論子產而指姦人相類。

孟子鄙王驩而不與言，固是，然朝廷之禮既然，則當是之時，雖不鄙之，亦不得與之言矣。鄙王驩事於出弔處已見之，此章之意則以朝廷之禮爲重。時事不同，理各有當。聖賢之言無所苟也，豈爲愧衆人爲已甚而始以是答之哉？正所以明朝廷之禮，而警衆人之失也。

「象憂喜亦憂喜」，此義《集解》之説初若不明，及細玩之，則詞不逮意之罪也。今略改定云：「言舜喜象之來，非不知其將殺己，但舜之心見其憂則亦憂，見其喜則亦喜。今見其喜而來，故亦爲之喜。蓋雖明知彼之將殺己，而自我觀之，則吾弟耳，兄弟之愛終豈能忘也哉？或曰云云，愚聞之師曰：『兄弟之親，天理人倫，蓋有本然之愛矣。雖有不令之人傲狠鬭鬩於其間，而親愛之本心，則有不可得而磨滅者。惟聖人盡性，故能全體此理，雖遭横逆之變，幾殺其身，而此心湛然，不少摇動。』伊川先生所謂云云，正謂此耳。或者之云固善，然恐非所以語聖人之心也。」如此言之，莫稍盡否？「罔」訓蒙蔽，得之；「方」訓術數，恐未是。「罔以非其道」者，獨非術數耶？蓋殺人，「罔以非其道」也。「井有仁焉」亦是。君子不逆詐，故可欺。然燭理明，故彼以無是愛兄、放魚，「欺以其方」也。市有虎，曾參道之語來，則豈得而蒙蔽哉？

「艾」讀爲「乂」，《説文》云：「芟草也，从丿乀。」左「丿」右「乀」，芟草之狀，故六書爲指事之屬。「自艾」、「淑艾」，皆有斬絶自新之意。「懲乂」、「創乂」亦取諸此，不得復引彼爲釋也。

「金聲玉振」之説未安。金聲，博學之事；玉振，則反約矣。反約者，不見始終之異，而始終之理具焉。如射畢而觀破的之矢，不見其巧力而巧力皆可見，故下文又以射譬之。若以金聲始隆終殺兼舉博約之事，則玉振無所用矣。愚意如此，亦恐未盡，俟更思之。

「尚友」章所謂「口道先王語而行如市人」者，恐非孟子尚友之所取。以論其世者，正欲知其言行之曲折精微耳。兼兩意説不得。

「桐梓」之説甚善，但不必分身心爲兩節。又以木根爲譬，似太拘滯。蓋言身則心具焉，「壹是皆以脩身爲本」是已。今但云以理義養其心，則德尊而身安矣，意亦自見。

「狼疾」之訓甚善，然古字多通用，不必言誤也。如《孟子》中「由」、「猶」二字常互用之。

「天爵」二説，其一極善，其一未安，亦由《集解》之説自不明白，有以致疑。今改其答辭曰：「亦觀其心之所存者如何耳。若假仁要利之心不去，則夫不捨其天爵者，亦將以固其所得之人爵而已。是或可以幸而不至於亡，然根於鄙吝之私，是豈可以入堯舜之道哉？必也真知固有之可貴，而寢忘其平日假仁要利之私，則庶乎其可矣。」大抵假仁與利仁不同，須曉析不差，然後可耳。《易》傳論聖人之公、後王之私亦是此意。見《比卦》

彖辭注中。❶

「鄉道」、「志仁」不可分爲二事。《中庸》曰「脩道以仁」，孟子言「不志於仁」，所以釋上文「不鄉道」之實也。又云：「務引其君以當道，志於仁而已。」亦言志仁之爲當道爾。「舍生取義」，諸先生説已盡之矣。義重於生，不假言也。

「夜氣」，以爲休息之時則可，以爲寂然未發之時則恐未安。魂交而夢，百感紛紜，安得爲未發？而未發者又豈專在夢寐間耶？「赤子之心」，程子猶以爲發而未遠乎中，然則夜氣特可以言「復而見天地心」之氣象耳。若夫未發之中，則無在而無乎不在也。

「耳目之官即心之官也」，恐未安。耳目與心各有所主，安得同爲一官耶？視聽淺滯有方，而心之神明不測，故見聞之際必以心御之，然後不失其正。若從耳目之欲而心不宰焉，則不爲物引者鮮矣。觀上蔡所論顔、曾下功處，可見先立乎其大之意矣。《書》之「不役耳目，百度惟貞」亦此意也。

羿、匠之説理則甚長，但恐文意繁雜，頭緒大多，不如尹氏之説明白而周盡。故云必如羿之彀率、大匠之規矩然後爲至，則是羿與大匠自别有彀率、規矩，與孟子意正相戾矣。若是所以教人之規矩、彀率，則只是衆所共由之法，又非所以言至也。

歐陽公論世宗之事未爲失，但以孟子爲爲世立言之説則害於理矣。夫聖賢之立言，豈不度其事之可行與否而姑爲是可喜之論，以供世之傳誦道説而已哉？蓋必有

❶「注」，原作「住」，據閩本、浙本、四庫本改。

是理然後有是心，有是心而後有是事，有是事然後有是言，四者如形影之相須，而未始須臾離也。皋陶之執、舜之逃，天理人倫之至，聖人之心所必行也，夫豈立言之説哉？聖人顧事有不能必得如其志者，則輕重緩急之間於是乎有權矣。故緣人之情以制法，使人人得以企而八議之説生焉。然其所謂權者，是亦不離乎親親貴貴之大經，而未始出於天理人心之外也。今必以正理爲空言而唯權之爲狥，不幸而有毫釐之差，則不失於正者鮮矣。此義龜山亦嘗論之，見集第二十一卷。

「躍如也」，正是形容懸解頓進之意。「意有所感觸而動」却不親切，「感觸」二字自佳，但少頓進意耳。引而不發，則其思也必深，思之既深，則有所感觸而動，其進也必驟矣。如此而言，意似稍備，如何？

「好名之人」，如此説甚善，但「苟非其人」一句不通，而此章兩事亦無收拾結斷處。子臧、季札，守節者也，恐其不可謂役志於物。

「『反身而誠』，言能體而有之者如此。」欲作「言能體其全者如此」。「『强恕而行』，言既失而反之者如此。」欲作「言既失而所以反之者如此」。「『行之不著』者，所造未至也。」欲作「不先致知也」。

「機變之巧」，所論甚當，更欲增數語云：「乘時逐便以快其欲，人所甚羞而已方且自以爲得計，蓋唯知有利而已，何所復用其愧耻之心哉？」如此乃盡其情，如何？

「人心亦皆有害」，趙氏謂人心爲利欲所害，此説甚善。愚謂飢渴害其知味之性，則飲食雖不甘，亦以爲甘；利欲害其仁義之性，則所爲雖不可，亦以爲可。來喻辭費而理煩，恐非孟子長於譬喻之本旨也。

「執中當知時，苟失其時，則亦失中矣。」此語恐未安。蓋程子謂子莫執中比楊墨爲近，而中則不可執也。當知子莫執中與舜、禹、湯之執中不同，則知此説矣。蓋聖人義精仁熟，非有意於執中，而自然無過不及，故有執中之名，而實未嘗有所執也。以其無時不中，故又曰時中。若學未至、理未明而徒欲求夫所謂中者而執之，則所謂中者，果何形狀而可執也？殆愈執而愈失矣，子莫是也。既不識中，乃慕夫時中者而欲隨時以爲中，吾恐其失之彌遠，未必不流而爲小人之無忌憚也。《中庸》但言擇善，而不言擇中，其曰「擇乎中庸」，亦必繼之曰「得一善」，豈不知善端可求而中體難識乎？夫惟明善，則中可得而識矣。

「仁義者道之全體。」此説善矣。又云：「能居仁由義，則由是而推焉，無所往而非道。」則又似仁義之外猶有所謂道者矣，是安得爲全體哉？「親親而加以恩」，似有夷子「施由親始」之病。夫親親之有恩，非加之也。欲親親而不篤於恩，不知猶有病否？大抵墨氏以儒者親親之分仁民，而親親反有不厚；釋氏以儒者仁民之分愛物，而仁民反有未至。

「山徑之蹊」，恐不必言爲高子發。人心皆然，一息不存，則放僻邪侈之心生矣。

不聞君子之大道者，肆情妄作，無所不至，不但挾勢陵人而已。

「鄉原」之論甚佳，但孔子所稱具臣者，猶能有所不從，若馮道之徒，則無所不從矣。許以具臣已過其分，有以更之，如何？

答何叔京

熹碌碌講學親旁，思索不敢廢。但所見終未明了，動静語默之間，疵吝山積，思見君子，圖所以洒濯之者而未可得。今年却得一林同人在此，名用中，字擇之。相與討論。其人操履甚謹，思索愈精，大有所益，不但勝己而已。欽夫亦時時得書，多所警發，所論日精詣。向以所示《遺説》數段寄之，得報如此。始亦疑其太過，及細思之，一一皆然。有智無智，豈止校三十里也？今録去上呈，其它答問反復及它記序等文尚多，以伯脩行速，不能抄爲恨。

熹前此書中所請教者，於尊意云何？竊意其説不過如此，但持之不力，恐言語間不容無病。深望指誨，得以自警而改之，幸也。向曾上稟迓夫到日借數人來，爲相聚數日之計，今恐已熱，難出入。又意此人已到，不能久留，而尊兄已就道久矣。或已到官，亦未可知。三四舍之遠，阻隔不相聞如此，可爲深恨也。

《武侯傳》讀之如何？更有可議處否？問疑數條例小差，以書問之欽夫，皆以爲然。但熹欲傳末略載諸葛瞻及子尚死節事，以見善善及子孫之義，欽夫却不以爲然。以爲瞻任兼將相而不能早去黄皓，又不能奉身而去，以冀其君之悟，可謂不克肖矣。此法甚嚴，非慮所及也。老兄以爲如何？

但欽夫極論復見天地心，不可以夜氣爲比。熹則以爲夜氣正是復處，固不可便謂天地心，然於此可以見天地心矣。《易》中之意亦初不謂復爲天地心也。又老兄云：「人皆有是善根，故好是懿德。」欽夫説見别紙，熹則竊以爲老兄此言未失，但不知「好」者爲可欲而以「懿德」爲可欲，此爲失耳。蓋好者，善根之發也。懿德者，衆善之名也。善根，無對之善也。衆善者，有對之善也。無對者以心言，有對者以事言。夫可欲之善乃善之端，而以事言之，其失遠矣。此兩條更望思之，却以見教。幸甚幸甚。《西山集》讀之疑信相半，姑留此以俟的便。

近事一二傳聞可慶，然大病新去，尤要調攝將護，不知左右一二公日夕啓沃用何説耳。此又似可慮。如何如何？欽夫書令致願交之意，恨未奮識。它日有可見教者，無相棄也。恐願聞之。

答何叔京

示喻温習之益、體驗之功，有以見用力之深，無少逸豫。歎服之餘，悚厲多矣。録寄數條，無非精微廣大之致，顧鄙陋何足知之？然貪於求教，輒復以管見取正於左右，却望指擿見告，幸甚。

熹近來尤覺昏憒無進步處。蓋緣日前媮墮苟簡，無深探力行之志。凡所論説，皆出入口耳之餘，以故全不得力。今方覺悟，欲勇革舊習，而血氣已衰，心志亦不復彊，不知終能有所濟否？今年有古田林君擇之者在此，相與講學，大有所益。區區稍知復加激厲，此公之力爲多也。

《遺説》向來草草具稟，其間極有淺陋踈脱處，都不蒙一揞擊，何耶？前日伯脩書有欽夫所論數條甚精，試一思之，當有發耳。大率吾曹之病皆在淺急處，於道理上纔有一說，似打得過，便草草打過，以故爲說不難而造理日淺。今方欲痛自懲革，然思慮昏窒已甚，不知能復有所進否？ 左提右挈之所助，深不能無望於尊兄也。

所喻孔明於管、樂取其得君以行志，此説恐未盡。欽夫論瞻權兼將相而不能極諫以去黄皓，諫而不聽，又不能奉身而退，以冀主之一悟，兵敗身死，雖能不降，僅勝於賣國者耳。以其猶能如此，故書「子瞻嗣爵」，以微見善善之長；以其智不足稱，故不詳其事，不足法也。此論甚精，愚所不及。不知高明以爲如何？

所借書悉如所戒，但《易傳》無人抄得，只納印本去。此有别本，遂留几間可也。《知言》所傳已借出，却借得一本在此看。本欲轉以上内，然所借書已多，一目之力，何能遽及？ 無乃有妨精思坐進之功耶？ 熹蓋宿有此病者，今未能除，然已覺知是病矣。《西山集》前便恐有浮沉，不敢附。今付來人，其間大有可疑處，未暇論也。

答何叔京

承喻及《味道堂記》文，惕然若驚。比既敬諾，安敢食言？ 然須少假歲月，庶幾賴天之靈或有少進，始敢措辭耳。

「金聲玉振」，不知當時寫去者云何？ 近嘗思索，更定其説，始亦以爲無疑矣，比再閲之，又覺有礙。更望相與探討，異時各出其説以相參驗，亦進學之一方也。道理無窮，思索見聞有限，聖人之言正在無窮處，而吾以其有限者窺之，關鎖重重，未知何日透得盡耳。

自占之説，甚不足較。然舊説本之商賈，似亦無害。若農民，則先王制民之産自有常度，不待自占然後知其豐約矣。所謂掊斗折衡者，恐非先王之法。以舜之盛德，猶以同律度量衡爲先，孔子亦言謹權量、審法度，夫豈以掊折爲可耶？度量權衡，天理至公之器，但操之者有私心耳。以其操之者私而疾夫天理之公，是私意彼此展轉相生，而卒歸於大不公也。

近事久不聞，春間龍、曾皆以副帥去國，英斷赫然，中外震慴，而在廷無能將順此意者。今其黨與布護星羅，未有一人動，姦豎在途，亦復遲遲其行，亦豈尚有反予之望耶？倚伏之機，未知所決。雖在畎畝，竊不勝過計之憂。不審高明以爲如何？

答何叔京

奉親遣日如昔，但學不加進，鄙吝日滋，思見君子以求切磋之益而不可得，日以憒憒，未知所濟也。

向來妄論持敬之説，亦不自記其云何。但因其良心發見之微，猛省提撕，使心不昧，則是做工夫底本領。本領既立，自然下學而上達矣。若不察於良心發見處，即渺渺茫茫，恐無下手處也。中間一書論「必有事焉」之説，却儘有病，殊不蒙辨詰，何耶？

所喻多識前言往行，固君子之所急，熹向來所見亦是如此。近因反求未得箇安穩處，却始知此未免支離。如所謂因諸公以求程氏，因程氏以求聖人，是隔幾重公案，曷若默會諸心，以立其本，而其言之得失自不能逃吾之鑒耶？欽夫之學所以超脱自在，見得分明，不爲言句所桎梏，只爲合下入處親切。今日説話雖未能絶無滲漏，終是本領是當，非吾輩所及，但詳觀所論自可見矣。

諸葛之論，乃是以《春秋》責備賢者之法責之，於瞻不薄矣。《春秋》褒死節，然亦有不書者甚多，取舍之間，必有微意。思之未精，考之未徧，不敢輕爲之説，請俟它日也。惟微者，心也；復者，所以傳是心也。若滔滔汩汩，與物競馳而不反，亦何自見此而施精一之功乎？

有對無對之説誠未盡善，然當時正緣「好是懿德」而立文耳。如《易》所謂「元者善之長」，元豈與善而二哉？但此善根之發，迥然無對，既發之後，方有若其情、不若其情而善惡遂分，則此善也不得不以惡爲對矣，其本則實無二也。凡此數端，據愚見直書，遠求質正。又疑《孟》之説尚有未盡之意，輒因來教引而伸之，别紙具呈。更有二段，擇之前日爲説甚精，偶其還家，未得寫内，旦夕附便致之也。今此所論，且望不吝痛加反復，幸甚。

近日狐鼠雖去，主人未知窒其穴，繼來者數倍於前。已去者未必容其復來，但獨斷之權，執之益固，中書行文書，邇臣具員充位而已。其姦憸者觀望迎合，至謂天下不患無財，皆欣然納之，此則可憂之大者。其它未易以言既也。北虜責歸降甚急，予之則失信生亂，不予則又慮生釁隙，❶未有以應之。然廟堂之議斷然不予，但上近者損八十萬緡築揚州之城，❷群臣之諫不聽，

❶「則」，原缺，據浙本補。
❷「損」，浙本作「捐」。

其附會贊成者遂得美遷，觀此，邊事亦不能久寧矣。根本如此，何以待之？可慮可慮！

答何叔京

所喻疑義，大抵諸説一概多病。蓋於大本處未甚脱然見得，所以臆度想象，終亦有差。如云持志則心自正，心正則義自明，又云能體認之則爲天德，又云心性仁義之道相去毫髮之間，此語尤有病。心者發而未動，及論鬼神能誠則有感必通，此數條皆句句有差，不知何故如此？豈偶思之未熟耶？《大學》之序格物致知至於知至意誠，然後心得其正，今只持志便欲心正義明，不亦太草草乎？性，天理也，理之所具，便是天德，在人識而體之爾。云能體認之便是天德，體認乃是人力，何以爲天德乎？性、心只是體用，體用豈有相去之理乎？「性即道，心即仁」，語亦未瑩，須更見曲折乃可。心者，體用周流，無不貫徹，乃云發而未動，則動處不屬心矣，恐亦未安也。鬼神之體便只是箇誠，以其實有是理，故造化發育，響應感通，無非此理。所以云「體物而不可遺」，非爲人心能誠則有感應也。此等處尚多，人事冗迫，不容詳遣布。此稟亦已草略，且舉大綱而老兄思之可也。仍恕僭易，幸甚。

又聞嵩卿之賢好學，得聞其餘論，尤以爲喜。此道知好之者日衆，孤陋真有望矣。幸爲道意，未敢率然拜書也。

所欲細論者甚多，不知何日得會面也？所欲文字偶在城中，無緣取内。然博觀草草，徒費心目之力，不若就一處精思之爲有益也。如「仁」字,恐未能無疑。且告録出孔、孟、程、謝説處,反復玩味,須真見得,則其它自可見。恕、性等説皆不待别立説也。嵩卿是韓子之言,固失之,而老兄所論亦未盡得。博愛之不得爲仁,正爲不見親切處耳。若見親切處,則博愛固仁者之事也。試以此意思之,如何?博施濟衆一段,不知嵩卿如何看?恐更須子細也。

答何叔京

今年不謂饑歉至此。夏初所至洶洶,遂爲縣中委以賑糶之役。中間又爲鄰境群盜竊發,百方區處,僅得無事。今早稻已熟,雖有未浹洽處,然想無它虞矣。對接事變,不敢廢體察,以爲庶幾或可寡過。然悔尤之積,打不過處甚多,即以自懼耳。

自老兄南去,日以爲念。讀來書,知志不獲伸,細詢來使,乃盡知曲折。此朋友之責也,夫復何言?謹已移書漕臺,且爲兄求一差檄來建、邵,到即又徐圖所處。因此且可暫爲寧親之計,亦急事也。今日所向如此,但臨汀深僻,王靈不及,當愈甚爾。

朝政比日前不侔矣,近又去一二近習,近臣之附麗者亦斥去之,但直道終未可行。王龜齡自夔府造朝,不得留,出知湖州,又不容而去。今汪帥來,且看又如何。上以薦者頗力,又熟察其所爲,其眷佇少異於前矣。然事係安危,未知竟如何耳。熹無似之蹤不足爲輕重,然亦俟此決之耳。❶

欽夫臨川之除,薦者意不止此,亦係時之消長,非人力能爲也。近寄得一二篇文

❶「耳」,閩本、浙本作「矣」。

字來，前日伯崇方借去，已寄語令轉録呈，其間更有合商量處也。

前此僭易拜禀博觀之敝，誠不自揆。乃蒙見是，何幸如此！然觀來喻，似有未能遽舍之意，何耶？此理甚明，何疑之有？若使道可以多聞博觀而得，則世之知道者爲不少矣。熹近日因事方有少省發處，如「鳶飛魚躍」，明道以爲與「必有事焉勿正」之意同者，今乃曉然無疑。日用之間，觀此流行之體初無間斷處，有下功夫處，乃知日前自誑誑人之罪蓋不可勝贖也。此與守書册、泥言語全無交涉，幸於日用間察之，知此則知仁矣。所欲言甚衆，不欲久稽來使，草草略具報如此，殊不盡懷。

向蒙垂示先大夫《易集義》，得以伏讀。竊窺觀象玩辭之意，知前輩求道之勤蓋如此，不勝歎仰。顧恨不得執經門下，躬扣所疑。三復遺篇，❶徒深感悵。昨承見索，以在府中，不得即歸内。今謹封識，以授來人，至幸檢納，不勝幸甚。

《上蔡語録》上卷數段極親切，暇日試涵泳之，當自有味。不必廣求，愈令隨語生解，不得脱灑耳。

答何叔京

一出五旬而後反，歸來隨分擾擾，未得開卷。歲月逝矣，天理未明，物欲方熾，每得朋友論辯之書，爲之媿汗不能已，未知終何以自脱於小人之歸也。幸閭里粗寧，老幼平遣，雖貧悴日甚，且復推遷。官期亦未及，區區甚憚此行，欲俟暫到，復爲請祠計。

❶「篇」，浙本、四庫本作「編」。

若不獲命，始當奉來教以周旋。敬夫相爲謀亦如此也。竊承深以去親爲念，又歎從仕之害其所學，浩然有歸與之志，此固吾人之所同。然仕州縣者遷就於法令之中，猶或可以行所志之一二，仕於朝者又不復有此。但知其不可而冒進自處，便不是了，更無可説。此所以徘徊之久而重於一行也。

承喻「温厲」之説，不記當時如何及之。若直以厲爲主，誠可謂一偏之論矣。或恐以氣質之偏而欲矯以趨中，則有當如是者亦不爲過矣。然聖人之温而厲，乃是天理之極致，不勉不思，自然恰好，毫髮無差處。要須見此消息，則用力矯揉、隨其所當自有準則，不至偏倚矣。不然，正恐如扶醉人也。來教所謂聖人所以處中，似非本旨，更告詳之。

伯崇近得書，講學不輟，似亦稍進。但爲偷兒入室，夜囊爲之一空，亦非貧者所宜遭也。寄示答問六條，得以見邇來用功處。然鄙意多所未安，輒敢條析以求訂正，亦未敢自以爲是也。

宗禮之亡可傷，不知後來所學如何？似未能脱去禪學也。今朋友間資質如此人亦不易得，惜其止於此耳。

答何叔京

示喻所以居官之意，甚善。昔范巽之問政於横渠，横渠告之曰「尊所聞，力所及」。願尊兄益充此心，則力之所及初亦無限量也。來使云頗招得流亡復業，及募得新民願受一廛者，此最厚下固本之良策。然更有方便與寛得一兩項泛科，亦久遠之利，來者必益衆矣，如何？聞新倉使鄭景望甚賢，或可告語耳。

熹奉親粗遣，官期已及，再被堂帖趣行。然區區本志已不欲往，而近見交親入仕於朝，無不失其故步，學力未充，深有此懼，已遣書丐祠矣。萬一不遂，或當一行。但單行非所安，迎養又不便，只此一節，便自難處，其曲折又有非遠書所能致者。

答何叔京

熹蒙喻堂記，悚仄之深。此固所不敢忘者，但題目大，未敢率爾措辭。意欲少假歲時，尚冀學有分寸之進而後爲之，庶有以窺測先志之一二而形容之，不爲虛作耳。區區此心，更望垂察，幸甚幸甚。《知言》一册納上，語録程憲未寄來也。所疑《記善》，足見思索之深，然得失亦相半，别紙具禀其詳。向者瞽説固不能無病，來誨反復，深啓蒙滯。所未安處，亦具别紙，更望提耳，幸甚幸甚。和篇之喻，非所敢當，正此沉緜，未有以爲計，何暇捄人之疾乎？尹氏解「無終食違仁」處，蓋本明道先生之言而失之。明道云：「純亦不已，天德也。造次必於是，三月不違仁之氣象也。又其次，則日月至焉。此是三等人。」「人心私欲，道心天理」，此亦程氏遺言。中間疑之，後乃得其所謂。舊書中兩段録呈，有未然者，更告指喻。

答何叔京 自此至「知覺言仁」共五段，一云與王子合❶

來教云：「天地之心不可測識，惟於一陽來復，乃見其生生不窮之意，所以爲仁

❶ 此題，淳熙本作「答王子合言仁諸説」。

也。」熹謂若果如此説，則是一陽未復已前，❶别有一截天地之心，漠然無生物之意，直到一陽之復，見其生生不窮，然後謂之仁也。如此則體用乖離，首尾衡決，成何道理？王弼之説便是如此，所以見闢於程子也。須知元亨利貞便是天地之心，而元爲之長，故曰「大哉乾元，萬物資始」，便是有此乾元，然後萬物資之以始，非因萬物資始然後得元之名也。

「仁者心之用，心者仁之體」，此語大有病，程子已嘗闢之矣。其下文乃有穀種之説，正是發明闢此之意。今引穀種爲説而立論乃如此，❷非惟不解程子所闢之意，竊恐并穀種之意而不明也。

答何叔京

熹所謂「仁者天地生物之心，而人物之所得以爲心」，此雖出於一時之臆見，❸然竊自謂正發明得天人無間斷處稍似精密。若看得破，則見「仁」字與「心」字渾然一體之中自有分別，毫釐有辨之際却不破碎，恐非如來教所疑也。

性、情一物，其所以分，只爲未發已發之不同耳。若不以未發已發分之，則何者爲性，何者爲情耶？仁無不統，故惻隱無不通，此正是體用不相離之妙。若仁無不統而惻隱有不通，❹則體大用小、體圓用偏矣。觀謝子爲程子所難，❺直得面赤汗下，是乃所謂羞惡之心者。而程子指之曰：

❶「未」，淳熙本作「來」。
❷「説」，淳熙本作「言」。
❸「此」下，淳熙本有「言」字。
❹「無」，浙本作「而」。
❺「所」，淳熙本作「折」。

「只此便是惻隱之心。」則可見矣。《孟子》此章之首但言不忍之心，因引孺子入井之事以驗之。而其後即云「由是觀之，無惻隱、羞惡、辭遜、是非之心，則非人也」，此亦可見矣。

知覺言仁，程子已明言其非，❶見二十四卷。蓋以知覺言仁只説得仁之用而猶有所未盡，不若「愛」字却説得仁之用平正周徧也。❷

答何叔京

盡心知性知天，言學者造道之事；窮理盡性至命，言聖人作《易》之事。

「樂天知命」，天以理言，命以付與言，非二事也。「五十而知天命」，亦知此而已矣。「知」只是知得此道理，初無它説。「不知命無以爲君子」，此「知命」字真與「知天命」不同，程子嘗言之矣。存心養性，便是正心誠意之事。然不可謂全在致知格物之後，但必物格知至然後能盡其道耳。

「體會非心」，不見横渠本語，未曉其説。

「至誠」之「至」，乃「極至」之「至」，如「至道」、「至德」之比。

「惟精惟一」固是敬，然如來諭之云，却殊不端的。「精」、「一」二字亦有分別，請并詳之。

九德之目，蓋言取人不可求備，官人當以其等耳，豈德不可僭之謂耶？

「洗心」，聖人玩辭觀象，理與心會也；

❶「子」下，淳熙本有「亦」字。

❷「用」下，淳熙本有「處」字。

「齋戒」，聖人觀變玩占，臨事而敬也。

「明德」，統言在己之德本無瑕垢處，「至善」，指言理之極致隨事而在處。❶

蓍以七爲數，是未成卦時。所用未有定體，故其德員而神，所以知來。卦以八爲數，是因蓍之變而成，已有定體，故其德方以知，所以藏往。卦惟三《易》有之，皆筮法也。若灼龜而卜則謂之兆，見於《周禮》，可考也。

「安土」者，隨所遇而安也。「敦乎仁」者，不失其天地生物之心也。安土而敦乎仁，則無適而非仁矣，所以能愛也。「仁者樂山」之意，於此可見。

「无妄災也」，説者似已得之，不知所疑者何謂？却望批誨。

耕菑固必因時而作，然對穫畬而言，則爲首造矣。易中取象，亦不可以文害辭、辭害意。若必字字拘泥，則不耕而望穫、不菑而望畬，亦豈有此理耶？

建牧立監，與巡狩之義並行不悖。祭天、朝諸侯、躬巡撫之意，皆在其中矣。先王之政，體用兼舉，本末備具，非若後世儒者一偏之説，有體而無用、得本而遺末也。

「時習」、「三省」固未爲聖人成德事，然亦不專是初學事也，蓋通上下之言耳。

答何叔京❷

《公羊》分陝之説可疑。蓋陝東地廣，陝西只是關中雍州之地耳，恐不應分得如此不均。周公在外，而其詩爲王者之風；

❶「在」，淳熙本作「見」。

❷此題，淳熙本作「答王子合問詩諸説」。

召公在内，而其詩爲諸侯之風。似皆有礙。陳少南以其有礙，遂創爲分岐東西之説。不惟穿鑿無據，而召公所分之地愈見促狹，蓋僅得今隴西天水數郡之地耳，恐亦無此理。二《南》篇義但當以程子之説爲正。

邶、鄘、衛之詩未詳其説，然非詩之本義，不足深究。歐公此論得之。

「罪人斯得」，前書已具報矣，不知看得如何？此等處須著箇極廣大無物我底心胸看方得。若有一毫私吝自愛、惜避嫌疑之心，即與聖人做處天地懸隔矣。萬一成王終不悟，周公更待罪幾年，不知如何收殺？胡氏《家録》有一段論此，極有意思，深思之，如何？

「倬彼雲漢」，則爲章于天矣。「周王壽考」，則何不作人乎？遐之爲言何也。此等語言自有箇血脉流通處，但涵泳久之，自然見得條暢浹洽，不必多引外來道理言語，却壅滯却詩人活底意思也。周王既是壽考，豈不作成人材？此事已自分明，更著箇「倬彼雲漢，爲章于天」，唤起來便愈見活潑潑地。此六義所謂「興」也。「興」乃興起之義，凡言興者，皆當以此例觀之。《易》以「言不盡意」而「立象以盡意」，蓋亦如此。

答何叔京

後書所論「持守」之説，有所未喻。所較雖不多，然此乃實下功夫田地，不容小有差互。嘗與季通論之，季通以爲尊兄天資粹美，自無紛擾之患，故不察夫用力之難而言之之易如此。此語甚當。然熹竊觀尊兄平日之容貌之間，從容和易之意有餘，而於莊整齊肅之功終若有所不足。豈其所存不主於敬，是以不免於若存若亡而不自覺其舍而失之乎？二先生拈出「敬」之一字，真聖學之綱領、存養之要法，一主乎此，更無内外精粗之間，固非謂但制之於外則無事於存也。所謂「既能勿忘勿助，則安有不敬」者，乃似以敬爲功効之名，恐其失之益遠矣。更請會集二先生言敬處子細尋繹，自當見之。

答何叔京

「持敬」之説，前書亦未盡。今見嵩卿，具道尊意，乃得其所以差者。蓋此心操之則存，而敬者所以操之之道也。尊兄乃於覺而操之之際，指其覺者便以爲存，而於操之之道不復致力，此所以不惟立説之偏，而於日用功夫亦有所間斷而不周也。愚意竊謂正當就此覺處敬以操之，使之常存而常覺，是乃乾坤易簡交相爲用之妙。若便以覺爲存而不加持敬之功，則恐一日之間存者無幾何，而不存者什八九矣。願尊兄以是察之，或有取於愚言耳。所喻旁搜廣引，頗費筋力者，亦所未喻。義理未明，正須反復鑽研、參互考證，然後可以得正而無失。古人所謂博學、審問、慎思、明辯者，正爲是也。奈何憚於一時之費力而草草自欺乎？竊謂高明之病或恐正在於此，試反求之，當自見矣。

答何叔京

「持敬」之説，前書已詳稟矣。如今所喻先存其心，然後能視聽言動以禮，則是存則操、亡則舍，而非操則存、舍則亡之謂也。

「由乎中而應乎外」，乃《四箴》序中語。然此一句但説理之自然，下句「制之於外所以養其中」，方是説下功夫處。以《箴》語考之可見矣。若必曰先存其心，則未知所以存者果若何而著力邪？去冬嘗有一書，請類集程子言敬處考之，此最直截。竊觀累書之諭，似未肯於此加功也，豈憚於費力而不爲邪？

答何叔京

示喻根本之説，敢不承命。但根本枝葉本是一貫，身心内外元無間隔。今曰專存諸内而略夫外，則是自爲間隔，而此心流行之全體常得其半而失其半也。曷若動静語默由中及外，無一事之不敬，使心之全體流行周浹而無一物之不偏、無一息之不存哉？觀二先生之論心術，不曰「存心」而曰「主敬」，其論主敬，不曰虚静淵默而必謹之於衣冠容貌之間，其亦可謂言近而指遠矣。今乃曰「不教人從根本上做起而便語以敬，往往一向外馳，無可據守」，則不察乎此之過也。夫天下豈有一向外馳、無所據守之敬哉？必如所論，則所以存夫根本者，不免著意安排、揠苗助長之患。否則雖曰存之，亦且若存若亡，莫知其鄉而不自覺矣。愚見如此，伏惟試反諸身而察焉。有所未安，却望垂教也。《太極》「中正仁義」之説，玩之甚熟。此書條暢洞達，絶無可疑。只以「乾，元亨利貞」五字括之，亦自可盡。大抵只要識得上下主賓之辨耳。

答何叔京

伏蒙示及《心説》，甚善，然恐或有所未盡。蓋入而存者即是真心，出而亡者亦此真心，爲物誘而然耳。今以存亡出入皆爲物誘所致，則是所存之外別有真心，而於孔子之言乃不及之，何邪？子重所論，病亦如此，而子約又欲并其出而亡者不分真妄，皆爲神明不測之妙，二者蓋胥失之。熹向答二公，有所未盡，後來答游誠之一段方稍穩當。今謹録呈，幸乞指誨。然心之體用始終雖有真妄邪正之分，其實莫非神明不測之妙；雖皆神明不測之妙，而其真妄邪正又不可不分耳。不審尊意以爲如何？

潘君之論，則異乎所聞矣。其所誦説環溪之書雖未之見，然以其言考之，豈其父嘗見環溪，而環溪者，即濂溪之子元翁兄弟也歟？元翁與蘇、黄遊，學佛談禪，蓋失其家學之傳已久，其言固不足據。且潘君者又豈非清逸家子弟耶？清逸之子亦參禪，雖或及識濂溪，然其學則異矣。今且據此書論之，只文字語言便與《太極》、《通書》等絶不相類。蓋《通書》文雖高簡，而體實淵慤，且其所論不出乎陰陽變化、脩己治人之事，未嘗劇談無物之先、文字之外也。而此書乃謂「中」爲有物，而必求其所在於未生之前，則是禪家本來面目之緒餘耳。殊不知「中」者，特無偏倚、過不及之名，以狀性之體段；而所謂性者，三才、五行、萬物之理而已矣，非有一物先立乎未生之前而獨存乎既没之後也。其曰執、曰用、曰建，亦體此理以脩己治人而已矣，非有一物可以握持運用而建立之也。《通書》論「中」，但云：「中者，和也，中節也。」又曰：「中焉止矣。」周子之意尤爲明白。其後所謂立象示人以乾元爲主者，尤爲誑誕無稽。大概本不足辨，以來教未有定論，故略言之。因來誨諭，幸甚，幸甚！

答何叔京

《心説》已喻，但所謂「聖人之心如明鏡止水，天理純全」者，即是存處。但聖人則不操而常存耳，衆人則操而存之。方其存時，亦是如此，但不操則不存耳。存者，道心也；亡者，人心也。心一也，非是實有此二心，各爲一物，不相交涉也，但以存亡而異其名耳。方其亡也，固非心之本；然亦不可謂别是一箇有存亡出入之心，却待反本還原，别求一箇無存亡出入之心來换却。只是此心但不存便亡，不亡便存，中間無空隙處。所以學者必汲汲於操存，而雖舜、禹之間，亦以精一爲戒也。且如世之有安危治亂，雖堯、舜之聖，亦只是有治安而無危亂耳，豈可謂堯、舜之世無安危治亂之可名邪？如此則便是向來胡氏性無善惡之説。請更思之，却以見教。

答何叔京

承示近文，伏讀一再，適此冗中，未及子細研味。但如云「仁義者，天理之施」，此語極未安。如此則是天理之未施時，未有仁義也，而可乎？心性仁愛之説所以未契，正坐此等處未透耳。竊意不若云「仁義者，天理之目；而慈愛羞惡者，天理之施。」於此看得分明，則性、情之分可見，而前日所疑皆可迎刃而判矣。

答何叔京

天理既渾然，然既謂之理，則便是箇有條理底名字。故其中所謂仁、義、禮、智四者，合下便各有一箇道理，不相混雜。以其未發，莫見端緒，不可以一理名，是以謂之渾然。非是渾然裏面都無分別，而仁、義、禮、智却是後來旋次生出四件有形有狀之物也。須知天理只是仁、義、禮、智之總名，仁、義、禮、智便是天理之件數。更以程子《好學論》首章求之，即可見得。果然見得，即心性仁愛之説皆不辨而自明矣。

答何叔京

未發之前，太極之静而陰也；已發之後，太極之動而陽也。其未發也，敬爲之主而義已具；其已發也，必主於義而敬行焉。則何間斷之有哉？

主敬存養雖説必有事焉，然未有思慮作爲，亦静而已。所謂静者，固非槁木死灰之謂；而所謂必有事者，亦豈求中之謂哉？

「真而静」是兩字，「純一無僞」却只説得「真」字。

仁是用功親切之效，心是本來完全之物。人雖本有是心，而功夫不到，則無以見其本體之妙。故熹向者妄謂人有是心而或不仁，則無以著此心之妙，以此故爾，非謂旋安排也，但著字差重耳，然舍此又未有字可下，只此似亦不妨。若下句則似初無病。

「仁是用功親切之効」，此句有病，後别有説。

心主於身，其所以爲體者性也，所以爲

用者情也。是以貫乎動静而無不在焉。以此言之，已似太粗露了，何得更爲無著莫乎？

孟子雖多言存養，然不及其目。至論養氣，則只以義爲主，比之顔子便覺有踈闊處。程子之言，恐不專爲所禀與氣象。蓋所學繫於所禀，氣象又繫於所學，踈則皆踈，密則皆密，唯大而化之，然後不論此耳。

「雨木冰」，上温，故雨而不雪；下冷，故著木而冰。

答楊庚書論存心明理、主敬窮理兩段意好，然無總攝，却似相反，使人不知所先後。要之，須説二字交相養、互相發而操存者爲主，乃分明耳。

答作肅書所謂「性，理之本」，此語未安。夫本對末之名也，今以性爲理之本，然則以理爲性之末，可乎？ 所引「元者，善之長」爲比，亦不類。元在衆善之先，故爲衆善之長，與此文意自不同也。吕與叔云「中者道之所由出」，程子以爲若謂道出於中，則道在中内別爲一物，正今日之異同也。「覺」與「動」字固不同，然「覺」字須貫動静而無不在。若睡覺之喻，則是動静分屬性、情，只留得中間些子欲動未動處屬心也，與前所謂心無時不在者亦自相矛盾矣。又云「心、情亦可通言」，而又云「情即心也」，此皆未安。又難作肅云：「性者理之會，是性本無，須待理會於此方以爲性」，此亦非也。所謂理之會者，猶曰「衆理之總會處」爾。又所引「率性之謂道」，亦正是吕氏之説。熹向説此三句語雖未瑩，然却是程子意。見《東見録》。試參考之，或有取爾。又云「所以言性理之本，以其一源也」，此亦未安。體用是兩物而不相離，故可以言一源。❶「性理」兩字即非兩物，謂之一源，却倒説開了。餘已見《答作肅書》。

出母有服，所論得之。記得《儀禮》却説爲父後者則無服，此尊祖敬宗、家無二主之意，先王制作精微不苟蓋如此。子上若是子思嫡長子，自合用此禮，而子思却不如此説，此則可疑。竊意《檀弓》所記必有失其傳者。

云「能不改樂，仁便在此」，亦未安，唯仁故能不改樂耳。

云「敬久則誠，誠者忠信之積」，此語恐未安。

光武雖名中興，實同創業，所立廟制，以義起之，似亦中節。不審果何如？更望參訂也。餘論皆當，向見胡明仲侍郎論李固事，亦正如此也。

答何叔京

人之本心無有不仁，但既汨於物欲而失之，便須用功親切，方可復得其本心之仁。故前書有「仁是用功親切之效」之説。以今觀之，只説得下一截；「心是本來完全之物」，又却只説得上一截。然則兩語非有病，但不圓耳。若云心是通貫始終之物，仁是心體本來之妙；汨於物欲，則雖有是心而失其本然之妙，惟用功親切者爲能復之，如此則庶幾近之矣。孟子之言固是渾然，然人未嘗無是心，而或至於不仁，只是失其本心之妙而然耳。然則「仁」字、「心」字亦須略有分别始得。記得李先生説孟子言

❶ 「故」，浙本作「散」，屬上句，亦通。

「仁，人心也」，不是將「心」訓「仁」字，此説最有味，試思之。

顔、孟氣象，此亦難以空言指説，正當熟讀其書而玩味之耳。

「體用一源」者，自理而觀，則理爲體、象爲用，而理中有象，是一源也；「顯微無間」者，自象而觀，則象爲顯、理爲微，而象中有理，是無間也。先生後答語意甚明，子細消詳，便見歸著。且既曰有理而後有象，則理象便非一物。故伊川但言其一源與無間耳。其實體用顯微之分則不能無也。今曰理象一物，不必分别，恐陷於近日含胡之弊，不可不察。

「天命之謂性」，有是性便有許多道理總在裏許，故曰性便是理之所會之地，非謂先有無理之性而待其來會於此也。但以伊川「性即理也」一句觀之，亦自可見矣。「心妙性情之德」，❶「妙」字是主宰運用之意。又所引「孝，德之本」雖不可以本末言，然孝是德中之一事，此孝德爲本而彼衆德爲末耳。今曰「性，理之本」，則謂性是理中之一事，可乎？又云天下之理皆宗本於此，則是天下之理從性生出而在性之外矣，其爲兩物，不亦大乎？記得前書所引程、吕答問者似已盡之，更乞詳考。

光武之事，始者特疑其可以義起耳，非以爲正法當然也。所論立伯升之子以奉私廟，此最得之。但成、哀以下，即陵爲廟，似已允當。蓋彼皆致寇亡國之君，又未嘗命光武以興復，自不當更立廟於京師也。如漢獻帝、晉懷帝又不同，蓋昭烈、元帝嘗受二帝之命矣。此等事乃禮之變節，須精於

❶「性情」，淳熙本、浙本作「情性」。

義理，乃能於毫釐之間處之不差。若只守常執一，❶便不相應。如温公、伊川論濮園事之不同，亦可見矣。

龜山「人欲非性」之語自好，昨來胡氏深非之。近因廣仲來問，熹答之云云。此與廣仲書隨其所問而答之，故與今所論者不相似，不能盡録。然觀來教謂不知自何而有此人欲，此問甚緊切。熹竊以謂人欲云者，正天理之反耳。謂因天理而有人欲則可，謂人欲亦是天理則不可。蓋天理中本無人欲，惟其流之有差，遂生出人欲來。程子謂善惡皆天理，此句若甚可駭。謂之惡者本非惡，此句便都轉了。但過與不及便如此。自何而有此人欲之問，此句答了。所引惡亦不可不謂之性，意亦如此。

答何叔京

示喻必先盡心知性，識其本根，然後致持養之功，此意甚善。然此心此性人皆有之，所以不識者，物欲昏之耳。欲識此本根，亦須合下且識得箇持養功夫次第而加功焉，方始見得。見得之後，又不舍其持養之功，方始守得。蓋初不從外來，只持養得便自著見，但要窮理功夫互相發耳。來喻必欲先識本根，❷而不言所以識之之道，恐亦未免成兩截也。主於減者，以進爲文；主於盈者，以反爲文；中間便自有箇恰好處，所謂性情之正也。此固不離於中和。

❶「只」，浙本作「果」。
❷「識」下，浙本有「其」字。

然只喚作中和，便説殺了。須更玩味，進反之間，見得一箇恰好處，方是實識得中和也。

學、仕是兩事，然却有互相發處。

「毋不敬」，是統言主宰處；「儼若思」，敬者之貌也；「安定辭」，敬者之言也；「安民哉」，敬者之効也。此只言大綱本領，而事無過舉自在其中。若只以事無過舉可以安民爲説，則氣象淺迫，無涵畜矣。

敬則心有主宰而無偏系，惟「勿忘」、「勿助」者知之。

「體物而不可遺」，今人讀此句多脱却「可」字，故説不行。當知鬼神之妙始終萬物，物莫得而遁焉，所謂不可遺也。

窮盡物理，然後好善如好色、惡惡如惡臭，故必知至而後意誠。

答何叔京

雖曰未學，吾必謂之學矣。

天下之理有大小本末，皆天理之不可無者。故學者之務有緩急先後而不可以偏廢。但不可使末勝本、緩先急耳。觀聖人所謂「行有餘力則以學文」者，其語意正如此。若子夏之論，則矯枉過其正矣。故吴才老病其言蓋有見於此者。來喻之云，却似未領其意。唯吕伯恭謂才老蓋以記誦爲學者，故其言雖若有理，然其意之所主則偏矣。此論爲得之。蓋意偏論正，自不相妨也。

三年無改於父之道。

來喻云：「父或行有不善，子不爲則可矣，何改之有？」熹謂「不爲」便是改，聖人之意正要於此處之得宜耳。此章之指初不爲有國家者設也，大意不忍改之心是根本處，而其事之權衡，則游氏之說盡之。試詳考之可見。龜山之說施於此章，誠非本文之意。然其所謂不忍死其親者，恐與之死致生之病不同，幸并詳之。❶

小大由之。

當依伊川說。但「人自少時」即讀屬下句，故今乍見其說突兀耳。平心味之，自見歸著，省無限氣力也。若屬下句，即上句說不來，又與「知和而和」意思重疊。

信近於義。

來喻云「信必踐，言則復，言非信也」，此句熹所未曉。

蜡賓之問，當時必有來歷，恐傳者或失其真，故其言不能無失耳。

伯恭夷、齊之論大概得之。讓國之事，若使柳下惠、少連處之，不知又當如何？恐未遽飄然遠引也。

「危論」等語，此或者道伯恭之言，其間頗有可疑處，故因書扣之。而伯恭自辨如前所云耳。「隨時」云者，正謂或危或孫，無不可隨之時耳。若曰當視時之可隨與否，則非聖人所謂隨時矣。

「專心致志」等語，正是教人如此著力。教者但務講明義理，分別是非，而學者汎然聽之，若存若亡，則亦何由入於胸次而有所醒悟邪？

仁愛之說，累書言之已詳，請更檢看。更并仁、義、禮、智四字分別區處，令各有去著，❷則自當見之。不欲多言，以取瀆告

❶「并」，原缺，據浙本補。
❷「令各」，浙本作「各令」。

之答也。若如來喻，則《孟子》「惻隱之心，仁之端也」，此語亦當有病。當云「公覺之心，仁之端也」乃爲備耳。如此立言有何干涉乎？

晦庵先生朱文公文集卷第四十

閩縣儒學教諭王製校

晦庵先生朱文公文集卷第四十一

書知舊門人問答

答馮作肅

所論兩條，如叔京兄所論「孔子非沮子貢，乃勉其進」，此意甚善。而作肅所疑，亦有不得不疑者。但此章自不必別爲之説，但看伊川先生解云：「『我不欲人之加諸我，吾亦欲無加諸人』，仁也；『己所不欲，勿施於人』，恕也。恕則子貢可勉而能，仁則非子貢之所及。」此意極分明矣。「博施濟衆」之問與此語先後不可考，疑却因「能近取譬」之言用力有功，而有「欲無加人」之説也。熹嘗謂：「欲立人、欲達人，即子貢所謂『欲無加人』，仁之事也；『能近取譬』，求仁之方，即孔子所謂『勿施於人』，恕之事也。」熟玩文意，似當如此，然諸先達未之嘗言，未知是否，幸試思之。更白叔京兄，質其可否，復以見諭，幸甚。又所引「與點」爲證，恐聖人與點之意不止如此，亦可并商量也。

答馮作肅

所論懲創後生妄作之弊，甚善。然亦不可以此而緩於窮理，但勿好異求新，非人是己，則知識益明而無穿穴之害矣。若因陋畜疑，不爲勇決之計，又非所以矯氣質之偏而進乎日新也。

答馮作肅

示諭頗爲他慮所牽，不得一意講習，只得且將明白義理澆灌涵養，令此義理之心常勝，便是緊切功夫，久之須得力也。

答馮作肅

敬義之説甚善。然居敬、窮理，二者不可偏廢；有所偏廢，則德孤而無所利矣。「動静，仁智之體」，對下文「樂壽爲仁智之效」而言，猶言其體段如此耳，非體用之謂也。學者求爲仁智之事，亦只如上章居敬、窮理之説，便是用力處。若欲動中求静、静中求動，却太支離，然亦無可求之理也。

以伊尹爲天民，蓋以其事言之，如耕莘、應聘之事，即分明見得有此蹤跡也。治亦進，亂亦進，是指五就湯、五就桀而言，乃是就湯之後，以湯之心爲心，非不待可行而遽行之謂也。傅説是大賢，比伊尹須少貶，其見可而後行雖同，但所以行者或不及耳。周、孔又高，直是「正己而物正」之事，可行而行亦有所不足道矣。

二《南》乃天子、諸侯燕樂，用之鄉人，用之邦國，所以風天下也。然隨事自有正樂者，則兼及之；如燕禮自有《鹿鳴》等詩。無正樂者，則專用之。如鄉飲酒别無詩也。恐是如此，然亦未及考也。

可欲之「善」，與繼善之「善」同。有諸己之「信」與成之者「性」，理雖一，而所施則異。當更深察之。

性情等説，有已見叔京書者，但所與嵩卿論者，今議其得失於此。嵩卿云：「理即性也，不可言本。」此言得之。程子亦云：「性即理也。」今見《遺書》二十二上。但其下分别感有内外，則有病，作肅非之，是也。作肅又云：「性者自然，理則必然而不可悖亂者。」此意亦近之。語亦有病。但下云：「理不待性而後有，必因性而後著。」此則有大病。蓋如此，則以性與理爲二也。下云「性者理之會」，却好。「理者性之通」，則又未然。蓋理便是性之所有之理，性便是理之所會之地，而嵩卿失之於太無分别，作肅又失之於太分别，所以各人只説得一邊也。作肅云：「情本於性，故與性爲對。心則於斯二者有所知覺，而能爲之統御者也。未動而無以統之，則空寂而已。已動而無以統之，則放肆而已。」此數句却好。但必以不動爲心，則又非矣。若心本不動，則孟子又何必四十而後不動心乎？須知未動爲性，已動爲情，心則貫乎動静而無不在焉，則知三者之説矣。《知言》曰：「性立天下之有，情效天下之動，心妙性情之德。」此言甚精密，與其他説話不同，試玩味之，則知所言之失矣。

答連嵩卿

「正顔色，斯近信矣」。此言持養久熟之功，正其顔色即近於信，蓋表裏如一，非但色莊而已。以上下兩句考之，可見非謂正顔色即是近信也。若非持養有素，則正顔色而不近信者多矣。

宿諾者，未有以副其諾而預諾之，如今人未有此物而先以此物許人之類。《集解》不用此義。❶

❶「解」下，浙本有「已」字。

盡心，以見處而言；盡性，以行處而言。

易簀、結纓，未須論優劣，但看古人謹於禮法，不以死生之變易其所守如此，便使人有「行一不義、殺一不辜而得天下不爲」之心。此是緊要處。子路仕衛之失，前輩論之多矣，然子路却是見不到，非知其非義而苟爲也。

以道左爲無用，則道乃無用之物也，而可乎？但仁是直指人心親切之妙，道是統言義理公共之名，故其言有親疏，其實則無二物也。《中庸》曰「脩道以仁」，胡子亦謂「人而不仁，則道義息」，意亦可見。

「天地設位，而易行乎其中」，以造化言之也。「乾、坤成列，而易立乎其中」，以卦位言之也。

乾者，萬物之始，對坤而言，天地之道也；元者，萬物之始，對亨、利、貞而言，四時之序也。錯綜求之，其義乃盡。

功用、妙用之説，來諭得之。

所謂「天地之性即我之性，豈有死而遽亡之理」，此説亦未爲非，但不知爲此説者以天地爲主耶，以我爲主耶？若以天地爲主，則此性即自是天地間一箇公共道理，更無人物彼此之間、死生古今之別。雖曰死而不亡，然非有我之得私矣。若以我爲主，則只是於自己身上認得一箇精神魂魄、有知有覺之物，即便目爲己性，把持作弄，到死不肯放舍，謂之死而不亡，是乃私意之尤者，尚何足與語死生之説、性命之理哉？釋氏之學，本是如此。今其徒之黠者，往往自知其陋而稍諱之，却去上頭別説一般玄妙道理，雖若滉漾不可致詰，然其歸宿實不外此。若果如此，則是一箇天地性中別有若干人物之性，每性各有界限，不相交雜，改名換姓，自生自死，更不由天地陰陽造化，而爲天地陰陽者亦無所施其造化矣。是豈有此理乎？ 煩以此問子晦，渠必有説，却以見諭。

答連嵩卿❶

「爲其多聞也，爲其賢也。」多聞何以謂之師？ 夫賢有小大，《記》曰：「以人望人，則賢者可知。」至於「多識前言往行，以畜其德」，《易》之《大畜》，故可以爲師。

賢與多聞，細分固當有別，但若只如此理會，則與王氏《新經》何異？ 恐不必深致意也。下段《春秋》補助之説放此。

「配義與道」而不言仁，充塞天地之間，則仁在其中矣。 孟子言氣，主於集義故也。

更熟看上下文，子細思索，不可只如此草草説過。

樂正子「有諸己之謂信」與「反身而誠，則能動人也」，❷如何？ 信有諸己，誠則能動人也？

信與誠，大概相似，但反身而誠，所指處地位稍高，亦未論能動人否也。

孟子不見儲子，謂其儀不及物。 夫儲子之平陸，特遣人致幣交於孟子，則其接也不以禮，孟子何以受其幣而不見？ 豈非不屑教誨之道，與孔子不見孺悲而鼓瑟之義同？

初不自來，但以幣交，未爲非禮。 但孟子既

❶「連」，原脱，據浙本、天順本補。

❷「樂正子」三字，原混入上段「草草説過」後，據浙本、四庫本改。

受之後，便當來見，而又不來，則其誠之不至可知矣。故孟子過而不見，施報之宜也，亦不屑之教誨也。

楚令尹子南之子棄疾、雍糾之妻，一告而殺夫，一不告而殺父。二者亦不幸而遇此，然當如何爲正？

居二者之間，調護勸止，使不至於相夷者，上也；勸之不從，死而以身悟之，次也。舍是亦無策矣。

桓公不足以有爲，民不免左衽。管仲之不死，得爲仁乎？或以爲管仲自信其才，雖不遇而仲之仁自若也。若夫成功，則天也。

孔子許管仲以仁，正以其功言之耳，非以管仲爲仁人也。若其無功，又何得爲仁乎？

答連嵩卿

「恭」、「敬」二字，《語》、《孟》之言多矣。如「敬而無失，與人恭而有禮」，「居處恭，執事敬」，「行己也恭，事上也敬」，「責難於君謂之恭，陳善閉邪謂之敬」。伊川先生言：「發於外者謂之恭，有諸中者謂之敬。」蓋恭、敬只一理表裏之言。以此意解《語》、《孟》之言，似不契，莫是有輕重否？

恭主容，敬主事。自學者而言，則恭不如敬之力；自成德而言，則敬不如恭之安。

鬼神馮依，此亦有理，「莫見乎隱，莫顯乎微」而已。此莫只是誠之不可揜，感而遂通之意否？

鬼神馮依之説，大概固然。然先生蓋難言

之，亦不可不識其意也。

窮神則無易矣。

此言人能窮神，則易之道在我矣，豈復別有易哉？

乾是聖人道理，❶坤是賢人道理。

乾是自然而然，坤便有用力處。

論性不論氣，不備；論氣不論性，不明。

論性不論氣，則無以見生質之異；論氣不論性，則無以見理義之同。

兵法遠交近攻，須是審行此道。智崇禮卑之意。蓋學者其知要高明，其行須切近。「立則見其參於前」，所見者何事？竊謂「言忠信，行篤敬」，所主者誠敬而已。所主者既誠敬，則所見者亦此理而無妄矣。故坐必如尸，立必如齊，此理未嘗不在前也。

二説皆善。

顏淵問仁，孔子告之以仁與禮。仁與禮果異乎？竊謂五常百行，理無不貫。仁者，人此者也；義者，宜此；禮者，履此。仁之與禮，其命名雖不同，各有所當，皆天理也。人之所以滅天理者，以爲人欲所勝耳。人能克去己私，則天理自復，❷動容周旋中禮，仁孰大焉！

仁禮之説，亦得之。但仁其統體，而禮其節文耳。

答連嵩卿

「德輶如毛，民鮮克舉之」，孔子所謂

❶「乾是聖」三字，原混入上段「別有易哉」後，據浙本、天順本、四庫本改。

❷「自」，原作「者」，據浙本、天順本改。

「爲仁由己」也。「仁以爲己任，不亦重乎」，程子所謂「克己最難」也。周子亦曰：「至易而行難，果而確，無難焉。」蓋輕故易，重故難，知其易，故行之必果；知其難，則守之宜確。能果能確，則又何難之有乎？恐不必引「堯、舜病諸」以爲任重之證也。

「死生有命」，言禀之素定，非今日所能移；「富貴在天」，言制之在彼，非人力所能致。如所論却費力也。

「天下歸仁」，熟考經文及程氏說，似只謂天下之人以仁歸之，與吕氏贊不同。蓋事事合理，則人莫不稱其仁，如宗族稱孝、鄉黨稱悌之比。若有毫髮之私留於胸中，則見乎外者必有所不可揜矣，人亦必以其實而稱之，又何歸仁之有？

「知化」，只是知化育之道，不必以知爲主。但「窮神知化」、「存神過化」，伊川、横渠説此二義皆不同。試考其說，當孰從耶？

忠、質、文，不見於經，然亦有理。蓋忠則只是誠實，質便有損文就質之意矣。

曾子言「仁，人此」，「義，宜此」，只就孝上說。孟子言仁之實、義之實，則兼孝悌而言。程子言此雖只是一理，然須分別得出，是亦理一而分殊之意。大凡道理皆如此也。此是說《遺書》第一卷中「仁，人此」一段。

「夫仁者，己欲立而立人，己欲達而達人」，所謂「以己及物，仁也」，「能近取譬，可謂仁之方也已」，所謂「推己及物，恕也」。

「並行不悖」一章，甚善，此君子所以不謂命也。但堯、舜、孔子爲疏戚之異，似未然。此各是發明一事，皆不以天而廢人者。然所謂人者，是亦天而已矣，此所以並行而不相悖也。

答程允夫 洵

讀蘇氏書，愛其議論不爲空言，竊敬慕焉。

蘇氏議論切近事情，固有可喜處，然亦譎矣。至於衒浮華而忘本實、貴通達而賤名檢，此其爲害又不但空言而已。然則其所謂可喜者，考其要歸，恐亦未免於空言也。

爲學之道，戛戛乎難哉！

爲學之道，至簡至易，但患不知其方而溺心於淺近無用之地，則反見其難耳。

潁濱「浩然」一段，未知所去取。

反復讀《孟子》此章，則蘇氏之失自見。

《孟子集解》先録要切處一二事，如論養氣、論性之類。

《孟子集解》雖已具藁，然尚多所疑，無人商確。此二義尤難明，豈敢輕爲之説，而安以示人乎？來書謂此二義爲甚切處，❶固然。然學者當自博而約，自易而難，自近而遠，自下而高，乃得其序。今舍七篇而直欲論此，是躐等也。爲學之序不當如此，而來書指顧須索，氣象輕肆，其病尤大。

窮理之要，不必深求，先儒所謂「行得即是」者，此最至論。若論雖高而不可行，失之迂且矯，此所謂過猶不及，其爲失中一也。

「窮理之要，不必深求」，此語有大病，殊駭聞聽。「行得即是」，固爲至論，然窮理不深，則安知所行之可否哉？宰予以短喪爲安，是以不可爲可也；子路以正名爲迂，是以可爲不可也。彼親見聖人，日聞善誘，猶

❶「甚」，浙本、天順本作「要」。

有是失，況於餘人，恐不但如此而已。窮理既明，則理之所在，動必由之，無論高而不可行之理，但世俗以苟且淺近之見，謂之不可行耳。如行不由徑，固世俗之所謂迂；不行私謁，固世俗之所謂矯；又豈知理之所在，言之雖若甚高，而未嘗不可行哉？理之所在，即是中道。惟窮之不深，則無所準則而有過不及之患，未有窮理既深而反有此患也。《易》曰：「精義入神，以致用也。」蓋惟如此，然後可以應務；未至於此，則凡所作爲皆出於私意之鑿，冥行而已。雖使或中，君子不貴也。

　前所論蘇潁濱，正以其行事爲可法耳。蘇黄門謂之近世名卿則可，前書以顏子方之，僕不得不論也。今此所論，又以爲行事可法。本朝人物最盛，行事可法者甚衆，不但蘇公而已。大抵學者貴於知道，蘇公早拾蘇、張之緒餘，晚醉佛、老之糟粕，謂之知道，可乎？《古史》中論黄帝、堯、舜、禹、益、子路、管仲、曾子、子思、孟子、老聃之屬，皆不中理，未易概舉，但其辨足以文之。世之學者，窮理不深，因爲所眩耳。僕數年前亦嘗惑焉，近歲始覺其繆。

　所謂行事者，内以處己，外以應物，内外俱盡，乃可無悔。古人所貴於時中者，此也。不然，得於己而失於物，是亦獨行而已矣。

處己接物，内外無二道也，得於己而失於物者無之。故凡失於物者，皆未得於己者也。然得謂得此理，失謂失此理，非世俗所謂得失也。若世俗所謂得失者，則非君子所當論矣。「時中」之説，亦未易言。若如來諭，則是安常習故、同流合汙、小人無忌憚之中庸，後漢之胡廣是也，豈所謂時中者哉！

大抵俗學多爲此說，以開苟且放肆之地，而爲蘇學者爲尤甚，蓋其源流如此，其誤後學多矣。

答程允夫

所示詩文，筆力甚快。書中所云，則未敢聞命。別紙條析以往，試熟看數過，當自見得。大抵自道學不明千有餘年，爲士者習於耳目見聞之陋，所識所趣不過如此。如欲爲文章之士而已，則以吾弟之才少加勉勵，自應不在人後。但不當妄談義理，徒取誚於識者。若果有意於古人之學，則如所示，皆未得其門而入者。要須把作一件大事，深思力究，厚養力行，然後可議耳。但恐浮艷之詞染習已深，未能勇決，棄彼而取此，則非僕之所敢知也。

答程允夫

熹承寄示前書，所論皆未中理，不得不相曉。來書謂熹之言乃論蘇氏之粗者，不知如何而論乃得蘇氏之精者？此在吾弟，必更有說。然熹則以爲道一而已，正則表裏皆正，譎則表裏皆譎，豈可以析精粗爲二致？此正不知道之過也。

又謂洗垢索瘢，則孟子以下皆有可論，此非獨不見蘇氏之失，又并孟子而不知也。夫蘇氏之失著矣，知道愈明，見之愈切，雖欲爲之覆藏而不可得，何待洗垢而索之耶？若孟子，則如青天白日，無垢可洗，無瘢可索。今欲掩蘇氏之疵而援以爲比，豈不適所以彰之耶？黄門比之乃兄，似稍簡靜，然謂簡靜爲有道，則與子張之指清忠爲仁何以異？第深考孔子所答之意，則知簡静之與有道蓋有間矣。况蘇公雖名簡静，而實陰險。元祐末年，規取相位，力引小人楊畏，使傾范忠宣公而以己代之。既不效矣，則誦其彈文於坐，以動范公。此豈有道君子所爲哉？此非熹之言，前輩固已筆之於書矣。吾弟乃謂其躬行不後二程，何其考之不詳而言之易也！二程之學，始焉未得其要，是以出入於佛、老；及其反求而得諸六經也，則豈固以佛、老爲是哉？如蘇氏之學，則方其年少氣豪，固嘗妄觝禪學，如《大悲閣》、《中和院》等記可見矣。及其中歲，流落不偶，鬱鬱失志，然後匍匐而歸焉，始終迷惑，進退無據。以比程氏，正楊子「先病後瘳、先瘳後病」之説。吾弟比而同之，是又欲洗垢而索孟子之瘢也。

又謂程氏於佛、老之言，皆陽抑而陰用之。❶夫竊人之財猶謂之盜，况程氏之學以誠爲宗，今乃陰竊異端之説而公排之，以蓋其跡，不亦盜憎主人之意乎？必若是言，則所謂誠者安在？而吾弟之所以敬仰之意果何謂也？挾天子以令諸侯，乃權臣跋扈，借資以取重於天下，豈真尊主者哉？若儒者論道而以是爲心，則亦非真尊六經者。此其心術之間反覆畔援，❷去道已不啻百千萬里之遠。方且自爲邪説詖行之不暇，又何暇攻百氏而望其服於己也？

凡此皆蘇氏心術之蔽。故其吐辭立論，出於此者十而八九。吾弟讀之愛其文辭之工，而不察其義理之悖，日往月來，遂與之化，如入鮑魚之肆，久則不聞其臭矣。

❶「陽」，原作「揚」，據浙本、天順本改。
❷「術」，《考異》出文作「跡」，校記云：一作「術」。

而此道之傳，無聲色臭味之可娱，非若侈麗閎衍之辭、縱横捭闔之辨，有以眩世俗之耳目而蠱其心，自非真能洗心滌慮以入其中。真積力久，卓然自見道體之不二，不容復有毫髮邪妄雜於其間，則豈肯遽然舍其平生之所尊敬向慕者，而信此一夫之口哉？故伊川之爲《明道墓表》曰：「學者於道知所向，然後見斯人之爲功；知所至，然後見斯名之稱情。」蓋爲此也。然世衰道微，邪僞交熾，士溺於見聞之陋，各自是其所是，若非痛加剖析，使邪正真僞判然有歸，則學者將何所適從以知所向？況欲望其至之乎？此熹之所不得不爲吾弟極言而忘其僭越之罪也。

程氏書布在天下，所至有之，此間所有，不過是耳。謾寄《大全集》一本、《龜山語録》一本去。《大全》中有他人之文，《目録》中已題出矣。恐已自有之，如未有，且留看，夏中寄來未晚也。程氏高弟尹公嘗謂《易傳》乃夫子自著，欲知其道者，求之於此足矣，不必傍觀他書。蓋《語録》或有他人所記，未必盡得先生意也。又言先生踐履盡一部《易》，其作《傳》，只是因而寫成，此言尤有味。試更思之。若信得及，試用年歲之功，屏去雜學，致精於此，自當有得，始知前日所謂蘇、程之室者，無以異於雜薰蕕、冰炭於一器之中，欲其芳潔而不汙，蓋亦難矣。

蘇氏文辭偉麗，近世無匹，若欲作文，自不妨模範。但其詞意矜豪譎詭，亦有非知道君子所欲聞。是以平時每讀之，雖未嘗不喜，然既喜，未嘗不厭，往往不能終帙而罷，非故欲絶之也，理勢自然，蓋不可曉。然則彼醉於其説者，欲入吾道之門，豈不猶吾之讀彼書也哉！亦無怪其一胡一越而終不合矣。蘇、程固嘗同朝，程子之去，蘇公嗾孔文仲齕而去之也。使其道果同，如吾弟之所論，則雖異世亦且神交，豈至若是之戾耶？文仲爲蘇所嗾，初不自知，晚乃大覺，憤悶嘔血，以至於死。見於吕正獻公之《遺書》，尚可考也，吾弟未之見耳。因筆及此，似傷直矣，然不直則道不見，吾弟察之，幸甚。

答程允夫

仁者，天理也。理之所發，莫不有自然之節，中其節，則有自然之和，此禮樂之所自出也。人而不仁，滅天理，夫何有於禮樂？❶

此說甚善。但「仁，天理也」，此句更當消詳，❷不可只如此說過。

明則有禮樂，幽則有鬼神。鬼神者，造化之妙用；禮樂者，人心之妙用。

此說亦善。

「禮之用，和爲貴」，禮之用，以和爲貴也。和，如和羹，可否相濟？先王制禮，所以節人情，抑其太過而濟其不及也。若知和而和，則有所偏勝，如以水濟水，誰能食之？《中庸》曰：「發而皆中節，謂之和。」知和而和，則不中節矣。

以和對同，則和字中已有禮字意思；以和對禮，則二者又不可不分。恐不必引和羹相濟之說。

政者，法度也。法度非刑不立，故欲以政

❶「夫」，浙本作「矣」，屬上讀，亦通。
❷「當」，《考異》出文作「索」，校記云：一作「當」。

道民者，必以刑齊民。德者，義理也。義理非禮不行，故欲以德道民者，必以禮齊民。二者之決，而王、伯分矣。人君於此，不可不審，此一正君而國定之機也。

此說亦善。然先王非無政刑也，但不專恃以爲治耳。

孔氏之門，雖所學者有淺深，然皆以誠實不欺爲主。子曰：「由！誨汝知之乎？知之爲知之，不知爲不知，是知也。」教之以誠也。若未得謂得，未證謂證，是謂自欺。如此人者，其本已差，安可與入道？樊遲問智，孔子既告之矣，又質之子夏，反覆不知已，不敢以不知爲知也。凡此皆爲學用力處。

此說亦善。

非其鬼而祭之，諂也。諂於鬼，則於人可知矣。

推說則如此亦可，但本文「諂」字止謂諂於鬼神耳。

自「孔子謂季氏八佾舞於庭」至「季氏旅於泰山」五段，皆聖人欲救天理於將滅，故其言哀痛激切，與《春秋》同意。

此說亦然。

夏、殷之禮，杞、宋固不足徵，然使聖人得時得位，有所制作，雖無所徵，而可以義起者，亦必將有以處之。爲是言者，恐後生以私意妄議先王典禮耳。

夏、殷之禮，夫子固嘗講之，但杞、宋衰微，無所考以證吾言耳。若得時有作，當以義起者，固必有以處之。但此言之發，非謂後生妄議而云耳。

身有死生，而性無死生，故鬼神之情，人之情也。

死生鬼神之理，非窮理之至，未易及。如此

所論，恐墮於釋氏之説。性固無死生，然「性」字須子細理會，不可將精神知覺做「性」字看也。

「居上不寬，爲禮不敬，臨喪不哀，吾何以觀之哉？」寬、敬、哀，皆其本也。聖人觀人必觀其本，實不足而文有餘者，皆不足以入道。

此説得之。

心有所知覺則明，明則公，故曰：「惟仁者能好人，能惡人。」

仁者固有知覺，然以知覺爲仁則不可。更請合仁、義、禮、智四字思惟，就中識得「仁」字乃佳。

一念之善則惡消矣，一念之惡則善消矣，故曰：「苟志於仁矣，無惡也。」又曰：「未有小人而仁者也。」

此意亦是。然語太輕率，似是習氣之病，更當警察療治也。

行不由道而得富貴，是僥倖也，其可苟處乎？ 行不由道而得貧賤，是當然也，其可苟去乎？ 然則君子處貧賤富貴之際，視我之所行如何耳，行無愧於道，去貧賤而處富貴可也。故曰：「富與貴，是人之所欲也，不以其道得之，不處也；貧與賤，是人之所惡也，不以其道得之，不去也。」當以「不以其道」爲一句，「得之」爲一句。先生批：如此説，則「其」字無下落，恐不成文理也。

此章只合依先儒説有得富貴之道、有得貧賤之道爲是。張子韶云：「此言君子審富貴而安貧賤。」亦甚簡當。

「朝聞道，夕死可矣」。天下之事，惟死生之際不可以容僞，非實有所悟者，臨死生未嘗不亂。聞道之士，原始反終，知生之所自來，故知死之所自去，生死去就之理了然於心，無毫髮疑礙，故其臨死生也如晝夜、如夢覺，以爲理之常然，惟恐不得正而斃耳，何亂之有？學至於此，然後可以託六尺之孤、寄百里之命，臨大節而不可奪也。

此又雜於釋氏之說。更當以二程先生說此處熟味而深求之，知吾儒之所謂道者與釋氏迥然不同，則知朝聞夕死之說矣。

「君子懷德，小人懷土；君子懷刑，小人懷惠」。君子安於德義，如小人安於居處；君子安於法度，如小人之安於惠利。心之所安一也，所以用其心不同耳。

此蘇氏說之精者，亦可取也。

「放於利而行，多怨」。利與害爲對，利於己必害於人，利於人必害於己。害於己則我怨，害於人則人怨，是利者怨之府也。君子循理而行，理之所在，非無利害也，而其爲利害也公，故人不得而怨。人且不得而怨，而況於己乎？

此說得之。

德不孤，中德也。中必有鄰，夫子之道至今天下宗之，非有鄰乎？

此說非是。

心本仁，違之則不仁，顔子三月不違仁，不違此心也。

熟味聖人語意，似不如此，然則何以不言「回也，其身三月不違心」乎？

凡人有得於此，必有樂於此。方其樂於此也，寢可忘也，食可廢也，蓋莫能語人以其所以然者，唯以心體之乃可自見。

周濂溪嘗使二程先生求顔子所樂者何事，而先生亦謂：「顔子不改其樂，『其』字有味。」又云：「使顔子樂道，則不爲顔子。」夫顔子舍道，亦何所樂？ 然先生不欲學者作如是見者，正恐人心有所繫，則雖以道爲樂，亦猶物也。 須要與道爲一，乃可言樂。 不然，我自我，道自道，與外物何異也？❶ 須自體會乃得之。

此只是贊詠得一箇「樂」字，未嘗正當説著聖賢樂處，更宜於著實處求之。

《易》曰：「敬以直内，義以方外。」敬以養其心，無一毫私念，可以言直矣。 由此心而發，所施各得其當，是之謂義。 此與《中庸》言「喜怒哀樂未發謂之中，發而皆中節謂之和」相表裏。《中庸》言理，《易》言學。

此説是也。

聖言其所行，智言其所知，聖、智兩盡，孔子是也。 若伯夷、伊尹、柳下惠者，其力皆足以行聖人之事，而其知不逮孔子，故惟能於清、和、任處知之盡、行之至，而其他容有所未周。 然亦謂之聖者，以其於此三者已臻其極，雖使孔子處之，亦不過如此故也。 前輩言人固有力行而不知道者，若三子非不知道，知之有所未周耳。 知之未周，故伯夷於清則中，而於任、於和未必中也；伊尹、柳下惠於任、於和則中，而於清未必中也。《易大傳》論智常與神相配，而《中庸》稱舜亦以大智目之，則智之爲言，非天下之至神，孰能與於此？

此説亦是。 但《易大傳》以下不必如此説。 智有淺深，若孔子之金聲，則智之極而無所不周者也。 學者則隨其知之所及而爲大小耳，豈可概以爲天下之至神乎？

❶ 「也」，浙本、天順本作「此」，屬下讀，亦通。

學道者始於知之，終於行之，猶作樂者始以金奏，終以玉節也。孟子之意特取其終始言之，不必於金玉上求其義。此説亦是。但孟子正取金玉以明始終智聖之義，蓋金聲有洪纖，而玉聲則首尾純一故也。

不動心一也，所養有厚薄，所見有正否，則所至有淺深。觀曾子、子夏、子路、孟子、告子、北宫黝、孟施舍之議論趨操，則可見矣。

此章之説，更須子細玩索，不可如此草草説過。

郭立之以不動心處己，以擴充之學教人，與王介父以高明、中庸之學析爲二致何以異？

郭立之議論不可曉多類此。尹和靖言：「其自黨論起，不復登程氏之門，伊川没，亦不弔祭。」則其所得可知矣。此論未理會析爲二致，止恐其所謂不動心者，❶未必孟子之不動心也。

答程允夫

去冬走湖湘，❷講論之益不少。然此事須是自做工夫於日用間行住坐卧處，方自有見處。然後從此操存，以至於極，方爲己物爾。敬夫所見，超詣卓然，非所可及。近文甚多，未暇録，且令寫此一銘去，此尤勝他文也。密院闕期尚遠，野性難馴，恐不堪復作吏，然亦姑任之，不能預以爲憂耳。

❶「止」，浙本作「正」。

❷「去」上，淳熙本有「久不聞問方以爲懷人來併得兩書備審比來侍奉之餘進學不倦某」二十七字。

所示《語》、《孟》諸説，深見日來進學之力，别紙一一答去。更且加意，如此探討不已，當有得耳。丁寧葉仁來時去取書，恐更有商量處，一一示及。孤陋無所用心，惟得朋友講論，則欣然終日，千萬有以慰此懷也。「可欲之謂善」，此句尋常如何看？因來諭及。《龜山易傳》傳出時已缺，乾、坤只有草藁數段，不甚完備。《繫辭》三四段不絶筆，亦不成書。此有寫本，謾附去，然細看亦不甚滿人意，不若程《傳》之厭飫充足。潘子淳書，頃亦見之，蓋雜佛、老而言之者，亦不必觀。向所論蘇學之蔽，吾弟相信未及，今竟以爲如何？他時於己學上有見處，此等自然冰消瓦解，無立脚處。「遊於聖人之門者難爲言」，真不虚語。《正蒙》已領。近泉州刊行《程氏遺書》，乃二先生語録，此間所録，旦夕得本，首當奉寄也。

此學寂寥，士友不肯信向。吾弟幸有其志，又有其才，每一得書，爲之增氣。更願專一工夫，期以數年，當有用力處。如《艮齋銘》，便是做工夫底節次。近日相與考證古聖所傳門庭，建立此箇宗旨，相與守之。吾弟試熟味之，有疑却望示諭。秋試得失當已決，早了此一事亦佳，然是有命焉，亦不足深留意也。

答程允夫

「可欲」之説甚善。但云「可者欲之，不可者不欲，非善矣乎」，此語却未安。蓋只可欲者便是純粹至善自然發見之端，學者正要於此識得而擴充之耳。若云可者欲之，則已是擴充之事，非善所以得名之意也。又謂「能持敬則欲自寡」，此語甚當。

但紙尾之意以爲須先有所見，方有下手用心處，則又未然。夫持敬用功處，伊川言之詳矣，只云：「但莊整齊肅，則心便一，一則自無非僻之干。」又云：「但動容貌、整思慮，則自然生敬，只此便是下手用功處，不待先有所見而後能也。須是如此，方能窮理而有所見。惟其有所見，則可欲之幾瞭然在目，自然樂於從事，欲罷不能，而其敬日躋矣。」伊川又言：「涵養須是用敬，❶進學則在致知。」又言：「入道莫如敬，未有致知而不在敬者。」考之聖賢之言，如此類者亦衆，是知聖門之學別無要妙，徹頭徹尾只是箇「敬」字而已。

又承苦於妄念而有意於釋氏之學，此正是元不曾實下持敬工夫之故。若能持敬以窮理，則天理自明、人欲自消，而彼之邪妄將不攻而自破矣。至於「鳶飛魚躍」之問，❷則非他人言語之所能與，亦請只於此用力，自當見得。蓋子思言「君子之道費而隱」，以至于天下莫能載、莫能破，因舉此兩句以形容天理流行之妙。明道、上蔡言之已詳。想非有所不解，正是信不及耳。欲信得及，捨持敬窮理，則何以哉！

所示宗派，不知何人爲之？昔子貢方人，而孔子自謂不暇，蓋以學問之道爲有急乎此者故也。使此人而知此理，則宜亦有所不暇矣。無見於此，則又何所依據而輕議此道之傳乎？若云只據文字所傳，則其中差互叢雜，亦不可勝道。今亦未暇泛論，且以耳目所及與前輩所嘗論者言之：圖內游定夫所傳四人，熹識其三，皆未嘗見游

❶「是」，原脱，據浙本及下文補。
❷「問」，浙本作「間」。《考異》云：一作「間」。

公，而三公皆師潘子醇，亦不云其出游公之門也。此殆見游公與四人者皆建人，而妄意其爲師弟子耳。至於張子韶、喻子才之徒，雖云親見龜山，然其言論風旨、規摹氣象自與龜山大不相似。胡文定公蓋嘗深闢之，而熹載其説於《程氏遺書》之後。試深考之，則世之以此學自名者，其真僞皆可覈矣。胡公答仲并語切中近時學者膏肓之病，尤可發深省也。

「三年無改」，只是説孝子之心如此，非指事而言也。存得此心，則雖或不得已而改焉，亦無害其爲孝矣。元祐之於熙、豐，固有所謂不得已者，然未知當時諸公之心如何，若蘇公「野花啼鳥」之句，得無亦有幸禍之心耶？

答程允夫

亦足以發。

顔子所聞，入耳著心，布乎四體，形乎動静，則足以發明夫子之言矣。

忠、恕、誠、仁之别。

「誠」字以心之全體而言，「忠」字以其應事接物而言，此義理之本名也。若曾子之言忠恕，則是聖人之事，故其忠與誠、恕與仁得通言之。恕本以推己及物得名，在聖人則爲以己及物矣。

侯氏説未嘗誤。「萬物」者誠有病。

「有德者必有言，有仁者必有勇」。洵竊謂有德者未必有言，然因事而言，則言之中理可必也；仁者未必有勇，然義所當爲，則爲之必力可必也。故皆曰「必有」。有德者未必以能言稱，仁者未必以勇著。

然「云云」以下，各如所說。

「天下有道，則庶人不議」。不議，謂不得與聞國政，非謂禁之使勿言也。如陽虎之流，以庶人而與國政者也。

恐不如此。陽虎饋豚於孔子，蓋以大夫自處，非庶人也。蘇說之誤。

「天何言哉？四時行焉，百物生焉。天何言哉！」洵竊謂四時行、百物生，皆天命之流行，其理甚著，不待言而後明。聖人之道亦猶是也，行止語默無非道者，不爲言之有無而損益也。有言，乃不得已爲學者發耳。明道先生言「若於此上看得破，便信是會禪」，亦非謂此語中有禪，蓋言聖人之道坦然明白，但於此見得分明，則道在是矣，不必參禪以求之也。

如此辨別，甚善。近世甚有病此言者，每以此意曉之，然不能如是之快也。

子夏曰：「仕而優則學，學而優則仕。」洵竊謂仕優而不學則無以進德，學優而不仕則無以及物。仕優而不學固無足議者，學優而不仕亦非聖人之中道也。故二者皆非也。仕優而不學，如原伯魯之不說學是也；學優而不仕，如荷蓧丈人之流是也。子夏之言似爲時而發，其言雖反覆相因，而各有所指。或以爲仕而有餘則又學，學而有餘則又仕，如此則其序當云「學而優則仕，仕而優則學」。今反之，則知非相因之辭也。不知此說是否？

此說亦佳。舊亦嘗疑兩句次序顛倒，今云各有所指，甚佳。

《遺書》載司馬温公嘗問伊川先生，欲除一人爲給事中云云，洵竊謂若以公言之，何嫌之足避，豈先生於此亦未能自信邪？

前賢語默之節，更宜詳味，吾輩只爲不理會此等處，故多悔吝耳。近正有一二事可悔，忽讀此問，爲之矍然。

《上蔡語録》中有「真我」之語，洵竊謂不必如此立論，恐啓後人好奇之弊。蓋「毋我」之「我」與「我所固有」之「我」字同義異，本自分明，只下一「真」字，便似生事，二程先生議論不如此。上蔡之學，所造固深，此亦似是其小疵也。

此説甚當。上蔡所云「以我視、以我聽」者，語亦有病。

答程允夫

龜山曰：「宰我問三年之喪，非不知其爲薄也，只爲有疑，故不敢隱於孔子。」只此無隱，便是聖人作處。

龜山之意當是如此。然聖人之無隱與宰我之無隱，亦當識其異處。

伊川舟行遇風，端坐不爲之變，自以爲誠敬之力。烈風雷雨，而舜不迷錯，其亦誠敬之力歟？

舜之不迷，此恐不足以言之。

善爲説辭，則於德行或有所未至；善言德行，則所言皆其自己分上事也。

此説得之。

「善與人同」，以己之善，推而與人同爲之也。「舍己從人」，樂取諸人以爲善，以人之善爲己之善也。

此説亦善。

賢賢、事父母、事君、與朋友交，此四者皆能若子夏之言，可以言學矣。然猶有「雖曰未學」之語，若猶賴乎學者。蓋雖能如是，而不知其所以能如是者從何而來，則所謂行之而不著、習矣而不察者也。

此句意思未見下落，請詳言之，方可議其得失也。

羞惡之心義之端，故人不可使之無廉恥。無廉恥，則無以起其好義之心，若之何而可化？ 聖人之於民，必使之有恥且格者，此也。

人自是不可無恥，不必引「羞惡」、「好義」爲言也。

知敬親者其色必恭，知愛親者其色必和，此皆誠實之發見，不可以僞爲。 故子夏問孝，孔子答之以「色難」。

據下文，恐是言承順父母之色爲難，然此説亦好。

「君子周而不比，小人比而不周」。 君子循理之所在，周流天地之間，無不可者。其親之也，理之所當親也；其遠之也，理之所當遠也。何比之有？

尊賢容衆、嘉善而矜不能，此之謂周。溺愛徇私、黨同伐異，此之謂比。周，周徧也；比，偏比也。不必言「周流天地之間」。

謝上蔡曰：「『慎言其餘』、『慎行其餘』，皆有深意，惟近思者可以得之。」蓋言行有絲毫不慎，則於理有絲毫之失，則與天地不相似矣。

「慎言其餘」、「慎行其餘」，「籍用白茅」之意。似此推言，於理不害，然恐未遽説到此也。

小人之陵上，其初蓋微僭其禮之末節而已。及充其僭禮之心，遂至於弑父弑君，此皆生於忍也。故孔子謂季氏：「八佾舞於庭，是可忍也，孰不可忍也？」敢僭其禮，便是有無君父之心。

人有中雖不然而能勉彊於其外者，君子當求之於其中。中者，誠也；外者，僞也。故父在當觀其事父之志。行者，行其志而有成者也。父没，則人子所以事父之大節始終可覩矣，故父没當觀其事父之行。事父之行既已終始無愧，而於三年之間又能不失其平日所以事父之道，非孝矣乎？

此説甚好，然文義似未安。

「敏於事」，如「必有事焉」之「事」，當爲即爲，不失其幾也。

事只是所行之事。「必有事焉」，不知尋常如何説，請詳論之，乃見所指之意。大抵説經以彼明此固爲簡便，然或失其本意，則彼此皆不分明，所以貴於詳説也。

「子貢曰貧而無諂」至「告諸往而知來者」，此爲學之法也，亦可以見聖賢悟入深淺處。凡窮理自有極致，觀聖人如此發明子貢，則可見矣。

此章論進學之實效，非論悟入深淺也。「悟入」兩字，既是釋氏語，便覺氣象入此不得。《大學》所謂知至格物者，非悟入之謂。

死生一理也，死而爲鬼，猶生而爲人也，但有去來幽顯之異耳。如一晝一夜，晦明雖異，而天理未嘗變也。

死者去而不來，其不變者只是理，非有一物常在而不變也。更思之。

「子聞之，曰：『是禮也。』」三字可以見聖人氣象宏大，後世諸子所不及也。

「《詩》三百，一言以蔽之，曰思無邪」，與「《關雎》樂而不淫，哀而不傷」，皆聖人教人讀《詩》之法。

此類言之太略，不曉所主之意，恐其間有差，或致千里之繆也。

見實理是爲智，得實理是爲仁。

惟仁者能得是理，而以得實爲仁，則仁之名義隱矣。「而以得實」下，疑當有「理」字。❶理之至實而不可易者，❷莫如仁。義、禮、智、信，非仁不成。如孝、弟、禮、樂、恭、寬、信、敏、惠，皆仁之用也。

此數句，亦未見下落。

學者須先有所立，故孔子三十而立，又曰「患所以立」。然則若何而能立？曰：「窮理以明道，則知所立矣。」

立是操存踐履之效，所説非是。「患所以立」承「不患無位」而言，蓋曰患無以立乎其位云爾。

「古者言之不出，恥躬之不逮也」。如諸葛孔明草廬中對先主論曹、孫利害，其後輔蜀抗魏、吴，其言無一不酬者。蓋古人無侈心，故無侈言如此。

所引事不相類。

劉器之問「誠」之目於温公，曰：「當自不妄語入。」此《易》所謂「脩辭立其誠」也。

近之。

「子謂公冶長可妻也」。長之可妻，以其平昔之行也，非以無罪陷於縲紲爲可妻也。

雖嘗陷於縲紲，而非其罪，則其平昔之行可知。

「吾斯之未能信」，言我於此事猶未到不疑之地，豈敢莅官臨政、發之於用乎？

此事謂何事？

「子謂子貢曰：『女與回也，孰愈？』」孔子以此問子貢，則子貢之才亦顔、曾之

❶「而以得實下疑當有理字」十字，浙本無。

❷「理」，浙本作「道」。《考異》云：一作「道」。

亞。然其所以不及二子者，正在於以見聞爲學。孔子未欲以見聞外事語之，故姑云「吾與女弗如」。他日，乃警之曰：「汝以予爲多學而識之者歟？」道非多學所能識，則聞一知十，亦非所以爲顔子。子貢言聞一知二、知十，乃語知，非語聞也。見聞之外，復謂何事，請更言之。

忠與清，皆仁之用。有覺於中，忠清皆仁；無覺於中，仁皆忠清。

以覺爲仁，近年語學之大病，如此四句，尤爲乖戾。蓋若如此，則仁又與覺爲二而又在其下矣。

「又敬不違」，非從父之令，謂事親以禮，無違於禮也，所謂「起敬起孝」。

「見志不從，又敬不違」，則不得已而從父之令者有矣。「勞而不怨」，則所謂「悦則復諫」、「不敢疾怨」也。若不從而遂違之，則父子或至相夷矣。❶

「居簡而行簡」，則有志大略小之患，以之臨事，必有怠忽不舉之處。「居敬而行簡」，則心一於敬，不以事之大小而此敬有所損益也。以之臨事，必簡而盡。

居敬則明燭事幾而無私意之擾，故其行必簡。

爲仁固難歟？曰，孔子不以易啓人之忽心，亦不以難啓人之怠心。故曰：「仁遠乎哉？我欲仁，斯仁至矣。」又曰：「爲之難，言之得無訒乎？」

仁固不遠，然不欲則不至；仁固難，爲之則無難。

致知以明之，持敬以養之，此學之要也。不致知則難於持敬，不持敬亦無以致知。

❶「至」下，浙本、天順本有「於」字。

二者交相爲用，固如此。然亦當各致其力，不可恃此而責彼也。

「丘之禱久矣」，聖人與天地合其德，與鬼神合其吉凶，我即天地鬼神，天地鬼神即我，何禱之有？自他人言之，謂聖人如此可也，聖人之心，豈以此而自居耶？細味「丘之禱也久矣」一句，語意深厚，聖人氣象與天人之分、自求多福之意皆可見。

「以能問於不能，以多問於寡；有若無，實若虛；犯而不校」，此聖人之事也，非與天同量者不能。顔子所以未達一間者，正在此，故第曰「嘗從事於斯」，非謂已能爾也。

此正是顔子事，若聖人則無如此之迹。有如此説處，便有合内外之意。如舜「善與人同，舍己從人」、好察邇言、用中於民，必兼言之。惟顔子行而未成，故其事止於如此耳。

「子絶四」，蓋以此教人也，故曰「毋」。毋者，戒之之辭。

「毋」，《史記》作「無」，當以「無」爲正。

「未見其止也」，學必止於中，而止非息也，於中止行耳。百尺竿頭，猶須進步，豈有止法乎？

據上下章，「止」字皆但爲止息之意。學止於中，乃止其所之止，非止息之意，字同用異，各審其所施。竿頭進步，狂妄之言，非長於譬喻者。

四科乃述《論語》者記孔氏門人之盛如此，非孔子之言，故皆字而不名，與上文不當相屬。或曰《論語》之書出於曾子、有子之門人，然則二子不在品題之列者，豈非門人尊師之意歟？

四科皆從於陳、蔡者，故記者因夫子不及門之歎而列之。

君子之道，本末一致，灑掃應對之中，性與天道存焉，行之而著，習之而察，則至矣。孰謂此本也宜先而可傳，此末也宜後而可倦哉？譬諸草木，其始植也，爲之區別而已。灌溉之，長養之，自芽蘖以至華實，莫不有序，豈可誣也？然學者多慕遠而忽近，告之以性與天道，則以爲當先而傳；教之以灑掃應對，則以爲當後而倦焉。躐等陵節，相欺以爲高，學之不成，常必由此。惟聖人下學上達，有始有卒，故自志學充而至於從心不踰矩，自可欲之善充而至於不可知之神，莫不有序，而其成也不可禦焉。觀孟子謂徐行後長者爲堯、舜之孝弟，則灑掃應對進退之際，苟行著而習察焉，烏有不可至於聖者？

子夏言我非以灑掃應對爲先而傳之，非以性命天道爲後而倦教，但道理自有大小之殊，不可誣人以其所未至。唯聖人然後有始有卒，一以貫之，無次序之可言耳。二先生之説，亦是如此。但學者不察，一例大言，無本末精粗之辨，反使此段意指都無歸宿。須知理則一致，而其教不可闕，其序不可紊耳。蓋惟其理之一致，是以其教不可闕，其序不可紊也。更細思之。

篤，實也，學當論其實。論其實，則與君子者乎，與色莊者乎？君子，有實者也；色莊，無實者也。

得之。

克己之道，篤敬致知而已。非禮勿視、勿聽、勿言、勿動，篤敬也。所以知其爲非禮者，致知也。

克己乃篤行之事，固資知識之功，然以此言之，却似不切。只合且就操存持養處説，方見用力切要處。

「言顧行，行顧言」，故「古者言之不出，耻躬之不逮也」。《中庸》曰：「力行近乎仁。」《論語》司馬牛問仁，「子曰：『爲之難，言之得無訒乎？』」

答司馬牛之意，更宜思之。

「質直而好義，則能脩身；察言而觀色，則能知人」。内能脩身，外能知人，而又持之以謙，此盛德之士也。雖欲不達，得乎？此與「禄在其中」同意。名實相稱之謂達，有名無實之謂聞。察言觀色，如孟子所謂：「聽其言也，觀其眸子，人焉廋哉？」❶

孔子所言三句，皆誠實退讓之事。能如此，則不期達而自達矣，非謂能脩身知人而持之以謙也。説知人，猶遠正意。

子路問政。子曰：「先之，勞之。」請益，曰：「無倦。」凡不教而殺、不戒視成、慢令致期，皆無以先之也。既有以先之，又當有以勞之。帝堯曰：「勞之來之。」凡生之而不傷、厚之而不困，皆勞之之謂也。此堯、舜之政也。其要在力行耳，故復告之以「無倦」。

先之，謂以身率之；勞之，謂以恩撫之。二者苟無誠心，久必倦矣，故請益，則曰「無倦」而已。

簿書期會，各有司存，然後吾得以留意教化之事，故曰「先有司」。

先有司，然後綱紀立而責有所歸。

❶「廋」，原作「瘦」，據浙本、天順本及《孟子·離婁上》改。

答程允夫

張子曰：「天性在人，猶水性之在冰，凝釋雖異，其爲物一也。」觀張子之意，似謂水凝而爲冰，一凝一釋，而水之性未嘗動；氣聚而爲人，一聚一散，而人之性未嘗動。此所以以冰喻人、以水性喻天性也。然極其説，恐未免流於釋氏，兄長以爲如何？

程子以爲横渠之言誠有過者，正謂此等發耳。觀孔子、子思、孟子論性，似皆不如此。康節云：「性者，道之形體也；心者，性之郛郭也；身者，心之區宇也；物者，身之舟車也。」

鬼神之理，某向嘗蒙指示，大意云：氣之來者爲神，往者爲鬼，天地曰神曰祇，氣之來者也；人曰鬼，氣之往者也。此説與張子所謂「物之始生，氣日至而滋息；物生既盈，氣日反而游散。❶至之謂神，以其伸也；反之謂鬼，以其歸也」之意同。近見兄長所著《中庸説》亦引此，然張子所謂物者，通言萬物耶，抑特指鬼神也？若特指鬼神，則所謂物者，如《易大傳》言「精氣爲物」之「物」爾。若通言萬物，則上四句乃泛言凡物聚散始終之理如此，而下四句始正言鬼神也。精氣爲物，嚮亦嘗與季通講此，渠云：「精氣爲物者，氣聚而爲人也；遊魂爲變者，氣散而爲鬼神也。」此説如何？更望詳賜批教。

❶「游」，閩本、浙本、天順本作「流」。

《易大傳》所謂物，張子所論物，❶皆指萬物而言。但其所以爲此物者，皆陰陽之聚散耳，故鬼神之德體物而不可遺也。所謂氣散而爲鬼神者，非是。

答程允夫

程子曰：「鬼神者，天地之妙用，造化之迹也。」凡氣之往來聚散，無非天地之用，而鬼神尤其妙者也。然既已動於氣，見於用矣，是形而下者也，故曰「造化之迹」。呂氏曰：「萬物之莫不有是氣，氣也者，神之盛也；莫不有是魄，魄也者，鬼之盛也。故人亦鬼神之會爾。」《中庸説》曰：「鬼神之爲德，雖不可以耳目見聞接，然萬物之聚散始終，無非二氣之屈伸往來者，是鬼神之德爲物之體，而無物能遺棄之者也。」向按此二説，則張子所謂「物之始生，氣日至而滋息；物生既盈，氣日返而游散」，乃泛言萬物聚散始終之理如此。而鬼神者，亦物之一爾。但其德在物之中爲尤盛，故爲物之體而莫有能遺之者。人亦物之一也，其斂散終始，亦二氣之屈伸往來，與鬼神同，故呂氏曰「人亦鬼神之會耳」。然則非特人也，凡天地之間，禽獸草木之聚散始終，其理皆如此也。其理一而其得於氣者有隱顯、偏正、厚薄之不同，茲其所以有鬼神人物之異歟？ 謝氏曰：「鬼神是天地妙用，流行充塞，觸目皆是，欲其有則有，欲其無則無。」鬼神，氣也，人心之動亦氣也。以氣感氣，故能相爲有無。呂氏曰：「鬼神周流天地之間，無所不在，雖寂然不動，然因感而必通。」即此意也。

詳此兩段，皆是人物鬼神各爲一物，是殆見廟中泥塑鬼神耳。呂氏所謂「人亦鬼神之會」者甚精，更請細推之。

❶「論」，淳熙本作「謂」。

答程允夫

《太極解義》以太極之動爲誠之通，麗乎陽，而繼之者善屬焉；静爲誠之復，麗乎陰，而成之者性屬焉。其説本乎《通書》，而或者猶疑周子之言本無分隸之意，陽善陰惡又以類分。又曰：「中也，仁也，感也，所謂陽也，極之用所以行也；正也，義也，寂也，所謂陰也，極之體所以立也。」或者疑如此分配，恐學者因之，或漸至於支離穿鑿。不審如何？

此二義，但虛心味之，久當自見。若以先入爲主，則辯説紛拏，無時可通矣。

「仁義中正」，洵竊謂仁義指實德而言，中正指體段而言。然常疑性之德有四端，而聖賢多獨舉仁義，不及禮智，何也？

中正即是禮智。

《解義》曰：「程氏之言性與天道多出此圖，然卒未嘗明以此圖示人者，疑當時未有能受之者也。」是則然矣。然今乃遽爲之説以傳之，是豈先生之意耶？

當時此書未行，故可隱。今日流布已廣，若不説破，却令學者枉生疑惑，故不得已而爲之説爾。

濂溪作《太極圖》，發明道化之原。横渠作《西銘》，揭示進爲之方。然二先生之學，不知所造爲孰深？

此未易窺測，然亦非學者所當輕議也。

程子曰：「無妄之謂誠，不欺其次矣。」無妄是聖人之誠，不欺是學者之誠，如何？

程子此段似是名理之言，不爲人之等差而發也。

《近思録》載横渠論氣二章，其説與《太極

圖》動静陰陽之説相出入。然横渠立論，不一而足，似不若周子之言有本末次第也。

横渠論氣與《西銘》、《太極》各是發明一事，不可以此而廢彼，其優劣亦不當輕議也。

程子曰：「孔子言語，句句是自然；孟子言語，句句是事實。」所謂事實者，豈非是當行可行底事耶？然未可謂自然者，豈以其猶是思焉而得之歟？

大概如此，更翫味之。

所教學者看《精義》説，甚善。然竊以爲學者須先從師友講貫，粗識梗概，然後如此用工。不然，恐眩於衆説之異同也。

此乃憚煩欲速之論，非所敢聞，然亦非獨此書爲然。若果有志，無書不可讀，但能剖析精微，翫味久熟，則衆説之異同自不能眩，而反爲吾磨礪之資矣。

答程允夫

昨來疑義，久不奉報，然後來長進，又見得前説之是非也。每與吾弟講論，覺得吾弟明敏，看文字不費力，見得道理容易分明，但似少却玩味踐履功夫，故此道理雖看得相似分明，却與自家身心無干涉，所以滋味不長久，纔過了便休。反不如遲鈍之人，多費功夫方看得出者，意思却久遠。此是本原上一大病，非一詞一義之失也。記得向在高沙，因吾弟説覺得如此講論都無箇歸宿處，曾奉答云：❶「講了便將來踐履，即有歸宿。」此語似有味，更告思之。草此爲報，不能多及，餘惟力學自愛。

❶「答」，浙本作「啓」。

答程允夫

版籍固所職，然執有所壓而不得爲，則亦無可奈何。潘憲却要理會事，俟出入少定，試更白之，或能相聽，亦百里之幸也。版籍分明，自是縣道理財之急務；今人只見重疊催税之利，而不察鄉吏隱瞞之害，故不肯整理，此是上下俱落在厮兒計中，甚可歎也。石鼓之役，意思甚好，但恐擇之却難處耳。魏公好佛，敬夫無如之何。此正明道先生所謂「今之入人，因其高明」，所以爲害尤甚。不知這些邪見，是壞却世間多少好人、破却世間多少好事也。「誠」字得力，甚善，然知之亦已晚矣，凡百就實事上更著力爲佳。

答黄子厚

知讀《精義》有得，尤以爲喜。大指固不出二先生之説，然並觀博考，見其淺深疎密於毫釐之間，尤能發人意思，使人益信二先生之説不可易也。忠信只是一事，但自我而觀謂之忠，自彼而觀謂之信，此先生所以有盡己爲忠、盡物爲信之論也。鄙意如此，試思之然否，却見諭。登山之興，前日失之於跬步之間，今復冒暑而往，則有所不能矣。或恐欲尋舊約，即請見過，却議行計也。伯恭甚愛上巖山水，前日經行，適值風雨，尤快心目也。

晦庵先生朱文公文集卷第四十一

閩縣儒學教諭王製校

晦庵先生朱文公文集卷第四十二

書 知舊門人問答

答胡廣仲

欽夫未發之論，誠若分别太深，然其所謂無者，非謂本無此理，但謂物欲交引，無復澄静之時耳。熹意竊恐此亦隨人稟賦不同，性静者須或有此時節，但不知敬以主之，則昏憒駁雜，不自覺知，終亦必亡而已矣。故程子曰：「敬而無失，乃所以中。」此語至約，是真實下功夫處。願於日用語默動静之間，試加意焉，當知其不妄矣。近來覺得「敬」之一字，真聖學始終之要，向來之論，謂必先致其知，然後有以用力於此，疑若未安。蓋古人由小學而進於大學，其於灑掃應對進退之間，持守堅定，涵養純熟，固已久矣。是以大學之序，特因小學已成之功，而以格物致知爲始。今人未嘗一日從事於小學，而曰必先致其知，然後敬有所施，則未知其以何爲主而格物以致其知也。故程子曰：「入道莫如敬，未有能致知而不在敬者。」又論敬云：「但存此久之，則天理自明。」推而上之，凡古昔聖賢之言，亦莫不如此者。試考其言而以身驗之，則彼此之得失見矣。

答胡廣仲

《太極圖》舊本極荷垂示，然其意義終未能曉。如陰静在上而陽動在下、黑中有白而白中無黑，及五行相生先後次序，皆所未明。而來諭以爲太極之妙不可移易，是必知其説矣，更望子細指陳所以爲太極之妙而不可移易處以見教，幸甚，幸甚。

解釋文義，使各有指歸，正欲以語道耳。不然，則解釋文義將何爲邪？今來諭有云「解釋文義，則當如此，而不可以語道」，不知如何立言而後可以語道也？仁義之説，頃答晦叔兄已詳。今必以爲仁不可對義而言，則《説卦》、《孟子》之言皆何謂乎？來諭又云「仁乃聖人極妙之機」，此等語亦有病，但看聖賢言仁處，還曾有一句此等説話否？

來諭又謂「動静之外，别有不與動對之静，不與静對之動」，此則尤所未諭。「動静」二字相爲對待，不能相無，乃天理之自然，非人力之所能爲也。若不與動對，則不名爲静；不與静對，則亦不名爲動矣。但衆人之動，則流於動而無静；衆人之静，則淪於静而無動。此周子所謂「物則不通」者也。惟聖人無人欲之私而全乎天理，是以其動也，静之理未嘗亡；其静也，動之機未嘗息。此周子所謂「神妙萬物」者也。然而必曰主静云者，蓋以其相資之勢言之，則動有資於静而静無資於動。如乾不專一，則不能直遂；坤不翕聚，則不能發散；龍蛇不蟄，則無以奮；尺蠖不屈，則無以伸。亦天理之必然也。

來諭又有動則離性之説，此尤所未諭。

蓋人生而靜雖天之性，感物而動亦性之欲。若發而中節，欲其可欲，則豈嘗離夫性哉！惟夫衆人之動動而無靜，則或失其性耳。故文定《春秋傳》曰「聖人之心，感物而動」，《知言》亦云「靜與天同德，動與天同道」，皆未嘗有聖人無動之說也。却是後來分別感物而通、感物而動，語意迫切，生出許多枝節。而後人守之太過，費盡氣力，百種安排，幾能令臧三耳矣。然甚難而實非，恐不可不察也。

《知言》「性之所以一」，初見一本無「不」字，後見別本有之，尚疑其誤。繼而遍考此書，前後說頗有不一之意，如「子思子曰」一章是也。故恐實謂性有差別，遂依別本添入「不」字。今既遺藁無之，則當改正。但其它說性不一處，愈使人不能無疑耳。昨來《知言疑義》中已論之，不識高明以爲然否？

上蔡雖說明道先使學者有所知識，却從敬入。然其記二先生語，却謂未有致知而不在敬者。又自云：「諸君不須別求見處，但敬與窮理，則可以入德矣。」二先生亦言：「根本須先培擁，然後可立趨向。」又言：「莊整齊肅，久之則自然天理明。」五峰雖言「知不先至，則敬不得施」，然又云「格物之道，必先居敬以持其志」，此言皆何謂邪？熹竊謂明道所謂先有知識者，只爲知邪正、識趨向耳，未便遽及知至之事也。上蔡、五峰既推之太過，而來喻又謂「知」之一字便是聖門授受之機，則是因二公之過而又過之。試以聖賢之言考之，似皆未有此等語意，却是近世禪家說話多如此。若必如此，則是未知已前，可以怠慢放肆、無所不爲，而必若曾子一「唯」之後，然後可以用力於敬也。此說之行，於學者日用工夫大有所害，恐將有談玄説妙以終其身而不及用力於敬者，非但言語之小疵也。

上蔡又論横渠以禮教人之失，故其學至於無傳。據二先生所論，却不如此。蓋曰「子厚以禮教學者最善，使人先有所據守」，但譏其説「清虚一大」，使人向别處走，不如且道敬耳。此等處，上蔡説皆有病，如云「正容謹節，外面威儀，非禮之本」，尤未穩當。子文、文子，《知言疑議》亦已論之矣。❶僭冒不韙，深以愧懼，但講學之際，務求的當，不敢含糊，不得不盡言耳。

答胡廣仲

「知仁」之説，前日答晦叔書已具論之。今細觀來教，謂釋氏初無觀過功夫，不可同日而語，則前書未及報也。夫彼固無觀過之功矣，然今所論亦但欲借此觀過而知觀者之爲仁耳。則是雖云觀過，而其指意却初不爲遷善改過求合天理設也。然則與彼亦何異邪？嘗聞釋氏之師有問其徒者曰：「汝何處人？」對曰：「幽州。」曰：「汝思彼否？」曰：「常思。」曰：「何思？」曰：「思其山川城邑、人物車馬之盛耳。」其師曰：「汝試反思，思底還有許多事否？」今所論因觀過而識觀者，其切要處正與此同。若果如此，則聖人當時自不必專以觀過爲言。蓋凡觸目遇事，無不可觀，而已有所觀，❷亦無不可因以識觀者而知夫仁矣。以此譏彼，是何異同浴而譏裸裎也耶？

❶「議」，《正訛》改作「義」。
❷「已」，淳熙本作「凡」。

「人欲非性」之語，此亦正合理會。熹竊謂天理固無對，然既有人欲，即天理便不得不與人欲爲消長。善亦本無對，然既有惡，即善便不得不與惡爲盛衰。譬如「普天之下，莫非王土。率土之濱，莫非王臣」，此本豈有對哉？至於晉有五胡，唐有三鎮，則華夷逆順不得不相與爲對矣。但其初，則有善而無惡，有天命而無人欲耳。龜山之意，正欲於此毫釐之間剖判分析，使人於克己復禮之功便有下手處。如《孟子》道性善只如此説，亦甚明白慤實，不費心力。而《易傳·大有卦》、《遺書》第二十二篇棣問孔、孟言性章。論此又極分明，是皆天下之公理，非一家所得而私者。願虛心平氣，勿以好高爲意，毋以先入爲主，而熟察其事理之實於日用之間，則其得失從違不難見矣。

蓋謂天命爲不囿於物可也，以爲不囿於善，則不知天之所以爲天矣；謂惡不可以言性可也，以爲善不足以言性，則不知善之所自來矣。《知言》中此等議論與其他好處自相矛盾者極多，却與告子、楊子、釋氏、蘇氏之言幾無以異。昨來所以不免致疑者，正爲如此，惜乎不及供灑掃於五峰之門而面質之，故不得不與同志者講之耳。亦聞以此或頗得罪於人，然區區之意只欲道理分明，上不負聖賢、中不誤自己、下不迷後學而已，它固有所不得而避也。

答胡廣仲

伊川先生曰：「天地儲精，得五行之秀者爲人。其本也真而靜，其未發也，五性具焉，曰仁、義、禮、智、信。形既生矣，外物觸其形而動於中矣，其中動而七情出焉，曰喜、怒、哀、樂、愛、惡、欲。情既熾而益蕩，其性鑿矣。」熹詳味此數語，與《樂記》之説指意不殊。所謂静者，亦指未感時言爾。當此之時，心之所存渾是天理，未有人欲之僞，故曰「天之性」。及其感物而動，則是非真妄自此分矣。然非性，則亦無自而發，故曰「性之欲」。「動」字與《中庸》「發」字無異，而其是非真妄，特決於有節與無節、中節與不中節之間耳。來教所謂「正要此處識得真妄」是也。然須是平日有涵養之功，臨事方能識得。若茫然都無主宰，事至然後安排，則已緩而不及於事矣。

至謂「静」字所以形容天性之妙，不可以動静真妄言，則熹却有疑焉。蓋性無不該，動静之理具焉。若專以静字形容，則反偏却性字矣。《記》以静爲天性，只謂未感物之前，私欲未萌，渾是天理耳，不必以静字爲性之妙也。真妄又與動静不同，性之爲性，天下莫不具焉，但無妄耳。今乃欲并與其真而無之，此韓公「道無真假」之言所以見譏於明道也。伊川所謂其本真而静者，「真」、「静」兩字，亦自不同。蓋真則指本體而言，静則但言其初未感物耳。明道先生云：「人生而静之上不容説，纔説性時，便已不是性矣。」蓋人生而静，只是情之未發，但於此可見天性之全，非真以静狀性也。愚意如此，未知中否？

答胡廣仲

熹承諭向來爲學之病，足見高明所進日新之盛，一方後學，蒙惠厚矣。然以熹觀之，則恐猶有所未盡也。蓋不務涵養而專於致知，此固前日受病之原；而所知不精，害於涵養，此又今日切身之病也。❶ 若但欲守今日之所知，而加涵養之功以補其所不足，竊恐終未免夫有病，而非所以合内外之道，必也盡棄今日之所已知而兩進夫涵養格物之功焉，則庶乎其可耳。 蓋來書所論，皆前日致知之所得也，而其病有如左方所陳者，伏惟幸垂聽而圖之。

夫太極之旨，周子立象於前，爲説於後，互相發明，平正洞達，絶無毫髮可疑。而舊傳《圖》、《説》皆有繆誤，幸其失於此者猶或有存於彼，是以向來得以參互考證，改而正之。 凡所更改，❷ 皆有據依，非出於己意之私也。 舊本圖子既差，而《説》中「静而生陰」，「静」下多一「極」字，亦以《圖》及上下文意考正而削之矣。 若如所論，必以舊《圖》爲據而曲爲之説，意則巧矣。 然既以第一圈爲陰静，第二圈爲陽動，則夫所謂太極者果安在耶？ 又謂先有無陽之陰，後有兼陰之陽，則周子本説初無此意，而天地之化似亦不然。 且程子所謂無截然爲陰爲陽之理，即周子所謂互爲其根也。 程子所謂升降生殺之大分不可無者，即周子所謂分陰分陽也。 兩句相須，其義始備。 故二夫子皆兩言之，未嘗偏有所廢也。 今偏舉其一，而所施又不當其所，且所論先有專一之陰，後有兼體之陽，是乃截然之甚者。 此熹之所疑者一也。

「人生而静，天之性」者，言人生之初，未有感時，便是渾然天理也。「感物而動，性之欲」者，言及其有感，便是此理之發也。程子於《顔子好學論》中論此極詳，但平心易氣，熟玩而徐思之，自當見得義理明白穩

❶「身」，淳熙本作「己」。
❷「改」，淳熙本作「易」。

當處，不必如此强説，枉費心力也。程子所謂「常理不易」者，亦是説未感時理之定體如此耳，非如來諭之云也。此熹之所疑者二也。

《知言疑義》所謂「情亦天下之達道」，此句誠少曲折，然其本意却自分明。今但改云「情亦所以爲天下之達道也」，則語意曲折備矣。蓋非喜怒哀樂之發，則無以見其中節與否，非其發而中節，則又何以謂之和哉？心主性情，理亦曉然，今不暇别引證據，❶但以吾心觀之，未發而知覺不昧者，豈非心之主乎性者乎？已發而品節不差者，豈非心之主乎情者乎？「心」字貫幽明、通上下，無所不在，不可以方體論也。今曰「以情爲達道，則不必言心矣」，如此，則是專以心爲已發，如向來之説也。然則謂未發時無心，可乎？此義程子答吕博士最後一書説已分明，❷今不察焉，而必守舊説之誤，此熹之所疑者三也。

「性善」之「善」，不與惡對，此本龜山所聞於浮屠常總者。宛轉説來，似亦無病。然謂性之爲善未有惡之可對則可，謂終無對則不可。蓋性一而已，既曰無有不善，則此性之中無復有惡與善爲對，亦不待言而可知矣。若乃善之所以得名，是乃對惡而言，其曰性善，是乃所以别天理於人欲也。天理、人欲，雖非同時並有之物，然自其先後、公私、邪正之反而言之，亦不得不爲對也。今必謂别有無對之善，此又熹之所疑者四也。

《中庸》鄙説誠有未當，然其説之病正

❶「引」，淳熙本作「尋」。
❷「已」，淳熙本作「得」。

在分曉太過，無復餘味，以待學者涵泳咀嚼之功。而來諭反謂未曾分曉説出，❶不知更欲如何乃爲分曉説出耶？天命之性不可形容，不須贊嘆，只得將它骨子實頭處説出來，乃於言性爲有功。故熹只以仁、義、禮、智四字言之，最爲端的。「率性之道」，便是率此之性無非是道，亦離此四字不得。如程子所謂「仁，性也，孝悌是用也。性中只有仁、義、禮、智而已，曷嘗有孝弟來」，此語亦可見矣。蓋父子之親、兄弟之愛固性之所有，然在性中只謂之仁，而不謂之父子、兄弟之道也。君臣之分、朋友之交，亦性之所有，然在性中只謂之義，而不謂之君臣、朋友之道也。推此言之，曰禮曰智，無不然者，蓋天地萬物之理無不出於此四者。今以此爲倒説，而反謂仁義因父子、君臣而得名，此熹之所疑者五也。

中和體用之語，亦只是句中少曲折耳。蓋中者，所以狀性之德而形道之體；和者，所以語情之正而顯道之用。熹前説之失，便以中和爲體用，則是猶便以方圓爲天地也，近已用此意改定舊語。如來諭所疑，却恐未然。又云「中，自過不及而得名」，此亦恐説未發之中不著。此熹之所疑者六也。

至於仁之爲説，昨兩得欽夫書，詰難甚密，皆已報之。近得報云，却已皆無疑矣。但今觀所論，大概不出其中者，更不復論。但所引《孟子》「知」、「覺」二字，却恐與上蔡意旨不同。蓋孟子之言知、覺，謂知此事、覺此理，乃學之至而知之盡也。上蔡之言知、覺，謂識痛痒、能酬酢者，乃心之用而知之

❶「諭」，四庫本作「書」。「反」，原作「及」，據淳熙本、閩本、浙本改。

端也。二者亦不同矣。然其大體皆智之事也。今以言仁，所以多矛盾而少契合也。憒驕險薄，豈敢輒指上蔡而言？但謂學者不識仁之名義，又不知所以存養，而張眉努眼，説知説覺者，必至此耳。如上蔡詞氣之間，亦微覺少些小温粹，恐亦未必不坐此也。夫以愛名仁固不可，然愛之理則所謂仁之體也。天地萬物與吾一體，固所以無不愛，然愛之理則不爲是而有也。須知仁、義、禮、智，四字一般，皆性之德，乃天然本有之理，無所爲而然者。但仁乃愛之理、生之道，故即此而又可以包夫四者，所以爲學之要耳。細觀來諭，似皆未察乎此，此熹之所疑者七也。晦叔書中論此，大略與吾丈意同，更不及别答，只乞轉以此段呈之。大抵理會「仁」字，須并「義」、「禮」、「智」三字通看，方見界分分明，血脉通貫。近世學者貪説「仁」字而忽略三者，所以無所據依，卒并與「仁」字而不識也。

夫來教之爲此數説者，皆超然異於簡册見聞之舊，此其致知之功亦足以爲精矣。然以熹之所疑考之，則恐求精之過而反失之於鑿也。大抵天下事物之理，亭當均平，無無對者，唯道爲無對。然以形而上下論之，則亦未嘗不有對也。蓋所謂對者，或以左右，或以上下，或以前後，或以多寡，或以類而對，或以反而對，反復推之，天地之間，真無一物兀然無對而孤立者。此程子所以中夜以思，不覺手舞而足蹈也。究觀來教，條目固多，而其意常主於别有一物之無對。故凡以左右而對者，則扶起其一邊；以前後而對者，則截去其一段。既彊加其所主者以無對之貴名，而於其所賤而列於有對者，又不免别立一位以配之。於是左右偏枯，首尾斷絶，位置重疊，條理交併。凡天下之理勢，一切畸零贅剩，側峻尖斜，更無齊整平正之處。凡此所論陰陽、動静、善惡、仁義等説，皆此一模中脱出也。常安排此箇意思規模横在胸中，竊恐終不能到得中正和樂、廣大公平底地位。此熹所以有「所知不精，害於涵養」之説也。若必欲守此，而但少加涵養之功，别爲一事以輔之於外，以是爲足以合内外之道，則非熹之所敢知矣。要須脱然頓舍舊習，而虚心平氣，以徐觀義理之所安，則庶乎其可也。仰恃知照，不鄙其愚，引與商論，以求至當之歸，敢不罄竭所懷以求博約。蓋天下公理，非一家之私，儻不有益於執事之高明，則必有警乎熹之淺陋矣。

答胡廣仲

久不聞問，向仰良深，即日秋凉，伏惟燕居味道，神相尊候萬福。熹哀苦不死，忽見秋序，觸緒傷割，不能自堪，時來墳山。幸有一二朋友温繹舊聞，且爾遣日，實則不若無生之愈也。欽夫召用，甚慰人望，但自造朝，至今未收書。傳聞晦叔且歸，亦久未至，使人懸情耳。吾丈比來觀何書？作何功夫？想所造日益高明，恨無從質問。向嘗附便寄呈與欽夫、擇之兩書，不審於尊意云何？有未中理，幸賜指誨。此書附新清遠主簿楊子直方，因其入廣西，取道嶽前，屬使求見。渠在此留幾兩月，講會稍詳，此間動静可問而知。其人篤志於學，朋友間亦不易得也。恐其或欲寓書，告爲尋便遣來，幸甚，幸甚。今日當還家，臨行草草布此，不能它及。邈無承教之期，惟冀以時珍衛，千萬幸甚。

熹再拜上問閣政孺人，伏惟懿候萬福，

郎娘均慶。伯逢兄不及拜狀，昨鄭司法行，已嘗寓書矣，不知達否？子直亦欲求見，幸遣人導之，并及此意，此委勿外。熹再拜上問。

昨承季立兄慰問，欲具疏上謝，又恐子直之行繚繞，反致稽緩。旦夕還家，作書附子飛處，未必不先達也。熹又覆。

與吴晦叔

文叔出示近與諸公更定《祭儀》，其間少有疑，輒以請教，幸與諸公評之。「廟必東向」，此一句便可疑。古人廟堂南向，室在其北，東户西牖。皆南向。室西南隅爲奥，尊者居之，故神主在焉，《詩》所謂「宗室牖下」者是也。主既在西壁下，即須東向，故行事之際，主人入户，西向致敬。試取《儀禮·特牲》、《少牢饋食》等篇讀之，❶即可見矣。今《通典·開元禮·釋奠儀》，猶於堂上西壁下設先聖東向之位，故三獻官皆西向，彷佛古制。今神位南向，而獻官猶西向，失之矣。凡廟皆南向，而主皆東向，惟祫祭之時，群廟之主皆升，合食于太祖之時，則太祖之主仍舊東向，而群昭南向，群穆北向，列於太祖之前。此前代禮官所謂太祖正東向之位者，爲祫祭時言也。非祫時，則群廟之主在其廟中無不東向矣，廟則初不東向也。

至朱公掞録二先生語，始有廟必東向之説，恐考之未詳，或記録之誤也。且《禮》「左宗廟」，則廟已在所居之東南，禮家謂當直巳丙上。若又東向，則正背却中庭門道，於人

❶「牢」，原作「宰」，據《儀禮》改。

情亦不順矣，故疑《語録》恐是錯「東」字。然其後又言「太祖東向」，則廟當南向而列主，如祫祭之位，《唐禮閣新儀》祭圖設位，曾祖在西壁下，東向。祖北壁下，南向。父阼階上，北向。又恐於今人情或不相稱。牴牾如此，似難盡從。又考其説，與後來伊川所定《祭儀》主式亦不相合，伊川以四仲月祭，而此《録》秋用重陽，非仲月。伊川作主，粉塗書屬稱，而此云刻牌子。疑亦當時草創未定之論。此皆《語録》之誤也。

又今儀，冬至祭始祖并及祧廟之主。夫冬至祭始祖，立春祭先祖，季秋祭禰廟，此伊川之所義起也。蓋取諸天時，參以物象，其義精矣。今不能行則已，如其行之而又不盡，更以己意竄易舊文，失先賢義起精微之意，愚意以爲殆不若不行之爲愈也。此則新儀之誤矣。其餘小小節文未備處，未暇一一整頓，只此兩大節目，似不可不正，試與諸公議之，如何，如何？

答吴晦叔

别紙所詢三事，皆非淺陋之所及。然近者竊讀舊書，每恨向來講説常有過高之弊。如「文、武之道，未墜於地」，此但謂周之先王所以制作傳世者，當孔子時未盡亡耳。「夫子焉不學，而亦何常師之有」，此亦是子貢真實語。如孔子雖是生知，然何嘗不學？亦何所不師？但其爲學與他人不同。如舜之聞一善言、見一善行，便若決江河，莫之能禦耳。然則能無不學、無不師者，是乃聖人之所以爲生知也。若向來則定須謂道體無時而亡，故聖人目見耳聞，無適而非學，雖不害有此理，終非當日答問之本意矣。其他亦多類此，不暇一一辨析也。

鬼神者，造化之迹，屈伸往來，二氣之良能也。天地之升降，日月之盈縮，萬物之消息，變化盈虛，❶無一非鬼神之所爲者。是以鬼神雖無形聲，而遍體乎萬物之中，物莫能遺。觀其能使天下之人齊明盛服以承祭祀，便洋洋乎如在其上，如在其左右，便見不可遺處著見章灼，不可得而揜矣。前輩引用此句，或有脱了「可」字者，乃似鬼神有不遺物之意，非物自不可得而遺也，來喻亦脱此字，豈或筆誤而然耶？❷

《春秋》書正，據伊川説，則只是周正建子之月。但非春而書春，則夫子有行夏時之意，而假天時以立義耳。文定引《商書》「十有二月」、漢史「冬十月」爲證，以明周不改月，此固然矣。然以《孟子》考之，則七、八月乃建午、建未之月，暑雨苗長之時；而十一月、十二月乃建戌、建亥之月，將寒成梁之候，《國語》引《夏令》曰「十月成梁」。又似併改月號，此又何耶？或是當時二者並行，惟人所用，但《春秋》既是國史，則必用時王之正。其比《商書》不同者，蓋後世之彌文；而秦、漢直稱十月者，則其制度之闊略耳。注家謂十月乃後人追改，當更攷之。愚意如此，未知是否？因便復以求教，幸還以一言可否之，此區區所深望也。

尊兄近日所觀何書？如何用力？想必有成規，恨未得面扣。敬夫小試，已不負所學，使人增氣。但從容講貫之際，陰助爲不少矣。

❶「盈虛」，原脱，據浙本補。
❷「豈」，浙本作「恐」。如此，問號當是句號。

答吴晦叔

陰陽、太極之間，本自難下語，然却且要得大概如此分明。其間精微處，恐儘有病在，且得存之，異時或稍長進，自然見得諦當，改易不難。今切切如此，較計一兩字，迫切追尋，恐無長進，少氣味也。伊川《答横渠書》只云：「願更完養思慮，涵泳義理，久之自當條暢。」此可見前賢之用心矣。如何，如何？仁右道左一段，先生説得極有曲折，無可疑者。蓋仁是這裏親切處，道是衆所共由，故有左右陰陽之别。古人言道，慤實平穩，一一有下落處，不若今人之漫無統約也。

答吴晦叔

夫易，變易也，兼指一動一静、已發未發而言之也。太極者，性情之妙也，乃一動一静、未發已發之理也。故曰：易有太極，言即其動静闔闢而皆有是理也。若以易字專指已發爲言，是又以心爲已發之説也。此固未當，程先生言之明矣，不審尊意以爲如何？

答吴晦叔

前書所論周正之説，終未穩當。《孟子》所謂七、八月，乃今之五、六月，所謂十一月、十二月，乃今之九月、十月，是周人固已改月矣。但天時則不可改，故《書》云

「秋，大熟未穫」，此即止是今時之秋。蓋非酉、戌之月，則未有以見夫歲之大熟而未穫也。以此考之，今《春秋》月數乃魯史之舊文，而四時之序則孔子之微意。伊川所謂「假天時以立義」者，正謂此也。若謂周人初不改月，則未有明據，故文定只以商、秦二事爲證。以彼之博洽精勤，所取猶止於此，則無它可考必矣。今乃欲以十月隕霜之異證之，恐未足以爲不改月之驗也。蓋隕霜在今之十月，則不足怪，在周之十月，則爲異矣，又何必史書八月然後爲異哉？況魯史不傳，無以必知其然，不若只以《孟子》、《尚書》爲據之明且審也。若尚有疑，則不若且闕之之爲愈，不必彊爲之説矣。《詩》中月數，又似不曾改，如「四月維夏」、「六月徂暑」之類，故熹向者疑其並行也。

答吴晦叔

「觀過」一義，思之甚審。如來喻及伯逢兄説，必謂聖人教人以自治爲急，如此言乃有親切體驗之功，此固是也。然聖人言知人處亦不爲少，自治固急，亦豈有偏自治而不務知人之理耶？又謂人之過不止於厚、薄、愛、忍四者，而疑伊川之説爲未盡。伊川止是舉一隅耳。若「君子過於廉，小人過於貪」，「君子過於介，小人過於通」之類皆是，❶亦不止於此四者而已也。但就此等處看，則人之仁不仁可見，而仁之氣象亦自可識。故聖人但言「斯知仁矣」。此乃先儒舊説，爲説甚短而意味甚長，但熟玩之，自

❶ 「通」，淳熙本作「流」。

然可見。若如所論，固若親切矣，然乃所以爲迫切淺露，而去聖人氣象愈遠也。且心既有此過矣，又不舍此過而別以一心觀之；既觀之矣，而又別以一心知此觀者之爲仁。若以爲有此三物遞相看覷，❶則紛紜雜擾，不成道理。若謂止是一心，則頃刻之間有此三用，不亦忽遽急迫之甚乎？❷凡此尤所未安，姑且先以求教。

答吴晦叔

臣下不匡之刑，蓋施於邦君大夫之喪國亡家者，君臣一體，不得不然。如漢廢昌邑王賀，則誅其群臣。而本朝太祖下嶺南，亦誅其亂臣龔澄樞、李托之類是也。澄樞等實亡劉氏，乃飛廉、惡來之比，誅之自不爲冤。若昌邑群臣，與賀同惡者固不得不誅，其餘正可當古者墨刑之坐耳。乃不分等級，例行誅殺，是則霍光之私意也。又如文定論楚子納孔儀處，事雖不同，意亦類此。試參考之，則知成湯之制官刑，正是奉行天討毫髮不差處，何疑之有哉？

《孟子》「知」、「覺」二字，程子云：「知是知此事，覺是覺此理。」此言盡之，自不必別立説也。事親當孝、事兄當悌者，事也；所以當孝、所以當悌者，理也。

兩魏之分，東則高歡，西則宇文，已非復有魏室矣。當是之時，見微之士固已不立乎其位。不幸而立乎其位，其賤者乎，則亦去之可也；其貴者乎，則左右近臣從君於西，社稷大臣守國於東，而皆必思所以爲安國靖難、興復長久之計，不濟則以死繼之

❶「看覷」，淳熙本作「觀照」。

❷「不亦」，淳熙本作「亦無乃」。

而已。此外，復何策哉？

前書所論「觀過」之說，時彪丈行速，怱遽草率，不能盡所懷。然其大者亦可見，不知當否如何？其未盡者，今又見於廣仲、伯逢書中，可取一觀。未中理處，更得反復詰難，乃所深望。然前所示教，引「巧言令色」、「剛毅木訥」兩條，以爲聖人所以開示爲仁之方，使人自得者，熹猶竊有疑焉，而前書亦未及論也。蓋此兩語正是聖人教人實下功夫、防患立心之一術。果能戒巧令、務敦樸，則心不恣縱而於仁爲近矣，非徒使之由是而知仁也。

大抵向來之説，皆是苦心極力要識「仁」字，故其説愈巧而氣象愈薄。近日究觀聖門垂教之意，却是要人躬行實踐、直内勝私，使輕浮刻薄、貴我賤物之態潛消於冥冥之中，而吾之本心渾厚慈良、公平正大之體常存而不失，便是仁處。其用功著力，隨人淺深，各有次第。要之須是力行久熟，實到此地，方能知此意味。蓋非可以想象臆度而知，亦不待想象臆度而知也。近因南軒寄示《言仁録》，亦嘗再以書論，所疑大概如此。而後書所論「仁」、「智」兩字，尤爲明白。想皆已見矣。并爲參詳可否，❶復以見教，幸甚，幸甚。

答吴晦叔

「五刑」一段，近得《大紀》諸論考之，其説詳矣。然有所未曉，復以求教。蓋此經文本有七句，今於其間雜然取此五句以爲五刑之目，而又去流取贖，輕重不倫，一也。

❶「詳」，淳熙本、浙本作「訂」。

先贖後賊，則非以重及輕；先鞭後贖，又非從輕至重，先後無序，二也。又謂「象以典刑」施於士大夫，而以不顯其過、隨宜改叙爲近於流宥之法，即不知正象刑是作如何行遣，三也。又臯陶作士，本以治夫蠻夷寇賊之爲亂者，若如此說，則《書》所稱臯陶「方施象刑惟明」，乃獨以其施於士大夫者言之，不惟非命官之本意，亦與本篇上文不相應，四也。又鞭扑自是輕刑，得宥反遭流徙，去輕即重，不足爲恩，五也。金贖、流宥本是一例，而就其間贖又輕於流者；今贖乃列於一刑之目，而當贖得宥者，反從流徙之坐，尤爲乖戾，六也。移鄉謂之流，猶爲近之；改叙他官及坐嘉石、入圜土，則與「流」字意義不同矣，七也。凡此七條，皆所未曉，更望參訂下諭，幸甚，幸甚。

答吴晦叔

熹伏承示及先知後行之說，反復詳明，引據精密，警發多矣。所未能無疑者，方欲求教，又得南軒寄來書藁讀之，則凡熹之所欲言者，蓋皆已先得之矣。特其曲折之間小有未備，請得而細論之。

夫泛論知行之理而就一事之中以觀之，則知之爲先，行之爲後，無可疑者。如孟子所謂「知皆擴而充之」，程子所謂「譬如行路，須得光照」，及《易·文言》所謂「知至至之」、「知終終之」之類是也。然合夫知之淺深、行之大小而言，則非有以先成乎其小，亦將何以馴致乎其大者哉？如子夏教人以灑掃、應對、進退爲先，程子謂「未有致知而不在敬者」，及《易·文言》所言「知至」、「知終」，皆在「忠信」、「脩辭」之後之類是也。蓋古人之教，自其孩幼而教之以孝悌誠敬之實；及其少長，而博之以《詩》、《書》、《禮》、《樂》之文，皆所以使之即夫一事一物之間，各有以知其義理之所在，而致涵養踐履之功也。此小學之事，知之淺而行之小者也。及其十五成童，學於大學，則其灑掃應對之間、禮樂射御之際，所以涵養踐履之者略已小成矣。於是不離乎此而教之以格物以致其知焉。致知云者，因其所已知者推而致之，以及其所未知者而極其至也。是必至於舉天地萬物之理而一以貫之，然後爲知之至。而所謂誠意、正心、脩身、齊家、治國、平天下者，至是而無所不盡其道焉。此大學之道，知之深而行之大者也。今就其一事之中而論之，則先知後行，固各有其序矣，誠欲因夫小學之成以進乎大學之始，則非涵養履踐之有素，亦豈能居然以夫雜亂紛糾之心而格物以致其知哉？

且《易》之所謂「忠信」、「脩辭」者，聖學之實事，貫始終而言者也。以其淺而小者言之，則自其常視毋誑、男唯女俞之時，固已知而能之矣。「知至至之」，則由行此而又知其所至也，此知之深者也。「知終終之」，則由知至而又進以終之也，此行之大者也。故《大學》之書，雖以格物致知爲用力之始，然非謂初不涵養履踐而直從事於此也；又非謂物未格、知未至則意可以不誠、心可以不正、身可以不脩、家可以不齊也。但以爲必知之至，然後所以治己、治人者始有以盡其道耳。若曰必俟知至而後可行，❶則夫事親從兄、承上接下，乃人生之所不能一日廢者，豈可謂吾知未至而暫輟，以

❶「知」，原作「如」，據閩本、浙本、天順本、四庫本改。

俟其至而後行哉？按五峰作《復齋記》，有「立志居敬，身親格之」之說，蓋深得乎此者。但《知言》所論，於知之淺深不甚區別，而一以知先行後概之，則有所未安耳。

抑聖賢所謂知者，雖有淺深，然不過如前所論二端而已。但至於廓然貫通，則內外精粗自無二致，非如來教及前後所論觀過知仁者，乃於方寸之間設爲機械，欲因觀彼而反識乎此也。侯子所聞總老「默而識之，是識甚底」之言，正是說破此意。如南軒所謂「知底事」者，恐亦未免此病也。又來諭所謂端謹以致知，所謂克己私、集衆理者，又似有以行爲先之意；而所謂在乎兼進者，又若致知力行初無先後之分也。凡此皆鄙意所深疑，而南軒之論所未備者，故敢復以求教，幸深察而詳諭之。

答吴晦叔

「復非天地心，復則見天地心」，此語與「所以陰陽者道」之意不同，但以《易傳》觀之，則可見矣。蓋天地以生物爲心，而此卦之下一陽爻即天地所以生物之心也。至於復之得名，則以此陽之復生而已，猶言臨、泰、大壯、夬也，豈得遂指此名以爲天地之心乎？但於其復而見此一陽之萌於下，則是因其復而見天地之心耳。「天地以生物爲心」，此句自無病。昨與南軒論之，近得報云亦已無疑矣。大抵近年學者不肯以愛言仁，故見先生君子以一陽生物論天地之心，則必欲然不滿於其意，復於言外生說，推之使高，而不知天地之所以爲心者實不外此。外此而言，則必溺於虛、淪於靜，而體用本末不相管矣。聖人無復，故未嘗見其心者。蓋天地之氣所以有陽之復者，以其有陰故也。衆人之心所以有善之復者，以其有惡故也。若聖人之心，則天理渾然，初無間斷，人孰得以窺其心之起滅耶？若静而復動，則亦有之，但不可以善惡而爲言耳。愚意如此，恐或未然，更乞詳論。

「踐形」之説，❶來諭得之，但説得文義未分明耳。熹謂「踐形」如「踐言」之「踐」，程子所謂「充人之名」是也。蓋人之形色莫非天性，如視則有明，聽則有聰，動則有節，是則所謂天性者，初不外乎形色之間也。但常人失其性，故視有不明，聽有不聰，動有不中，是則雖有是形而無以踐之。惟聖人盡性，故視明聽聰而動無不中，是以既有是形而又可以踐其形也。可以踐形，則無愧於形矣。如此推説，似稍分明，不知是否？

絶四有兩説，一説爲孔子自無此四者，「毋」即「無」字，古書通用耳，《史記·孔子世家》正作「無」字也。一説爲孔子禁絶學者毋得有此四者，今來諭者乃此意也。兩説皆有意思，然以文意攷之，似不若只用前説之爲明白平易也。又來諭「毋意」一句似亦未安。「意」只是私意計較之謂，不必以溢美、溢惡證之，恐太遠却文意也。餘三句，則所論得之，無可議者矣。大抵「意」是我之發，「我」是意之根，「必」在事前，「固」在事後，當在二者之間，生於「意」而成於「我」，此又四者之序也。

所示「下學上達、先難後獲」之説，不貴空言，務求實得，立意甚美。顧其間不能無

❶「踐形之説」至篇末四段，淳熙本另作一文。

可疑者，請試論之。蓋仁者，性之德而愛之理也；愛者，情之發而仁之用也；公者，仁之所以爲仁之道也；元者，天之所以爲仁之德也。仁者，人之所固有，而私或蔽之以陷於不仁，故爲仁者，必先克己，克己則公，公則仁，仁則愛矣。不先克己，則公豈可得而徒存？未至於仁，則愛胡可以先體哉？至於元，則仁之在天者而已，非一人之心既有是元，而後有以成夫仁也。若夫知覺，則智之用而仁者之所兼也。元者，四德之長，故兼亨、利、貞；仁者，五常之長，故兼義、禮、智、信。此仁者所以必有知覺，而不可便以知覺名仁也。

大凡理會義理，須先剖析得名義界分各有歸著，然後於中自然有貫通處。雖曰貫通，而渾然之中所謂粲然者，初未嘗亂也。今詳來示，似於名字界分未嘗剖析，而遽欲以一理包之，故其所論既有巴攬牽合之勢，又有雜亂重複、支離渙散之病。而其所謂先難下學實用功處，又皆倒置錯陳，不可承用。今更不暇一一疏舉，但詳以此說考之，亦自可見矣。❶

答吴晦叔

「人心私欲」之説，如來教所改字，極善。本語之失，亦是所謂本源未明了之病，非一句一義上見不到也。但愚意猶疑向來妄論引「必有事焉」之語，亦多未的當。蓋舜、禹授受之際，所謂人心私欲者，非若衆人所謂私欲也，但微有一毫把捉底意思，則

❶ 上「踐形之説」至「亦自可見矣」四段，淳熙本另作一文。

雖云本是道心之發，然終未離人心之境也。所謂「動以人則有妄，顏子之有不善，正在此間」者是也。既有妄，則非私欲而何？須是都無此意思，自然從容中道，才方純是道心。「必有事焉」，却是見得此理而存養下功處，與所謂純是道心者蓋有間矣。然既察見本源，則自此可加精一之功而進夫純爾，中間儘有次第也。「惟精惟一」，亦未離夫人心。特須如此，乃可以克盡私欲，全復天理。儻不如此，則終無可至之理耳。前書云「即人心而識道心」，此本無害，再作此書時忘記本語，故復辨之耳。

答吴晦叔

《孟子》「操舍」一章，正爲警悟學者，使之體察，常操而存之。吕子約云「因操舍以明其難存而易放」，固也，而又指此爲心體之流行，則非矣。今石子重、方伯謨取以評之者，大意良是，但伯謨以爲此乃「人心惟危」，又似未然。人心，私欲耳，豈孟子所欲操存哉？又不可不辨也。

答吴晦叔

「未發」之旨，既蒙許可，足以無疑矣。又蒙教以「勿恃簡策，須是自加思索，超然自見無疑，方能自信」，此又區區平日之病，敢不奉承。然此一義，向非得之簡策，則傳聞襲見，終身錯認聖賢旨意必矣。又況簡策之言，皆古先聖賢所以加惠後學、垂教無窮，所謂「先得我心之同然」者將於是乎在，雖不可一向尋行數墨，然亦不可遽舍此而他求也。程子曰：「善學者，求言必自近，易於近者，非知言也。」愚意却願尊兄深味此意，毋遽忽易。凡吾心之所得，必以考之聖賢之書，脱有一字之不同，則更精思明辨，以益求至當之歸，毋憚一時究索之勞，使小惑苟解而大礙愈張也。

答石子重 𡼖

熹竊謂人之所以爲學者，以吾之心未若聖人之心故也。心未能若聖人之心，是以燭理未明，無所準則，隨其所好，高者過，卑者不及，而不自知其爲過且不及也。若吾之心即與天地聖人之心無異矣，則尚何學之爲哉？故學者必因先達之言以求聖人之意，因聖人之意以達天地之理，求之自淺以及深，至之自近以及遠，循循有序，而不可以欲速迫切之心求也。夫如是，是以浸漸經歷，審熟詳明，而無躐等空言之弊，馴致其極，然後吾心得正，天地聖人之心不外是焉。非固欲畫於淺近而忘深遠，舍吾心以求聖人之心、棄吾説以徇先儒之説也。

答石子重

所論仁之體用，甚當，甚當。以此意推之，古今聖賢之意歷歷可見，無一不合者。但其用力則不過克己之私，而私之難克，亦已甚矣。區區不敏，竊願與長者各盡力於斯焉，猶恐墮廢，不克自彊，尚賴時有以警策之，幸甚，幸甚。

答石子重

按孔子言「操則存，舍則亡，出入無時，

莫知其鄉」四句，而以「惟心之謂與」一句結之，正是直指心之體用而言其周流變化、神明不測之妙也。若謂以其舍之而亡，致得如此走作，則是孔子所以言心體者，乃只説得心之病矣。聖人立言命物之意，恐不如此。兼「出入」兩字有善有惡，不可皆謂舍之而亡之所致也。

又如所謂心之本體不可以存亡言，此亦未安。蓋若所操而存者初非本體，則不知所存者果爲何物，而又何必以其存爲哉？但子約謂當其存時，未及察識而已遷動，此則存之未熟而遽欲察識之過。昨報其書，嘗極論之，今録求教。其餘則彼得之已多，不必别下語矣。

因此偶復記憶胡文定公所謂「不起不滅心之體，方起方滅心之用，能常操而存，則雖一日之間百起百滅，而心固自若」者，自是好語。但讀者當知所謂不起不滅者，非是塊然不動、無所知覺也，又非百起百滅之中别有一物不起不滅也。但此心瑩然，全無私意，是則寂然不動之本體，其順理而起，順理而滅，斯乃所以感而遂通天下之故者云爾。向來於此未明，反疑其言之太過，自今觀之，却是自家看得有病，非立言者之失也。不審高明以爲如何？因風却望示教。

答石子重

心説甚善，但恐更須收斂造約爲佳耳。以心使心，所疑亦善。蓋程子之意亦謂「自作主宰，不使其散漫走作耳」。如《孟子》云「操則存」，云「求放心」，皆是此類，豈以此使彼之謂邪？但今人著箇「察識」字，便有箇尋求捕捉之意，與聖賢所云操存、主宰之味不同。此毫釐間須看得破，不爾，則流於釋氏之説矣。如胡氏之書，未免此弊也。昨日得叔京書，論此殊未快，答之如此，別紙求教。如此言之，莫無病否？「窮理盡性」等説，不記話頭是如何，然此亦非大節所存，俟徐講之未晚也。

答石子重

熹自去秋之中走長沙，閲月而後至，留兩月而後歸，在道繚繞又五十餘日。還家幸老人康健，諸況粗適，他無足言。欽夫見處，卓然不可及，從游之久，反復開益爲多。但其天姿明敏，從初不歷階級而得之，故今日語人亦多失之太高。湘中學子從之游者，遂一例學爲虚談，其流弊亦將有害。比來頗覺此病矣，別後當有以捄之。然從游之士，亦自絶難得樸實頭理會者，可見此道之難明也。胡氏子弟及它門人亦有語此者，然皆無實得，拈槌竪拂，幾如説禪矣；與文定合下門庭大段相反，更無商量處。惟欽夫見得表裏通徹，舊來習見微有所偏，今此相見，盡覺釋去，儘好商量也。伯崇精進之意反不逮前，而擇之見趣操持愈見精密。

「敬」字之説，深契鄙懷，只如《大學》次序，亦須如此看始得。非格物致知全不用誠意正心，及其誠意正心，却都不用致知格物，但下學處須是密察，見得後便泰然行將去，此有始終之異耳。其實始終是箇「敬」字，但敬中須有體察功夫，方能行著習察。不然，兀然持敬，又無進步處也。觀夫子答門人爲仁之問不同，然大要以敬爲入門處，正要就日用純熟處識得，便無走作。非如今之學者，前後自爲兩段，行解各不相資也。近方見此意思，亦患未得打成一片耳。「大化之中，自有安宅」，此立語固有病，然當時之意却是要見自家主宰處。所謂大化，須就此識得，然後鳶飛魚躍，觸處洞然。若但泛然指天指地説箇大化便是安宅，安宅便是大化，却恐顢頇儱侗，非聖門求仁之學也。不審高明以爲如何？

克齋恐非熹所敢記者，必欲得之，少假歲年，使得更少加功，或所見稍復有進，始敢承命耳。欽夫爲人作一《克齋銘》録呈，它文數篇并往，有可評處，幸與聞之。欽夫聞老兄之風，亦甚傾企，令熹致願交之意也。

順之此來，不及一見，所養想更純熟。留書見儆甚至，但終有桑門伊蒲塞氣味。到家後，又寄書來，與此間親戚問湘中議論，而曰「謗釋氏者不須寄來」。觀此意見，恐於吾儒門中全未有見。又云「不如且棲心淡泊，於世少求，時玩聖賢之言，可以資吾神、養吾真」者，一一勘過，似此説話，皆是大病。不知向來相聚，亦嘗儆之否？

此道寂寥，近來又爲邪説汩亂，使人駭懼。聞洪适在會稽盡取張子韶經解板行，此禍甚酷，不在洪水夷狄猛獸之下，令人寒心。人微學淺，又未有以遏之，惟益思自勉，更求朋友之助，庶有以追蹤聖徒，稍爲後人指出邪徑，俾不至全然陷溺，亦一事耳。順之聞之，必反以爲謗子韶也。

和篇拜賜甚寵，足見比來胸中灑落，如光風霽月氣象。但見屬之意甚過，而稱謂屢請不蒙改更，深不自安。自此萬望垂聽，乃荷愛予。不然，恐與來教再拜而辭之，則不得復資勝己之益矣。千萬誠告，伏惟裁之。熹忽有編摩之命，出於意外，即不敢當。復聞闕期尚遠，足以逡巡引避，遂且拜受。然亦不敢久冒空名，旦夕便爲計矣，但順之又未必以爲是耳。

答石子重

所論縣庠事，前書已具禀矣。若如今者所論，則事體尤重，須有傳道授業解惑之實，乃能當之。不然，則以縣道事力遽爲此事，典憲譏訶，恐有所不能免。耕老雖故舊食貧，心極念之，然不敢贊兄爲此也。必欲相見，招其一來，爲旬日之欵則不妨。一書納上，書中之說，只云老兄欲相見，它不敢及也。

大抵講學難得是當，而應事接物，尤難中節。向來見理自不分明，不得入德門户，而汲汲爲人，妄有談說，其失已誤人，非一事矣。今每思之，不覺心悸，故近日議論率多畏怯，無復向來之勇銳。惟欲脩治此身，庶幾寡過。自非深信得及、下得樸實功夫者，未嘗敢輒告語，以此取怒於人蓋多。然與其以妄言妄作得罪於聖人，不若以此得罪於流俗之爲愈。私心甚欲一見長者面論，而未可得，不知尊兄近日觀書立論比向日如何？因書得示一二，便是平日受用處矣。❶

答石子重

國材苦學最可念，❷所恨駁雜滯泥，自無受用處。深欲一見之，或到，能津遣一來爲幸。明道集中所論學制最爲有本，曾經意

❶「是」，淳熙本作「足見」。
❷「國」上，淳熙本有「順之有來期未」六字。

否？每讀其書，觀其論講學處，未嘗不慨然發歎，恨此生之不生於彼時也。伊川元祐所修條制，立尊道堂之類，亦是此意。然時措從宜處，亦有曲折。幸併取觀之，當有所契。

答石子重

南軒《語解》首章，其失在於不曾分別「學」、「習」二字，又謂學者工夫已無間斷，却要時習，只此二事可疑耳。擇之雖欲分別「學」、「習」二字，而不曾見得分明，却遂便差排硬説，尤覺紛拏，不成條理。大抵「學」、「習」二字，却是龜山將顏子事形容得分明；上蔡所謂「傳者得之於人，習者得之於己」，其説亦是。然統而言之，則只謂之學，故伊川有「博學、審問、慎思、明辯、篤行，五者廢其一，非學也」之語。分而言之，則學是未知而求知底功夫，習是未能而求能底功夫。須以博學、審問爲學，慎思、明辯、篤行爲習。故伊川只以「思」字解「習」字，蓋舉其要也。學者既學而知之，又當習以能之，及其時習而不忘，然後無間斷者始可得而馴致矣。若已無間斷，則又何必更時習乎？❶「習」字，南軒之説正顛倒了，擇之所論又不分明，而詞氣不和、意象輕肆，尤非小病，所宜深警省也。

「行有餘力」，此章所辨詞意殊不分明。大率行有餘力，止是言行此數事之外有餘剩底工夫，方可將此工夫去學文藝耳，非謂行到從容地位爲有餘力，必如此然後可學文也。

伊川言「孝子居喪，志存守父在之道」，

❶「時習乎」，淳熙本作「著」，屬下句，亦通。

與張《解》「志哀而不暇它問」之語不同；❶游氏説「在所當改而可以未改」，與張《解》「可以改，可以未改」之語亦異。擇之辨説雖多，却不及此，何也？

答石子重

從事於斯，是著力否？若是著力，却是知自己能、自己多，須要去問不能與寡者；自知己有、己實，須要若無若虚，不幾於詐乎？若説不著力，却是聖人地位。曰：顔子只見在己不足、在人有餘，何嘗以己爲能、爲多、爲有、爲實？曾子却見得顔子以能問不能，以多問寡，有若無，實若虚，故贊歎其所爲如此，非謂其著力也。到得聖人，則如天地，不必言能不能、多寡、有無、虚實矣。此只是顔子地位。

熹按：此謂顔子只見在己不足、在人有餘者，得之矣。然只問不能、問寡、若無、若虚，便是更有用力處在，但不是著力作此四事耳。若聖人，則固如天地，然亦未嘗自以爲有餘也。

「篤信」，猶曰「深信」。伊川謂只是無愛心，其實只是未知味。知味而愛，所謂信之篤者也。若不篤信，安能好學？「守死」，謂死得有落著；「善道」，謂善其道，猶「工欲善其事」、「善於其職」之「善」。守死所以善道。

「篤」有厚意，「深」字説不盡。守死只是以死自守，不必謂死得有落著。蓋篤信乃能好學，而守死乃能善道也。又能篤信好學，

❶「暇」，原作「蝦」，據淳熙本、閩本、浙本、天順本、四庫本改。

然後能守死善道。又篤信所以能守死，好學所以能善道。又篤信不可以不好學，守死須要善得道。此所謂死得有落著也。又篤信好學，須要守死善道。數義錯綜，其意始備。

且如自己爲學官、爲館職，遇朝廷有利害得失，或是宰執臺諫所當理會者，它不理會，自己要緘默，又不忍國家受禍，要出來説，又有出位謀政之嫌，如之何則可？曰：若任他事却不可，若以其理告君，何故不可？

若是大事，繫國家安危、生靈休戚，豈容緘默？館職又與學官不同，神宗固嘗許其論事矣，但事之小者，則亦不必每事數言也。

「子欲居九夷」，與乘桴浮海同意。當時傷道之不行、中國之陋，實起欲居九夷之念。已而不去，亦是順理，都無私意。「君子居之，何陋之有」，言君子所居則化，何陋之有。或問：「九夷尚可化，何故不化中國？」曰：「此是道已不行，中國已不化，所以起欲居九夷之意。」化與不化在彼，聖人豈得必所居則化？理如此耳。中國之不化，亦怎奈何？

當時中國未嘗不被聖人之化，但時君不用，不得行其道耳。

「未見其止」，「止」是聖人極致處，所謂「中」是也。顔子見得「中」分明，只是未到，到便是聖人，故夫子歎之。問「吾止也」與「未見其止」同異，曰：止則一般，但用處别。「未見其止」，是止於其所止；「吾止也」，是於其所不當止而止。

以上下文考之，恐與「吾止」之「止」同。

知以明之，仁以守之，勇以行之，其要在致知。知之明，非仁以守之則不可；以仁守之，非勇而行之亦不可。三者不可闕一，而知爲先。

此說甚善，正吾人所當自力也。

「知者不惑，仁者不憂，勇者不懼」，擇之云此是進德事；「仁者不憂，智者不惑，勇者不懼」，此是成德事。先知後仁，從外做入，由用以至體，「自明而誠」，「誠之者，人之道也」。先仁後智，從裏做出，由體以及用，「自誠而明」，「誠者，天之道也」。三句雖同，只仁、智先後不同，便有成德、進德之間，不可不辨也。

程先生自分別此兩條，今如此推說，亦詳盡也。

「夫子之道，忠恕」，動以天者也，由仁義行也。「誠者，天之道也」，不思而得，不勉而中也。譬如做梁柱，聖人便是尺度了，不用尺度，纔做便揍著。它人須用尺度比量大小、闊狹、方圓後，方始揍著。

此說亦善。

顔淵死，孔子若有財，還與之椁否？順之曰：不與。喪稱家之有無，顔淵家本無，則其無椁乃爲得宜。孔子若與之椁，便是使顔淵失宜，孔子必不肯。蓋椁者可有可無者也，若無棺，則必與之矣。

孔子若有財，必與顔淵爲椁，蓋朋友有通財之義，況孔子之於顔淵，視之如子耶？所謂喪具稱家之有無者，但不可以非義它求耳。

「鼓瑟希，鏗爾，舍瑟而作，對曰：『異乎三子者之撰。』」天機自動，不知其所以然。

門人詳記曾晳舍瑟之事，但欲見其從容不迫、灑落自在之意耳。若如此言，則流於《莊》、《列》之說矣。且人之舉動，孰非天機之自動耶？然亦只此便見曾晳狂處，蓋所見高而涵養未至也。

伊川云：「灑掃應對便是形而上者，理無大小故也。故君子只在謹獨。」灑掃應對是事，所以灑掃應對是理。事即理，理即事。道散在萬事，那箇不是？若事上有毫髮蹉過，則理上便有間斷欠闕，故君子直是不放過，只在慎獨。

此意甚好。但不知無事時當如何耳。慎獨須貫動静做功夫始得。

伊川云：「克己最難，故曰『中庸不可能也』。」此有「必有事焉而勿正」之意。過猶不及，只要恰好。

克盡己私，渾無意必，方見得中庸恰好處。若未能克己，則中庸不可得而道矣，此子思明道之意也。「必有事焉而勿正」，是言養氣之法，與此不同。

言動猶可以禮，視聽如何以禮？且如見惡色、聞惡聲，若不視不聽，何以知得是惡色惡聲？知得是惡色惡聲，便是已聽已視了。曰：此之視聽是以心受之，若從耳目過，如何免得？但心不受，便是不視不聽。

視聽與見聞不同。聲色接於耳目，見聞也；視聽則耳目從乎聲色矣，不論心受與不受也。

「在邦無怨，在家無怨」，猶言無可憾者。若它人之怨不怨，則不敢必。天地之大，人猶有所憾。

以文意觀之，恐是他人之怨。

「出門如見大賓，使民如承大祭」，就體上説。「己所不欲，勿施於人」，就用上説。「在邦無怨，在家無怨」，就效處説。

此説甚好。擇之疑「出門」、「使民」已是用處，然亦不妨。蓋此兩事只是自家敬其心耳，未有施爲措置也。

「其言也訒」，有「嘿而存之，不言而信，存乎德行」，「天何言哉？四時行焉，百物生焉」之意。或曰，説得深了，只是箴司馬牛多言之失。「仁者，其言也訒」，此「仁者」與「仁者不憂」、「仁者安仁」之「仁者」不同，正與「仁者，人也；義者，宜也」之「仁者」一般。

前説誠太深。「仁者，其言也訒」，蓋心存理著，自是不胡説耳。後説亦恐未然。

「能言距楊、墨者，聖人之徒也」。楊氏爲我近乎義，墨氏兼愛近乎仁，當時人皆以爲真仁義也，靡然從之，未有言距之者。若不是見得聖人這邊道理明白，如何識得楊、墨之非仁義？故曰能言距楊、墨者，亦聖人之徒也。

出邪則入正，出正則入邪，兩者之間，蓋不容髮也。雖未知道，而能言距楊、墨者，已是心術向正之人，所以以聖人之徒許之，與《春秋》「討賊」之意同。

「好名之人能讓千乘之國，苟非其人，簞食豆羹見於色」。順之云：「此言過不及也。好名之人能讓千乘之國，過也；苟不是這樣人，簞食豆羹必見於色，此不及也。二者俱非也。」擇之云：「好名之人能讓千乘之國，若非有德之人，雖以慕名而能讓，然於簞食豆羹有時却見於顔色，其心本不如是故也。」正所謂人能碎千金之璧，不能無失聲於破釜者也。

兩説皆通，舊來只如後説，然亦嘗疑其費力，但前説又無甚意味耳。請更商確之。

「身不行道，不行於妻子；使人不以道，不能行於妻子」。言身若不行道，則妻子無所取法，全無畏憚了，然猶可使也；若使人不以道，則妻子亦不可使矣。擇之如此説。順之云：「『不行於妻子』，百事不行，不可使亦在其中。『不能行於妻子』，却只指使人一事言之。」

順之説是。

「事親，仁之實；從兄，義之實」。蓋人之生也，莫不知愛其親；及其長也，莫不知敬其兄。此乃最初一著，其它皆從此充去。故孟子曰：「無它，達之天下也。」有子曰：「君子務本，本立而道生。孝弟也者，其爲仁之本歟！」孟子又謂：「徐行後長者，謂之弟。疾行先長者，謂之不弟。堯、舜之道，孝弟而已矣。」豈非事親仁之實、從兄義之實乎？

仁義只是理，事親、從兄乃其事之實也。

在天爲命，在人爲性。無人言命不得，無天言性亦不得。但言命則主於天，言性則主於人耳。誠者，合内外之道，兼性命而爲言者也。

「誠者」以下語，似有病。

心該誠、神，備體、用，故能寂而感，感而寂。其寂然不動者，誠也，體也；感而遂通者，神也，用也。體用一源，顯微無間，惟心之謂歟？

此説甚善。

動而不正，不可謂道；用而不和，不可謂德。

此兩句緊要在「正」字、「和」字上。

「在中之義」，義者，理也。只是這箇理，在中者，中也；在外者，和也。中者性之體段，和者情之體段也。

「義」字説得太重。伊川本意亦似只説體段云爾。「和者情之體段」，語意未備。

「止於至善」，至善乃極則。擴之曰：「不

然。至善者本也，萬善皆於此乎出。」

至善乃極則。

思是發用之機，君子爲善，小人爲惡，那事不從這上出？但君子約入裏面來，小人拖出外面去，故曰：思者，聖功之本而吉凶之機也。

正當於此謹之，君子所以貴慎獨也。

聖人定之以中正仁義而主靜，所以主靜者，以其本靜，靜極而動，動極復靜。靜也者，物之終始也。萬物始乎靜，終乎靜，故聖人主靜。

伊川先生曰：「動靜無端，陰陽無始。」若如此，則倚於一偏矣。動靜理均，但「靜」字勢重耳。此處更宜深玩之。

動靜有終始賓主，方其動也，動爲主，靜爲賓；及其靜也，靜却爲主，動却爲賓。動極而靜，則動却終，靜却始；靜極復動，則動却始，靜却終。雖然，方其動也，靜之理未嘗不存也；及其靜也，動之理亦未嘗不存也。

擇之云：「此段甚好，但更欠説主靜之意。」

蒙，學者之事，始之之事也；艮，成德之事，終之之事也。

周子之意當是如此，然於此亦可見主靜之意。

誠、敬如何分？順之曰：「誠字體面大，敬字却用力。」曰：伊川曰：「『居處恭，執事敬，與人忠』，是徹上徹下語。」如此，敬亦是聖人事。曰：固是，畢竟將敬做誠不得。到得誠，則恭、敬、忠皆其藴也。

誠是實理，聖人之事，非專之謂也。推此意，則與敬字不同，自分明矣。聖人固未嘗不敬，如堯欽明、舜恭己、湯聖敬日躋是也。但自是聖人之敬，與賢人以下不同耳。

「一陰一陽之謂道」，陰陽，氣也；所以陰陽，道也。道也者，陰陽之理也。

此説得之。

「致中和」，致，極也，與「盡」字同。致中和，便是盡性。

此説亦是。然「致」字是功夫處，有推而極之之意。充之書中亦講此段，❶然其意亦雜，幸并以此示之。渠又論「慎獨」，意亦未盡。大抵「獨」字只是耳目見聞之所不及而心獨知之之地耳。若謂指心而言而不謂之心，蓋恐指殺，似不然也。「故君子慎其心」，是何言耶？

答石子重

「口之於味」等事，其當然者，天理也。若概謂之理，則便只成釋氏運水般柴之説。

「不可離」，恐未有不可得而離之意，以下文觀之可見。

此一節當分作兩事：「戒謹不睹，恐懼不聞」，如言聽於無聲、視於無形也，是防於未然以全其體。「謹獨」，是察之於將然以審其幾。不知高明以爲如何？

此道無時無之，然體之則合，背之則離也。一有離之，則當此之時，失此之道矣。故曰「不可須臾離」。君子所以戒謹不睹、恐懼不聞，則不敢以須臾離也。所謂「以下文觀之」者如此。

「小人閒居爲不善」，惡惡不如惡惡臭也；「必見君子，然後著其善」，好善不如好好色也。皆所以自欺而已。

「德無常師，主善爲師。善無常主，協

❶「充」，浙本作「擴」，不避寧宗諱。

于克一」。此言於天下之德，無一定之師，惟善是從，則凡有善者皆可師也。於天下之善，無一定之主，惟一其心，則其所取者無不善矣。「協」猶齊也，如所謂「協時月」。

答石子重

「孝弟也者，其爲仁之本歟」，是爲仁自孝弟始也。仁道之大而自孝弟始者，以其即愛親從兄之心習而察，則仁矣。然而不敢説必無犯上作亂，故曰「鮮」。其或有之，以其習而不察。故有子之言以人人有是心，是以爲仁，患在不察故爾。《表記》曰：「事君，處其位，不履其事，則亂也。」謂違君命爲亂。此所謂犯上者，犯顔；作亂者，違命也。

孝弟順德，犯上作亂逆德。論孝弟却説犯上作亂底事，只爲是它唤做孝弟，恰似「小人之中庸也」、「小人而無忌憚也」一般。君子則不然，先理會箇根本，根本既立，道自此生，曷惟其已？許順之云，「其爲人也孝弟」，猶是泛而論之，如君子之道，夫婦之愚不肖可與知、可能行，非不孝弟也，惟知務之不如君子也。然孝弟順德，終是不善之心鮮矣。

此二説，大抵求之過矣。「鮮」只是少，聖賢之言，大概寬裕，不似今人蹙迫，便説殺了。此章且看伊川説，深有意味。

「我不欲人之加諸我，吾亦欲無加諸人」，伊川《解》曰：「『我不欲人之加諸我也，吾亦欲無加諸人』，仁也。施諸己而不願，亦勿施諸人，恕也。」又《語録》曰「施諸己而不願，亦勿施諸人」，正解此兩句。又曰：「『我不欲人之加諸我，吾亦欲無加諸人』，恕也。近於仁矣，然未至於仁也，以有『欲』字耳。」前以爲仁，後以爲恕而未仁，二義不同。若以有「欲」字便以爲未仁，則「我欲仁，斯仁至矣」，亦有「欲」字，不知如何？

二先生説經如此不同處亦多，或是時有先後，或是差舛，當以義理隱度而取捨之。如此説，則當以《解》爲正，蓋其義理最長，而亦先生晚年所自著，尤可信也。「欲仁」之「欲」與「欲無加諸我」之「欲」文意不同，不可以相比，更推詳之。

「君子所貴乎道者三：動容貌，斯遠暴慢矣；正顔色，斯近信矣；出辭氣，斯遠鄙倍矣。」明道曰：「動容貌，周旋中禮，暴慢斯遠；正顔色，則不妄，斯近信矣；出辭氣，正由中出，斯遠鄙倍。」此動容貌、正顔色、出辭氣皆不著力，是成德之事。斯遠暴慢、斯近信、遠鄙倍，猶云便遠暴慢，便近信，便遠鄙倍，自然如此也。伊川曰：「辭氣之出，不使至於鄙倍，却是就『遠』字上用工。」上蔡云：「動也，正也，出也，君子自牧處。」又曰：「緊要在上三字。」説不同，如何？

熹詳此意，當以明道之説爲正，上蔡之説尤有病。

《克齋記》説「天下歸仁」處，先本云「天下之人，亦將無不以仁歸之」，後本云「視天下無一物不在吾生物氣象之中」，先後意甚異，畢竟「天下歸仁」當如何説？

初意伊川説，後覺未穩；改之如此，乃吕博士説。恐當以後説爲正。蓋所謂伊川説，亦止見於《外書》雜説中，容或未必然也。《克齋記》不取知覺言仁之説，似以愛之説爲主。近子細玩味，似若知覺亦不可去。蓋不知覺，則亦必不愛，惟知覺故能愛。知覺與愛，並行而不相悖，恐亦無害於言仁，但不可專以知覺爲仁耳。醫者以四支頑痺爲不仁，頑痺則不知痛痒，又安能愛？更乞開發。

此義近與湖南諸公論之甚詳，今略録一二上呈，亦可見大意矣。一《答胡廣仲書》仁之説，一《答張敬夫書》。❶

答石子重

所疑荷批誨，今皆已釋然。蓋仁者心有知覺，謂知覺爲仁則不可，知覺却屬智也。理一而分殊，愛有差等，殊與差等，品節之，却屬禮。施之無不得宜，却屬義。義也，禮也，智也，皆仁也。惟仁可以包夫三者。然所以得名，各有界分，須索分別。不然，混雜爲一，孰爲仁？孰爲義？孰爲智？

「仁」字之説甚善。要之須將仁、義、禮、智作一處看，交相參照，方見疆界分明。而疆界分明之中，却自有貫通總攝處，是乃所謂仁包四者之實也。近年學者專説「仁」字，而於三者不復致思，所以含胡溟涬，動以仁包四者爲言，而實不識其所以包四者之果何物也。今得尊兄精思明辯如此，學者益有賴矣，幸甚。❷

晦庵先生朱文公文集卷第四十二

閩縣儒學教諭王製校

❶「書」下，淳熙本有「再讀別紙」四字。
❷「甚」下，淳熙本有「幸甚」二字。

晦庵先生朱文公文集卷第四十三

書知舊門人問答

答陳明仲

熹窮居奉養，粗安義分，無足言者。惟是精力有限而道體無窮，人欲易迷而天理難復，凛乎日以憂懼，蓋未知所以脱於小人之歸者。方念未能得叩餘論以自警發，忽得來教，乃知高明之見已如此。自顧疲駑，雖殫十駕之勤，亦無以相及矣。矍然驚嘆，不知所言。至於反復再三，則有不能無疑者。蓋來喻自謂嘗有省處，此心直與孔、孟無異；言行之間，既從容而自中矣，如此，則是老兄之學已到聖賢地位，尚復何疑？而其後乃復更有「學無得，老將至」之歎，則又無以異於某所憂者。此雖出於退讓不居之意，然與初之所言亦太相反矣，使熹將何取信而能亡疑於長者之言耶？

又以其他議論參考之，竊意老兄涵養之功雖至，而窮理之學未明，是以日用之間多所未察，雖言之過，而亦不自知也。老兄既不鄙其愚而辱問焉，熹雖淺陋，亦不敢以虚厚意也。區區管見，願老兄於格物致知之學稍留意焉，聖賢之言，則反求諸心而加涵泳之功，日用之間，則精察其理而審毫釐之辨。積日累月，存驗擴充，庶乎其真有省而孔、孟之心殆可識矣。示喻讀書之目，恐亦太多，姑以應課程可矣；欲其從容玩味，理與神會，則恐決不能也。程子之書，司馬、張、楊之説，不知其果皆出於一轍耶，抑有所不同也？此等處切須著眼，不可尋行數墨備禮看過而已。既荷愛予，直以此道相期，不覺僭易，盡布所懷。伏惟既以温公之心爲心，必有以容之。然説而繹、從而改，尚不能無望於高明也。但能如程子所謂「不敢自信而信其師」，如此著力，兩三年間，亦當自見得矣。

汪丈每以吕申公爲準則，比觀其《家傳》所載學佛事，殊可笑。彼其德器渾厚謹嚴，亦可謂難得矣。一溺其心於此，乃與世俗之見無異，又爲依違中立之計以避其名，此其心亦可謂支離之甚矣。顧自以爲簡易，則吾不知其説也。程子曰：「欲不學佛，見得他小，便自然不學。」真知言哉！

答陳明仲

所示諸説，足見留意。便遽，未暇條對，大抵終有未脱禪學規模處。更願於平易著實處理會，不必以頓然有省爲奇，只要漸覺意味明白深長，便是功效。然亦不可存此計較功效之心，但循循不已，自有至矣。

答陳明仲

前書所論不求安飽，惟在敏於事上著力，此恐倒却文意，兼義亦不如此。蓋惟無求飽、求安之心，乃能敏於事耳。謹於言，亦不專爲耻躬之不逮，大凡言語皆當謹也。愚見如此，未知是否？

答陳明仲

喻及《論語》諸説，以此久不修報。然觀大概，貪慕高遠，説得過當處多，却不是言下正意。如首章論耻躬不逮，便説古人誠貫天地、行通神明，今人作僞行詐、欺世盗名，都未合説到此。且熟味「古者言之不出，恥躬之不逮也」緊要用力處是如何，不必説向前去。如此久之，意味自别。且如尹和靖講説，便都無似此簡約精微，極好涵泳也。推此一章，餘皆可見。

答陳明仲

程集荷借，及略看一二處，止是長沙初開本。如《易傳序》「沿流」作「泝流」、《祭文》「姪」作「猶子」之類，皆胡家以意改者。後來多所改正，可從子飛求之，殊勝此本也。

答陳明仲

累承示經説，比舊益明白矣。然猶有推求太廣處，反失本意。今不暇一一具禀，異時面見，當得一一指陳，以求可否。大抵讀書當擇先儒舊説之當於理者，反復玩味，朝夕涵泳，便與本經正言之意通貫浹洽於胸中，然後有益。不必段段立説，徒爲觀美而實未必深有得於心也。講學正要反復研窮，方見義理歸宿處，不可只略説過便休也。

答陳明仲

向辱書喻有意於程氏之學，甚善，甚善。然向聞留意空門甚切，不知何故乃復舍彼而將求之於此，豈亦知前之失而然邪，抑以爲彼此初不相妨，既釋而不害其爲儒也？二者必有一矣。由前之説，則程氏教人以《論》、《孟》、《大學》、《中庸》爲本，須於此數書熟讀詳味，有會心處，方自見得。如其未然，讀之不厭熟，講之不厭煩，非如釋氏指理爲障，而兀然坐守無義之語，以俟其僥倖而一得也。此數書，程氏與其門人高弟爲説甚詳，試訪求之，自首至尾，循守加功。須如小兒授書，節節而進乃佳。不可匆匆繙閲，無補於事；又不可雜以他説，徒亂宗旨也。如蘇氏之類。若曰彼此不相妨，儒、釋可以並進，則非淺陋所敢聞也。

答陳明仲❶

示喻讀書遺忘，此士友之通患，無藥可醫。只有少讀深思，令其意味浹洽，當稍見功耳。讀《易》亦佳，但經書難讀，而此書爲尤難。蓋未開卷時，已有一重象數大概工夫；開卷之後，經文本意又多被先儒硬説殺了，令人看得意思局促，不見本來開物成務活法。廷老所傳鄙説，正爲欲救此弊，但當時草草抄出，踈略未成文字耳。然試略考之，亦粗見門户梗概。若有他説，則非吾之所敢聞也。

❶ 按此文與卷五六《答趙履常》文字相同。

答陳明仲

丞事如過割一條，亦是民間休戚所係。頃在同安，見官户、富家、吏人、市户典買田業，不肯受業，操有餘之勢力，以坐困破賣家計狼狽之人，殊使人扼腕。每縣中有送來整理者，必了於一日之中。蓋不如此，則村民有宿食廢業之患，而市人富家得以持久困之，使不敢伸理，此最弊之大者。嘗見友人陳元滂，説昔年趨事吏部許公於邵陽，許公自言「吾作縣，有八字法」，請問之，則曰「開收人丁，推割産税」而已。此可謂知爲政之本者，願高明志之。《明道行狀》及門人叙述中所論政事叙指，無事亦宜熟看，殊開發人意思也。所詢喪禮，别紙具禀，顧亦考未精，又適此數時擾擾，不及致思，恐未必是，更可轉詢知禮之士，庶不誤耳。

别紙❶

靈席居中堂。

朔祭，子爲主。

家無二主，似合少近西爲宜。

按喪禮，「凡喪，父在，父爲主」，則父在子無主喪之禮也。又曰「父没，兄弟同居，各主其喪」，注云「各爲妻子之喪爲主也」，則是凡妻之喪，夫自爲主也。今以子爲喪主，似未安。

先遣柩歸而奉魂帛，終喪，埋帛立主。時在官所。

此於古無。初既不能盡從古制，即且如此

❶「别」上，浙本有「答陳明仲」四字。

亦可，然終不是也。

奉祀者題其子。

此亦未安。且不須題奉祀之名，亦得。

廟別三世，别設一位於其下。

禮，卒哭而祔於祖姑，三年而後入廟。今既未葬，則三虞、卒哭之制無所施。不若終喪立主而祔，祔畢，於家廟旁設小位以奉其主，不可於廟中别設位也。愚見如此，未知是否？告更以温公《書儀》及高氏《送終禮》參考之，當有定論也。

答陳明仲

喻及喪禮踰期主祭之疑，此未有可考。但司馬氏大小祥祭，已除服者皆與祭，則主祭者雖已除服，亦何害於主祭乎？但不可純用吉服，須略如弔服或忌日之服可也。

更告博詢深於禮者議之。

答陳明仲

祭禮比得書，亦及此數條，各已隨事釐正。如配祭只用元妃，繼室則爲别廟；或有庶母，又爲别廟；或妻先亡，又爲别廟；弟先亡無後，亦爲别廟；與伯叔祖父兄之無後者，凡五等，須各以一室爲之，不可雜也。冬至已有始祖之祭，是月又是仲月，自當時祭，故不更别祭。其他俗節則已有各依鄉俗之文，自不妨隨俗增損。但元旦則在官者有朝謁之禮，恐不得專精於祭事。熹鄉里却止於除夕前三四日行事，此亦更在斟酌也。忌日服制，王彦輔《麈史》載富鄭公用垂脚黲紗幞頭、黲布衫、脂皮帶，如今人禫服之制，此亦未得汪丈報，不知以爲如何也。

答陳明仲

喪服，前書已具去。昨日又略爲元伯道一二，恐古制未明，或且只用四脚襴衫之制亦可。但虞祭後方可釋服，然後奉主歸廟耳。自啓殯至虞，其間吉禮權停可也。次日恐亦未宜遽講賀禮。恐令嗣有未安，尊兄以禮意喻之，則無疑矣。此最禮之大節，精意所在，衣裳制度抑其次耳。

答陳明仲

苟欲聞過，但當一一容受，不當復計其虚實，則事無大小，人皆樂告而無隱情矣。若切切計較，必與辨争，恐非「告以有過則喜」之意也。

答陳明仲

「不遠遊」與「三年無改」各是一章，文義自不相蒙，或欲牽合彊爲一説，非聖人本意也。竊謂夫子此言，只是發明孝子之心耳。蓋父之所行，雖或有所當改，然苟未至於不可一朝居，則爲之子者未忍遽革而有待於三年，亦可見其不忍死其親之心矣。此心是本，但能存得此心，則父之道或終身不可改，或一日不可行，皆隨其事之重輕而處之，不失其宜矣。聖人特指此心以示人，所謂貫徹上下之言，而豈曰姑以是爲中制也哉？若如所喻，章句文義固已不通，而其間又極有害義理處。夫謂三年而免於父母之懷者，責宰予耳。父母之愛其子而子之愛其親，皆出於自然而無窮，豈計歲月而論施報之爲哉？若所謂中，乃天理人倫之極致，隨時而所在不同。以禹、稷、顔子之事觀之，則可見矣。今曰姑以中制言之，則是欲於半上落下之間指爲一定之中，以同流俗、合汙世而已，豈聖人之所謂中也哉？

答陳明仲

爲長府與季氏聚斂事相因與否，不可知，不必附會爲説。

子路鼓瑟不和，蓋未能盡變其氣質，所云「未能上達不已」，語不親切。

「屢空」之「空」，恐是空乏。屢至空乏而處之能安，此顔子所以庶幾於道也。下文以子貢貨殖爲對，文意尤分明。若以空爲心空，而屢空猶頻復，則顔子乃是《易傳》所謂復善而不能固之人矣，何以爲顔子？

子路非謂不學而可以爲政，但謂爲學不必讀書耳。上古未有文字之時，學者固無書可讀，而中人以上，固有不待讀書而自得者。但自聖賢有作，則道之載於經者詳矣，雖孔子之聖，不能離是以爲學也。捨是不求，而欲以政學，既失之矣，況又責之中材之人乎？然子路使子羔爲宰，本意未必及此，但因夫子之言而託此以自解耳，故夫子以爲佞而惡之。

曾點見道無疑，心不累事，其胸次洒落，有非言語所能形容者。故雖夫子有「如或知爾」之問，而其所對亦未嘗少出其位焉，蓋若將終身於此者。而其語言氣象，則固位天地、育萬物之事也。但其下學工夫實未至此，故夫子雖喟然與之而終以爲狂也。

克己之目不及思，所論大概得之，然有未盡。熹竊謂《洪範》五事，以思爲主，蓋不可見而行乎四者之間也。然操存之漸，必自其可見者而爲之法，則切近明白而易以持守。故五事之次，思最在後，而夫子於此亦偏舉「四勿」而不及夫思焉，蓋欲學者循其可見易守之法，以養其不可見、不可係之心也。至於久而不懈，則表裏如一，而私意無所容矣。程子《四箴》，意正如此。試熟玩之，亦自可見。

學固以至聖爲極，習固是作聖之方，然恐未須如此說。且當理會聖賢之所學者何事，其習之也何術，乃見入德之門，所謂切問而近思也。「人不知而不愠」，和靖所謂「學在己，知不知在人，何愠之有」者，最爲的當。蓋如此而言，乃見爲己用心之約處。若以容人爲説，竊恐爲己之心不切，而又涉乎自廣狹人之病，其去道益遠矣。嘗見或人説此，乃有容天之論，此又欲大無窮而不知其陷於狂妄者也。

答李伯諫甲申❶

詳觀所論，大抵以釋氏爲主，而於吾儒之説，近於釋者取之，異於釋者，在孔、孟，則多方遷就以曲求其合；在伊、洛，則無所忌憚而直斥其非。夫直斥其非者，固未識其旨而然，所取所合，亦竊取其似是而非者耳。故語意之間，不免走作。不得於言而求諸心，則從初讀孔、孟、伊、洛文字，「止是資舉業」，此來書之語。固無緣得其指歸，所以敢謂聖學止於如此。至於後來學佛，乃是

❶「甲申」二字，浙本無。

「怕生死」此亦來書中之語。而力究之，故陷溺深。從始至末，皆是利心，所謂差之毫釐者，其在茲乎？然敢詆伊、洛而不敢非孔、孟者，直以舉世尊之，而吾又身爲儒者，故不敢耳，豈真知孔、孟之可信而信之哉？是猶不敢顯然背畔，而毀冠裂冕、拔本塞源之心已竊發矣。學者豈可使有此心萌於胸中哉！

來書云，於程氏雖未能望其堂奧，而已窺其藩籬矣。熹竊謂聖人道在六經，若日星之明，程氏之説，見於其書者亦詳矣。然若只將印行册子從頭揭過，略曉文義，便爲得之，則當時門人弟子亦非全然鈍根無轉智之人，豈不能如此領會？而孔門弟子之從其師，厄窮飢餓，終其身而不敢去；程氏之門，已仕者忘爵禄，未仕者忘飢寒，此游察院語。此亦必有謂矣。試將聖學做禪樣看，❶日有孜孜，竭才而進，❷竊恐更有事在，然後程氏藩籬可得而議也。

來書謂聖門以仁爲要，而釋氏亦言「正覺」，亦號「能仁」，又引程氏之説爲證。熹竊謂程氏之説，以釋氏窮幽極微之論觀之，❸似未肯以爲極至之論。但老兄與儒者辨，不得不借其言爲重耳。然儒者言仁之體則然，至語其用，則毫釐必察，故曰「仁之實，事親是也」，又曰「孝弟也者，其爲仁之本與」。此體用所以一源，而顯微所以無間也。釋氏之云「正覺」、「能仁」者，其論則高矣美矣，然其本果安在乎？❹

來書引「天下歸仁」以證滅度衆生之

❶「樣看」，《考異》云：「樣」下一無「看」字。
❷「才」，浙本作「力」。《考異》云：「才」一作「力」。
❸「以」，浙本作「由」。《考異》云：「以」一作「由」。
❹「然」下，浙本有「其實」二字。

說，熹竊謂恐相似而不同。伊川先生曰：「克己復禮，則事事皆仁，故曰天下歸仁。」試用此意思之，毫髮不可差，差則入於異學矣。

來書云，夫子語仁以克己爲要，佛氏論性以無心爲宗，而以龜山「心不可無」之説爲非。熹謂所謂己者，對物之稱，乃是私認爲己而就此起計較、生愛欲，故當克之。克之而自復於理，則仁矣。心乃本有之物，虚明純一，貫徹感通，所以盡性體道，皆由於此。今以爲妄而欲去之，又自知其不可而曰「有真心存焉」，此亦來書之語。則又是有心矣。如此，則無心之説何必全是？而不言無心之説，何必全非乎？若以無心爲是，則克己乃是有心，無心何以克己？若以克己爲是，則請從事於斯而足矣，又何必克己於此而無心於彼，爲此二本而枝其辭也？

來書云，輪回因果之説，造妖捏怪，以誑愚惑衆，故達磨亦排斥之。熹竊謂輪回因果之説，乃佛説也。今以佛爲聖人而斥其言至於如此，則老兄非特叛孔子，又謗佛矣。豈非知其説之有所窮也，而爲是遁辭以自解免哉？抑亦不得已於儒者，而姑爲此計以緩其攻也？嗚呼！吾未見聖人立説以誑愚惑衆，而聖人之徒倒戈以伐其師也。孰謂本末殊歸、首尾衡决如是，而尚可以爲道乎？

來書云，韓退之排佛而敬大顛，則亦未能排真佛也。❶ 熹謂退之稱大顛「頗聰明，識道理，能外形骸，以理自勝，不爲事物侵亂」而已，其與《原道》所稱「以之爲己則順而祥，以之爲人則愛而公，以之爲天下國家

❶ 「排真」，《正訛》改作「真排」。

則無所處而不當」者，果如何耶？

來書云，形有死生，真性常在。熹謂性無僞冒，不必言真；未嘗不在，不必言在。蓋所謂性，即天地所以生物之理，所謂「維天之命，於穆不已」，「大哉乾元，萬物資始」者也，曷嘗不在而豈有我之所能私乎？釋氏所云真性，不知其與此同乎否也？同乎此，則古人盡心以知性知天，其學固有所爲，非欲其死而常在也。苟異乎此，而欲空妄心、見真性，惟恐其死而失之，非自私自利而何？是猶所謂廉賈五之，不可不謂之貨殖也。伊川之論，未易遽非，亦未易遽曉。他日於儒學見得一箇規模，乃知其不我欺耳。

來書謂伊川先生所云內外不備者爲不然，蓋無有能直內而不能方外者，此論甚當。據此，正是熹所疑處。若使釋氏果能敬以直內，則便能義以方外，便須有父子、有君臣，三綱五常，闕一不可。今曰能直內矣，而其所以方外者果安在乎？又豈數者之外別有所謂義乎？以此而觀伊川之語，可謂失之恕矣。然其意不然，特老兄未之察耳。所謂有直內者，亦謂其有心地一段工夫耳，但其用功却有不同處，故其發有差。他却全不管著，此所以無方外之一節也。固是有根株則必有枝葉，然五穀之根株則生五穀之枝葉，華實而可食；稊稗之根株則生稊稗之枝葉，華實而不可食，此則不同耳。參术以根株而愈疾，鉤吻以根株而殺人，其所以殺人者，豈在根株之外而致其毒哉？來書云，不能於根株之外別致其巧也。故明道先生又云：「釋氏惟務上達而無下學。然則其上達處豈有是也？元不相連屬，但有間斷，非道也。」此可以見內外不備之意矣。然來書之云，却是從儒向佛，故猶籍先生之言以爲重。若真胡種族，則亦不肯招認此語矣。如何，如何？

來書云，以理爲障者，特欲去其私意小智。熹謂認私意小智作「理」字，正是不識「理」字。來書又謂上蔡云「佛氏不肯就理者爲非」，熹謂若不識「理」字，則此亦未易以口舌争也。他日解此，乃知所言之可笑耳。

來書云，儒、佛見處既無二理，其設教何異也？蓋儒教本人事，釋教本死生。本人事，故緩於見性；本死生，故急於見性。熹謂既謂之本，則此上無復有物矣。今既二本，不知所同者何事？而所謂儒本人事，緩見性者，亦殊無理。三聖作《易》，首曰：「乾，元亨利貞。」子思作《中庸》，首曰：「天命之謂性。」孔子言性與天道，而孟子道性善，此爲本於人事乎，本於天道乎？緩於性乎，急於性乎？然著「急」字亦不得。俗儒正坐不知天理之大，故爲異説所迷，反謂聖學知人事而不知死生，豈不誤哉？聖賢教人盡心以知性，躬行以盡性，終始本末，自有次第，一皆本諸天理，緩也緩不得，急也急不得，直是盡性至命方是極則，非如見性之説，一見之而遂已也。上蔡云：「釋氏之論性，猶儒者之論心；釋氏之論心，猶儒者之論意。」此語剖析極精，試思之，如何？

來書云，子貢之明達，性與天道猶不與聞。熹竊謂此正癡人前説夢之過也。來書又謂釋氏本死生，悟者須徹底悟去，故祖師以來，由此得道者多。熹謂徹底悟去之人，不知本末内外是一是二？二則道有二致，一則死生人事，一以貫之，無所不了。不知《傳燈録》中許多祖師，幾人做得堯、舜、禹、稷？幾人做得文、武、周、孔？須有徵驗處。

來書云，特聖人以中道自任，不欲學者躐等。熹謂此正是王氏「高明處己，中庸處人」之説，龜山嘗力詆之矣。須知所謂「不欲學者躐等」者，乃是天理本然，非是聖人安排教如此，譬諸草木，區以别矣。且如一莖小樹，不道他無草木之性，然其長須有漸，是亦性也。所謂「便欲當人立地成佛」者，正如將小樹來噴一口水，便要他立地干雲蔽日，豈有是理？「便欲當人立地成佛」，亦是來書中語。設使有此幻術，亦不可謂之循理，此亦見自私自利之規模處。

來書云，引《大易》生死之説，程氏語默、日月、洪鑪之論。熹按：此四者之説，初無二致，來書許其三、排其一，不知何所折衷而云然？然則所許三説，恐未得其本意也。愚意以爲不必更於此理會，且當按聖門下學工夫求之，久自上達，所謂「未知生，焉知死」也。

來書云，聖人體易，至於窮神知化、未之或知之妙。熹疑此語脉中有病。又云生死之際，必不如是之任滅也。熹謂「任滅」二字亦是釋氏言之，聖人於死生固非任滅，亦初不見任滅之病。更以前段參之。

來書云，曹參、楊億不學儒，不害爲偉人。熹前書已奉答矣。而細思之，則老兄固云夫子之道乃萬世仁義禮樂之主，今乃有不學儒而自知道者，則夫子何足爲萬世仁義禮樂之主也？且仁義禮樂，果何物乎？又曹參、楊億二人相擬，正自不倫。曹參在漢初功臣中，人品儘麤疎，後來却能如此避正堂、舍蓋公，治齊相漢，與民休息，亦非常人做得，其所見似亦儘高。所可惜者，未聞聖人之道而止於是耳。楊億工於纖麗浮巧之文，已非知道者所爲，然資禀清介，立朝獻替，略有可觀，而釋子特以爲知道者，以其有「八角磨盤」之句耳。然既謂之知釋氏之道，則於死生之際宜亦有過人者。而方丁謂之逐萊公也，以他事召億至中書，億乃恐懼，至於便液俱下，面無人色。當此時也，「八角磨盤」果安在哉？ 事見蘇黄門《龍川別志》第一卷之末，蘇公非詆佛者，其言當不誣矣。然則此二人者，雖皆未得爲知道，然億非參之倫也。子比而同之，過矣。蓋老氏之學淺於佛，而其失亦淺，正如申、韓之學淺於楊、墨，而其害亦淺。因論二人謾及之，亦不可不知也。

來書云，鹽官講義急於學者見道，便欲人立地成佛。熹於前段已論之矣。然其失亦不專在此，自是所見過中，無著實處，氣象之間，蓋亦可見。

來書所謂發明西洛諸公所未言者，即其過處也。嘗聞之師曰：「二蘇聰明過人，所説《語》、《孟》儘有好處。蓋天地間道理不過如此，有時便見得到，皆聰明之發也。但見到處却有病，若欲窮理，不可不論也。」「見到處却有病」，此語極有味。試一思之，不可以爲平常而忽之也。

答李伯諫

承喻及從事心性之本，以求變化氣質之功之説，此意甚善。然愚意此理初無内外本末之間，凡日用間涵泳本原、酬酢事變，以至講説辯論、考究尋繹，一動一静，無非存心養性、變化氣質之實事。學者之病在於爲人而不爲己，故見得其間一種稍向外者，皆爲外事。若實有爲己之心，但於此顯然處嚴立規程，力加持守，日就月將，不令退轉，則便是孟子所謂深造以道者。蓋其所謂深者，乃功夫積累之深；而所謂道者，則不外乎日用顯然之事也。及其真積力久，内外如一，則心性之妙無不存，而氣質之偏無不化矣。所謂自得之而居安資深也，豈離外而内、惡淺而深，舍學問思辯力行之實而别有從事心性之妙也哉？至於《易》之爲書，因陰陽之變以形事物之理，大小精粗無所不備，尤不可以是内非外、厭動求静之心讀之。鄙意如此，故於來喻多所未安，竊恐向來學佛病根有未除者，故敢以告。然恐亦未必盡當於理，惟高明擇之。

答李伯諫

誨諭勤勤，深荷不鄙。然人之爲學，各有所見，豈能必於盡同？亦各信其所信而勉焉耳。今高明所造日深日遠，而愚蒙底滯，不能變其初心，竊意必無可合之理。來書乃欲曲加鐫誨，期之異日，雖荷眷舊之私，然恐亦徒爲競辨而無補於進脩之實也。謹此少謝厚意之辱，伏幸裁照。

答吴公濟

來書云，儒、釋之道，本同末異。熹謂本同則末必不異，末異則本必不同，正如二木是一種之根，無緣却生兩種之實。

來書云，夫子專言人事生理，而佛氏則

兼人鬼生死而言之。熹按伯謙書中亦有此意，已於答伯謙書中論之矣，他日取觀，可見鄙意。抑又有説焉：不知生死人鬼爲一乎，爲二乎？若以爲一，則專言人事生理者，其於死與鬼神固已兼之矣，不待兼之而後兼也。若須别作一頭項，窮究曉會，則是始終幽明却有間隔。❶似此見處，竊恐未安。

來書云，夫子罕言之者，正謂民不可使知，恐聞之而生惑。熹謂聖人於死生鬼神雖不切切言之，然於六經之言、格物誠意之方、天道性命之説，以至文爲制度之間、名器事物之小，莫非示人以始終幽明之理，蓋已無所不備。若於此講究分明而心得之，則仰觀俯察，洞然其無所疑矣，豈聞之而反有所惑耶？但人自不學，故聖人不能使之必知耳，非有所秘而不言也。今乃反謂聖人秘而不言，宜其惑於異説而不知所止也！

來書云，賢士大夫因佛學見性，然後知夫子果有不傳之妙。《論語》之書，非口耳可傳授。熹謂《論語》固非口耳所可傳授，然其間自有下工夫處，不待學佛而後知也。學佛而後知，則所謂《論語》者，乃佛氏之《論語》，而非孔氏之《論語》矣。正如用琵琶、秦箏、方響、觱栗奏雅樂，節拍雖同，而音韻乖矣。

來書云，因《語》、《孟》見理，然後知佛氏事理俱無礙之説。熹按上文言因佛學見性，此言因《語》、《孟》見理，理與性同乎，異乎？幸剖析言之，以曉未悟。但恐真見《語》、《孟》所言之理，則釋氏事理無礙之間所礙多矣。

❶「隔」，浙本作「斷」。《考異》云：一作「斷」。

來書云，幽明之故、死生之説、晝夜之道，初無二理。明之於幽，生之於死，猶晝之於夜也。鬼神之情狀，見乎幽者爲不可誣，則輪回因果之説有不可非者。謂上智不在此域可也，謂必無是理不可也。熹竊謂幽明、死生、晝夜固無二理，然須是明於大本而究其所自來，然後知其實無二也。不然，則所謂無二者，恐不免於彌縫牽合，而反爲有二矣。鬼神者，造化之跡，伊川語。乃二氣之良能也，横渠語。不但見乎幽而已。以爲專見乎幽，此似未識鬼神之爲何物，❶所以溺於輪回因果之説也。「幽則有鬼神」者，對禮樂而言之。大抵未嘗熟究聖人六經之旨，而遽欲以所得於外學者籠罩臆度言之，此所以多言而愈不合也。至又謂不可謂無此理，特上智不在此域，此尤害理。蓋不知此理是合有耶，合無耶？以爲不可謂必無是理，則是合有也。合有，則盈天地之間皆是此理，無空闕處，而上智之人獨不與焉，不知又向甚處安身立命？若是合無，則凡此所謂不可無之理，乃衆生之妄見而非真諦也。此其與聖人之心大相遠矣，而曰聖人無兩心，吾不信也。

答趙佐卿

所示《易》説，足見玩意之深，不勝歎服。此經舊亦嘗伏讀，然每病其未有入處，乃承見喻，使反復其論，蓋久不知其所以對也。顧厚意不可以終辭，姑以己意略疏其後，未知當否，惟高明裁之，復有以誨警之，則幸甚。大抵聖經，惟《論》、《孟》文詞平易

❶「此似」，原作「似此」，據閩本、浙本乙正。

而切於日用，讀之疑少而益多，若《易》、《春秋》則尤爲隱奥而難知者，是以平日畏之而不敢輕讀也。

答曹晉叔

「近仁」之説，來喻固未安，擇之説亦有病。竊原聖人之意，非是教人於此體仁，乃是言如此之人於求仁爲近耳。雖有此質，正須實下求仁功夫，乃可實見近處。未能如此，即須矯揉到此地位，然後於仁爲近，可下功夫。若只守却「剛毅木訥」四字，要想象思量出仁體來，則恐無是理也。

答林擇之 用中❶

熹以崇安水災，被諸司檄來，與縣官議賑恤事，因爲之遍走山谷間，十日而後返。大率今時肉食者漠然無意於民，直是難與圖事，不知此箇端緒，何故汩没得如此不見頭影？因知若此學不明，天下事決無可爲之理。王丞文字足罷去，因力薦何叔京攝其事。若得此人來，將來檢放一段事須有條理。但只恐才不足，然終是勝今日諸人耳。此水所及不甚廣，但發源處皆是高山，裂石涌水，川原田畝無復東西，皆爲巨石之積，死傷幾百人。行村落間，視其漂蕩之路，聽其冤號之聲，殆不復能爲懷。云云。

所寄李先之記文，體面甚佳，趣向甚正，但緊切處殊不端的。只云「此爲仁」、「此爲義」，却何如便由此而用之？且若真知仁義之實，則又不可云「以誠而意，以正

❶「用中」二字，浙本無。

而心」。此類非一，大抵此是尤緊切處，只如此，他可勿論也。恐更有可指處，因來更論之，以起惰氣也。

答林擇之

熹奉養粗安。舊學不敢廢，得擴之朝夕議論，相助爲多，幸甚。敬夫得書，竟主「觀過」之説。因復細思，此説大害事，復以書扣之。擴之録得藁子奉呈，不知擇之以爲如何也？伯逢來問「造端夫婦」之説，偶亦嘗思之，前此説得汎濫，不縝密，今答之如此，擴之亦已録去矣。近見古人下工夫處極是精密，日用之間不敢不勉，庶幾他時相見或有尺寸之進耳。

敬夫又有書理會祭儀，❶以墓祭節祠爲不可。然二先生皆言墓祭不害義理，又節物所尚，古人未有，故止於時祭。今人時節隨俗燕飲，各以其物，祖考生存之日蓋嘗用之，今子孫不廢此，而能恝然於祖宗乎？此恐大泥古，不盡如事存之意。方欲相與反復，庶歸至當，但舊儀亦甚草草，近再修削，頗可觀。一歲只七祭爲正祭，自元日以下皆用告朔之禮，以薦節物於隆殺之際，似勝舊儀。便遽，未及寫去。

答林擇之

熹侍旁如昨。祠官再請，若更不得請，當如所戒。近事則無可説，觀左史之除，可見綱紀之紊。但如諸公若不相捨，不得不一行。又聞亦有招致南軒之意，果爾，猶或

❶「又」，原作「文」，據閩本、浙本、四庫本改。

庶幾，但恐終不能用爾。所欲言甚衆，遠書不欲多談，可默會也。元履竟爲揆路所逐，雖其多言未必一一中節，亦坐謄藁四出之故。然其爲吾君謀也則忠，士大夫以言見逐，非國家美事，亦使幽隱之賢難自進耳。

近得南軒書，諸説皆相然諾。但先察識、後涵養之論執之尚堅；未發、已發條理亦未甚明。蓋乍易舊説，猶待就所安耳。「敬以直内」爲初學之急務，誠如所諭。亦已報南軒，云擇之於此無異論矣。此事統體操存，不作兩段，日用間便覺得力，嘗驗之否？康節云：「若非前聖開蒙吝，幾作人間小丈夫。」誠哉是言！近讀《易傳》，見得陰陽剛柔一箇道理儘有商量，未易以書見也。兩段之疑、動静之説，甚佳；「赤子之心」，前書已嘗言之。謂言其體，則無賢愚少長之別，今曰「赤子之心」，已是指其用而言之。前此似亦未理會到此，試爲思之，如何？來諭謂其言非寂然不動，與未發不同，爲將動静做不好説，似初無此意，但言不專此而言，則兼已發感通之用在其中耳。今者只如前書推明程子之意，則亦不須如此分別費力矣。

答林擇之

此有李伯諫，往時溺於禪學，近忽微知其非。昨來此留數日，蔡季通亦來會，劇論不置，遂肯捨去舊習，此亦殊不易。蓋其人資稟本佳，誠心欲爲爲己之學。雖一邊陷溺，而每事講究，求合義理，以故稍悟天命之性非空虚之物。然初猶戀著舊見，謂不相妨，今則已脱然矣，可尚可尚。「仲尼焉學」、「體物而不可遺」、「春王正月」、胡《傳》之説如何？「谷神不死」，此數義近皆來問者，幸各以數語明之。《遺書》論天地之中數段，亦告爲求其旨見喻，更以《周禮》、《唐·天文志》系之爲佳。

答林擇之

昨得晉叔書，説「剛毅木訥近仁」，云擇之嘗告以「仁者，人所以肖天地之機要，須就發見處看得通神，自然識得」。細看此説，似非所以曉人，乃所以惑人。晉叔緣此説得來轉没交涉，不免就其説答之，似稍平穩。今謾録去，不知還更有病否？孔門求仁功夫，似只是如此著實説，未有後來許多玄妙也。「通神」之語，恐亦有病。況不務涵養本根而直看發處，尤所未安。「仁者，人所以肖天地之機要」，此句極好，然却只是一句好説話，正如世俗所謂卦影者，未知仁者定理會不得，知仁者又不消得如此説與它。要之，聖賢言仁自不如此，觀《論語》、《孟子》可見矣。如何，如何？

答林擇之

所答二公問，甚精當。熹亦嘗答之，只説得大概，不能如此之密。然勸深父且看《語》、《孟》、《大學》，其意亦如所示也。「仲弓」一段太迫切，觀渠氣質與識致所及，似禁不得如此鉗鎚也。晉叔亦是自悠悠，諸公覺得且如此。何丞近得書，亦未有進處，餘則不聞問也。季通兩日儘得講論，亦欲附書，未暇。渠終是未專一，若降伏得此病痛下，方有可用力處。已深告之，未知如何。終日憒憒，自救不了，更添得此累，思與吾擇之相聚，觀感警益之助，何可得耶？

瞻仰非虛言也。

昨日書中論「未發」者，看得如何？兩日思之，疑舊來所説，於心性之實未有差，而「未發」、「已發」字頓放得未甚穩當。疑「未發」只是思慮事物之未接時，於此便可見性之體段，故可謂之中而不可謂之性也。發而中節，是思慮事物已交之際皆得其理，故可謂之和而不可謂之心；心則通貫乎已發未發之間，乃《大易》生生流行、一動一静之全體也，云云。舊疑《遺書》所記不審，今以此勘之，無一不合。信乎天下之書未可輕讀，聖賢指趣未易明，道體精微未易究也。

答林擇之

「太山爲高矣，然太山頂上已不屬太山」，此喻道體之無窮，而事業雖大，終有限量爾。故下文云云，意可見也。又「既得後須放開」，此亦非謂須要放開，但謂既有所得，自然意思廣大，規模開廓。「須」字如用「必」字。若未能如此，便是未有所得，只是守爾。蓋以放開與否爲得與未得之驗，若謂有意須放教開，則大害事矣。上蔡論周恭叔放開忒早，此語亦有病也。「鳶飛魚躍，察見天理」，正與《中庸》本文「察」字異指。「便入堯、舜氣象」，亦只是見得天理自然，不煩思勉處爾。若實欲到此地位，更有多少功夫，而可易其言耶？疑上蔡此語亦傷快也。近來玩索，漸見聖門進趣實地，但苦惰廢，不能如人意爾。

答林擇之

竹尺一枚，煩以夏至日依古法立表以

測其日中之景，細度其長短示及。《孟》説正欲煩訂正，俟見面納。向來數書所講，亦併俟面論。但顯道記憶語中數段，子細看皆好，只「太山頂上已不屬太山，此但論道體之無窮，而事業雖大，終有限量耳」。故下文云云，意可見矣。欽夫春來未得書，聞歲前屢對，上意甚向之。然十寒衆楚，愛莫助之，未知竟何如耳。鄭丈至誠樂善，當時少比，必能相親。其德器粹然，從容厚重，亦可佳也。

答林擇之

比因朋友講論，深究近世學者之病，只是合下欠却持敬工夫，所以事事滅裂。其言敬者，又只説能存此心，自然中理。至於容貌詞氣，往往全不加工。設使真能如此存得，亦與釋、老何異？上蔡説便有此病了。又況心慮荒忽，未必真能存得耶？程子言敬，必以整齊嚴肅、正衣冠、尊瞻視爲先，又言未有箕踞而心不慢者，如此乃是至論。而先聖説克己復禮，尋常講説，於「禮」字每不快意，必訓作「理」字然後已，今乃知其精微縝密，非常情所及耳。近略整頓《孟子》説，見得此老直是把得定，但常放教到極險處，方與一斡轉，斡轉後便見天理人欲直是判然。非有命世之才，見道極分明，不能如此。然亦只此便是英氣害事處，便是才高無可依據處，學者亦不可不知也。

答林擇之

熹哀苦之餘，無他外誘，日用之間，痛自歛飭，乃知「敬」字之功親切要妙乃如此。

而前日不知於此用力，徒以口耳浪費光陰。人欲横流，天理幾滅，今而思之，怛然震悚，蓋不知所以措其躬也。

答林擇之

所論顏、孟不同處，極善，極善。正要見此曲折，始無窒礙耳，比來想亦只如此用功。熹近只就此處見得向來所未見底意思，乃知「存久自明，何待窮索」之語是真實不誑語。今未能久，已有此驗，况真能久邪？但當益加勉勵，不敢少弛其勞耳。

拙齋和篇莊重和平，讀之如見其人，煩爲多致謝意。莊子詩，亦皆有味，但可惜只玩心於此耳。竊恐《論語》、《孟》、程之書平易真實處更有滋味，從前咬嚼未破，所以向此作活計。然不敢僭易獻此説，顧無以謝其不鄙之意，只煩擇之從容爲達此懷也。

《吕公家傳》深有警悟人處，前輩涵養深厚乃如此。但其論學殊有病。如云「不主一門，不私一説」，則博而雜矣。如云「直截勁捷，以造聖人」，則約而陋矣。舉此二端，可見其本末之皆病。此所以流於異學，而不自知其非耶？而作此《傳》者，又自有不可曉處。如云「雖萬物之理本末一致，而必欲有爲」，此類甚多，不知是何等語。又義例不明，所載同時諸人，或名或字，非褒非貶，皆不可考。至如蘇公，則前字後名，尤無所據。豈其學無綱領，故文字亦象之而然邪？最後論佛學，尤可駭歎。程氏之門千言萬語，只要見儒者與釋氏不同處。而吕公學於程氏，意欲直造聖人，盡其平生之力，乃反見得佛與聖人合，豈不背戾之甚哉？夫以其資質之粹美、涵養之深厚如此，疑若不叛於道，而窮理不精，錯謬如此。流傳於世，使有志於道而未知所擇者坐爲所悞，蓋非特莠之亂苗、紫之亂朱而已也。奈何，奈何！

答林擇之

所論大抵皆得之，然鄙意亦有未安處。如「滿腔子是惻隱之心」，此是就人身上指出此理充塞處，最爲親切。若於此見得，即萬物一體，更無内外之别；若見不得，却去腔子外尋覓，則莽莽蕩蕩，愈無交涉矣。陳經正云：「我見天地萬物皆我之性，不復知我身之爲我矣。」伊川先生曰：「他人食飽，公無餒乎？」正是説破此病。《知言》亦云「釋氏以虚空沙界爲己身，而不敬其父母所生之身」，❶亦是説此病也。

三代正朔，以元祀十有二月考之，則商人但以建丑之月爲歲首而不改月號；時亦必不改也。以《孟子》七八月、十一月、十二月之説考之，則周人以建子之月爲正月而不改時；改月者，後王之彌文。❷不改時者，天時不可改。故祭祀、田獵猶以夏時爲正。以《書》「一月戊午」、「厥四月哉生明」之類考之，則古史例不書時；以程子「假天時以立義」之云考之，則是夫子作《春秋》時特加此四字以繫年，見行夏時之意。若如胡《傳》之説，則是周亦未嘗改月，而孔子特以夏正建寅之月爲歲首，月下所書之事却是周正建子月事。自是之後，月與事常相差兩月。恐聖人制作

❶「敬」，原作「知」，據浙本及《知言》（影印文淵閣《四庫全書》本）改。

❷「王」，原作「工」，據浙本、四庫本改。

之意不如是之紛更煩擾，其所制作亦不如是之錯亂無章也。愚見如此，而考之劉質夫説，亦云先書「春王正月」，而後書二百四十二年之事，皆天理也，似亦以「春」字爲夫子所加。「王」字亦非史策舊文。但魯史本謂之《春秋》，則又似元有此字。而杜元凱《左傳後序》載《汲冢竹書》，乃晉國之史，却以夏正建寅之月爲歲首，則又似胡氏之説可爲據。此間無《竹書》，煩爲見拙齋扣之，或有此書，借録一兩年示及，幸甚，幸甚。又《漢書》「元年冬十月」，注家以爲武帝改用夏時之後，史官追正其事，亦未知是否。此亦更煩子細詢考也。

金聲或洪或殺，清濁萬殊；玉聲清越和平，首尾如一。故樂之作也，八音克諧，雖若無所先後，然奏之以金，節之以玉，其序亦有不可紊者焉。蓋其奏之也，所以極其變也；其節之也，所以成其章也。變者雖殊，而所以成者未嘗不一；成者雖一，而所歷之變，洪纖清濁，亦無所不具於至一之中。聖人之知，精粗大小，無所不周；聖人之德，精粗大小，無所不備，其始卒相成蓋如此。此「金聲而玉振之」所以譬夫孔子之集大成，而非三子之所得與也。然即其全而論其偏，則纖而不能洪、❶清而不能濁者，是其金聲之不備也。不能備乎金聲，而遽以玉振之，雖其所以振之者未嘗有異，然其所振一全一闕，則其玉之爲聲亦有所不能同矣。此與來喻大同小異，更請詳之，却以見告。

「仲尼焉學」，舊來説得太高。詳味文意，文、武之道，只指先王之禮樂、刑政、教

❶「纖而不能洪」，浙本作「洪而不能纖」。

化、文章而已，故特言「文、武」，而又以「未墜於地」言之。若論道體，則不容如此立言矣。但向來貪説箇高底意思，將此一句都瞞過了。李光祖雖亦曲爲之説，然費氣力，似不若四平放下意味深長也。但聖人所以能無不學、無不師而一以貫之，便是有箇生而知之底本領。不然，則便是近世博雜之學，而非所以爲孔子。故子貢之對雖若遜辭，然其推尊之意，亦不得而隱矣。

答林擇之

遊山之計，束裝借人，行有日矣。得伯恭書，却欲此來，遂復中輟。山水之興，雖未能忘，然杜門省事，未必不佳也。

潘丈之政，爲閩中第一，其愛民好士，近世誠少比，恨未識之耳。端叔向見欽夫稱之，恭叔昨在建寧得一見，匆匆不能欵，然知其惑於世俗高妙之虚談矣。大抵好高欲速，學者之通患，而爲此説者，立論高而用功省，適有以投其隙，是以聞其説者欣然從之，唯恐不及，往往遺棄事物，略脱章句，而相與馳逐於虚曠冥漠之中，其實學禪之不至者，而自託於吾學，以少避其名耳。道學不明，變怪百出，以欺世眩俗，後生之有志者爲所引取，陷於邪妄而不自知，深可悼懼也。擇之既從其招致，要當有以開之，使決然無惑於彼，乃爲不負其相向之意。然擇之向來亦頗有好奇自是之弊，今更當虚心下意，向平實處加潛玩浸灌之功，不令小有自主張之意，則自益益人之功庶乎其兩進矣。

答林擇之

所示疑義，已略看。端叔、恭叔惠書，極感其意。但如此用功，鄙意不能無疑。要須把此事來做一平常事看，樸實頭做將去，久之自然見效，不必如此大驚小怪、起模畫樣也。且朋友相聚，逐日相見，晤語目擊，爲益已多，何必如此忉忉，動形紙筆，然後爲講學耶？如此，非惟勞攘無益，且是氣象不好，其流風之弊，將有不可勝言者。可試思之，非小故也。

其間所論操存、涵養，苦要分別先後，已是無緊要，而元禮忽然生出一句「心有未嘗放者」，遂就此上生出無限枝葉。不知今苦苦理會得此一句，有甚緊切日用爲己功夫處耶？又如「可欲之善」，向來説得亦太高了，故端叔所論雖失之，而擇之亦未爲得也。擴之云已子細報去，此不復縷縷矣。卷尾二段却好，大抵説得是當，自然放下穩帖，無許多枝蔓鯱隉處。且如二公所論「可欲之善」，是欲向甚處安頓也？

答林擇之 用中❶

「不仁者不可以久處約、長處樂」，後説得之。蓋君子而不仁者有矣夫，未有小人而仁者也。此皆所謂不仁者，但所失亦有淺深久速之差耳。大抵聖人之言，雖渾然無所不包，而學者却要見得中間曲折也。

好仁者無以易其所好，則尚自尚也。惡不仁者不使加乎其身，則加自加也。若

❶「用中」二字，浙本無。

謂人不能加尚之，恐未遽有此意也。兼我方惡不仁於此，又安能必彼之不見加乎？用力於仁，又是次一等人，故曰「蓋有之矣」。若好仁、惡不仁之人，則地位儘高，直是難得。《禮記》「無欲而好仁、無畏而惡不仁者，天下一人而已」，正是此意。

曹交識致凡下，又有挾貴求安之意，故孟子拒之。然所以告之者，亦極親切，非終拒之也。使其因此明辨力行而自得之，則知孟子之發己也深矣，顧交必不能耳。

子思、泄柳之事，恐無空留行道之別，但謂穆公之留子思出於誠意，今客之來，非有王命耳。

程子有言：「志壹、氣壹，專一之意。若志專在淫僻，豈不動氣？氣專在喜怒，豈不動志？」當只依此說。來喻此一段皆好，但此兩句正倒說，却與本文下句不相應耳。

按《喪服傳》：出母之服，期，但爲父後者無服耳。子思此事不可曉，兼汙隆之説亦似無交涉，或記者之誤與？

易簀事，據曾子自言，則非不知者。蓋因季孫之賜而用，雖有所緣，然終是未能無失，但舉扶而易之，當下便冰消凍釋耳。

「文之不可無質，猶質之不可無文。若質而不文，則虎豹之鞟猶犬羊之鞟矣」。「鞟」須依舊説，細看來喻，却覺文義不通。

「天以誠命萬物，萬物以誠順天」，此語固有病，而所改云「天命萬物，萬物奉天，誠也」，亦枯槁費力。若曰「天之命物也以其誠，誠之在物也謂之天」，不知如何？

答林擇之

「誠之在物謂之天」，前書論之已詳。

來書所説，依舊非本意。向爲此語，乃本「物與無妄」之意，言天命散在萬物，而各爲其物之天耳。意雖如此，然窮窘迫切，自覺殊非佳語也。

「觀過知仁」，只依伊川説，更以和靖説足之，聖人本意似不過如此。《記》曰：「仁者之過易辭也。」《語》曰：「苟志於仁矣，無惡也。」如此推之，亦可見矣。

子張所問子文、文子，只説得事，不見其心所以處此者的實如何，所以見他仁與不仁未得。伊川云：「若無喜愠，何以知其非仁乎？」如此理會，方見得聖門所説「仁」字直是親切。若如五峰之説，却説出去得更遠了，與「仁」字親切處轉無交涉矣。《知言》中説「仁」字多類此。

「切脉觀雞」之説，固佳。然方切脉觀雞之際，便有許多曲折，則一心二用，自相妨奪，非唯仁不可見，而脉之浮沉緩急，雞之形色意態，皆有所不暇觀矣。竊意此語但因切脉而見血氣之周流，因觀雞雛而見生意之呈露，故即此指以示人，如引醫家手足頑痺之語、舉周子不去庭草之事，皆此意爾。若如來諭，「觀雞」之説，文義猶或可通；至「切脉」之云，則文義決不如此。又所云「同一機」者，頗類無垢句法。

「孟敬子問疾」一章，但看二先生及尹和靖説，可見曾子之本意，而知上蔡之爲强説矣。蓋非惟功夫淺迫，至於文義亦説不去也。

盡心之説，謂「盡」字上更有工夫，恐亦未然。

答林擇之

喜怒哀樂，渾然在中，未感於物，未有倚著一偏之患，亦未有過與不及之差，故特以「中」名之，而又以爲天下之大本。程子所謂「中者，在中之義」，所謂「只喜怒哀樂不發，便是中」，所謂「中所以狀性之體段」，所謂「中者，性之德」，所謂「無倚著處」，皆謂此也。擇之謂「在中」之義是裏面底道理，看得極子細。然伊川先生又曰「中即道也」，又曰「不偏之謂中」，「道無不中，故以中形道」，此言又何謂也？蓋天命之性者，天理之全體也；率性之道者，人性之當然也。未發之中，以全體而言也；時中之中，以當然而言也。要皆指本體而言。若呂氏直以率性爲循性而行，則宜乎其以中爲道之所由出也，失之矣。

答林擇之

「何事於仁」，恐是「何止於仁」。但下兩句却須相連說。蓋博施濟衆，非但不止於仁，雖聖人猶以爲病，非謂仁者不能而聖者能之也。「民鮮久矣」，只合依經解說。但《中庸》「民鮮能久」，緣下文有「不能期月守」之說，故說者皆以爲「久於其道」之「久」。細考兩章，相去甚遠，自不相蒙，亦只合依《論語》說。蓋其下文正說道之不明不行，鮮能知味，正與伊川意合也。前寄三章，大概皆是，但語氣有未粹處耳。石兄向論「在中」之說甚精密，但疑盡己便是用，此則過之。大抵此盡己、推己皆是賢人之事，但以二者自相對待，便見體用之意。盡己是體上工夫，推己是用上工夫。若聖人之忠恕，則流行不息、萬物散殊而已，又何盡己、推己之云哉？《師訓》中一段極分明，正是此意，可更詳之。

答林擇之

答熙之仁説甚佳，其頗未盡處，熹答其書復詳言之。「仁著於用，用本於仁」，當時自不滿意，今欲改云「仁者，心體之全，其用隨事而見」。所舉伊川先生格物兩條，極親切。上蔡意固好，然却只是説見處。今且論涵養一節，疑古人直自小學中涵養成就，所以大學之道只從格物做起。今人從前無此工夫，但見《大學》以格物爲先，便欲只以思慮知識求之，更不於操存處用力，縱使窺測得十分，亦無實地可據。大抵「敬」字是徹上徹下之意，格物致知乃其間節次進步處耳。

答林擇之

所引「人生而静」，不知如何看「静」字？恐此亦指未感物而言耳。蓋當此之時，此心渾然，天理全具，所謂「中者狀性之體」，正於此見之。但《中庸》、《樂記》之言有疎密之異，《中庸》徹頭徹尾説箇謹獨工夫，即所謂敬而無失平日涵養之意。《樂記》却直到好惡無節處，方説「不能反躬，天理滅矣」。殊不知未感物時，若無主宰，則亦不能安其静，只此便自昏了天性，不待交物之引然後差也。蓋「中和」二字，皆道之體用，以人言之，則未發已發之謂。但不能慎獨，則雖事物未至，固已紛綸膠擾，無復未發之時。既無以致夫所謂中，而其發必乖，又無以致夫所謂和。惟其戒謹恐懼，不敢須臾離，然後中和可致而大本達道乃在我矣。此道也，二先生蓋屢言之。而龜山所謂「未發之際能體所謂中，已發之際能得所謂和」，此語爲近之，然未免有病。舊聞李先生論此最詳，後來所見不同，遂不復致思。今乃知其爲人深切，然恨已不能盡記其曲折矣。如云「人固有無所喜怒哀樂之時，然謂之未發，則不可言無主也」。又云「『致』字，如『致師』之『致』」。又如先言愼獨，然後及中和，此意亦嘗言之。但當時既不領略，後來又不深思，遂成蹉過，孤負此翁耳，云云。「致」與「位」字，非聖人不能言，只以此觀之，亦自可見。蓋包括無窮意義而言之，初不費力，此其所以難及耳。

答林擇之

古人只從幼子常視無誑以上、灑掃應對進退之間，便是做涵養底工夫了。此豈待先識端倪而後加涵養哉？但從此涵養中漸漸體出這端倪來，則一一便爲己物。又只如平常地涵養將去，自然純熟。今曰「即日所學，便當察此端倪而加涵養之功」，似非古人爲學之序也。又云「涵養則其本益明，進學則其智益固，表裏互相發也」，此語甚佳。但所引三傳語，自始學以至成德節次，隨處可用，不必以三語分先後也。蓋義理，人心之固有，苟得其養而無物欲之昏，則自然發見明著，不待別求。格物致知，亦因其明而明之爾。今乃謂「不先察識端倪，則涵養箇甚底」，不亦太急迫乎？

「敬」字通貫動静，但未發時則渾然是敬之體，非是知其未發，方下敬底工夫也。既發則隨事省察，而敬之用行焉，然非其體素立，則省察之功亦無自而施也，故敬義非兩截事。「必有事焉而勿正，心勿忘，勿助長」，則此心卓然，貫通動静，敬立義行，無適而非天理之正矣。

伊川論「中」、「直」、「静」之字，謂之就常體形容是也。然「静」字乃指未感本然言，蓋人生之初，未感於物，一性之真，湛然而已，豈非常體本然未嘗不静乎？惟感於物，是以有動。然所感既息，則未有不復其常者。故熹常以爲静者性之貞也，不審明者以爲如何？「主静」二字，乃言聖人之事，蓋承上文「定之以中正仁義」而言，以明四者之中又自有賓主爾。觀此則學者用工固自有次序，須先有箇立脚處，方可省察，就此進步。非謂静處全不用力，❶但須如此方可用得力爾。前此所論敬義，即此理也。

答林擇之

「精一」之説誠未盡。但擇之之説乃是論其已然，須見得下工夫底意思乃佳。伊川云：「惟精惟一，言專要精一之也。」如此方有用力處。如擇之之説，却不見「惟」字意思如何。前日「中和」之説，看得如何？但恐其間言語不能無病，其大體莫無可疑？數日來，玩味此意，日用間極覺得力，乃知日前所以若有若亡、不能得純熟，而氣象浮淺、易得動摇，其病皆在此。湖南諸友，其病亦似是如此。近看南軒文字，大抵

❶「静」上，浙本有「動」字。

都無前面一截工夫也。大抵心體通有無、該動静，故工夫亦通有無、該動静，方無透漏。若必待其發而後察，察而後存，則工夫之所不至多矣。惟涵養於未發之前，則其發處自然中節者多，不中節者少，體察之際，亦甚明審，易爲著力，與異時無本可據之説大不同矣。用此意看《遺書》，多有符合，讀之上下文極活絡分明，無凝滯處。亦曾如此看否？

答林擇之

「心有忿懥」之説，似亦無可疑。「心」字只是喚起下文「不得其正」字，非謂心有是四者也。《遺書》云：「易無思無爲也，此戒夫作爲也。」向來欲添「非」字，以今觀之，似不必然。此意蓋明聖人之所謂「無」，非漠然無所爲也，特未嘗作爲耳。只此便是天命流行，活潑潑地。戒之者，非聖人之自戒，特以作爲爲不可耳。大抵立言欲寛舒平易。云云。

答林擇之

「戒夫作爲」，此對老子之無爲而言。既不爲老子之無爲，又非有所作爲，此便是天命流行、鳶飛魚躍之全體。「感而遂通天下之故」，未嘗離此。然體用自殊，不可不辨，但當識其所謂一源者耳。

答林擇之

「費而隱」一節，正是叩其兩端處。其實君臣父子、人倫日用無所不該，特舉夫婦而言，以見其尤切近處。而君子之道所以造端，其微乃至於此而莫能破也。但熟味上下文意，及「鳶飛魚躍，上下察之」意，即見得顯微巨細渾是此理，意義曉然也。

答林擇之

此中見有朋友數人，講學其間，亦難得樸實頭負荷得者。因思日前講論，只是口說，不曾實體於身，故在己在人都不得力。今方欲與朋友說日用之間常切點檢氣習偏處、意欲萌處，與平日所講相似與不相似，就此痛著工夫，庶幾有益。陸子壽兄弟近日議論，却肯向講學上理會。其門人有相訪者，氣象皆好。但其間亦有舊病。此間學者却是與渠相反，初謂只如此講學漸涵，自能入德，不謂末流之弊，只成說話，至於人倫日用最切近處，亦都不得毫毛氣力，此不可不深懲而痛警也。

答林擇之

近見莆中《西銘解義》，其胡公說莫是向來所說呂氏別本否？謂之胡說固非，然恐亦不是呂說。似初無甚發明，不知何人所作，而如此流行誤人。兼其後有數段言語，極可怪也。

答林擇之

敬夫寄得書論二先生事實中數段來，改正謬訛，所助頗多。但記二蘇排伊川處，只欲改正云「同朝之士有不相知者」，其說以爲二蘇之於先生，但道不同，不相知耳。

不審賢者以爲如何？又欲削去常夷父、張茂則兩段，以爲決無此事。他議論亦尚多，不能一一及之。甚恨地遠，不得相與訂正也。

答林擇之

游尉能與師魯游，必有志者。因一見之，啓其要，未見他事。且令於百姓分上稍發些不可得身心，亦是一事也。

答林擇之

《知言序》如所論，尤有精神，又照管得前來貫穿，甚善，甚善。寄得《郴學》、《擴齋》二記，其文亦此類，不知何故如此？不只是言語文字之病，試爲思之，如何？書中云常與右府書，云「願公主張正論，如太山之安；綢繆國事，無累卵之慮」，此語却極有味。大抵長於偶語韻語，往往嘗説得事情出也。湘江諸人，欲心不知果能便消否？第恐「野火燒不盡，春風吹又生」耳。渠如此易其言，正如廣仲説納交要譽易去一般。

答林擇之

《酒誥》已領，前日讀之不詳，但所疑悉如來示。然初亦不曾得致思，但覺礙人耳。

答林擇之

所諭聞人説性説命、説仁説學等語，自覺羞愧，此又矯枉過直之論。其下論注疏與諸老先生得失亦然。大抵近見擇之議論文字、詩篇及所以見於行事者，皆有迫切輕淺之意，不知其病安在？若如此書所論，則凡經典中説性命仁學處皆可删，而程、張諸公著述皆可焚矣。願深察之，此恐非小病也。

答林充之❶

所諭陰陽動静之説，只以四方五行之位觀之，便可見矣。優柔平中，如充之所論得之。「中」字於動用上説，亦然。明道云「惟精惟一，所以至之；允執厥中，所以行之」，即此意也。然只云「於動用上説」，却覺未盡。不若云「於動用上該本體説」，如何？「喪事不敢不勉」，恐只是一句。程子亦有云「喪事人所不勉」，恐解中亦且欲成文，不免如此作句，未必以四字包上三字也。❷「不成章不達」，此通上下而言，所謂有節次者是也。伊川所引「充實光輝」，特舉一事以明之耳，非必以成章專爲此地位也。

答林充之

充之近讀何書？恐更當於日用之間爲仁之本者深加省察，而去其有害於此者爲佳。不然，誦説雖精而不踐其實，君子蓋深耻之。此固充之平日所講聞也。

晦庵先生朱文公文集卷第四十三

閩縣儒學教諭王製校

❶「充」，浙本作「擴」，缺筆，係後人傳刻者避寧宗諱。文中及下篇題、文均同。

❷下「字」，《正訛》改作「句」。

晦庵先生朱文公文集卷第四十四

書知舊門人問答

答蔡季通元定❶

昨日上狀必已達，此人至，又辱書，三復感歎，不能自已。所謂一劒兩段者，改過之勇固當如此。改過貴勇，而防患貴怯，二者相須，然後真可以脩慝辨惑而成徙義崇德之功。不然，則向來竊聆悔過之言非不切至，而前日之書頓至於此，亦可驗矣。自今以往，設使真能一劒兩段，亦不可以此自恃，而平居無事常存祗畏警懼之心以防其源，則庶乎其可耳。

《易說》三條，昨亦思之，此上下文本自通貫，前此求其說而不得，故各自爲說而不能相通耳。洗心齋戒，特觀象玩辭、觀變玩占之大者，但方其退藏，而與民同患之用已具。及其應變，則又所以齋戒而神明其德，此則非聖人不能，與精義致用、利用崇德亦頗相類。此下所言闔闢往來，乃易之道。「易有太極」，則承上文而言，所以往來闔闢而無窮者，以其有是理耳。有是理則天地設位，而易行乎其中矣。兩而生四，四而生八，至於八則三變相因而三才可見，故聖人因之畫爲八卦，以形變易之妙而定吉凶，至此然後可以言書耳。前所謂「易有太極」

❶ 按此文又見《續集》卷二。

者，恐未可以書言也。愚意如此，不審如何？

答蔡季通

人之有生，性與氣合而已。然即其已合而析言之，則性主於理而無形，氣主於形而有質。以其主理而無形，故公而無不善；以其主形而有質，故私而或不善。以其公而善也，故其發皆天理之所行；以其私而或不善也，故其發皆人欲之所作。此舜之戒禹所以有人心、道心之别，蓋自其根本而已然，非爲氣之所爲有過不及而後流於人欲也。然但謂之人心，則固未以爲悉皆邪惡；但謂之危，則固未以爲便致凶咎。但既不主於理而主於形，則其流爲邪惡以致凶咎，亦不難矣。此其所以爲危，非若道心之必善而無惡、有安而無傾、有準的而可憑據也。故必其致精一於此兩者之間，使公而無不善者常爲一身萬事之主，而私而或不善者不得與焉，則凡所云爲不待擇於過與不及之間而自然無不中矣。凡物剖判之初，且當論其善不善；二者既分之後，方可論其中不中。「惟精惟一」，所以審其善不善也。「允執厥中」，則無過不及而自得中矣，非精一以求中也。

此舜戒禹之本意，而序文述之，固未嘗直以形氣之發盡爲不善，而不容其有清明純粹之時，如來諭之所疑也。但此所謂清明純粹者，既屬乎形氣之偶然，則亦但能不隔乎理而助其發揮耳，不可便認以爲道心，而欲據之以爲精一之地也。如《孟子》雖言夜氣，而其所欲存者乃在乎仁義之心，非直以此夜氣爲主也；雖言養氣，而其所用力乃在乎集義，非直就此氣中擇其無過不及者而養之也。來諭主張「氣」字太過，故於此有不察。其他如分別中氣過不及處，亦覺有差，但既無與乎道心之微，故有所不暇辨耳。

答蔡季通

所喻「以禮爲先」之説，又似「識造化」之云，不免倚於一物，未是親切工夫耳。大抵濂溪先生説得的當，《通書》中數數拈出「幾」字，要當如此，瞥地即自然有箇省力處，無規矩中却有規矩，未造化時已有造化。然後本隱之顯，推見至隱，無處不脗合也。

答蔡季通❶

「觀過」説猶未安。前日二生所寫，告爲收毀。仍試別加思索，只於欽夫舊説中去得昨來所攻之病，便自妥帖簡當也。國寶程書告早爲校正示及。書堂誠欲速就，然當使伯夷築之乃佳耳。

小兒輩又煩收教，尤劇愧荷，但放逸之久，告痛加繩約爲幸。所示《孟子》數説，未及細觀，略看大意，皆好，但恐微細有所未盡耳。所與子直書，論大本處甚佳，雖云凡聖本同，亦有明與不明之異。昨見子直説及，正疑其太儱侗，今得此書，乃釋然耳。

《通鑑》東漢已後却未用得，然昨日略看，更有一例，如人主稱「上」，稱「車駕行幸」，皆臣子之詞；「我師」、「我行人」之屬，皆内詞，皆非所宜施於異代。此類更須別考也，但無道之君，無故而入諸臣之家，無

❶ 從此文至下共五篇《答蔡季通》不見於浙本。

詞以書，只當書「幸」，以見其出於私恩耳。餘卷想看了，若行李暫出，告并所編例示及。所欲改處，望子細開諭也。

《環中圖》已見之，初意書中別有密傳耳。《樂圖》曾理會否？此便是七均八十四調之法，變當是變徵，閏當是變宮耳。疑大樂亦只是如此推校，但律之高下未有準則。王樸之樂，想亦只是得此法，而不得律之高下。所云黃鍾之管，與今黃鍾之聲相因，因而推之，得十二律，乃是只以當時見存之律爲準，如此安能得其真耶？故歐公云：「凡其所爲，當時莫敢難者，然亦莫能加也。」似亦以此等爲疑耳。向所托校《歸藏》，告示及，晁以道《易》說亦望借及。此書近細讀之，恐程《傳》得之已多，但不合全說作義理，不就卜筮上看，故其說有無頓著處耳。今但作卜筮看，而以其說推之，道理自不可易。但其間有不須得如此說處，剩著道理耳，正如《詩》之興者，舊說常剩却一半道理也。

答蔡季通

還家半月，節中哀痛不自勝。兩兒久欲遣去，因循至今，今熹亦欲過寒泉矣，謹令詣左右。告便令入學，勿令遊嬉廢業子幸。❶大兒不免令讀時文，❷然觀近年一種淺切文字殊不佳，須尋得數十年前文字寬舒有議論者與看爲佳。雖不入時，無可奈何。要之，將來若能入場屋，得失又須有

❶「子」，《正訛》改作「千」。據文義當作「爲」。
❷「免」，原作「兒」，原題下校云：「『子幸大兒不兒』疑有誤字。」據《正訛》及文義改。

命，决不專在趨時也。向借得子勉舊本《書義》，皆今人所不讀者，其間儘有佳作。又記向年曾略看《論粹》前後集，其間亦多好論，然當時猶以爲俚俗而不觀，安知今日乃作此曲拍乎？可歎！此兒讀《左傳》向畢，經書要處更令温繹爲佳。如《禮記》，令揀篇讀。韓、歐、曾、蘇之文滂沛明白者，揀數十篇，令寫出，反復成誦尤善。莊、荀之屬皆未讀，可更與兼善斟酌，度其緩急而授之也。此兒作文更無向背往來之勢，自首至尾，一樣數段，更看不得，可怪，望與鐫之。小者尤難說，然只作小詩無益，更量其材而誘之爲幸。近來覺得稍勝往年，不知竟能少進否，可慮。錢物已令携去一千足，米俟到后山遣致。或彼價廉，即寄錢去，煩爲糴也。

數日在家，看得《孟子》兩篇。今日讀《滕文公》篇，觀其答景春之問，直是痛快。三復令人胸中浩然，如濯江漢而暴秋陽也。胡文定一書答朱子發舉南泉新猫話者，集中有之否？看此等處，直是好著眼目也。

所論始終條理甚精密矣，引康節志文尤當。兒寬未必是引《孟子》，恐是古來樂家自有此語而因用之耳。蓋前漢人多不甚說《孟子》也。此亦無緊要，但前日說中亦不曾如此說，又其文太冗，須更刊定趨約乃佳耳。持養之功，想日有味，要之以久，則克伐怨欲之私自當退聽矣。欽夫、伯恭、晦叔得書，納去一觀，却付此便回。欽夫書，勿以示人也。伯恭竟未脱然，前日答書，不免又極論「持養欽莊」，實有愧於其語，然不敢私其身之意，當有能識之者。所答書，無暇寫去，大概是此意，可見也。擇之亦得書，中有數條，今再以往。數書之說，得暇試爲一一論之，相見日面講也。伯諫前日過宿其家，來書示之，渠甚歎服精進。但公濟孤立，甚可念，恨無力能挽回耳。

道間思「久假」之説，欲下語云：「五伯假之而至於功施當時、名顯後世，則是久假而不歸矣，人亦安能知其本非真有哉？孟子之言，蓋疾矯僞之亂真，傷時人之易惑，而非與五伯之辭也。」煩爲呈似元禮、可大二兄商量看如何？今日因思此義，偶得一法，大抵思索義理到紛亂窒塞處，須是一切掃去，放教胸中空蕩蕩地了却，舉起一看，便自覺得有下落處。此説向見李先生曾説來，今日方真實驗得如此，非虛語也。

《綱目》數日曾看得否？《高紀》中數詔極佳，如立口賦法及求賢詔，皆合入。更煩推此類添入。有看了册，旋付此童來，幸甚。《易學辨惑》及《邵氏辨誣》暫借，皆可付此人便，欲用也。

别又旬日，已劇馳情。奉告，承即日秋暑，侍履吉慶，壽堂眷集，一一佳勝，爲慰。前日之歎，蓋見近日朋友談説紛然而躬行不力，以至言談舉止之間，猶未有以異於衆人，是以憂之。承問之及，豈亦致疑於此耶？《古易》納上，坊中更有王日休所刊，求之未獲，可訪問考訂，孰爲得失也。鄙意與伯諫深欲季通一來，稍霽，便望命駕，有合商量事甚多，非書札所能辨也。《通鑑》籤貼甚精密，乍到此，未暇子細，并俟相見面論。撥冗作書，遣此人歸，不及詳悉，千萬早來爲佳。

兼善遠訪，無以堪其意，愧惕不自勝。然捐其舊學之非，非季通深排痛抵之力，亦不能辨，朋友正當如此。衰懶不振，負愧多矣。渠不肯少留，未及子細，亦恨賢者不在此共評訂耳。熹向所論「中和」等説，近細思之，病敗不少。理固未易窮，然昏憒如此，殊可懼，安得即面言之？佇俟來音，旦夕別遣人奉候。

《啓蒙》近又推得初揲之餘不五則九，其數皆奇，而其爲數之實，五三而九一之，應圍三徑一之數。第二、三揲之餘不四則八，其數皆偶，而其爲數之實，四八皆二，亦應圍四用半之數。是三揲之次，亦已自有奇偶之分。若第二、三揲不掛，則不復有此差別矣。如何？

《星經》紫垣固所當先，太微、天市乃在二十八舍之中，若列於前，不知如何指其所在？恐當云在紫垣之旁，某星至某星之外，起某宿幾度，盡某宿幾度。又記其帝坐處，須云在某宿幾度，距紫垣幾度、赤道幾度，距垣四面各幾度，與垣外某星相直。及記其昏見及昏旦夜半當中之月。❶其垣四面之星，亦須注與垣外某星相直，乃可易曉。不知盛意如何也？《參同》二册、鍾乳一兩納上。《考異》熹安能決其是非？但恐文義音讀間有可商量處耳。

鐘律之篇，大概原於盛編，而其先後不同。蓋但用古書本語或注疏，而以己意附其下方，甚簡約而極周盡，學樂者一覽可得梗概。其他推説之汎濫、旁證之異同，不盡載也。當俟歸日面呈，決求訂正耳。《星經》可付三哥畢其事否？甚願早見之也。近校得《步天歌》，頗不錯，其説雖淺而詞甚俚，然亦初學之階梯也。但恨難得人説話，非惟不能有助，亦自不曉人意，令人鬱鬱無分付處。想亦不能無此歎也。

❶「月」，《正訛》改作「星」。

答蔡季通

人還，承書爲慰，又承示及行日卦爻之説，尤荷留念。即此春暖，共惟尊履萬福。所苦比復如何？須鹿茸納去，視至。《通鑑本末》并注、《綱目提要》第九、第十册以是未定，不曾寫。此物甚難作，書法固不可不本《春秋》，然又全用《春秋》不得。舊有例一册，不知曾并送去了？《洪範》新説，恨未得聞，俟面見以請。算工俟爲尋訪，然亦須立一格目，要得甚樣人始得？如州縣攢司儘有能算者，但恐不能算曆耳。

人還，承書，知已還舍爲慰。《易》圖甚精，但發例中不能盡述，當略提破而籍圖以傳耳。陳法大略亦可見，當如近日所説，但未能洞曉其曲折耳。《樂圖》煩更問子本，❶此只有十二樣，而調名之多，❷何耶？《琴説》亦告尋便示及，千萬！❸ 調見之多疑有誤字。

登山失事，久知如此，雖遂事不諫，亦可斟酌，簡其功程也。二譜已領，昨日過元善，聽其弦歌二《南》、《七月》，頗可聽，但恐嚇走孔夫子耳。磬制乃賢者立論之失，豈可推范蜀公？蜀公若道「季通許多説著處都不推我，只這一事錯了，便相執殢」，則將何詞以對耶？如此護前，恐爲心術之害，不但一事之失也。

《通書》注脩改甚精。元來「誠幾德」便是太極二五，此老些子活計盡在裹許也。於前後知他讀了幾過，都不曾見此意思。於

❶「樂」，原作「藥」，據《續集》卷二改。
❷「名」，原作「見」，據《續集》卷二改。
❸「易圖甚精」至「千萬」一段，又見於《續集》卷二。

此益知讀書之難也。近得林黃中書，大罵康節數學、橫渠《西銘》，袁機仲亦來攻邵氏甚急，可笑。嘗記共甫説往時有亡大夫坐乞毀《通鑑》板被責，發來復官，詞臣草其制，有一聯云：「出幽谷而遷喬木，朕姑示於寬恩；以鳲鶚而笑鳳凰，爾無沈於迷識。」此輩今亦可并按也。一笑。「鳲鶚」疑「鴟鴞」之誤。

前日七、八、九、六之説，於意云何？近細推之，乃自《河圖》而來。即老兄所謂《洛書》者。欲於《啓蒙》之首增此一篇，并列《河圖》、《洛書》，以發其端。而揲蓍法中，只自大衍以下，又分變卦圖別爲一篇。此卦以後雖不畫卦，亦列卦名，庶幾易檢。幸爲録示也。

《河》、《洛》辨説甚詳，然皆在夫子作傳之後，其間極有不足據以爲説者。鄙意但覺九宮之圖意義精約，故疑其先出。而八卦、十數、九疇、五行各出一圖，自不相妨。故有虛中爲《易》、實中爲《範》之説，自謂頗得其旨。今詳所論，亦是一説，更俟面論。然恐卒未有定論，不若兩存以俟後人之爲愈也。歸奇多寡不同，向時嘗辱見示，無可疑者，似合附入圖中。今却附還，幸便寫入四象之後也。《律呂新書》并往。

題辭協律，恨未得聞，且愧其詞義之不稱也。《祭禮》只是於溫公《儀》內少增損之，正欲商訂，須俟開春稍暇，乃可爲也。程氏冬至、立春二祭，昔嘗爲之，或者頗以僭上爲疑，亦不爲無理。亦并俟詳議也。

作肅所求，熹與其人本不相熟，今才一見耳，固不容便作書。亦見近日朋友憂道不如憂貧之切，心甚愧恐。平日所講果爲何事？而一旦小利害，便打不過，欲望其守死善道難矣！

答蔡季通

至臨江，忽被改除之命，超越非常，不敢當也。始者猶欲且歸里中，俟辭召命予決。今既如此，又得朝士書，皆云召旨乃出上意親批，且屢問及，不可不來。又云主上虛心好學，增置講員，廣立程課，深有願治之意。果如此，實國家萬萬無疆之休，❶義不可不一往。遂自臨川改轅趨信上，以俟辭免之報。但嶽麓事，前書奉報，乃廷老所定，後兩日，彥忠到，却説合在風雩右手僧寺菜畦之中，背負亭脚，面對筆架山，面前便有，右邊橫按掩抱，左邊坂亦拱揖，勢似差勝。但地盤直淺而橫闊，恐須作排廳堂乃可容耳。已屬廷老更畫圖來，納去求正，而未至。更俟其來，當別遣人。但代者乃毀道學之人，未知其能不敗此否耳。熹老矣，方學做官，甚可笑。朝從奔走，皆非所堪。但叨冒過分，上恩深厚，未敢言去耳。經筵陳説，不敢不盡區區。上意亦頗相嚮，但未蒙下問反復，未得傾竭鄙懷耳。君舉在上前陳説極詳緩勤懇，其所長自不可及。區區實敬愛之，非但如來教所云也。通理宗教之命已行，前日亦已歸矣。渠年少家温，所欠者腹中書耳。得闕遠官，閑更讀數年書，未必不爲福也，何必汲汲於此乎？公濟不長進，只管來討書。若有相識，自不須説，若無，如何寫得？不知他許多禪寄放甚處？臨此等小小利害，便如此手足皆露也。不知今已行未？如未行，煩致意，

❶「疆」，原作「彊」，據四庫本改。

不成臘月三十日亦問人討書去見閻家老子也！諸公已各爲致意，但黄文叔已逝去，熹來亦不及見之。此非獨吾黨惜之，亦爲宗社惜也。

今日進講，恭聞玉音，以爲太上心氣漸寧，但尚苦健忘，發引之前，必得相見。此亦是一大事，幸甚，幸甚，恐欲知之也。不知何時可赴三衢之約？能乘興東下爲數日欵，幸甚。樓、陳諸公，亦數奉問也。

脩曆事若下，須更商量。蓋但測驗，即人皆可爲；或須改造，則恐不免一出，亦非今日一時事也。史遷不可謂不知孔子，然亦知孔子之粗耳。歷代世變，即《六國表序》，是其極致，乃是俗人之論。知孔子者，固如是耶？正朔服色，乃當時論者所共言，如賈生、公孫臣、新垣平之徒皆言之，豈獨遷也？此等處，自是渠輩眼目低，故見得高了，亦可笑耳。祭法須以宗法參之，古人所謂始祖，亦但謂始爵及别子耳。非如程氏所祭之遠，上僭則過於禘，下僭則奪其宗之爲未安也。

曆事不知後來有何施行？若如其説，不知可爲一行否？祭法世數，明有等差，未易遽改。古人非不知祖不可忘，而立法如此，恐亦自有精意也。《史記》不知渠説好處是如何好，必須曾舉一二尤緊切處。若只如曹器遠輩所説，則亦不足言也。

答蔡季通癸丑三月二十一日

中間到宅上，聞是日得子，深爲贊喜。衰鈍之蹤，素不利市，自年三十餘時，每到人家，輒令人生女，如是凡五七處。今年乃值慶門得男，則又似漸有傾否亨屯之象，既以奉慶，又竊自賀，但恨其已晚耳。夏口、武昌一帶形勢既聞命矣，涉重湖，窺衡、湘，歷襄、漢，下吴、會，方羊而歸，所得當益富。屈指計歸程，冀得傾竦以聽劇談也。律準前日一哥來此，已刻字調絃而去。但中絃須得律管然後可定，然則此器亦是樂家第二義也。閣記固難遽辦，又適此數日脚氣雖輕而未愈，今旦右臂下自爪掌以上，連肩背，無處不痛，寒熱大作，其勢非更數日，卒未能定。不知許教既滿，彼中代者爲誰？或同官中别有可託以竟此事者爲誰？亦已作書報之。及與元善説，俟此間病愈，一面捻合成，當尋的便寄薛卿處與之，當無不達也。今年病雖不重，而氣體極衰，至於昨日，遂至無力説話。朋友遠來相守，又不欲甚孤其意，勉强應接，常慮相見之日不復更能長久。季通倦游，亦望早歸，相與切磋，以盡餘年，寔所願望。

《啓蒙》脩了未？早欲得之。《通書》、《皇極例》等説，不知已下手否？如未，幸早爲之。乍歸窘甚，爨無欲請之人，❶只欲得賢者一來，會語數日爲幸。切不必多與人同，虛費又難語也，可以他意却之，不必露此，千萬，千萬。

所苦且喜向安，亦宜更加將護也。許見訪，甚幸。但亦自欲一到寒泉，未能預定日子，恐或塗中相失也。此行見上，褒予甚至，言雖狂妄，亦無忤色，意謂可以少効尺寸，而事之不可料者，乃發於《先天》、《訂頑》之間，是可笑也。已專人自劾，及盡還江右迓兵矣。此等小小怪謬議論如蝟毛而起，更不可開口，奈何？始者信書太過而

❶「請」，據《莊子・人間世》當作「清」。

閲人不廣，不謂萬物之靈者乃如此不靈也，奈何？ 更五七日當有後命，未知如何也？ 元善説欲下州郡月致筆札之費，然此事亦當審處，恐此事面生，後或有悔也。

伯諫來此已兩三日，初欲來日歸，因與商量，約左右一來相聚。 今專遣此人相挽，渠亦遣人歸戒徒御，少緩一兩日來矣。 千萬即命駕。 其所論極不争多，孤城悉拔，合軍并力，一鼓可克也。

中間報去，欲改文王八卦邵子説「應天時、應地方」説下注脚，今覆檢之，不得其説，恐前説有誤，却錯改却印本。 煩令一哥檢出録示，幸甚。 細詳此圖，若以卦畫言之，則震以一陽居下，兑以一陰居上而相對；坎以一陽居中，離以一陰居中，故相對；巽以一陰居下，艮以一陽居上，故相對；乾純陽，坤純陰，故相對。 此亦是一説。 但不知何故四隅之卦却如此相對耳，此圖是説不得也。 聞有在陳之厄，不能有以相周，爲之歎息而已。《律説》少有礙處，便不可筆之於書，此意甚善。 不惟此一事而已，它事亦何莫不然也？ 但員徑亦須更子細，如引《漢志》，由此之義起十二律之周徑，恐未免有牽强處也。 嘉量積黍數之前，❶合定方深圜徑之數以相參驗。《證辨》首章可早修定，寄來商量。 此處無頭，難下語也。 四象之數，前日問推，只自三畫未成之時已具此數。 蓋太陽居一而含九，少陰居二而含八，少陽居三而含七，太陰居四而含六，不待揲蓍而後有也。 揲蓍歸奇之數，乃是揍着此數；過揲之數，又是揍着歸奇之數耳。 近見論者專以過揲之數斷七、八、

❶「黍」，原作「處」，據《正訛》及文義改。

九、六之説，至於歸奇之數，尚不能明，况能及此乎？嘗爲之説曰：「四象之畫，六、七、八、九之祖也；四象之次，六、七、八、九之父也。歸奇者，其子也；過揲者，其孫也。」此論似不可易。又曰：「象之次，自十倒數，畫六而得太陰之四。以上皆然。又屈五指而計之，一與九同，二與八同，三與七同，四與六同。」此亦自然不言之妙，直是可笑，不由人安排也。不知明者以爲如何？《啓蒙》所疑，當得面扣，然得先批示大略尤佳。歸奇已具卦象，固平日所常論，但亦其中一小支節耳。蓋其多寡不均，無所發明於蓍卦之説，正自不足深論也，如何，如何，如何？《律説》幸早改定，過彼即借看。或能相伴入城，途中得欵曲商訂，尤幸也。

《中庸序》云「若吾夫子，則雖不得其位」，昨看此間寫本脱一「吾」字，煩一哥爲看，如少，即添之。此雖不繫義理，然亦覺少不得也。「費隱」之説，今日終日安排，終不能定。蓋察乎天地，終是説做「隱」字不得，百種計較，更説不來。且是所説，「不知」、「不能」、「有憾」等句，虚無恍惚，如捕風繫影，聖人平日之言，恐無是也。與「未之或知」、「不可能也」不同。不審看得如何？幸詳以見喻也。

「仁義」之説，固如來喻，但於《説卦》六畫中安排，則仁剛義柔，不可易矣。仁柔義剛，又别是一説，不相參雜也。程先生謂「天地間無截然爲陰爲陽之理，然其升降生殺之大分不可無也」，正是此意。而袁於此等處都瞢然不曉，所以難説話也。脩身、齊家，固當警省，至於有無之慮，姑直任之，不必切切介意。若此等處更放不下，即脩行轉無力矣。區區於此可憂者大於老兄，然亦只得隨事驅遣，瞑目之後，一切任之，亦不復屬自己界分矣。《中庸》、《詩傳》，幸速脩改示及。《中庸》更有數處，今并録呈，幸即付之也。

西山之約，一何拒客之深耶？俟武夷歸，別當奉扣。然臨風引領，似已聞《采薇》之歌矣。歸來又得伯恭書，云：「學者須是專心致志，絶利一源，凝聚渟滀，方始收拾得上。」此論甚當，不敢不以告也。吴曾文字已領，亦甚不易。但《無斁》三篇，似不甚條暢耳。數日臨睡讀《史記》一兩卷，沈着痛快，真不可及。不知永嘉諸人尊信此書，而道得言語却不相似，是何故也？豈善學柳下惠者固如是耶？元吉尚未行，何耶？渠來此未嘗不忠告之，但渠自不耐煩而憒然訣去，豈長者之絶子乎？季通似亦不須枉費心力。宋元憲公牢籠之事，吾所不能，而聖人亦已固有顯比之訓矣。若必人人贈言以悦之，豈不勞哉！

公濟、伯諫得書否？某歸塗過伯諫，見收公濟書，大段手忙脚亂也。《大學》「誠意」之説，已再觀之，果如所論。想他書似此處多，須一一整頓也。明道遺文，納去一本。❶

答蔡季通

律書中有欲改更，別紙奉呈，不審如此是否？幸早報及也。《易》中七、八、九、六之數，向來只從揲蓍處推起，雖亦脗合，然終覺曲折太多，不甚簡易，疑非所以得數之原。近因間看四象次第，偶得其説，極爲徑捷，不審亦嘗如此推尋否？亦幸語及。

❶「公濟伯諫得書否」至「一本」一段，又見《續集》卷二。

《本原》第一章圍徑之説，殊不分明，此是最大節目，不可草草。《候氣》章恐合移在第四、五間，蓋律之分寸既定，便當埋管候氣，以驗其應否。至於播之五聲，二變而爲六十調者，乃其餘耳。況《審度》、《嘉量》、《謹權》，尤不當在《候氣》之前也。但《候氣》章已有黄鍾之變半分數，而前章未有明文，恐合於《正律》、《分寸》章後別立一章，具載六變律及正半、變半聲律之長短分寸，乃爲完備耳。後段論説有發明此章指者，并移附入。

《審度》章云云，「生於黄鍾之長」下，當改云：「以子穀秬黍中者九十枚度之，一爲一分，凡黍實於管中，則十三枚而滿一重，積九十重則千二百枚而滿其龠矣。故此九十枚之數，與下章千二百枚之數，❶其實一也。十分爲寸。」云云。

《嘉量》章龠、合、升、斗、斛，皆當實計廣狹分寸。

《證辨》第一章，「今欲求聲氣之中」下，當改云：「而莫適爲準則，莫若且多截竹以擬黄鍾之管，或極其短，或極其長。長短之内，每差一分而爲一管，皆即以其長權爲九寸而度其圍徑，如黄鍾之法焉。如是，則更迭以吹。」云云。

司馬貞九分爲寸之説，《本原》既不載，恐合於《證辨》中立爲一條，以證前篇之説。

諸尺是非，後來考得如何？已改定，幸并録示。

答蔡季通

前日埜行，已拜狀，不審即日行次何

❶ 「二」，原作「一」，據浙本、《宋史·律曆志》十（中華書局標點本）改。

許？每念遠別，不勝惆悵。至於讀書玩理，欲講而無從，又不但常人離別之思也。云云。熹連日讀《參同》，頗有趣，知「千周萬遍」非虛言也。但恨前此不得面扣耳。向見爲抄一册《卦氣消息》者，不知了未？幸語一哥，取以見予也。又讀《握機後語》「何也」數條，尤奇。昔蓋未有此體，亦恨不得究其説耳。平日相聚，未知其樂，別後乃覺闕事，可歎，可歎。

答蔡季通

別後得到豐城及宜春書，知途中諸況，足以爲慰。但至今尚未聞到舂陵，復深以爲懸念。每至讀書講學無可咨扣、無可告語，尤覺仰德之深也。❶比日恭惟尊候萬福，三哥、子陵一一安佳。此亦時得一哥書，八哥前日入城，亦過此。熹足病前日幾作，今又小定，未知竟如何。但精神日耗，血氣日衰，舊學荒蕪，有退無進，恐遂没没無聞而死耳。《樂書》非敢忘之，但方此齰舌，豈敢更妄作耶？此書決然泯没不得，近看他人所説，更無堪入耳者，不知老兄平日與元善相處，曾説到子細處否？但恐子期不曾聽得，便只似不曾説也。近因諸人論琴，就一哥借得所畫圖子，適合鄙意。乃知朝瑞只説得黄鐘一均内最上一弦，而遽以論琴之全體，宜乎膠固偏執而無所合也。學不欲陋，豈不信然！偶有邵州便，託彦中附此，亦令過一哥處取安問矣。政遠，千萬爲道自愛。

❶「別後」至「仰德之深也」一段，又見《別集》卷三。

答蔡季通

云云。《琴説》向寄去者尚有説不透處，今别改定一條録呈，比舊似差明白，不審盛意以爲如何？ 琴固每絃各有五聲，然亦有一絃自有爲一聲之法，故沈存中之説未可盡以爲不然。 大抵世間萬事，其間義理精妙無窮，皆未易以一言斷其始終。 須看得玲瓏透脱，不相妨礙，方是物格之驗也。 衆至之患，賢者所未免，乃以散遺諸生見教，何耶？ 此亦任其去來，若有患難，雖杜門齰舌，亦未必可免也。

答蔡季通

琴中旋宮一事，正爲初絃有緊慢，而衆絃隨之耳。 若一定而不可移，則旋宮之法何所施耶？ 但恐午、未以後聲太高急而小絃斷絶，故疑所謂五降者，乃謂蕤賓以下不可爲宫耳。 此説固未必然，然與今所謂一定而不可易、古所謂隨十二月爲宫者，似得中制。 試更推之如何？ 復以見教也。《參同》之説，子細推尋，見得一息之間便有晦朔弦望：上弦者，氣之方息，自上而下也；下弦者，氣之方消，自下而上也；望者，氣之盈也，日沈于下而月圓于上也。 晦朔之間者，日月之合乎上，所謂「舉水以滅火、金來歸性初」之類是也。 眼中見得了了如此，但無下手處耳。 自從别後，此等事更無商量處，劇令人憒憒。 今此病中，又百事不敢思量，未知異時賢者之歸，得復相見論此否耳。

答蔡季通

熹自開正即病，至今未平。今日方能把筆作書，足猶未能平步也。氣血日衰，前去光景想亦不多。病中塊坐，又未能息心休養，才方繙動册子，便覺前人闊略病敗，❶欲以告人而無可告者，又不免輒起著述之念，亦是閑中一大魔障，欲力去之而未能。以此極思向來承晤之樂，未知此生能復相從如往時否耳。知看《語》、《孟》有味，深慰所願，已許誨示，幸早寄及也。前書奉扣琴譜旋宫之法，不知考得果如何？若初弦一定，不復更可緊慢，恐無是理也。

答方伯謨士繇

隨時變易以從道，主卦爻而言，然天理人事皆在其中。今且以《乾》卦「潛」、「見」、「飛」、「躍」觀之，其流行而至此者易也，其定理之當然者道也。故明道亦曰「其體則謂之易，其理則謂之道」，而伊川又謂「變易而後合道，易字與道字不相似也」。又云「人隨時變易爲何？爲從道也」。此皆可以見其意矣。《易》中無一卦一爻不具此理，所以沿流而可以求其源也。

「會」以理之所聚而言，「通」以事之所宜而言，其實一也。

❶ 「前人」，原題下校云：「『前人』疑當作『前日』。」浙本、四庫本題下無此校語。

「或躍在淵」，九四中不在人，則其進而至乎九五之位亦無嫌矣。但君子本非有此心，故云「或躍」，而《文言》又以「非爲邪也」等語釋之。

九、六之説，楊遵道録中一段發明傳意與來喻不同，然亦未曉其説。嘗謂五行成數，去其地十之土而不用，則七、八、九、六而已。陽奇陰耦，故七、九爲陽，六、八爲陰。陽進陰退，故九、六爲老，七、八爲少。然陽極於九，則退八而爲陰；陰極於六，則進七而爲陽。一進一退，循環無端，此揲蓍之法所以用九、六而不用七、八，蓋取其變也。只以此説推之，似無窒礙，龜山所謂「參之爲九，兩之爲六」，乃康節以三爲真數，故以三、兩乘之而得九、六之數，今以一三五爲九、二四爲六，則乃是積數，非參之、兩之之謂。且若此而爲九、六，則所謂七、八者，又何自而來乎？疑亦未安。

「大明終始」，傳意自明。其曰明曰見曰當，非人而何？更看楊遵道録中一段，則尤分明矣。天人一理，人之動乃天之運也。然以私意而動，則人而不天矣。惟其「潛」、「見」、「飛」、「躍」各得其時，則是以人當天也。然不言「當天」而言「御天」，以見遲速進退之在我爾。雖云在我，然心理合一，初無二體，但主心而言爾。

元者用之端，而亨、利、貞之理具焉。至於爲亨爲利爲貞，則亦元之爲爾，此元之所以包四德也。若分而言之，則元、亨誠之通，利、貞誠之復，其體用固有在矣，恐亦不得如龜山之説也。以用言則元爲主，以體言則貞爲主。

彖詞乃卜筮詞。釋彖，則夫子推其理以釋之也。以「安貞之吉，應地無疆」爲卜筮之詞，❶恐記之誤也。

答方伯謨

夫子夢寐周公，正是聖人至誠不息處。然時止時行，無所凝滯，亦未嘗不灑落也。故及其衰，則不復夢，亦可見矣。若是合做底事，則豈容有所忽忘耶？以忘物爲高，乃老、莊之偏說，上蔡所論曾點事似好，然其說之流，恐不免有此弊也。

「志於道」，「志」字如有向望求索之意，《大學》「格物致知」即其事也。

衛輒事，龜山以爲有靈公之命，《左傳》、《史記》皆無此說。冉有、子貢之疑，只以嫡孫承重之常法言之，似有可以得國之理耳。謂夷齊不當去，此說深所未曉，且當闕之。

「不義而富且貴」，所謂富貴，非指天位天職而言，但言勢位奉養之盛耳。此等物，若以義而得，則聖人隨其所遇，若固有之，無鄙厭之心焉。但以不義而得，則不以易吾飯疏飲水之樂耳。

「富而可求」，以文義推之，當從謝、楊之說。東坡說亦是此意，似更分明。蓋上句是假設之詞，下句方是正意。下句說「從吾所好」，便見上句「執鞭」之事非所好矣。更味「而」字、「雖」字、「亦」字，可見文勢重處在下句也。

答方伯謨

「正所以立」，近之；「全」字不穩當，俟更思之。

❶「韁」，原作「彊」，據浙本、四庫本改。

齊王見牛兩段，當未發見時，便合涵養。惟其平日有涵養之功，是以發見著明而擴充遠大也。若必俟其發見然後保夫未發之理，則是未發之時漠然忘之，及其發然後助之長也。

泄柳、申詳，向聞李先生説正如是，❶林説恐非。

「天之生物，使之一本」，前説是。

「王驩」之説亦是。

「周公之過」，只依舊説。

孟子言「昔者所進，今日不知其亡」，故王問「何以識其不才而舍之」。而孟子告以「進賢如不得已」。蓋於進退之間無所不審，非但使之致察於去人、殺人也。

明道先生言：「性即氣，氣即性，生之謂也。」又云：「論性不論氣，不備；論氣不論性，不明。二之便不是。」大抵本然之性與氣質之性，亦非判然兩物也。前日之説，只是論性雖有五，然却亦不離乎一，未有磨瑩澄治之意也。

仁、覺兩段互有得失，然論愈精微，言愈易差，不若只遵伊川先生之説，以「公」字思量而從事乎克復之實，久當自有見也。

正固便是事之幹，故《傳》曰「亨貞之體，各稱其事」，明其義與乾、坤不殊，但各主於其事而言耳。

《觀》六三，《傳》但以爲未至失道而求不失道耳，非直以爲不失道也。

鬼神功用之説，得之。李説不可曉，不知如何自有一種意，亦不解其文義也。

揲法，陽爻皆用九而不用七，故於純陽之卦發此凡例。凡揲而六爻皆九者，則以

❶「向」，原爲空白，據《正訛》補。

此辭占之。「見群龍」，謂值此六爻皆九也；「無首」，謂陽變而陰也。剛而能柔，故吉。而聖人因之以發明剛而不過爲用剛之道也。《左傳》蔡墨云：「在乾之坤，曰見群龍無首，吉。」杜注亦如此説。

「知至至之，知終終之」，舊來所説未是。《遺書》『知至至之』主知，『知終終之』主終」，蓋上句則以「知至」爲重而「至之」二字爲輕，下句則以「知終」爲輕而「終之」二字爲重也。「存義」，言其有以存是理而不失，非有取乎不過之義也。

「碩果不食」，只不食便有復生之意，不必云推廣而言也。

答方伯謨

昨承致書，久無便可報，但每朋友講論，未嘗不奉懷耳。文字煩抄録爲愧，比復有更定一二，且未可出以示人也。所論數條，足見思索之深，甚副所望。「正所以守」，「守」字誠未安，但此字難下，不知曾爲思之否？因來及之，得以反復也。所論聖賢立言之意，亦中淺陋之失。蓋當時欲矯其顧慮遲疑之弊，不自覺其過而生病耳。頃嘗語伯恭，此是吾二人氣質之偏，當各加矯革，古人韋弦之戒，殆正爲此設也。所論陰陽、男女之説，則未然。天地之間，陰陽而已。以人分之，則男女也；以事言之，則善惡也。何適而不得其類哉？「中正仁義」，如「君子時中」、「順受其正」、「仁者愛人」、「義以爲質」之類，皆周子之意。他處有不同者，各隨所主而言，初不相妨。如子貢以學不厭爲智、教不倦爲仁，而《中庸》則以成己爲仁、成物爲智，此類亦可推矣。甚思唔語，秋前想未能來，有便時寄所疑爲望。

答方伯謨

熹自春涉夏多病多故，奔走出入，不得少休，近屏杯杓，病才少愈。惟是事端無窮，未有寧息之期，又迫朝命有「託故稽留，令憲府覺察」指揮，勢或當一出。前憂後愧，未知所以爲計也。甚欲一與伯謨相見，不知能乘隙一見過否？來月之初，須且扶送叔母之喪還政和，歸來月末，方得爲去計也。擇之來此已兩月，秋間方歸。日間時有講論，然苦人事斷續，不得專一。若伯謨能一來爲旬日款，殊慰所望也。子澄亦到此，三四日而行。令舅府判侍次，煩爲致問訊意。此便少遽，未及拜書。克明爲況何如？曾再往光澤否？欲作書及附趙宰書，亦未暇，悉煩道區區。或伯謨未能來，近日講學所得所疑，便還略告批喻。李君到彼，略周顧之爲幸。未間，千萬力學自愛。

答方伯謨

昨王變還，承書至慰。不聞問又許久，劇暑，伏惟侍履佳勝。所喻心説似未安。蓋孔子説此四句，而以「惟心之謂與」結之，不應如此著力，却只形容得一箇不好底心也。來書所説自相矛盾處亦多，可更詳之。令舅府判侍次嘗及此否？試爲質之，必有至當之説也。克明及諸朋友，皆煩以此詢之。誠之聞歸已久，不知今在甚處？或見，煩致意。南軒云有書附渠來，告早尋便示及也。

答方伯謨

前日託俞尉附一書，當達，比日遠惟侍學增勝。前所懇令舅府判兄作字，不知已爲落筆否？「二月甲子」下更著一「朔」字尤佳，仍望早附的便示及也。近作得《六先生畫象贊》，謾録去，煩呈令舅一觀，求其未當處。旦夕畫成，當并以拜浼，早得刊定爲幸耳。李積微篆字墨本，近偶得之，似亦不滿人意。小技難精猶如此，況其大者乎？得連嵩卿書云：「廖子晦言天地之性即我之性，豈有死而遽亡之理？」因引《大全集》中堯、舜託生之語爲證，渠諸人未有以折之。伯謨可與克明各下一語，便中見喻也。月初至寒泉，叔京約來相聚旬日，不知能約諸同志者同爲此會否？但恐不欲令諸生又廢業耳。

答方伯謨

昨附俞尉及崇化兩書，不知皆達否？得兼善報，云所要文字已發去，想亦已到久矣。前書託稟令舅，向日所浼《敬箴》更求注字，「乾道癸巳二月甲子，新安朱熹作，建安呂□□書。」❶後書欲「甲子」下增一「朔」字，不知已爲寫否？如已寫下，即於空處別寫此字不妨，不必易紙也。《六先生象》内去，并煩求揮翰。但不知前日所呈本子曾經參訂否？今別録去，内略有改更處。又叔京疑《伊川

❶「□□」，原爲墨丁。「呂□□」，當是呂勝己，方士繇之舅。然於甥前不當竟斥其舅之名，故此處墨丁當是原稿如此。

贊》後四句不相應，本意謂伊川之言平易深遠，人所難識耳，不知叔京之意如何？渠又疑《横渠贊》中「逃」字，據行狀云「於是盡棄舊學，淳如也」，即是舊時嘗有雜學，下此字似亦不妨。更禀令舅，看如何？若無可疑，即乞爲書，付此便回。并所懇《敬箴》。此贊就畫象上寫一本，須依今寫去本首尾向背，蓋隨面所向也。就此界紙上寫一本。首尾亦依寫去本。此本伯諫欲刻石，如紙不好、界不匀，即煩爲易之。如叔京之説當改，或别有可疑處，即且留此畫於彼，人回喻及，俟却報去也。《敬箴》「大本乃立」一句，「乃」字不知舊作甚字？恐舊本不同，即改作「乃」字爲佳。數以鄙語塵溷妙筆，何愧如之！數日偶無事，了得數篇文字，未有人寫得去，俟後便也。向跋胡公帖，煩録一本，并跋語付此人回。或有講論，亦可付此便，此便甚的也。

與方伯謨

人還，承書至慰，比日遠惟侍履佳勝。篆字甚佳，然其間不能無病筆，已封寄去。但恐彼欲磨崖，則所書大字或不堪用。今其人過彼，更煩别爲大書徑尺以上者封與誠之，令轉呈南軒。但筆路亦須稍重，蓋恐崖石麤，若字畫太細，即不可辨耳。向寄二刻，不必寄來，只留几間可也。許來春見過，幸甚。但正初恐亦須略出，叔京又約相會於邵武，若至此相聚尤便。但恐人事擾擾，不能從容耳。所欲言者無窮，未即會面，千萬自愛。

《孟子説》附還，彼中朋友商量此書有疑處否？

與方伯謨

昨承枉顧，別遽累月，馳向深矣。比日春晚，伏惟侍學增勝。所與處者爲誰？見作何等工夫？有可以見告者，便中及之爲幸。熹近嘗一至雲谷，❶留十餘日。朋友來集，隨分有少講論，大率追正舊説之太高者爲多也。克明、德柄皆未及書，煩爲致意。直翁聞問否？欲作書，亦未暇，俟後便也。濟之有少文字，欲至彼粥之。有可爲鄉導處，幸略爲致力，幸甚。長沙人歸未耶？

與方伯謨

別後一得手書，亦無便可報。今復久不聞問，懷想可量。比想劇暑，侍履佳慶。熹衰悴如昨，欲往弔茂實，至今未能。不免且遣人致書，亦復因循，不能得遣。蓋目前百事敗人意，當此午暑時，兩眼幾不復可視物也。向見所作平父諸小詩，甚佳。章辰州爲人求詩，懶甚，無佳思，輒以奉煩。渠本取韋賢語名閣，須略點破也。近讀何書？向見頗有因循之病，更宜勉彊。區區所望於賢者，不但如此而已也。季通病甚，彊起如建陽料理墳墓，數日不得書，不知爲況如何。聞欲遂過邵武，不知是否？遣此人，本欲子細作書，適意思不佳，草草附此，殊不及所懷之一二。季克、佐卿皆已得郡，季克侍闕否？佐卿想便赴官也。因見致意，倦甚，未及拜狀也。方暑自愛。

❶「熹」，原爲空白，據四庫本補。《閩中理學淵源考》（影印文淵閣《四庫全書》本）卷二三作「某」。

與方伯謨

熹此粗安，免章雖未報，然諸公已見許，章下必遂請無疑也。前日所説伯恭昏事，以書問之，得其兄弟報字，只要年長淑善、安貧睦族，他所不計。以吾輩度之，更須耐靜。已悉以屬茂實，亦略與周佐説來，祝其密之，只與伯謨商量。若有七八分以上可問，即爲微扣之，却託茂實專人來報也。千萬留意，至祝，至祝。茂實、仲本前日到此，不及登山，然却得静坐兩日説話，頗款。仲本託爲齋記，已爲草寄，當必見之也。虞祠刻已寄來，規模甚大，文固不稱，篆額似亦差小耳。未有别本，俟續得之，當分去也。前書所煩作字，便中示及爲幸，置物亦然。季通竟罹家難，窘迫可念，彼中葬事如何？勢須俟堯舉復來耳。仲本別時所寄聲奉聞者，想已發之，此不可已也。

與方伯謨

昨承遠訪，愧感良深。别去悃悃。人還奉告，聞比日侍履佳勝爲幸。熹悲悴如昨，無可言。甚感愛念寬勉之意，然觸事傷懷，亦未能遽平也。匕筯衣被并領。季通屢得書，殊未有定論，然亦未聞其西去之期，不知果如何爾。録示九江文字，甚發人意，大體只須如此，得失已自可見，但恐未足以盡其情僞曲折之變，彼或以吾曹爲真可欺耳。然世間自當有明眼人，此亦初不足辨也。得伯恭書，云到會稽，見伯諫守其所聞，牢不可破，自信之篤如此，亦良可尚耳。常德二書煩達之，想日相聚，所講論當益有緒，因便示一二爲幸。因孫巨源見過附此，草草。襄事之後，能一來顧，慰此幽鬱否乎？常德之官後，別有學徒相從否？因便早及之爲望。

與方伯謨

前日承書，人還匆匆，不能作報。比日秋暑，德履佳勝。永福收近信否？熹此諸況，如前所與廷老書。此後竟未得雨，祈禱萬方，平生所不欲爲者皆爲之，亦卒無驗。然每設醮處，爲人引去天師前燒香，即記著《後漢書》，此亦何緣有效也？捄災之備，不敢不勉，但今日上下不相恤，雖已具奏及申省部諸司，未知復如何也。在今日，義不當求去，萬一所請不從，則亦可以已矣。但憲司有相料理之意，今日又聞其劾信州林子方，此亦是殺鳴犢底消息，旦夕或自以此去不可知耳。數日前寫得趙帥兄弟書，因欲致一奠，今爲此災傷，凡百皆廢，且往空書，因見幸略及之也。居仁遭誰喪？昨日欲作書，偶檢來書不見，下筆不得，因書更報及也。搬過建安，良便，恐此間動未得，秋涼能來爲幸。但恐薦送，即又不容來耳。諸刻昨已遣去，想已達。未相見，珍重。

與方伯謨

《韓文考異》大字以國子監版本爲主，而注其同異，如云「某本某作某」。辨其是非，如云「今按云云」。斷其取舍，從監本者已定，則云「某本非是」；諸別本各異，則云「皆非是」。未定，則各加「疑」字。別本者已定則云「定當從某本」，未定，則云「且當從某本」。或監本、別本皆可疑，則云「當闕」，或云「未詳」。

其不足辨者略注而已，不必辨而斷也。

熹不及奉書，《考異》須如此方有條理，幸更詳之。

與方伯謨

便中承書，具審即日所履佳勝爲慰。親闈安問，想不輟收也。惠及新茶，極感厚意。病軀更此蒸濕，却幸不動，飯食亦粗喫得。只願且得如此，則譴何之及有以當之，他不足計也。《韓文考異》已寫成未？如無人寫，可懇元善轉借一二筆吏，速寫以來。只有此一事稍稍趨時，不可緩也。聞公試簾前語否？

與方伯謨

比想所履日佳，端午莫須一歸否耶？《韓考》煩早爲并手寫來，便付此人尤幸。聞冰玉皆入僞黨，爲之奈何？爲之魁者不暇自謀，特爲賢者慮破頭耳。因便草草。

與方伯謨

適方遣人奉簡，忽承手示爲慰。幼恭書已領，少須手可作字，并奉報章。但不知其行期在幾時，幸批報也。《韓考》已領，今早遣去者，更煩詳閱籤示。適有人自三衢來，云瑣闥以論陳源故補外。見詹卿，煩及之。人還草草。

《楊子》序篇有「冠乎群倫」之云，以爲無義者固可笑，而問人出處者亦踈脱也。

與方伯謨

承簡，喜聞佳勝。《韓考》所訂皆甚善。比亦别修得一例，稍分明。五夫人到日，能略過此少欵一二日爲幸。勿以徒御爲憂，白飯青芻不難辦也，兼更欲有所扣耳。人還草草。

與方伯謨

熹今年之病久而甚衰，此月來方能飲食，亦緣灸得脾腎俞數壯，似頗得力也。《韓考》已從頭整頓一過，今且附去十卷，更煩爲看，籤出疑誤處，附來換下卷。但鄙意更欲俟審定所當從之正字後，却修過，以今定本爲主，而注諸本之得失於下，則方本自在其間，亦不妨有所辨論，而體面正當，不見排抵顯然之迹，但今未暇耳。緣其間有未甚定處，須更子細爲難也。記得籍溪先生曾寫得《陳希夷墓表》云是吕洞賓所撰。見與，偶尋不見。煩爲問子端，恐有本，即爲借寫一本附來也。廟額方礬得紙，旦夕寫得，自從此寄去。所求龕額，便中望早寄也。天氣甚好，能下來數日否？

與方伯謨

别近旬日，不審爲況復何如？前日匆匆，又以病作遽歸，不及拜尊夫人，皇恐不可言也。大哥來，聞子端竟有哭子之悲，深爲惘然，且煩致意，不及附書爲問也。欲煩篆數十字，納去紙兩卷，各有題識，幸便爲落筆。欲寄江西刻之巖石。有人在此等候，不能久也，千萬。便付此人回，仍不須大作意，只譬如等閑胡寫，則神全氣定，自然合作矣。更欲篆六十四卦名及一等小字數十，其界紙又作一封，請并書之。所寫之字，各在封内矣。熹忽聞有鐫職罷祠之命，尚未被受，不勝皇恐！何時可來相聚數日耶？專人馳布，不宣。

大哥今日已行矣，已戒令速去，恐碑倒也，可因書更促之。

與方伯謨

詹卿昨日過此，尚在南林，更兩三日方行，不出見之否？《韓文》欲并《外集》及《順録》作《考異》，能爲員滿此功德否耶？「宓子賤」，洪慶善《楚辭補注》中引顔之推説，云是「伏」字，濟南伏生即其後也。如何，如何？

與方伯謨

昨辱惠書爲慰。但見元興及小兒皆説伯謨頗覺衰悴，何爲如此？今想已彊健矣，更宜節適自愛。但彊其志，則氣自隨之，些小外邪不能爲害也。熹病軀粗遣，諸證亦時往來，但亦隨事損益，終是多服補藥不得。令子聞已歸，《韓文外集考異》曾帶得歸否？便中得早寄示，幸幸。正集者已寫了，更得此補足，須更送去詳定，莊仲爲點勘，已頗詳細矣。近又看《楚詞》，抄得數卷，大抵世間文字無不錯誤，可歎也。趙幹之喻，荷其不彼，冒此巇險，尤見所存異於流俗之意。但憂畏之餘，多所謝絶，固不容獨破戒。幸爲道此區區，多謝其意可也。異時未死之間，禁網稍寬，則或尚可勉彊也。因便寓此，草草。

與方伯謨

昨日承寄示《吕公奏議》，至感，至感。比想侍奉佳慶。令子程試，必甚如意，聞將以望前一日揭牓，冀聞吉語也。《奏議》得一快讀，甚幸。朝廷無此議論六十年矣，可爲慨歎也。但末卷《乞詔定大舉策》一篇未竟，而《定策大舉》一篇全無，幸更爲補之乃佳耳。《韓考》後卷如何？得早檢示，幸甚。熹衰病百變，支吾不暇，近又得一奇證，若寒疝者，間或腹中氣刺而痛，未知竟如何，姑復任之耳。

答梁文叔琭

澹臺石刻已領，考證詳密，亦自是一種工夫也。略於制度之説，不知謂何？往往亦多是問得繁碎，非學者所先。或是從來剖判不得，如《論語》「千乘之國」，注家自是兩説，此等如何强通？况又舍所急之義理而從事於此，縱得其説，亦何所用乎？昨日有人問看史之法，熹告以當且治經，求聖賢脩己治人之要，然後可以及此，想見傳聞又説不教人看史矣。

答梁文叔

日用功夫如此，甚善。然須實下功夫，

只説得，不濟事也。李先生意只是要得學者靜中有箇主宰存養處，然一向如此，又不得也。「皇極」之説，來説亦得之。大抵此章自「皇建其有極」以下，是總説人君正心脩身、立大中至正之標準以觀天下而天下化之之義；「無偏無陂」以下，乃是反覆贊歎，正説皇極體段；「曰皇極之敷言」以下，是推本結殺一章之大意。向見諸葛誠之説略是如此，但渠説有過當處耳。

答梁文叔

示喻所處，甚善。不知幾道相聚作何工夫？近看孟子見人即道性善，稱堯、舜，此是第一義。若於此看得透，信得及，直下便是聖賢，更無一毫人欲之私做得病痛。若信不及，孟子又説箇第二節功夫，又只引成覵、顔淵、公明儀三段説話，教人如此發憤，勇猛向前，日用之間，不得存留一毫人欲之私在這裏，此外更無别法。若於此有箇奮迅興起處，方有田地可下功夫。不然，即是畫脂鏤冰，無真實得力處也。近日見得如此，自覺頗得力，與前日不同，故此奉報，可以呈幾道也。

答梁文叔

鄭康成所説氣魄，《雜學辨》云：「精聚則魄聚，氣聚則魂聚。」蓋精是陰氣，如耳目之聰明，乃陰精之所爲，故謂之魄。或欲於魄中求魂，魂中求魄，瑑竊謂氣在人之一身，陽即爲魂，陰則爲魄，噓吸聰明，乃是一身之中魂魄之所發見而易見者耳，恐不必於魂中求魄、魄中求魂也。

精氣周流，充滿於一身之中，嘘吸聰明乃其發而易見者，固如來喻。然既周流充滿於一身之中，則鼻之知臭、口之知味，非魄耶？耳目之中皆有煖氣，非魂耶？推之遍體，莫不皆然。佛書論「四大」處，似亦祖述此意。

體魄歸于地，先生云：「體、魄自是兩物。」不知如何分别？以目之明言之，則目之輪一成而不可變者，體也；睛中之明而能照鑑萬象者，魄也。魄既降，則目之輪雖存而其精光則無矣。以耳之聰求之，未透，蓋耳但見其竅而不見其他故也。

所論目之體魄，得之。耳則竅即體也，何暇他求耶？

體、魄既是兩物，不知魂與氣亦爲兩物否？孔穎達謂魂附於氣，《中庸或問》直指康成之説，則孔氏之説亦未得爲通論。

體魄，從前所聞只指爲一物，是以今人言目魄，亦皆以黑處爲魄。若以眼光落地之説推之，竊恐月之全輪受光處爲魄，及其月光漸虧，亦如人之魄降，其黑處却是體。注疏之説皆不然，思之未通。

魂氣，細推之亦有精粗，但其爲精粗也微，非若體魄之懸殊耳。《或問》之意誠少子細也。所論月魄，恐不然，日月不可以體言，只有魂魄耳。月魄即其全體，而光處乃其魂之發也。

且鬼神魂魄，就一身而總言之，不外乎陰陽二氣而已。然既謂之鬼神，又謂之魂魄，何耶？璩竊謂以其屈伸往來而言，故謂之鬼神；以其靈而有知有覺而言，故謂之魂魄。或者乃謂屈伸往來不足以言鬼神，蓋合而言之，則一氣之往來屈伸者是也；分而言之，則神者陽之靈、鬼者陰之靈也。以其可合而言、可分而言，故謂之鬼神。以其可分而言、不可合而言，故謂之魂魄。或又執南軒「陽魂爲神，陰魄爲鬼」之説，乃謂鬼神魂魄不容更有分別。琭竊謂如《中庸或問》雖曰「一氣之屈伸往來」，然屈者爲陰、伸者爲陽，往者爲陰、來者爲陽。而所謂陽之靈者、陰之靈者，亦不過指屈伸往來而爲言也。鬼神通天地間一氣而言，魂魄主於人身而言。方氣之伸，精魄固具，然神爲主。及氣之屈，魂氣雖存，然鬼爲主。氣盡則魄降而純於鬼矣，故人死曰鬼。南軒説不記首尾云何，然只據二句，亦不得爲無別矣。

與吴茂實英

近來自覺向時工夫止是講論文義，以爲積集義理，久當自有得力處，却於日用功夫全少點檢。諸朋友往往亦只如此做工夫，所以多不得力。今方深省而痛懲之，亦願與諸同志勉焉。幸老兄徧以告之也。陸子壽兄弟近日議論與前大不同，却方要理會講學。其徒有曹立之、萬正淳者來相見，氣象皆儘好，却是先於情性持守上用力，此意自好。但不合自主張太過，又要得省發覺悟，故流於怪異耳。若去其所短、集其所長，自不害爲入德之門也。然其徒亦多有主先入不肯捨棄者，萬、曹二君却無此病也。❶

❶ 「也」下，淳熙本有注文「曹建萬人傑」。

與吳茂實❶

所欲言者不過前夕，然亦非謂全然不事其心，但資次等級未應遽爾超躐，須物格知至，然後意可誠、心可正耳。

答任伯起 希夷❷

示喻静中私意横生，此學者之通患。能自省察至此，甚不易得。此當以敬爲主，而深察私意之萌多爲何事，就其重處痛加懲窒，久之純熟，自當見效。不可計功於旦暮，而多爲説以亂之也。《論語》别本未曾改定，俟後便寄去。然且專意就日用處做涵養省察功夫，未必不勝讀書也。

答任伯起

誠敬寡慾，皆是緊切用力處，不可分先後，亦不容有所遺也。然非逐項用力，但試著實持守體察，當自見耳。

答任伯起

所喻已業荒廢，比亦甚以爲疑。意謂世味漸深，遂已無復此志，今乃猶有愧恨之心，足以見善端之未泯也。一旦幡然，如轉户樞，亦何難之有哉？熹衰病之軀，飲食起居尚未能如舊，流竄放殛，久已置之度

❶ 此篇正文又見卷五八《答邊汝實》。
❷ 此篇正文又見卷五四《答周叔謹》。

外。諸生遠來，無可遣去之理。朝廷若欲行遣，亦須符到奉行，難以遽自匆匆也。詳觀來諭，似有仰人鼻息以爲慘舒之意，若方寸之間日日如此，則與長戚戚者無以異矣。若欲學道，要須先去此心，然後可以語上。上蔡先生言「透得名利關，方是小歇處」，今之士大夫何足道？能言真如鸚鵡也。不知曾見此書否？

答江德功 默

道千乘之國。

以此五者爲人君之德，意則甚善。然程先生只云「論其所存，故不及治具」，龜山只云「苟無是心，雖有政，不行焉」，以此二言觀之，則「德」字似太重矣。兼亦不必引「道之以德」爲證，似有牽合之病。

子入太廟。

所云已當執事，不可不問，固然。然亦須知聖人平日於禮固已無所不知，而臨事敬慎又如此也。

德不孤。

據此文意，但言同聲相應、同氣相求，德不孤立，必以類至而已。❶若如所訓，則其文當云「德不私於己，必不私於人」，如此則成何文理耶？

吾道一以貫之。

一以貫之，不專爲彼己而發。忠恕，亦非專爲一彼己而已也。二程先生論此甚詳，且宜潛心，未容輕議也。

子謂仲弓。

此意甚佳，東坡之説正如此。但不必以「仲

❶ 「至」，浙本作「應」。

弓」字爲絶句，如「子謂顔淵未見其止」，亦非與顔淵言也。

加我數年。

無大過，恐只是聖人之謙辭，蓋知吉凶消長之理、進退存亡之道，然後可以無大過耳。謂易道無大過差，雖是程先生説，然文意恐不甚安。謂使後人不敢輕立説，聖人未必有此意，然在今日，深足以有警於學者。

聖人吾不得而見之矣。

此但爲思其上者而不可得，故思其次之意，無不觀其質而觀其學之意也。若論質學之異，則聖人、君子以學而言，善人有常者則其質美而已。張敬夫説如此，似頗有理。

曾子有疾。

此章之指，蓋言日用之間，精粗本末無非道者，而君子於其間所貴者，在此三事而已。謂其動容貌，則能和敬而無暴慢也；其正顔色，則非色莊而能近信也；其出詞氣，則能當於理而無鄙倍也。凡此三者，皆其平日涵養功夫至到之驗，而所以正身及物之本也，故君子貴之。若夫籩豆之事，則道雖不外乎此，然其分則有司之守，而非君子之所有事矣。蓋平日涵養功夫不至，則動容貌不免暴慢、正顔色不出誠實、出詞氣不免鄙倍矣。一身且不能治，雖欲區區於禮文度數之末，是何足以爲治哉？此乃聖門學問成己成物著實效驗，故曾子將死，諄諄言之，非如異端揚眉瞬目、妄作空言之比也。所謂道在容貌、顔色、詞氣者，文意義理皆有所不通。必若此言，則道固無所不在，君子所貴，又何止於三乎？且其氣象狂易恍惚，不近聖賢意味，尤非區區之所敢聞也。

士不可以不弘毅。

謂「仁以爲己任」者，體之而不違是也。若

曰循頂至踵，知痛癢處都是仁，則非聖賢之本意矣。體而不違，只是克己復禮、無一念之不仁耳。死而後已，來説亦太過，若曰「生有限量，仁無紀極」，則豈以死而遂已耶？

吾有知乎哉。

「無知」者，聖人之謙詞。「叩其兩端而竭焉」，又言己雖無知，而於告人不敢不盡。大凡聖人氣象只是如此。著實看自然見得，無世俗許多玄妙虛浮之説也。「扣兩端而竭」，只如程先生、范、尹諸公説盡之。若曰只舉兩端，教人默識，取中間底，此又近世禪學之餘。三代以前，風俗淳厚，亦未有此等險薄浮誕意思也。

唐棣之華。

别爲一章，甚是。《精義》中范公已有此説，東坡亦然，但其爲説或未盡耳。

其言似不足者。

此説謝氏得之。所謂「意有餘」者，恐未是。

當暑袗絺綌。

先儒之説，皆如來喻。但鄙意常疑其不然，似却是先著裏衣，表絺綌而出之於外，乃得文意，不知如何？

不撤薑食。

恐只合依舊説。若如所云，則是他物有可棄之於地者矣，恐不然也。

南人有言。

此但甚言無常之不可，初不論道藝之别也。

其言之不怍。

此但謂大言不怍者，其實難副耳。來説理意亦善，但文勢稍倒，恐不若依舊説。

子路問君子。

諸説之中，此條尤爲險怪，深非鄙拙之所敢聞也。若曰脩己以安百姓，幾時安得了？

故曰「堯、舜其猶病諸」。然則其曰「脩己以安人」，而不曰「堯、舜病諸」者，又何謂耶？

君子疾没世而名不稱焉。

只合依程先生説。

誰毁誰譽。

所論毁譽，是加減了底，甚當。但此章更有曲折，當熟玩之。所謂「如有所譽」者，又何謂耶？

見善如不及。

聖人之用舍行藏，非但求志行義而已。且此章文勢斷續，或有闕文，或非一章，皆不可考，不必彊爲之説。

性相近也。

此只合依程先生説。若如所論，似欲深而反淺、欲密而反疏也。性之在人，豈得以相近而爲言耶？

子張問仁。

所論「行」字之意，甚善。聖言著實，大抵類此。推之以及其餘，則聖人之意可得，而浮誕之見無所入於其中矣。

飽食終日。

此不欲啓博奕之端，防慮甚密。然聖人乃假此以甚彼之辭，不必過爲之説，文義不通，却成穿鑿也。

君子有惡。

諸先生有説夫子所惡以戒人、子貢所惡以自警者，此意得之，恐無天人之别。

子夏之門人小子。

此章之説，明道先生曰：「先傳後倦，君子教人有序。先傳以小者近者，而後教以遠者大者，非是先傳以近小，而後不教以遠大也。」愚按諸家之説，唯此數句明白的當。試詳味之，可見文義。「譬諸草木，區以别矣」，只是説大小有序、不可躐等之意。「君子之道，焉可誣也」，東坡得之。「有始有卒，其惟聖人」，尹氏得之。

猶之與人也。

舊説「猶」字只爲「譬」字之意，文義亦通。若覺未穩，即且闕之，不必强爲之説也。

答江德功

「有禮則安」説，立意甚善。但詳本文之意，只説施報往來之禮，人能有此，則不怍於物而身安耳，未遽及夫心安也。况古人之所以必由於禮，但爲禮當如此，不得不由，豈爲欲安吾心而後由之也哉？若必爲欲安吾心，然後由禮以接於人，則是皆出於計度利害之私，而非循理之公心矣。大抵近世學者溺於佛學，本以聖賢之言爲卑近而不滿於其意，顧天理民彝有不容殄滅者，則又不能盡叛吾説以歸於彼，兩者交戰於胸中而不知所定，於是因其近似之言以附會而説合之。凡吾教之以物言者，則挽而附之於己；以身言者，則引而納之於心，苟以幸其不異於彼而便於出入兩是之私。至於聖賢之本意，則雖知其不然，而有所不顧也。蓋其心自以爲吾之所見已高於聖賢，可以咄嗟指顧而左右之矣。又况推而高之、鑿而深之，使其精神氣象有加於前，則吾又爲有功於聖賢，何不可者？而不自知其所謂高且深者，是乃所以卑且陋也。此近世雜學之士心術隱微之大病，不但講説異同之間而已。不審賢者以爲如何？

《大學》諸説，亦放前意，蓋不欲就事窮理，而直欲以心會理，故必以格物爲心接乎物；不欲以愛親敬長而易其所謂清净寂滅者，故必以所厚爲身而不爲家，以至「新民」、「知本」、「絜矩」之説，亦反而附之於身，蓋惟恐此心之一出而交乎事物之間也。至於分别君、相、諸侯、卿、大夫、士、庶人之學，亦似有獨善自私之意，而無公物我、合内外之心。此蓋釋氏之學爲主於中，而外欲强爲儒者之論，正如非我族類而欲强以色笑相親，意思終有間隔礙阻不浹洽處。若欲真見聖賢本意，要當去此心而後可語耳。

格物之説，程子論之詳矣。而其所謂「格，至也，格物而至於物，則物理盡」者，意句俱到，不可移易。熹之謬説，實本其意，然亦非苟同之也。蓋自十五六時知讀是書，而不曉格物之義，往來於心餘三十年。近歲就實用功處求之，而參以他經傳記，内外本末，反復證驗，乃知此説之的當，恐未易以一朝卒然立説破也。夫「天生烝民，有物有則」，物者形也，則者理也，形者所謂形而下者也，理者所謂形而上者也。人之生也固不能無是物矣，而不明其物之理，則無以順性命之正而處事物之當，故必即是物以求之。知求其理矣，而不至夫物之極，則物之理有未窮，而吾之知亦未盡，故必至其極而後已，此所謂「格物而至於物，則物理盡」者也。物理皆盡，則吾之知識廓然貫通，無有蔽礙，而意無不誠、心無不正矣。此《大學》本經之意，而程子之説然也。其宏綱實用，固已洞然無可疑者，而微細之間，主賓次第、文義訓詁詳密精當，亦無一毫之不合。❶今不深考，而必欲訓「致知」以「窮理」，則於主賓之分有所未安；知者，吾心之知。理者，事物之理。以此知彼，自有主賓之辨，不當

❶「一毫」，浙本作「豪髮」。

以此字訓彼字也。訓「格物」以「接物」，則於究極之功有所未明。人莫不與物接，但或徒接而不求其理，或粗求而不究其極，是以雖與物接而不能知其理之所以然與其所當然也。今日一與物接而理無不窮，則亦太輕易矣。蓋特出於聞聲悟道、見色明心之餘論，而非吾之所謂窮理者，固未可同年而語也。且考之他書，「格」字亦無訓「接」者。以義理言之則不通，以訓詁考之則不合，以功用求之則又無可下手之實地。竊意聖人之言必不如是之差殊踈略，以病後世之學者也。

又所謂「非特形之所接，乃志之所至」、所謂「格物與小學同，致知與小學異」，亦皆無當之言。其爲闕字增語，反致讀者之疑多矣。至於彊解程子之意以附己説，其如他語之可證何？又謂熹解以格物致知混爲一説，則其考之亦未詳也。又謂老、佛之學乃致知而離乎物者，此尤非是。夫格物可以致知，猶食所以爲飽也。今不格物而自謂有知，則其知者妄也；不食而自以爲飽，則其飽者病也。若曰老、佛之學欲致其知，而不知格物所以致其知，故所知者不免乎蔽陷離窮之失而不足爲知，則庶乎其可矣。

所厚者，謂父子兄弟骨肉之恩，理之所當然，而人心之不能已者。今必外此而厚其身，此即釋氏滅天理、去人倫以私其身之意也。必若是而身修，則雖至於六度萬行具足圓滿，亦無以贖其不孝不弟之刑矣。

「此謂知本」，以例推之，凡言「此謂」者，皆傳文，非經之結句也。

「無所不用其極」，觀上文三引《詩》、《書》，而此以「無所」二字緫而結之，則於「自新」、「新民」皆欲用其極可知矣。自新固新民之本，然天下無一物非吾度内者，亦無一事非吾之所當爲者。譬如百尋之木，根本枝葉生意無不在焉。但知所先後，則近道耳。豈曰專用其本而直棄其末哉？今曰不求爲新民，而專求之德化，則又賤彼貴我之私心，而無以合内外之道矣。

「盛德至善，民不能忘」，此言聖人之事蓋渾然一體，不可得而分焉者也。但以人言則曰德，以理言則曰善，又不爲無辨耳。今曰「體至善以成德」，則乃學者之事，而非傳文所指矣。然體而成德，以至於盛而無思勉之累焉，則亦聖人而已矣。

聽訟與新民之説略同，請併詳之。又古人言語有序，此傳未解格物以下數節，不應先解結句。況「此謂知本」之云，又非經之結句乎。

「誠意」一章，大意頗善。然此傳文意但解經文所謂「誠意」者，只是教人不得自欺，而欲其好善惡惡皆如好色惡臭之實然耳，非以聖人而言也。今之所發聖人所以即事即物而止於至善，又恐人不信，故即人所知者以明之，則失其指矣。「心廣體胖」之説，甚善，甚善。「人之其所親愛而辟焉」，訓「之」爲「至」，非是。此等處，雖非大義所係，然亦須虚心平氣，徐讀而審思之，乃見聖賢本意，而在己亦有著實用處。不必如此費力生説，徒失本指而無所用也。

「此以心感，彼以心應，其效如此之速」，感應神速，理固如此。但著一「以」字，便有欲速之意，所謂「憧憧往來，朋從爾思」者，正病此也。

「絜矩」者，度物而得其方也，以下文求之可見。今曰度物以矩，則當爲「矩絜」，乃得其義矣。

治國、平天下，與誠意、正心、脩身、齊家只是一理，所謂格物致知，亦曰知此而已矣。此《大學》一書之本指也。今必以治國、平天下爲君相之事，而學者無與焉，則内外之道異本殊歸，與經之本旨正相南北矣。禹、稷、顔回同道，豈必在位乃爲爲政哉？「風濤洶湧」之説，亦所未喻。此篇所論，自一身而推之以及天下，平正簡易，不費纖毫氣力，與横渠所論《周官・冢宰》法制之事意思不同。

答江德功

「致知格物」，前説已詳。來書只舉得一截，正當説「格」字、「致」字處，乃遺而不道，恐考之有未詳。若但以格爲法度之稱，而欲執之以齊天下之物，則理既未窮、知既未至，不知如何爲法而執之？且但守此一定之法，則亦無復節節推窮以究其極之功矣。此義且當以程子之説爲主，而以熹説推之，不必彊立説，徒費力也。

經文末後兩句，來喻固與舊説有間矣。但所論先後之序，經中上文已屢言之；而「本亂末治」之云，又已該舉，自不須説。但聖人於此特下此語，正要讀者有以知夫人道之大有在於此，不可同於仁民愛物之例，而一以末視之，此意不可不著眼耳。今不領此，而又必以身言，非釋氏之□意而何哉？❶ 衍文得失不足深辨，然以所謂免作衍文者觀之，便見苟且遷就之意。若信未及，莫若兩存而徐玩之，不必决取舍於今日也。

「盛德至善」，盛也，至也，皆無以復加之詞。而上下文規模氣象皆聖人事，則此

❶「□」，原爲墨丁，浙本無，四庫本爲小字注文「闕」。

不得獨爲賢人事矣。且賦詩斷章，此但取其咏歎不忘之意，與衛武公初無干涉也。

「絜矩」之説，蓋以己之心度物之心，而爲所以處之之道爾。來喻殊不可曉，而所謂先自度者，尤無所當。今以鄙説畫爲兩圖，合而觀之，則方正之形隱然在目中矣。

側圖：

	上	
前	己	後
	下	

地圖：

	前	
左	己	右
	後	

「有禮則安，無禮則危」，如云「仁則榮，不仁則辱」，初無身心本末之辨。蓋聖賢之言各有所指，隨其淺深而莫非至理之極也。

今必以内外爲精粗而欲去彼取此，豈非有所陷溺其心而然耶？且學者之勉彊力行、亦勉其所當爲者而已，若曰勉焉以冀其有以自慰，則是先獲後難而爲謀利計功者之所爲矣。聖學、異端之别，於此亦略可見，試深察之可也。

答江德功

「圓而神」也，其所以藏往者，向之所謂「方以知」者也。「神武不殺」，言聖人不假卜筮而知吉凶也。「是以明於天之道」以下，言教民卜筮之事，而聖人亦未嘗不敬而信之，以神明其德也。此章文義，只如此。程先生説，或是一時意到而言，不暇考其文義。今但玩味其意，别看可也。若牽合經旨，則費力矣。

答江德功□亥十一月五日❶

《中庸集解》「程先生曰『生之謂性，性即氣，氣即性』」止「舜有天下而不與焉者也」，默竊謂此段反復譬喻，皆是生之謂性，而必以性善之説間乎其中，以性善之言證之於後，何也？若曰性只是理，則夫爲惡者謂之非理可也，何以言惡亦是性，濁亦是水？此理不爲堯、桀存亡，何以言流之遠近、清之遲速？此皆氣禀之譬，於性善之説自當分别，却衮説了，不知如何？直翁以水譬氣禀，清譬天理，濁譬人欲，初亦可喜，恐「只是元初水」一句又解不得。直翁又爲之説曰：「夫所謂『繼之者善』者以下，皆因言性善而爲説，水譬性，就下與清譬性善；流而至於海，終無所污者，此譬聖人之全天理；流而濁者，譬人欲也。『不可以濁者不爲水』，謂感物而動，皆性之欲也。『及其清明，却只是元初水』，謂復其本然之善也。」此説於「不可以濁者不爲水」一句似失性善之意，不知先生以爲何如？此説但以性善爲本，而以氣禀有善惡者錯綜之，反復玩味，自然見得。

《中庸》曰：「人莫不飲食也，鮮能知味也。」竊謂此兩句大意言百姓日用而不知。程先生「牲牢」之譬，却是不曾飲食而不知，非日用不知也。據程先生所言，只譬如道者，如人食牲牢，須曾喫了方知，非爲此章。至於吕與叔謂必察於芻豢之性、草木之滋、火齊之節、調飫之宜，

❶ 「□」，原爲空白。

恐非本旨。默竊謂「味」即指飲食而言，若曰「人莫不飲食，鮮能知味也」，即飲食則行之而著，習矣而察者也。「味」與「飲食」只是作互用文耳。不知如何？直翁以飲食譬日用，味譬理，此説亦似當，不知是否？

直翁説是。

《中庸》曰：「君子之道，造端乎夫婦，及其至也，察乎天地。」默竊謂此四句若本上文，謂道始於夫婦之愚不肖，意味殊少。默竊妄意謂「上下察」是知得此理，「察乎天地」是行到處。「君子之道，造端乎夫婦者」，子思下章已申言之，曰：「君子之道，譬如行遠必自邇，譬如登高必自卑。《詩》云：『妻子好合，如鼓瑟琴。兄弟既翕，和樂且耽。宜爾室家，樂爾妻孥。』子曰：『父母，其順矣乎！』」此察乎天地之次序也。本意言君子所語，而繼之以上下察，故默謂是知此理，蓋《孟子》難言之意也。言君子之道而繼之以察乎天地，故默謂是行到處，蓋文王「刑于寡妻」之氣象也。不知如何？直翁云先生《或問》中已有「易重咸、恒」之説，默未之見也。

此「察」字訓「著」，不訓「到」。觀此兩句，只是疊説上文意思，未有知到行到之意。

《論語精義》：「伊川先生曰，學必盡其心，盡其心則知其性，知其性云云。反而誠之，聖人也。故《洪範》曰：『思曰睿，睿作聖。』誠之之道在乎信道篤，信道篤則行之果，行之果則守之固。」直翁所疑曰：「學而至於盡心，則與道不隔，非信道篤者能之也。則所以誠之者特在存養而已，至此豈待言信道篤？而伊川云爾者，蓋信道者通貫上下者也。爲學之始，固在夫信道之篤；至於盡心之後，亦在夫信道之篤也。」默以爲惟與道不隔者爲能信篤，若與道隔，則尚未識道，安能信哉？其所信者，特信聖賢之言爾，非自信也。故伊川信道篤必在於盡心知性之後。學者要當先明盡心性爲何學，然後知學之可以爲聖人決矣。不知先生以爲如何？

信有淺深，有是篤信聖賢而信之者，有是自見得道理當然而信之者。伊川之意，蓋如德功之説。然謂如此然後能信，則又過矣。又「道」字之義，恐伊川之意與德功亦不同也。

伊川先生曰：「不違仁，是無纖毫私慾。有少私慾，便是不仁。」直翁推之曰：「仁者，天理也。人能無慾，則天理之妙渾然于中，其心無所越於仁矣。」然謂「越」字與「違」別，❶「違」字乃違背之意，只私欲蔽了仁，便是違也。「越」字却是違越之意，豈得違越得他？直翁云：「纔有放心，便是違越仁矣。」默云放心亦只是不能存其心，云「放心」，非是越也。惟禮有品節，可以言越，仁者無外，不可言越。不知先生以爲如何？

「違」，猶離也，去也。

此卷據鄙見奉報，未知是否，幸反復論之也。

《易》説則全然草率，不通點檢，未敢奉報。告且子細，未要如此容易立論，千萬，千萬！至懇，至懇！

❶「然」，疑當作「默」。

答江德功❶

所喻《易》、《中庸》之説，足見用心之切，其間好處亦多。但聖賢之言意旨深遠，子細反覆，十年二十年尚未見到一二分，豈可如此纔方撥冗看得一過，便敢遽然立論？似此恐不但解釋文義有所差錯，且是氣象輕淺，直與道理不相似。願且放下此意思，將聖賢言語反覆玩味，直是有不通處，方可權立疑義，與朋友商量，庶幾稍存沉浸醲郁氣象，所繫實不輕也。直翁謹愿詳審，好相聚講習，所論「遮欄」意亦佳，然前賢固已言之矣，但在力行，如何？

答江德功

示喻「誠」、「敬」之別，此猶是以地位而言。須看其命字之本意，則「誠」是真實，「敬」是畏謹，指意自不同也。又論今昔用功之異，此固曉然。但不知今日之有、昔日之無是同是别？是相妨是不相妨？更須他日欵曲面論，今未敢懸斷可否也。二銘意甚佳，然亦皆有未安處。如「天理既循，人欲自克」、「彼己既融，萬物同體」等語，亦當俟面講之。但此等文字非有不得已者亦不必作，不若默存此理於胸中，而驗之行事之實也。

❶「答江德功」下，閩本有「亥十一月初五」六字，天順本「一」作「二」。

答江德功辛丑正月二日❶

示喻諸説已悉。前書所論「誠」、「敬」字義不同，正爲方此論敬，不當引誠爲説，本欲高妙，反成支離耳。意皆因事物而有，然事物外至而意實内生，但於中有邪正耳，難以誠意爲内、邪意爲外也。來喻又云「誠者體物而不可遺，敬亦體物而不遺」，此語殊不可曉。大率左右向來不曾子細理會文義，反復涵泳義理，故於此等處多是鹵莽，恐更須加詳細也。所喻舊學之誤，但爲不將事試，故不能自合義理。今就義理上用工，又患未能全合。詳此意思，似是欲因舊學所見而加事試之功，以補其闕耳。正恐所見有差，根脚便不是了，雖加事試之功，終不免兩截也。義理名字呼喚得尚自有差，却如何便得全合義理耶？此等處仍是舊病躐等欲速之意，尤不可不察也。

答江德功

疑義俟細看奉報。《易説》知頗改更，甚善。然學者以玩索踐履爲先，不當汲汲於著述，既妨日用切己工夫，而所説又未必是，徒費精力。此區區前日之病，今始自悔，故不願賢者之爲之也。絶學捐書，是病倦後看文字不得，正緣前日費力過甚，心力俱衰，且爾休息耳。然亦覺意思安静，無牽動之擾，有省察之功，非真若莊生所謂也。

❶「辛丑正月二日」六字，四庫本無。

答江德功

示及《易説》等書，實不曉所謂，不敢開卷。累承喻及，必欲見彊，使同其説，隱之於心，有未能安者，遂不敢奉報。今承見語，欲成書而不出姓名，以避近名之譏，此與掩耳偷鈴之見何異？不知賢者所見何故日見邪僻，至於如此？夫天下之理，唯其是而已。若是，則出名何害？若不是，則不出名何益？若如所論「乾坤」二字，乃是將一部《周易》從頭鶻突了，豈能使《易》道著明乎？若曰人人親見三聖而師之，此尤不撰之言。如所説「乾坤」字義，恐自家未夢見三聖在，如何敢開此大口耶？元書謹用封納，拙直之言，盡於此書，今後不復敢聞命矣，千萬見察。

答江德功

所示經説，《孟子》大意頗佳。其間亦有少未合處，徐議未晚也。但《易説》愈見乖戾，三復駭然。因復慨念鄉里朋友清素樸實，刻意讀書，無世間種種病痛，未有如德功者，所以平日私心常竊愛慕，思有以補萬分者。亦荷德功不鄙，三數年來，雖所論不合，加以鄙性淺狹，譏誚排斥無所不至，而下問之意愈勤不懈，此在他人，亦豈能及？然自頃至今，爲日愈久而所執愈堅、所見愈僻，孜孜矻矻，日夜窮忙，不暇平心和氣，參合彼己異同之説，反覆論難，以求至當之歸，而專徇己意，競出新奇，以求己説之勝，以至於展轉支離、日益乖張而不悟，不知用心錯誤，何故至此？使人更不可曉，但竊歎恨而已。今且據來示而舉其一二言之。

如既曰「乾，健也」，而又曰「能體其健之謂乾」。若乾本是健，即別無體此健者；若更要體得此健方謂之乾，則是乾在健外，以此合彼，而後得謂之乾也。又如「群龍无首」，乃用程傳《无妄》六二之説，雖於理不謬，然安頓不是地頭，全然不是文理，又且岐而爲二，互相矛盾。蓋乾爲萬物之始，故天下之物无不資之以始，但其六爻有時而皆變，故有「群龍无首」之象。而君子體之，則當謙恭卑順，不敢爲天下先耳。非謂可天德而不可爲首也，又非謂乾不爲首也。可若天德而不可爲首，不成文理，無可言者。若曰乾不爲首，則萬物何所資始，而又誰使爲之首乎？且程傳之説，爲人不可以私意造始，故爲之戒耳。若乾之爲始，乃是天理自然，非若人有形體心思而能以私意造始也。

此二説者，其失甚不難見。原其所以失之，大抵只是日前佛學玄妙之見尚在，故以理爲外，以事爲粗，而必以心法爲主。然又苦其與《大易》體面不同，須至杜撰捏合，所以欲高而反下、欲密而反踈耳。此是義理本原大差謬處，不但文義之失。然在今日，德功病痛尚是第二義，却是日用之間，自己分上更不曾實下功夫，而窮日夜之力，以爲穿鑿附會之計，此是莫大之害。正使撰得都是，亦無用處，不得力，況其乖戾日甚一日，豈不枉費功夫，虚度光陰，不惟無益，而反有害乎！

熹之鄙意竊願德功放下日前許多玄妙骨董，即就日用存主應接處實下功夫，理會箇敬肆義利、是非得失之判。若要讀書，即且讀《語》、《孟》、《詩》、《書》之屬，就平易明白，有事迹可按據處，看取道理體面，涵養德性本原，久之漸次踏著實地。即此等説話，須自見得黑白，不須如此勞心費力矣。若必欲便窮竟此説，亦請先罷穿鑿己見，且更追思今日以前凡熹所説與德功不同者，并合兩家，寫作一處，子細較量，考其是非，痛加辯詰，亦庶幾有究竟處，不至如今日只見一邊，不相照應，而信口信筆，無有了期也。病起倦甚，懷不能已，略此奉報，千萬詳之。若以爲是，幸即加功；若以爲非，即此書不煩見答，今後亦不須更下喻矣。

答江德功

熹災病相仍，衰悴萬狀，昨被按刑之命，判不能往赴矣。正初忽聞奏事指揮，疲曳進趨，尤覺費力，專人懇辭，竟不得命，旦夕不免就道；或入文字，而於前路俟報，萬一不獲，即一到都下，面懇而歸。度此衰殘，必蒙聖照也。所示諸經序解，偶此冗劇，未及細看。然觀大略，似亦未離舊處也。《渾儀》詩甚佳，其間黄簿所謂渾象者是也。三衢有印本蘇子容丞相所撰《儀象法要》，正謂此俯視者爲渾象也。但詳吴掾所説平分四孔、加以中星者，不知是物如何制作，殊不可曉，恨未得見也。

答江德功❶

老病之餘，❷扶曳造朝，自取羞辱。雖幸天日有以辨明，然罪終有未盡滌者，已力請奉祠矣。理直義明，計必可得。不然，雖使得罪，亦勝忍耻作官也。璣衡之制，在都下

❶ 此題，淳熙本作「答建陽江默德言」。
❷ 「老」上，淳熙本有「熹」字。

不久，又苦足痛，未能往觀。然聞極疎略，若不能作水輪，則姑亦如此可矣。要之，以衡窺璣，仰占天象之實，❶自是一器，而今人所作小渾象自是一器，不當并作一說也。元祐之制極精，然其書亦有不備，乃最是緊切處。必是造者秘此一節，不欲盡以告人耳。❷

答黃直翁 寅

「商因於夏禮，所損益可知也。周因於殷禮，所損益可知也」，是周監二代之制而損益之，其文大備，亦時使然也。聖人不能違時，烏得不從周之文乎？❸然亦少有不從處，如行夏之時、乘商之輅是也。周之文固可從，而聖人不得其位，無制作之時，亦不得不從也。使夫子而得邦家，則將損益四代，以爲百王不易之法，不專於從周矣。

程子曰：「三讓者，不立一也，逃之二也，文身三也。」寅竊意求之，繼立以嫡，聞父喪而奔，身體不敢毁傷，萬世之通義也。泰伯胡爲而不然耶？蓋不立者，泰伯知王季之賢，又有文王之聖，必能基成王業，從而讓之，亦太王之志也。不奔父喪，非本心也，奔則王季辭立矣。太王欲立之而未有命，季歷必爲叔齊之事。逃而適他國足矣，必之荆蠻，斷髮文身而後已者，蓋不示以不可立則心不安，其位未定，終無以仁天下、繼父志而成其遠者大者也。三者，權也。夫泰伯之讓，上以繼太王之志，下以成王季之業，無非爲天下之公而

❶「占」，淳熙本作「觀」。
❷「耳」下，淳熙本有「便還匆匆布此」六字。
❸「烏」，原作「鳥」，據浙本、四庫本改。

不爲一身之私。其事深遠，民莫能測識而稱之，兹其德所以無得而加也。

此説亦是。但以天下讓，只依龜山説推本而言之爲是。所云不示以不可立，則王季之心不安而位未定，此意甚好。非惟説得泰伯之心，亦説得王季之心也。蘇子由云：「漢東海王以天下授顯宗，唐宋王成器以天下授玄宗，皆兄弟終身無間言，何必斷髪文身？」若使王季之心如漢顯宗、唐玄宗，則此説可也。若有叔齊之心，則不能一朝居矣。王季之賢，豈下叔齊也哉？然泰伯三讓，權而不失其正，是乃所以爲時中也，故夫子以至德稱之。

答黄直翁

衛君事，伯謨書中已略論之。徐思不奉父命而逃去，固爲未善，故程子亦以爲不可。但居勢如此，不逃却不得。如泰伯、王季之事，亦非常理，但變而不失其正耳。

答黄直翁

示喻「誠敬」異同之説，已具德功書中矣。且既曰「誠之者，擇善而固執之」，則敬者但可爲誠之之一事，不可專以敬爲誠之之道也。明道先生蓋舉其一事而言爾。大凡看文字，須認正意，不可如此支蔓，無了時也。

答曹子野 駉

示及《史記》疑數條，熹向曾考證來了。《功臣表》與《漢史·功臣表》，其户數先後及姓名多有不同。二史各有是非，當以傳實證之，不當全以《史記》所傳爲非真也。如淮陰爲連敖典客，《漢史》作票客，顔師古謂其票疾而以賓客之禮禮之。夫淮陰之亡，以其不見禮於漢也，蕭何追之而薦於漢王，始爲大將。若已以賓禮禮之，淮陰何爲而亡哉？此則《史記》之所載爲是。《三代表》是其踈謬處，無可疑者，蓋他説行不得。若以爲堯、舜俱出黄帝，是爲同姓之人，堯固不當以二女嬪于虞，舜亦豈容受堯二女而安於同姓之無别？又以爲湯與王季同世，由湯至紂凡十六傳。王季至武王纔再世爾，是文王以十五世之祖事十五世孫紂，武王以十四世祖而代之，豈不甚繆戾耶？《通鑑》先後之不同者，却不必疑，史家敘事，或因時而記之，或因事而見之。田和遷康公，《通鑑》載於安王十一年，是因時而紀之也。《史記》載於安王十六年，是因事而見之也，何疑之有？只有伐燕一節，《史記》以爲湣王，《通鑑》以爲宣王，《史記》却是攷他源流來，《通鑑》只是憑信《孟子》。温公平日不喜《孟子》，❶到此又却信之，不知其意如何。張敬夫説《通鑑》有未盡處，似此一節亦是可疑。但二説今皆無所證，未知孰是孰非。更可反覆詳究，如有所見，却幸垂教。

晦庵先生朱文公文集卷第四十四

閩縣儒學教諭王製校

❶「日」，閩本、浙本、天順本作「生」。

晦庵先生朱文公文集卷第四十五

書 知舊門人問答

答虞士朋 太中

「易有太極，是生兩儀」者，一理之判，始生一奇一偶，而爲一畫者二也。「兩儀生四象」者，兩儀之上各生一奇一偶，而爲二畫者四也。「四象生八卦」者，四象之上各生一奇一偶，而爲三畫者八也。爻之所以有奇有偶，卦之所以三畫而成者，以此而已。是皆自然流出，不假安排，聖人又已分明說破，亦不待更著言語別立議論而後明也。此乃《易》學綱領，開卷第一義，然古今未見有識之者。至康節先生，始傳先天之學而得其說，且以此爲伏羲氏之易也。《說卦》「天地定位」一章，《先天圖》乾一、兑二、離三、震四、巽五、坎六、艮七、坤八之序，皆本於此。若自八卦之上，又放此而生之，至于六畫，則八卦相重而成六十四卦矣。（六十四卦之上，又放此而生之，至十二畫，則六十四卦相重而成四千九十六卦矣。焦貢《易林》是也。）

剛柔雖若各有所偏，必相錯而後得中，然在乾、坤二卦之全體，當剛而剛，當柔而柔，則不待相錯而不害其爲全矣。其爻位之無過不及者，如乾、坤之二、五，亦不待相錯而不害其爲中矣。陰陽變化，而太極之妙無不在焉，於此蓋可見也。今謂乾剛坤柔，便有所偏，恐於二卦之象及二、五之爻詞有不通者。其論四爻過不及之淺深，則爲精密，非它説之所及矣。

用九、用六，當從歐陽公説，爲揲蓍變卦之凡例。蓋陽爻百九十二，皆用九而不用七；陰爻百九十二，皆用六而不用八也。特以乾、坤二卦純陽純陰而居篇首，故就此發之，此歐陽公舊説也。而愚又嘗因其説而推之，竊以爲凡得乾而六爻純九，得坤而六爻純六者，皆當直就此例占其所繫之辭，不必更看所變之卦。《左傳》蔡墨所謂乾之坤曰「見群龍无首」者，可以見其一隅也。蓋「群龍无首」，即坤之「牝馬」、「先迷」也；「利永貞」，即乾之「不言所利」也。

《學而》首章甚善。但「學」之一字，實兼致知力行而言，不可偏舉。今所引顏子功夫，乃專爲力行事耳。

二章所謂「不失其愛敬之本心，則仁不可勝用」者，甚善。但有子亦據實理而正言之，非曲爲當世而發也。

巧言令色，求以悦人，則失其本心之德矣，不待利己害人然後爲不仁也。

「三年無改」，乃謝氏之説。其意美矣，然恐過之，不若游氏、尹氏之爲實也。

「無諂無驕」一章文義，東坡得之。蓋無諂無驕，隨事知戒，足以自守矣，然未見其於全體用功而有自得處也。樂與好禮，乃見其心之所存有非貧富之所能累者，此子貢所以有切磋琢磨之譬也。治骨角者既切而復磋之，治玉石者既琢而復磨之，皆先略而後詳、先粗而後精之意。《大學》乃斷章取義，不必引以爲説也。

「如愚」之説、「爲不知」之説、「焉得知」之説、「觀過」之説，皆恐失之過高，後亦多類此者。詳其意味，似從張無垢議論中來，其爲得失，非但訓詁文義之間而已。此須異日子細商量，今未敢容易説也。「一以貫之」，乃聖門末後親傳密旨，其所以提綱挈領、統宗會元，蓋有不可容言之妙。當時曾子默契其意，故因門人之問，便著「忠恕」二字形容出來，則其一本萬殊、脉絡流通之實益可見矣。然自秦、漢以來，儒者皆不能曉。直至二程先生，始發明之，而其門人又獨謝氏、侯氏爲得其説。今不考焉，而但以「忘物我」者爲言，吾恐其失之遠也。況夫子以此語告子貢，乃因博學多識而發，其與忘物我者又有何關涉耶？

答虞士朋

昨承寄示趙倉《易》、《論語説》，足浣愁疾。《易説》簡易精密，不惟鄙意多所未及，警發之深，而近世諸儒説不到處亦甚多，甚不易，其玩索至此，深恨未得一見，面扣其詳也。但象數乃作易根本，卜筮乃其用處之實，而諸儒求之不得其要，以至苛細繳繞，令人厭聽。今乃一向屏棄闊略，不復留意，却恐不見制作綱領、語意來歷，似亦未甚便也。昨於乾、坤二卦略記所疑之一二，今謾録呈，幸爲詳之。試因話次以盛意扣之，看有何説，却以見報。熹與之未相識，不欲遽相辯難，千萬不必云熹所説也。《論語説》有意古人爲己之學，意亦甚正，但覺看得張無垢文字太熟，用意太切，立説太高，反致失却聖人本指處多，今亦未欲遽論。二説謾往，并煩扣之，亦勿云熹所寄也。

答游誠之九言

示喻讀書玩理次第，甚慰所懷。但嚴立功程，寬著意思，久之自當有味，不可求欲速之功也。所論日用功夫，尤見其爲己之意。但心一而已，所謂覺者，亦心也。今以覺求心，以覺用心，紛拏迫切，恐其爲病不但揠苗而已。不若日用之間以敬爲主而勿忘焉，則自然本心不昧，隨物感通，不待致覺而無不覺矣。故孔子只言克己復禮，而不言致覺用敬；孟子只言操存舍亡，而不言覺存昧亡。謝先生雖喜以覺言仁，然亦曰心有知覺，而不言知覺此心也。請推此以驗之，所論得失自可見矣。若以名義言之，則仁自是愛之體，覺自是知之用，界分脉絡，自不相關。但仁統四德，故人仁則無不覺耳。然謝子之言，侯子非之，曰：「謂不仁者無所知覺則可，便以心有知覺爲仁則不可。」此言亦有味，請試思之。

《克齋記》近復改定，今别寫去。後面不欲深詆近世之失，「波動危迫」等語，皆已削去。但前所論性情脉絡、功夫次第，自亦可見底裹，不待盡言而後喻也。因見南軒，試更以此意質之，當有以相發明爾。

答游誠之

仁、覺之説，前書已詳報矣。此書所喻「惻隱似非出於覺」者，此語甚佳。但所謂「覺之一字未必不佳」者，鄙意亦非以覺爲不佳，但謂功夫用力處在敬而不在覺耳。上蔡云「敬是常惺惺法」，此言得之。但不免有便以惺惺爲仁之意，此則未穩當耳。

所喻從前馳騖之過，此非明者不能自知，甚善。然既自知之，則亦自改之而已，它人不得而與也。窮理涵養，要當並進。蓋非稍有所知，無以致涵養之功；非深有所存，無以盡義理之奥。正當交相爲用，而各致其功耳。

答游誠之

心體固本静，然亦不能不動；其用固本善，然亦能流而入於不善。夫其動而流於不善者，固不可謂心體之本然，然亦不可不謂之心也，但其誘於物而然耳。故先聖只説「操則存，存則静，而其動也無不善矣。舍則亡，於是乎有動而流於不善者。出入無時，莫知其鄉」。出者亡也，入者存也，本無一定之時，亦無一定之處，特係於人之操舍如何耳。只此四句，説得心之體用始終、真妄邪正無所不備。又見得此心不操即舍、不出即入，别無閑處可安頓之意。若如所論，出入有時者爲心之正，然則孔子所謂出入無時者，乃心之病矣。不應却以「惟心之謂與」一句直指而總結之也。所答石、吕二書寫呈，但子約書中語尚有病，當時不暇子細剖析，明者擇焉可也。

答吴伯起

成都之諾，乃爾輕發，可怪。然亦在我者有以致之，但當自省，不當責人也。渠近辟韜仲不下，次第愈縮手矣。趙總卿頃得書，甚相念，不知所許竟如何。然吾之所謂義者無窮，而彼之具析體究對移者有盡，但十二時中常切照管，勿令有滲漏處，則彼之來者不足問矣。今人戚戚不能信命者，固無足道，然謂付之造物，亦非極摯之語。此處儘要見得分明，便不動心，不可只靠一言半句海上單方便以爲足。恐事變之來抵當不去，恐成好笑也。

答吴伯起

且審聞善感發，判然義利之間，衰懦之餘，警省多矣。然一時意氣易得消歇，正要朝夕講求義理以培植之，不可專恃此便爲究竟也。

答歐陽慶似 光祖

頃在里中，雖屢獲見，而常苦匆匆，不及盡所欲言，然已固知所志之不凡矣。今辱惠問，乃慨然有志於學，甚善，甚善。抑嘗病今之學者不知古人爲己之意，不以讀書治己爲先而急於聞道，是以文勝其質，言浮於行，而終不知所底止。方竊以是反而求之，而未之有得也，愧辱下問之勤，無以稱塞，敢私布之，不識明者謂之然否？

答歐陽慶似

所需序文，迫歲冗甚，不暇執筆。然爲學治己之方，前此講之熟矣。當官之務，推此而達之，則奉法愛民，不求聞達，皆吾分内事耳。此固不待拙者之言，又況其外之文乎？吕氏《童蒙訓》下卷論守官之法，亦頗明備，暇日更試考之，當有益也。

答嚴居厚 士敦

示喻進學加功處，甚善。觸事未能不爲事物所奪，只是未遇事時存養未熟，所以如此。然又別無他岐，不可欲速，但常存此心，勿令間斷，講明義理以栽培之，則久當純熟明快矣。❶科舉之習，前賢所不免，但循理安命，不追時好，則心地恬愉，自無怵迫之累。昨見所論三子具體而微，似未免太狥時好。然務爲奇險，反使詞義俱不通暢。久欲奉告而未及也，因此布陳，僭易，僭易。

別紙喻及養氣之説，足見講學不倦之意。但此章文義正自難明，且當虚心平氣，反復諷誦，久當有味。今以迫切之心求之，正猶治絲而棼之，雖欲彊爲之説，終非吾心所安，穿鑿支離，愈叛於道矣。今且據來喻而略言之：「縮」字訓「直」，《禮》書如此處多，先儒之言，似不可易。「壹」字非訓「一」，便只是「一」字，乃「專一」之意耳。記得程先生有説：「志專在淫僻，豈不動氣？氣專在喜怒，豈不動志？」試以是思之，知言則知義理之所在，無毫釐之差，故日用之間有以集義而生浩然之氣。「詖淫邪遁」四字有次序，而無彼此之分。如楊、墨、釋、老之言，無不具此四者，然今亦未易遽論也。請且如前説，反復玩味，要之以久，自當釋然有解悟處。不必廣求，徒勞日力，只二先生有説處，抄出同看可也。

❶「快」，浙本作「決」。《考異》云：一作「決」。

答丘子野

示喻「觀」、「玩」之别，想已有成説。兹因下問之及，嘗竊思之，敢布左右。蓋易有象，八卦六爻。然後有辭；卦爻之辭。筮有變，老陰、老陽。然後有占。變爻之辭。象之變也，在理而未形於事者也；辭則各因象而指其吉凶；占則又因吾之所值之辭而決焉，其示人也益以詳矣。故君子居而學易，則既觀象矣，又玩辭以考其所處之當否；動而諏筮，則既觀變矣，又玩占以考其所值之吉凶。善而吉者則行，否而凶者則止。是以動静之間，舉無違理，而「自天祐之，吉無不利」也。蓋「觀」者一見而決，「玩」者反復而不舍之辭也。

筮短龜長之説，惟見於《左氏》元凱之注，理固有之。但先王制卜筮之法至嚴至敬，虚其心以聽於鬼神，專一則應，疑貳則差。故《禮》曰「卜筮不相襲」，蓋爲此也。晉獻之欲立麗姬，以理觀之，不待卜而不吉可知。及其卜之不吉也，則亦深切著明已矣，乃不勝其私意而復筮之，是以私心爲主而取必於神明也，豈有感通之理哉？此所以筮之雖吉，而卒不免於凶也。今不推其所以聽於鬼神者之不專不一，而遽欲即此以校龜筮之短長，恐未免乎易其言之責也。

理則一而已矣，其形者則謂之器，其不形者則謂之道。然而道非器不形，器非道不立。蓋陰陽亦器也，而所以陰陽者道也。是以一陰一陽，往來不息，而聖人指是以明道之全體也。此「一陰一陽之謂道」之説也，不審高明以爲然否？

答丘子服 膺

「寵辱若驚，貴大患若身」，貴猶重也，言寵辱細故，而得之猶若驚焉，若世之大患，則尤當貴重之而不可犯，如愛其身也。寵爲下者，寵人者上於人者也，寵於人者下於人者也，是辱固不待言，而寵亦未足尚。今乃得之而猶若驚，而況大患與身爲一，而可以不貴乎？若使人於大患皆若其將及於身而貴重之，則必不敢輕以其身深預天下之事矣。得如是之人而以天下托之，則其於天下必能謹守如愛其身，而豈有禍敗之及哉？老子言「道之真，以治身」，又言「身與名孰親」，而其言「外其身」、「後其身」者，其實乃所以先而存之也，其愛身也至矣。此其學之傳所以流而爲楊氏之「爲我」也。蘇子由乃以「忘身」爲言，是乃佛家夢幻泡影之遺意，而非老氏之本真矣。

答丘子服

兩日連得手示爲慰。「貴大患」，如此説固好，但後一「貴」字别爲一義，似未安耳。「出生入死」章，諸家説皆不愜人意，恐未必得老子本指。今只自「夫何故」以下看，則語意自分明。蓋言人所以自生而趨死者，以其生生之厚耳。聲色臭味、居處奉養、權勢利欲，皆所以生之者，惟於此太厚，所以物得而害之。善攝生者遠離此累，則無死地矣。此却只是目前日用事，便可受持，他既難明，似亦不必深究也，如何，如何？

答李深卿泳

昨擇之持示别紙，教告甚悉。時亦不暇奉報，然因其行，嘗口附區區，不知高明以爲然否？夫儒、釋正邪之異，未易以口舌争，但見得分明，則觸事可辨。今未暇遠引，且以來教所舉《中庸》首章論之，則吾之所謂一者彼以爲二，吾之所謂實者彼以爲虚，其邪正得失於此已判然矣。然世之學者於吾學初未嘗端的用功，而於彼説顧嘗著力研究，是以於彼説日見其高妙，而視吾學爲不足爲。陷溺益深，則遂不復自知其爲陷溺。是雖以孟子之辨守而告之，恐未易拔，而况今日才卑德薄之人乎？然有一於此，疑若可捄：蓋天理人心，自有至當，我順彼逆，體勢不侔。是以爲吾學者深拒力排，未嘗求合於彼；而爲彼學者支辭蔓説，惟恐其見絶於我。是於其心疑亦有所不安矣。誠如是也，則莫若試於吾學，求其所以用力者，如往時之一意於彼而從事焉。假以歲時，不使間斷，則庶乎其可以得本心之正而悟前日之非矣。

所論不當啓後學輕視前輩之弊，此則至論，敢不承教。然觀聖賢議論，雖未嘗不推尊前輩，而其是是非非之際，亦未嘗有毫髮假借之私。若孟子之論伊尹、夷、惠，抑揚其辭，不一而足，亦可見矣。若吕氏之學，在近世則亦近正矣，然觀正獻對神祖空寂之問，則以堯、舜所知所急爲兩途；觀原明述正獻學佛之事，則見正獻所學所言爲二致。諸若此類，不可殫舉。蓋猶未免於習俗之蔽，而以前輩之故一例推尊，禁不得復議其失，是孔子不當論臧文仲之不仁不智，且當直許子文、文子以仁然後爲可也。擇之講論精密，務求至當，似未爲過，但其間却實不免有輕視前輩之心，此則不可。去年因書蓋嘗箴之，正如老兄之意，但不敢謂緣此都不得別白是非也。

凡此二條，皆近世學者深錮之弊，是以因來喻之及而極論之。願試以愚言思之，一事正則其餘皆正矣。蓋理無二致，非如老兄所論《中庸》首章三句別爲兩事，與吕氏所知所急、所學所言有彼此之殊也。鄙見如此，或有未當，因來却望見教，勿憚反復。不有益於彼，則必有益於此矣。千萬，至懇，至懇。

答胡寬夫

示喻疑義數條，足見別後進學之篤，甚慰，甚慰。大概如此看，更須從淺近平易處理會、應用切身處體察，漸次接續，勿令間斷，久之自然意味浹洽，倫類貫通。切不可容易躁急，厭常喜新，專揀一等難理會、無形影底言語暗中想像，杜撰穿鑿，枉用心神，空費日力。更勿與人辨論釋氏長短，自家未有所見，判斷它不得，况廢却自家合做底緊切工夫，却與人争一場閑口舌，有損無益，尤當深戒也。主一之功，學者用力切要處，承於此留意，甚善。但其它推説，似太汗漫，多病痛。以熹觀之，似不必如此。只就如今做書會處理會，便見漸次。大抵自家所看文字，及提督學生工夫，皆須立下一定格目，格目之内常切存心，格目之外不要妄想，如看《論語》，今日看到此段，即專心致意只看此段，後段雖好，且未要看。直待此段分曉，説得反復不差，仍且盡日玩味。明日却看後段。日用凡事皆如此，以類推之可見。不然，雖是好事，亦名妄想。此主一之漸也。若不如此，方寸之間，頃刻之際，千頭萬緒，卒然便要主一，如何按伏得下？試更思之。「我不欲人之加諸我，吾亦欲無加諸人」，與子思所謂「施諸己而不願，亦勿施於人」，此言且只各就本句中體味踐履，久之純熟，自見淺深。❶今亦不須彊分別也。大抵學者之患在於好談高妙，而自己脚根却不點地，正所謂道在邇而求諸遠、事在易而求諸難也。《大學解》想亦看未到，四哥又自有日課，不欲妨它。教人者須常存此心。郭子和《中庸》，頃曾見之，切不可看，看著轉迷悶也。其它所欲文字，合用者前已附去，其他非所急者更不上内，想自曉此意。千萬息却此心，且就日課中逐些理會，慤實踐履，方有意味，千萬，千萬。後生輩誦書，亦如吾人講學，只是量力，不要貪多。仍須反覆熟讀，時時温習，是要法耳。

答吴德夫 獵

承喻「仁」字之説，足見用力之深。熹意不欲如此坐談，但直以孔子、程子所示求仁之方，擇其一二切於吾身者，篤志而力行之，於動静語默間，勿令間斷，則久久自當知味矣。去人欲，存天理，且據所見去之存之，功夫既深，則所謂似天理而實人欲者次第可見。今大體未正而便欲察及細微，恐有放飯流歠而問無齒決之譏也。如何，如何？易之爲義，乃指流行變易之體而言。此體生生，元無間斷，但其間一動一静相爲始終耳。程子曰：「上天之載，無聲無臭，

❶「淺深」，浙本、天順本作「深淺」。

其體則謂之易，其理則謂之道，其用則謂之神。」正謂此也。此體在人，則心是已。其理則所謂性，其用則所謂情，其動靜則所謂未發已發之時也。此其爲天人之分雖殊，然靜而此理已具，動而此用實行，則其爲易一也。若其所具之理、所行之用合而言之，則是易之有太極者。昨來南軒嘗謂太極所以明動靜之蘊，蓋得之矣。來喻以不易變易爲未發已發，恐未安。試以此説推之，非惟見得「易」字意義分明，而求仁用力要處亦可得矣。

答楊子直 方

承喻太極之説，足見用力之勤，深所歎仰。然鄙意多所未安，今且略論其一二大者，而其曲折則託季通言之。

蓋天地之間，只有動靜兩端，循環不已，更無餘事，此之謂易。而其動其靜，則必有所以動靜之理焉，是則所謂太極者也。聖人既指其實而名之，周子又爲之圖以象之，其所以發明表著，可謂無餘蘊矣。原「極」之所以得名，蓋取樞極之義，聖人謂之「太極」者，所以指夫天地萬物之根也。周子因之而又謂之「無極」者，所以著夫無聲無臭之妙也。然曰無極而太極，太極本無極，則非無極之後別生太極，而太極之上先有無極也。又曰五行陰陽，陰陽太極，則非太極之後別生二五，而二五之上先有太極也。以至於成男成女，化生萬物，而無極之妙蓋未始不在是焉。此一圖之綱領，《大易》之遺意，與老子所謂物生於有，有生於無，而以造化爲真有始終者正南北矣。來喻乃欲一之，所以於此圖之説多所乖礙而不得其理也。

熹向以太極爲體、動静爲用，其言固有病，後已改之曰「太極者，本然之妙也；動静者，所乘之機也」，此則庶幾近之。來喻疑於體用之云甚當，但所以疑之之説，則與熹之所以改之之意，又若不相似然。蓋謂太極含動静則可，以本體而言也。謂太極有動静則可，以流行而言也。若謂太極便是動静，則是形而上下者不可分，而「易有太極」之言亦贅矣。其它，則季通論之已極精詳，且當就此虚心求之，久當自明，不可别生疑慮，徒自繳繞也。

「持敬」之説，不必多言，但熟味「整齊嚴肅」、「嚴威儼恪」、「動容貌」、「整思慮」、「正衣冠」、「尊瞻視」此等數語而實加功焉，則所謂直内、所謂主一，自然不費安排而身心肅然，表裏如一矣。豈陸棠之謂哉？彼其挾詐欺人，是乃敬之賊耳。今反以敬之名歸之，而謂敬之實真有不足行者，豈不誤甚矣哉！大抵身心内外，初無間隔。所謂心者固主乎内，而凡視聽言動、出處語默之見於外者，亦即此心之用而未嘗離也。今於其空虚不用之處則操而存之，於其流行運用之實則棄而不省，此於心之全體雖得其半而失其半矣。然其所得之半，又必待有所安排布置然後能存，故存則有揠苗助長之患，否則有舍而不芸之失。是則其所得之半，又將不足以自存而失之。孰若一主於敬而此心卓然，内外動静之間，無一毫之隙、一息之停哉？叔京來書尚執前説，而來喻之云亦似未見内外無間之實，故爲此説，并以寄叔京，而所以答叔京者亦并寫呈。幸詳思之，却以見告也。

答楊子直

來書譙責不少置，不記前書云何，何所得罪，一味皇恐而已。但來書既云「鐫責諄切」，其後又謂「不教而棄之」，殊不可曉。如前書尚在，望令小吏録以見寄，❶當一一供答，以聽裁處。熹却自覺尚且耐煩，不至如老兄激發怨懟之深也。且如向來出川時所予書，無非怨懟之語，此非怨熹之詞，想自記得。故竊疑之，以爲士君子去就離合之際不當如此，因答書中頗致寬解之詞，未有相貶外處。如後來見教政事條目，其間亦有一二心未安處，故因筆自解，即非相貶外。不知今來所謂「貶外」是指何語？恐實有之而熹不自覺者，即望一二疏示，容其改過，幸甚，幸甚。

且如今書「四子」之説，極荷見教。然此書之目，只是一時偶見，《大學》太薄，裝不成册，難作標題，故如此寫，亦欲見得四書次第，免被後人移易顛倒。只如《大學》，據程先生説乃是孔氏遺書，而謂其他莫如《論》、《孟》，則其尊之固在《論語》之右，非熹之私説矣。今必欲抑之而尊《論語》，復何説乎？竊恐此意未必爲《大學》壓《論語》發，恐又只是景迂作祟，意欲擯斥《孟子》耳。萬一揣料失當，所言非是，亦告且爲平心息怒，子細見教，使得反復，以究實是之歸，幸甚，幸甚。

平時與老兄講論，常是不曾合殺，只被中間一句不合尊意，便蒙見怒，更不暇復論前語之是非，而一向且争閑氣。所以老兄

❶「吏」，浙本、天順本作「史」。

見教之美意，與區區獻疑之誠懇，皆不見其有益，而反積爲後日無窮之怨隙。所謂「忠告善道，不可則止」者，豈若是乎？ 世衰道喪，吾黨日孤，見自無事，不要似此尋事厮炒，使旁觀指目，益爲道學之病，乃是助彼自攻，古人所謂將鬬而自斷一手以求必勝者也。願老兄自今或有異同之論，且耐煩息怒而極論理之是非，則理日益明、氣日益和，雖使十反，極其紛拏，亦自無忿懟之撓矣。老兄見責不能受人盡言，而前後怨忿之詞至於如此，請出兩家之書付之識者，使其審訂，則誰爲不能受言者，必有在矣。王肅方於事上而好人佞己，此不絜矩之過也，願更思之。下交淺劣，不勝至望。

答楊子直

學者墮在語言，心實無得，固爲大病，然於語言中罕見有究竟得徹頭徹尾者，蓋資質已是不及古人，而工夫又草草，所以終身於此若存若亡，未有卓然可恃之實。近因病後不敢極力讀書，閑中却覺有進步處，大抵孟子所論「求其放心」是要訣爾。

答楊子直

前日晦伯人還，已上狀矣。但忘記一事，欲煩爲作小楷《四箴》百十字。今納界行去，暇日得爲揮染，甚幸。此箴舊見只是平常説話，近乃覺其旨意之精密，真所謂

「一棒一條痕、❶一摑一掌血」者，故欲揭之座隅，使不失墜云耳。時節不是當，字學亦絶，故又欲得妙札，時以寓目，以祛病思，幸勿靳也。

答楊子直

此庚申閏二月二十七日書，去夢奠十二日。

熹病日覺沉重，而醫者咸以爲可治，但服藥殊不見効，亦付之無可奈何，安坐拱手，以聽天命耳。曾光祖在此備見，當能道之也。此間諸况曲折，亦不暇詳布，渠亦可問也。

前書所求妙札，曾爲落筆否？便中早得寄示爲幸。近以書懇益公，求作先人墓碑，不知渠肯作否？若肯作又并書，即不敢奉浼，不然又當有請也。《夏小正》文已編入《禮書》，但所見數本率多舛誤，所示未暇參考，少俟功夫，子細校畢，即納還也。《四民月令》中亦見當時風俗及其治家齊整，❷即以嚴致平之意推尋也，亦俟抄了并納還。不知近日更得何異書？便中望見告。此却亦讀得舊書，但鍛鍊得愈純熟，亦頗有實用，不專是空言也。此間新定《參同契》，曾寄去否？如未有，可喻及，當續致也。此書理會他下手處不得，但愛其文古雅，因校此本，買櫝還珠，甚可笑也。

光祖家有泉石頗佳，已屬令去求詩，能爲出數語否？王才臣寄示所得諸圖，幽閒淡泊，彼間風俗嗜好不同，未必識此

❶「棒」，原作「捧」，據閩本、浙本、天順本、四庫本改。
❷「中」，原爲墨丁，據四庫本補。

味也。

答呂季克

承示及環叟之書，粗釋所疑。此公舊亦聞之，平父、伯崇皆與之相識，然不聞其爲濂溪家子弟也。其所著書乃如此，若《原說》者，則可謂青過於藍矣。道學不明，異端競起，士雖有意於學，而浮沉世故，不能篤信聖言，躬行默體，以至不疑之地，鮮有不没溺者，甚可歎也。八桂久不得書，昨亦見其所與尊兄書論《原說》者，大意甚正，但似未究其巧譎之情耳。

答廖子晦 德明

德明舊嘗極力尋究，❶於日用事上若有所感，❷而知吾身之具有者，廣大虚静，範圍天地，根本萬物，《易》所謂「寂然不動」、❸《中庸》所謂「喜怒之未發」者是也。德明將以此爲大本，漸加修治之功，未知所見是否？❹

聖門之學，下學而上達，至於窮神知化，亦不過德盛仁熟而自至耳。若如釋氏理須頓悟，不假漸脩之云，則是上達而下學也，其與聖學亦不同矣。而近世學者每欲因其近似而說合之，是以爲說雖詳、用心雖苦而卒不近也。《中庸》所謂「喜怒哀樂之未發謂

❶「德明」，浙本作「某」。
❷「德明」至「用事上」，淳熙本作「某竊嘗體究此理」。
❸「動」下，淳熙本、浙本有「感而遂通天下之故」八字。
❹「喜怒」至「所見是否」，淳熙本作「喜怒哀樂之未發謂之中發而皆中節謂之和者是也人惟習而不察故不知有貴於己者爲何物君子知夫此復加脩治之功庶幾於本歟」五十四字。

之中，發而皆中節謂之和」，只是説情之未發，無所偏倚。當此之時，萬理畢具，而天下萬物無不由是而出焉。故學者於此涵養栽培，而情之所發自然無不中節耳。故又曰「中者，天下之大本；❶和者，天下之達道」。此皆日用分明底事，不必待極力尋究，忽然有感，如來喻之云然後爲得也。必若此云，則是溺於佛氏之學而已。然爲彼學者自謂有見，而於四端五典、良知良能、天理人心之實然而不可易者，皆未嘗略見彷彿，甚者披根拔本，顛倒錯繆，無所不至。則夫所謂見者，殆亦用心太過，意慮泯絶，恍惚之間，瞥見心性之影象耳。與聖門真實知見、端的踐履，徹上徹下一以貫之之學，豈可同年而語哉？

程子以敬教人，自言主一之謂敬，不之東又不之西，不之此又不之彼，如此則何時而不存？然欲到得此功夫，須如釋氏攝心坐禪始得。德明又慮至此成正與助長，故近日又稍體究「禮樂不可斯須去身」之説。蓋禮則嚴謹，樂則和樂，兩者相須而後能。故明道先生既以敬教人，又自謂於外事思慮儘悠悠。又曰：「既得後便須放開，不然却只是守。」故謝子因之爲「展托」之論。德明又恐初學勢須把持，未敢便習展托。於斯二者，孰從孰違？雖然，是固操存舍亡之意，而孔氏教人求仁爲先。竊謂仁，人心也。克己之私而循天之理，則本心之仁得矣，夫復何事？嘗試求之，覺得難甚。先難後獲，寧不信然？

二先生所論「敬」字，須該貫動静看方得。

❶「又」，浙本無。《考異》云：一無「又」字。

夫方其無事而存主不懈者，固敬也；及其應物而酬酢不亂者，亦敬也。故曰：「毋不敬，儼若思。」又曰：「事思敬，執事敬。」豈必以攝心坐禪而謂之敬哉？禮樂固必相須，然所謂樂者，亦不過謂胸中無事而自和樂耳，非是著意放開一路而欲其和樂也。然欲胸中無事，非敬不能。故程子曰「敬則自然和樂」，而周子亦以爲禮先而樂後，此可見也。「既得後須放開，不然却只是守」者，此言既自得之後，則自然心與理會，不爲禮法所拘而自中節也。若未能如此，則是未有所自得，纔方是守禮法之人爾。亦非謂既自得之，又却須放教開也。克己復禮，固非易事，然顏子用力乃在於視聽言動，禮與非禮之間，未敢便道是得其本心而了無一事也。此其所以先難而後獲歟？今言之甚易，而苦其行之之難，亦不考諸此而已矣。❶

明道先生云：「『鳶飛戾天，魚躍于淵』，言其上下察也，與『必有事焉而勿正心』同。」德明竊謂萬物在吾性分中，如鑑中之影，仰天而見鳶飛，俯淵而見魚躍，上下之見，無非道體之所在也。方其有事而勿正之時，必有參乎其前而不可致詰者。鳶飛魚躍，皆其分内耳。活潑潑地，智者當自知之。

鳶飛魚躍，道體無乎不在。當勿忘勿助之間，天理流行正如是爾。若謂萬物在吾性分中，如鑑之影，則性是一物，物是一物，以此照彼，以彼入此也。横渠先生所謂「若謂萬象爲太虚中所見，則物與虚不相資，形自

❶ 「二先生所論敬字」至「亦不考諸此而已矣」一段，又見卷六四《答或人》之三。

形，性自性」者，正譏此爾。

夫子告子路曰：「未能事人，焉能事鬼？未知生，焉知死？」意若曰：知人之理則知鬼之理，知生之理則知死之理，存乎我者，無二物也。故《正蒙》謂「聚亦吾體，散亦吾體，知死而不亡者，可與言性矣」。竊謂死生鬼神之理，斯言盡之。君子之學，汲汲修治，澄其濁而求清者，蓋欲不失其本心，凝然而常存，不爲造化陰陽所累。如此，則死生鬼神之理將一於我，而天下之能事畢矣。彼釋氏輪回之説，安足以語此？

盡愛親、敬長、貴貴、尊賢之道，則事鬼之心不外乎此矣。知乾坤變化、萬物受命之理，則生之有死可得而推矣。夫子之言固所以深曉子路，然學不躐等，於此亦可見矣。近世説者多借先聖之言以文釋氏之旨，失其本意遠矣。

德明伏讀先生《太極圖解義》第二章曰：「動而生陽，誠之通也。繼之者善，萬物之所資始也。静而生陰，誠之復也。成之者性，萬物各正其性命也。」德明謂無極之真，誠也，動而生陽，静而生陰，動静不息，而萬物繼此以出，與因此而成者，皆誠之著。固無有不善者，亦無非性也，似不可分陰陽而爲辭。如以資始爲繫於陽，以正性命爲繫於陰，則若有獨陽而生、獨陰而成者矣。詳究先生之意，必謂陽根於陰、陰根於陽，陰陽元不相離。如此，則非得於言表者不能喻此也。

繼善、成性分屬陰陽，乃《通書》首章之意，但熟讀之，自可見矣。蓋天地變化不爲無陰，然物之未形則屬乎陽。物正其性不爲無陽，然形器已定則屬乎陰。嘗讀張忠定公語云：「公事未著字以前屬陽，著字以後屬陰。」似亦窺見此意。

答廖子晦

德明平日鄙見，未免以我爲主。蓋天地人物，統體只是一性。生有此性，死豈遽亡之？夫水有所激與所礙則成漚，正如二機闔闢不已，妙合而成人物。夫水固水也，漚亦不得不謂之水，特其形則漚，滅則還復是本水也。人物之生，雖一形具一性，及氣散而滅，還復統體是一而已，豈復分别是人是物之性？所未瑩者，正惟祭享一事推之未行。若以爲果饗耶，神不歆非類，大有界限，與統體還一之説不相似。若曰饗與不饗蓋不必問，但報本之道不得不然，而《詩》、《書》却明言「神嗜飲食」、「祖考來格」之類，則又極似有饗之者。竊謂人雖死無知覺，知覺之原仍在。此以誠感，彼以類應。若謂盡無知覺之原，只是一片太虚寂，則似斷滅無復實然之理，亦恐未安。君子曰終，小人曰死，則智愚於此亦各不同。故人不同於鳥獸草木，愚不同於聖，雖以爲公共道理，然人須全而歸之，然後足以安吾之死。不然，則人何用求至賢聖，何用與天地相似？倒行逆施，均於一死而不害其爲人，是直與鳥獸禽魚俱壞，懵不知其所存也。

死生之論，向來奉答所論「知生事人」之問已發其端。而近答嵩卿書，論之尤詳。意明者一讀，當已洞然無疑矣。而來書之諭，尚復如此。雖其連類引義，若無津涯，然尋其大指，則皆不出前此兩書所論之中也。

豈未嘗深以鄙説思之，而直以舊聞爲主乎？既承不鄙，又不得不有以奉報，幸試思之。

蓋賢者之見所以不能無失者，正坐以我爲主、以覺爲性爾。夫性者，理而已矣。乾坤變化，萬物受命，雖所禀之在我，然其理則非有我之所得私也。所謂「反身而誠」，蓋謂盡其所得乎己之理，則知天下萬物之理初不外此，非謂盡得我此知覺，則衆人之知覺皆是此物也。性只是理，不可以聚散言。其聚而生、散而死者，氣而已矣。所謂精神魂魄有知有覺者，皆氣之所爲也。故聚則有，散則無。若理則初不爲聚散而有無也。但有是理，則有是氣。苟氣聚乎此，則其理亦命乎此耳，不得以水漚比也。

鬼神便是精神魂魄。程子所謂「天地之功用、造化之迹」，張子所謂「二氣之良能」，皆非性之謂也。故祭祀之禮，以類而感，以類而應。若性則又豈有類之可言耶？然氣之已散者，既化而無有矣，其根於理而日生者，則固浩然而無窮也。故上蔡謂「我之精神，即祖考之精神」，蓋謂此也。

然聖人之制祭祀也，設主立尸，焫蕭灌鬯，或求之陰，或求之陽，無所不用其極，而猶止曰「庶或享之」而已。其至誠惻怛、精微恍惚之意，蓋有聖人所不欲言者，非可以世俗麤淺知見執一而求也。豈曰一受其成形，則此性遂爲吾有，雖死而猶不滅，截然自爲一物，藏乎寂然一體之中，以俟夫子孫之求而時出以饗之耶？必如此説，則其界限之廣狹、安頓之處所，必有可指言者。且自開闢以來，積至于今，其重併積疊，計已無地之可容矣。是又安有此理耶？且乾坤造化，如大洪爐，人物生生，無少休息，是乃所謂實然之理，不憂其斷滅也。今乃以一片大虚寂目之，而反認人物已死之知覺，謂之實然之理，豈不誤哉？

又聖賢所謂歸全安死者，亦曰無失其所受乎天之理，則可以無愧而死耳。非以爲實有一物可奉持而歸之，然後吾之不斷不滅者得以晏然安處乎冥漠之中也。夭壽不貳，脩身以俟之，是乃無所爲而然者。與異端爲生死事大、無常迅速然後學者，正不可同日而語。今乃混而言之，以彼之見爲此之説，所以爲説愈多而愈不合也。

凡此皆亦粗舉其端，其曲折則有非筆舌所能盡者。幸併前兩説參考而熟思之，其必有得矣。若未能遽通，即且置之，姑即夫理之切近而平易者，實下窮格工夫，使其積累而貫通焉，則於此自當曉解，不必別作一道理求也。但恐固守舊説，不肯如此下工，則拙者雖復多言，終亦無所補耳。

答廖子晦

德明自得賜誨，❶日夕不去手，紬繹玩味，未能盡究，亦嘗隨所知而爲之説。蓋天人無二理、本末無二致，盡人道即天道亦盡，得於末則本亦未離。雖謂之聖人，亦曰人倫之至而已。佛氏離人而言天，岐本末而有所擇，四端、五常之有於性者，以爲理障；父子、君臣、夫婦、長幼所不能無者，以爲緣合；甚則以天地、陰陽、人物爲幻化，未嘗或過而問焉，而直語太虚之性。夫天下無二理，豈有天人本末

❶「德明」，浙本作「某」。

輒生取舍而可以爲道乎？夫其所見如此，則亦偏小而不全矣，豈所謂徹上徹下、一以貫之之學哉？聖門下學而上達，由灑掃、應對、進退而往，雖飲食男女，無所不用其敬。蓋「君子之道費而隱」，費即日用也，隱即天理也。即日用而有天理，則於君臣、父子、夫婦、長幼之間，應對、酬酢、食息、視聽之頃，無一而非理者，亦無一之可紊。一有所紊，天理喪矣。故君子無所不用其敬。由是而操之固，習之熟，則隱顯混融，内外合一而道在我矣。佛者烏足以語是哉！佛氏之所謂悟，亦瞥見端倪而已。天理人心，實然而不可易者，則未嘗見也。其所謂修，亦攝心寂坐而已。棄人倫，滅天理，未見其有得也。此先生所以謂其卒不近也。

喜怒哀樂之未發，即寂然不動者是也。即此爲天地之心，即此爲天地之本。天下無二本，故乾坤變化，萬類紛揉，無不由是而出。而形形生生，各有天性，此本末之所以不可分也。得其靈而爲人，而於四者之際淵然而虚静，若不可以名言者。而子思以其無所偏倚而謂之中，孟子以其純粹而謂之善，夫子即謂生生之體而言之以仁，名不同而體一，亦未嘗離於日用之間。此先生所以謂其分明不待尋究者也。

某昔者讀紛然不一之書而不得其要領，泛觀乎天地陰陽、人物鬼神而不能一，在邇求遠，未免有極力尋究之過。亦嘗聞於龜山先生之説曰：「未言盡心，先須理會心是何物。若體得了然分明，然後可以言盡。」某前日之説，正坐是也。然道無須臾可離，日用昭昭，奚俟於尋究？此先生所爲丁寧開諭，某敢不敬承。至於鑑影之惑，非先生之教幾殆也。某昔者閒居默坐，見夫所謂充周而洞達者，萬物在其中，各各呈露，遂以鑑影之譬爲近，故推之而爲鳶魚之説，竊以爲似之。先生以太虛萬象而闢其失，某讀之久，始大悟其非。若爾，則鳶魚、吾性分爲二物矣。詳究先生之意，蓋鳶魚之生，必有所以爲鳶魚者，此道體之所在也。其飛其躍，豈鳶魚之私，蓋天理發越而不可已也。「勿忘」、「勿助長」之間，天理流行，無纖毫之私，正類是，此明道先生所以謂之同。某鄙見如此，未知合於先生之意否乎？其它死生鬼神之説，須俟面求教誨。

來喻一一皆契鄙懷，足見精敏，固知前此心期之不謬也。其間尚一二未合，亦非大故。屬此客中冗冗，未及一一條對。更願益加辨學之功，所見當漸真實也。

答廖子晦❶

所諭《詩》説，先儒本謂周公制作時所定者爲正《風》、《雅》，其後以類附見者爲變《風》、《雅》耳，固不謂變者皆非美詩也。《大序》之文，亦有可疑處，而《小雅》篇次尤多不可曉者，此未易考。但聖人之意，使人法其善、戒其惡，此則炳如日星耳。今亦不須問其篇章次序、事實是非之如何，但玩味得聖人垂示勸戒之意，則《詩》之用在我矣。鄭、衛之詩，篇篇如此，乃見其風俗之甚不

❶「子晦」，淳熙本作「教授」。

美。若止載一兩篇，則人以爲是適然耳。大抵聖人之心寬大平夷，與今人小小見識、遮前掩後底意思不同。此語亦卒乍與人説不得，且徐思之，俟它日面講也。

答廖子晦

乾之四德，以貞配冬，無可疑。人之四德，以智配冬，猶未瑩。豈以一歲之功、萬物之成畢見於此，如智之明辨者乎？智主含藏分别，有知覺而無運用，冬之象也。

以五常之道配五典之倫，則仁行於父子，義行於君臣，禮行於長幼，智行於夫婦，智所以别。信行於朋友，皆不易之定理。《中庸或問》首章不以禮主長幼、智主夫婦，何也？豈以禮與智通行無間，不當指定分配也歟？

智字分配，似稍費力，正不必如此牽合也。

「一陰一陽之謂道」，其在人者不越仁義兩端而已。陽爲仁，陰爲義，自此推之四端。竊謂禮亦陽德，仁之屬也；智亦陰德，義之屬也。如火木皆陽、水金皆陰之類。不識然否？

此段無可疑者。

德明讀先生《詩傳》，極有感發，始知《詩》真可以興也。所疑正、變《風》、《雅》，已荷開曉，又見教讀書之説，且云「聖人之心寬大平夷，與今人小小見識、遮前掩後底意不同」。夫温柔敦厚、寬大平夷，固《詩》之教，求諸《緑衣》、《終風》、《柏舟》、《考槃》，尤曉然可見。但所謂「小小見識、遮前掩後」者，不知所主何意？於《詩》何與？豈只以所載刺詩有淫褻不可告語者，聖人亦存而不删也耶？ 所疑未得，伏乞批誨。

鄙意初亦正謂如此，但寬大平夷，亦舉大體而言，不專指此一類也。

答廖子晦

熹頓首再拜：使至奉告，欣審比日秋清，尊履佳福。熹此諸況，已具平父書中矣。輕犯世禍，非欲如此，顧恐邂逅蹉跌，亦非所能避耳。要之惟是不出，可以無事。一行作吏，便如此計較不得，才涉計較回互，便是私意也。劉家大哥聞甚知好學，皆教導之力，感不可言。此衰拙之任，而老兄當之，其效又如此，爲幸甚矣。行期想有定論，渠家叔姪意甚拳拳也。

問及學舍次第，此間事既隔手，又生徒希少，殊不成次第，無可言者。然亦未嘗不告之以窮理脩身之事，但無緣朝夕與之親接，又其間知爲己求益者絶少，故亦無以用其力耳。《論語集注》已移文兩縣，并作書囑之矣。今人得書不讀，只要賣錢，是何見識？苦惱殺人，奈何，奈何！余隱之所刊，聞之已久，亦未之見。此等文字不成器，將來亦自消滅，不能管得也。鄭台州奇禍可駭，天意殊不可曉，令人憂懼。人還草此，未暇它及。惟千萬自愛，不宣。

熹再拜上問，慈闈安問日至。作肅家事處置甚善，示及疑義，各以鄙見條析。但宗法從來理會不分明，此間又無文字檢閲，恐只依鄭氏舊説，亦自穩當也。

答廖子晦

所論《易傳》「無妄」之説，甚善，但所謂「雖無邪心而不合正理」者，實該動静而言，不專爲莊敬持養、此心既存設也。蓋如燕居獨處之時，物有來感，理所當應，而此心頑然固執不動，則此不動處便非正理。又如應事接物處理當如彼，而吾所以應之者乃如此，則雖未必出於血氣人欲之私，然只似此，亦是不合正理。既有不合正理，則非邪妄而何？恐不必言未免紛擾、敬不得行，然後爲有妄之邪心也。

所論近世識心之弊，則深中其失。古人之學所貴於存心者，蓋將即此而窮天下之理；今之所謂存心者，乃欲恃此而外天下之理。其得失之端，於此亦可見矣。故近日之弊，無不流於狂妄恣肆而不自知其非也。

答廖子晦

守官得上官相知，可以行志，然獲上有道，自守亦不可失也。獄事人命所繫，尤當盡心。近世流俗惑於陰德之論，多以縱出有罪爲能，而不思善良之無告，此最弊事，不可不戒。然哀矜勿喜之心，則不可無也。所示疑義甚善，但一二處小未圓備，别紙具去。職事之餘，更能玩意於此，固佳，然觀書亦須從頭循序而進，不以淺深難易有所取舍，自然意味詳密。至於浹洽貫通，則無緊要處所下功夫亦不落空矣。今人多是揀難底好底看，非惟聖賢之言不可如此間别，且是只此心意便不定疊，縱然用心探索得到，亦與自家這裏不相干，突兀聱牙，無田地可安頓，此病不可不知也。

子晦所論「始終條理」，甚善。然去歲見三山上游諸論皆不可曉，何耶？豈同官所見不同，難力争耶？至中固不當以始終言，然射之所以中者，亦是其未用力時眼中見得親切，故其發而能中耳，發處方用得力也。其它則所論皆善矣。

國材以仁喻心之説，恐渠記之誤，不應如此謬妄也。「理一分殊」，便是仁義之理，不待行之而後爲義也。以行之爲義，乃是告子「義外」之説，自韓子失之矣。大抵仁、義、禮、智皆心之理，而仁在其中又無所不包，故孟子以人心言之。如四端皆心之用，而惻隱之心無所不貫，亦可見也。「信近於義，言可復也」，未可便説言不必信，蓋言欲其信，然須是近義，然後言可復而能全其信，此正言慮所終之意也。「竭力」，非不敢有其身之謂。「卒至於不敢慢」，語尤無序。皆不必如此説。四端一段甚好，此義理之綱領，能如此推明，甚慰所望也。「説大人」之義，熹嘗説孟子不是教人去藐大人，但教人勿視其巍巍然者而已。今人不是畏大人，只是畏其巍巍然者而已，如蘇秦嫂所謂「見季子位高金多」，正是此見識也。若能勿視其巍巍然而不失夫畏大人之心，則是乃真能畏大人者矣。「萬物皆備於我」，下文「反身」、「强恕」皆蒙此句爲義，不可只説一截。所謂「反身而誠」，乃窮理力行、功夫成就之效，貫通純熟，與理爲一處，不可只以「敬」字盡之也。

答廖子晦

「巧言令色爲失其本心」，此語非不是，但近時説者多因孟子之言，遂以「心」字替却「仁」字，此則不可。當更於此思之，得其説，則凡言仁者皆可默識，不但此章之義而已。且巧言亦不專爲譽人過實，大凡辭色之間務爲華飾以悦人之觀聽者皆是。《上蔡語録》中説寫東請客之類皆是。

「察私心所從起」，亦不記當時如何説。然亦非謂平居無事而伺其所起，但操存有功，即念慮之萌無不知覺。未能如此，即此心應物之際，不可不審其邪正公私，而施克復之功也。

曾子易簀非記者之誤，所論得之。

「千乘」之説，未有端的證據。《司馬法》説雖占地太廣，然以《周禮》考之，又不止此。如云「九夫爲井，四井爲邑，四邑爲丘，四丘爲甸」，鄭氏讀「甸」爲「乘」，云四丘之地出車一乘，乃是十六井也。所云未聞七家出一人之役，後來宇文周制府衛法，乃是七家共出一兵，疑於古制亦有所考，然今不可知矣。此類恐當細考而兼存之，以俟知者決焉，不必自爲之説也。

答廖子晦

所喻已悉，但事已如此，不若且静以聽之。吾人所學，正要此處呈驗。若看些利害，❶便不免開口告人，却與不學之人何異？向見李先生説，若大段排遣不去，只

❶「看」，閩本、浙本作「着」。

思古人所遭患難有大不可堪者，持以自比，則亦可以少安矣。始者甚卑其説，以爲何至如此，後來臨事，却覺有得力處，不可忽也。若閤中不快，亦無可奈何，事已至此，已展不縮，已進不退，只得硬著脊梁與它厮崖，看他如何，自家决定，不肯開口告他。若到任滿，便作對移批書離任，則它許多威風都無使處矣，豈不快哉！東坡在湖州被逮時，面無人色，兩足俱軟，幾不能行，求入與家人訣，而使者不聽。雖伊川先生謫涪陵時，亦欲入告叔母而不可得。惟陳了翁被逮，聞命即行，使人駭之。請其入治行裝，而翁反不聽。奇哉，奇哉！願子晦勉旃，毋爲後人羞也。

此間有吴伯起者，不曾講學，後聞陸子静門人説話，自謂有所解悟，便能不顧利害。及其作令，纔被對移它邑主簿，却不肯行，而百方求免。熹嘗笑之，以爲何至如此。若對移作指使，即逐日執杖子去知府廳前唱喏；若對移做押録，即逐日抱文案去知縣案前呈覆。更做耆長壯丁，亦不妨與它去做，况主簿乎？吴不能用，竟至憤鬱成疾而死。當時若放得下，却未必死。今不免死，而枉陪了許多下情，所失愈多。雖其臨機失於斷决，亦是平日欠了持論也。

「志士不忘在溝壑，勇士不忘喪其元」，此夫子所以有取於虞人，而孟子亦發明之。李先生説「不忘」二字是活句，須向這裏參取。愚謂若果識得此意、辨得此心，則無入而不自得，而彼之權勢威力亦皆無所施矣。前幅未盡鄙意，故復布此。試反復之，當自有判决處。

答廖子晦

唐臣問：《中孚》傳曰：「中虚爲中孚之象，中實亦爲孚義。」又曰：「中虚信之本，中實信之質。」又曰：「中虚爲誠之象，中實爲孚之象。」夫有本則有質，有誠則有孚，蓋即質生於本，而孚出於誠也。似有終始，似有先後，然不可得指而名之，以爲終始先後也。故分而言之則曰中實，合而言之則曰中虚。分謂二體，兑與巽也；合謂全體，中孚是也。二體以剛而得上下之中，雖曰實矣，及其成體，則二柔在中而又生於虚焉。蓋虚中未嘗無實，而中實未嘗不虚也。以虚爲實之體，而實爲虚之用，雖曰體曰用，又不可岐而爲二也。大抵虚根於實，實出於虚。及其虚也，實之理未嘗不在焉；於其實也，虚之義未嘗不存焉。但不可執其虚而忘其實，忘其實則無質也，無信也；又不可泥其實而失其虚，失其虚則無本也，不誠也。是猶陰根於陽，陽根於陰，静無而動有，道並行而不相悖者也。今夫天地之間，一元之氣杳冥無迹，豈非虚耶？萬物生成，各具形器，豈非實耶？然物雖成形，豈能離於一元之氣？豈能捨於物而自用哉？在今學者，體天地之化，盡形色之則，中不可不虚，亦不可不實。存養在我，則中心廣大，纖毫不留，不失於信之本，不忘於誠之象，豈非虚耶？應接於外，則必矜細行，克勤小物，不失於信之質，不忘於孚之象，豈非實耶？此亦伊川先生所謂「由乎中以應乎外，制於外所以養其中」之義也。如是，則體用一源，内外交養，豈不美哉！某讀《易傳》而有此疑義，萬望詳教。

德明答云：中孚之義微奥，豈德明所能識？嘗試考諸卦體，二五皆陽而中實者，中心純實而有信之義也；内外皆實而中虚者，中心虚明而能信之義也。就所主而言，則中實爲信之質；就所感而言，則中虚爲信之本。又以澤、風二象言之，則水以虚而受風之入，下以虚而受上之感，皆所以爲信也。其體、其實、其虚，一歸於信，此易之所以變易而無不各極其道，而中孚之義著矣。來説謂「虚中未嘗無實，實中未嘗無虚」，固善。又謂「虚根於實，實根於虚」；又以一元之氣爲虚，萬物生成爲實，其言竊恐有病。《精義》云：「冲漠無朕，而萬象森然已具。」其曰萬象已具，則雖冲漠無朕之際已不爲虚矣，况於一元之氣所既有者，得爲虚乎？此幾於老氏「有生於無」之論，見闢於《正蒙》之書者也。又以存養於中、應接於外爲兩截，恐失程子「由乎中以應乎外」之本意。不審高明以爲如何？

唐臣問：吕與叔嘗言思慮多，不能驅除。曰：此正如破屋中禦寇，東面人來未逐得，西面又一人至矣。左右前後，驅逐不暇。蓋四面空踈，盗固易入，無緣作得主定。又如虚器入水，水自然入。若以一器實之以水，置之水中，水何能入來？蓋中有主則實，實則外患不能入，自然無事。學者先務，固在心志，然有謂欲屏去聞見知思，則是絶聖棄智。有欲屏去思慮，患其紛亂，則須坐禪入定。如明鑑在此，萬物畢照，是鑑之常，難爲使之不照。人心不能不交感萬物，難爲使之不思慮。

若欲免此，唯是心有主。如何爲主？敬而已矣。有主則虛，虛謂邪不能入；無主則實，實爲物來奪之。大凡人心不可二用，用於一事，則它事更不能入者，事爲之主也。事爲之主，尚無思慮紛擾之患，若主於敬，又焉有此患乎？所謂敬者，主一之謂敬；所謂一者，無適之謂一。且欲涵泳主一之意，不一則二三矣。至於不敢欺，不敢慢，尚不媿於屋陋，❶皆是敬之事也。此二條一以實爲主，一以虛爲主，而皆收入《近思録》。唐臣以愚意度之，虛以敬言，實以事言。以敬爲之主則虛，虛則邪不能入；以事爲之主則實，實則外患不能入。故程先生於「有主則實」下云「自然無事」，於「無主則實」下云「實謂物來奪之」。詳此二條之意，各有所在，不可併作一意看，未知是否？

德明答云：有主則實、有主則虛，虛實二説雖不同，然意自相通，皆謂以敬爲主也。敬則其心操存而不亂，虛靜而能照。操存不亂，外患自不能入；虛靜而能照，外物自不能干，無有二事。程子曰：「主一之謂敬。」又曰：「敬則自虛静。」又曰：「敬勝百邪。」意亦可見。只緣吕氏患思慮多，程子謂其中心無主，所致如虛器入水、破室致寇，故言有主則實，實則外患不能入。後來學者又欲盡屏見聞知思，程子以爲人心不能無感，如鑑不能不照，但涵養清明，則自無紛擾，不待屏除也，故言「有主則虛，虛謂邪不能入」，各有攸當，皆是以敬爲主。若岐而爲二，恐非程子本意。又前言「有主則實」，則是心有

❶「陋」，閩本、浙本、四庫本作「漏」。

主也。後言「無主則實」，則是物來奪之，中心昏塞也，辭雖同而意則異。所言虛者亦然。

李君二説亦佳，但太支蔓作病耳。「有本則有質，有誠則有孚，蓋質生於本，而孚出於誠」，此四句自好。「似有始終」以下則贅矣。分合則是論卦體，非爲不可以先後指名而言也。「虛中未嘗無實」以下，亦是衍説，與此義初不相干。所云「實出於虛」，此尤無理。至謂「執虛忘實，泥實失虛」，皆極有害。大抵如今一念之間，中無私主，便謂之虛；事皆不妄，便謂之實，不是兩件事也。其説又以存養於中爲虛，應接於外爲實，亦誤矣。子晦之言大抵近之，但語有未親切處耳。後段虛實之説亦類此。子晦之説甚善，但敬則内欲不萌、外誘不入。自其内欲不萌而言則曰虛，自其外誘不入而言故曰實，只是一時事，不可作兩截看也。

答廖子晦

所喻禮文，此等事平昔不曾講究，一旦荒迷，又不暇問，所以例多苟簡，不滿人意。然「喪與其易也寧戚」，但存其大節，使不失吾哀痛之誠心爲急。此等雖小不備，亦不得已也。禮服制度見於《儀禮》爲詳，諸家皆祖之而有更變爾。若必欲致詳，可細考也。據今所急，卜葬爲先，葬後三虞，卒哭而祔。祔畢，主復于寢，以俟三年而後撤几筵。此《禮經》皆有明文，不必用它説改易也。

答廖子晦

廟議當時只用荆公之説，蓋伊川先生之意也。所謂不備九廟之制，蓋議者欲并祧僖、宣二祖而祔孝宗一室，則自太祖而至孝宗纔八世耳。兄弟共爲一世。正使荆公之説未必當理，宣祖亦未合在祧毁之限也。此事不當私議，然蒙見問，故謾及之，不必爲它人言也。所問葬法，大概得之。但後來講究木椁瀝青，似亦無益。但於穴底先鋪炭屑築之，厚一寸許，其上之中即鋪沙灰，四傍即用炭屑，側厚寸許，下與先所鋪者相接。築之既平，然後安石椁於其上，四傍又下三物如前。椁底及棺四傍、上面，❶復用沙灰實之。俟滿，加蓋，復布沙灰，而加炭屑於其上，然後以土築之，❷盈坎而止。蓋沙灰以隔螻蟻，愈厚愈佳。頃嘗見籍溪先生説，嘗見用灰葬者，後因遷葬，則見灰已化爲石矣。炭屑則以隔木根之自外入者，亦里人改葬者所親見。故須令嘗在沙灰之外，四面周密，都無縫罅，然後可以爲固。但法中不許用石椁，故此不敢用全石，只以數片合成，庶幾不戾法意耳。

答廖子晦

德明向者侍坐，嘗問降衷之性具有五典之彝，既已知之，而行之或有未至，只是爲私欲所撓耳，其要在窒欲。先生賜教

❶「椁」，《正訛》據《家禮》改作「棺」。
❷「土」，原作「上」，據浙本、四庫本改。

云：「一分私欲，❶便有一分見不盡。」時道中妄陳所見，以及無極太極、動静陰陽、五氣五性與夫萬事善惡之出，因言：「大端人倫，似只如此，不審如何著工夫方見得盡？」先生云：「據説，亦只是如此，無可思索。此乃『雖欲從之，末由也已』處，只要時習，常讀書，令常在目前，久之自然見得。」某佩服至訓，罔敢失墜。兹者辱書，又蒙誨以「離群索居之際自能提撕，不廢講習體驗之功，則與同堂合席、朝夕講磨無以異矣」。某執書三復，不勝感發。生我者父也，教我者夫子也。俛焉孳孳，斃而後已。因念顔子鑽仰堅高，恍惚前後，喟然發嘆，既知道體之無窮，又無所用其力，將欲罷之，而此理已躍如于中，有不容已者。而夫子循循善誘，復示以用力之方，博之以文，約之以禮。顔子窮格克復，既竭吾才，日新不息，於是實見此理卓然，若有所立，昭昭而不可欺。且又非力行之所能至，故曰「雖欲從之，末由也已」。如顔子者，可謂真知者哉！夫博文約禮，先生所謂講習體驗之功也。所立卓爾，亦豈離降衷之性、固有之彝哉？而顔氏之真知如彼，後人之不能及又如此，進寸退尺，每誦師言，愓然警懼。輒敢推廣先生之説，復以求教，詳賜開曉，幸甚。

所論顔子之嘆，大概得之，然亦覺有太煩雜處。約而言之，則高堅前後者，顔子始時之所見也；博文約禮者，中間用力之方也；欲罷不能以後者，後來得力之效驗也。《中庸》所謂「得一善，則拳拳服膺而不失」者，

❶「一」上，《正訛》增「有」字。

正謂此博文約禮工夫不可間斷耳。若能如此實用其力，久之自然見得此箇道理無處不在，不是塊然徒守一物而硬定差排，唤作心性也。若不如此，政使思索勞苦，説得相似，亦恐隨手消散，不爲吾有，况欲望其融會貫通而與己爲一耶？舊見李先生常説少從師友，幸有所聞，中間無講習之助，幾成廢墮。然賴天之靈，此箇道理時常只在心目間，未嘗敢忘。此可見其持守之功矣，然則所見安得而不精、所養安得而不熟邪？近時朋友漫説爲學，然讀書尚不能記得本文，講説尚不能通得訓詁，因循苟且，一暴十寒，日往月來，漸次老大，則遂漠然忘之，更無頭緒可以接續，至有不獲講學之利而徒取廢錮之禍者，甚可嘆也。來喻蓋已得此大意，然持之以久，全在日用工夫勿令間斷，久當自有真實見處也。

「班朝治軍，莅官行法，非禮威嚴不行；禱祠祭祀，非禮不誠不莊」。先生謂古人以誠莊對威嚴，蓋爲政以嚴爲本，寬以濟嚴之太過也。某向聞其語，猶未深訂。近讀《蒙》卦初六曰：「發蒙，利用刑人，用脱桎梏。」而程氏《傳》曰：「聖王設刑罰以齊其衆，明教化以善其俗，刑罰立而後教化行。治蒙之功，若非威之以刑，使之脱去昏蒙之桎梏，則善教無由而入。」某反覆深思，若威信不立，誠不足以立政，然猶有疑焉。孔子曰：「居上不寬，吾何以觀之哉？」竊謂居上以寬爲本，寬則得衆，嚴以濟寬之不及耳。若一意任威，是《蒙》爻所謂「以往吝」也，其弊將有至於法令如牛毛者。抑又聞之：四德之元，猶五常之仁。故元爲善之長，仁包義、禮、智三者，先之以仁，裁之以義。三代得天下以仁，莫不有慘怛之愛、忠利之教，所以不免於刑者，亦好仁惡不仁耳。今之爲州縣者，不念民生之艱，刑罰失平，征取無藝，箠楚流血，苟以逃上官之責；而過於寬者，又一切廢弛不立，所在有之。此固不足道，然先王爲政之本，寬嚴先後之異施者，不敢不詳講。伏乞賜誨。

爲政以寬爲本者，謂其大體規模意思當如此耳。古人察理精密，持身整肅，無偷惰戲豫之時，故其政不待作威而自嚴，但其意則以愛人爲本耳。及其施之於政事，便須有綱紀文章、關防禁約，截然而不可犯。然後吾之所謂寬者得以隨事及人，而無頹弊不舉之處；人之蒙惠於我者亦得以通達明白，實受其賜，而無間隔欺蔽之患。聖人說政以寬爲本，而今反欲其嚴，正如古樂以和爲主，而周子反欲其淡。蓋今之所謂寬者，乃縱弛；所謂和者，乃哇淫，非古之所謂寬與和者，故必以是矯之，乃得其平耳。如其不然，則雖有愛人之心，而事無統紀，緩急先後、可否與奪之權皆不在己，於是姦豪得志而善良之民反不被其澤矣。此事利害只在目前，不必引書傳、考古今然後知也。緩急、可否是兩事，無程限則緩急不在己，不親臨則可否不在己。今見爭訟人到官，常苦不得呈覆，須當計會案吏，然後得之，便可見其無政事，不待可否失當然後知其繆矣。又如縣道送兩稅簿上州磨審，皆有日限，有違失則糾正之，無即簽押用印給還。今有數月不還者，守倅漫不加省。如此之類，不可勝數。以此爲寬，不知孔子意裏道如何也。但爲政必有規矩，使姦民猾吏不得行其私，然後刑罰可省、賦歛可薄。所謂以寬爲本，體仁長人，孰有大於此者乎？

河出《圖》洛出《書》而起八卦九疇之數，聽鳴鳳而生六律六吕之聲。因思黃帝造律一事，與伏羲畫卦、大禹錫疇同功。況度量權衡皆起於律，而衡運生規，規生圓，圓生矩，繩直準平，至於定四時、興六樂，悉由是出。故曰「律者萬事之根本」，學者詎可廢而不講哉！夫黄鍾之管九寸，三分損一，下生林鍾。林鍾之管六寸，三分益一，上生太蔟。周旋十二律，復生黄鍾而還相爲宫之義。又一宫各生五聲，總十二律，凡生六十聲。❶如八卦重而爲六十四，皆自然之理也。然司馬遷律數與班固《志》不同者多未曉，考其實亦無不同，但司馬《曆書》微隱，此等尤費思索耳。如黄鍾長八寸七分，或謂「七」字是誤，蓋十分也，是爲九寸。此等不審然否？十二律還相爲宫，今考《禮運》疏義，黄鍾爲第一宫，下生林鍾，爲徵；上生太蔟，爲商；下生南吕，爲羽；上生姑洗，爲角。林鍾爲第二宫，終於中吕，爲第十二宫，各有上生下生所管之聲。此數蓋本於司馬遷《曆書》，然與黄鍾爲宫、太蔟爲商、姑洗爲羽、林鍾爲徵、南吕爲羽、應鍾爲變宫、蕤賓爲變徵者不同。其次大吕、太蔟，終於無射、應鍾，凡十二律，迭相爲宫，其下各有商、角、羽、徵、變宫、變徵之聲。向見書堂七絃琴準用此法以定清濁高下之聲，但不知疏義各爲一説，孰是孰否？其必各有所主也。變宫、變徵，其聲清耶？不知古律已用之否，或後來增加之也？至於埋律候氣一事，尤所未曉。書傳所載候氣之法，置十二律於密室，實葭灰管埋之地中，一氣至則一律飛灰。或疑所置諸律

❶「六十」，原作「十六」，據四庫本改。

方不踰數尺，氣至，獨本律應之，何也？此必有造化密相感召之理。或又按《隋志》之説曰：「律之長短不同，各齊其上，隨深淺入地中。冬至陽氣距地面九寸而止，惟黄鐘之管九寸，故達。」此説似爲有理。今因其説而推之：十一月，黄鐘，管長九寸；十二月，大吕，八寸四分；正月，太蔟，管長八寸；二月，夾鐘，長七寸。推而下之，其長者遞減，至九月，無射，五寸；十月，應鐘，四寸五分。雖埋律之地方不踰數尺，氣至無有不達，然候管長短不同，管長者氣必先達，灰亦先動；管短者氣達在後，亦如所謂南枝春先到，北枝差遲耳。不審然否？

律吕之説，今有《新書》并《辨證》各一册，及向時所撰序一篇并往，可細考之，當得其説。凡十二律，各以本律爲宫而生四律。如黄鐘爲宫，則太蔟爲商，姑洗爲羽，林鐘爲徵，南吕爲角，是黄鐘一均之聲也。若林鐘爲宫，則南吕爲商，應鍾爲角，太蔟爲徵，姑洗爲羽，是林鐘一均之聲也。各就其宫以起四聲，而後六十律之聲備。非以黄鐘定爲宫、太蔟定爲商、姑洗定爲羽、林鐘定爲徵、南吕定爲角也。但黄、大、太、夾、姑、中、蕤、林、夷、南、無、應爲十二律長短之次，宫、商、角、徵、羽爲五聲長短之次。黄鐘一均，上生下生長短皆順，故得各用其全律之正聲。十二律名，今俗樂亦用之。合字即是黄鐘，但其律差高耳。《筆談》言之甚詳，可呼俗工問之。

自林鐘之宫而生太蔟之徵，❶則林鐘六寸而太蔟八寸，徵反長於宫而聲失其序矣。故

❶「徵」，原作「祉」，據四庫本改。此段下同。

以十二律而言，雖當爲林鐘上生太蔟，而以五聲而言，則當爲宫下生徵，而得太蔟半律四寸之管，其聲方順。又自太蔟半律四寸之徵而生南吕五寸有奇之商，則於律雖本爲下生，而於聲反爲上生矣。自南吕五寸有奇之商而生姑洗七寸有奇之羽，則於律雖本爲上生，而於聲則又當用其半而爲下生矣。自姑洗半律三寸有奇之羽而生應鐘四寸有奇之角，則於律雖爲下生，而於聲反爲上生矣。其餘十律皆然。孔疏蓋知此法，但言之不詳耳。半律，杜佑《通典》謂之子聲者是也。此是古法，但後人失之，而唯存黄鐘、大吕、太蔟、夾鐘四律，有四清聲，即此半聲是也。變宫、變徵始見於《國語注》中及《後漢·樂志》，乃十二律之本聲，自宫而下，六變七變而得之者，非清聲也。如黄鐘爲宫，則第六變得應鐘，爲變宫；第七變得蕤賓，爲變徵。如林鐘爲宫，則第六變得蕤賓，爲變宫；第七變得大吕，爲變徵是也。凡十二律，皆有二變，一律之内，通前五聲合爲七均。祖孝孫、王朴之樂皆同。所以有八十四調者，蓋每律各添此二聲而得之也。《新書》此説甚詳。

候氣之説，其中亦已論之。蓋埋管雖相近，而其管之長短、入地深淺有不同，故氣之應有先後耳，非以方位而爲先後也。但畫一圖，朝夕看誦，仍於指掌間輪之，久久自熟，乃見其妙。此又可驗凡事皆然，别無奇巧，只是久而習熟，便是妙處也。《禮書》有此一卷，比《新書》差約。偶在他處，俟取到寄去看也。

天有黄、赤二道，沈存中云非天實有之，特曆家設色以記日月之行耳。夫日之所由，謂之黄道。史家又謂月有九行：黑道二，出黄道北；赤道二，出黄道南；白道二，出黄道西；青道二，出黄道東；并黄道而九。如此即日月之行，其道各異。況陽用事則日進而北，晝進而長；陰用事則日退而南，晝退而短。月行則春東，從青道；夏南，從赤道；秋西，從白道；冬北，從黑道。日月之行，其不同道又如此。然每月合朔，不知何以同度？而會於所會之辰，又有或蝕或不蝕，悉未能曉。向承指喻，其行或高而出黄道之上，或低而出黄道之下，或相近而偪，或差遠而不相值，則皆不蝕。是時不能反覆，今望賜誨。

日月道之説，所引皆是。日之南北雖不同，然皆隨黄道而行耳。月道雖不同，然亦常隨黄道而出其旁耳。其合朔時，日月同在一度；其望日，則日月極遠而相對；其上下弦，則日月近一而遠三。如日在午，則月或在卯、或在西之類是也。故合朔之時，日月之東西雖同在一度，而月道之南北或差遠，於日則不蝕。或南北雖亦相近，而日在内，月在外，則不蝕。此正如一人秉燭，一人執扇，相交而過。一人自内觀之，其兩人相去差遠，則雖扇在内，燭在外，而扇不能掩燭。或秉燭者在内，而執扇者在外，則雖近而扇亦不能掩燭。以此推之，大略可見。此説在《詩·十月之交》篇，孔疏説得甚詳。李迂仲引證亦博，可并檢看，當得其説。

《易啓蒙》曰：「圓者《河圖》之數，方者《洛書》之文。」夫《河圖》無四隅之位，截然四正而方，謂之圓，何也？又曰：「圓者，星也，曆紀之數，其肇於此乎？」注云：「曆法合二始以定剛柔，二中以定律曆，二終以紀閏餘。」今考班固《志》，天數始於一，中於三，終於二十五。地數始於二，中於六，終於三十。夫始、中、終蓋如此，推之於剛柔、律曆、閏餘，却有未深瑩者。抑亦「履端於始，舉正於中，歸餘於終」之義乎？然亦不合。願求其説。

《河圖》既無四隅，則比之《洛書》固爲圓矣。注中三句，本《唐書·曆志》一行之説。二始者，一、二也。一奇，故爲剛；二耦，故爲柔。二中者，五、六也。五者，十日；六者，十二辰也。二終者，十與九也。閏餘之法，以十九歲爲一章，故其言如此。然一章之數，似亦附會，當時姑借其説以明十數之爲《河圖》耳。

「甯武子邦有道則智，邦無道則愚。其智可及也，其愚不可及也」。此章一句，初理會不得。今讀《集注》，參考《左氏傳》，乃知武子當衛成公無道失國之時，周旋其間，盡心竭力而不去。及成公囚京師，武子求掌橐饘，賂醫薄酖，免衛侯於死，終以復國。及元咺之訟，武子又獨以忠而獲免。其能保身以濟其君如此，雖謂之智可也。而夫子曰「其愚不可及」。夫子嘗曰：「君子哉蘧伯玉！邦有道則仕，邦無道則可卷而懷之。」以伯玉之事責武子，雖謂之愚不識時，亦可也。然武子惓惓忠君，不避險艱，能爲人所不能爲，抑亦難矣。故夫子曰「其愚不可及」，蓋閔之也。今觀《論語》一書，於有道無道之世屢致意焉。其稱南容曰：「邦有道則仕，邦無道則免於刑戮」。武子之免者，亦幸矣。然武子仕衛兩世，其君信任之，義不可棄之而去，其幾於東漢王允乎？允又不免被害。嘗聞先生誦周子之言曰：「學顔子之學，志伊尹之志。」夫伊尹以天下爲己任者也，治亦進，亂亦進。然使成湯不興，聘幣不至，雖五就桀，其志曷施？陳蕃，漢代人豪，驅馳險阨之中，與刑人腐夫同朝争衡，屢退而不去者，以仁而爲己任，非人倫莫相恤也。卒以謀疎見殺，亦昧於夫子免刑戮之戒矣。然陳蕃、王允猶是當時朝廷倚任，身居鼎軸，義當與國存亡。故程子曰：「亦有不當愚者，比干是也。」若無言責官守，則如東海逢萌，當先漢之亂，憤三綱之既絶，挂冠東都門，浮海而去，惟恐其或緩也。君子之道，或出或處，或默或語，詎可不識時幾？聊發狂言，以驗中否。

所疑甯武子事，大概得之。但爲蘧伯玉、南容之愚則易，而爲武子之愚則難。所以聖人有「不可及」之歎也。陳蕃、王允固不得爲伯玉、南容之愚，然蕃事未成而謀已泄，允功未就而志已驕，則又不能爲甯武子之愚矣。此其所以取禍也。然爲逢萌則甚易，爲二公則甚難，又不可以彼而責此，但當問其時義之如何與其所處之當否耳。

答廖子晦

陳君全未有用心處，相見殊未有益。近時後生多只如此，難可以向上事期望之。只如老蘇，但爲學做些小語言文字，直將聖賢之言兀然端坐終日讀了七八年。今人説要學道，乃不曾略拼得旬月工夫讀一卷書，不曾成行記得。如此，而望有成，吁，亦難矣！

答廖子晦

顔淵之歎一段，是顔子見處，今無的慤

證驗之可言。但以義理推之，且得如諸先生及《集注》之説，庶幾少病。「如有所立卓爾」，只是見得比之舊時愈見親切，不似鄉來無捉摸處，但亦未有道理便得入於其間，據爲己物耳。今此謂在顔子心目之間，則是先來所見者不在顔子心目之間；又以爲方是實見，則前此非是實見矣，恐不然也。大抵此等處，吾輩既未到彼地位，臆度而言，只可大概實説，却於其中反覆涵泳，認取它做工夫處，做自己分上工夫，久之自當心融神會，默與契合。若只似此直以今日所見附會穿鑿，只要説得成就，正使全無一字之差，亦未有益。況以近觀遠、以小觀大，又自不能無所失乎？

心性一段，大概則然。但中間方説心爲之主，不知從前説太極、二五、四端之未發時，此心却在甚處？可更思之。

實見一段，大意極善，然非熹之説也，程先生《遺書》中自有一段説得極分明。章首云「皆實理也，人知而信者爲難」云云，即此意也。《大學》「誠意」章説「如惡惡臭，如好好色」，亦是此意，可并詳之。

曾點一段，《集注》中所引諸先生説已極詳明。蓋以其所見而言，則自源徂流、由本制末，堯、舜事業，何難之有？若以事實言之，則既曰行有不揜，便是曾點實未做得，又何疑哉？聖人與之，蓋取其所見之高、所存之廣耳，非謂學問之道只到此處便爲至極而無以加也。上蔡所記伊川先生與之答問「天下何思何慮」一段，語意亦正類此。見於《外書》，可并檢看。然則學者觀此，要當反之於身，須是見得曾點之所見、存得曾點之所存，而日用克己復禮之功却以顔子爲師，庶幾足目俱到、無所欠闕。橫渠先生所謂心要弘放，文要密察，亦謂此也。來喻大概得之，然其間言語亦多有病，❶其分根原、學問爲兩節者，尤不可曉，恐當更入思慮也。

《禮書》中青史氏之記，見《大戴禮》。

《經世紀年》，其論甚正，然古人已嘗言之。如漢高后之年，則唐人已於《武后》、《中宗紀》發之；蜀漢之統，則習鑿齒《晉春秋》已有此論矣。堯以甲辰年即位，乃邵康節《皇極經世》説，諸家之説亦有同者。此則荒忽，不可究知。敬夫所説牴牾處，必是謂武王克商之年，《泰誓》序作十一年，經作十三年，而編年之書乃定從序説。鄉見柯國材説，以《洪範》考之，訪于箕子是十三年事，必是當年初克商時便釋其囚而問之，不應十一年已克商，至兩年後乃問之也。其説似有理。亦嘗以告敬夫，敬夫大以爲然。其書已嘗刊行，至是遂止。敬夫之服善如此，亦難及也。

潮州王尚書舊嘗識之，其人勁正，忠實有餘，在言路嘗論湯思退之姦而逐之。但爲人頗疎率，學問偏任己見，諸經極有怪説，立朝議論亦有不到頭處，然不害爲一代正人。今所得奏議，煩録一本見寄。傅景初是其壻，恐必有本，旦夕當寄書問之也。

《樂記》圖譜，甚荷録示，但尚未曉用律次第。此間有人頗知俗樂，方欲問之，偶以事冗未暇。此固未必盡合古制，然未及百年而淪廢已如此，是可嘆也。

《韓文考異》，袁子質、鄭文振欲寫本就彼刻版，恐其間頗有僞氣，引惹生事，然當一面録付之。但開版事，須更斟酌耳。若欲開版，須依此本別刊一本《韓文》方得，又

❶「間」，原作「門」，據浙本、四庫本改。

恐枉複勞費工力耳。

《禮書》入疏者，此間已校定得《聘禮》以前二十餘篇，今録其目附去。彼中所編，早得爲佳。此間者已送福州，令直卿與劉履之兄弟參校，寫成定本，尚未寄來。若有可增益處，自不妨添入也。然因此得看《禮》疏一番，亦非小補。不然，此等如嚼木札，定無功夫看得也。

答廖子晦

來書疑著生死鬼神之説，此無可説。只緣有箇「私」字分了界至，故放不下耳。除了此字，只看太極兩儀、乾父坤母體性之本然，還有此間隔否耶？

答廖子晦

前此屢辱貽書，有所講論，每竊怪其語之不倫，而未能深曉其故，只據一時鄙見所未安處，草草奉答，往往只是説得皮膚，不能切中其病，所以賢者亦未深悉，而猶有今日之論也。此雖微陋踈率之罪，然因此却得左右明辨力扣，敷述詳明，然後乃能識得前後所説之本意，而區區愚見，亦因得以自竭，非小補也。

蓋詳來喻，正謂日用之間别有一物光輝閃爍，動蕩流轉，是即所謂「無極之真」、所謂「谷神不死」。二語皆來書所引。所謂無位真人，此釋氏語，正谷神之酋長也。學者合下便要識得此物，而後將心想象照管，要得常在目前，乃爲根本功夫。至於學問踐履，零碎湊合，則自是下一截事，與此粗細迴然不同。雖以顏子之初鑽高仰堅、瞻前忽後，亦是未見此物，故不得爲實見耳。此其意則善矣，然若果是如此，則聖人設教，首先便合痛下言語，直指此物，教人著緊體察，要令實見，著緊把捉，要常在目前，以爲直截根原之計。而却都無此説，但只教人格物致知、克己復禮，一向就枝葉上零碎處做工夫，豈不誤人枉費日力耶？《論》、《孟》之言平易明白，固無此等玄妙之談。雖以子思、周子喫緊爲人，特著《中庸》、《太極》之書以明道體之極致，而其所説用功夫處，只説擇善固執、學問思辨而篤行之，只説「定之以中正仁義而主静」、「君子修之吉」而已。未嘗使人日用之間，必求見此天命之性、無極之真而固守之也。蓋原此理之所自來，雖極微妙，然其實只是人心之中許多合當做底道理而已。但推其本，則見其出於人心，而非人力之所能爲，故曰天命。雖萬事萬化，皆自此中流出，而實無形象之可指，故曰無極耳。若論功夫，則只擇善固執、中正仁義便是理會此事處，非是別有一段根原功夫又在講學應事之外也。如説求其放心，亦只是説日用之間收歛整齊，不使心念向外走作，庶幾其中許多合做底道理漸次分明，可以體察，亦非捉取此物藏在胸中，然後別分一心出外以應事接物也。

來書又云，事事物物皆有實理，如仁義禮智之性，視聽言動之則，皆從天命中來，須如顏、曾洞見全體，即無一不善。此説雖似無病，然詳其語脉，究其意指，亦是以天命全體者爲一物之渾然，而仁義禮智之性、視聽言動之則，皆是其中零碎查滓之物，初不異於前説也。至論所以爲學，則又不在乎事事物物之實理，而特以洞見全體爲功。凡此似亦只是舊病也。且曰洞見全體而後事無不善，則是未見以前未嘗一一窮格以待其貫通，而直以意識想象之耳。是與程子所訶對塔而説相輪者何以異哉？

來喻又疑《考異》中説韓公見道之用而未得其體，以爲亦若自謂根原、學問各有一種功夫者，此亦不然。前日鄙意正爲韓公只於治國平天下處用功，而未嘗就其身心上講究持守耳，非病其不曾捉得此物藏在懷袖間也。此是學問功夫徹上徹下細密緊切處，向使不因來喻之詳，終亦未覺其病之在是。今幸見得，不是小事。千萬詳看此説，子細尋繹，更推其類，盡將平生所認有相關處一一勘驗，當自見得。如有未契，更宜反覆，不可容易放過也。安卿之病正亦坐此，向來至此，説得既不相合，渠便藏了，更不説著，遂無由與之極論，至今以爲恨。或因與書，幸亦以此曉之，勿令久自拘縶也。

大顛問答，初疑只是其徒僞作，後細思之，想亦有些彷彿。計其爲人山野質樸，雖不會説，而於修行地位做得功夫著實，故其言語有力，感動得人。又是韓公所未嘗聞，而亦切中其病，故公既聞其語，而不覺遂悦之也。然亦只此便見得韓公本體功夫有欠闕處，如其不然，豈其自無主宰，只被朝廷一貶、異教一言而便如此失其常度哉？此等處極不可草草看過，更宜深體之也。其餘已具見於《考異·外集》卷中者，今不復論。然若不得此碑，亦無由見得許多曲折也。

坡公海外意况，深可歎息。近見其晚

年所作小詞，有「新恩雖可冀，舊學終難改」之句，每諷詠之，亦足令人慨然也。二詩亦未甚曉，不敢又便率然奉答。然恐亦只是舊來意思，但請只就前説觀之，恐亦可自見得矣。蓋性命之理雖微，然就博文約禮實事上看，亦甚明白，正不須向無形象處東撈西摸，如捕風繫影，用意愈深而去道愈遠也。

晦庵先生朱文公文集卷第四十五

閩縣儒學教諭王製校

晦庵先生朱文公文集卷第四十六

書知舊門人問答

答李濱老呂

熹愚陋，無聞於世，足下不鄙，辱貺以書，甚盛禮也。熹少好讀程氏書，年二十許時，始得西山先生所著《論》、《孟》諸説讀之，又知龜山之學横出此枝，而恨不及見也。既而得從何兄叔京遊，乃知足下蓋得其家傳者。是時家居，西距高隱不能甚遠，而以事牽，不得一往質其所疑，徒日往來於心不忘也。不謂此來各去其家數百里之外，乃承惠音，許以臨辱，奉讀驚喜不可言。既又聞以微疾東轅，爲之悵然累日也。

示喻向來爲學之意，有以知家庭授受之要，感歎無已。蓋竊嘗病今世學者幸得諸老先生爲之先唱，指示要途，以趣聖賢之域，而不能自淺及深、自近及遠，循序以進。或乃探測幽微，馳騖於言意之表，以是徒爲談説之資，而卒無所得於造理行事之實。其幸不至於中道而廢者，則必流於老、佛之歸而不悟。今足下之學之傳遠有端緒，其必有以異於此者，顧恨未得面扣其詳耳。

《通鑑》之書，頃嘗觀考，病其於正閏之際、名分之實有未安者。因嘗竊取《春秋》條例，稍加檃括，别爲一書。而未及就，衰眊浸劇，草藁如山，大懼不能卒業，以爲終身之恨。今聞足下亦嘗有所論著，又恨其未得就正，以資博約之誨也。

廬阜固爲東南雄麗奇特之觀，而又有陶靖節祖孫、劉西澗父子之遺風，濂溪暮年嘗守其地，而西山舅氏陳忠肅公亦嘗謫居焉，今老儒生猶有及見之者。然前此未嘗有留意者。區區此來，適會學官楊君訪得西澗遺象，與元祐李公擇尚書並祠於學，因與復議，并取靖節、忠肅及西澗之子秘丞公合而祠之，更立濂溪之祠於其右，配以程氏二夫子焉。陶公有醉石，在郡西北數十里所謂栗里者也。劉公之墓在西門外荒草中，幾無復知其處者。今皆作亭以表之。以來教之語及之，知足下之有意乎此也，故并以告，想聞之亦爲一太息也。

叔京進德未已，遂爲古人，每一念之，潸然出涕。往時見其遺藁有與足下往來詩句，竊計傷惜之懷不減於此，不獨爲姻戚之好也。端明黄公盛德高年，中間一病，亦甚可駭，今聞其已能步履，豈弟君子，神明所扶，固當如此，抑亦見其平日持養之功矣。凡此皆因來教之及，所欲爲足下言者，蓋不止此也。來使還自九江，撥冗修復，草草，幸察。不宣。

與汪伯虞

正月十一日，同郡朱熹頓首復書伯虞茂才鄉丈執事：熹之外家於門下有姻婭之好，而執事，丈人行也，久客閩中，未獲一見，獨幸從親故間講聞聲譽之美，差以自慰。兹承不鄙，遠致長書，禮意既隆，而所以稱道期許之者又過其實，熹不敢當也。

示諭尚書金公名堂之意，俾得贊一詞焉，幸甚，幸甚。金公亦先友也，熹頃歲嘗獲拜之臨安，俯仰十有七年矣。三復來誨，若復得望見其衣冠而聞其謦欬者。甚矣金公之厚於執事而所以相告者之切而當也！邕州使君往見張荆州、吕著作，皆稱其才。今讀記文，又有以見其所存者，益恨未得一聽議論之餘也。顧二公之意，所以望於執事者皆非他人所能與，獨在明者精擇而力行之耳。况如熹之淺陋，其又將何以辱禮命之勤哉？加以拙踈，乍親吏事，公私倥偬，日不暇給，尤覺荒澀，不能一吐胸中所欲言者，因風敬謝先辱。❶旦夕儻得脱此覊畢，歸卧田間，呻吟之暇，乃當有報執事耳。

惠墨甚富且珍，未有以報，此間石刻各往一通，幸視至。未有承晤之日，正惟進德自重，慰此願言。不宣。

答汪太初

四月八日，同郡朱熹頓首復書汪君太初茂材足下：熹於足下雖得幸同土壤，而自先世流落閩中，以故少得從故里之賢人君子遊，顧其心未嘗一日而忘父母之邦也。屬隨宦牒來官廬阜，同郡諸生間有肯相過者，而足下乃以手書先之，三復誨諭，喜幸無窮。又承示以文編，益欽德學之盛而恨其未得少奉從容也。

然間嘗竊病近世學者不知聖門實學之根本次第，而溺於老、佛之説，無致知之功，無力行之實，而常妄意天地萬物、人倫日用之外别有一物空虚玄妙、不可測度，其心懸

❶「敬謝先辱」，淳熙本作「先此致敬以謝」。

懸然惟徼幸於一見此物，以爲極致；而視天地萬物本然之理、人倫日用當然之事皆以爲是非要妙，特可以姑存而無害云爾。蓋天下之士不志於學，則泛然無所執持而徇於物欲，幸而知志於學，則未有不墮於此者也。熹之病此久矣，而未知所以反之。蓋嘗深爲康、胡二君言之，而復敢以爲左右之獻，不識高明以爲然否？

抑嘗聞之，學之雜者似博，❶其約者似陋。惟先博而後約，然後能不流於雜而不揜於陋也。故《中庸》明善居誠身之前，而《大學》誠意在格物之後，此聖賢之言可考者然也，足下其試思之。未即會晤，惟進學自愛爲禱。匆匆，不宣。熹再拜。

答方耕道 耒

開喻詳悉，足見進學不倦之意。以左右明敏彊毅之資，厲志於此，何患於不得？然以愚見論之，詞氣之間，似猶未免迫急之病，於所謂平心和氣、寬以居之者，恐未有得力處也。願更於日用、語默、動静之間自立規程，❷深務涵養，毋急近效，要以氣質變化爲功。若程夫子所謂敬者，亦不過曰「正衣冠、一思慮、莊整齊肅、不慢不欺」而已。但實下功夫，時習不懈，自見意味。不必懸加揣料、著語形容，亦不可近捨顯然悔尤、預憂微細差忒也。其他尚多有可論處，來

❶「雜者似博」，《正訛》作「博者似雜」。
❷「自」，原作「日」，據浙本、天順本改。

書偶留墳庵，不能盡記曲折，然其大概亦具此矣。大抵學問之道，不敢自是，虚以受人，乃能有益。若一有所聞，便著言語撑拄過去，則終無實得矣。

答方耕道

示問詳複，具審比日進學不倦之志，甚善，甚善。顧淺陋何足以及此？然荷意之厚，不敢虚也。向者妄謂自立規程，正謂「正衣冠、一思慮、莊整齊肅、不慢不欺」之類耳。此等雖是細微，然人有是身，内外動息不過是此數事。其根於秉彝，各有自然之則。若不於此一一理會，常切操持，則雖理窮玄奥、論極幽微，於我亦有何干涉乎？「弘毅」之云，雖聖賢所示之要，然恐其間更須細密，方有實用功處。不然，則所謂只作一場話説，務高而已者，不可以不戒也。若必謂有所見然後有所主，則程子所謂「未有致知而不在敬」者，是爲敬有待於見乎？見有待於敬乎？果以徒然之敬爲不足事，而必待其自然乎？長沙有二先生《文集》，朋友間亦必有《遺書》本子，暇日更求此二書，反覆熟讀，不計近功，則智當益明而有以審乎此矣。前書所謂捨顯過、憂小失，正謂放飯流歠而問無齒決之類。舍此憂彼，則爲失其序耳。若日用功夫果能謹之於微，不使至於形顯，則善何以加？但恐言太高而難踐，則非所謂「切問而近思」耳。

答方耕道

老兄以明敏果決之資，挾凌高厲遠之志，士友間所難得。今兹需次，暫得閑日，所宜潛心味道，益進所學，以副區區期望之意。向來所探似亦太高，所存似亦太簡，又每有自喜己材、獨任己見之意。今當小立課程而守之以篤，博窮物理而進之以漸，常存百不能、百不解之心，而取諸人以爲善，則德之進也不可禦矣。愛慕之深，不覺縷縷，幸恕僭易也。

答曾節夫 撙

所喻夷狄之云，恐不當以此爲比。只此一語，便是十數年洶洶之根。願平心定氣，徐以疇昔所聞於湖湘者考校此語所從來，則於此其必有處矣。不然，平日之言却似與此心此事不相入，恐非亡友所望於賢者也。

答吕士瞻❶ 竦

道一遠來，甚慰孤陋。天資明敏，極不易得。到此數日，適值小冗，撥置與語，令人不倦。觀其意趣，事事通曉，但於爲己一著未有肯心，此區區所深惜。故其告歸，再三留之，今日乃言有信得及處。此事體大，日月長遠，政使實得，亦須接續功夫常不間斷，方可保任。況一時意思，未知果如何，須更於過庭之際，入大鑪鞴，與之鍛鍊，始可放行耳。

示喻艮背之説，周、程先生意是如此，尋常亦只如此曉會，於道理功夫無不是處。但近讀《易》，見得彖辭解云：「艮其止，止

❶「士瞻」，浙本作「知録」。

其所也。」正説此句之意。則所謂艮乃止也，背乃當止之所也。程先生於此句下亦作此説，却不本上文卦辭之義。蓋理自兩通，但文王意則只當依孔子所解爲是，❶不須更引不見之説以雜之也。不審尊意以爲如何？

南軒辨吕與叔《中庸》，其間病多，後本已爲删去矣。但程先生云「涵養於未發之前則可，求中於未發之前則不可」，此語切當，不可移易。李先生當日用功，未知其於此兩句爲如何，後學未敢輕議。但今當只以程先生之語爲正，則欽夫之説亦未爲非。但其意一切要於鬧處承當，更無程子涵養之意，則又自爲大病耳。渠後來此意亦改，晚年説話儘不干事也。

答吕道一

三復來示，詞義通暢，爲之爽然。但其所論有於鄙意未安者。大凡論學，當先辨其所趨之邪正，然後可察其所用之能否。苟正矣，雖其人或不能用，然不害其道之爲可用也；如其不正，則雖有管仲、晏子之功，亦何足以稱於聖賢之門哉？且古之君子所以汲汲於學者，不爲其終有異於物而勤，故亦不爲其終無異於物而肆也；不爲其有名而勸，故亦不爲其無名而沮也；不爲其有利而爲，故亦不爲其無利而止也。是其設心蓋儻然一無有所爲者，獨以天理當然而吾不得不然耳。

❶「王」下，浙本有「本」字。

若夫萬物散爲太虚之説，則雖若有以小異於輪回之陋，然於天地之化育，蓋未得爲深知之者也。此未易言，今且當熟讀聖賢之書而以漸求之耳。

答吕道一

示喻已悉。但爲學之功且要行其所知，行之既久，覺有窒礙，方好商量。今未嘗舉足而坐談遠想，非惟無益，竊恐徒長浮薄之氣，非所以變化舊習而趨於誠實也。

答詹兼善

示喻儒、釋之分，益見潛心之力。所謂「釋氏一覺之外更無分别，不復事事，而吾儒事事無非天理」，此語是也。然吾儒亦非覺外有此分别，只此覺處便自天高地下，萬物散殊，毫髮不可移易。所謂天叙、天秩、天命、天討，正在是耳。所論《孟子》甚善，其大概不外此矣。更於其間子細研窮，見得曲折處，方有意味。願益勉旃，以慰所望。

答曾致虚

所論誠敬之説，甚善。但欽夫之意，亦非直謂學者可以不誠。蓋以爲既曰持敬，便合實有持敬之心，不容更有不誠之敬，必待别著誠字，然後爲誠也。大抵「誠」字在道則爲實有之理，在人則爲實然之心，而其維持主宰，全在「敬」字。今但實然用力於敬，則日用工夫自然有總會處，而道體之中名實異同、先後本末皆不相礙。若不以敬爲事而徒曰誠，則所謂誠者，不知其將何所錯？且五常百行，無非可願，雜然心目之間，又將何所擇而可乎？鄙意如此，不審高明以爲如何？願於日用間一驗其實，因風語其可否焉。

答曾致虚 乙卯二月一日

南康從祀畫象，乃取法監學，已詳報吴廣文矣。白鹿當時與錢子言商量，只作禮殿，不爲象設，只依《開元禮》臨祭設席，最爲得禮之正。不然，則只用燕居之服，以石爲席而坐於地，亦適古今之宜，免有匍匐就食之誚。子言皆不謂然。但今已成，恐毁之又似非禮，此更在尊意斟酌報之也。蓋幼年聞先君言，❶嘗過鄭圃，謁列子廟，見其塑象地坐，則此不爲無據也。

答朱魯叔

劉守請祠未報，計須且留。知早晚得親炙，又與程弟講學，甚善，甚善。風俗不好，直道而行便有窒礙。然在吾人分上，只論得一箇是與不是，此外利害得喪有所不足言也。爲學之要，先須持己，然後分别義、利兩字，令趣向不差，是大節目。其它隨力所及爲之，務在精審而不貴於汎濫涉獵也。

答黄商伯 灝

「心喪」問大意甚善，但云本生之服視其屬之親踈，却似不然。蓋不問其親踈，而

❶「聞」，原作「間」，據浙本、天順本改。

概以齊衰不杖期服之也。本生繼母，蓋以名服。如伯、叔父之妻，於己有何撫育之恩？但其夫屬乎父道，則妻皆母道，况本生之父所再娶之妻乎？此兩節幸更考之。「恕」説亦佳，但《大學》「絜矩」常在「格物」之後，蓋須理明心正，則吾之所欲、所不欲，莫不皆得其正，然後推以及物，則其處物亦莫不皆得其正，而無物我之間。如其不然，而以私己自便之心爲主，又欲以是而及人，則人道不立而驅一世以爲姑息苟且之場矣。此處亦幸更思之也。熹嘗於《大學》「治國平天下」《或問》中極論此事，此便遽，未及奉寄，旦夕别附致也。

答黄商伯

熹請祠人未還，計亦不出數日。蓋其去已餘兩旬，計程當歸已久，必是已如所請，等候出敕留滯耳。萬一未遂，愚計所處正如來喻之云也。年來衰病，支離日甚，今無他望，但願殘年飽喫飯耳。往年遊豫章，每至東湖之上，未嘗不慨然有懷陳仲舉、徐孺子之高風。出處之間，禍福不同，然亦各行其志。未知此漂漂者竟如何耳。

示喻向來喪服制度，私固疑之。幞頭四脚，所喻得之矣。但後來報狀中有幞頭，又有四脚，各爲一物，與此注文又不同。不知當日都下百官如何奉行，固無一人來問，以書扣禮官，竟亦未報也。至於直領襴衫上領不盤，此間無人曉得，遂有爲之説者云，但用布夾縫繞頸直過，略作盤領之狀，而不用斜帛接續盤繞。州縣多用此制。詳此只是杜撰，但禮官之意却未必不是如此。然想官人亦未必曉，只是手分世界中化現出來耳。

竊疑直領者，古禮也；檢《三禮圖》可見。襴衫者，今禮也。如公服之狀，乃有横襴。必是故事中曾有兩説，各用一説，而今遂合爲一。既矛盾而不合，於是爲此杜撰之説以文之耳。更以報中第一項證之，既有斜巾，又有帽，又有四脚，又有冠，一日之中，一元之上并加四服，此亦并合古今之誤。蓋斜巾本未成服之冠，如古之免帽，却與四䙆衫爲稱；四脚即與襴衫爲稱。冠即見《三禮圖》者，當與直領衫裙爲稱。今則并加四者，而下服有襴有裙，亦是重複，而真直領之衣遂廢。只此一事，便令人氣悶。今幸有討論之命，然亦未見訪尋士大夫之好古知禮者，次第又只是茅纏紙裹，不成頭緒。

近報作百日禮數，此亦不經之甚。且唐制本爲王公以下，豈國家所宜用邪？禮器之失，不但一爵。今朝廷所用宣和禮制局樣度，雖未必皆合古，然庶幾近之。不知當時禮部印本何故只用舊制？向來南康，亦無力，但以爵形太醜，而句容有新鑄者，故易之耳。其實皆當遣人問於禮寺而盡易之，乃爲盡善。但恐其費不貲，州郡之力不能辦耳。福州余丞相家有當時所賜甚精，然今亦莫能用也。

濂溪之祠，郡將乃能留意如此，并及陶、劉，亦甚善。此等事自世俗言之似無緊要，然自今觀之，於人心政體所繫亦不輕。如今日荒政，便與此事相表裏。若如庚子年中守令見識，彼安肯作此事邪？

答黄商伯

方喪無禫，見於《通典》，云是鄭康成

說。而遍檢諸篇，未見其文，不敢輕爲之說。但今日不可謂之方喪，則禮律甚明，不可誣耳。《儀禮·喪服傳》「爲君之祖父母、父母」條下疏中趙商問答極詳，分明是畫出今日事。往時妄論，亦未見此，歸乃得之，始知學之不可不博如此，非細事也。左、杜所記，多非先王禮法之正，不可依憑。要之，三代之禮，吉凶輕重之間，須自有互相降厭處。如《顧命》、《康王之誥》之類，自有此等權制，禮畢却反喪服，不可爲此便謂一向釋服也。

心喪無禫，亦見《通典》，乃是六朝時太子爲母服期已除，而以心喪終三年。當時議者以爲無禫，亦非今日之比也。此事本不欲言，以自是講學一事，故及之，切勿爲外人道也。

跪坐近得楊子美書，引僧人禮儀、道士宣科爲比，彼蓋未嘗以爲難，只是慣耳。其說亦爲得之。《皇祐祭式》却未之見，如有本，幸因的便借及。彼時所用，只是《開寶通禮》。此有其書，❶欲一參校也。《開寶》與《開元》大概相襲，《開元》只有先師二位，無諸從祀，或是《開寶》所增也。位牌於法亦只卧之於地，與獻官位版相似，非此爲神位也。今獻官位版亦有植之以趺而立之者，皆誤也。塑象如《開元禮》則無之，想當時初加夫子王號，即內出衮冕以被之，則爲有象。不知何故牴牾如此。豈所修禮書亦姑以存古而實未必行邪？而韓退之、劉禹錫諸廟學碑，亦皆言有象，本朝則固有之久矣。可更試考之也。

❶「此」上，浙本有「見」字。

答黄商伯

《大學》「知止能得」，《或問》云：「知止云者，物格知至而於天下之事皆有以知其至善之所在。」又曰：「能知止，則事事物物皆有定理。」至「能慮」，則又曰：「隨事觀理，極深研幾，無不各得其所止之地而止之。」程子則曰：「格物，非欲盡窮天下之物。」又曰：「今日格一件，明日格一件，積習多後，脱然有貫通處。」妄謂一物既格，則能知一物至善之所在，而亦可得其所止。然猶有定、静、安、慮之四節，學者必知止而用其力，然後求得所止也。今《或問》以爲必盡窮天下之理，然後可以知至善所在而得所止，與程子所言格物工夫似若不同，得非《或問》所指是舉《大學》之全體極致而言之歟？❶

經文「物格」，猶可以一事言；「知至」則指吾心所可知處，不容更有未盡矣。程子一日一件者，格物工夫次第也；脱然貫通者，知至效驗極致也。不循其序而遽責其全，則爲自罔；但求粗曉而不期貫通，則爲自畫。故古經、程子之言未見其有不同也。

《中庸章句》言：「人物之生，各得其所賦之理，以爲健順五常之德，所謂性也。」竊謂二五之精，妙合而凝，則賦健順五常之

❶「今或問以爲」至「言之歟」一段，浙本作「今或問云天下之事皆有以知其至善之所在其釋知止之本文全體可謂當矣然恐學者見其有天下字有皆字以爲必盡窮天下之理然後可以知至善所在而得所止如程子所言格物工夫未足以知至善必待物盡格知盡至始爲知至身脩以至天下平皆得所止之効歟所以繼綱目三語之後言之蓋舉大學之全體極致歟乞賜指教」一百三十二字。

德，理無可疑。然自昔祇言五常而不及健順，體之於心，得非敏於爲善者是其健、循其自然者是其順乎？然自昔祇言五常而不及健順，何邪？

陰陽之爲五行，有分而言之者，如木火陽而金水陰也；有合而言之者，如木之甲、火之丙、土之戊、❶金之庚、水之壬皆陽，而乙、丁、己、辛、癸皆陰也。以此推之，健順五常之理可見。

《中庸章句》謂：「人物之生各得其所賦之理，以爲健順五常之德。」❷《或問》亦言：「人物雖有氣稟之異，❸而理則未嘗不同。」❹《孟子集注》謂：❺「以氣言之，則知覺運動人與物若不異；❻以理言之，則仁義禮智之稟，豈物之所得而全哉？」二說似不同，豈氣既不齊，則所賦之理亦隨以異歟？❼

論萬物之一原，則理同而氣異；觀萬物之異體，則氣猶相近而理絕不同也。氣之異者，粹駁之不齊；理之異者，偏全之或異。幸更詳之，自當無可疑也。

石氏《集解》引「生之謂性，性即氣，氣即性」一章，竊謂此章先明理與氣不相離，遂言氣質之性雖有善惡，然性中元無此

❶「戊」，原作「戍」，據浙本、四庫本改。
❷「德」下，浙本有「所謂性也」四字。
❸「人物」，閩本、浙本作「在人在物」。
❹「而」下，浙本有「其」字。
❺「注」下，閩本、浙本有「生之」二字。「謂」下，閩本、浙本有「性章」二字。
❻「異」下，閩本、浙本有「也」字。
❼「二説似不同」至「亦隨以異歟」，浙本作「告子徒知知覺運動之蠢然者人與物同而不知仁義禮智之粹然者人與物異某舊□論性不論氣之説置器日中之喻與章句或問同而集注仁義禮智之稟非物所得而全則以所賦之理亦異矣乞賜開示以啓愚蔽」八十五字。

兩物相對而生，其初只是善而已。由氣稟有昏濁，又私欲污染，其善者遂變而爲惡。當爲惡時，非別有一善性也。故有惡不可不謂之性、濁不可不謂之水之説，似指「成之者性」以後而言，與《孟子》拔本窮源性善之論不同。然惡或不萌，則本體亦有時發見。若能澄治，則復其初矣。至於水流而就下，以爲「繼之者善」，則是以喜怒哀樂已發之後皆指爲繼。竊謂須如《易解》之説，在「成之者性」以前，方是本旨。以濁比惡，亦是專指「欲動情流」之後。❶竊謂須如《大學集解》之説，因氣稟之不齊，而又私欲生其間，分比兩節，❷然後精盡也。未審是否？

「繼之者善」，《易》中本是就造化上説；到下句「成之者性」，方以人物而言。程子所引，乃借上一句，便就人性上説，而指其已發動之所爲也。不容説處，即性之本體。如水則只是水，別著一字不得。至謂之善，則性之發如水之下矣。清濁之喻，又是一節，來喻已得之矣。大抵此一條説「性」字最多，須分別得甚句是本來之性、甚句是氣質之性，即語脉自分明矣。

「未發之前，唯當敬以持養；既發之後，又當敬以察之。未發之中，不待推求而已瞭然於心目。一有求之之心，則其未發者固已不得而見矣。」剖析可謂明白。吕氏欲求中於未發之前而執之，誠無是理。然既發之情是心之用，審察於此，未免以心觀心。前章《或問》謂別以一心求此一心、見此一心爲甚悞，《論語或問》

❶「情」，原作「静」，據四庫本及《正訛》改。
❷「比」，浙本作「此」。

「觀過知仁」章亦有此說。豈非學者不能居敬以持養、格物以致知，專務反求於心，迫急危殆，無科級依據，或流入於異端，與始終持敬、體用相涵、意味接續者爲不同也？

已發之處，以心之本體權度，審其心之所發，恐有輕重長短之差耳，所謂「物皆然，心爲甚」是也。若欲以所發之心別求心之本體，則無此理矣。此胡氏「觀過知仁」之說所以爲不可行也。

《中庸》第二十章之問語「誠」始詳。明善、擇善所以爲誠之基本者，亦始於此章併言之。舊嘗觀《乾》九三、九四與《坤》六二，覺聖人説乾之修爲易，而坤則工夫緊實，似有聖賢之分。《大學》初說致知格物，《中庸》首章惟言戒懼謹獨，工夫規模覺得似比《大學》爲高遠。直至二十章，始言明善、擇善，與《大學》所以教者同。亦似二書隨學者器質爲教也。❶

《大學》是通言學之初終，《中庸》是直指本原極致處，巨細相涵，精粗相貫，皆不可闕，非有彼此之異也。

五行各一其性，宜五行亦各一其德。舊聞先生說義理分界至處須要截然，要貫通處又自貫通。竊謂仁發而爲愛，愛而得宜便是義，有品節便是禮之類，則體雖各立，而亦相貫通。竊恐五行亦如此。嘗見人言五行之體質，❷便是土如木之堅，則亦有金；金之從革，亦有曲直之性也。未審是否？理有未明。雖於事非急，亦不可終於不知。略乞賜教。

❶「也」下，浙本有「未審是否」四字。
❷「嘗見」，浙本作「舊聞」。

曲直、稼穡各是兩事，餘亦合準此例。潤下者，潤而下也；炎上者，炎而上也；從革者，一從一革，互相變而體不變也。

一曰水，二曰火，三曰木，四曰金，五曰土。竊謂氣之初，温而已，温則蒸溽，蒸溽則條達，條達則堅凝，堅凝則有形質。五者雖一有俱有，然推其先後之序，理或如此。

向見吴斗南説五事庶證皆當依此爲序，其言似有理，❶幸試推之。

鬼神之理，未易測識，然學者亦欲隨所見决其是非。祀先之義，向來因聖人不言有無之説，竊謂氣散而非無，苟誠以格之，則有感通之理。况子孫又其血氣之所傳，則其感格尤速也。未審是否？

三條皆善。横渠説五行數段甚精，可并考之。

陳勝私嘗説雷霆震擊，真有鬼物，先生不答。次日乃言：「學者當於正理上立得見識，然後理之變者可次第而通。若將理之變者先入於心，立爲定見，則正理終不能曉矣。」竊嘗服膺。妄謂夫子所言與答宰我之問，程子、張子之論，無非正理。但張子「神與性乃氣所固有」之語，似主氣而言，却恐學者疑性出於氣，而不悟理先於氣，語似未瑩。未審然否？上蔡之説，《或問》以爲善。竊疑石氏所集其言有及於理之變者，如「自家要有便有，要無便無，始得」，又似以心起滅，不問有無之正理。上蔡之意必不如是。某因「致死不仁，致生不智」之訓思之，恐宗廟祭祀，不致死之也；葬埋壇墠，不致生之

❶「似」，浙本、天順本、四庫本作「亦」。

也。理之有者，聖人制禮，使人誠意以感通。其間曲折精微，莫非仁智之盡。若理所無者，聖人不道也。至於理之變者，竊謂皆氣之所爲而皆因於人，雖復多端，似可以次第而曉。所謂天地之妙用，豈非造化陰陽之理、人心精神之聚、上下感化之所自歟？妄意如此，殊未明徹，乞指教。

此論甚善，但張子語不記子細。然論鬼神，則氣爲近，未至遽有先於理之嫌也。上蔡《論語・爲政》卒篇論鬼神甚詳，大概亦如來喻，恐可參攷也。

答黄商伯

熹自少日幸蒙師友之訓，得窺聖學門户。退與朋友講之，聞而信者固多，然能終始用力而不爲中道之廢者甚少。况年大官達，❶則其忽然忘之者益以速矣。區區以此每深憂之，恐先師傳付之旨至此而遂絶也。今得來問，每以此事爲念，而其論説亦多與鄙意合，乃知此道猶有望也，幸甚，幸甚。如前時所論仁、義、禮、智之説，此是去年信州發來書。今者所論讀《易》之説，真無欲之説，皆平正精切，非一概悠悠之論。且年亦過中，而更閲世故又已多矣，乃能切切用力於此，愈於年少新學之爲者，是可尚已。更願勉旃，有以卒副所望，則又大幸之甚也。熹再拜。

答詹元善 體仁

雅聞左右才雋行馴，好學不倦，私竊歎慕，以爲天之賦予如是，其不苟然矣。獨恨

❶「官」，浙本作「宦」。

未獲從容，未知所學者果何學耳。世衰道喪，俗學多岐，天理不明，人心頗僻，未有甚於此時者。熹竊不自知其淺陋，方以其所聞於師友者夙夜勉焉，而志力不强，未知攸濟，是以樂聞賢者之風而有望於切磨之助。伏惟益厲初心，求知所至而用力焉，有以慰此懷也。僭易，皇恐，皇恐。

承喻請祠之意，深所未曉。然元履已歸，不知曾爲辦此事否？若熹之意，則以爲政煩民困，正有官君子盡心竭力之時，若人人内顧其私，各爲自逸之計，則分義廢矣。至於盜賊公行，善良蒙害，尉捕之職也，何不忍之有？若以爲實有可哀矜者，則當明言於上，而求所以振業之，使不至於爲盜，雖以獲戾，所不辭也。又何避此而求去之亟乎？若夫祠官，無事之禄，本非義理所安，前輩蓋非辭尊辭富，則莫之肯爲。熹之不肖，固不足言，然居此官最久，前後三請，亦皆有故，非以辭難就逸而爲之也。故區區之意，願左右少俟終更而後求之。未去之前，盡心所職，思其出於分義之所當爲而無敢有厭斁之心焉，則庶乎其可以自安矣。慕用之深，不覺覼縷，伏惟有以亮之。

元履一出，未能有爲。然士大夫始復知天下之有正論，廉貪激懦，所助多矣。熹官期已及，坐此未敢遽出，然亦不敢有忘當世之意，賢者當有以識此心耳。未由面論，臨風耿耿。

答詹元善

昨致書後，宋臣見過，能道比來賢者所誦書，若將應科目之爲者，已竊憂之。又於元履處見所著書及《孟子説》，然後慨然發歟，不意賢者用心之差乃至於此！便欲致書相曉，而久不值便，以至于今，蓋未嘗一日不往來于懷也。

夫義利之間，所差毫末，而舜、跖之歸異焉。是以在昔君子之爲學也，莊敬涵養以立其本，而講於義理以發明之，則其口之所誦也有正業，而心之所處也有常分矣。至於希世取寵之事，不惟有所愧而不敢，實亦有所急而不暇焉。今左右乃方讀本經而治詞業，❶是何外慕之重而自待之輕邪？竊謂此心不除，决無入道之理。

至於談經之際，則又專以人欲之私妄意聖賢，其言險譎乖戾，不近人理，聞之使人耳聾心悸，不謂斯言一旦而出於賢者之口也！養氣之説，雖不至是，然掇拾老、莊荒誕之餘，以求入乎聖賢敬義之實，亦非熹之所敢聞也。前書所謂儒名而釋學，潘、張特其小小者耳。蘇氏兄弟乃以儀、秦、老、佛合爲一人，其爲學者心術之禍最爲酷烈，而世莫之知也。前書微發其端，蓋預憂左右之將陷焉，而不知其深入之久已如此矣。感下問之勤，不忍隱嘿，不識能聽之否？

答詹元善

歸宗之請，計已報可。此於人情恩義之間有難處者，而輕重本末事理甚明，自見賢者之不安於此者有年矣。今追贈之榮既及泉壤，則於恩意已爲曲盡，但異時所以益致其惓惓不忘之意，如范公之於朱氏者，此論想已素定也。但近至城中，見羅養蒙之孫示及其祖事狀有此一條，事與今日極相

❶「本」，原作「水」，據《正訛》及文義改。

類。今謹録去，恐更合稽參禮律，以盡情文之變，乃爲盡善。此非小節，不可草草耳。

近日大除拜，一番紛紜，雖公議幸伸，然自此中外之責愈重，而其人之才智局度猶昔人也，不知何以處此乎？來書所賦《蕩》之卒章，真可爲流涕痛哭也。進對之際，言之不切不足以盡吾心，而吾言雖切，度亦未有轉移之勢，不知明者又將何以處此也？偶得黄子由奏疏，謾録去。其言至此，不爲不切，蓋已下到大承氣湯矣，而略無動意，奈何？境外之事，彼若爲萬全之計，固不輕發，但恐萬一狂謀輕襲，而我之邊障未有以當之，此則慮外之慮，而所繫亦不小也。故都之事不成，乃是天幸。如其不然，趙豹無故之疑，梁武金甌之戒直可爲寒心，不知今日諸公何以處之？大抵近年風俗浮淺，士大夫之賢者不過守文墨、按故事，説得幾句好話而已。如狄梁公、寇萊公、杜、范、富、韓諸公規模事業，固未嘗有講之者，下至王介甫做處，亦摸索不著。❶其有讀得楚漢、孫劉、楊李間數十卷書者，則又便有不作士大夫之意，善人君子莫能抗也。

端居深念，爲之永慨，未知天意竟如何耳。

季通一出，飽觀江湖表裏形勢，不爲無補。甚恨匏繫，不能與之俱行。其律書法度甚精，近世諸儒皆莫能及。但吹律未諧，歸來更須細尋訂耳。此行所資，亦足爲晚年休息之計。元善篤於友誼，固自不薄，而張帥之傾蓋勝流，今之君子亦鮮能及也。子静旅櫬經由，聞甚周旋之，此殊可傷。見

❶「摸」，原作「模」，據浙本、四庫本改。

其平日大拍頭、胡叫喚，豈謂遽至此哉！然其説頗行於江湖間，損賢者之志而益愚者之過，不知此禍又何時而已耳。許教似亦小中毒也。如何，如何？

答潘叔度

邵子文記明道先立標準之言，深中近日朋友之病，且孟子亦有「襲而取之」之戒，尤當深念也。

答潘叔度

所論標準襲取之戒，極爲精密。然所謂「有爲若是，如舜而已」者，必自有的實平穩下功夫處，非是徒然晝思夜度，以己所爲校舜所爲，而切切然惟恐不如舜也。譬如病人，正當循序服藥，積漸將理，使氣體浸充，可及平人而後已，豈可責効於一丸一散、一朝一夕之間，而遽怪其不及平人哉？默誦《中庸》一卷於寐覺之時，此亦甚善。然與其必誦一過，不若虛心玩理之從容而有味也。

答潘叔度

來喻縷縷，備見立志之遠，歎服良深。但所謂「敬之爲言，所以名持存之理」者，於鄙意似未安。蓋人心至靈，主宰萬變，而非物所能宰，故纔有執持之意，即是此心先自動了。此程夫子所以每言坐忘即是坐馳，又因默數倉柱發明其説，而其指示學者操存之道，則必曰「敬以直内」，而又有「以敬直内，便不直矣」之云也。蓋惟整齊嚴肅，則中有主而心自存，非是別有以操存乎此而後以敬名其理也。此類初若名言小失，不足深辨，然欲放過，則恐於日用之功不能無害，故輒言之。子約書中有所反覆，亦是此意。幸參考而互評之，則其辨益明，而儒、釋之殊亦可因以判矣。《横渠集》云云，大凡作事匆匆，不能博盡異同，便有遺恨，前輩所謂「甚事不因忙後錯了」者，誠有味也。

答潘叔度

所喻「敬者，存在之謂」，此語固好，然乃指敬之成功而言。若只論敬字下功夫處，蓋所以持守此心而欲其存在之術耳。只著一「畏」字形容，亦自見得。故和靖尹公只以收斂身心言之，此理至約。若如來喻，却似太瀾飜也。大抵諸所誨諭，似皆傷於語言道理頭緒多云云。愚意且欲賢者於此稍加屏置，而虛心觀理於平易專一之地，不審於意果如何也？

答潘叔度

熹衰病，今歲幸不至劇，但精力益衰，目力全短，看文字不得。瞑目閒坐，却得收拾放心，覺得日前外面走作不少，頗恨盲廢之不早也。

看書鮮識之喻誠然，然嚴霜大凍之中，豈無些小風和日暖意思？要是多者勝耳。江南之業，恐自是慶曆、元祐之功，不當以此論也。此語甚長，非面莫既。大抵鄙見與彼中議論不同處非一，而此爲其最，是乃天理人欲之分，直截剖判，不相交雜處，安得相與極論以會至當之歸乎？忿疾之意，發於羞惡之端，固有不可已者。然至於加一「忿」字，便和自家這裏有病了。此亦深欲面論之尤緊切者，恨未有其便耳。醍醐毒藥之喻，恐亦過當。聖賢只得立言垂世，從違真僞却在他人，如何必得？況吾輩所急在於自明，正不當常以此念横在胸中也。

陳膚仲近得書，云欲旦夕過此。此等人未欠講論，却是欠收斂。此又是别一箇話頭，要之須面論乃究耳。吾人無用於世，只自己身心一段事，又不曾講究得徹，衆盲摸象，各説異端，不知却如何收殺？可慮，可慮。奈何，奈何？

答潘叔昌

熹講聞雋譽，爲日蓋久，每恨未及際晤，以慰所懷。兹承不鄙，遠貽誨帖，傾倒甚至。自顧凉薄，何以堪之？反復再三，有愧而已。即日冬寒，伏惟進德日新，尊履多福。

熹蚤獲執侍先生君子之側，粗知以問學爲事，而躬行不力，老大無聞，顧省平生第有愧恨。左右才高識明，所以自期蓋已不淺，乃不知其如此而辱垂問焉，則已誤矣。況所謂日用之間不放不亂者，又熹之所以早夜竭力而未能彷彿者，其何以有助於高明之萬一乎？然先其所難而不計其獲，聖賢所以示人爲仁之方也。熹雖不敏，願與賢者共勉焉。因風脩報，未究所懷。繼此有可以開警者，願日聞之，幸甚，幸甚。

答潘叔昌

細讀來喻，足見爲己之力。但學者先須置身於法度規矩中，使持於此者足以勝乎彼，則自然有進步處。如孔子之告顔淵，以非禮勿視、聽、言、動爲克己之目，亦可見矣。若自無措足之地，而欲搜羅抉剔於思慮隱微之中，以求所謂人欲之難克者而克之，則亦代翕代張、没世窮年而不能有以立矣。躬所未逮，姑誦所聞，已深愧靦，惟明者有以裁之。

答潘叔昌

示喻讀史曲折，鄙意以爲，看此等文字但欲通知古今之變，又以觀其所處義理之得失耳，初不必於玩味究索以求變化氣質之功也。若慮其感動不平，遂廢不讀，則進退之間，又恐皆失之太過而兩無所據也。

昨聞叔度兄頗爲佛學，因獻所疑，大蒙峻却，愧悚深矣。今不敢復言，而其未已之意不免因子約達之。恐其過江未還，煩爲略道鄙意。大抵近世儒者，於聖賢之言未嘗深求其義理之極致，而惟以多求劇讀爲功，故往往遂以吾學爲容易之空言，而求所以進實功、除實病者，皆必求之於彼。殊不知將適千里而迷於所向，吾恐其進步之日遠而税駕之日賒也。今若未能決意自拔，得且姑置其説，而專意於吾學，捐去雜博，專讀一書，虚心游意，以求夫義理之所在。如此三年，不得而後改圖，則朋友之心無所復恨，而於其所以進功除病之實，亦未爲晚也，如何，如何？

答潘叔昌

承喻讀李、陸、孫氏之書，慨然有感，此見進學不倦之意。然熹愚意，學者當且就聖門文字中研究，得箇入頭處，却看此等，其合者固所不遺，而其不合者亦易看破，自然不費功力也。嘗竊私怪彼中朋友不肯於《論語》、《孟子》、《中庸》、《大學》深下功夫，而泛觀博取於一時議論之間，所以頭緒多而眼目少、規模廣而意味不長。試以《孟子》論子路、管仲處觀之，可見其得失矣。不審明者以爲如何？沈叔晦章疏出於何人？大抵世俗近年一種議論愈見卑狹，令人擡頭不起、轉身不得。看此頭勢，只有山林是安樂處，別無可商量也。

答潘叔昌

示喻天上無不識字底神仙，此論甚中一偏之弊，然亦恐只學得識字，却不曾學得上天，即不如且學上天耳。上得天了，却旋學「上大人」亦不妨也。中年以後，氣血精神能有幾何？不是記故事時節。熹以目昏，不敢著力讀書，閒中静坐，收歛身心，頗覺得力。間起看書，聊復遮眼。遇有會心處，時一喟然耳。蜀學之弊，誠如所喻，《唐論》却未暇細看也。《六國表》議論，乃是衰世一種卑陋之説，吾輩平日講誦聖賢，何爲却取此等議論以爲標的？殊不可曉。建州有徐柟者，常言秦始皇賢於湯、武，管仲賢於夫子，朋友間每每傳以爲笑，不謂來説亦頗似之也。此恐是日前於根本上不曾大段用功，而便於討論世變處著力太深，所以不免此弊。向答子約一書，亦極言之，正恐赤幟已立，未必以爲然耳。熹老矣，不復有意於此世，區區鄙懷，猶欲勉率同志之士熟講勤行，以趣聖賢之域。不謂近年異論鑫起，高者溺於虚無，下者淪於卑陋，各執己見，不合不公，使人憂歎，不知所以爲計。而今而後，亦不復敢以此望於今世之人，姑抱遺經以待後之學者而已。不審明者以爲如何？

答潘叔昌

示諭漢、唐初事，以兩家論優劣則然，以三代之天吏言之，則其本領恐不但如此。若子房、孔明之所黽勉，亦正是渠欠闕處。吾輩正當以聖賢爲師，取其是而監其非，不當以彼爲準則也。今人只爲不見天理本原，而有汲汲以就功名之心，故其議論見識往往卑陋，多方遷就，下梢頭只是成就一箇私意，更有甚好事？若必以爲然，即程正叔寧可終身只作國子祭酒，却讓他陳正己作宰相也。可怪，可怪！

答潘叔昌

前書示及《易傳》二義，陰陽交和，恐非是指君子小人而言。君子之於小人，固不當過爲忿疾，然無交和之理。韓、富當時事力蓋不足以勝二姦，非固欲與之和也。元祐誠有過甚處，然當時事勢，恐不如此亦不免禍。要當有以開悟人主之心，乃絶後患耳。東漢誅宦官事，前輩多論之，大略皆如來喻。然嘗細考其事，恐禍根不除，終無可安之理。後人據紙上語指點前人，甚易爲力，不知事到手頭實要處斷，毫髮之間便有成敗，不是容易事。若使陳、竇只誅得首惡一二人，後來未必不取王允、五王之禍也。

答潘叔昌

向來鄙論初無深旨，來書誦及，足見不遺一善之意。然所謂有主於中者，亦只是此持守之意耳。《遺書》首篇答李端伯之問者，正是此意，不可離此持守，別想像一物以主乎中也。

答潘叔昌書杜生二論後

荀彧之死，胡文定引宋景文説，以爲劉穆之、宋齊丘之比，最爲得其情狀之實，無復改評矣。考其議論本末，未見其有扶漢之心也，其死亦何足悲？又據本傳，彧乃唐衡之壻，則彧之失其本心久矣。顔公之智，誠有所不足，非獨棄平原一事也。但仁、義、禮、智、信列於五常，聖人皆顯之以爲教，未嘗偏有所隱也。今曰「聖人獨顯仁、義、忠、信以爲教，而神智以爲幾」，不知何據而言？若其果然，則是仁、義、忠、信乃無用之樸，而智乃仁、義、忠、信之賊矣。學術不正，使人心頗僻如此，甚可憂懼。不知老兄曾見此論否？聞其託於賓館，必嘗相與講學者，幸有以警之，毋使東萊宗旨轉而爲權謀機變之學也。

答潘叔昌

所示「内外交養，勿使偏枯；聞斯行

之，「不必猶豫」，此正今日應病良藥也。薛氏書已領，觀其用功纖密，良可歎服。而昨得其《論語》及《春秋》，却有難曉解處。豈其用力於彼者深，固所謂藝之至者不兩能邪？學者於此要當知所擇耳。《仁傳》正類南軒所爲，鄙意亦所未安。伯恭昨補《外書·震澤語録》「問聖賢之言要切處思」一段，意思却極好也。陳齊之文乃如此，尤所不解，亦嘗究其失否？微言既絶，大義益乖，甚可悼懼，不覺傾倒至此。此紙不可以示人也，只欲賢者知之，不枉用心耳。

答劉叔文

所謂理與氣，此決是二物。但在物上看，則二物渾淪，不可分開各在一處，然不害二物之各爲一物也；若在理上看，則雖未有物而已有物之理，然亦但有其理而已，未嘗實有是物也。大凡看此等處須認得分明，又兼始終，方是不錯。只看《太極圖》熹所解第一段，便見意思矣。若未會得，且虚心平看，未要硬便主張，久之自有見處，不費許多閑説話也。如此虚心理會不得時，却守取舊來所見，亦未爲晚耳。如或未然，且放下此一説，別看他處，道理尚多，或恐別因一事透著此理，亦不可知，不必守此膠漆之盆枉費心力也。

答劉叔文

細詳來喻，依舊辨別「性氣」兩字不出。須知未有此氣已有此性，氣有不存，性却常在。雖其方在氣中，然氣自氣，性自性，亦自不相夾雜。至論其偏體於物，無處不在，則又不論氣之精粗而莫不有是理焉。不當以氣之精者爲性、性之粗者爲氣也。來説雖多，只以此意思之，便見得失。如云精而又精，不可名狀，所以不得已而强名之曰「太極」，又曰氣愈精而理存焉，皆是指氣爲性之誤。又引《通書解》云云，亦是不察陰陽二字是形而下者，便指爲誠。不知此是誠之流行歸宿處，不可便指爲誠也。又引無極之真，以爲真固是理，然必有其氣，是以可與二五妙合而凝，此尤無理矣。夫真者理也，精者氣也，理與氣合，故能成形。豈有理自有氣，又與氣合之理乎？其間瑣細，不暇一一辨論，但更看《太極圖解》第一段初兩三行，便見理之與氣各有去著，不待如此紛紜矣。

答王子充

老兄深静篤實，天資甚美，平時於輩流中心所敬仰。顧恨相從日淺，未得深扣所存，以自警策。今讀來教，乃有懶弱自安之語，何邪？大抵今日之弊，務講學者多闕於踐履，而專踐履者又遂以講學爲無益，殊不知因踐履之實以致講學之功，使所知益明則所守日固，與彼區區口耳之間者固不可同日而語矣。不然，所存雖正，所發雖審，竊恐終未免於私意之累，徒爲拘滯而卒無所發明也。愚意如此，不審高明以爲如何？

答胡伯逢

赤子之心，固無巧僞，但於理義未能知覺，渾然赤子之心而已。大人則有知覺擴充之功，而無巧僞安排之鑿，故曰不失赤子之心。著箇「不失」字，便是不同處。南軒所説固善，然必謂從初不失，此恐太拘。既失而反之，却到此地位，亦何害其爲不失乎？

答胡伯逢

男女居室，人事之至近，而道行乎其間，此君子之道所以費而隱也。然幽闇之中、衽席之上，人或褻而慢之，則天命有所不行矣。此君子之道所以造端乎夫婦之微密，而語其極則察乎天地之高深也。然非知幾、慎獨之君子，其孰能體之？《易》首於《乾》、《坤》而中於《咸》、《恒》，《禮》謹大昏，而《詩》以二《南》爲正始之道，其以此歟？《知言》亦曰「道存乎飲食男女之事，而溺於流者不知其精」，又曰「接而知有禮焉，交而知有道焉，惟敬者能守而不失耳」，亦此意也。

答胡伯逢

昨承喻及「知仁」之説，極荷開曉之詳。然愚意終覺未安。來諭大抵專以自知自治爲説，此誠是也。然聖人之言有近有遠、有緩有急，《論語》一書，言知人處亦豈少耶？大抵讀書須是虚心平氣，優游玩味，徐觀聖賢立言本意所向如何，然後隨其遠近淺深、輕重緩急而爲之説。如孟子所謂「以意逆志」者，庶乎可以得之。若使以吾先入之説横於胸次，而驅率聖賢之言以從己意，設使義理可通，已涉私意穿鑿而不免於郢書燕説之誚，况又義理窒礙，亦有所不可行者乎？

竊觀來教，所謂「苟能自省其偏，則善端已萌，此聖人指示其方，使人自得，必有所覺知，然後有地可以施功而爲仁」者，亦可謂非聖賢之本意，而義理亦有不通矣。熹於晦叔、廣仲書中論之已詳者，今不復論，請因來教之言而有以明其必不然者。

昔明道先生嘗言，凡人之情易發而難制者，惟怒爲甚。能於怒時遽忘其怒而觀理之是非，亦可以見外誘之不足惡，而於道亦思過半矣。若如來教之云，則自不必忘其怒而觀理之是非，第即夫怒而觀夫怒，則吾之善端固已萌焉而可以自得矣。若使聖賢之門已有此法，則明道豈故欲捨夫徑捷之塗而使學者支離迂緩以求之哉？亦以其本無是理故爾。且孟子所謂「君子深造之以道，欲其自得之」者，正謂精思力行，從容涵泳之久，而一日有以泮然於中，此其地位亦已高矣。今未加克復爲仁之功，但觀宿昔未改之過，宜其方且悔懼愧赧之不暇，不知若何而遽能有以自得之邪？「有所知覺然後有地以施其功」者，此則是矣。然「覺知」二字所指自有淺深，若淺言之，則所謂覺知者，亦曰覺夫天理人欲之分而已。夫有覺於天理人欲之分，然後可以克己復禮而施爲仁之功，此則是也。今連上文讀之而求來意之所在，則所謂覺知者乃自得於仁之謂矣。如此，則「覺」字之所指者已深，非用力於仁之久不足以得之，不應無故而先能自覺，却於既覺之後方始有地以施功也。觀孔子所以告門弟子，莫非用力於仁之實事，而無一言如來諭所云「指示其方，使之自得」者。豈子貢、子張、樊遲之流皆已自得於仁，而既有地以施其功邪？其亦必不然矣。

然熹前説其間亦不能無病，如云爲仁淺深之驗、觀人觀己之説，皆有病。以今觀之，自不必更爲之説。但以伊川、和靖之説明之，則聖人之意坦然明白，更無可疑處矣。

答胡伯逢

《知言》之書，用意深遠，析理精微，豈末學所敢輕議？向輒疑之，自知已犯不韙之罪矣。玆承誨喻，尤切愧悚。但鄙意終有未釋然者，知行先後，已具所答晦叔書中，其説詳矣，乞試取觀，可見得失也。至於性無善惡之説，則前後論辨不爲不詳，近又有一書與廣仲文論此，尤詳於前。因龜山《中庸》首章而發，及引《易傳·大有卦》及《遺書》第二十二卷者。此外蓋已無復可言者矣。然既蒙垂諭，反復思之，似亦尚有一説，今請言之。

蓋孟子所謂性善者，以其本體言之，仁、義、禮、智之未發者是也。程子曰「『止於至善』，『不明乎善』，此言善者義理之精微，無可得而名，姑以至善目之」是也。又曰「人之生也，其本真而靜。其未發也，五性具焉，曰仁、義、禮、智、信」。所謂可以爲善者，以其用處言之，四端之情發而中節者是也。程子曰「『繼之者善』，此言善却言得輕，但謂繼斯道者莫非善也，不可謂惡」是也。蓋性之與情，雖有未發已發之不同，然其所謂善者，則血脉貫通，初未嘗有不同也。程子曰「喜怒哀樂未發，何嘗不善？發而中節，則無往而不善」是也。此孟子道性善之本意，伊、洛諸君子之所傳而未之有改者也。《知言》固非以性爲不善者，竊原其意，蓋欲極其高遠以言性，而不知名言之失反陷性於摇蕩恣睢、駁雜不純之地也。所謂極其高遠以言性者，以性爲未發，以善爲已發，而惟恐夫已發者之混夫未發者也。所謂「名言之失」者，不察乎至善之本然，而概謂善爲已發也。所謂「反陷性於摇蕩恣睢、駁雜不純之地」者，既於未發之前除却「善」字，即此「性」字便無著實道理，只成一箇空虚底物，隨善隨惡，無所不爲。所以有「發而中節，然後爲善；發不中節，然後爲惡之説。又有「好惡性也，君子好惡以道，小人好惡以己」之説。是皆公都子所問、告子所言而孟子所闢者，已非所以言性矣。又其甚者，至謂天理人欲同體異用，則是謂本性之中已有此人欲也，尤爲害理，不可不察。竊意此等偶出於前輩一時之言，非其終身所守不可易之定論。今既未敢遽改，則與其争之而愈失聖賢之意、違義理之實，似不若存而不論之爲愈也。

「知仁」之説，亦已累辨之矣。大抵如尊兄之説，則所以知之者甚難而未必是，而又以知仁、爲仁爲兩事也。所謂「觀過知仁」，因過而觀，因觀而知，然後即夫知者而謂之仁，其求之也崎嶇切促，不勝其勞，而其所謂仁者乃智之端也，非仁之體也。且雖如此，而亦曠然未有可行之實，又須别求爲仁之方，然後可以守之。此所謂「知之甚難而未必是，又以知與爲爲兩事」者也。如熹之言，則所以知之者雖淺而便可行，而又以知仁、爲仁爲一事也。以名義言之，仁特愛之未發者而已。程子所謂「仁，性也；愛，情也」。又謂「仁，性也；孝弟，用也」。此可見矣。其所謂「豈可專以愛爲仁」者，特謂不可指情爲性耳，非謂仁之與愛了無交涉，如天地、冠屨之不相近也。而或者因此求之太過，便作無限玄妙奇特商量。此所以求之愈工，而失之愈遠。如或以覺言仁，是以知之端爲仁也；或以是言仁，是以義之用爲仁也。夫與其外引智之端、義之用而指以爲仁之體，則孰若以愛言仁，猶不失爲表裏之相須而可以類求也哉？故愚謂欲求仁者，先當大概且識此名義氣象之彷彿與其爲之之方，然後就此慤實下功，尊聞行知以踐其實，則所知愈深而所存益熟矣。此所謂「知之甚淺而便可行，又以知與爲爲「一事」者也。不知今將從其難而二者乎，將從其易而一者乎？以此言之，則兩家之得失可一言而決矣。

來教又謂方論知仁，不當兼及不仁。夫觀人之過而知其愛與厚者之不失爲仁，則知彼忍而薄者之决不仁，如明暗黑白之相形，一舉目而兩得之矣。今乃以爲節外生枝，則夫告往知來、舉一反三、聞一知十者，皆適所以重得罪於聖人矣。竊謂此章只合依程子、尹氏之説，不須别求玄妙，反失本指也。直叙胸臆，不覺言之太繁，伏惟高明財擇其中，幸甚，幸甚。

答黄仁卿東

所示《春秋》大旨，甚善。此經固當以類例相通，然亦先須隨事觀理，反復涵泳，令胸次開闊，義理貫通，方有意味。若便一向如此排定説殺，正使在彼分上斷得十分的當，却於自己分上都不見得箇從容活絡受用，則亦何益於事邪？大抵不論看書與日用功夫，皆要放開心胸，令其平易廣闊，方可徐徐旋看道理，浸灌培養。切忌合下便立己意，把捉得太緊了，即氣象急迫，田地陿隘，無處著功夫也。此非獨是讀書法，亦是仁卿分上變化氣質底道理也。然看《春秋》外，更誦《論》、《孟》，及看《近思録》等書，以助其趣乃佳。若只如此，實恐枯燥，難見功耳。

答黄仁卿

示諭食貧之狀，深爲歎息。向見擬此闕，意官期必甚近，不謂尚許久也。然從官兩世，清貧如此，益見家法之有傳，足使貪濁知所愧矣。所恨自困涸轍，不能少致濡沫之助，但有歎恨耳。改葬之議，既非人謀所及，假卜筮以決之，亦古人所不廢，更詳思之，如何？熹自劾之章已批，上旨喻以事不相關，則是已經進呈矣。遜詞避寵，亦事之宜，紛紛不已，又似過甚。今已幸得請矣，只用省劄令還故官，更不再出敕牒，亦甚省事。位高言廢，又是上一等人。今人則位未高時已無及物之志矣，可爲深太息也。此間親知有仕於汀者，書來説彼民望行經界尤切，韜仲歸，説趙書亦請行之，當軸頗難之。彼於汀無利害，只恐牽連，并及泉、漳耳。□□之政且得如此亦善，❶人固難得每事皆善也。漳人亦淳，但淳者太淳，故其有勢力者得肆殘暴，爲可憐耳。向來繆政撫其淳者甚至，而治其豪猾不少貸，亦有精力不及而誤縱舍者，然或者至今以爲嚴，殊不可曉。深自愧恨，不得如仁卿者爲寮友而規正之也。

答黄直卿 榦

别紙之喻，如此處心甚善，然亦似有先立標準之病。武侯所謂「鞠躬盡力，死而後已，成敗利鈍，非能逆睹」者，非獨建立事功爲然也。如此，則知處不期寬而自寬、行處不期遠而自遠矣。試更思之。

答黄直卿❷

子春聞時相過，甚善。爲學直是先要立

❶「□□」，原爲墨丁。
❷ 按此文又見《續集》卷一。

本，文義却可且與説出正意，令其寬心玩味，未可便令考校同異、研究纖悉，恐其意思促迫，難得長進。將來見得大意，略舉一二節目，漸次理會，蓋未晚也。此是向來差誤，今幸得見，却須勇革，不可苟避譏笑，却誤人也。

答黄直卿

前書所論《先天》、《太極》二圖，久無好況，不暇奉報。《先天》乃伏羲本圖，非康節所自作，雖無言語，而所該甚廣。凡今《易》中一字一義，無不自其中流出者。《太極》却是濂溪自作，發明《易》中大概綱領意思而已。故論其格局，則《太極》不如《先天》之大而詳；論其義理，則《先天》不如《太極》之精而約。蓋合下規模不同，而《太極》終在《先天》範圍之内，又不若彼之自然，不假思慮安排也。若以數言之，則《先天》之數自一而二，自二而四，自四而八，以爲八卦；《太極》之數亦自一而二，剛柔。自二而四，剛善、剛惡、柔善、柔惡。遂加其一，中。以爲五行，而遂下及於萬物。蓋物理本同而象數亦無二致，但推得有大小詳略耳。近日講論及脩改文字頗多，當候相見面言之。

答黄直卿❶

示喻讀書次第，甚善。但所論《先天》、《太極》之義，覺得大段局促。日用之間，只教此心常明，而隨事觀理以培養之，自當有進。才覺如此狹隘拘迫，却恐不能得展拓也。子細已別録去，可更詳之。

❶ 按此文又見《續集》卷一。

答黃直卿

所論太極散爲萬物，而萬物各具太極，見得道不可須臾離之意，而與一貫之指、川上之歎、萬物皆備之説相合，學者當體此意，造次顛沛不可間斷，此説大概得之。但周子之意若只如此，則當時只説此一句足矣，何用更説許多陰陽、五行、中正、仁義及《通書》一部種種諸説邪？《通書》中所謂「誠無爲」者，太極也；「幾善惡」者，陰陽也；德曰仁、義、禮、智、信者，五行也，皆就圖上説出。其餘如静虚動直、禮先樂後、淡且和、果而確之類，亦是圖中陰陽動静之意。蓋既曰各具太極，則此處便又有陰陽、五行許多道理，須要隨處一一盡得。如《先天》之説，亦是太極散爲六十四卦，三百八十四爻。而一卦一爻莫不具一太極，其各具一太極處，又便有許多道理，須要隨處盡得，皆不但爲塊然自守之計而已也。然此亦只是大概法象，若論日用功夫，則所守須先有箇自家親切要約處，❶不可必待見圖而後逐旋安排。其隨處運用，亦須虚心平氣，徐觀事理，不可只就圖上想像思惟也。既先有箇立脚處，又能由此推考證驗，則其胸中萬理洞然，通透活絡，而其立處自不費力而愈堅牢開闊矣。若但寸寸銖銖比量湊合，逐旋將來做工夫，則亦何由有進步處邪？

答黃直卿

前書所論《大學》兩條似未然，如此則是「明德」、「新民」其初且苟簡做一截，到

❶「則」下，浙本有「所見」二字。

「止於至善」處又子細做一截也。「知至」之「至」，向來却是誤作「切至」之「至」，只合依舊爲「極至」之「至」。然此「至」字雖與「至善」之「至」皆訓「極」字，❶而用處不同。至善是自然極至之至，知至是功夫極至之至，難作一例説也，可試思之。此義非獨熹不謂然，以示季通諸人，亦皆疑直卿不知何故作此見也。病中看得《孟子要略》數章分明，覺得從前多是衍説，已略脩正寫去。此書似有益於學者，但不合顛倒却聖賢成書，此爲未安耳。《大學》諸生看者多無入處，不如看《語》、《孟》者漸見次第，不知病在甚處？似是規模太廣，令人心量包羅不得也。❷

答黄直卿

《喪服篇》。所説析出經傳，破碎重複，不相連屬，不可行也。

此篇已略修定，似有條理。且其間有「見上條」、「見本條」之類，尚涉重複。然去之又似太踈略，可更裁之。或於本條下依重出例注之，而逐條之下却皆削去，亦自簡便。後有通例一條，甚好，恐更有可入者，當補之。

《喪服義》。

此篇都未編，可更考之。恐當以「三年問」一篇爲首，蓋其言所以制服行喪，出於人情之實，最爲明切，又包三年期功以下皆盡。其後乃取諸篇中論喪輕重意義者附之。若此類不多，即不若依舊只附前篇作傳記，亦得。

《士喪禮》上下。

兩卷略定，更詳之。

❶「之至」，原作「之善」，據四庫本及《正訛》改。

❷「病中看得孟子要略」至「包羅不得也」，按此段又見《續集》卷一《答黄直卿》。

《士虞禮》。

當以士卒哭、祥、禫之禮附其後，而於篇目下注云：「祔、卒哭、祥、禫禮附。」

《喪大記》上下。

自天子達於庶人者，居喪之禮也。若其送死之節、禮文制數，則貴賤之等固不同矣。今以天子、諸侯、大夫之禮附於士禮之篇，殊不相入，自合採集别爲一篇。但以世俗拘忌，不敢别立篇名，故欲只因《喪大記》篇包舉王侯士庶之禮，而放士禮次第分其章段。凡言禮之法而似經者，則依經例雜法，與此篇相表裏。凡記事實有議論者，則依記例，似稍明白。但恐其間尚有脱漏差舛，可更詳之。其《虞禮》以下尚闕，如「天子九月而卒哭」及「九虞」、「七虞」等語，當别爲下篇，依士禮次第編集，却於見編卒哭等禮篇内删出。三傳作主等説，亦當附入。其杜預邪説，前輩已有掊擊之者，亦當載。王侯、大夫制度，皆入此篇。其《書》、《禮》、《論語》内説諒陰制度及《左傳》説天子、諸侯喪事，亦皆依記例，隨事附於章目之後。如諒陰及后、世子皆爲三年之類，即附祥禫章後。譏華元、樂舉及仲幾對宋公楄柎藉幹語之屬，即附棺椁、窆葬等章。楚恭王能知其過之類，即入誄謚章。如此類更推廣求之，可附即附。但《顧命》、《康王之誥》，恐尤不可遺，然又不可分，只於篇末附入，如何？

《奔喪》。

道喪附此篇之目下，依《虞禮》例。並喪恐更有説，此所取似踈略，可更考之。

《居喪記》。

弔喪附此篇之目下，依《虞禮》例。

《喪義》。

以《檀弓》「哀戚之至」一條爲首，此條甚長，今注疏皆誤分斷了，今當合之。其餘有通説喪禮或沿喪事，如「孔子早作」、「子張庶幾」等語，皆合附入。别紙更有説。又剪下碎段一束，恐亦可附。邾婁復以矢、天生地藏、子羔之襲、喪不剥奠之類已削去，皆可入。

以上共十篇。

重出例不須如來喻，但於初見處注尾著圈而注其下曰「後某章某章放此」。《喪服》篇説中亦有一例依此，可并詳之。《士虞禮》記「既封」至「除之」，此一項不入例，可更詳之。

「上大夫之虞」，此條當入《大記》下篇。

《周禮》喪車更詳之，若是上下通用，即入《喪服》通例經中；若是王禮，即入《大記》初用車處。

凡已剪下重複碎段，恐有漏落或當載者，可更詳之。所寄數卷，若前此旋次得之，即可子細看。今并寄來，又值事冗目痛，只看得一兩卷子細。自「既夕」以後，多不及詳，可更加功，脩此數卷也。《卒哭》篇附《虞禮》後，以本記補經。

「始死三日而殯」止「遂卒哭」注。「用剛日，曰哀薦成事」節注。「將旦而附」止「辭一也」注。末云：「『哀薦成事』一句，未知當附何處。」「饗辭」止「之饗」注。

右卒哭。〇記云云。

「明日以其班祔」止「尚饗」。

右祔。〇云云。〇祔杖不上於堂。

「期而小祥，曰薦此常事」。

右小祥。〇記云云。

「又期而大祥，曰薦此祥事」。

右大祥。〇記云云。

「中月而禫」止「未配」。

右禫。〇記云云。

注中云「見某篇云云」者，更契勘今所

定本，恐已删去，隨事改正。

所論士廟之制，雖未能深考，然所論堂上前爲三間、後爲二間者，似有證據。但假設尺寸大小，無以見其深廣之實，須稍展樣，以四五尺以上爲一架，方可分畫許多地頭、安頓許多物色。而中間更容升降、坐立、拜起之處，浄埽一片空地，以灰畫定，而實周旋俯仰於其間，庶幾見得通與不通，有端的之驗耳。

若如此圖，則堂基之上便分前段三間、後段四間及兩邊夾室之位矣，即不見得殿屋横棟從甚處斷、兩霤之分從甚處起，又不見厦屋兩翼如何似今之門廡，又不見兩夾堂外既無墉，亦合有柱與否？云有柱，則於經無文；云無柱，則兩屋角懸空，無寄託處。又恐間架次第雖如所說，其殿屋分四霤處亦合如前來寄去之説，但移得洗更稍向東，當簷滴水處耳。夏屋亦須作次棟以覆兩夾，但設搏風版於兩夾之外，次棟盡頭，而設洗於其南，如此乃有門廡之狀。先之説福州人所謂君臣門也。蓋屋之前後皆爲五間，而中三間爲直棟，旁兩間爲兩夾。其上椽瓦或爲東西霤之上流，或爲次棟而設搏風於其外也。若不如此，則殿屋直棟反短於夏屋之棟，等殺不應爾也。

古者降殺以兩，恐士廟深廣，當自天子制度三降而得之。又於其間細分間架，乃見其實也。

適又思之，恐只是作三大間，旁兩間之中爲墻，以分房室兩夾之界，略如趙子欽説，但「門廡」二字未合耳。可更考之。

晦庵先生朱文公文集卷第四十六

閩縣儒學教諭王　製校

晦庵先生朱文公文集卷第四十七

書問答❶

答呂子約祖儉

示喻縷縷，足見力學之志，然所讀書似亦太多矣。大抵今人讀書務廣而不求精，是以刻苦者迫切而無從容之樂，平易者泛濫而無精約之功，兩者之病雖殊，然其所以受病之源則一而已。今觀來喻，雖云數書之外有所未暇，然只此已是多少功夫！又《論》、《孟》、《中庸》、《大學》乃學問根本，尤當專一致思，以求其指意之所在。今乃或此或彼，泛然讀之，此則尤非所以審思明辨而究聖學之淵源也。愚意此四書者當以序進，每畢一書，首尾通貫，意味浹洽，然後又易一書，乃能有益。其餘亦損其半，然後可以研味從容，深探其立言之旨而無迫切泛濫之累。不審賢者以爲如何？

答呂子約

喻及日來進學之功，尤慰孤陋，且深有助於警省，爲惠厚矣。氣質未化，偏重難反，學者之通病。今亦但當用力於恭敬持養之地，而玩意義理以培養之，不必反復較

❶「問答」，原題下校云：「一本作『知舊門人問答』。」校浙本作「知舊門人問答」。以下諸卷同。

計、悔咎尅責，如此太深，却恐有害清明和樂之氣象，亦足以妨日新之益也。

答呂子約

示諭縷縷，備見篤學力行之意，然未免較計務獲之病，著此意思横在方寸間，日夕紛擾，非所以進於日新也。所讀書亦太多，如人大病在床，而衆醫雜進，百藥交下，決無見効之理。不若盡力一書，令其反復通透而復易一書之爲愈。蓋不惟專力易見功夫，且是心定不雜，於涵養之功亦有助也。又謂不欲但爲聞見之知，此固當然，然聞見之知要得正當，❶亦非易事，誠未可輕厭而躐等也。

答呂子約

時習之義，程子云「習，重習，時復思繹，浹洽於中則説」，此恐是學原於思之意。凡所當事者皆學也，不致其思繹以通之，則無自而進。苟苦思力索，則淺迫無味，亦失所謂「説」矣。惟學焉而時復思繹，勿忘勿助，積累停蓄，浹洽涵養，杜元凱所謂「如江海之浸，如膏澤之潤，涣然冰釋，怡然理順，然後爲得」。此即時習而説之注釋也。張先生所云似與程子之意未合。

此説甚佳。南軒《解義》爲人借去，不盡記其説，然覺得儘有未安處也。

「巧言令色，鮮矣仁」，恐止當從尹氏説。

❶「然」，原脱，據淳熙本、浙本補。

尹說固好，然其間曲折恐亦不可不講。若有人引上蔡所引許多同異問之尹公，他必有說，不只如此打過也。

「傳不習乎」，恐止當從明道說。蓋恐不習而傳之，則在己審問明辨之功有加無已，篤於自反而懼於傳之或差。❶上蔡之說，恐與章指未合。

如明道說，文勢似不甚順。若從上蔡之說，則先忠信後講學，乃與上下章意思相似，又文勢安帖，不煩多訓，似亦有理。試更思之。

「父在觀其志」一章，恐指意在下。又志，所存也；行，所爲也。有父兄在，安得聞斯行之？雖欲成父之美，而親心未順焉；雖欲爲不善，而莫得肆焉，止觀志之所存可也。若親没矣，吾之所欲爲者遂矣，故必觀其所爲之專與不專而後可。蓋雖爲之善，然不能忍而遽改，則亦謂之死其親可也。至於三年之間，事死如事生而無伸己之意，迺謂之孝。「可謂孝矣」云者，深嘉之辭。若曰如其非道，則何待三年，是未深體觀其行之意也。夫不幸而有所當改，是乃吾平日之拳拳而未能乎於吾親者，今也哀痛之深，固有所斡旋改移於不動聲氣之中者矣，苟有決厲之意，則縱有丘山之善，然此心不幾於息乎？

此說甚好。但謂「固有斡旋改移於不動聲氣之中者」，此句未安。熹舊來亦嘗有此意，後看史書，見有居官不改前人之政，但因事遷就，使人不見其迹者，必大悦之，以

❶「差」，原段後校云：「『差』下一本有『也』字。」校浙本「差」下有「也」字。

爲代人居官，猶有能如此者，況於所天乎？因以此問於李先生，先生曰：「此意雖好，但每事用心如此，恐駸駸然所失却多。聖人所謂『無改』者，亦謂尚可通行者耳，若不幸而有必不可行者，則至誠哀痛而改之，亦無可奈何，不必如此回互也。」此意竊謂學者不可不知，恐當更思之也。又有謂「其志」、「其行」皆指父而言，意亦自好。試并思之，如何？

日月，謂一日一箇亦得，論氣之感也；謂古今一箇亦得，論氣之本也。

「感」字未安。李文饒謂「日月終古常見，而光景常新」，此亦善言天者。

季路問事鬼神，告以「事人」；問死，告以「知生」。欲令子路原始觀終，聚而通之也。「未知生，焉知死」，是固然矣。「未能事人，焉能事鬼」，恐救子路忽於近之病。蓋在目今雖曰未能事人，然隱微之間，如執虛奉盈，所以事之者，自當深用其力。苟於此知所事，則事人之道亦可進。但闕略於事人，則益不能事鬼矣。

熹嘗謂知乾坤變化、萬物受命之理，則知生而知死矣；盡親親、長長、貴貴、尊賢之道，則能事人而能事鬼矣。只如此看，意味自長。戒慎隱微，又別是一事，不必牽合作一串也。

「體物而不可遺」之義，蓋物是形而下者。物其物則息生不窮，是所謂體物而不可遺也，即形於上者也。苟物而不物，則死矣。「體」云者，其流行發見非物自爾，而必有體之者也。

體物之意，剖析得甚好。但本是鬼神之德爲此萬物之體，非是先有是物而鬼神之德又從而體之也。「物而不物，則死矣」，此句有病。須知若初無體之者，則亦無是物矣。

「游魂爲變」之義，如何？

精，魄也；耳目之精明爲魄。氣，魂也，口鼻之嘘吸爲魂。二者合而成物。精虛魄降，則氣散魂遊而無不之矣。魄爲鬼，魂爲神。《禮記》有孔子答宰我之問，正説此理甚詳。雜書云：「魂，人陽神也；魄，人陰神也。」亦可取。横渠、上蔡論此亦詳。

「誰毁誰譽」一章，恐當看「誰」字，此正見聖人大公無我之心。「如有所譽者，其有所試矣」，此又聖人無所私好，而於善善之意亦不侵過分毫。來誨所謂但有先褒之善而無預詆之惡，似恐於公平之意思未完。

熹昨來之説善善速、惡惡緩，正《書》所謂「與其殺不辜，寧失不經」、「罪疑惟輕，功疑惟重」，《春秋傳》所謂「善善長、惡惡短」，孔子「樂道人之善，惡稱人之惡」之意，而仁包五常、元包四德之發見證驗也。聖人之心雖至公至平，無私好惡，然此箇意思常在，便是天地生物之心。若但一向恝然無情，則恐或有流於申、商慘覈之科矣。試更思之。《洪範》、《皇極》亦有此意。

答吕子約

所喻日用工夫，足見爲己之意，甚善。然别紙所論《論語》首章，便是讀書玩理之樣轍，更無别塗。請只如此用功，不必切切論功計獲也。

答吕子約

示喻日用功夫有未到處，此見省身克

己用力之深，不勝歎仰。然前後已屢奉聞，不必如此計較迫切，但措其心於中和平正之地，而深以義理灌溉培養之，自然日有進益。如其不然，則存養講習之功未及一二，而疑悔勞殆之病已奪其千百矣。試更思之。至如讀書，只且立下一箇簡易可常底程課，日日依此，積累功夫。不要就生疑慮，既要如此，又要如彼，枉費思慮言語，下梢無到頭處。昔人所謂多岐亡羊者，不可不戒也。

答呂子約

「巧言令色，鮮矣仁」，論章旨則尹氏之説爲完。若旁通其義，如「辭欲巧」之類，是廼脩省細密工夫，其發原自別。然脩辭之功，亦易得入於安排計較，而不自知其所發之偏者，亦爲「鮮矣仁」也。

「發原自別」之説甚好。修辭之功，固易入於安排計校，然亦只得就發原處謹之耳。若捨此而別生疑慮，則又轉見繳繞，不得剖決也。

曾子之三省，爲人謀、與朋友交、傳諸人，惟恐應物之或不如己而篤於自反也。尹子言：「諸公遠來，依先生之門，某豈敢輒爲他説？萬一有少差，豈不誤他一生？」恐正是「傳不習」之意。先忠信，後講學，固是如此，但忠因謀言，信因交言，恐與「行有餘力，則以學文」之意未類。上蔡之説，竟未敢安。❶

所引尹公語甚好。然於此文句中，似覺少兩三字，聖賢立言不如是之巧而晦也。謀

❶「竟」，浙本作「意」。

不忠則欺於人，交不信則欺於友，傳不習則欺於己、欺於師，是亦忠信之類耳。更思之。

「其志」、「其行」，皆指父而言，意亦好，但於本章之旨恐未安。「父在觀其志」，觀其所志之善惡也；「父没觀其行」，觀其所行之肆與否也。「三年無改於父之道」，則事亡如事存而不忍死其親焉，故曰「可謂孝矣」。 斡旋改移，其始止於隱惡諱過，本在於愛親。駸駸而往，易入於私，其病固不細，然彌縫調停之工又不可廢。所謂「度不可行，至誠哀痛而改之」，固不必回互，但弗知所以改之之方，則或傷於張皇驟快而無遲遲浸漸之意味，亦非篤於愛親者也。謝方明事，祖儉舊看得甚可爲法，然李先生之言，亦要於此致察。 先生之言，恐更當思之。「至誠哀痛」四字儘有意思，存得此心，自不至張皇也。據今日病證，似當且服此藥，便自胸次開闊、黑白分明。若更主張「調停」兩字，正是以水濟水，竊恐昏昧隘促，轉見無進步處。父没觀行，必如舊説，亦爲是非邪正之類，所包甚廣。今只云「肆與否」，却覺拘滯。兼又與上句參差、下句重併，尤未穩當。

「日月終古常見而光景常新」，其理固如此。然所謂常見、所謂常新，必有科别。日月，陰陽之精，終古不易。然非以今日已昳之光復爲來日將升之光也，故常見而常新。

未能事人而欲事鬼，未能知生而欲知死，是猶未知其首而欲知其尾也。知首之旨，當如來教。又思事人之旨，恐止是不敢欺、不敢慢，出門如賓之類皆是。 如此而致敬密察，庶幾可以交神明矣。「事」如「祇事」之「事」，所謂盡親親、長長、貴貴、尊賢之道，恐於「事」字未叶。

此說甚好，比熹說尤親切。蓋親親、長長、貴貴、尊賢之道固不外乎愛敬，但如此說方親切耳。然四者之目亦不可廢，請更思之。

「視之不見，聽之不聞，體物而不遺」。此三句乃指鬼神之德而言。視不見、聽不聞，無形聲臭味之可聞可見也，然却體物而不遺，則甚昭然而不可揜也。所謂體物者，固非先有是物而後體之，亦非有體之者而後有是物。萬物之體即鬼神之德，猶云氣即性、性即氣而不可離也，可離則無物矣。所謂不可遺者，猶言無遺闕滲漏，蓋常自洋洋生活，不間乎晦明代謝也。

物之聚散始終，無非二氣之往來伸屈，是鬼神之德爲物之體，而無物能遺之者也。所謂「非有體之者而後有是物」與所謂「無遺闕滲漏」者，皆非是。

「魂者其氣也，氣散魂遊而無不之」，所謂「無不之」者，已屈之氣尚有在於天地之間邪，抑否也？然氣聚則生，氣盡則死，何者爲遊魂？玩「遊」之一字，謂其即便消散，又似未盡也。體魄藏於地，恐指成質而言。如月魄以無光明者言。謂耳目之聰明爲魄，有所未曉。合耳目之聰明而言，則魂不離魄；聰明即氣之運，乃是魄也。失其耳目之聰明而言，則魂去魄存，恐難以耳目聰明命之爲魄也。

程子曰：「魂氣歸于天，消散之意，遊魂亦是此意。」蓋離是體魄，則無所不之而消散矣。雖未必皆即時消散，要必終歸於消散也。魂魄之分，更當熟究陰陽之分。體、魄自是二物，魄之降乎地，猶今人言眼光落地云爾。體即所謂「精氣爲物」，蓋必合精與氣，然後能成物也。

《洙泗言仁》及契丈《仁説》，竊得諷味。《復》之六二「休復之吉，❶以下仁也」，謂初九也。《易傳》云：「一陽復於下，乃天地之心。」此正與「元者，善之長」同理。竊謂五常之仁猶四時之春，至善醇醲不雜。孟子指乍見之心爲仁之端，下即論非内交要譽而然，蓋因乍見之真而可知其有仁也。「端」云者，苗裔端倪之謂也。覺痛痒則非不仁，則覺者所以驗乎仁。有彼我心則爲不仁，則公者是仁之意思。愛是仁之用，恕是仁之施。而樂山静壽，又乃形容仁之體段也。程子「氣類相合」之言，殊覺有味。要須先以萬善之先名仁，而後可以用工致力。若所謂克己復禮、如見如承之類，皆用工致力之道也。要皆當一一剖析，又不敢太成支離，失其全體。

「以萬善之先名仁」，殊不親切，且以所引《易傳》及四時之春者體之即見。熹前所論統仁、義、禮、智及四端而言者，其分界限明而血脉通貫，不必別立名字。但要用工致力，使真不失此心，然後爲得耳。

答吕子約

承喻專看《論語》，浸覺滯固，因復看《易傳》及《繫辭》，此愚意所未喻。蓋前書布此曲折已再三矣，似已略蒙聽察，不知何爲而復蹈舊轍也？夫《論語》所記，皆聖人言行之要，果能專意玩索，其味無窮，豈有滯固之理？竊恐却是不曾專一，故不見其

❶「六」，原作「九」，據《易・復卦》改。

味而反以爲滯固耳。至如讀《易》，亦當遵用程子之言，卦、爻、《繫辭》自有先後。今亦何所迫切而手忙脚亂一至於此邪？所論主一、主事之不同，恐亦未然。主一只是專一，蓋無事則湛然安靜而不鶩於動，有事則隨事應變而不及乎他。是所謂主事者，乃所以爲主一者也。觀程子書中所論敬處，類集而考之，亦可見矣。若是有所係戀，却是私意。雖似專一不舍，然既有係戀，則必有事已過而心未忘、身在此而心在彼者。此其支離畔援，與主一無適非但不同，直是相反。今比而論之，亦可謂不察矣。惟其不察於此，是以未能專一，而已有固必矜持之戒，身心彼此實有係戀支離之病，而反不自知其非。又凡前後所言，類皆瞻前顧後、一前一却之論，不曾坦然驀直行得數步，此亦一箇大病根株，恐當痛下功夫刊削，不可悠悠又只如此說來說去，久之看得只似尋常也。

答呂子約

脩省言辭，誠所以立也；脩飾言辭，僞所以增也。發原處甚不同。夫子所謂巧令鮮仁，推原辭意而察巧令之病所從來，止是有所爲而然。如未同而言、以言餂人、脅肩諂笑、以喜隨人之類，皆有所爲也。曰「鮮矣仁」云者，獨言巧令之人於仁或幾乎息而不敢謂之全無也。❶

「有所爲」之說，甚善。但「不敢謂之全無」，指意畢竟如何，幸更喻及。伊川先生解中却云「謂非仁也」，便如此直截說破，意又

❶ 「獨」，《正訛》改作「猶」。

曾子之三省，忠信而已，則程子包「傳不習乎」一語解之矣。所謂欺於己、欺於師，想是程子之意。但祖儉竊謂「傳不習乎」亦須兼就不習而傳於人上説。蓋不習而傳，則是中有未盡而與欺人無異也，與上文同旨。而傳習又所當省者，故專言之。如子夏後爲莊周之類，皆由傳之有所未習，故流傳之久，不能無弊。觀「老於西河之上」氣味，謂之講習之功全盡，未可也。惟曾子謹其所傳，故至今無弊。然「彼以其富」之言、「摽使者出大門」之義、「説大人，則藐之」之訓，其血脉貫通，皆似有少傷和粹處。信乎，傳而習之爲難也！所謂傳，非如釋氏半夜傳法之謂。蓋在己有所未克，則其動止之間不能無失，苟時習之功有所未至，流傳於後，豈不有害？

如何？

所論甚善，末後注脚尤好，但恐文意未如此耳。恐當放下許多道理，且平心看他文義向甚處去，都不要將道理向前牽拽他。待他文義有歸著去處，穩帖分明後，却有箇自然底道理出來，不容毫髮有所增損抑揚，此處正好玩味也。大抵先要虛心爲要耳。如「禹無間然」一段，五峰説得甚好。然近日細看，恐聖人當日贊歎之時未有此意。他似此者甚多。

李先生之論，蓋欲拯世人計較之病，大要恐人思前算後、遷就回互，入於不誠不直而弗自覺知。然人之資禀剛柔不齊，則藥其所偏者，又恐難一概論。止是要認得此意旨所發，而於計較思算時常常點檢也。

日用功夫固當縝密，然覺得如此煩碎繳繞，又似自縛殺了。故先生之意大抵且要簡節踈目，先整頓得大體是當，然後却就上面子細點檢，是亦學不躐等之意也。

坎、離，陰陽之成質，故爲上篇之終。既濟，坎、離之合；未濟，坎、離之交，故爲下篇之終。五行之運，獨言水火，又謂爲成質，何也？

陰陽成質，水火爲先，故《洪範》一曰水，二曰火。《正蒙》中亦有一段論五行次序，說得分明，可更檢看。數學有乾、坤付正性於離、坎之説，似亦有理。

日月，陰陽之精氣，向時所問殊覺草草。所謂「終古不易」與「光景常新」者，其判別如何？非以今日已昳之光復爲來日將升之光，固可略見大化無息而不資於已散之氣也。然竊嘗觀之，日月虧食，隨所食分數，則光没而魄存，則是魄常在而光有聚散也。所謂魄者在天，豈有形質邪？或乃氣之所聚而所謂「終古不易」者邪？

日月之説，沈存中《筆談》中說得好，日食時亦非光散，但爲物掩耳。若論其實，須以終古不易者爲體，但其光氣常新耳。然亦非但一日一箇，蓋頃刻不停也。

二氣五行，造化萬物，一闔一闢，萬變是生。所謂五行之氣，即雷、風、水、火之運邪？又即二氣之參差散殊者邪？先儒謂物物皆具，則人之氣禀有偏重者，謂之皆具可乎？或謂雖物皆具，而就五行之中，有得其多者，有得其少者。於此思之，殊茫然未曉。

五行之氣，如温涼、寒暑、燥濕、剛柔之類，盈天地之間者，皆是舉一物無不具此五者，但其間有多少分數耳。五音、五色、五味之類皆是也。

鬼神之德，蓋甚難知，於此粗入思慮，竟

於體物不遺上看得未極分明。於此不透，故不自知而溺於釋氏處多。明道答上蔡語謂：「向你道有來，又恐賢問某討；向你道無來，你又恁生信得及？」每每於此思量，乍得乍失。近因相識有饋生鵝者，欲殺之，則甚不忍；欲貨之，則取其利而殺其身，恐有冤之之意，常感於中。此病不已，便入因果上去。又因夜夢，疑若有世間所謂鬼者欲出，雖未睡覺，然心知其無，以理却之，竟無有也。雖曰以理却之，然中心不無驚悸。若此類，則釋氏之説，久久極易惑人，但先入者爲主，可以主張，然非實曉，亦安能保也？

鬼神只是氣之屈伸，其德則天命之實理，所謂誠也。天下豈有一物不以此爲體而後有物者邪？以此推之，則體物而不可遺者見矣。著實見得此理，則聖賢所論一一分明。不然，且虛心向平易分明處別理會箇題目，勿久留情於此，却生別種怪異底病痛也。

生鵝之論，只以「子釣而不綱，弋不射宿」、孟子「遠庖厨」之義斷之，便自直截。

吴才老之論亦是一意，然覺得未完。「吾必謂之學」云者，謂夫世人不知以是爲學而專以講論爲學也。「則以學文」者，謂夫世人不知修其當位之職而徒欲學文也。意各有當，言各有指，似難以未該偏論之。

伯恭論得此意甚好，謂才老之論不可謂不然，但其發處有病耳。誠然，誠然。今日兩端之論，恐亦正坐此也。但若論文義，子夏所説終是倚著一邊，豈亦矯枉過直而然邪？

「乾知大始」，程子云：「乾當始物，乾以易知。」程子又云：「乾，始物之道易。」似不以此「知」字爲知崇及極高明之意。

「當」字如何形容？

乾便是物之太始，故以「當」字言之，最爲密切。

魂，陽也，屬天；魄，陰也，屬地。魂氣歸于天，體魄藏于地是也。聚而復散者爲魂，聚而不散者爲魄。魄，非氣也。精氣爲物者，合氣之聚而復散與夫聚而不散言也。遊魂者，專指聚而復散言也。來教謂體、魄自是兩物，未能深曉，更願詳賜批誨。

魂陽而魄陰，故魂之盡曰散，散而上也。魄之盡曰降。降而下也。古人謂之徂落，亦是此義。林少穎云然。今以聚而不散者爲魄，恐未然。體、魄是二物，「精氣爲物」，猶言魂魄爲體爾。以此推之，更有曲折。

「仁者，天下之正理」。此一語與「仁」意義如何？

此是對下文禮樂而言，非專以訓仁之名義也。大率前賢語意寬廣，不若今人之急迫。今人見得些道理，便要鐫鑿開却，正是心量小，不耐煩耳。近日甚覺前日說得惡模樣也。然說得如此，人尚不會，況不說乎？此又不可廢也。

答呂子約

程氏《葬說》：「父祖子孫同氣，彼安則此安，彼危則此危。」墓以藏體魄也，所謂「安」者，何所指邪？

正指體魄而言耳。❶程子論此意思甚詳，讀之使人惻然感動。有此疑者，豈非惑於莊

❶「正」，原作「王」，據閩本、浙本、天順本、四庫本改。

生「愛其使形者」之論邪？此異端之言，賊恩之大者，不可以不辨。

上蔡「以我視我聽」等言，以「子絶四」之旨觀之，終未免有「我」底意思。雖與放而不知求者遠甚，然其究極似未平正也。見於文句者，每每有「我」底意思。

五峰作《復齋記》云：「知自反而以理視。」此語無病。如此所引，非惟有「我」不平於下學切己功夫，亦有任意而失理之病。其流弊之甚，多至於妄作。

「主忠信」之言後於「不重則不威」，其意如何？

聖賢所言爲學之序例如此，須先自外面分明有形象處把捉扶竪起來，不如今人動便説正心誠意，却打入無形影、無稽考處去也。

「傳不習乎」，據文勢意脉，當以明道言爲正。

此等處義理亦兩通，存之可也。

程子「知周乎萬物而道濟天下，故不過」，釋之曰「義之所包，知也」，文意如何？

程子説「易」字，皆爲《易》之書而言，故其説如此，但鄙意似覺未安。蓋《易》與天地準，故能彌綸天地之道，此固指書而言。自「仰觀俯察」以下，須是有人始得。蓋聖人因《易》之書而窮理盡性之事也。近讀此書，方見得一端緒，非面論不能既也。

夏、商損益，繼周者亦必有損益。蓋氣運升降，不容不爾。特聖人能因時而不逆之耳。

理大概如此，然非夫子告子張之意，請更詳之。

「林放問禮之本」，歷考程子之言，有曰

「飾過則失實,❶故寧儉」,又曰「儉則實所出」,又曰「節文太過,則和那些誠意都不見」,則儉近本,而不可正名曰本也。禮正在恰好處。泝而上之則儉爲本,沿而下之則奢爲末,當以《易傳》之言爲正。龜山發明得亦佳。

生死者,氣運往來之常也。異端以有生爲幻而謂之無常,是不明乎天地之性、陰陽之本也。

此説固然,程子蓋言之矣。

「每事問」,程子謂:「雖知亦問,欽慎之至。」問者,問所未知也。問所知焉,似於未誠。謝氏之説,聖人之心恐不如是。程子之意,雖知其意味甚深,然看得未分明。以石慶數馬與張湯陽驚事相對觀之可見。雖知亦問,自有誠僞之別。兼或人謂夫子爲鄹人之子,則亦夫子始仕,初入太廟時事。雖平日知其説,然未必身親行之而識其物也,故問以審之。理當如此,必不每入而每問也。然大綱節目與其變異處,亦須問也。

不以其道得去貧賤,當如明道説。若曰不以其道得貧賤則不去,恐君子之心不如是也。

明道説意甚密,但文義似費力耳。

近看得忠恕只是體用,其體則純亦不已,其用則塞乎天地;其體則實然不易,其用則擴然大通。然體用一源而不可析也,故程子謂「看忠恕二字,自見相爲用處」,而夫子曰:「吾道一以貫之。」

此説甚善。

「出入無時,莫知其鄉」,只是大概言人之

❶「過」,原作「實」,《正訛》引《二程集》改作「過」,據改。

心如是，甚言此心無時不感而不可以不操也，不操則感動於不善而失其本心矣。雖曰失其本心，而感處即心也，故程子曰「感乃心也」。而程子答「心有亡也」之問，又曰：「纔主著事時，先生以目視地。便在這裏，纔過了便不見。」又云：「心豈有出入？亦以操舍而言。」蓋寂然常感者，心之本體。惟其操舍之不常，故其出入之無止耳；惟其常操而存，則動無不善，而瞬息頃刻之間亦無不在也。顔氏之子三月不違，其餘則日月至，政以此心之常感而易危故也。

寂然常感者，固心之本體也，然存者，此心之存也；亡者，此心之亡也。非操舍存亡之外別有心之本體也。然亦不須苦説到此，只到朱勾處便可且住也。

答吕子約

示喻讀書用力之意，甚善。所謂收拾向裏，固爲急務，但亦當虚以待之，則心體自存，善端自著，不可一向抑遏安排也。近作一文字，正述此意，録寄伯崇矣，亦屬轉以奉呈也。謝説未安者多此類，所論孝弟之説，蓋本有不屑卑近之意，故其言日用切身處往往多有此意思。且如此章不以事親從兄爲本分當然之事，而特藉之以爲知仁之資，則方其事親從兄之時，其心亦不專於所事，而又別起知仁之想矣。往年與正字兄論《知言》中病痛，亦多如此。蓋其所授受有自來也。却是吕與叔先生論「民可使由之」處意思極好。昔侍李先生論近世儒、佛雜學之弊，因引其説，先生亦深然之。凡百但以此等意思存之，便自平實。至於近世專門之説，蓋亦不必深論其失，取其可取者焉可也。

答呂子約

「時復思繹」之義，如何？長沙説中謂紬繹其端緒，又何也？又「時習」專以思繹爲訓，又何也？

凡言學，多指講論誦讀言之，故以習爲思繹。長沙説不記云何，紬繹端緒亦苦無異義也。

學即行也，所謂「所以學者，將以行之也」，意必有在。

《中庸》言博學，又言篤行，則學與行自是兩事。

「説」、「樂」之分如何？所謂「説」在心，政孟子「理義悦我心，猶芻豢悦我口」之意。但所謂「樂主發散在外」，朋友之樂，蓋亦實見其可樂，但此「説」爲發舒耳。謂之「主發散在外」，顧明其説。

謂之「發散在外」，即是由中而出，但「樂」字之義主於發散在外而得名耳。

謝氏「時習、朋來、不愠」一章，意脉似與本章之旨不貫，所謂「不必同堂合席謂之朋」，則於朋來而樂之意似不切。所謂「知我者希則我貴」，既以知者希爲貴，❶則亦與人不知而愠者相去只一間耳，非所謂不見是而無悶者也。

謝氏説多類此，大抵過於高遠也。

「孝弟爲仁之本」，程子、謝氏之旨如何？程子謂孝弟行於家而後仁愛及於物，蓋

❶「以」下，原有「不」字，據浙本删。

以本立而道生也。謝氏謂知此心則知仁，蓋以自是而仁可見，是固然也，却恐非爲仁自孝弟始之意。

只當從程子説。近年論者多欲設爲機械，以求知仁，其原蓋出於謝氏。且若如其説，則其事親從兄之際，心亦不專於所事矣。

明道論「孝弟」，「本其所以生，乃爲仁之本」。而又論「守身，守之本」，「不失其身而能事其親，乃誠孝也，推此可以知爲仁之本」。此意如何？

明道因論事親，又推本守身之意，以明必如此，然後爲能事其親，乃所謂孝子成身之義。

「其爲人也孝弟，自然和順慈祥，豈復萌犯上之心？況於爲逆理亂常之事乎」？此蓋深言孝弟之爲順德而人道之根柢也。自是而積習著察，則爲仁之道自然周溥充大，所謂「老吾老以及人之老，幼吾幼以及人之幼」，而非過情違道之小仁也，故曰「本立而道生」。而又贊之曰「孝弟也者，其爲仁之本歟」。若夫仁民而推親親，固曰無本，然所謂仁民者，亦必有甚不仁者矣。

自仁民而推親親，本不足辨，然亦不必言必有甚不仁者。

巧令鮮仁，尹氏之説爲完。程子直指爲非仁，何也？詳考程子辭意，蓋直指脩飾之爲非仁，欲學者深知乎仁與不仁之分，故他有所未暇論也。昨領來喻，謂程子如此直截説破，恐是此意否？

程子固是直指脩飾之爲非仁，而聖人本意初亦不兼持養者而爲言也。但聖人辭氣舒緩，程子恐人不會，更向巧令中求其少有之仁，故如此直説破耳。

曾子之三省，忠信而已，而不及「傳不習乎」一語，何也？ 前雖求教，謂已兼釋之，今却未曉。

程子說「傳不習乎」，是不習而傳與人，是亦欺人之事，故以忠信舉三省。 此句須更思之，與謝氏孰長？

入孝出弟、謹行信言、泛愛親仁，蓋爲弟爲子日用出入之實職。 曠此而徒區區於文義章句間，抑末也。 程子謂非爲己之學，意蓋如此。 然必曰學文者，誠以未能著察，而品節等差、重輕緩急不得其宜，則或有所害。 以此見周伯忱之說甚當。 謝氏盡孝盡弟以及乎親仁成己，至「行有餘力，則以學文」，則看得學文頗輕，而說得入孝出弟之類一節便做成德，似非本旨意。

脩弟子之職，固所以爲己，然博學於文以明義理之歸，亦爲己也。 洪慶善說未有餘力而學文，則文滅其質；有餘力而不學文，則質勝而野。 此意亦好。

「道千乘之國」，政與「道之以德」、「道之以政」之「道」同。 道，猶導也，與齊治之義別。 「敬事而信」以下，或以爲五者，或以爲三者，當從何說？ 程子釋此章謂「今之諸侯能如是，足以保其國矣」，非小乎此也，政以今之諸侯所以導其國者不能如是也。 然否？

分別「道」、「齊」二字，甚善。 此章當爲五事，然先後相因，不可相無，則亦一事而已。 程子之言固非小此，蓋以其略，故其言之若不足耳。

程子謂論性則以仁爲孝弟之本，又謂仁是性也，孝弟是用也，因此得求仁之方，要須是從「克己」入。 程子論季路、顔淵言志一段可見。蓋喜怒好惡之偏，頃刻胡越霄壤之判，如何得氣脉通貫、本末連屬？每覺於至親上尚有物我處多，况於他人乎？直須是由身至家，由家至外，檢察消磨，漸漸融通，則庶乎仁矣。前輩謂公近仁，愛屬仁；而《魯論》所謂己欲立、達，而立人、達人爲仁之方；而孟子所謂「仁者如射，正己而發，發而不中，不怨勝己，反求諸己」，如此之類，皆是欲人之求仁當自克治己私而入，學者但當於此下手耳。向者所謂以萬善之先名仁，誠不親切。

論性則以仁爲本，此只是泛説。論義理則性中只有仁、義、禮、智，而孝弟本出於仁。論爲仁之功夫，則孝弟是仁中之最緊切處，當務此以立本而仁道生也。來喻雖善，然非程子立言之本意也。

一心之謂誠，盡心之謂忠，其分如何？又謂忠，天道也，其與盡心之義同否？

一心之謂誠，專以體言。盡心之謂忠，是當體之用。忠，天道也，對恕推己而言，正指盡心之義。

答吕子約

所示心無形體之説，鄙意正謂如此，不謂賢者之偶同也。然所謂「寂然之本體殊未明白」之云者，此則未然。蓋操之而存，則只此便是本體，不待別求。惟其操之久而且熟，自然安於義理而不妄動，則所謂寂然者，當不待察識而自呈露矣。今乃欲於此頃刻之存遽加察識，以求其寂然者，則吾恐夫寂然之體未必可識，而所謂察識者，乃所以速其遷動，而流於紛擾急迫之中也。程夫子所論「纔思便是已發，故涵養於未發之前則可，而求中於未發之前則不可」，亦是此意。然心一而已，所謂操存者，亦豈以此一物操彼一物，如鬪者之相捽而不相舍哉？亦曰主一無適，非禮不動，則中有主而心自存耳。聖賢千言萬語，考其發端，要其歸宿，不過如此。子約既識其端，不必別生疑慮，但循此用功，久而不息，自當有所至矣。

答呂子約

向來所喻數條，亦皆窮理之要。今承喻及有不曉毫髮之語，此又范太史所謂小其所知以爲不知之弊。竊謂莫若因其所知者玩繹而推廣之，自當有味，不可捨此而別求，恐轉益荒遠而終無得也。此類猶是好高之病，不可不警。

答呂子約

示喻縷縷，具悉。但泛説尚多，皆委曲相合。恐更當放下，且玩索所讀書，依本分持養爲佳耳。陸子静之賢，聞之蓋久，然似聞有脱略文字、直趨本根之意，不知其與《中庸》學問思辨然後篤行之旨又如何耳。

答呂子約

所喻日用功夫，甚善。然必謂博學詳説非初學事，則大不然。古人之學，固以致知格物爲先，然其始也，必養之於小學，則亦灑掃、應對、進退之節，禮、樂、射、御、書、數之習而已。是皆酬酢講量之事也，豈以此而害夫持養之功哉？必曰有害，則是判然以動静爲兩物，而居敬窮理無相發之功矣。大抵聖賢開示後學進學門庭、先後次序極爲明備，今皆舍之，而自立一説以爲至當，殊非淺陋之所敢聞也。❶

向示心説，初看頗合鄙意，細觀乃復有疑。亦嘗竊與朋友論之，而未及奉報。今得所論，益知向所疑者之不謬也。蓋操舍存亡雖是人心之危，然只操之而存，則道心之微便不外此。今必謂此四句非論人心，乃是直指動静無端、無方、無體之妙，則失之矣。又謂「荒忽流轉，不知所止，雖非本心，而可見心體之無滯」，此亦非也。若心體本來只合如此，則又何惡其不知所止，而必曰主敬以止之歟？近與一朋友論此，録以奉呈，幸試思之，復以見告。昨日得欽夫書，亦論此，於鄙意亦尚有未盡者。異時相見面論之，筆札不能既其曲折也。

答呂子約

所示内外兩進之意，甚善。此是自古聖賢及近世諸老先生相傳進步直訣，但當篤信而力行之，不可又爲他説所摇，復爲省事欲速之計也。近聞陸子静言論風旨之一二，全是禪學，但變其名號耳。競相祖習，恐誤後生。恨不識之，不得深扣其説，因獻所疑也。然想其説方行，亦未必肯聽此老生常談，徒竊憂歎而已。操舍存亡之説，諸人皆謂人心私欲之爲，乃舍之而亡所致，却不知所謂存者，亦操此而已矣。子約又謂存亡出入，皆神明不測之妙，而於其間區别真妄又不分明，兩者蓋胥失之。要之，存亡

❶「敢」，原脱，據浙本補。

出入，固皆神明不測之所爲，而其真妄邪正、始終動静，又不可不辨耳。

答吕子約

來書所喻程門議論，鄙意正謂如此，此《或問》之書所爲作也。但掎摭前賢，深負不韙之罪耳。管仲之喻甚正，但以夫子之言考之，恐無此意。程子之意，蓋欲主張名教，而以爲夫子許其不死，却不如以爲存而不論之可畏也。試更思之。

答吕子約

叔度忽爲佛學，私竊憂之。前嘗因書扣之，今此書來，不答所問，但云「實病難除，實功難進，不敢容易言之」而已。如此，則是以爲求進實功、除實病必求之釋氏然後可，而吾聖賢立言垂訓，與吾黨平日講學存養，皆容易之空言也。叔度所見不應如此，蓋不欲人之議己而設此以峻却之耳。區區雖欲再進其説，而已覺難於發口，然鄙意猶有未能已者。願子約從容自以己意言之，勸其且讀《論語》、看諸先生説而深思之，以求聖人之意。聖人之意即是天地之心，思而得之，則實理可見而實病可除、實功可進，初不待求之釋氏之言矣。且求之釋氏，却是適越北轅、却行求進，此區區所以深惜叔度平日之用心，而不欲其陷於此也。

頃在静安，見其議論之間，每不欲人攻釋氏之非，私心固已疑之，今果如此。蓋本其平日用功只以博學力行爲事，而未嘗虚心平氣熟玩聖賢之言，以求至理之所在，故其弊至於如此。熹恐伯恭亦不得不任其責,不知其聞此消息以爲如何?然熹之愚,猶竊有疑於伯恭詞氣之間,恐其未免有陰主釋氏之意。但其德性深厚,能不發之於口耳。此非小病,吾輩於此若猶或有纖芥之疑,速須極力講究,以去其非而審其是,不可含胡隱忍,存而不決,以貽他日走作之患也。大抵彼中朋友立説過高、立心太迫,不肯相聚討論,只欲閉門劇讀,以必其自得,故人自爲學,而或不免蔽於一己之私見,此亦殊非小病耳。

答呂子約

所喻數條,足見玩理之深。然《論》、《孟》兩説恐看得太幽暗支離了,所謂欲密而反踈者。須更就明白簡約處看,一句只是一句,截斷兩頭,都無許多枝蔓,方是真實見處也。太極諸説,亦未見端的處。又所謂「萬化未嘗止息」者,是矣,然却爲甚於復然後見天地之心邪?請更下此一轉語,如何,如何?

答呂子約

前書所喻原憲一條,似於鄙意有未安者。而來書云云,支蔓繳繞,只如舊日。更望詳細思繹,勇猛掃除,庶於正大光明之域有進步處也。

答呂子約

所論江西之弊,切中其病。然前書奉告者,非論其人也,乃論吾學自有未至,要在取彼之善以自益耳。謂彼全無本原根柢，則未知吾之所恃以爲本原根柢者果何在邪？ 幸更思之，復以見教。

答呂子約

熹衰病如昨，無足言者。暇日自力觀書，惟覺聖賢之言意味深長，儘有向來見不到處。若於子約所謂經史貫通之妙，則未有得也。然既曰千里一曲，則便不如且就不曲處理會之爲愈。且如《史記·禮書》篇首四言，恐只是大概説道理如此，豈爲秦、漢把持天下而設？ 且既曰把持天下矣，則又豈有不由智力而致者邪？ 此等處，恐是舍却聖賢經指，而求理於史傳，故只見得他底高遠，便一向隨他脚跟轉，極力贊歎他。若看得聖賢説禮樂處有味，決定不作此見。兼謂其爲秦、漢而發此四言，亦恐反説低了他意思也。讀《詩》諸説，乃是《詩》小序説，非《詩》説，疑亦是從前太於世變一事留意得重，故只見得此意思。大率向外底意思多，切己底意思少，所以自己日用之間都不得力。前書因論陸子静處及説韓岩時話，似已詳説此病，奈何都不見察，至今日然後始覺身心欠收拾乎？ 兼此語前此已屢聞之，恐今日所覺亦未必是真覺也。所謂秦、漢把持天下有不由智力者，乃是明招堂上陳同甫説底。平日正疑渠此論未安，不謂子約亦作此見，爲此論也。

大抵讀書寛平正大者，多失之不精；而精密詳審者，又有局促姦巧之病。雖云人之情僞有不得不察者，然此意偏勝，便覺自家心術亦染得不好了。近年此風頗盛，雖純誠厚德之君子，亦往往墮於其中而不自知，所以區區常竊憂之，而不願子約之爲之也。子約何不試取《論語》、《孟子》、《中庸》、《大學》等書讀之，觀其光明正大、簡易明白之氣象，又豈有如此之狡獪切害處邪？世路險窄，已無可言，吾人之學聖賢者，又將流而入於功利變詐之習，❶其勢不過一傳再傳，天下必有受其禍者，而吾道益以不振，此非細事也。子約思之，如何？

《大事記》尚有第十一卷半卷未寫，今附元册去，幸爲寫足附來。不須裁截裝背，却恐與前後册大小不同也。此書固佳，然昨看論張湯、公孫弘處，亦不能無疑也。

答吕子約

前書所喻正容謹節之功，比想加力。此本是小學事，然前此不曾做得工夫，今若更不補填，終成欠闕，却爲大學之病也。但後書又不免有輕内重外之意，氣象殊不能平，愚意竊所未安。大抵此學以尊德性、求放心爲本，而講於聖賢親切之訓以開明之，此爲要切之務。若通古今、考世變，則亦隨力所至，推廣增益，以爲補助耳。不當以彼爲重，而反輕疑定收斂之實、少聖賢親切之訓也。若如此説，則是學問之道不在於己而在於書，不在於經而在於史，爲子思、孟子則孤陋狹劣而不足觀，必爲司馬遷、班固、范曄、陳壽之徒，然後可以造於「高明正大、簡易明白」之域也。八字乃來書本語。

夫學者既學聖人，則當以聖人之教爲主。今六經、《語》、《孟》、《中庸》、《大學》之書具在，彼以了悟爲高者既病其障礙而以

❶「習」，原作「曾」，據閩本、浙本、天順本、四庫本改。

爲不可讀，此以記覽爲重者又病其狹小而以爲不足觀。如是，則是聖人所以立言垂訓者徒足以悮人而不足以開人，孔子不賢於堯、舜，而達磨、遷、固賢於仲尼矣，無乃悖之甚邪！

前書所示《中庸》、《詩・頌》、《西銘》等説，皆極精密，意者後書所謂「不能下心細意」，特一時憤激所發耳。如其不然，則不能下心細意於孔、孟，乃能下心細意於遷、固，何邪？此則尤非區區所素望於賢者，不敢不盡所懷也。禮樂之云，前此只恐未必史遷有此意耳。正使有之，乃是挾禮樂動化之權，以爲智力把持之用，學者所以謹於毫釐之差而懼其有千里之繆者，正爲此耳。今不之察，而遂指人欲爲天理，吾恐其不止於議論之小失，而且爲心術之大害也。

「阡陌」二字，熹前説亦未是，當如《風俗通》，後説乃爲得之，蓋「阡」之爲言「千」也，「陌」之爲言「百」也。《遂人》徑是百畝之界，涂是百夫之界，而二者皆從，即所謂南北之陌。畛是千畝之界，道是千夫之界，而二者皆横，即所謂東西之阡。蓋二字名義本以夫畝之數得之，決是井田舊制所本有。若曰秦始爲之，則決裂二字，牽彊説合，費氣力而無文理。且井田既有徑畛之制，而秦人去之，則又何必更取東西南北之正以爲阡陌，然後可以静生民之業而一其俗哉？此細事，不足辨，或恐有助於古今事變之學耳。

《徽録》新書近方看得數卷，大抵是用《長編》添修，然亦有不盡處。《長編》亦據曾布、蔡條爲多，此二書雖無狀，然亦見其不可掩者。禍敗之釁，豈偶然哉？讀之令人憤鬱，殊損道心也。

同父事解後得書，亦甚呶呶。前此蓋已作書慰勞之，勸其因此一洗舊轍，斂就繩墨。若能相信，失馬却未必不爲福耳。此事向來朋友畏其辯博，不究其是非而信奉其說，遂無一言及於儆戒切磋之意，所以使渠至此，蓋有不得不任其責者。子約既敬之，於此恐不可不盡情也。

叔晦必且家居待除，象先呈身之說，恐是且欲揚此虛聲，以避守高之嫌，然亦不必如此也。季和聞亦不爲久計，相見勸其早歸，亦是一事。渠却甚歸心恭兄教誨，與他人不同也。誠之恐難說話，蓋本是氣質有病，又被杜撰扛夯作壞了，論其好處，却自可惜也。

恭兄文字狀子已投之當路，如醉如夢，面前事尚不能管得，何可望以此等？但近日百怪競出，不可禁遏，又甚於前。此既無可奈何，但當修其本以勝之，早爲收拾平生文字訓說之略成書而可傳者，著爲篇目而公傳道之，則彼託真售僞者將不禁而自息矣。若但築堤壅水，決無可救之理也。

答呂子約

熹再叨祠禄，遂爲希夷法眷，冒忝之多，不勝慚懼。今年病軀粗覺勝前時，但心目俱昏，不堪繙閲，深以爲撓耳。

所喻向來立論之偏、近日用功之實，甚慰所望。兩卷所論，皆精義也。其間亦有鄙意未合處，具之别紙，幸更思之；或猶未安，却更反復極論以歸至當乃佳耳。

同父後來又兩得書，已盡底裏答之。最後只問他三代因甚做得盡，漢、唐因甚做得不盡，見頓著聖賢在面前，因甚不學，而必論漢、唐，覓他好處，并《文中子》一併破除，一上似頗痛快著題，未知渠復如何做轉身一路也。可因書扣之，令録去，此無人寫得也。兩書皆引「惟精惟一」者是。

來書亦於「智力」二字畢竟看不破、放不下，殊不知此正是智力中之仁義，賓中之主，鐵中之金。若苦向這裏覓道理，便落在「五伯假之」以下規模裏，出身不得。孟子、董子所以拔本塞原，斬釘截鐵，便是正怕後人似此拖泥帶水也。熹嘗語此間朋友，孟子一生忍窮受餓，費盡心力，只破得「枉尺直尋」四字。今日諸賢苦心勞力，費盡言語，只成就「枉尺直尋」四字。不知誵訛在甚麽處？此話無告訴處，只得仰屋浩歎也。

史遷固非班、范之比，然便以爲學者於此不可有所未足，而欲專就此處尋討道理，則亦陋矣。公謹前日一二書來問所疑，覺得却似稍通曉，勝往時也。此一等人不能談王説霸，然終是慤實謹厚，是這一邊人。鄙意近來覺得只愛此等人也。

兩卷之説，今亦不能易紙。「仁」字固不可專以發用言，然却須識得此是箇能發用底道理始得。不然，此字便無義理，訓釋不得矣。且如「元者善之長」，便是萬物資始之端，能發用底本體，不可將仁之本體做一物，又將發用底别做一物也。「平旦之氣」以下一節，譬喻得不甚相似。至以元氣淋漓、星斗清潤爲利貞之象，亦不可曉。「合而言之」一句，文意亦似未安。大抵仁之爲義，須以一意一理求得，方就上面説得無不通貫底道理。如其不然，即是所謂「儱侗真如、顢頇佛性」，而「仁」之一字遂無下落矣。向來鄙論之所以作，正爲如此。中間欽夫蓋亦不能無疑，後來辨析分明，方始無説。然其所以自爲之説者，終未免有未親切處。須知所謂純粹至善者，便指生物之心而言，方有著實處也。今欲改「性之德，愛之本」六字爲「心之德，善之本」，而天地萬物皆吾體也，但心之德可以通用，其他則尤不著題。更須細意玩索，庶幾可見耳。

「求其放心」與「克己復禮」，恐亦不可分爲兩事。蓋放却心，即視、聽、言、動皆非禮，非禮而視、聽、言、動，即是放却心，此處不容更作兩節。今所論却似太支離也。

「養氣」一節，只説得程子意。若論孟子門庭指意，又却不然。「至大至剛」，只合四字爲句。「以直養而無害」，此「直」字便是上文「縮」字、下文「義」字。孟子之意只是説每事做得是當，即自然無所愧怍，意象雄豪，所以雖當大任而無所畏懼耳。推其本原，固未有不立敬而能集義者，然此章之意則未及夫「敬」字也。此自程子門庭功夫，因此説出來耳。

《易》所謂「寂然不動，感而遂通天下之故」，乃指蓍卦而言之。推之天下萬物，無一不如此者。初不爲心而發，而遂不可以言性也。五峰議論，似此拘滯處多，惜乎不及其時而扣之，反復究窮，必有至當之論也。

「孝悌則心下，心下則此心溥」，此意甚巧，然却走了「孝弟」二字親切本意。若但如此，則只「卑巽」兩字亦得，不必云「孝弟」矣。此蓋本因立下「仁，人心也」四字，要得貫穿許多去處道理，又怕惹著「愛」字，故不免有此牽彊。似不必如此，却只成立議論做文字也。

「未知，焉得仁」，文義句讀恐亦不如

此。若如此説，則前所謂「不知其仁」等句又作如何説耶？程子所謂「仁者，天下之公，善之本也」，止是贊歎「仁」字之言，非是直解字義。如云「仁者，天下之正理」，此亦只是包含在内，不可便以此爲盡得「仁」字之義也。

「正顔色，斯近信矣」，蓋謂學者平日心不誠實，則雖正顔色而不免於欺僞，如所謂「色取仁而行違」者，故以正顔色而能近信爲貴耳，亦非如來示注中所云也。

《論語》所記有失無失，須見到夫子地位，方判斷得。今此所論，亦侏儒之觀優耳。吾人但當玩索涵養，以到爲期，自不必如此預先安排，此等閑議論，無益於學也。

「所過者化」，程子於《易傳》中引之，《革》九五。及其《語録》中説，似皆以爲身所經歷處人化其德。此意平實，亦與上下文意相應，似不必更爲他説。若論人心本虚，事物過了便無朕迹，却自不妨有此理也。凡此數説，不知賢者以爲如何？如有未安，幸更反復也。

答吕子約

自頃承書，有專介存問之約，日望其至。忽得郭希吕書，聞嘗感疾不輕，甚以爲慮，而無從附問，但切懸情。前日使至，忽領手書，未及發視，亟問來人，知已無他，憂疑頓釋。既而細讀，乃審向來疾證誠亦可畏，今幸平復，而又自能過意調攝，尤副所望。比日竊惟體候益佳健矣。但來書以爲勞耗心力所致，而諸朋友書亦云讀書過苦使然，不知是讀何書？若是聖賢之遺言，無非存心養性之事，决不應反至生病，恐又只是太史公作祟耳。孟子言學問之道，惟在「求其放心」，而程子亦言「心要在腔子裏」。今一向耽著文字，令此心全體都奔在册子上，更不知有己，便是箇無知覺、不識痛癢之人。雖讀得書，亦何益於吾事邪？况以子約平日氣體不甚壯實，豈可直以耽書之故遂忘飢渴寒暑，使外邪客氣得以乘吾之隙？是豈聖人謹疾、孝子守身之意哉？今既能以前事爲戒，凡百應酬，計亦例加節嗇，然區區之意，於此猶不能忘言，更祝深以門户道學之傳爲念，幸甚，幸甚。

「枉尺直尋」，素未嘗以此奉疑也。但見頃來議論一變，如山移河決，使學者震蕩回撓，不問愚智，人人皆有趍時狥勢、馳騖功名之心，令人憂懼，故不得不極言之。蓋非獨爲子約惜，實爲伯恭惜，又重爲正獻、滎陽諸公惜也。

「漢、唐本體，只是智力，就中有暗合處，故能長久」，如此言之，却無過當。但若講得聖門學問分明，則此固無足言者。而王道正理未嘗一日而可無者，亦不待引此然後爲有徵也。設若接引下根，亦只須略與説破，仍是便須救拔得他跳出功利窠窟，方是聖賢立教本指。今乃深入其中，做造活計，不惟不能救得他人，乃并自己陷入其中而不能出，豈不誤哉？陳正己書來，説得更是怕人。今録所答渠書去，幸一觀，此尤可爲歎息也。

「仁」字之説，論之愈詳，愈覺迷昧。然竊恐所謂「祇就發用之端而言，則無由見仁之本體」，只此一句，便是病根也。蓋孟子論仁雖有惻隱人心之殊，程子於此亦有偏言專言之别，然若實於惻隱之偏言處識得此人心專言者，其全體便可見。今只爲於此認得不真，故不能有以識其全體，乃欲廣大其言，以想象而包籠之，不知言愈廣大而意愈不親切也。程子之言，惟「穀種」一條最爲親切，而「非以公便爲仁」者，亦甚縝密。今乃反皆不認，而必以《易傳》偏旁贊歎之言爲直解字義，則不惟不識仁，亦錯看了《易傳》矣。「克己復禮」，❶前説已得之，却是看得不子細，誤答了。今承再喻，愈詳密無疑矣。

「浩然之氣」一章，恐須先且虚心熟讀《孟子》本文，未可遽雜他説。俟看得孟子本意分明，却取諸先生説之通者錯綜於其間，方爲盡善。若合下便雜諸説混看，則下梢亦只得周旋人情，不成理會道理矣。近日經説多有此弊，蓋已是看得本指不曾分明，又著一尊畏前輩、不敢違異之心，便覺左右顧瞻，動皆窒礙，只得曲意周旋，更不復敢著實理會義理是非、文意當否矣。夫尊畏前輩，謙遜長厚，豈非美事？然此處纔有偏重，便成病痛，學者不可不知也。

又「非義襲而取之」句内，亦未見外面尋義理之意，請更詳之。横渠先生言「觀書有疑，當且濯去舊見，以來新意」，此法最妙。

凡言《易》者，多只是指蓍卦而言。蓍卦何嘗有思有爲？但只是扣著便應，無所不通，所以爲神耳，非是别有至神在蓍卦之外也。

曾子告孟敬子三句，不是説今日用功之法，乃言平日用功之効。如此看得，文義方通。來喻糾紛，殊不可曉也。

❶「克己復禮」至篇末「所以然也」，又見卷五三《答沈叔晦》之五。

「不知其仁」之説，恐未安。且未論義理，只看文勢，已自不通。若更以義理推之，尤見乖戾矣。蓋知自是知，仁自是仁，孔門教人，先要學者知此道理，便就身上著實踐履。到得全無私心，渾是天理處，方唤作「仁」。如子路諸人，正爲未到此地，故夫子不以許之，非但欲其知之而已也。若謂未知者做得皆是，而未能察其理之所以然，則諸人者又恐未能所爲皆是，固未暇責其察夫理之所以然也。❶

答呂子約

日用功夫，比復何如？文字雖不可廢，然涵養本原而察於天理人欲之判，此是日用動静之間不可頃刻間斷底事。若於此處見得分明，自然不到得流入世俗功利權謀裏去矣。熹亦近日方實見得向日支離之病，雖與彼中證候不同，然其忘己逐物、貪外虚内之失則一而已。程子説「不得以天下萬物撓己，己立後，自能了得天下萬物」。今自家一箇身心不知安頓去處，而談王説霸，將經世事業别作一箇伎倆商量講究，不亦誤乎？相去遠，不得面論，書問間終説不盡，臨風歎息而已。

答呂子約

所論爲學之意，比向來儘正當矣。但所謂「省節視聽」及「閑得心地半時，便是半時功夫」者，却似微有趣静之偏。所謂「鬼

❶「克己復禮」至「所以然也」，又見卷五三《答沈叔晦》之五。

神雖無形聲可求，而須著視聽」者，又似推求考索之過。由前之説，且可爲目前養病之計，而非所以爲學。由後之説，則不惟義理有差，而亦非所以休養已憊之精神也。

晦庵先生朱文公文集卷第四十七

閩縣儒學教諭王製校

晦庵先生朱文公文集卷第四十八

書問答一本作「知舊門人問答」

答吕子約丁未五月十三日❶

聞後來有來依講席者，斆學之功，❷交相爲助，政自不惡。但所論經指，頗覺支蔓，如云《維清》一篇，又《周禮》之所寓，此等議論，又支蔓之尤甚者，只似時文。如此，即《我將》亦《周禮》之所寓矣。太皡、臯陶之祀一旦廢絶，固足以見世衰道喪之徵，然其未泯，則於世道却未能大有所扶助。如胡致堂兄弟極論《關雎》專美后妃之不妬忌，而以獨孤亡隋爲證。熹嘗論之，以爲妬忌之禍固足以破家滅國，而不妬忌之美未足以建極興邦也。此等處，恐皆是道理太多，隨語生解。要須滌除，令胸次虚明直截，然後真箇道理方始流行，不至似此支蔓勞擾，徒爲心害，有損無益也。《詩》説鄙意雖未必是，然看子約議論如此，自是無緣得契合。更請打併了此一落索後看，却須有會心處也。

❶「丁未五月十三日」七字，原脱，據閩本、浙本、天順本補。

❷「斆」，浙本作「教」。《考異》云：一作「教」。

答呂子約 丁未七月三日

示喻《維清》、須句二義，既是真實見得，足以自信，則亦何待他人之言？但鄙意覺得此般偏旁寄搭議論，無光明正大氣象，終不甚喜聞，故前此輒爾獻疑。而今雖承誨諭之悉，竟亦不能深曉也。戰國時，秦、趙出伯益，齊出舜，楚出祝融，魏出畢公，燕出召公，韓亦姬姓之國，此獨非聖賢之後邪？又有一事，向讀《元城譚録》論劉壯輿字畫處，嘗疑其言之過，以今觀之，則似信而有徵者，不審明者以爲如何？公謹之言，不記云何，來喻云云，得無有尤人之意邪？

答呂子約 九月十三日

日用功夫不敢以老病而自懈，覺得此心操存舍亡，只在反掌之間，鄉來誠是太涉支離，蓋無本以自立，則事事皆病耳。來喻拈出劉康公語，❶甚善，甚善。但上面蹉却話頭，恐亦是義理太多，費了精神，故向裹時少耳。

《詩》説久已成書，無人寫得，不能奉寄，亦見子約專治小序，而不讀《詩》，故自度其説未易合而不寄耳。謂變《風》止乎禮義，其失甚明。但若只以小序論之，則未見其失耳。讀古人書，直是要虛著心，大著肚，高著眼，方有少分相應。若左遮右攔，

❶「出」，浙本作「定」。《考異》云：一本作「定」。

前拖後拽，隨語生解，節上生枝，則更讀萬卷書亦無用處也。《易》書似已納去，何爲未見？恐此誤記，後便喻及，却納去。此亦是見近日説者多端，都將自然底道理穿鑿壞了，固不得已而出之耳。聞子約教學者讀《禮》，甚善。然此書無一綱領，無下手處。頃年欲作一功夫，後覺精力向衰，遂不敢下手。近日潘恭叔討去整頓，未知做得如何。但《禮》文今日只憑注疏，不過鄭氏一家之説，此更合商量耳。

齋中見作如何理會？必有一規模樣轍，因風幸示一二也。又聞講授亦頗勤勞，此恐或有未便。今日正要清源正本，以察事變之幾微，豈可一向汩溺於故紙堆中，使精神昏弊，失後忘前，而可以謂之學乎？

答呂子約

聞欲與二友俱來，而復不果，深以爲恨。年來覺得日前爲學不得要領，自做身主不起，反爲文字奪却精神，不是小病。每一念之，惕然自懼，且爲朋友憂之。而每得子約書，輒復恍然，尤不知所以爲賢者謀也。且如臨事遲回，瞻前顧後，只此亦可見得心術影子。當時若得相聚一番，彼此極論，庶幾或有判決之助。今又失此幾會，極令人悵恨也。訓導後生，若説得是，當極有可自警省處，不會減人氣力。若只如此支離，漫無統紀，則雖不教後生，亦只見得展轉迷惑，無出頭處也。

答呂子約

示喻授學之意，甚善。但更須小作課程，責其精熟，乃爲有益。若只似日前大飡長啜，貪多務速，即不濟事耳。洒掃應對，乃小子之學，今既失之於前矣，然既壯長，而專使用力於此，則恐亦無味而難入。要須有以使之内外本末兩進而不偏，乃爲佳耳。向見説書旁推曲説，蔓衍太多，此是大病。若是初學便遭如此纏繞，即展轉迷闇，無復超脱之期矣。要當且令看得大意正當精約，則其趣味自長，不在如此支離多説也。

答呂子約 十一月二十七日

子合到此，亦略能言彼中相聚曲折，云子約頗訏熹書中語太峻。不記是何事？若只是説《易》處，則來書又有「權術」及「伯恭心迹未明」等語，殊不可曉。竊恐今亦不須如此支蔓，只且做一不知不會底人，虚心看聖賢所説言語，未要便將自家許多道理見識與之争衡，退步久之，却須自有箇融會處。蓋自家道理見識未必不是，只是覺得太多了，却似都不容他古人開口，不覺蹉過了他説底道理耳。至如前人議論得失，今亦何暇爲渠分踈？且捄取自家目今見處，是要切事。若舍却自己，又捄那一頭，則轉見多事，不能得了矣。前日借得荆公《日録》閑看，其論某人「但能若古、未能稽古」，此等説話，想平日已知其失而笑之。然不知其病所以至此者，亦只是道理太多，不得聖賢言語中下一兩箇閑慢字，便著緊説出許多道理來，楦塞得更轉動不得。只此便是病根，未論所説之邪正得失也。

所論《易》是聖人模寫陰陽造化，此説甚善，但恐於盡其言處未免多著道理，説殺了耳。此非面論，未易究竟。然向於《啓蒙》後載所述四言數章，説得似已分明，卒章尤切，不知曾細看否。幸試考之，有所未安，却望見教也。

對班在何時？今日極難説話，而在疎遠爲尤難。看得且只收斂得人主心念，不至大段走作，是第一義。其他道理，非不可説，只恐説得未必應急救病耳。若此處不下功夫，便要飜騰拆洗了安静和平底家計，做艱難辛苦底功夫，恐尤不相當耳。

《禮書》已領，但《喪禮》合在《祭禮》之前乃是。只恐不欲改動本書卷帙，則且如此亦不妨也。但士、庶人祭禮都無一字，豈不脱漏邪？若其本無，則亦太草草矣。鄉人欲者甚多，便欲送書坊鏤版，以有此疑，更俟一報，幸早示及也。恰寫至此，忽報已有農簿之命，此亦可喜，但不知不蹉却對班否？又恐釋奠祭器等文字又因循也。然舊同官有可語者，得更叮囑之尤佳。

幾道且得改秩，亦是一事。其弟在此亦佳。台州又有一師岀者在此，亦儘知用力，不易得也。子欽恨未識面，寄得禮圖來，甚精，未暇細考，此却好一員禮官也，但説《易》亦多瑣碎穿穴耳。十弟事，不知竟如何。今日一箇風俗如此，不知士大夫是何等見識也？别紙數事，皆切中其病，如偏執、闊疎、貴氣之云，尤是親切。一種樂因循者，已不足言，其有作爲之意，又有此病，豈天固不生材於今日邪？前日因饒廷老去，嘗寄聲痛箴之，不知能聽受否。奉常差彊人意，但覺亦欠子細商量，甚恨前此匆匆，不能甚欵也。其可喜處，却是簡潔而不支蔓，故力專而勢不分，又沈静而有思量，故機圓而語有力。若安排得在要地，須儘可望也。叔昌必已之官，同父爲況如何？頗亦謀所以善後之計否？因書幸痛箴之，此却是箇改過遷善底時節幾會，所謂乃今可爲者，正謂此耳，切告留念。

答吕子約

示喻日用功夫如此，甚善。然亦且要見得一大頭腦分明，便於操舍之間，有用力處。如實有一物，把住放行在自家手裹，不是謾説求其放心，實却茫茫無把捉處也。「公而以人體之」，只是無私心而此理自然流行耳，非是公後又將此意尋討他也。

答吕子約

所示日用功夫，大慰所望。舊讀《胡子知言》答或人以放心求放心之問，怪其覼縷散漫不切，嘗代之下語云：「知其放而欲求之，則不放矣。」嘗恨學者不領此意。今觀來論，庶幾得之矣。所論「必有事焉」、「鳶飛魚躍」，意亦甚當。孔子只説箇「先難後獲」一句，便是這話。後來子思、孟子、程子爲人之意轉切，故其語轉險，直説到活潑潑地處耳。知得如此，已是不易，更且虚心寬意，不要回頭轉腦，計較論量，却向外面博觀衆理，益自培殖，則根本愈固而枝葉愈茂矣。若只於此静坐處尋討，却恐不免正心助長之病，或又失之，則一蹴而墮於釋子之見矣，亦可戒也。

讀書如《論》、《孟》，是直說日用眼前事，文理無可疑。先儒説得雖淺，却別無穿鑿壞了處。如《詩》、《易》之類，則爲先儒穿鑿所壞，使人不見當來立言本意。此又是一種功夫，直是要人虚心平氣，本文之下打疊，交空蕩蕩地，不要留一字先儒舊説，❶莫問他是何人所説，所尊所親、所憎所惡，一切莫問，而唯本文本意是求，則聖賢之指得矣。若於此處先有私主，便爲所蔽而不得其正，此夏蟲井蛙所以卒見笑於大方之家也。

且如向來主張《史記》時變之學，以近日「都人觀美，出涕沱若」之章觀之，亦可見其流弊之所極矣。此乃前人有醇德而無虚心之弊，反爲所誘，以墮一偏之見。今日子弟欲發其所長而覆其所短，正在專於自己分上公聽並觀，打破前來窠臼，乃可以發明前人本來心事之正，而使學者戒其所偏。此在子約，比之他人又有此一重擔負，尤不可以不勉也。

答呂子約

誨諭「工夫且要得見一箇大頭腦，便於操舍間有用力處，如實有一物，把住放行在我手裏，不是漫説收其放心」，某蓋嘗深體之，此箇大頭腦本非外面物事，是我元初本有底。其曰「人生而静」，其曰「喜怒哀樂之未發」，其曰「寂然不動」，人汩汩地過了日月，不曾存息，不曾實見此體段，如何會有用力處？程子謂「這箇義理，仁者又看做仁了，智者又看做智了，

❶「字」，浙本作「宗」。《考異》云：一本作「宗」。

百姓日用而不知，此所以君子之道鮮。此箇亦不少，亦不剩，只是人看他不見，不大段信得此話」。及其言「於勿忘、勿助長間認取」者，認乎此也。認得此，則一動一静皆不昧矣。惻隱、羞惡、辭讓、是非，四端之著也，操存久則發見多；忿懥、憂患、好樂、恐懼，不得其正也，放舍甚則日滋長。記得南軒先生謂「驗厥操舍，乃知出入」，乃是見得主腦，於操舍間有用力處之實話。蓋苟知主腦，不放下，雖是未能常常操存，然語默應酬間，歷歷能自省驗，❶雖非實有一物在我手裏，然可欲者是我底物，不可放失；不可欲者非是我物，不可留藏。雖謂之實有一物在我手裏，亦可也。若是謾説，既無歸宿，亦無依據，縱使彊把捉得住，亦止是襲取，夫豈是我元有底邪？愚見如此，敢望指教。

此段大概甚正當親切。「操存久則發見多，放舍甚則日滋長」，此二句甚好。

誨諭「《胡子知言》舉或人以放心求心之問，怪其覼縷散漫不切，嘗代之下語云：『知其放而欲求之，則不放矣。』」某竊謂或者之問元不識心體，所對雖欲使人察夫良心之苗裔，致操存之功，然説得驚惶不縝密，便是用功處未到。恐方説時，亦未免是放也。自家所知固有廣狹淺深處，然曾云省察，則是我元初者、非我元初者，真妄客主，亦豈不識箇體段模樣？操存稍熟，則省察浸精；省察浸精，則操存愈固。昨之所謂非放者，今猶覺其爲

❶「省驗」，原段後校云：「『省驗』一作『有驗』。」校浙本作「有驗」。

放；昨之所謂相近者，今猶覺其尚遠。近看《遺書》説「修辭立其誠」，乃是體當自家「敬以直内，義以方外」之實事。又説「聖賢千言萬語，只是欲人將已放之心約之，使反復入身來，自能尋向上去」。「下學而上達」，此語方是不覼縷散漫，自覺用力雖未能敏勇，然實欲從事於斯也。又嘗深自體驗，固是知其放而求之則不放，然其間幾多艱難曲巧：方其志不勝氣，其爲抑遏掩蔽，心固知之，如醉中知醉而未醒，夢中知夢而未覺，非澄治平帖，亦未易遽存；及其身心向裏，有頓放處，非不是我來爲主，然浮念忽起，病根隱然，又思乎此也方有端緒，他思便來間之，展轉牽引，把捉不住。近得一法，於致思之時而思慮忽起，若所當思也，則便以筆識之，不使之累吾心。然亦難概論，蓋適有所感，當便尋繹，則只得放下元初所思，却致思乎此。若非所當思也，則當深省而消去之，亦頗有效驗。第於主一功夫未至，不能如程子所謂「使他思時方思」，然且得隨力量如此存察。更望指教。

此意大概亦好，但太支蔓，不直截，不覺却將此心放了。恐當一切掃去，且將所代五峰一語早晚提撕，令有箇要約處乃佳。不然，又似程子説温公爲「中」所亂矣。

誨諭謂「『必有事焉』、『鳶飛魚躍』，孔子只説箇『先難後獲』一句，便是這話。後來子思、孟子、程子爲人之意轉切，故其語轉險，直説到活潑潑地」。某竊謂此箇義理固是自家元有底，無少無剩，初無差異，然亦須實見到這裏，不可少有鶻突。聖賢設教，固不越於「下學而上達」，然著書立言必有不容已者。如「鳶飛魚躍」，子思雖以「上下察」爲言，固已示諸人，然非得伊、洛諸君子再拈掇出來，如何理會得是子思喫緊爲人處？其曰「與『必有事焉而勿正』之意同」，既説得親切，與我相應，又曰「會得，活潑潑地；不會得時，只是弄精魂」，則又恐人將此玩弄走作，以爲神通妙用，却入私意，却成助長，却失了元初本有底，其爲害又不特入於語險而已。大抵窮理工夫，若不能認取，則非我所及者皆爲涉虛；若能認取，則一動一靜，天理流行，莫非無極之真也。程子又云：「勿忘勿助，只是養生之法。不識怎養生？」此語極善。蓋識箇主腦，則勿忘勿助而養而無害，非勿忘勿助是本體，於勿忘勿助之間認取本體也。此全在學者於己分上實自體認，方信得聖賢之言、先儒之論都是將實得者説與人，不是説分外事，顧我之領略淺深何如耳。敢望誨示。

此段看得亦未親切。須知「必有事焉」，只此一句便合見得天理流行，活潑潑地。方要於此著意尋討，便窒礙了。如説「先難」，只此二字已見得爲仁工夫。然於此處才有計較，便夾雜了。故才説上句，便説下句以急救之，如方安頓一物在此，又便即時除却，是非教人先安排此有事勿正之兩端，而就其中以求之也。

誨諭謂：「只於靜坐處尋討，却恐不免助長之病，或又失之，則一蹴而墮於釋氏之見。」某自顧涣散之久，近稍收拾，粗有靜養工夫。然工夫淺薄，客慮猶多，雖未至便有此病，然亦豈敢不常自警省也。兼亦自覺未墮釋氏之見者，蓋釋氏是從空處求，吾儒是自實處見。喜怒哀樂之未發，初非空無，寂然不動，本皆完具。釋氏於此看得偏闕，所以隨在生病。又「元者善之長」底意思，釋氏既不識元，絶類離群，以寂滅爲樂，反指天地之心爲幻妄，將四端苗裔遏絶閉塞，不容其流行。若儒者，則要於此發處認取也。近看周子「動而無動，静而無静」之語，頗有所省。夫動而無動，則唤不有止；静而無静，則唤不森然。此雖非天下之至神不能與於此，然一動一静之本體，蓋元如是。因此静存動察，既無交互，亦不落空。今所慮者，非在於墮釋氏之見，乃在於日用之間主敬守義工夫自不接續而已。若於此能自力，則敬義夾持，此心少放，自不到得生病痛也。所見如此，更願指誨。

此正如明道所説扶醉人語，不溺於虚無空寂，即淪於紛擾支離矣。

誨諭：「讀書如《論語》、《孟子》，是直説日用眼前事，文理無可疑。先儒説得雖淺，却别無穿鑿壞了處。如《詩》、《易》之類，則爲先儒穿鑿所壞，不見當來立言本意。此又是一種功夫，直是要人虚心平氣，本文之下打疊到空蕩蕩地，❶不要留先儒一字舊説，莫問他是何人所説，所尊所親，所憎所惡，一切莫問，而唯本文本義是求，則聖賢之指得矣。」某深惟訓誨，真可謂直截指示，雖非某所及，未能言下即承，然敢不默會此意。第有所欲論辨當吐露者，亦不敢不詳陳之。某往者讀書，有時自驗於會心處，固有不待注釋訓説而見得明白，然此心稍有蔽虧，即便忘失。且又閲理不熟，大指精義弗能致察。若非自生意見，即便讀過不覺，終歸之因

❶「到」，原作「交」，據下文改。

循鶻突而已。日來豈敢以爲能讀，然稍能收拾身心，❶有箇主腦，義理之實漸漸相親，玩索先覺所説，時時有契於心，反復讀之，其於本文本義固能打疊到空蕩蕩田地，然於用意深處，漸能進其所知，隨其文義，亦各略見所説着落。因此見得讀書之法固是要見得立言本意，不要繳繞支離，然須是自有工夫，使義理來相浹洽，方能與書相應。若與書相應，始能善思，通其精微而意味無窮。雖當讀時固不可先留舊説在胸中，然虚心平氣，待其自見，有意要掃去他亦不得。苟要掃去，則又是我底意見，亦未必是真實指義也。如讀《易》，只以程子《易傳》爲主，非不知象占爲不可廢，然文王、夫子作《彖》、《象》、《文言》、《大傳》，所發明者却不在於象上，直是要人得其辭以通其意。其曰「易，變易也，隨時變易以從道也」，其曰「吉凶消長之理，❷進退存亡之道備於辭，推詞考卦，可以知變，象與占在其中」，其曰「至微者理，至著者象。體用一源，顯微無間」，其曰「乾、坤爲易知，諸卦爲難知」，今學者不求諸象占，固有所闕，然學有本末，若未能玩索乎此而欲求之於象占，則於程子「備於詞」、「在其中」之意不能無失也。又自孟子後，《易》書非不以象占而傳，然非所謂「自秦而下，❸其學不傳」者，果何所指邪？雖所見如此，然先生謂又是一種工夫，則殊未詳。更望指教也。

❶「然」，原脱，據浙本補。
❷「曰」，原作「間」，據程頤《易傳・序》（影印文淵閣《四庫全書》本）及上下文義改。
❸「非」，《正訛》改作「其」。

大凡讀書，須是虛心以求本文之意爲先。若不得本文之意，即是任意穿鑿。如說會心處之類，正是大病根本。如《易》之詞，乃是象占之詞。若舍象占而曰有得於詞，吾未見其有得也。此皆過高之弊，所以不免勞動心氣，若只虛心以玩本文，自無勞心之害。

誨諭「公而以人體之，只是無私心，而此理自然流行耳，非是公後又將此意思尋討也」。某深味此語，固是恐人添箇意思尋討，然覺得下語自傷於快。竊謂仁固難名，以覺名仁，而覺非仁也；以愛名仁，而愛則屬情也；以公名仁，特近仁耳，亦難指公爲仁也。先生謂「仁者愛之理」，別出性情，最爲明白。然程子「公而以人體之」，意則於「公」字上兼「愛之理」意思言之。蓋公雖近仁，然又須實下工夫，物物皆體。若有扞格，各不相貫屬，便有未仁。若只是說箇「公」字，便此理自流行，却欠却體仁工夫也。又近看南軒先生《復卦贊》有云：「其在於人，純是惻隱。動匪以斯，則非天命。曰義禮智，位雖不同。揆厥所基，脉絡流通。」及近來玉山所刻先生講說，於程子所謂「偏言之則一事，專言之則包四者」，雖未能昭晰，❶然却見得此意脉分明。其曰「偏言」，則本末次第不可以混言。其曰「專言」，則莫不始於此、本於此而皆一貫也。孟子論乍見孺子怵惕惻隱之心，便說由是觀之，無惻隱之心非仁，無羞惡之心非義，無辭讓之心非禮，無是非之心非智。其只舉惻隱一端發見處示人，餘三端更不一一拈出，夫豈有所略哉？蓋此乃良

❶「能」下，浙本有「十分」二字。

心苗裔發見最先處，乃天地之心、萬物之元，必自此而後流行不息，亨而利貞。則是章雖曰「偏言」，而所謂「專言」之者，亦不離此矣。

仁是本來固有之理，不因公而有，特因公而存爾。如溝渠窒塞，故水不通流，去其窒塞，則水流矣。水固不因去塞而有，然亦非既去其塞而又別有一段工夫使水流通也。以此推之，所論之得失自見矣。又論「偏言」、「專言」處，語意未瑩，使人難曉。

答呂子約

代語之喻，甚善。妄爲此語，今已是十餘年，每以告人，無領略者，今乃得子約書，知其爲切要之語，始有分付處也。但前日張富歸所惠書，所論《或問》中語，却似未安。請且自反於心，分別未發、已發界分令分明，却將册子上所説來合看，還是如此否？自心下看得未明，便將衆説回互，恐轉生迷惑，斷置不下也。且如子約平生還曾有耳無聞、目無見時節否？便是祭祀，若耳無聞、目無見，即其升降饋奠皆不能知其時節之所宜，雖有贊引之人，亦不聞其告語之聲矣。故前旒黈纊之説，亦只是説欲其專一於此而不雜他事之意，非謂奉祭祀時都無見聞也，所謂王乃在中，尤無交涉，讀書最忌如此支蔓。况又平居無事之時乎？故程子云：「若無事時，耳須聞，目須見。」既云耳須聞、目須見，則與前項所答已不同矣，又安得曲爲之説而强使爲一義乎？至静之時，但有能知能覺者，而無所知所覺之事，此於《易》卦爲純坤，不爲無陽之象。若論復卦，則須以有所知覺者當之，不得合爲一説矣。故康節亦云：「一陽初動處，萬物未生時。」此至微至妙處，須虚心静慮，方始見得。若懷一點偏主彊説意思，即方寸之中先自擾擾矣，何緣能察得彼之同異邪？

答吕子約

所示四條，其前二義雖有小差，然猶不至難辨，各已略報去矣。至於「未發」、「浩氣」二義，則皆雜亂膠轕，不可爬梳，恐非一朝之辨所能決。本欲置而不論，以俟賢者之自悟，又恐安於舊説，未肯致疑，不免略啓其端，千萬虚心垂聽，不可一向支蔓固執，只要彌縫前人闕誤，不知却礙自家端的見處也。

蓋今所論，雖累數百言之多，然於《中庸》，但欲守程門問者之説，謂未發時耳無聞、目無見而已。於「浩氣」之説，但欲謂此氣元是配合道義而成，無道義則氣爲之餒而已。其他援引之失，皆緣此文以生異義，自爲繁冗。若一一究析，往復不已，則其説愈繁，其義愈汩，而未必有益。故今奉勸，不若只取子思、孟子之言虚心平看，且勿遽增他説，只以訓詁字義隨句略解，然後反求諸心，以驗其本體之實爲如何，則其是非可以立判。若更疑著，則請復詳論之。

夫「未發」、「已發」，子思之言已自明白。程子數條引寂然感通者，皆與子思本指符合，更相發明。但答吕與叔之問，偶有「凡言心者，皆指已發」一言之失，而隨即自謂未當，亦無可疑。至《遺書》中「纔思即是已發」一句，則又能發明子思言外之意，蓋言不待喜怒哀樂之發，但有所思，即爲已發。此意已極精微，説到未發界至十分盡頭，不復可以有加矣。問者不能言下領略，切己思惟，只管要説向前去，遂有無聞無見之問。據此所問之不切，與程子平日接人之嚴，當時正合不答，不知何故却引惹他，致他如此記録，前後差舛，都無理會。後來讀者若未敢便以爲非，亦且合存而不論。今却據守其説，字字推詳，以爲定論，不信程子手書。此固未當之言，而寧信他人所記自相矛盾之説，彊以「已發」之名侵過「未發」之實，使人有生已後、未死已前更無一息未發時節，惟有爛熟睡著可爲未發，而又不可以立天下之大本。此其謬誤，又不難曉，故《或問》中粗發其端。今既不信，而復有此紛紛之論，則請更以心思、耳聞、目見三事校之，以見其地位時節之不同。

蓋心之有知與耳之有聞、目之有見爲一等時節，雖未發而未嘗無；心之有思乃與耳之有聽、目之有視爲一等時節，一有此則不得爲未發。故程子以有思爲已發則可，而記者以無見無聞爲未發則不可。若苦未信，則請更以程子之言證之。如稱許渤持敬，而注其下云：「曷嘗有如此聖人？」又每力詆坐禪入定之非，此言皆何謂邪？若必以未發之時無所見聞，則又安可譏許渤而非入定哉？此「未發」、「已發」之辨也。

若氣配道義，則孟子之意不過曰此氣能配道義，若無此氣，則其體有不充而餒然耳。此其賓主向背、條理分合，略無可疑，但粗通文理之人，無先入偏滯之説以亂其胸次，則虚心平氣而讀之，無不曉會。若反諸身而驗之，則氣主乎身者也，道義主乎心者也；氣形而下者也，道義形而上者也。雖其分之不同，然非謂氣在身中而道義在皮外也，又何嫌於以此配彼，而爲崎嶇詰曲以爲之説曰「道義本存乎血氣，但無道義，則此氣便餒而止爲血氣之私，故必配義與道，然後能浩然而無餒」乎？語勢不順，添字太多，不知有何憑據見得如此？若果如此，則孟子於此當別有穩字，以盡此意之曲折，不當下一「配」字，以離二者合一之本形，而又以氣爲主，以倒二者賓主之常勢也。且其上既言「其爲氣也」以發語，而其下復言「無是餒也」以承之，則所謂「是」者，固指此氣而言。若無此氣，則體有不充而餒然矣。

若如來喻，以「是」爲指道義而言，若無此道義，即氣爲之餒，則孟子於此亦當別下數語，以盡此意之曲折，又不當如此倒其文而反其義，以疑後之讀者，如今之云也。且若如此，則其上本未須説「以直養而無害」，其下亦不須更説「是集義所生矣」。今乃連排三句，只是一意，都無向背彼此之勢，則已甚重複而太繁冗矣。而其中間一句又如此其暗昧而不分明，如此其散緩而無筋骨，依以誦説，使人迷悶，如口含膠漆，不可吞吐。竊意孟子胸中明快洒落，其發於言語者必不至於如此之猥釀而紕繆也。又況來喻已指無是而餒者爲浩氣於前矣，其後又謂無道義則氣爲之餒而但爲血氣之私，不亦自相矛盾之甚邪？若程子之言，則如以金爲器、積土成山之喻，皆有不能使人無疑者。來喻雖亦不敢據以爲説，然其所慮恐爲二物者，亦程子之常言。今又不察其施安之所當，而冒取以置於此也。

其他分別血氣浩氣、小體大體，皆非孟子正意，而妄爲離合，却自墮於二物之嫌。原其所以，只因「配義與道」一句不肯依文解義，著實平説，故須從頭便作如此手勢翻弄，乃可以迤邐遷就，委曲附會而求其通耳。孟子言「毋暴其氣」，而釋之曰「氣體之充」，又言「其爲氣也」，而指之曰「無是餒也」。是數語者，首尾相應，表裏相發，其所指者正一物耳。今必以無暴者爲血氣而其爲氣者爲浩然，而又恐犯二物之戒，故又爲之説曰「浩氣不離乎血氣」，徒爲紛擾，增添冗長，皆非孟子之本意也。

今亦不暇悉數以陷於來喻之覆轍，然只如此説，已覺不勝其冗矣。幸深思之，且以自己分上明理致知爲急，不須汲汲以救護前輩爲事。蓋其言之得失，白黑判然，已不可揜，救之無及，又况自家身心義理不曾分明，正如方在水中，未能自拔，又何暇救他人之溺乎？

但所云未發不可比純坤而當爲太極，此却不是小失，不敢隨例放過。且試奉扣：若以未發爲太極，則已發爲無極邪？若謂純坤不得爲未發，則宜以何卦爲未發邪？竊恐更宜静坐，放教心胸虚明浄潔，却將《太極圖》及十二卦畫安排頓放，令有去著，方可下語。此張子所謂「濯去舊見，以來新意」者也。如决不以爲然，則熹不免爲失言者，不若權行倚閣之爲愈，不能如此紛拏彊聒，徒費心力，有損而無益也。

答吕子約

張元德訓「道」爲「行」，固爲踈闊，子約非之，是也。然其所説「行」字，亦不爲全無來歷。今不就此與之剖析，而別引程子「冲漠氣象」者以告之，故覺得有墮於窈冥恍惚之病。程子所説，乃因對義而言，故自有歸著而不爲病。而所以破其説者，又似彼東我西，不相領略。此乃吾之所見自未透徹，未免臆度籠罩而强言之，所以支離浮汎而不能有所發明也。若如鄙意，則道之得名，只是事物當然之理。元德直以訓「行」，則固不可。當時若但以「當行之路」答之，則因彼之説發吾之意，而「冲漠」之云亦自通貫矣。今且以來示所引一陰一陽、君臣父子、形而上下、冲漠氣象等説合而析之，則陰陽也，君臣父子也，皆事物也，人之所行也，形而下者也，萬象紛羅者也。❶是數者各有當然之理，即所謂道也，當行之路也，形而上者也，冲漠之無朕者也。若以形而上者言之，則冲漠者固爲體，而其發於事物之間者爲之用；若以形而下者言之，則事物又爲體，而其理之發見者爲之用。不可概謂形而上者爲道之體，天下達道五爲道之用也。元德所云「道不能以自行」以下自無病，而答語却説開了。其説自是好語，但答他不着爾。今更爲下一語云：「形而上者謂之道，物之理也；形而下者謂之器，物之物也。」且試屏去他説，而只以此二句推之，若果見得分明，則其他説亦自通貫而無所遺也。

答呂子約

所以不以元德以「道」訓「行」爲然者，蓋以「道」爲「行」，則「道」非「行」字所能盡，又須以所以行者言之，則毋乃欲一而反二乎？故以程子「道有冲漠氣象」告之，欲渠深探夫峻極之體，而默識夫無聲無臭之妙，則自知非「行」之一字所能盡。若謂「當行之路」，則恐祇可言達道耳，於論道之原，則恐難如此著語也。形而下即形而上者，《易傳》謂「至微者理」，即所

❶「象」下，浙本有「之」字。《考異》云：一本有「之」字。

謂形而上者也；「至著者象」，即所謂形而下者也。「體用一源，顯微無間」，則雖形而上、形而下，亦只是此箇義理也。元德所説之病，前書盡之。如來喻之云，却攻他不著。恐是只見自家底是，於鄙論却未深考也。

謂當行之理爲達道，而冲漠無朕爲道之本原，此直是不成説話。不謂子約見處乃只如此，亦無怪他説之未契也。須看得只此當然之理冲漠無朕，非此理之外，別有一物冲漠無朕也。至於形而上下，却有分別。須分得此是體、彼是用，方説得一源；分得此是象、彼是理，方説得無間。若只是一物，却不須更説一源、無間也。

元德訓「道」爲「行」，便似來喻訓「學」爲「義理之藴」一般，一則以所能爲能，一則以能爲所能也。佛書有「能」與「所能」之説，能謂人所做作，所能謂人所做作底事，其分別文義亦甚密。如道則所能之謂，學即所謂能也。如今小兒屬對，「看花折柳」，「看」與「折」字是能，「花」與「柳」是所能，此不可亂也。此等倫類尚不能通，是乃心意大段麤在，豈能及其深微之奥邪？

答吕子約 下《論語》雜論同戊午二月五日

所謂《五帝紀》所取多《古文尚書》及《大戴禮》爲主，❶爲「知所考信」者，然伏羲、神農見《易大傳》，乃孔聖之言，而八卦列於六經，爲萬世文字之祖，不知史遷何故乃獨遺而不録，遂使《史記》一書如人有身而無首，此尚爲知所考信者邪？

❶「謂」，閩本、浙本、天順本作「論」。

「太史公之洋洋美德，即蘇黄門之騶虞竊脂。」觀其下文，全書不知還撑柱得此數句起否。學者於聖人之道徒習聞其外之文而不考其中之實者，往往類此。王介父所以惑主聽而誤蒼生，亦只是此等語耳，豈可以此便爲極摯之談而躋之聖賢之列、屬以斯道之傳哉？以此等議論爲極至，便是自家見得聖賢道理未曾分明，被他嚇倒也。

以史遷能貶卜式與桑羊爲伍，又能不與管仲、李克，爲深知功利之爲害，不知《六國表》所謂「世異變，成功大」、「議卑易行」、「不必上古」，《貨殖傳》譏長貧賤而好語仁義爲可羞者，又何謂邪？

《伯夷傳》辨許由事固善，然其論伯夷之心，正與求仁得仁者相反。其視蘇氏之《古史》，孰爲能考信於孔子之言邪？

謂遷言公孫弘以儒顯爲譏弘之不足爲儒，不知果有此意否？彼固謂「儒者博而寡要，勞而少功，是以其事難盡從」，然則彼所謂儒者，其意果何如邪？

所示數條，不暇悉辨。若以馬遷與班固並論，則固不無優劣。而其書數十萬言，亦豈無好處？但論其大旨，則蘇氏兩語，恐史遷復生不能自解免也。今乃諱其所短、暴其所長，以爲無一不合聖人之意，推尊崇奬，至與六經比隆，聞有議其失者，則浡然見於詞色，奮拳攘臂，欲起而扔之，一何所見之低矮邪！此事不唯見偏識淺、去取差謬、爲明眼人所笑，亦正犯子惡苗碩之戒，❶大爲心術之害，不可不知。

❶「正」，原作「至」，據閩本、浙本、天順本改。

論語

學之爲言，蓋指義理之蘊。至於感乎而復有講習相滋之説，自夫始學而所願者外，則其本已虧矣。❶謝氏「坐如尸，坐時習；立如齋，立時習」，觀聖人立言之旨，有不在彼者。尹氏「學在己，知不知在人」，微有立我之病。

以「義理之蘊」訓「學」字，恐非字義，不成文理。後「不重」章更有説。「感乎」之説與「所願者外」意似相反。且程子於朋來之樂何故不如此説？恐更當細思之。尹氏説未見立我之病。此章是説初學入道之門，未須大段説得玄妙也。

鮮則和順積諸中者未厚，所積者既厚，其於逆理亂常之事，可以保其必無也。犯上之過小，作亂之罪大，故其言之序如此，非謂未厚已厚而然也。「務本」、「道生」是泛言，以起下句之實，《集注》之説，宜更詳之。

「巧言令色，鮮矣仁」，此章論明善之功。

此章只是戒人勿爲巧言令色，如何便説得明善之功？

有所未習，其傳或差，如師之過、商之不及，不能不生流弊。唯傳而習，習而傳，然後爲得其正傳。

「傳不習乎」，文勢恐不如此。曾子之學，其傳不差，乃是合下見得通透的確，非習之功也。若所見不是而徒習之，愈增其誤耳。讀書窮理，須認正意，切忌如此緣文生義、

❶「至於」至「虧矣」，原題下校云：「一本『復』下無『有』字，『外』下無『則』字。」校浙本無「有」、「則」二字。

附會穿穴，只好做時文，不是講學也。

敬以事言，而信則無不盡也。

信是與民有信，期會賞罰，不欺其民。淺言之，則魏文侯之期獵，商君之徙木亦其類也。不須如此高説，失聖言之本意。

「行有餘力而後學文」，夫豈以講切爲可緩哉？

書固不可不讀，但比之行實差緩耳。不然，則又何必言行有餘力而後學邪？

「究義理之藴」，言學者不可不究夫義理之藴也。因此語爲子夏之言，而遂致疑於其間。

以子夏之言爲不如孔子，亦未爲貶，不必如此回護，但當虚心觀理而隨宜斟酌耳。義理之藴，上著一「究」字，比首章稍成文理。然首章之義實當兼踐履而言，故謝説亦不可廢。若如所説，却只説得窮理一邊也。

「由乎中而應乎外，制乎外，所以養其中」。

「由乎中而應乎外」，是推本視、聽、言、動四者，皆是由中而出，泛言其理之如此耳，非謂從裏面做功夫出來也。「制乎外，所以養其中」，方是説做功夫處全是自外而内，自葉流根之意，非謂内外交相養，與此章之文本不相戾，不須如此分疎也。如《視》、《聽》二箴云：「心兮本虚，秉彝天性。」亦皆是推本而言。❶ 若其功夫，則全在制之於外、閑邪勿聽處，可更詳之。向見叔昌之弟摹刻尹和靖所書《四箴》，作「由乎中，所以應乎外」，嘗辨其謬。後見尹書他本，却皆不錯。然既有此誤，則尹公想亦未免錯會其師之意也。

❶ 「本」，原作「木」，據閩本、浙本、天順本、四庫本改。

答呂子約

「戒懼於不睹不聞」者，乃謹獨之目，而謹獨者，乃戒懼於不睹不聞之緫名，似未可分爲二事也。今曰「道固無適而不在，而其要切之處，尤在於隱微。雖無所不謹，而所謹者尤在於獨」，固欲學者用功轉加切近。云云。若末章「潛雖伏矣」、「不愧屋漏」分爲兩節，雖可以各相附屬，然前一節謂人所不見則屬乎人，後一節謂己之所有則猶有迹，比之己之不睹不聞，則又有間矣。今以人之所不見爲謹獨，意雖切而反輕，以不愧屋漏爲不睹不聞，則又幾於躐等。

來示所疑《中庸》首章數句，文義亦通，比之《章句》之説尤省力而有味。但以上文考之，既言「道不可須臾離」，即是無精粗隱顯之間，皆不可離，故言「戒謹乎不睹不聞」以該之。若曰「自其思慮未起之時早已戒懼，非謂不戒謹乎所睹所聞，而只戒謹乎不睹不聞也」。此兩句是結抹上文「不可須臾離」一節意思了。下文又提起説無不戒謹之中，隱微之間念慮之萌尤不可忽，故又欲於其獨而謹之，又別是結抹上文「隱微」兩句意思也。若如來説，則既言不可須臾離而當戒謹矣，下句却不更端，而偏言唯隱微爲顯見而不可不謹其獨，則是所睹所聞、不隱不微之處皆可忽而不謹。如此牽連，即將上句亦説偏了。只這些子意思，恐於理有礙，且於文勢亦似重複而繁冗耳。所謂「固欲學者用功轉加謹密」，熹之本意却不如此。蓋無所不戒謹者，通乎已發、未發而言，而謹其獨則專爲已發而設耳。卒章所引「潛雖伏矣」，猶是有此一物藏在隱微之中，「不愧屋漏」，則表裏洞然，更無纖芥查滓矣。蓋首章本静以之動，卒章自淺以及深也。且所不見，非獨而何？不動而敬、不言而信，非戒謹乎其所不睹不聞而何？若首章不分别，即此等處皆散漫而無統矣。

答呂子約

不睹不聞既即是隱微之間，念慮之萌則所謂「莫見乎隱，莫顯乎微」者，蓋非别有一段工夫在戒懼不睹不聞之後明矣。

只爲「道不可須臾離」與「莫見乎隱，莫顯乎微」不同，「戒謹不睹，恐懼不聞」與「謹獨」不同，所以文意各别。今却硬説做一事，所以一向錯了也。

既以不睹不聞爲己所不知，若能於此致謹，則所謂隱微之間、念慮之萌，固已不能不謹。

若果如此，則上段文意已足，不知何故又須再説必謹其獨邪？曷嘗有如此煩絮底聖賢？

不愧屋漏，亦未免於微有迹也。謂之表裏洞然，更無查滓，則恐幾於陵節矣。

若猶有迹，便是未能無愧於屋漏矣。此段説得愈更支離，若只管如此纏繞固執，則只己見便爲至當之論，亦不須更講論矣。前書寫去已極分明，只是不曾子細看，先横著一箇人我之見在胸中，於己説則只尋是處，雖有不是，亦瞞過了；於人説則只尋不是處，吹毛求疵，多方駁難。如此，則只長得私見，豈有長進之理？此亦便是論司馬遷底心也。今更不能再説得，只請將舊本再看，將此兩節虚心體認，只求其分，勿求其合，認來認去，直到認得成兩段了，方是到頭。如其未然，更不須再見喻也。

來教又謂心之有思與耳之有聞、目之有見爲一等時節。

所圈出「思」字，初看即疑恐當作「知」字，而尋舊本未見，不知當時的是何字。又恐或是筆誤，方欲再請舊本來看，子細剖析奉報，偶復尋得舊本，果是「知」字。不知來喻何故如此錯誤？豈舊本脱漏此一節邪？如其不然，則此等處尚爾踈略，又安能得其精微之意邪？元本兩行，今再録去，可更詳之。舊本云：「心之有知與耳之有聞、目之有見爲一等時節，雖未發而未嘗無。心之有思乃與耳之有聽、目之有視爲一等時節。」云云。再看來書，他處所説已有「知」字，即是舊本元無脱漏，是直看得老草，將「知」字、「思」字作一樣看耳。

前書無聞無見之説，只做未有聞、未有見平看過。若看得過重，以爲無所聞、無所見，則誠近於異端矣。

未有聞見與無所聞見，平看、重看，不知如何分別？更請子細説。

謂未有聞、未有見爲未發，所謂冲漠無朕，萬象森然已具，不知衆人果能有此時乎？學者致知居敬之功積累涵養，而庶幾有此爾。

子思只説喜怒哀樂，今却轉向見聞上去，所以説得愈多，愈見支離紛冗，都無交涉。此乃程門請問記録者之罪，而後人亦不善讀也。不若放下，只白直看子思説底。須知上四句分别中和，不是説聖人事，只是汎説道理名色地頭如此。下面説「致中和」，方是説做功夫處，而唯聖人爲能盡之。若必以未有見聞爲未發處，則只是一種神識昏昧底人，睡未足時被人驚覺，頃刻之間，不識四到時節，有此氣象。聖賢之心湛然淵靜、聰明洞徹，決不如此。若必如此，則《洪範》五事當云貌曰僵，言曰啞，視曰盲，聽曰聾，思曰塞乃爲得其性，而致知居敬費盡工夫，却只養得成一枚癡獃罔兩漢矣。❶千不是萬不是，痛切奉告莫作此等見解。若信不及，一任狐疑，今後更不能説得也。詳看此段來意，更有一大病根，乃是不曾識得自家有見聞覺知而無喜怒哀樂時節。試更著精彩看，莫要只管等閑言語，失却真的主宰也。

以未發爲太極。

以未發爲太極，只此句便不是，所以下文一向差却。未發者太極之静，已發者太極之動也。須如此看得，方無偏滯，而兩儀四象、八卦十二卦之説，皆不相礙矣。

太極動而生陽，動則爲已發矣。

以動而生陽爲已發，是也。即不知静而生陰爲已發、爲未發邪？

前日所禀，未嘗敢以已發爲無太極也。而又云已生兩儀四象八卦，難以爲未發。

未嘗以已發爲無太極，是也。而又云已生兩儀四象八卦，難以爲未發，何邪？

《易》之無思無爲比未發，猶是以心爲言，於性之體段已是猶欠拈出。

以無思無爲爲説心而不及性，不知「心」、「性」兩字是一物邪？兩物邪？

來教謂有此氣來配道義，始能充其體而無餒，若無此氣來配，則雖有道義亦不能不餒矣。

孟子兩言「其爲氣也」云云，即當以「氣」字爲主，而以下文「天地道義」等字爲客，方是文意。今却硬將文義紐轉，以道義爲主而氣爲客，又將熹説亦添入一「來」字，則區區所見

❶「罔兩漢」，浙本作「人」。《考異》云：一本三字作「人」。

雖謬，決不至如此之顛倒也。前書之言已盡，今更不能説得。只請且依此意捩轉舊來話頭，依《孟子》本文主客形勢排擬教成行道，有歸著，直候將來見得舊説全然不是，方是究竟。如其不然，不若忘言之爲愈也。

答呂子約

所喻「前論未契，今且當以涵養本原、勉强實履爲事」，此又錯了也。此是見識大不分明，須痛下功夫鑽研勘覈教透徹了，方是了當。自此以後，方有下手涵養踐履處。如横渠先生所見，只是小小未瑩，伊川先生猶令其且涵泳義理，不只説完養思慮了便休也。如今乃是大段差舛，却不汲汲向此究竟，而去别處閑坐，道我涵養本原，勉强實履。又聞手寫六經，亦是無事費日，都不是長進底道理。要須勇猛捐棄舊習，以求新功，不可一向如此悠悠閑過歲月也。

本欲俟德華人回附書，今日偶有南豐便至道夫處，且先附此奉報。此事不比尋常，不可頃刻失其路脉也。大抵學問只有兩途，致知、力行而已。在人須是先依次第十分著力，節次見効了，向後又看甚處欠闕，即便於此更加功夫，乃是正理。今却不肯如此，見人説著自家見處未是，却不肯服，便云「且待我涵養本原，勉强實履」，此如小兒迷藏之戲，你東邊來，我即西邊去閃；你西邊來，我又東邊去避，如此出没，何時是了邪？區區本已不能説得，今更説此後番，❶若更不相領略，便且付之忘言矣。

❶「後番」，原段後校云：「『後番』一本作『一番』。」校浙本、四庫本作「一番」。

如人上山，各自努力，到此時節，豈更有心情管得他人邪？

答呂子約

兩書所喻，備見日來進學新功，甚慰牢落。兩卷悉已條對納呈，幸更詳之也。大抵爲學，只是博文、約禮兩端而已。博文之事，則講論思索要極精詳，然後見得道理，巨細精粗無所不盡，不可容易草略放過。約禮之事，則但知得合要如此用功，即便著實如此下手，更莫思前算後、計較商量。所以程子論《中庸》未發處答問之際，初甚詳密，而其究竟，❶只就「敬」之一字都收殺了。其所謂敬，又無其他玄妙奇特，止是教人每事習箇專一而已，都無許多閑說話也。今詳來喻，於當博處既不能虛心觀理以求實是，如論《易》、《詩》處是也。於當約處乃以引證推說之多反致紛擾。如論「求其放心」，而援引論說數十百言，不能得了，只此便是放其心而不知求矣。凡此之類，皆於鄙意深所未安。竊謂莫若於此兩塗各致其極，無事則專一嚴整，以求自己之放心，讀書則虛心玩理，以求聖賢之本意，不須如此周遮勞攘，枉費心力，損氣生病而實無益於得也。

橫渠謂：「心寧靜，於此一向定疊，目前縱有何事，亦不恤也。休將閑細碎在思慮。」近雖見此漸明，然養得未熟，有時不好底意思上心來，則此見便若有物昏蔽。雖目前小小事，亦能來相礙，因是知得尚未屬己。

❶「竟」，原作「意」，據閩本、浙本、天順本改。

此理固然，然亦須是真實知至物格，方得自然如此。若但説時快活，間或又不如此，則只是想象摶量，不足恃也。

「子在川上」云云。觀諸天地古今事變，莫非逝者，然故故新新，相因不已，以何爲始？以何爲終？故周子發明太極之藴，則曰太極本無極云云。聖人之心純亦不已，此乃天德。有天德便可語王道，其要只在謹獨。終歸於謹獨者，莫見乎隱，莫顯乎微，不於獨而致謹，則天命流行遏于躬而不知矣。

理固如此，然援引太多，反汩没了正意。兼所引亦有不相似者。如周子無極之語。純亦不已，只是無間斷。於獨而不謹焉，則有間斷而與天地不相似矣。

太極動而生陽，以本體言之，即《易》所謂「繼之者善也」。以氣運言之，即《易》所謂「復其見天地之心」也。以卦言之，即《震》之「一索」、《咸》之「男下」「下」字疑。也。然《易傳》謂「動則終而復始，所以恒而不窮。雖物有終始，而此理無窮，則雖動極而静，静極復動也」云云。學者固當兼致静存動察之功，然於動之端而有見乎天地之心，斯能窺乎太極之藴矣。其曰「元亨誠之通，利貞誠之復」，其曰「利貞者，乾之性情」，蓋以夫人徒見生意之發於春夏，而不知夫藏於根荄也。觀諸草木摇落之時，生意若息矣，而根荄膏潤，苞芽潛萌，是乃終而復始，蓋情性然也。有以明乾之性情，則知太極之性情矣；有以見天地之心，則知太極之動而生陽矣。

此段尤多可疑，請且就《通書》太極體認，令此數項歷落分明，未要添入《復》卦、《震》、

《咸》、性情等説，夾雜得都不明，不濟事也。《震》、《咸》尤無干涉，性情之義亦非是，須各自看乃佳。

程子《暌》卦傳曰：「物雖異而理本同，故天下之大、群生之衆，暌散萬殊，而聖人爲能同之。」某觀至此，於「不有兩，則無一」之義稍分明。但所謂理本同者，程子之説雖詳，終未能實見其理。

天施地生，男倡女隨，此感彼應，蓋不能以相無也。非理之本同，何以如此？

「其爲氣也」云云。某竊詳此段所言「其爲氣也」非有異義。上言此氣之浩然，體段本如是，養之之法，勿忘勿助，則無所耗傷，而此氣流行充塞，無所抑遏，蓋不待自反而縮也。故「直」之一字當因大、剛而爲三德，若坤之「直方」，即浩氣之剛直，其可虧欠乎？下言此氣合義與道而成，而血氣循乎軌轍，到此則血氣便是義道矣。非是養氣之後，又待此而爲助也。所以再言「其爲氣也，配義與道」，蓋深明夫此氣之發見本是義道，若識得此氣之本然，則知所養，而其動非血氣矣。其曰「無是餒也」，欲人知夫此身之所以爲主者苟或虧失，則便枵然也。愚見如此，不敢不竭言之。

「自反而縮」是本章上文，坤爻「直方」是他書異義，二者孰爲親疎？請試思之，得失可見。

氣是形而下者，道義是形而上者，如何合得？況配義與道，分明是將此氣配彼義道而爲之助，豈是養氣之後，又將此而爲助也？如此看得，全然不識文義，更宜深思，未易遽立説也。

此是胸中先有舊説，爲所牽制，不得虛平，

故爾滯礙，枉費心力。可且將舊説權行倚閣，而只將本文反復玩味，久久自然漸虚漸平，則於此無疑矣。

「朝聞道，夕死可矣」，近看得程子所謂「除了身，只是理」之説，於此最親切。蓋私乎此身，則莫知主乎此身者爲何如，其生其死，真有同於醉夢矣，云云。故大程子謂：「動容周旋中禮者，盛德之至，君子行法以俟命而已，朝聞道，夕死可矣之意。」小程子既謂死得是，又謂：「苟有此志，則不肯一日安。於所不安，何止一日？須臾不能。」皆是發明「除了身，只是理」底意思。詳觀《遺書》，亦載大程子有云：「皆實理也，人知而信者爲難。死生亦大矣，非誠知道，豈以夕死爲可乎？」則雖概言之，而日月寒暑、屈伸往來之常理同乎晝夜死生者，皆可致察。小程子有云：「聞道者，知所以爲人也。夕死可矣，是不虚生也。」則又指切言之，以明實理所存。是亦「除了身，只是理」之意。至於小程子經解，乃親筆也，則止云：「人不可以不知道，苟得聞道，雖死可也。」雖不加一辭，而語意則甚不輕矣。今《集注》本大程子實理之説，❶而以「事物當然之理」名之，固不使人求之恍惚，然果足以究斯義乎？又大程子「非誠知道」之言，以尹氏所説考之，固爲切實，然恐所謂得者，或流於偏差，而未必得其總腦也。某據所曉者吐露，以求誨剖。

「道」字、「理」字、「禮」字、「法」字、「實理」字，「日月寒暑、往來屈伸之常理」，「事物當然之理」，此數説不知是同是別？「除了

❶ 「注」，原作「往」，據浙本、四庫本改。

身，只是理」，只是不以血氣形骸爲主而一循此理耳，非謂身外別有一物而謂之理也。流於偏差，則非所謂得矣。

「一陰一陽之謂道」，天地絪緼也。「繼之者善」，物與無妄也。「成之者性」，各正性命也。各正性命，則屬乎氣禀矣。《遺書》言：「凡人説性，只是説繼之者善也，孟子言人性善是也。」又若先言氣禀而後及此。

周子以萬物資始爲善、各正性命爲性，此是就造化處説。今欲以「物與無妄」言之，則此句屬性，而以上句「天下雷行」爲善，方始相對得過。程子所云「今人説性，只是説繼之者善」，此又是近下就人性分上説。語各有當，更請詳之。只看本文，都不得引外來一字，方始見得。

向觀《遺書》所載：「人生而静，以上不容説，才説性時，便已不是性也。凡人説性，只是説繼之者善也，孟子言人性善是也。」茫然不曉所謂。今始粗曉此文義。「人生而静」，天之性也，周子所謂主静者，以此也。然所謂「不容説」者，是豈終不可得而説乎？周子不得已而言之曰「無極而太極」，則指不容説者以喻諸人耳。所謂「才説性時，便已不是性」，此却因上文而言之，或指太極爲性，則非矣。蓋天命之謂性，命之於人始謂之性也。所謂「凡人説性，只是説繼之者善」，此説得性善最爲親切。若祇論成而不論繼，則有二本，非性之果善也。故孟子道性善，既因其繼而得其本源，其言惻隱仁之端、羞惡義之端，則又因其發見之苗裔而知其爲固有。學者於此，唯有操存之功不舍，使漸著察耳。

此條尤覺紊亂，更請且以前段之説識認文義，令有條理，未可如此引援衮雜，轉見不分明也，所謂治絲而棼之也。

答呂子約

所喻博文約禮盡由操存中出，固是如此。但博文自是一事，若只務操存而坐待其中生出博文功夫，恐無是理。大抵學問功夫，看得規模定後，只一向著力，挨向前去，莫問如何若何，便是先難後獲之意。若方討得一箇頭緒，不曾做得半月十日，又却計較，以爲未有效驗，遂欲別作調度，則恐一生只得如此移東换西，終是不成家計也。

益公近亦收書，於歐《集》考訂益精，亦不易老來有許多心力也。需《中庸》、《詩傳》，此便未可寄。又恐且要操存，無暇看讀，更俟後便也。蘇黄門初不學佛，只因在筠州陷入此漩渦中，恐是彼中風土不好，一生出不得。今請著些精彩，莫只管回頭轉腦，忽然不知不覺也旋入去，即不相奈何也。風色愈勁，精舍諸生方幸各散去。❶今日輔漢卿忽來，甚不易渠能自拔，向在臨安相聚，見伯恭舊徒無及之者，説話儘有頭緒，好商量，非德章諸人之比也。

答呂子約 十一月十二日❷

前書所論四事，不審雅意云何？竊意賢者用力於此不爲不久，其切問近思之意不爲不篤，而比觀所講與累書自叙説處，覺

❶「各」下，浙本有「已」字。《考異》云：一本有「已」字。
❷「十一月十二日」六字，四庫本無。

得瞻前顧後，頭緒太多，所以胸次爲此等叢雜壅塞纏繞，不能得明快直截。反不得如新學後生聞一言且守一言、解一義且守一義，雖未能便有所得，亦且免得如此支離紛擾，狼狽道途，日暮程遥，無所歸宿也。

晦庵先生朱文公文集卷第四十八

閩縣儒學教諭王製校

鳴謝

《儒藏》精華編惠蒙善助，共襄斯文；謹列如左，用伸謝忱。

本煥法師　壹佰萬元
智海企業集團董事長　馮建新先生　壹佰萬元
NE・TIGER時裝有限公司董事長　張志峰先生　壹佰萬元
張貞書女士　壹佰萬元

北京大學《儒藏》編纂與研究中心

本册審稿人　陳　新

本册責任編委　楊韶蓉

圖書在版編目(CIP)數據

儒藏.精華編.二二九/北京大學《儒藏》編纂與研究中心編.—北京：北京大學出版社，2020.7

ISBN 978-7-301-11947-1

Ⅰ.①儒… Ⅱ.①北… Ⅲ.①儒家 Ⅳ.①B222

中國版本圖書館CIP數據核字（2020）第027564號

書　　名	儒藏（精華編二二九） RUZANG（JINGHUABIAN ERERJIU）
著作責任者	北京大學《儒藏》編纂與研究中心　編
責任編輯	周　粟
標準書號	ISBN 978-7-301-11947-1
出版發行	北京大學出版社
地　　址	北京市海淀區成府路205號　100871
網　　址	http://www.pup.cn　新浪微博：@北京大學出版社
電子信箱	dianjiwenhua@126.com
電　　話	郵購部 010-62752015　發行部 010-62750672　編輯部 010-62756449
印 刷 者	北京中科印刷有限公司
經 銷 者	新華書店
	787毫米×1092毫米　16開本　49.5印張　534千字
	2020年7月第1版　2020年7月第1次印刷
定　　價	1200.00元

ISBN 978-7-301-11947-1
9 787301 119471 >
定價：1200.00元